Os Desafios do Teletrabalho

Organizadores:
Guilherme Guimarães Feliciano
Patrícia Helena Azevedo Lima
Larissa Matos

LACIER

LACIER
Lacier Livraria e Editora
www.livrarialacier.com.br

Rua Doutor Quirino, 808 – Centro
CEP 13015-081 – Campinas, SP – Brasil

Julho, 2023

Diretor: *Lacier José de Rezende*
Diretor assistente: *Eduardo Soares Aureliano*
Projeto de capa: *Alice Cobertt*
Projeto gráfico e editoração eletrônica: *Peter Fritz Strotbek – The Best Page*

Ficha Catalográfica

Dados Internacionais de Catalogação na Publicação (CIP)
(Câmara Brasileira do Livro, SP, Brasil)

D442 Os desafios do teletrabalho / Organizadores: Guilherme Guimarães Feliciano, Patrícia Helena Azevedo Lima, Larissa Matos . — 1. ed. — Campinas, SP : Lacier Editora, 2023.
590 p. : 17 x 24 cm.

ISBN 978-65-88805-59-6

1. Direito do trabalho — Brasil. 2. Teletrabalho — Aspectos jurídicos — Brasil. 3. Teletrabalho — Desafios. I. Feliciano, Guilherme Guimarães. II. Lima, Patrícia Helena Azevedo. III. Matos, Larissa.

CDU 34:331 6(81)

Índices para catálogo sistemático:
1. Teletrabalho — Aspectos jurídicos

Angela Schmidt da Rosa – Bibliotecária – CRB-14/1171

Sumário

Rol de Autoras e Autores

Alberto Levi. Professor titular de Direito do Trabalho – Universidade de Modena e de Reggio Emilia (Itália). Doutorado no Direito Sindical e do Trabalho – Universidade de Modena e de Reggio Emilia.

Alícia Moraes Ribeiro de Loureiro. Bacharela em Direito pela Universidade Federal do Pará. Especialista em Direito e Processo do Trabalho pela Universidade Anhanguera Uniderp/MG. Advogada trabalhista. Pesquisadora do Núcleo o Trabalho Além do Direito do Trabalho na USP.

Ana Paula Castelo Branco Costa. Pesquisadora do NTADT/USP. Graduada em Direito pela USP. Mestre em Direito Ambiental pela UEA. Doutoranda em Ciências Jurídicas PUC/Buenos Aires. Analista judiciária/Oficiala de Justiça Avaliadora Federal do TRT2/TRT11. Professora. Bolsista da Escola Judicial TRT11.

Ana Paula Rocha e Silva. Mestra em Direito pela Faculdade de Direito de Ribeirão Preto, da Universidade de São Paulo (FDRP – USP). Especialista em Direito do Trabalho e Direito Processual do Trabalho pela Universidade Federal de Uberlândia (UFU). Graduada em Direito pela Universidade Federal de Uberlândia (UFU). Pesquisadora do Núcleo Trabalho Além do Direito do Trabalho da Faculdade de Direito da Universidade de São Paulo (NTADT/USP). Analista judiciária — Área Judiciária do Tribunal Regional do Trabalho da 3ª Região – Minas Gerais.

Aurélio Miguel Bowens da Silva. Mestre em Direito Empresarial e Cidadania no Centro Universitário Curitiba — UNICURITIBA. Cursou Especialização — MBA em Direito da Economia e da Empresa na FGV/Rio. Professor de Direito em Graduação e Pós-Graduação desde 2006. No período de 2013 a 2015 foi assessor jurídico do Município de Blumenau – SC. Nos anos de 2016 a 2018 esteve Conselheiro Estadual da OAB/SC. Desde 2003 é advogado autônomo e desde 2007 associado ao escritório Aurélio Miguel & Novais Advogados Associados.

Camila Mazza da Silva. Advogada. Possui graduação em Direito pelo Instituto de Ensino Superior COC. Pós-graduada em Direito do Trabalho pela Uniasselvi. Pós-Graduada e especialista em Direito Material e Processual do Trabalho pela Universidade de Ribeirão Preto (UNAERP). Aluna especial do programa de pós-graduação *stricto sensu* da Faculdade de Direito da Universidade de São Paulo (USP), anos 2018 e 2019. Pós-graduanda em MBA Agronegócios pela USP/Esalq. Mestranda em Políticas Públicas pela UNESP. Membro do GEDTRAB — FDRP/USP — Grupo de Estudo em Direito do Trabalho. Pesquisadora do TADT — FDUSP.

Carlos Eduardo Ferreira Cardoso. Advogado, secretário da Comissão de Direito Sindical da 24ª Subseção da Ordem dos Advogados do Brasil, Biênio 22/24. Integrante como pesquisador do Núcleo de Pesquisa do TADT — FDUSP.

Carolina Santos. Mestranda em Direito Internacional pela Faculdade de Direito da Universidade de Lisboa. Especialista em Direito do Trabalho pela Pontifícia Universidade Católica/MG. Advogada internacionalista.

Christiane Moraes Cardoso. Mestranda em Direito do Trabalho pela FDRP/USP. Advogada. Professora e palestrante de Direito do Trabalho. Pós-graduada em Direito Material e Processual do Trabalho pela Faculdade Damásio de Jesus e em Direito Empresarial pela FGV. Pós-graduanda em Direito e Gestão do Agronegócio. Membro do Núcleo de Pesquisa e Extensão "O Trabalho além do Direito do Trabalho: dimensões da clandestinidade jurídico-laboral" e Meio Ambiente do Trabalho (FD/USP), ambos coordenados pelo professor e doutor Guilherme Guimarães Feliciano e do GEDTRAB (FDRP/USP). Presidente da Comissão de Direito do Trabalho da OAB/SP – 39ª Subseção gestão 2019/2021.

Daniela Bastos Moutinho e Silva. Procuradora do Trabalho. Especialista em Direito do Trabalho e Pós-graduada em Direitos Humanos, responsabilidade social e cidadania global pela PUCRS. Graduada em Direito pela Universidade Federal de Uberlândia. Membro do Núcleo de Pesquisa e Extensão "O Trabalho além do Direito do Trabalho: dimensões da clandestinidade jurídico-laboral, coordenado pelo professor e doutor Guilherme Guimarães Feliciano. Ex-analista judiciária do Tribunal Superior do Trabalho da 2ª Região.

Daniela Cristina Crepaldi. Mestranda em Relações Sociais e Trabalhistas no Centro Universitário do Distrito Federal (UDF – Brasília). Especialista em Direito Material, Processual, Coletivo e Ambiental do Trabalho pela Pontifícia Universidade Católica de São Paulo (PUC/SP). Graduada em Direito pela Pontifícia Universidade Católica de Campinas (PUCCAMP). Pesquisadora do Núcleo Trabalho Além do Direito do Trabalho da Faculdade de Direito da Universidade de São Paulo (NTADT/USP). Pesquisadora da CIELO Laboral Internacional – Comunidade para a Investigação e o Estudo Laboral e Ocupacional (CIELO). Integrante do Comitê Científico do Instituto Brasileiro de Pesquisa e Estudos para o Desenvolvimento das Relações Trabalhistas (ITRAB). Analista judiciário – Área Judiciária do Tribunal Regional do Trabalho da 2ª Região – São Paulo. Palestrante em Direito do Trabalho e Relações Sociais.

Diane Souza Mena. Advogada. Graduada em Direito pelo Centro Universitário UNIFIEO-SP. Pós-graduada. Especialista em Direito e Processo do Trabalho e em Direito e Processo Previdenciário, com capacitação para o Ensino no Magistério Superior pela Faculdade Damásio. Integrante do Núcleo de Estudos: "O Trabalho além do Direito do Trabalho: Dimensões de Clandestinidade Jurídico-laboral" da Faculdade de Direito da Universidade de São Paulo – FDUSP coordenado pelo Prof. Guilherme Guimarães Feliciano.

Dione Almeida. Advogada. Doutoranda e Mestra em Direito do Trabalho pela PUC-SP. Professora e palestrante, docente da Escola da ABRAT (Biênios 2021/22 e 2023/24). Membro consultora da Comissão Nacional da Mulher Advogada do OAB Nacional. Coordenadora do GT Direito e Desigualdade de Gênero nas Relações de Trabalho da Comissão da Mulher Advogada da OABSP, Pesquisadora no GP Direito, Discriminação de Gênero e Igualdade da PUC-SP. Pesquisadora no GETRAB, TADT e CTPC da USP. Diretora secretária-geral adjunta da OABSP. Conselheira da AATSP I (Biênios 2021/2022 e 2023/2024). Diretora suplente da FeNAdv. Presidente da OAB Subseção Miracatu (Triênios 2016/18 e 2019/21.

Duarte Abrunhosa e Sousa. Doutor em Direito. Investigador do Centro de Investigação Jurídico-Económica da Faculdade de Direito da Universidade do Porto. Membro do Comité Executivo da rede CIELO Laboral.

Esperanza Macarena Sierra Benítez. Professora titular de Derecho del Trabajo y de la Seguridad Social. Universidad de Sevilla.

Fabiana Polano Zaparolli. Advogada. Pesquisadora do Núcleo de Estudos "Trabalho Além do Direito do Trabalho: dimensões da clandestinidade jurídico-laboral" (TADT), vinculado ao departamento de Direito do Trabalho e da Seguridade Social da Faculdade de Direito da Universidade de São Paulo (FD-USP).

Fernanda Ap. G. Perregil. Mestranda em Direito das Relações Sociais e Trabalhistas pela UDF, especialista em Direito Processual Civil e pesquisadora do Núcleo de "Trabalho Além do Direito do Trabalho" da USP, coordenado pelo prof. Guilherme Feliciano. Professora na PUC/RJ e INSPER. Vice-presidenta da Comissão de Direito Antidiscriminatório do Instituto dos Advogados de São Paulo (IASP). Consultora da Comissão da Mulher Advogada da OAB/SP. Cofundadora e Vice-presidenta da ABMLBTI — Associação Brasileira de Mulheres Lésbicas, Bissexuais, Travestis, Transexuais e Intersexos.

Grace Kelly Freitas Mendonça. Advogada. Professora de Direito. Especialista em Direito do Trabalho pela Faculdade de Direito da Universidade de São Paulo (FD-USP). Pesquisadora integrante do Núcleo de Pesquisa e Extensão "O Trabalho Além do Direito do Trabalho (NTADT-USP).

Guilherme Guimarães Feliciano. Professor associado III do Departamento de Direito do Trabalho e da Seguridade Social da Faculdade de Direito da Universidade de São Paulo. Presidente da Associação Nacional dos Magistrados da Justiça do Trabalho — ANAMATRA (gestão 2017-2019). Juiz Titular da 1ª Vara do Trabalho de Taubaté/SP (15ª Região).

Ivani Contini Bramante. Desembargadora Federal do Trabalho — TRT-2ª Região. Professora de Direito Processual do Trabalho da Faculdade de Direito de São Bernardo do Campo. Doutora pela Pontifícia Universidade Católica São Paulo. Especialista em Relações Coletivas de Trabalho pela Organização Internacional do Trabalho. Membro da Asociación Iberoamericana de Derecho Del Trabajo y de La Seguridad Social.

Jamile Khede Israel. Pesquisadora do Núcleo de Pesquisa e Extensão "O Trabalho além do Direito do Trabalho: dimensões da clandestinidade jurídico-laboral — NTADT. Mestre em Direito pela FND/UFRJ. Professora. Servidora do TRT2.

Jordi García Viña. Catedrático de Derecho del Trabajo y de la Seguridad Social. Universidad de Barcelona. Abogado.

Larissa Matos. Advogada do Sales Matos Advocacia. Pós-doutoranda em Direito (USP). Doutora em Direito do Trabalho pela Universidade de São Paulo (USP), aprovada com láurea (cum laude). Doutorado sanduíche na Universidade de Barcelona. Mestre em Direito pela Universidade de Palermo. Professora de pós-graduação. Integrante do corpo docente da Escola da ABRAT. Autora do livro Direito digital do trabalho: a proteção de dados e o monitoramento corporal no contexto das relações de trabalho, publicado pela Editora Revista dos Tribunais (Thomson Reuters Brasil). Pesquisadora do grupo de pesquisa O Direito do Trabalho além do trabalho (USP), coordenado pelo professor Guilherme Guimarães Feliciano. Pesquisadora do grupo de pesquisa Proteção do Trabalho e Promoção das Relações de Trabalho (USP), coordenado pelo professor Otavio Pinto e Silva. Pesquisadora do grupo de pesquisa Meio Ambiente do Trabalho (USP), coordenado pelo professor Guilherme Guimarães Feliciano.

Larissa Medeiros Rocha. Mestre e especialista em Direito do Trabalho pela Faculdade de Direito da Universidade de São Paulo – USP. Graduada em Direito pela Universidade Federal do Pará – UFPA. Advogada trabalhista. Pesquisadora do Núcleo de Pesquisa "O Trabalho além do Direito do Trabalho", da Faculdade de Direito da Universidade de São Paulo – USP.

Letícia da Cunha Sanches. Advogada trabalhista, especialista em Direito do Trabalho pela Faculdade de Direito da Universidade de São Paulo (USP), pesquisadora do Núcleo de Pesquisa e Extensão "O Trabalho Além do Direito do Trabalho" pela USP.

Luanda Pires. Especialista em Relações Governamentais, Monitoramento Político, Políticas Públicas, Direito Antidiscriminatório, Cultura Inclusiva & Diversidade. Larga atuação na defesa dos direitos humanos em geral, em especial direito das mulheres, população negra e LGBTQIAP+. Advogada na ADPF n. 779 onde foi declarada a inconstitucionalidade e proibição da utilização da tese de legítima defesa da honra em casos de feminicídios. Advogada no *Amicus Curie* impetrado no *Habeas Corpus* n. 154.248 que busca a declaração da imprescritibilidade do crime de injúria racial, por se tratar de espécie do gênero racismo. Conselheira de Notório Saber do Conselho nacional dos Direitos da Mulher. Pós-Graduanda em Direitos Humanos, Responsabilidade Social e Cidadania Global pela Pontifícia Universidade Católica (PUC-RS). Pesquisadora do Núcleo de Pesquisa da Universidade de São Paulo "Trabalho Além do Direito do Trabalho", onde coordena o Núcleo de Mulheres. Presidenta da Comissão de Direito Antidiscriminatório do Instituto dos Advogados de São Paulo (IASP). Consultora da Comissão da Mulher Advogada da OAB/SP. Vice- Presidenta da Comissão da Mulher Advogada OAB/SP, Subseção Pinheiros. Secretária-Geral da Comissão de Igualdade Racial da OAB/SP – Subseção Pinheiros. Cofundadora e atual Presidenta da ABMLBTI — Associação Brasileira de Mulheres Lésbicas, Bissexuais, Travestis, Transexuais e Intersexos. Diretora de Relações Públicas do Me Too Brasil.

Marco Mocella. Professore ordinario di diritto del lavoro nell'Unviersità Mercatorum di Roma. Direttore della Scuola di specializzazione delle professioni legali Mercatorum, Presidente Commissione di certificazione, Direttore del MAster in Studi avanzati di diritto del lavoro.

Maria Cristina Cataudella. Prof.ssa All'Università di Roma Tor Vergata e associata IIBDT.

Maria Luiza Alves Alcântara. Graduanda de Direito na Universidade Estadual de Londrina — UEL, pesquisadora do Núcleo de Estudos "O Trabalho Além do Direito Trabalho: dimensões da clandestinidade jurídico-laboral" vinculado à Faculdade de Direito da Universidade Estadual de São Paulo — FDUSP.

Michel Borges da Silva. Graduação em Direito pela Universidade Católica de Santos e Centro Universitário das Faculdades Metropolitanas Unidas (2009). Sócio-diretor do escritório M. Borges e Advogados Associados. Pós-graduado em Direito e Processo do Trabalho pela Faculdades Metropolitanas Unidas (FMU). Pós-graduado em Direito Previdenciário pela Faculdades Metropolitanas Unidas (FMU). Membro efetivo do Núcleo de Pesquisadores da USP – FDUSP Direito Além do Direito do Trabalho, início em março de 2021. Mestre em Direito do Trabalho pela Faculdade de Direito da PUC--SP (2022).

Natalia Cristina Budini Abud. Advogada trabalhista, especialista em Direito do Trabalho pela Faculdade de Direito da Universidade de São Paulo (USP), Aluna especial do Mestrado pela Faculdade de Direito da Universidade de São Paulo (USP), pesquisadora do Núcleo de Pesquisa e Extensão "O Trabalho Além do Direito do Trabalho" pela USP.

Nécia Batista. Pesquisadora do Núcleo de Pesquisa e Extensão "O Trabalho além do Direito do Trabalho: dimensões da clandestinidade jurídico-laboral — NTADT. Pós-Graduada em Direito Público pela EPD — Escola Paulista de Direito. Professora. Advogada. Presidente da Comissão de Estudos de Direito do Trabalho e Direito Previdenciário da Subseção da OAB de São Caetano do Sul-SP.

Nicola Lettieri. Ricercatore presso l'Istituto Nazionale di Analisi delle Politiche Pubbliche, è dottore in Giurisprudenza e dottore di ricerca in Informatica giuridica. Dal 2008 ricopre incarichi di docenza presso le Università di Salerno e del Sannio, tenendo corsi di "Informatica giuridica", "Diritto e scienze sociali computazionali" e "Modelli e tecniche di intelligenza artificiale per il diritto".

Nicole Maggi-Germain. Professora e pesquisadora, Université Paris I Panthéon Sorbonne (ISST) <https://www.pantheonsorbonne.fr/ufr/isst/>. Laboratoire Droit et changement social (UMR CNRS 6297), Nantes.

Oscar Krost. Professor. Mestre em Desenvolvimento Regional (PPGDR/FURB). Diplomado em Nível Superior em *Relaciones de Trabajo y Sindicalismo* (FLACSO/Argentina). Membro do Instituto de Pesquisas e Estudos Avançados da Magistratura e do Ministério Público do Trabalho (IPEATRA). Integrante do Núcleo de Pesquisas o Trabalho além do Direito do Trabalho (NTADT-USP/Coordenado pelo professor Guilherme Guimarães Feliciano). Autor do *blog* <https://direitodotrabalhocritico.com/>. Juiz titular da 1ª Vara do Trabalho de Rio do Sul/SC (12ª Região).

Patrícia Helena Azevedo Lima. Advogada, professora, doutoranda em Diritto e Tutela: Esperienza Contemporanea, Conparazione, Sistema Giuridico pela Università Degli Studi di Roma — Tor Vergata, mestre em Direito do Trabalho, Processo do Trabalho pela Universidade de São Paulo – USP. Investigadora pelo Núcleo de Pesquisa TADT-FDUSP. Diretora cultural do Instituto Ítalo-Brasileiro de Direito do Trabalho — IIBDT, Membra da Comissão da Mulher Advogada da Subseção de Pinheiros – SP.

Paula Bueno Ravena. Especialista em Direito e Processo do Trabalho pela USP e pela UNIDERP. Pesquisadora do Núcleo Trabalho Além do Direito do Trabalho — NTADT. Procuradora do Trabalho e professora. Foi advogada e procuradora jurídica municipal.

Sarah Hakim. Vice-Diretora da Escola Superior de Advocacia da OAB-SP. Membra do Conselho Universitário da USP. Mestra em Direito Desportivo pela PUC-SP. Secretária-geral da Federação Nacional dos Advogados. Ex-Presidente da Associação dos Advogados Trabalhistas do Estado de São Paulo. Pesquisadora da USP — Núcleo "O Trabalho além do Direito do Trabalho". Coordenadora cultural da SBDD — Sociedade, representante da AATSP junto à Abrat.

Sérgio Augusto Pires dos Reis Madeira. Advogado, especialista em Direito do Trabalho e Previdenciário pela Pontifícia Universidade Católica (PUC-Minas), bacharel em Direito pela Pontifícia Universidade Católica (PUC-Minas), pesquisador do Núcleo de Pesquisa e Extensão "O Trabalho além do Direito do Trabalho" pela USP.

Simone Bramante. Advogada. Mestranda em Direito pela Uninove. Membro do Núcleo de Pesquisa da USP: NTADT — Trabalho Além do Direito do Trabalho, coordenado pelo professor doutor Guilherme Guimarães Feliciano.

Sofia João Queiroga. Advogada. Pós-graduada em Direito do Trabalho pelo Instituto de Direito das Empresas e do Trabalho – Faculdade de Direito da Universidade de Coimbra.

Stéphanie da Costa Val Moura Dabien. Advogada. Especialista em Direito Material e Processual do Trabalho *lato sensu* pela Faculdade Milton Campos. Membro de Grupos de Pesquisas, dentre eles o núcleo TADT – USP. Bacharel em Direito pela Universidade FUMEC. Professora e palestrante.

Thiago William Pereira Barcelos. Graduando em Direito pela Universidade São Judas Tadeu (USJT), onde participou da extensão acadêmica Clínica de Direitos Humanos e Socioambientais, além de colaborar como pesquisador voluntário no Núcleo de Pesquisa Direito, Desenvolvimento e Descolonização, sob a coordenação do Professor e Mestre Gabriel Antônio Silveira Mantelli. Pesquisador com Bolsa denominada ProCiência pela USJT em nível de Iniciação Científica, sob o tema "Educação e Mercado de Trabalho para Trans-Formação: uma análise da trajetória de vida das transmulheres ante a ausência de políticas públicas na cidade de São Paulo". Membro do Núcleo de Pesquisa e Extensão "O Trabalho além do Direito do Trabalho" (FD/USP), sob a coordenação do professor e doutor. Guilherme Guimarães Feliciano, onde coordena o eixo "Diversidade no Trabalho".

Viviane Vidigal. Doutoranda e mestra em Sociologia pela UNICAMP (SP, Brasil), orientada pelo professor Dr. Ricardo Antunes. Pós-Graduada em Direito do Trabalho. Professora universitária e mãe de uma criança.

Apresentação

Olá, caro leitor! Esta obra é fruto das pesquisas realizadas no âmbito do eixo de pesquisas em Teletrabalho, do Núcleo de Pesquisa e Extensão "O Trabalho Além do Direito do Trabalho: dimensões da clandestinidade jurídico-laboral" (NTADT), sob a coordenação do professor Guilherme Guimarães Feliciano, ao longo de dezessete seminários de variados temas, entre maio de 2021 e dezembro 2021, com pesquisadores nacionais e estrangeiros. Nesse profícuo interregno, estudamos os seguintes seminários, em ordem histórica de apresentações:

1. Conceito, classificação e natureza jurídica do teletrabalho; Evolução Histórica da legislação, MPs ns. 927/2020 e 1.046/2021 – Patrícia Helena Azevedo Lima e Carlos Eduardo Ferreira Cardoso;

2. Obrigações principais do contrato de teletrabalho; responsabilidade das despesas – Nécia Batista e Jamile Khede Israel;

3. Teletrabalho e desconexão (controle de horário de trabalho; fiscalização/controle) – Patrícia Helena Azevedo Lima e Claudirene A.Ribeiro;

4. Saúde e segurança do teletrabalho (meio ambiente do trabalho, ergonomia, saúde física e mental) – Alícia Moraes Ribeiro de Loureiro e Stephanie da Costa Val Moura Dabien;

5. Fiscalização do teletrabalho – Thiago William Pereira Barcelos, Christiane Moraes Cardoso e Daniele Bastos Moutinho e Silva;

6. Direito à intimidade, direito à privacidade e segurança da informação (proteção de dados no teletrabalho); educação e treinamento; ética e etiqueta digital – Priscila Zoghbi, Natália Laís;

7. O teletrabalho na perspectiva da OIT e do MPT – Fernanda Perregil, Daniele Bastos Moutinho e Silva, Erik Oliveira;

8. Teletrabalho no serviço público – Daniela Cristina Crepaldi e Ana Paula Rocha;

9. O teletrabalho e a mulher; assédio e violência doméstica; conciliação da vida familiar e profissional – Letícia Thiago, Fernanda Leite e Fernanda Perregil;

10. Proteção de idosos e de PCD no teletrabalho; tutelas especiais; ferramentas de inclusão das pessoas com deficiência – Letícia Thiago, Fernanda Perregil;

11. Direito Coletivo de teletrabalho: sindicatos e negociação coletiva – Erazê Sutti e Ivani Contini Bramanti;

12. Trabalhadores extraterritoriais no teletrabalho – Fabiana Polano Zaparolli e Michel Borges, Carolina Santos

13. Modelos brasileiros de teletrabalho no setor privado – Cyntia Ruiz;

14. Projetos de Lei em teletrabalho – Erazê Sutti, Nécia Batista, Camila Cruz;

Nos temas que admitiam correspondências úteis com o direito estrangeiro, houve a participação das pesquisadoras Cyntia Ruiz, Larissa Matos e Patrícia Helena, quanto à correspondente legislação em Portugal, Espanha e Itália, respectivamente.

Tivemos também as valiosas contribuições dos seguintes professores de renome internacional:

Da Itália: Alberto Levi, da Universidade de Modena e Reggio Emilia, que abordou o tema: *lavoro agile.* Piera Loi, da Universidade de Cagliari, que apresentou o seminário sobre a digitalização do trabalho e a pandemia à luz da Teoria do Risco;

Da Espanha: Jordi García Viña, professor da Universidade de Barcelona, com o tema: teletrabalho, pandemia e a desconexão, com comentários à legislação e jurisprudência espanhola. Esperanza Macarena Sierra Benítez, da Universidade de Sevilla, com o tema da: disparidade ou desigualdade no contexto da Covid-19 e da Indústria 4.0, direito coletivo para o teletrabalho na Espanha;

De Portugal: Duarte Abrunhosa Sousa, com tema do teletrabalho, da Covid-19 e dos problemas práticos do teletrabalho em Portugal. Ana Teresa Ribeiro, professora da Universidade Católica Portuguesa, com tema de teletrabalho em Portugal e propostas legislativas;

Do Uruguai: Gustavo Gauthier, professor da Universidade da República do Uruguai, com o tema do Teletrabalho no Uruguai;

Da França: Nicole Maggi-Germain, professora pesquisadora na Universidade de Paris I, Sorbone, com uma apresentação da regulação do teletrabalho na França.

Você pode encontrar os conteúdos de todos esses seminários, em vídeo, no canal do Youtube; querido leitor, eis o *link*: <https://youtube.com/@nucleotadt8916> (canal NTADT).

A presente coletânea organiza e publica, com rigor científico, os principais achados desses longos meses de pesquisas e debates, nos mais variados seguimentos do Direito do Trabalho. E faz ver, a quem não tenha medo de especular que o teletrabalho tenderá a crescer significativamente nas próximas décadas, quiçá ofuscando as próprias estatísticas do trabalho "presencial".

O teletrabalho representa, em muitos sentidos, o futuro do Direito do Trabalho, que deita raízes em um modelo fordista-taylorista de produção.

Urge, pois, que nos ocupamos dele. E sem ilusões românticas: se o passado e o futuro nos parecem melhores que o presente (William Shakespeare), essa aparência não reflete fidedignamente a realidade do mundo do trabalho. Nem para o passado, tampouco para o futuro. Civilidade, plagas juslaborais, significa regulação; e regulação garantista.

São Paulo, 16 de junho de 2023.

Guilherme Guimarães Feliciano

Patrícia Helena Azevedo Lima

Larissa Matos

O Tempo de Atividade e o Teletrabalho no Relatório do Grupo de Altos Estudos do Trabalho (GAET): De Museu e Novidades[1]

Guilherme Guimarães Feliciano

Oscar Krost

"Em vez do fim do trabalho na era digital, estamos vivenciando o crescimento exponencial do novo proletário de serviços, uma variante global do que se pode denominar escravidão digital. Em pleno século XXI."[2]

Introdução

O Brasil ainda experimenta, no segundo semestre de 2022, os efeitos agressivos da pandemia decorrente da disseminação do Sars-Cov-2, vírus causador da Covid-19, iniciada há mais de dois anos, e que vitimou milhões de vidas em todo o planeta. A crise

(1) Texto elaborado a partir das falas dos autores apresentadas no 1º Módulo de 2022 da Escola Judicial do Tribunal Regional do Trabalho da 12ª Região (SC), "Direito e Processo do trabalho: fundamentos e perspectivas – pés no chão e olhos no horizonte". Relatório final do Grupo de Altos Estudos do Trabalho (GAET) — fundamentos, críticas e perspectivas, no dia 7.4.2022. Subtítulo inspirado em refrão de *"O tempo não pára"* (Cazuza).

(2) TANTUNES, Ricardo. *O privilégio da servidão:* o novo proletariado de serviços na era digital. 2. ed. São Paulo: Boitempo, 2020. p. 32.

econômica, anterior à demanda sanitária, assola todas as partes do globo de maneira assimétrica, sendo mais sentida em países de economia periférica, no hemisfério sul.

Como todo fenômeno complexo, múltiplos são os fatores responsáveis pelos nefastos efeitos sofridos pelos mercados em todas as atividades e esferas. Inadvertidamente, os direitos sociais, com ênfase ao insustentável "custo" da mão de obra e os direitos dos trabalhadores seguem na pauta como vilões a ameaçar à almejada competitividade empresarial, sem a qual não há empregos.

Há décadas presenciamos um verdadeiro desmanche do sistema protetivo laboral, sendo a tônica no embate entre capital e trabalho. Data da década de 1960 a primeira lei sobre o FGTS (Lei n. 5.107/1966), sucedida de um sem número de medidas flexibilizadoras/desregulamentadoras, com destaque às recentes Reforma Trabalhista de 2017 e Legislação Emergencial de 2020/2022.

Sob o entendimento de estar a solução para todos os males na "desburocratização", "modernização" e "atualização" do Direito do Trabalho, assim como na ampliação da segurança jurídica e no dinamismo das trocas a Secretaria Especial de Previdência e Trabalho do Ministério da Economia (antigo Ministério do Trabalho e Emprego) instituiu o Grupo de Altos Estudos do Trabalho (GAET).(3) Essa comissão de notáveis, após meses de pesquisas e debates, apresentou um relatório com sugestões de mudanças das regras laborais, em níveis constitucional e legal, merecendo destaque o tratamento dispensado às regras sobre limitação de tempo de atuação/disponibilidade e de teletrabalho, objeto do presente estudo.

Alinhados com as melhores intenções do coletivo em questão, propomos trazer elementos ao amadurecimento das reflexões existentes, contribuindo para o êxito de iniciativas tão importantes e decisivas para o futuro do país.

1. Limites à duração do trabalho. Centralidade para o Direito do Trabalho

Sobre a jornada propriamente dita, recorda-se ter sua limitação representado uma das maiores conquistas históricas da classe trabalhadora, bandeira erguida durante todo o século XIX. Luta essa que pode ser sintetizada na máxima "8 horas de trabalho, 8 de repouso e 8 de educação" nascida durante uma greve em Chicago.(4)

---

(3) BRASIL. Ministério do Trabalho e Previdência. Secretaria do Trabalho. Grupo de Altos Estudos do Trabalho (GAET). *"Relatórios dos Grupos de Estudos Temáticos"*. Disponíveis em: <https://www.gov.br/trabalho-e-previdencia/pt-br/acesso-a-informacao/participacao-social/conselhos-e-orgaos-colegiados/conselho-nacional-do-trabalho/comissoes-e-grupos-de-trabalho/grupo-de-altos-estudos-do-trabalho-gaet>. Acesso em: 6 abr. 2022.

(4) A meta dos manifestantes não foi alcançada, tendo por resultado dezenas de mortes, sendo os líderes do levante condenados à forca ou à prisão. Em 1892 o julgamento foi anulado e absolvidos todos os envolvidos.

O objetivo da fixação de um patamar máximo de trabalho traz em si diversos aspectos, em parte relacionados à consideração de seu prestador como um ser humano, complexo e dotado de dignidade, em oposição à máquina, na busca da preservação de seu bem-estar físico e mental e, também, daqueles com que se relaciona.

Eis o cerne da divergência entre aqueles que defendem a jornada como *direito* e quem considera tratar-se de elemento "acidental" do contrato de trabalho: tempo é não apenas vida, mas realização e saúde, aspectos infungíveis e irrestituíveis do ser humano, cuja violação ameaça a existência, dignidade e realização pessoal.(5)

Não por outro motivo a saúde foi erigida a direito social de todos e a dever do Estado, garantida por políticas públicas, nos termos dos arts. 6º e 196 da Constituição da República. Em pleno século XXI, inexiste um tratamento igualitário entre os trabalhadores subordinados, oscilando o grau de proteção ao seu bem-estar, no tocante à limitação da jornada, de acordo com fatores de índole socioeconômica.

Em um plano intermediário, comum, se encontram todos os trabalhadores urbanos e rurais, tutelados pela Constituição da República, art. 7º, inciso XIII, que estabelece patamares máximos de 8 horas diárias e de 44 semanais. Num extremo "positivo", alguns profissionais, com módulos inferiores e menos desgastantes, como bancários (CLT, art. 224, *caput*), enquanto que em outro, diametralmente oposto, e por isso "negativo", os que não possuem limitação alguma, ao fundamento de exercerem atividade gerencial, externa incompatível com controle ou em regime de teletrabalho, conforme dispõe o art. 62 da CLT.

Não há como aventar, quer diante do estágio civilizatório alcançado pela sociedade ocidental, quer pelo avanço da tecnologia, por meio da telefonia móvel, da comunicação via satélite e internet, dentre outros, a possibilidade razoável de alguém não possuir limite e controle de seu tempo de serviço, já que nesse lapso se encontra à disposição do empregador "aguardando ou executando ordens" (CLT, art. 4º).

Se examinada a matéria sob o prisma unicamente monetário, ainda assim, inviável conceber a existência de empregados não submetidos a controle de jornada e, por consequência, de limite expresso, alijados do direito à percepção da paga de horas extras, quando prestadas.

Apenas em 1920, após o final da Primeira Guerra e a criação da Organização Internacional do Trabalho — OIT, é que a limitação da jornada de 8 horas foi reconhecida em escala mundial, sendo adotada no Brasil tão somente em 1932. (GIL, Rosângela Ribeiro; GIANOTTI, Cláudia Santiago. *1º de Maio:* dois séculos de lutas operárias. Rio de Janeiro: Núcleos Piratininga de Comunicação/Cadernos de Formação, 2005. p. 9).

(5) Sobre o tema, SEVERO, Valdete Souto. *Crise de Paradigma no Direito do Trabalho Moderno:* a jornada. Porto Alegre: Sergio Antonio Fabris Editor, 2009; e, ainda, BORGES, Altamiro; LOGUERCIO, Antônia Maria Vieira. *Questões polêmicas sobre a jornada de trabalho.* Porto Alegre: HS Editora, 2009.

Para José Martins Catharino[6], pode o salário ser aferido com base em três critérios, a saber: por unidade de tempo, por unidade de obra ou de forma mista, sendo o fator tempo preponderante em todos, em especial, no primeiro e no último.

Não se diga ser incompatível o apuro de salário por unidade de obra com a limitação da jornada, ao argumento de que quanto mais produz, mais ganha o trabalhador, sendo seu o interesse de elastecer a jornada.

Primeiro, por contrariar a jurisprudência pacificada pelo TST a respeito, nos termos da Súmula n. 340, em que garantido ao empregado remunerado à base de comissões o direito ao adicional de, no mínimo, 50% pelo trabalho em sobrejornada, ainda que exija a sujeição a controle de horário.

Segundo, por estimular o empregador a manter baixo o valor utilizado como base de cálculo do salário por unidade, de modo a exigir mais trabalho para a obtenção de um montante razoável ao sustento, ampliando, com isso, a exploração e a margem de lucro, a custo da violação do tempo humano e de sua dignidade.

Diante da centralidade das regras de limitação do tempo de trabalho para a vida de quem vive da alienação de sua força produtiva, em termos individuais e sociais, mostra-se necessária a ampliação do debate sobre as propostas apresentadas no relatório do Grupo de Altos Estudos do Trabalho (GAET) no particular, inclusive alcançando o regime de teletrabalho.

2. Grupo de altos estudos do trabalho. Relatório. Jornada. Teletrabalho

Na convicção de que a solução para todos os males está na "desburocratização", "modernização" e "atualização" do Direito do Trabalho, visando maior segurança jurídica e dinamismo das trocas foi instituído no âmbito da Secretaria Especial e Previdência e Trabalho do Ministério da Economia (antigo Ministério do Trabalho e Emprego) o Grupo de Altos Estudos do Trabalho (GAET), conforme Portaria n. 1.001/2019. O coletivo anuncia como finalidade "avaliar o mercado de trabalho brasileiro sob a ótica da modernização das relações trabalhistas e matérias correlatas, bem como para propor discussões e diagnósticos sobre quatro eixos: economia e trabalho; direito do trabalho e segurança jurídica; trabalho e previdência e liberdade sindical"[7].

Sua composição conta com membros da Justiça do Trabalho em todas as instâncias, assim como do Ministério Público do Trabalho, da academia, da advocacia e do

(6) CATHARINO, José Martins. *Tratado Jurídico do Salário*. São Paulo: LTr, 1994. p. 151-6.

(7) BRASIL. Ministério do Trabalho e Previdência. Secretaria do Trabalho. Grupo de Altos Estudos do Trabalho (GAET). *"Relatórios dos Grupos de Estudos Temáticos"*. Disponíveis em: <https://www.gov.br/trabalho-e-previdencia/pt-br/acesso-a-informacao/participacao-social/conselhos-e-orgaos-colegiados/conselho-nacional-do-trabalho/comissoes-e-grupos-de-trabalho/grupo-de-altos-estudos-do-trabalho-gaet>. Acesso em: 6 abr. 2022.

segmento econômico. No decurso dos respectivos trabalhos, foram realizadas reuniões com representantes de empregados e de empregadores no estado de São Paulo, inclusive centrais sindicais, federações e confederações.

De acordo com o relatório final apresentado pelo Grupo de Altos Estudos do Trabalho, o avanço da economia brasileira tende a ocorrer se concretizadas mudanças constitucionais e legais, pelo aprofundamento das alterações promovidas pela reforma deflagrada pela Lei n. 13.467/2017. Os trabalhos tiveram inspiração na doutrina social cristã e no fim da luta de classes, sendo o excesso de intervencionismo do poder público nas relações trabalhistas mencionado como um problema-chave(8).

Com base na doutrina dos precedentes, originária do direito anglo-saxão, mostra-se pertinente, por analogia, lançar mão de duas figuras a ela caras e de grande valia à presente análise: *ratio decidendi* e *obiter dictum*(9). Os fundamentos e as premissas do GAET são explícitos, mas o não dito com todas as letras permite entender como fins e meios exigem melhor exame.

As "razões de decidir" do grupo especial são coerentes com os valores por ele expostos. Contudo, a realidade e a experiência demonstram, sem maiores esforços, que emprego é fruto da produção que decorre do consumo que vem dos ganhos do trabalho que, em última análise, vem do emprego! Mais salários, mais consumo, mais produção e, por consequência, menos desemprego.

Nesse sentido, entende Vitor Araújo Filgueiras:

> [...] a dinâmica da ocupação é multicausal e relacionada a uma série de outras políticas (fiscal, monetária, industrial, câmbio, comercial etc). [...] Por isso, reforma que 'flexibiliza' nunca é a única opção, nem medida suficiente para criação de empregos [...] reduzir direitos é uma escolha política sobre o que se quer das condições de vida e de trabalho para a população. A regulação do direito do trabalho é essencialmente valorativa, depende do tipo de sociedade que queremos promover.(10)

---

(8) BRASIL. Ministério do Trabalho e Previdência. Secretaria do Trabalho. Grupo de Altos Estudos do Trabalho (GAET). *"Relatório final"* (p. 53). Disponível em: <https://www.gov.br/trabalho-e-previdencia/pt-br/acesso-a-informacao/participacao-social/conselhos-e-orgaos-colegiados/conselho-nacional-do-trabalho/comissoes-e-grupos-de-trabalho/grupo-de-altos- estudos-do-trabalho-gaet/relatorio-do-gaet.pdf>. Acesso em: 6 abr. 2022.

(9) Segundo César Zucatti Pritsch, *ratio decidendi* ("razão de decidir") é o conceito mais importante da doutrina dos precedentes e corresponde aos fundamentos de uma decisão e que vinculariam as futuras sobre o mesmo tema, enquanto que *obiter dictum* ("dito para morrer") seriam os argumentos não vinculativos do julgado. (PRITSCH, César Zucatti. *Manual de prática dos precedentes no processo civil e do trabalho*: atualizado conforme o CPC 2015 e a reforma trabalhista. São Paulo: LTr, 2018. p. 90-1).

(10) FILGUEIRAS, Vitor Araújo. *"É tudo novo", de novo:* as narrativas sobre grandes mudanças no mundo do trabalho como ferramenta do capital. São Paulo: Boitempo, 2021. p. 165.

Fragilizar vínculos produtivos, "pejotizar", "terceirizar" e "uberizar" reduzem ganhos do trabalho e o consumo daí decorrente. Aumenta a exploração por quem detém o capital, material ou imaterial, neste caso, inclusive algoritmos, sedimentando a concentração de renda e aprofundando as desigualdades sociais.

A análise das propostas apresentadas pelo GAET sobre a legislação vigente e suas mudanças, como pressuposto à melhoria dos quadros de desemprego e renda, impõe entender o que temos, o que queremos e, principalmente, o que sabemos, de antemão, não ser eficaz para um ou outro fim.

Dentre as mudanças propostas no relatório final do GAET, atinentes à jornada, destaquem- se os seguintes:

> *(a) tempo em cursos ou treinamentos*: mesmo remotos e oferecidos pelo empregador, fora do expediente não configuraria sobrejornada/tempo à disposição, exceto se obrigatório ao exercício profissional (art. 58, § 3º, da CLT).(11)
>
> *(b) definição de trabalho em turno ininterrupto de revezamento*: empregador que atue sem interrupção e promova revezamento de horários diurnos e noturnos pelo empregado em períodos inferiores a 3 meses (art. 58-B da CLT).(12)
>
> *(c) supressão de horas extras*: não garante direito à indenização (art. 58-C da CLT).(13)
>
> *(d) prorrogação de jornada em atividade insalubre*: chancelada a pactuação de ajuste pela via individual ou coletiva, desde que o empregador disponha de Programa

---

(11) A dúvida em relação à tese diz respeito à colisão direta ao disposto no art. 4º da própria CLT, ferindo sua sistematicidade. Segundo o *caput* do artigo, "considera-se como de serviço efetivo o período em que o empregado esteja à disposição do empregador, aguardando ou executando ordens". Cursos de aperfeiçoamento, técnicos ou não, conduzem, inevitavelmente, à melhoria dos saberes e dos fazeres de trabalhadoras e trabalhadores, beneficiando o empregador.

(12) A jornada reduzida assegurada pelo constituinte a quem atue em modalidade gravosa à saúde, em revezamento, busca compensar e preservar o bem-estar, sabendo-se dos prejuízos inevitáveis causados ao relógio biológico do sujeito. Não importa, dessa forma, se a empresa atua de modo ininterrupto ou se as trocas diurnas/noturnas têm periodicidade inferior a 3 meses, apenas que a pessoa se veja obrigada, por prática de interesse e ganho do patrão a mudar suas rotinas e compromissos de tempos em tempos. Cabe a quem empreende a atividade econômica a assunção de todos os riscos do negócio (art. 2º da CLT).

(13) A proposta, de modo intencional ou não, deixa de mencionar o aspecto "habitualidade" essencial à caracterização das "horas extras" como indenizáveis, na hipótese de cessação dos pagamentos. Esse foi o entendimento consagrado há anos pela Súmula n. 291 do TST. A proposta, de modo intencional ou não, deixa de mencionar o aspecto "habitualidade" essencial à caracterização das "horas extras" como indenizáveis, na hipótese de cessação do pagamento. Esse foi o entendimento consagrado há anos pela Súmula n. 291 do TST. Segundo o Grupo de Altos Estudos do Trabalho, parece plausível estender à desvinculação do dever de indenizar à supressão da paga de qualquer prorrogação. Mudança de entendimento sempre é possível em se tratando de Direito, mas para isso, essencial que sejam trazidos argumentos razoáveis e suficientes a desconstituir as premissas anteriores, o que não ocorreu no caso.

Preventivo de Riscos Ambientais (PPRA) ou, se for o caso, Programa de Controle Médico de Saúde Ocupacional (PCMSO), nos termos da legislação vigente (art. 60 da CLT).[(14)]

(e) prorrogação horária por força maior: assegurada a remuneração da hora normal e, nos demais casos, o acréscimo do adicional de 50% até o limite de 12h diárias, salvo outro patamar estabelecido em lei (art. 61, § 2º, da CLT).[(15)]

(f) gerentes fora da aplicação do capítulo "da duração da jornada": quando receberem *gratificação* inferior a 40% sobre o salário-base, os gerentes fariam jus à diferença, mas não ao recebimento das horas extras acaso realizadas (art. 62, § 1º, da CLT). Não descaracterizaria a natureza do cargo eventual a subordinação à presidência, superintendência ou direção regional (art. 62, § 2º, da CLT).[(16)]

(g) intervalo mínimo *entrejornadas*: inobservância de 11h acarretaria exclusivamente o pagamento de multa administrativa (art. 66 da CLT).[(17)]

(h) descanso semanal: garante o descanso por 24h consecutivas, sem vedar o trabalho em domingos e assegura uma folga neste dia a cada 7 semanas (art. 67, *caput* e § 1º, da CLT).Caberia o revezamento em serviços que devam ser prestados aos domingos, exceto elencos teatrais (art. 67, § 2º, da CLT).[(18)]

---

(14) Com efeito, a matéria em questão possui relação direta com a saúde dos trabalhadores, não podendo ser objeto de pauta negociação, sequer coletiva. Tanto o PPRA, quanto o PCMSO, são documentos unilaterais, elaborados a pedido e por pagamento do empregador, sem a participação de sindicatos ou representantes dos trabalhadores ou do Estado.

(15) Prorrogação por interesse e ordem patronais, tornando devido o adicional constitucional, salvo hipótese de regime compensatório ou banco de horas. Limite de 12h altamente questionável, por saber-se que jornadas elastecidas aumentam o desgaste/sofrimento no trabalho, o índice de adoecimento e o volume de acidentes. A falta de menção a ser devido outro percentual acaso superior ao legal vai contra a técnica adotada pelo constituinte, deixando transparecer a ruptura com os valores e ideias que inspiraram a redação do art. 7º da Lei Maior.

(16) Desatendidos os requisitos do artigo, por consequência, dever-se-ia aplicar a regra geral, mais benéfica ao trabalhador. O Princípio da Proteção, acaso aprovada a proposta, é invertido, passando a tutelar o empregador, trazendo ao debate para que serve o Direito do Trabalho e quais seus fundamentos históricos, inclusive se o trabalho é ou não mercadoria.

(17) A sugestão desconsidera o prejuízo ao direito à desconexão do trabalhador, bem como ao repouso para recuperação da higidez física e mental. Em sentido contrário às disposições internacionais e constitucionais de preservação do bem- estar do ser humano, fomenta a prática nefasta e contraproducente de prorrogação horária, causadora, inclusive, da redução de novos postos. Além disso, a posição indicada vai de encontro ao entendimento histórico da Súmula n. 110 do TST que embora criado a partir de situações envolvendo regimes de revezamento, acabou aplicado de modo geral, assegurando o direito ao recebimento de horas extras acaso inobservado o intervalo mínimo entrejornadas.

(18) A redação do texto elide o adjetivo "remunerado" do descanso, causando o esvaziamento do sentido de representar salário sem trabalho, em execução reduzida do contrato. Inegável ser o domingo o dia historicamente destinado ao encontro familiar, tendo em vista que crianças não vão às aulas nesses dias e aos sábados, desfrutando, pela Constituição da República, de absoluta prioridade em termos de proteção pela família, pelo Estado e toda a sociedade (art. 227). A periodicidade proposta afasta-se em demasia dos usos e costumes

(i) trabalho em domingos: deve ser autorizado por acordo individual escrito ou negociação coletiva (art. 68 da CLT) e remunerado em dobro, salvo se o empregador determinar outro dia de folga compensatória (art. 70 da CLT).(19)

(j) intervalos em jornadas não superiores a 6h: mesmo quando prorrogada além de 6 ao dia, assegura somente o direito a 15min de intervalo (art. 71, § 1º, da CLT), dando margem à redução do intervalo de 1h em até 30min por acordo individual escrito, caso o estabelecimento mantenha refeitórios e não exija a realização de horas extras (art. 71, § 3º, da CLT).(20)

(k) serviços com permanentes movimentos repetitivos: assegurado o direito a 2 intervalos de 10min, cada, não deduzidos da jornada, sendo um após 2h e outro, 2h antes do fim da jornada (art. 72 da CLT).(21)

(l) trabalho noturno urbano e rural: reconhece o direito ao recebimento do adicional mínimo de 25% sobre o valor da hora diurna, assim entendida como sendo a prestada entre 21h e 5h.(22)

---

sobre o tema, pelos quais deve haver folga em 1 a 2 domingos por mês. Para além da questão monetária, está-se diante de ameaça ao mínimo existencial dos sujeitos.

(19) Acordo individual trata-se de um eufemismo, na medida em que o ajuste pela via coletiva se mostra questionável, nesta matéria, diante do marco constitucional estabelecido pelo art. 7º, inciso XIII, autorizando a flexibilização do módulo semanal apenas na hipótese de adoção de regime compensatório. Folga compensatória não deve afastar o direito à paga em dobro pelo trabalho em domingos, na medida em que há perdas de diversas ordens ao trabalhador.

(20) O tempo de trabalho sempre serviu de parâmetro para o respectivo tempo de descanso, por um juízo de proporcionalidade. Quanto mais desgaste, mais recuperação. Havendo prorrogação do expediente, deve haver aumento do tempo de intervalo, se prestando, entendimento em contrário, ao estímulo do desgaste, adoecimento e acidentes.

(21) O conceito trazido pelo Grupo é complexo e restritivo, além de muito menos protetivo do que o teor anterior, assecuratório de 10min de pausa a cada 90min de serviço (art. 72 da CLT). Ignora as nuances da NR-17, notadamente quanto à adaptação das medidas de proteção não apenas na perspectiva da *qualidade* (ou "modo operatório"; no caso, o modo repetitivo) e do *tempo* do trabalho, mas também do seu *ritmo/intensidade,* dos *instrumentos e meios técnicos disponíveis* e dos *aspectos cognitivos* que possam comprometer a segurança e a saúde do trabalhador (item 17.4.1). Novamente, a saúde é rebaixada a mero aspecto da produção e menosprezado seu papel de Direito Social.

(22) Acaso levada a efeito, a sugestão acabaria com a redução da hora noturna do urbano, demonstrando a opção por pagar pela saúde do sujeito, ao invés de preservá-la. A monetização da vida granjeando espaço dispositivo a dispositivo, mudança por mudança. Não é de hoje que uma visão economicista da jornada como instituto laboral se apresenta ao Direito do Trabalho. Lembre-se o teor do art. 59 da CLT, anterior à Constituição da República vigente, pelo qual "a duração normal do trabalho poderá ser acrescida de horas suplementares, em número não excedente de 2 (duas), mediante acordo escrito entre empregador e empregado, ou mediante contrato coletivo de trabalho".A prorrogação poderia levar a 10 horas diárias de trabalho, previamente ajustada, individual ou coletivamente, gerando a remuneração. Tratava-se de medida excepcional e de alcance limitado no curso da relação. Mas o extraordinário se "ordinarizou" a ponto de a jurisprudência do Tribunal Superior do Trabalho (TST) criar a figura das "horas extras habituais", cuja supressão seria válida por ato unilateral do empregador, mediante o pagamento de uma indenização ao trabalhador. O direito à limitação do tempo de serviço sofreu uma mutação em um patamar que seu reconhecimento gera direito à reparação, nos termos

Por que, então, apenas um dos contratantes deveria abrir mão do tempo de vida se os ganhos são comuns?

Sobre o teletrabalho, o GAET aparentemente interpretou relativamente bem o fenômeno, na perspectiva dos fatos (exceto, talvez, quanto a alguns "pontos positivos" identificados, como a "liberdade de jornada e horário" — na verdade, o teletrabalho tem revelado contextos de exasperação indefinida de jornada, não propriamente de "liberdade" — e a "vida familiar mais livre"). Leia-se:

> Há aspectos positivos no teletrabalho em geral para o trabalhador e o tomador: a) liberdade de jornada e horário; b) menor deslocamento físico; c) ganhos ambientais pela menor utilização da estrutura viária; d) flexibilidade e adaptação do trabalho ao ritmo do trabalhador; e) vida familiar mais livre; f) redução de custo com instalações; g) aumento de produtividade; h) trabalho em tempo real sem limites geográficos; i) inclusão de pessoas com limitações (filhos, doentes, gestantes e mulheres pós-parto, deficientes físicos e idosos). (...) Mas há pontos negativos: a) maior isolamento profissional e pessoal no trabalho; b) hiperindividualismo para sobrevivência na selva das plataformas; c) dificuldade de ação sindical (embora haja exemplos recentes, em áreas mais desenvolvidas do Brasil, de assembleias com elevadíssimo número de participantes virtuais, muito superior às reuniões presenciais); d) promiscuidade entre trabalho e família; e) menor proteção dos segredos do negócio; f) novas doenças do trabalho; g) custo maior para o trabalhador. (...) O que antes parecia ficção científica se tornou tão real que está, literalmente, na palma de nossas mãos. Como consequência, a subordinação jurídica em regra desaparece, se transfigura e se subverte. A ordem do chefe é substituída pela ordem tecnológica, com diluição do choque hierárquico típico da gestão patronal. Tal constatação desnorteia a ideia de hierarquia, lugar e jornada de trabalho. Tornou-se obsoleta a concepção do estabelecimento como unidade técnica onde se reúnem pessoas em certos horários e sob estrutura hierarquizada, de rigidez militar. O trabalho pode ser executado sem concentração dos processos produtivos, sem horários, sem subordinação e sem local específico.

Mas, na perspectiva da norma, não engendrou as melhores soluções. Assim, *e.g.*, a despeito da clareza do art. 6º da CLT, com a redação dada pela Lei n. 12.511/2011, consagrando a igualdade de tratamento entre quem trabalha dentro das dependências

da Súmula n. 291. Nessa trilha, passaram a ser reconhecidas como válidas práticas como a do banco de horas (Lei n. 9.601/1998) e do regime compensatório em atividade insalubre pela via coletiva (Súmula n. 349 do TST), até chegarmos à Reforma de 2017 e aos arts. 611-A e B, pelo quais a irrenunciabilidade e a cogência das regras atinentes à jornada passaram a pontos parcialmente superados.

do empregador e quem atua fora, usando a tecnologia (interface telemática), o art. 62, inciso III, da CLT, acrescido pela Reforma de 2017, levou a modalidade não ao limbo, mas ao purgatório.

Em termos práticos, a inserção de algum grupo de empregados no rol do referido art. 62 deveria significar a não aplicação do capítulo da própria CLT atinente à jornada, por uma leitura literal e tópica. Mas como justificar que a inaplicabilidade de um decreto-lei afetaria os mandamentos constitucionais, pois não apenas a limitação de horário dia a dia, mas semanal e anual têm assento na Lei Maior?

A leitura de remanescer alguma atividade humana que pelo nível de fidúcia ou local em que realizada não possa ou deva ser mensurada, no seio da relação de emprego, diante do estágio atual de GPS, *smartphones* e outros equipamentos não subsiste a qualquer exame.

Tanto é assim, que o ministro Luiz Edson Fachin, vencido quanto à matéria, nos autos da Medida Cautelar na Ação Direta de Inconstitucionalidade 6.342/DF, em que questionados diversos artigos da Medida Provisória n. 927/2020, manifestou-se:

> Importante registrar que o art. 7º, XIII, da CRFB estabelece que é direito do trabalhador a "duração do trabalho normal não superior a oito horas diárias e quarenta e quatro semanais, facultada a compensação de horários e a redução da jornada, mediante acordo ou convenção coletiva de trabalho".
>
> Diante da norma constitucional supracitada, verifica-se que o art. 4º, § 5º, da Medida Provisória n. 927/2020, ao estipular que "o tempo de uso de aplicativos e programas de comunicação fora da jornada de trabalho normal do empregado não constitui tempo à disposição, regime de prontidão ou de sobreaviso, exceto se houver previsão em acordo individual ou coletivo", torna possível a disponibilidade ilimitada do empregado ao empregador, constituindo ausência total de limites de sobrejornada de trabalho, no regime de teletrabalho, o que é flagrantemente incompatível com o estabelecido no art. 7º, XIII, da CRFB.
>
> Aqui, entretanto, é importante registrar que o tempo de uso de aplicativos e programas de comunicação *no interesse exclusivo do trabalho* deve submeter-se às regras constitucionalmente estabelecidas para a jornada e sobrejornada de trabalho, sob pena de afronta direta ao que reconhecido como direito fundamental do trabalhador brasileiro, nesse particular.
>
> Assentada esta condição, mais uma vez *pedindo escusas ao e. Ministro Relator*, voto pelo *acolhimento do pedido cautelar*, neste particular, suspendendo a eficácia do art. 4º, § 5º, da Medida Provisória n. 927/2020, por afronta ao art. 7º, XIII, da CRFB. (Grifos do original)[23]

Buscando o diálogo das fontes do Direito do Trabalho, na forma prescrita no art. 8º da CLT, temos o Direito Comparado e seus exemplos. Exemplos esses não aleatórios,

(23) SUPREMO TRIBUNAL FEDERAL. Íntegra do voto do Ministro Luiz Edson Fachin. Disponível em: <https://www.conjur.com.br/dl/stf-fachin-adis-referendo-mp-927.pdf>. Acesso em: 6 abr. 2022.

mas muito familiares à realidade nacional e a seu sistema normativo, como Portugal[(24)], Argentina[(25)], Espanha[(26)] e, mais recentemente, Uruguai.[(27)]

Eis que a Medida Provisória n. 1.108, de 25 março de 2022, convertida na Lei n. 14.442, de 2 de setembro de 2022, atentando não apenas aos fatos, mas aos movimentos da doutrina, da jurisprudência e do Poder Legislativo[(28)], reconheceu, em parte, a necessária alteração do art. 62, inciso III, da CLT, para acrescentar ao sujeito "empregados em regime de teletrabalho", a particularidade "que prestam serviço por produção ou tarefa". Já o relatório do GAET propôs inserir após o teletrabalho a cláusula de exceção "desde que não submetidos a controle e fiscalização". Melhor, talvez, fosse mesmo a proposta do GAET, porque nada justifica que o trabalhador por produção ou tarefa não tenha assegurado o seu direito constitucional à desconexão ou o seu direito às horas extraordinárias com adicional mínimo de 50%; aliás, nesse sentido, a já referida Súmula n. 340 do C. TST. Ademais, o critério de apuro de remuneração não interfere na humanidade do sujeito subordinado e, por consequência, em seu direito ao não trabalho, à desconexão[(29)] ou outro termo com significado similar. Diz respeito apenas a como será apurado o vencimento. Na verdade, o Governo Federal praticou uma desastrosa atecnia ao subordinar o direito às horas extras ao modo de remuneração do teletrabalhador (ou do trabalhador remoto).

Ademais, a limitação, queira ou não o legislador (CLT, art. 611-B, par. único), o controle e a fixação de patamares de jornada são medidas de higiene, segurança e segurança do trabalho, atinentes ao conceito gestáltico de *meio ambiente de trabalho*[(30)], cabendo a quem assume os riscos do negócio desenvolver, ativar e sustentar meios bastantes para provê-los e respeitá-los. Como referido em outra oportunidade, "as empresas

(24) KROST, Oscar. "Teletrabalho: uma experiência do Direito Comparado entre Brasil e Portugal", painel apresentado no Seminário Virtual Internacional: Projetos e Impactos tecnológicos sobre o Direito do Trabalho, promovido pela Escola da Associação Nacional dos Procuradores do Trabalho, em 10 de novembro de 2020, disponível em: <https://www.youtube.com/watch?v=8gerSV5RctQ&gt>, a partir de 5h44min30seg. Acesso em: 6 abr. 2022.

(25) KROST, Oscar. "Teletrabalho na Argentina e no Brasil: tão perto, mas tão longe", disponível em: <https://direitodotrabalhocritico.wordpress.com/2020/08/28/teletrabalho-na-argentina-e-no-brasil- tao-perto-mas-tao-longe/>. Acesso em: 6 abr. 2022.

(26) KROST, Oscar; TRINDADE, Rodrigo. "Teletrabalho na Espanha: redescobrindo a América". Disponível em: <https://direitodotrabalhocritico.com/2021/07/27/teletrabalho-na-espanha-redescobrindo-a-america/&gt>. Acesso em: 6 abr. 2022.

(27) KROST, Oscar. "Análise da regulação do teletrabalho na Argentina, Brasil e Uruguai". No prelo.

(28) Nesse sentido, o Projeto de Lei n. 5.581/20, de autoria do dep. Rodrigo Agostinho, disponível em: <https://www.camara.leg.br/proposicoesWeb/prop_mostrarintegra;jsessionid=node0z7r4xfv4vtye16osc6gi6zg5s1498879.node0?codteor=1953710&filename=PL+5581/2020>. Acesso em: 6 abr. 2022.

(29) Sobre o tema GOLDSCHMIDT, Rodrigo; GRAMINHO, Vivian Maria Caxambu. *Desconexão:* um direito fundamental do trabalhador. São Paulo: Lumen Juris, 2020.

(30) V. por todos, FELICIANO, Guilherme Guimarães. *Responsabilidade civil no meio ambiente do trabalho:* nexo causal, nexo normativo e teoria da imputação objetiva. São Paulo: Thomson Reuters/Revista dos Tribunais, 2021, *passim*.

Pontonow e Pontomais são apenas dois exemplos que oferecem opções para registro de horário de teletrabalhadores, por telefone fixo/móvel, smartphone ou computador, viabilizando, inclusive, o acompanhamento em tempo real pelos patrões, conforme anunciado em inúmeros sites.(31)

A preservação da higidez física e mental humana não pode ficar à mercê de ato de vontade do empregador. É direito fundamental e irrenunciável de trabalhadoras e trabalhadores, corolário dos valores sociais do trabalho e da livre-iniciativa e da dignidade da pessoa humana. Não se esqueça, ainda, o princípio do não retrocesso social (art. 26 do Pacto de San José da Costa Rica) e a proibição de distinção entre trabalhos manual, técnico e intelectual ou entre os profissionais respectivos, ambos de *status* constitucional.(32)

Além disso, entendemos não haver um "teletrabalho" como categoria jurídica a justificar tratamento diferenciado e menos protetivo a quem vive do trabalho. Pode-se aventar um trabalho prestado a distância, com uso de tecnologia, cujo resultado objetivo é enviado por meios telemáticos até o destinatário final, empregador ou quem por ele for indicado. Inexiste fática e materialmente distinção entre o serviço realizado dentro e fora da empresa. Portanto, tele é a transmissão do serviço, que pode ser feito por meio físico, através de um arquivo de CD, DVD ou *pendrive*.(33)

Por isso mesmo, pela irretorquível violação à isonomia constitucional (CRFB, art. 5º, *caput*) e também aos direitos sociais mínimos da limitação de jornada e da remuneração das horas extras (CRFB, art. 7º, XIII e XVI), *tanto era* inconstitucional a restrição ampla do art. 62, III, da CLT, na redação da Lei n. 13.467/2017 — i.e., em relação a qualquer teletrabalhador —, como a restrição circunscrita do atual art. 62, III, da CLT, na redação da MP n. 1.108/2022, convertida na Lei n. 14.442/22, agora em relação aos teletrabalhadores remunerados por tarefa ou produção. E, para mais, é igualmente imprópria — e inconstitucional — a surreal equiparação, para efeitos restritivos, entre o teletrabalhador e o "trabalhador remoto", se se entender o último como o trabalhador à distância que não executa tarefas por intermédio de necessária interface telemática.

Com efeito, dirão os entusiastas da alteração promovida pela MP n. 1.108/2022 (Lei n. 14.442/22) que, não tendo a lei palavras inúteis (*verba cum effectum sunt accipienda*), agora até mesmo as velhas práticas do *sweat system* estariam autorizadas, sem a remuneração das horas extras. Assim, *e.g.*, um(a) costureiro(a) que prestasse serviços em

---

(31) A exemplo dos *sites*: <https://www.pontonow.com.br/> e <https://www.pontomais.com.br/>.

(32) A respeito da discriminação entre trabalhos, ver KROST, Oscar. "Proibição de distinção entre trabalhos manual, técnico e intelectual ou entre os profissionais respectivos, Reforma Trabalhista e 'teletrabalho': diferenciando iguais para reduzir direitos". In: ARAUJO, Adriane Reis de; D'AMBROSO, Marcelo José Ferlin (Coords.). *Democracia e Neoliberalismo:* o legado da Constituição de 1988 em tempos de crise. Salvador: JusPodivm, 2018. p. 331-360.

(33) KROST, Oscar. "Teletrabalho: a verdade que esqueceu de acontecer". Disponível em: <https://direitodotrabalhocritico.com/2022/03/21/teletrabalho-a-verdade-que-esqueceu-de-acontecer/>. Acesso em: 6 abr. 2022.

domicílio (*home office*?), mantendo contatos esporádicos com o empregador por intermédio do telefone (e, logo, sem qualquer interface telemática típica), produzindo peças e mais peças para seu contratante e recebendo por produção, *já não teria direito a horas extras*, mercê da inovação trazida pelo Legislativo... A quem em algum momento pretenda eriçar essa bandeira, diga-se desde logo: *não poderia haver tese mais iníqua*, violando a mais não poder a integridade psicofísica do trabalhador e a sua própria dignidade pessoal.

O caminho virtuoso quiçá pudesse encontrar rumos na legislação portuguesa. O Código do Trabalho (Lei n. 7/2009) português, com efeito, prevê que *(a)* o teletrabalho deve ter necessárias *condicionalidades* (clausula expressa; identificação formal das funções a desempenhar e do superior hierárquico; distribuição das responsabilidades pela instalação, manutenção e despesas dos instrumentos de trabalho); *(b)* o teletrabalho deve se sujeitar a um imprescindível *regime de garantias* (direito de retratação e de recondução do trabalhador comum; igualdade de tratamento; garantias especiais de privacidade e de inviolabilidade domiciliar; política própria de saúde, higiene e segurança do trabalho); *(c)* o teletrabalho deve se guiar pela normatividade ínsita ao princípio da isonomia entre todas as modalidades de trabalho, de forma que "[o] trabalhador em regime de teletrabalho tem os mesmos direitos e deveres dos demais trabalhadores, nomeadamente no que se refere a formação e promoção ou carreira profissionais, limites do período normal de trabalho e outras condições de trabalho, segurança e saúde no trabalho e reparação de danos emergentes de acidente de trabalho ou doença profissional" (art. 169º, 1); *(d)* o teletrabalho deve ser desenvolvido em condições de ampla e irrestrita *informação/formação*, de modo que, "[n]o âmbito da formação profissional, o empregador deve proporcionar ao trabalhador, em caso de necessidade, formação adequada sobre a utilização de tecnologias de informação e de comunicação inerentes ao exercício da respectiva actividade" (art. 169º, 2); e, por fim, *(e)* o teletrabalho não pode ser um fator de *alienação coletiva*, razão pela qual "[o] empregador deve evitar o isolamento do trabalhador, nomeadamente através de contactos regulares com a empresa e os demais trabalhadores" (art. 169º, 3). Cabe lembrar, a propósito, que, pela via do art. 8º, *caput*, da CLT, o "direito comparado" (*rectius*: as fontes formais do direito estrangeiro) pode funcionar como *fonte formal subsidiária* do Direito do Trabalho brasileiro.[34]

Eis a boa senda. Não tem sido essa, porém, a *nossa* vereda. E nem deverá ser, a seguirmos os passos sugeridos pelo Grupo de Altos Estudos do Trabalho pautou seu relatório.

3. Conclusões

A "reforma" da CLT causada pela Lei n. 13.467/2017 teve por fundamento "modernizar" e "desburocratizar" a legislação protetiva. Objetivou, com isso, a ampliação da competitividade das empresas e de seu poder de investimento, gerando empregos.

(34) Cfr. FELICIANO, Guilherme Guimarães. *Do pré-contrato de trabalho:* O contrato preliminar de trabalho no *iter* da contratação laboral: Abordagem comparativa e jusfundamental. São Paulo: LTr, 2010. *passim*.

O que se viu foi exatamente o contrário, com aumento da informalidade e da precarização, com queda do poder de compra dos salários. Considerando necessária a continuação desse processo, a Secretaria Especial de Previdência e Trabalho do Ministério da Economia criou o Grupo de Altos Estudos do Trabalho (GAET), visando estabelecer pontos da legislação trabalhista merecedores de novas "adequações", atuação da qual foi elaborado um relatório.

O exame das sugestões apresentadas pelo coletivo sobre a normatividade afeta à duração do trabalho e ao teletrabalho dá conta de seguirem o receituário de desproteção, fragilização e menoscabo da limitação horária como medida de preservação da saúde. Apresentam um viés único de que menos tutela à pessoa gera mais riqueza e esta se reverte em atividade produtiva/empregos.

Aos cultores e operadores do Direito, diante desse cenário de desconstrução de mais um alicerce do Estado de Bem-Estar idealizado pelo constituinte originário, cabe decidir entre seguir vivenciando passivamente esse fenômeno ou mudar a rota.

Para tanto, essencial o resgate e a compreensão dos princípios do Direito do Trabalho, verdadeira razão de ser no mundo, ancorados nos controles de constitucionalidade e convencionalidade, inspirados, ainda, nas experiências do Direito Comparado (CLT, art. 8º, *caput*). Sem isso em mente, talvez deixe de existir motivo ou razão para que o Direito mantenha vivo um ramo autônomo para regular e disciplinar o trabalho humano e a dignidade do sujeito que dele tira o sustento. Restará aceitar, sem resistência, a sentença anunciada há alguns anos por Zygmund Bauman: "O velho limite sagrado entre o horário de trabalho e o tempo pessoal desapareceu. Estamos permanentemente disponíveis, sempre no posto de trabalho". De fato, tem sido assim, especialmente no teletrabalho: eis o novo "ser", cujo parto foi antecipado pela pandemia do Sars-Cov-2. Para esse novo ser, qual será o correspectivo "dever ser"?

Com a palavra, o genuíno juslaboralismo.

Referências

ANTUNES, Ricardo. *O privilégio da servidão:* o novo proletariado de serviços na era digital. 2. ed. São Paulo: Boitempo, 2020.

BORGES, Altamiro; LOGUERCIO, Antônia Maria Vieira. *Questões polêmicas sobre a jornada de trabalho*. Porto Alegre: HS Editora, 2009.

CATHARINO, José Martins. *Tratado Jurídico do Salário*. São Paulo: LTr, 1994.

BRASIL. Ministério do Trabalho e Previdência. Secretaria do Trabalho. Grupo de Altos Estudos do Trabalho (GAET). "Relatórios dos Grupos de Estudos Temáticos". Disponíveis em: <https://www.gov.br/trabalho-e-previdencia/pt-br/acesso-a-informacao/participacao-social/conselhos-e-orgaos-colegiados/conselho-nacional-do-trabalho/comissoes-e-grupos-de-trabalho/grupo-de-altos-estudos-do-trabalho-gaet>. Acesso em: 6 abr. 2022.

______. Ministério do Trabalho e Previdência. Secretaria do Trabalho. Grupo de Altos Estudos do Trabalho (GAET). "Relatório final". Disponível em: <https://www.gov.br/trabalho-e-previdencia/pt-br/acesso-a-informacao/participacao-social/conselhos-e-orgaos-colegiados/conselho-nacional-do-trabalho/comissoes-e-grupos-de-trabalho/grupo-de-altos-estudos-do-trabalho-gaet/relatorio-do- gaet.pdf>. Acesso em: 6 abr. 2022.

FELICIANO, Guilherme Guimarães. *Do pré-contrato de trabalho:* O contrato preliminar de trabalho no *iter* da contratação laboral: Abordagem comparativa e jusfundamental. São Paulo: LTr, 2010.

FELICIANO, Guilherme Guimarães. *Responsabilidade civil no meio ambiente do trabalho:* nexo causal, nexo normativo e teoria da imputação objetiva. São Paulo: Thomson Reuters/Revista dos Tribunais, 2021,

FILGUEIRAS, Vitor Araújo. *"É tudo novo", de novo:* as narrativas sobre grandes mudanças no mundo do trabalho como ferramenta do capital. São Paulo: Boitempo, 2021.

GIL, Rosângela; GIANOTTI. *1º de Maio:* dois séculos de lutas operárias. Rio de Janeiro: Núcleos Piratininga de Comunicação/Cadernos de Formação, 2005.

KROST, Oscar. "Teletrabalho: uma experiência do Direito Comparado entre Brasil e Portugal", painel apresentado no Seminário Virtual Internacional: Projetos e Impactos tecnológicos sobre o Direito do Trabalho, promovido pela Escola da Associação Nacional dos Procuradores do Trabalho, em 10 de novembro de 2020, disponível em: <https://www.youtube.com/watch?v=8gerSV5RctQ&gt>, a partir de 5h44min30seg. Acesso em: 6 abr. 2022.

KROST, Oscar. "Teletrabalho na Argentina e no Brasil: tão perto, mas tão longe". Disponível em: <https://direitodotrabalhocritico.wordpress.com/2020/08/28/teletrabalho-na-argentina-e-no-brasil-tao-perto-mas-tao-longe/>. Acesso em: 6 abr. 2022.

KROST, Oscar. "Análise da regulação do teletrabalho na Argentina, Brasil e Uruguai". No prelo.

KROST, Oscar; TRINDADE, Rodrigo. "Teletrabalho na Espanha: redescobrindo a América", disponível em: <https://direitodotrabalhocritico.com/2021/07/27/teletrabalho-na-espanha-redescobrindo-a- america/&gt>. Acesso em: 6 abr. 2022.

MINISTÉRIO DO TRABALHO E PREVIDÊNCIA. Grupo de Altos Estudos do Trabalho, disponível em: <https://www.gov.br/trabalho-e-previdencia/pt-br/acesso-a-informacao/participacao-social/conselhos-e-orgaos-colegiados/conselho-nacional-do-trabalho/comissoes-e-grupos-de-trabalho/grupo-de-altos-estudos-do- trabalho-gaet>. Acesso em: 31 maio 2022.

PRITSCH, César Zucatti. *Manual de prática dos precedentes no processo civil e do trabalho:* atualizado conforme o CPC 2015 e a reforma trabalhista. São Paulo: LTr, 2018.

SEVERO, Valdete Souto. *Crise de Paradigma no Direito do Trabalho Moderno:* a jornada. Porto Alegre: Sergio Antonio Fabris Editor, 2009.

SUPREMO TRIBUNAL FEDERAL. Íntegra do voto do Ministro Luiz Edson Fachin. Disponível em: <https://www.conjur.com.br/dl/stf-fachin-adis-referendo-mp-927.pdf>. Acesso em: 6 abr. 2022.

Teletrabalho: Conceito — Síntese Legislativa — Brasil e Itália

Patrícia Helena Azevedo Lima

1. Introdução

Antes de se ingressar no conceito de teletrabalho no Brasil e Itália, faz-se necessário discorrer a respeito do seu surgimento e sua relevância no direito do trabalho.

Esperanza Macarena Sierra Benítez pondera que a crise econômica mundial no final do século XX e o processo da globalização da economia impulsionaram a revolução das telecomunicações. Os avanços tecnológicos, com novas tecnologias de informação e comunicação em todas as áreas, transformaram sobremaneira o mercado de trabalho, produzindo mudanças de hábitos na vida de todos, originando uma sociedade de informação.(1)

A autora entende que "a ascensão da Internet e o uso de *e-mail* disponibilizam ao empregador e ao trabalhador algumas ferramentas que favorecem a mobilidade e a flexibilidade no trabalho e a economia nos custos de produção". Essa flexibilidade do local do trabalho possibilitou que o trabalhador pudesse realizar suas tarefas fora do local tradicional de trabalho, por meio de ferramentas tecnológicas (computador, telemóvel, acesso à Internet).(2)

O teletrabalho, portanto, é o resultado da globalização, da revolução tecnológica, da flexibilização das relações de trabalho.

A mobilidade do trabalhador ganhou cada vez mais espaço com a globalização. Amauri Mascaro Nascimento conclui que a "informática e a globalização levaram as empresas a reestruturar os serviços transferidos para unidades menores e a dispensar

---

(1) SIERRA BENÍTEZ, Esperanza Macarena. *El contenido de la relación laboral em el teletrabajo.* 1. ed. Sevilla: Consejo Econnómico y Social de Andalucía, mar. 2011. p. 23.

(2) *Idem.*

por motivos econômicos, tecnológicos ou estruturais, aumentando a produção com um número menor de empregados". Na opinião do autor, houve uma reengenharia no processo produtivo que propiciou o surgimento do teletrabalho.(3)

A partir da evolução tecnológica e da comunicação surgiram novas modalidades de contrato individual de trabalho, como os "contratos a prazo em larga escala, o trabalho autônomo, o trabalho intermitente, o contrato de trabalho *a chamada*, o teletrabalho, o contrato *part time*, o contrato *a projeto*, o contrato de trabalho continuativo, de colaboração e coordenação".(4)

A importância do teletrabalho no direito laboral a partir da inserção de novas tecnologias em diversas profissões, nos dias de hoje, com o uso de *notebooks*, computadores, *smartphones*, internet, intranet, centros telemáticos, acentuou-se com a pandemia da Covid-19.

A crise sanitária advinda do novo coronavírus (SARS-CoV-2), cuja doença é a Covid-19, alterou a rotina doméstica relacional dos trabalhadores, na qual as regras da vida cotidiana foram viradas de cabeça para baixo. Com o avanço sistêmico da doença, de forma globalizada, ocorreram medidas excepcionais de urgência de contenção social. Para o combate à pandemia a Organização Mundial da Saúde (OMS) recomendou o isolamento dos casos suspeitos e o distanciamento social a fim de minimizar o aumento exponencial dos casos da doença e a sobrecarga nos serviços de saúde.

Ulrich Bechk, no livro *Sociedade de risco*, argumenta a respeito da existência de muitos perigos iminentes na sociedade moderna e globalizada, por entender que "o reverso da natureza socializada é a socialização dos danos à natureza, sua transformação em ameaças sociais, econômicas e políticas sistêmicas da sociedade altamente industrializada". O autor justifica que a reação da natureza por ter sido "subjugada e explorada no final do século XX e, assim, transformada de fenômeno externo em interno, de fenômeno predeterminado em fabricado" a sociedade torna-se indefesa e as "regras da vida cotidiana são viradas de cabeça para baixo", como ocorreu com a crise sanitária do SARS-COV-2.(5)

Essa percepção de Ulrich Bechk nos apresenta que os fenômenos são globalizados, indo ao encontro dos autores Esperanza Macarena e Amauri Mascaro Nascimento, e corroborando a assertiva que "o mundo tornou-se um só, segundo René David".(6)

---

(3) NASCIMENTO, Amauri Mascaro. *Curso de Direito do Trabalho*, 27. ed. São Paulo: Saraiva, 2012. p. 76.

(4) *Idem*.

(5) BECK, Ulrich. *Sociedade de risco*. 2. ed., 3. reimp. São Paulo: Editora 34, 2019. p. 9 e 10.

(6) DAVID, René David. *Os grandes Sistemas do Direito Contemporâneo*. 5. ed. São Paulo: Martins Fontes, 2014. prefácio XII.

Impõe-se, portanto, uma análise do teletrabalho sob o ponto de vista também do direito comparado, que no presente trabalho está adstrito à Itália, país que tem em seu ordenamento jurídico uma legislação no âmbito público, privado, com normas de origem negocial (autônoma) e não negocial (heterônoma) e a Lei n. 81, de 22 de maio de 2017, que dispõe sobre trabalho ágil, híbrido, não se tratando de teletrabalho, sendo flexível inclusive quanto a modalidade, contemplando o trabalho em domicílio e teletrabalho, permitindo o uso ou não de tecnologia. Referida lei foi publicada no mesmo ano da reforma trabalhista brasileira, com aprovação da Lei n. 13.467, de 13 de julho de 2017, que regulou de forma expressa o teletrabalho no Brasil, arts. 75-A a 75-E, no capítulo II-A, da CLT.

Ante essas realidades, torna-se premente um estudo do conceito de teletrabalho e de suas características, o que perpassa também pela síntese legislativa dos dois países, com o escopo de trazer uma reflexão em relação às leis da Itália e do Brasil como possível contribuição e aperfeiçoamento da legislação brasileira.

2. Conceito

Evaristo de Moraes Filho tipifica trabalho em domicílio como o trabalho executado fora da empresa, na residência do operário ou em local que melhor lhe aprouver, habitual ou profissionalmente. Interpretando o significado de domicílio, o referido autor diz não significar somente casa, habitação, podendo ser qualquer lugar à escolha do trabalhador.(7)

Essa interpretação vai ao encontro do disposto no art. 1º da Convenção n. 117 da OIT, 1996, ao definir "Trabalho em domicílio" como trabalho na casa do trabalhador ou em outro lugar de sua escolha, além do local de trabalho do empregador.

Amauri Mascaro Nascimento afirma inexistir um conceito de trabalho a distância. Contudo, pondera ser uma expressão de trabalho realizado fora do estabelecimento do empregador, com a utilização dos meios de comunicação "à disposição do processo produtivo, em especial no setor de serviços".(8)

O autor, no entanto, entende que, com a inclusão do parágrafo único pela Lei n. 12.551/2011, no art. 6º da CLT, houve uma ampliação do tema — antes restrito ao trabalho em domicílio –, com o surgindo de um novo gênero — trabalho a distância —, do qual aquele é uma espécie, "uma vez que o trabalho a distância pode ser realizado fora da residência do empregado, bastando que a atividade venha ser prestada fora do local da empresa, não importando se exercida no local onde mora o empregado ou não".(9)

---

(7) MORAES FILHO, Evaristo de. *Trabalho a domicílio e contrato de Trabalho*. Edição fac-similada. São Paulo: LTr, 1994. p. 74.

(8) NASCIMENTO, Amauri Mascaro. *Curso de Direito do Trabalho*. 27. ed. São Paulo: Saraiva, 2012. p. 1.032.

(9) PEDREIRA, Pinho. "O teletrabalho". *Revista LTr*. São Paulo: LTr, v.64m b.5, p.583-597, maio 2000.

A distinção dessas espécies de trabalho a distância ou remoto reside na utilização de tecnologias de informação, meios telemáticos, porque o trabalho em domicílio está somente vinculado ao labor realizado fora do local de trabalho, podendo ser em casa ou não.

Infere-se, portanto, que o trabalho a distância pode utilizar os meios telemáticos ou não, e ser executado em casa ou não.

Partindo dessa premissa, tem-se aqui um gênero — "trabalho a distância ou remoto", e as espécies — "trabalho em domicílio", sem utilização de tecnologia e "teletrabalho", pressupondo a utilização de meios telemáticos.

A etimologia da palavra teletrabalho traz em si a ideia de trabalho a distância, pois o prefixo grego "tele", significa distância.

Pinho Pedreira, ao conceituar teletrabalho, faz referência ao desenvolvimento total ou parcial do trabalho distante da empresa, de forma telemática.(10)

O art. 75-B, da CLT, inserto pela Lei n. 13.467, de 13 de julho de 2017, conceituou o teletrabalho como "[...] a prestação de serviços preponderantemente fora das dependências do empregador, com utilização de tecnologias de informação e de comunicação que, por sua natureza, não se constituam como trabalho externo".

A recente Lei n. 14.442, de 2 de setembro de 2022, que alterou o art. 75-B, da CLT, igualou o teletrabalho ao trabalho remoto e possibilitou a realização da prestação de serviços preponderantemente ou não fora das dependências do empregador.

O legislador, ao denominar teletrabalho como trabalho remoto, cometeu um equívoco, porquanto colocou no mesmo patamar de uma modalidade contratual com a sua característica e entendeu ser espécie igual a gênero.

O trabalho remoto ou a distância, além de ser um gênero, é uma das características do teletrabalho, como afirmado alhures, pois pressupõe a prestação de serviços fora do local de trabalho da empresa, contemplando a dispersão geográfica do emprego.(11)

Essa identificação de teletrabalho como trabalho remoto resulta da dissociação física do teletrabalhador para execução das tarefas em local tradicional, na empresa.

No Brasil essa confusão origina-se com a proposição inserta no art. 6º, da CLT, contemplando o trabalho a distância ou remoto na modalidade do contrato de trabalho em domicílio, como sinônimos, que à época poderia admitir-se, por inexistir outra espécie de trabalho a distância. No entanto, como afirmado acima por Amauri Mascaro Nascimento, a partir da inserção do parágrafo único, pela Lei n. 12.551/2011, o trabalho em domicílio passou a ser espécie do gênero trabalho a distância, como é o teletrabalho.

---

(10) *Idem*.

(11) SELLAS I BENVINGUT, Ramón, "Teletrabajo: naturaleza jurídica y relaciones laborales", *TS*, núm. 92-93,1998, p. 21.

Superada essa questão, faz-se necessário explicitar que o local da prestação de serviço do teletrabalhor determinará a modalidade de teletrabalho, podendo ser em casa, em telecentro, itinerante ou nômade.

A utilização das tecnologias no teletrabalho compreende os seguintes meios: internet, intranet, *e-mail*, telefone, meios magnéticos, robótica. Há prevalente utilização de meios tecnológicos e telecomunicação. Exclui-se o serviço de *telemarketing*, porquanto a ferramenta preponderante é o telefone.

Há, portanto, uma relação de três elementos a serem observados na caracterização do teletrabalho: labor fora da empresa, podendo ser estável ou móvel, utilização de meios telemáticos, e prestação de serviços flexível, híbrida, de forma preponderante ou não.

Luisa Galantino define teletrabalho como um trabalho prestado em lugar diverso e distante do local no qual as atividades laborativas eram realizadas, com a utilização de tecnologia informática ou telemática, de forma a possibilitar a ligação ao local onde se exerce a atividade laboral. Entende também não ser uma nova tipologia da relação de trabalho, mas, uma modalidade particular de execução do trabalho, uma modalidade flexível de execução da prestação de trabalho.(12)

A legislação italiana assim o conceituou "trabalho prestado por qualquer forma mediante o emprego de instrumentos telemáticos, a partir de um local diverso e distante relativamente ao local onde vinha sendo habitualmente prestado" (art. 1º da Lei n. 191/1998, do teletrabalho no serviço público).

No tocante ao trabalho ágil, introduzido pela Lei n. 81, de 22 de maio de 2017, não se trata exclusivamente de teletrabalho, por ser uma norma flexível em relação à utilização de meios tecnológicos ou não (art. 18, § 1º) e à adoção flexível do local do trabalho — empresa, casa, ou qualquer outro local escolhido, sem prevalência de qualquer um (art. 18, § 1º).

É uma lei mista, híbrida, flexível quanto a todas as características do teletrabalho, reunindo todas as modalidades de trabalho a distância.

3. Brasil — Síntese legislativa

No Brasil, a Consolidação das Leis do Trabalho tratava somente de trabalho em domicílio, uma espécie do gênero trabalho a distância ou remoto, art. 6º, o qual distinguia entre o trabalho realizado no estabelecimento do empregador e o executado no domicílio do empregado, quando existiam os requisitos da relação de emprego, e o art. 83, também da CLT, tratava do salário do trabalhador em domicílio.

---

(12) GALANTINO, Luisa. *Diritto Del Lavoro*. 16. ed. Turim: Giappichelli, 2009. p. 201.

Com advento da Lei n. 12.551/2011[13], passou a existir o teletrabalho em domicílio, ao referir-se à utilização de meios telemáticos e informatizados (parágrafo único, do art. 6º, da CLT).

Na opinião de Amauri Mascaro Nascimento, "o art. 6º da CLT foi modificado para dispor sobre trabalho a distância e não apenas trabalho a domicílio".[14]

A Lei n. 13.467[15] de 13 de julho de 2017, ao regular o teletrabalho nos arts. 75- A a 75-E, no capítulo II-A, da CLT, imprimiu as seguintes alterações:

a) O comparecimento do empregado às dependências da empresa, para realização de atividades específicas não anula o trabalho em regime de teletrabalho (parágrafo único, art. 75-B, da CLT);

b) Obrigação de constar expressamente do contrato individual de trabalho as especificidades das atividades que serão realizadas pelo empregado (art. 75-C, da CLT);

c) Estabeleceu-se que as ferramentas de trabalho (equipamentos, computador, telefone, energia, internet, etc.) deverão ser formalizadas pelo empregador por meio de contrato, no qual serão definidas as responsabilidades (art. 75-D, da CLT);

d) As utilidades expressas na lei não integram a remuneração (parágrafo único, art. 75-D, da CLT);

e) A possibilidade de alteração entre regime presencial e de teletrabalho, por meio de mútuo acordo entre as partes, o qual será registrado em aditivo contratual (§ 1º, art. 75-C, da CLT);

f) Exclusão do capítulo da duração do trabalho da CLT, sem direito a horas extras, intervalo intrajornada e interjornada, hora noturna e adicional noturno (art. 62, III, da CLT);

g) A instrução pelo empregador, de forma pontual e ostensiva, quanto à prevenção de doenças e acidentes de trabalho (art. 75-E, da CLT);

h) A obrigação de o empregado assinar termo de responsabilidade, com intuito de seguir as instruções fornecidas pelo empregador, quanto ao cumprimento das instruções quanto à prevenção de doenças e acidentes de trabalho (parágrafo único, art. 75-E, da CLT).

---

(13) BRASIL. *Lei n. 12.551*. Disponível em: <https://www.planalto.gov.br/ccivil_03/_ato2011-2014/2011/lei/l12551.htm>. Acesso: 10 out. 2022.

(14) NASCIMENTO, Amauri Mascaro. *Curso de Direito do Trabalho*. 27. ed. São Paulo: Saraiva, 2012. p. 1.035.

(15) BRASIL. *Lei n. 13.467*. Disponível em: <https://www.planalto.gov.br/ccivil_03/_ato2015-2018/2017/lei/l13467.htm>. Acesso: 12 nov. 2022.

No período de enfretamento da crise sanitária da Covid-19, o § 1º, do art. 75- C, da CLT, pela MP n. 927, em caráter excepcional, acolheu três aspectos: a) superar em parte a crise econômica em face da crise sanitária da Covid-19; b) instituir um sistema emergencial de proteção do trabalhador e c) cooperar com a redução da curva de contaminação do Coronavírus (Covid-19).

A Medida Provisória n. 927, com vigência no período de 22 de março de 2020 a 19 de julho de 2020, por meio do art. 4º, alterou o regime de trabalho presencial para o teletrabalho, possibilitando ao empregador, por vontade unilateral, alterar o regime de trabalho do empregado, por meio de uma simples comunicação, por escrito ou meio eletrônico, ao empregado, com antecedência de 48 horas, confrontando a necessidade de comum acordo e o prazo de 15 dias previstos nos §§ 1º e 2º do art. 75-C da CLT.

O § 3º do art. 4º da MP dispôs que as despesas do uso da estrutura indispensável ao teletrabalho será objeto de previsão contratual, a qual poderá ser implementada em 30 dias, como previsto no art. 75-D, *caput*, da CLT.

Outra alteração foi o regramento específico quando o empregado não possuir estrutura para realizar o trabalho a distância, § 4º, do art. 4º. Nesse caso o legislador dispôs que todos os equipamentos poderão ser fornecidos pelo empregador em regime de comodato (art. 579, CC), devendo ainda pagar pelos serviços de estrutura, que não serão considerados de natureza salarial (art. 468, § 2º, I, da CLT e art. 75-D, parágrafo único).

No inciso II do referido artigo, propugnou-se que ante a impossibilidade de o empregador não dispor de oferecimento da estrutura em regime de comodato, o período de jornada normal de trabalho será considerado tempo à disposição do empregador (art. 4º, II, CLT).

Além disso, a Medida Provisória esclareceu também no § 5º do art. 4º que o tempo de uso de aplicativos e programas de comunicação, fora da jornada, não se caracteriza como tempo à disposição do empregador, regime de prontidão ou de sobreaviso, se assim não estiver previsto em acordo individual ou coletivo.

Essa MP foi convertida na Lei n. 14.437, de 15 de agosto de 2022[(16)], atribuindo ao empregador a possibilidade de alterar o regime de trabalho presencial para teletrabalho, como medidas trabalhistas alternativas e sobre o Programa Emergencial de Manutenção do Emprego e da Renda, para enfrentamento das consequências sociais e econômicas de estado de calamidade pública em âmbito nacional ou em âmbito estadual, distrital ou municipal reconhecido pelo Poder Executivo federal, no art. 3º, Seção II, do Teletrabalho.

---

(16) BRASIL. *Lei n. 14.437, de 15 de agosto de 2022*. Disponível em: <http://www.planalto.gov.br/ccivil_03/_ato2019-2022/2022/lei/L14437.htm>. Acesso em: 12 nov. 2022.

Aos 2 de setembro de 2022 foi publicada Lei n. 14.442, a qual alterou de forma robusta a modalidade de teletrabalho.[17]

Modificou-se mais uma vez o inciso III, do art. 62, da CLT, para acrescer que os empregados em regime de teletrabalho que prestam serviço por produção e tarefa serão excluídos do capítulo de duração do trabalho, sem direito a horas de intervalo intrajornada e interjornada, hora noturna e adicional noturno.

A Lei n. 13.467 havia excluído o teletrabalho do capítulo da duração do trabalho da CLT, sem direito a horas extras, intervalo intrajornada e interjornada, hora noturna e adicional noturno (art. 62, III, da CLT).

O art. 75-B alterou o conceito de teletrabalho ao considerá-lo como trabalho remoto e também dispôs a possiblidade de ser realizado de forma preponderante ou não, possibilitando o teletrabalho híbrido. Ademais, incluiu os seguintes dispositivos em seus parágrafos:

a) Imprimiu a alteração quanto ao comparecimento nas dependências da empresa, dispondo que o comparecimento de modo habitual não descaracteriza o regime de teletrabalho, ao contrário da previsão da Lei n. 13.457, alhures, que fazia remissão somente às atividades específicas (§ 1º);

b) Inseriu três formas de prestação de serviços no âmbito do teletrabalho, quais sejam: por jornada, produção ou tarefa (§ 2º);

c) Excluiu os trabalhadores em regime de teletrabalho que prestam serviços por produção ou tarefa do Capítulo II do Título II, da CLT, da duração de trabalho, sem direito a horas extras, horas de intervalo intrajornada e interjornada, hora noturna e adicional noturno (§ 3º);

d) Propugnou pela distinção da modalidade de teletrabalho e dos de operadores de *telemarketing* ou de teleatendimentos (§ 4º);

e) Dispôs que o tempo de uso dos meios telemáticos, por meio de ferramentas digitais, fora da jornada de trabalho normal, não serão considerados tempo à disposição, a menos que haja acordo individual ou coletivo, com previsão em contrário (§ 5º);

f) Possibilitou a inclusão de estagiários e aprendizes na modalidade de teletrabalho (§ 6º);

g) Aplicou-se a competência do local da contração dos serviços nas convenções e acordos coletivos de trabalho relativas à base territorial onde o trabalhador estiver lotado (§ 7º);

h) Estabeleceu ao teletrabalhador admitido no Brasil que optar pelo trabalho fora do território brasileiro a aplicação da legislação brasileira, excetuada a competência

(17) BRASIL. *Lei n. 14.442*. Planalto. Disponível em: <https://www.planalto.gov.br/ccivil_03/_ato2019-2022/2022/lei/L14442.htm>. Acesso em: 12 nov. 2022.

da Lei n. 7.064, que trata da expatriação, com a possibilidade de acordo individual entre as partes, com disposição em contrário (§ 8º);

i) Permitiu negociação individual quanto aos horários e aos meios de comunicação entre as partes, desde que sejam respeitados os repousos legais (§ 9º);

O art. 75-C excluiu a obrigação de o contrato especificar as atividades que serão realizadas pelo empregado, e seu § 3º dispôs que o empregador não será responsável pelas despesas resultantes do retorno ao trabalho presencial, na hipótese de o empregado optar pela realização do teletrabalho ou trabalho remoto fora da localidade prevista no contrato, salvo disposição em contrário estipulada entre as partes.

E por fim, o art. 75-F, dispôs que os empregadores deverão conferir prioridade à modalidade do teletrabalho aos empregados com deficiência e com filhos ou criança, sob guarda judicial até quatro anos de idade na alocação em vagas para atividades que possam ser efetuadas por meio do teletrabalho ou trabalho remoto".

Aos 21 de setembro de 2022 foi publicada a Lei n. 14.457[18], a qual instituiu o programa empresa mais mulheres, com o escopo de ampliar a inserção da mulher no mercado de trabalho também fez mudanças no teletrabalho, letra *"a"*, II, do art. 1º e incisos I e II, do art. 7º, capitulo III, seção I.

O art. 1º da referida lei define que as medidas serão implementadas para empregar mulheres no mercado de trabalho além de abordar o "teletrabalho" também regulou os seguintes aspectos: parentelalidade na primeira infância, pagamento de reembolso-creche, manutenção ou subvenção de instituições de educação infantil pelos serviços sociais, apoio à parentalidade por meio de flexibilização, trabalho a tempo parcial, regime especial de compensação de jornada, por meio de banco de horas, jornada 12/26, ininterruptas de descanso, quando a atividade permitir, antecipação de férias individuais, horário de entrada e saída flexíveis, qualificação da mulher em área estratégicas, suspensão do contrato de trabalho para fins de qualificação profissional, estímulo à ocupação de vagas em curso de qualificação dos serviços nacionais de aprendizagem, priorizando as mulheres hipossuficientes vítimas de violência doméstica e familiar, apoio ao retorno ao trabalho após o término da licença-maternidade, suspensão do contrato de trabalho de pais empregados para acompanhamento do desenvolvimento dos filhos, flexibilização da prorrogação da licença-maternidade, nos temos da Lei n. 11.770, de 09 de setembro de 2008, reconhecimento de boas práticas na empregabilidade das mulheres e instituição de selo emprega mais mulheres, estimulo de microcrédito para mulheres.

Na seção I, do capitulo III, art. 7º, incisos I e II, definiu a prioridade do teletrabalho, trabalho remoto ou à distância às empregas e aos empregados com filho, enteado ou criança sob guarda judicial até 6 anos de idade e com deficiência, sem limite, no inciso.

---

(18) BRASIL. *Lei n. 14.457*. Planalto. Disponível em: <https://www.planalto.gov.br/ccivil_03/_ato2019-2022/2022/lei/l14457.htm>. Acesso em: 20 nov. 2022.

4. Itália — Síntese legislativa

Com a Lei n. 191, de 16 de junho de 1998, regulamentada pelo decreto n. 70, do presidente da República, de 8 de março de 1999, o ordenamento jurídico disciplinou o teletrabalho somente no âmbito da administração pública. A Lei n. 191, em seu art. 2º, define o teletrabalho, no art. 2º, como a prestação de trabalho localizada fora do local do trabalho, onde a prestação de serviço possa ser tecnicamente possível, com o suporte predominantemente com a utilização de tecnologia de informação e comunicação, que permita a ligação com a administração a que o trabalhador está vinculado.(19)

Além disso, o art. 2º determinou que a modalidade de teletrabalho será sempre constituída de forma voluntária, com a possibilidade de o teletrabalhador requerer a reintegração ao posto de trabalho de origem, caso o teletrabalho não conste da descrição inicial da prestação laboral.(20)

A referida Lei n. 191 conceitua o teletrabalho como "uma forma de organização e/ou execução do trabalho que faz uso das tecnologias de informação no âmbito de um contrato ou relação de trabalho, em que a atividade laboral que pode também ser exercida nas instalações da empresa, é regularmente realizada fora de suas instalações" (art. 1º).

Giancarlo Perone, ao fazer remissão à aplicação do art. 4º, da Lei n. 191, afirma ter sido assinado um acordo coletivo entre a ARAN (instituição que negocia em nome da administração pública)(21) e as principais centrais sindicais em 23 de março de 2000, cujo teor estabeleceu critérios de teletrabalho na administração pública, dentre os trabalhadores que tenham declarado disponibilidade para a adesão ao teletrabalho, os quais passa-se a descrever:

a) dever-se-á dar prioridade aos trabalhadores que exerçam e tenham experiência na função exigida;

b) caso o número de vagas excedam o número de candidato, dever-se-á preferir trabalhadores que possuam deficiências psicofísicas que dificultem o acesso ao local de trabalho, em segundo lugar a preferência será aos que tenham necessidades de cuidados de filhos menores de oito anos ou de familiares ou conviventes, com a

---

(19) PERONE, Giancarlo. *Lineamenti di diritto del lavoro*. 2. ed. Turim: Giappichelli, 2008. p.157 "Ai sensi dell'a art. 4, legge 16 giugno 1998, n. 191, che ha introdotto il telelavoro nelle pubbliche ammnistrazioni (cfr. N. IV.5), è stato emanato, com decreto del Presidente dela Repubblica 8 marzo 1999, n. 70, il regolamento attuativo, il cui art. 2 definisce il telelavoro come la prestazione di lavoro eseguita dal dipendente di uma dele amministrazioni pubbliche in qualsiasi luogo ritenuto idoneo, collocato al di fuori della sede di lavoro, dove la prestazione sai tecnicamente possibile, com il prevalente sopporto di tecnologie dell"informazione e dela comunicazione che consentano il collegamento com l'amministrazione cui la prestazione stessa inerisce".

(20) GALANTINO, Luisa. *Diritto Del Lavoro*. 16. ed. Turim: Giappichelli, 2009. p. 201.

(21) ITÁLIA – Agenzia per la rappresentanza negoziale delle pubbliche amministrazioni. Disponível em: <https://www.treccani.it/enciclopedia/aran_%28Dizionario-di-Economia-e-Finanza%29/. Acesso em: 10 dez. 2022.

devida comprovação; por fim, a preferência será daqueles que moram distante do local de trabalho;

c) a alteração da modalidade de teletrabalho poderá ser revogável, mesmo que seja a pedido do trabalhador; contudo, será necessário aguardar-se o término do prazo para o fim pretendido ou haver substituição do trabalhador;

d) dever-se-á observar igualdade de tratamento e oportunidades em termos de carreira, formação e socialização do teletrabalhador;

e) nos dois primeiros anos de implementação será implementado um observatório que avaliará as questões administrativas e os direitos e obrigações dos teletrabalhadores, por meio da contribuição dos peritos e dos comitês para a igualdade de oportunidades.(22)

Antonio Vallebona aduz que o trabalho em domicílio é distinto do teletrabalho regulado nos acordos interconfederativos.(23)

A UNICE (associação europeia dos empregadores) e a CES (confederação dos sindicatos europeus) assinaram, aos 16 de julho de 2002, um acordo cujo processo negocial está previsto no art. 139 da TCE (Tratado da Comunidade Europeia)(24), de cinco anos, destinado a ser implementado no triênio seguinte, pelas convenções coletivas dos Estados-membros. Segundo Perone, o texto continha princípios básicos seguidos na prática italiana em teletrabalho(25) (artigos da Lei de 16 de dezembro de 1998, n. 191, regulamentado pelo Decreto Presidencial de 8 de março de 1999, n. 70).

É imposto ao empregador garantir o respeito pelo profissionalismo e liberdade moral dos teletrabalhadores (art. 115, c. 1, decreto legislativo n. 186 de 2003).(26)

Luisa Galantino consigna que o acordo interconfederal, de 9 de junho de 2004, assinado pela CGIL, CISL e UIL, e por todas as organizações patronais, introduziu "um regulamento geral da instituição aplicável a todos os teletrabalhadores em regime de vínculo privado de trabalho", o qual, segundo ela, "tem a eficácia subjetiva da convenção coletiva de direito comum", recepcionado pelo Acordo do Quadro Europeu (UNICE/UEAPME, CEEP E CES, de 16.7.02), a respeito do teletrabalho.

A autora descreve os direitos dos teletrabalhadores públicos, relativamente aos trabalhadores internos, nos seguintes termos:

a) igualdade de tratamento econômico e regulatório em relação ao trabalhador equiparado que exerça atividades nas dependências da empresa (art. 3º);

(22) PERONE, Giancarlo. *Lineamenti di diritto del lavoro*. 2. ed. Turim: Giappichelli, 2008. p. 157-158.

(23) VALLEBONA, Antonio. *Breviario Di Diritto Del Lavoro*. 7. ed. Turim: Giappichelli, 2012. p. 500.

(24) GALANTINO, Luisa. *Diritto Del Lavoro*. 16. ed. Turim: Giappichelli, 2009. p. 201.

(25) PERONE, Giancarlo. *Lineamenti di diritto del lavoro*. 2. ed. Turim: Giappichelli, 2008. p. 158.

(26) VALLETONA, Antonio. *Breviario Di Diritto Del Lavoro*. 7. ed. Turim: Giappichelli, 2012. p. 500.

b) igualdade de oportunidades na progressão na carreira e nas iniciativas de formação (art. 9º);

c) o direito de organizar o próprio tempo de trabalho, mas com cargas de trabalho iguais aos trabalhadores comparáveis dentro da empresa;

d) o "direito à socialização", viabilizando formas constantes comunicação entre teletrabalhadores com os demais trabalhadores presenciais e com o empregador (art. 8º);

e) o exercício dos direitos sindicais (art. 10);

f) a instalação e manutenção do posto de teletrabalho a expensas da entidade empregadora (art. 6º);

g) a aplicação da legislação em vigor em matéria de segurança, no que diz respeito aos equipamentos e locais de trabalho (art. 7º);

h) a obrigatoriedade de visitas periódicas de inspeção aos locais de trabalho pelos representantes dos trabalhadores para a segurança e/ou pelas autoridades competentes do pessoal de manutenção de equipamentos de informática, de acordo com as modalidades previstas em convenção coletiva (art. 7º, § 3º);

i) a proteção à privacidade do teletrabalhador (art. 5º);

j) disponibilização pelo empregador de medidas adequadas para a proteção dos dados utilizados e tratados pelo trabalhador remoto para fins profissionais (art. 4º).(27)

O acordo interconfederal que regulou o teletrabalho no âmbito privado, no entanto, absorveu todo o conteúdo da Lei n. 191, que regula o teletrabalho no âmbito público, como descrito alhures pelos autores Giancarlo Perone e Luisa Galantino.

Francesca Columbu e Túlio de Oliveira Massoni, ao refletirem a respeito do art. 2º, §§ 1º e 6º, do acordo interconfederal, afirmaram o "caráter voluntário-negocial do teletrabalho, segundo o qual, somente perante a livre vontade das partes e o consentimento manifestado de qualquer forma pode transformar-se ou criar-se uma relação de trabalho, a qual é sempre reversível". Partindo dessa premissa, inferiram que se "o trabalhador se recursar a alterar a sua própria relação de trabalho para a forma de teletrabalho, isto não pode ser considerada uma justificativa para rescisão contratual por parte do empregador".(28)

---

(27) GALANTINO, Luisa. *Diritto Del Lavoro*. 16. ed. Turim: Giappichelli, 2009. p. 201-202.

(28) COLUMBU, Francesca; MASSONI, Túlio de Oliveira. Tempo de Trabalho e Teletrabalho. In: COLNAGO, Lorena de Mello Rezende; CHAVES JUNIOR, José Eduardo de Resende; ESTRADA, Manuel Martín Pino (Coords.). *Teletrabalho*. São Paulo: LTr, 2017. p. 28.

Em síntese, o acordo interconfederal, quanto ao contrato de teletrabalho, assim regulou:

a) Alteração no local da prestação de serviços (art. 1º);

b) Alteração da gestão do tempo da prestação de trabalho (art. 8º);

c) Direito do teletrabalhador possuir os mesmos direitos que os trabalhadores que executam a mesma função dentro da empresa (art. 3º);

d) A empresa é responsável pelo fornecimento, instalação e manutenção das ferramentas necessárias — podendo as partes pactuarem antes do início da prestação que o trabalhador possa fazer uso de ferramentas próprias (art. 6º);

e) Caráter voluntário-negocial do teletrabalho (art. 2º, § 1º);

f) Caráter reversível do teletrabalho (art. 2º, § 6º).

g) Se o trabalhador se recusar a alterar a relação de trabalho presencial para teletrabalho, não poderá ser motivo justificador para rescisão contratual por parte do empregador;

h) O empregador deverá propiciar ao empregado medidas com escopo de prevenir o isolamento do trabalhador em relação a seus colegas, devendo propiciar encontros regulares com colegas e acesso às informações (art. 8º);

i) Ao teletrabalhador são garantidos os mesmos direitos coletivos (art. 10);

j) O teletrabalhador não terá direito a horas extras. Contudo, deverá cumprir a mesma jornada do trabalhador presencial (art. 8º).

Além de o acordo interconfederal regular a jornada do trabalho, o Decreto-Legislativo n. 66/2003 também o fez.

O decreto legislativo estabeleceu que, em razão das características das atividades desempenhadas no teletrabalho, não se aplica a legislação sobre horário de trabalho, para os seguintes perfis: horário normal, duração máxima, horas extras, descansos pausa e horário noturno (art. 17, § 5º, "*d*").

O acordo interconfederal dispõe que o trabalhador gestiona o seu próprio tempo, não fazendo jus, portanto, a hora extra. Contudo, há uma previsão de que a carga de trabalho e os níveis de prestação de serviços devem ser equivalentes aos trabalhadores que desempenham a prestação no ambiente da empresa (art. 8º).

Há alusão expressa de que a instalação de qualquer instrumento de controle deve estar em consonância com o código de privacidade (Decreto-lei n. 196, de 30 de junho de 2003).

O Estatuto dos Trabalhadores proíbe uso de equipamentos audiovisuais e outros instrumentos com a finalidade de monitoramento, mesmo que remoto, das atividades dos trabalhadores (art. 4º da Lei n. 300, de 20 de maio 1970 — Direito a privacidade do trabalhador, intimidade ligada à proteção da dignidade).

No teletrabalho, o controle pode ocorrer de duas formas: 1 – Inspeção no posto do trabalho; e 2 – Controle de telemático sobre o trabalho desempenhado.

A instalação de qualquer dispositivo de controle (*hardware* ou *software*) deve ter a expressa concordância do sindicato, devendo ser proporcional ao objetivo e ser comunicado ao trabalhador (art. 4º do Estatuto do Trabalhador).

Na presença de um motivo justificado, cada um dos contratantes pode rescindir antes do termo do prazo, no caso de um contrato a termo certo, ou sem aviso prévio, no caso de um contrato por tempo indeterminado.

Aos 22 de maio de 2017, por meio da Lei n. 81, surgiu o trabalho ágil, com as seguintes características:

a) Objetivo do legislador — incrementar a competitividade e a conciliação do tempo livre e o trabalho (art. 18, § 1º);

b) Adoção por acordo entre as partes (art. 18, § 1º);

c) Utilização de meios tecnológicos ou não (art. 18, § 1º);

d) Adoção flexível do local do trabalho – empresa, casa, ou qualquer outro local escolhido, sem prevalência de qualquer um (art. 18, § 1º);

e) Os trabalhos são executados, parte dentro das instalações da empresa e parte fora sem local fixo (art. 18, § 1º);

f) Dentro dos limites da duração máxima da jornada de trabalho diária e semanal, decorrente da legislação e da negociação coletiva (art. 18, § 1º);

g) O empregador é responsável pela segurança e bom funcionamento dos instrumentos tecnológicos atribuídos ao trabalhador para o exercício da atividade laboral (art. 18, § 2º);

h) Aplicação também nas relações de trabalho exercidas pelas administrações públicas, se compatível (art. 18, § 3º);

i) Os empregadores públicos e privados são obrigados a dar prioridade aos pedidos de execução da relação de trabalho de forma ágil, formulada pelas trabalhadoras nos três anos seguintes ao termo do período de licença de maternidade previsto no art. 16 da lei consolidada das disposições legislativas sobre a proteção e apoio à maternidade e paternidade, conforme decreto legislativo de 26 de março de 2001, n. 151, ou por trabalhadores com filhos deficientes, nos termos do art. 3º, n. 3, da Lei n. 104, de 5 de fevereiro de 1992 (art. 18, § 3º);

j) Os incentivos fiscais e contributivos eventualmente reconhecidos em relação aos aumentos de produtividade e eficiência do trabalho subordinado são aplicáveis mesmo quando a atividade de trabalho é desenvolvida de forma ágil (art. 18, § 4º);

k) O acordo relativo ao modo de trabalho ágil é estipulado por escrito e regula a execução dos trabalhos realizados fora das instalações da empresa, também no que diz respeito às formas de exercício do poder gerencial do empregador e às ferramentas utilizadas pelo empregado (art. 19, § 1º);

l) Os trabalhos são executados, parte no interior das instalações da empresa e parte no exterior sem local fixo, dentro dos limites da duração máxima das horas de trabalho diárias e semanais, decorrentes da legislação e da negociação coletiva (art. 19, § 1º);

m) O acordo também identifica os tempos de descanso do trabalhador, bem como as medidas técnicas e organizacionais necessárias para garantir o desligamento do trabalhador das ferramentas tecnológicas de trabalho (art. 19, § 1º);

n) O contrato a que se refere ao § 1º pode ter uma duração ou tempo indeterminado; a rescisão não poderá ser inferior a trinta dias (art. 19, § 2º);

o) No caso de trabalhadores com deficiência, nos termos do art. 1º da Lei n. 68, o prazo de rescisão por parte do empregador não pode ser inferior a noventa dias, a fim de permitir uma adequada reorganização das trajetórias de trabalho no que diz respeito à vida e às necessidades de cuidado do trabalhador (art. 19, § 2º);

p) O trabalhador que desempenha o serviço de forma ágil tem direito a um tratamento econômico e regulamentar não inferior ao aplicado globalmente, como descrito nos acordos coletivos a que se refere o art. 51 do Decreto Legislativo n. 15, de junho de 2015, n. 81, relativos aos trabalhadores que exercem as mesmas funções exclusivamente dentro da empresa (art. 20, § 1º);

q) O trabalhador na modalidade ágil terá direito à aprendizagem, nas modalidades formais ou informais, e à certificação periódica de habilidades relacionas (art. 20, § 2º);

r) O trabalhador tem direito à protecção contra os acidentes de trabalho e as doenças profissionais que dependam de riscos inerentes ao trabalho realizado fora das instalações da empresa está disposto no art. 4º da Lei de 20, de maio de 1970, n. 300 (art. 21, § 1º);

s) Na modalidade de trabalho ágil, o exercício do poder de controle e disciplina do empregador fora das instalações da empresa está disposto no art. 4º da Lei de 20 de maio de 1970, n. 300 (art. 21, § 1º);

t) O empregador garantirá a saúde e segurança do trabalhador, com frequência mínima anual, por meio de um aviso escrito, no qual serão indicados os riscos gerais e específicos, e o modo de execução da relação de trabalho (art. 22, § 1º);

u) O trabalhador deverá cooperar com a implementação das medidas de prevenção definidas pelo empregador (art. 22, § 1º);

v) O trabalhador tem direito à proteção contra os acidentes de trabalho e as doenças profissionais que dependam de riscos inerentes ao trabalho realizado fora das instalações da empresa (art. 23, § 2º).

Alberto Levi, na palestra "O Trabalho além do Direito Trabalho: dimensões da clandestinidade jurídico-laboral", proferida no Núcleo de Pesquisa e Extensão aos 5 de julho de 2021, ao esclarecer a respeito das noções do trabalho ágil, argumenta que o primeiro elemento do trabalho ágil é a ausência de fiscalização do horário do trabalho; o segundo elemento é topográfico, o trabalhador ágil não tem local fixo, definido, podendo trabalhar parte do tempo na empresa e parte do tempo fora da empresa, de forma híbrida. Além disso, o trabalho fora da empresa também não é fixo, podendo ser em lugar da escolha do empregado ou da empresa, com o objetivo de atender da lei, que é otimizar o trabalho, como disposto no art. 18, alhures.(29)

A lei italiana não regula o direito à desconexão, sendo remetida ao acordo individual entre empregado e empregador nesse tema, e ao Decreto-lei n. 66/2003 no tocante ao horário de trabalho.

Contudo, é expressa quanto ao cumprimento da mesma jornada dentro dos limites da duração máxima das horas de trabalho diárias e semanais, decorrentes da legislação e da negociação coletiva, e também identifica os tempos de descanso do trabalhador, bem como as medidas técnicas e organizacionais necessárias para garantir o desligamento do trabalhador das ferramentas tecnológicas de trabalho (art. 19, § 1º), como supramencionado.

5. Cotejo legislativo entre o Brasil e a Itália

A comparação exige do intérprete um esforço de aprendizagem entre legislações de diferentes culturas. Mas "o mundo atual impõe, tanto aos políticos quanto aos economistas e aos juristas, uma nova visão dos problemas que lhes dizem respeito"(30).

Imbuindo-se de uma nova visão, pode-se inferir pela constatação de questões importantes, relevantes, a apreender da legislação italiana, quanto à modalidade do teletrabalho, no âmbito público e privado, ambas com normas coletivas e lei do trabalho ágil.

---

(29) BRASIL. Palestra do professor Alberto Levi. "Trabalho Ágil". Disponível em: <https://www.youtube.com/live/ijsmRgJV_QA?feature=share >. Acesso em: 22 nov. 2022.

(30) DAVID, René. *Os grandes sistemas do direito contemporâneo*. 5. ed. São Paulo: Martins Fontes, 2014. Prefácio XII.

A primeira questão relevante é a existência de uma legislação coletiva abrangente, com elevado nível de conteúdo quanto ao tema. A segunda, o tempo de cuidado quanto ao tema, possibilitando um melhor aperfeiçoamento das discussões e reflexões. A terceira, a coexistência de uma legislação específica no âmbito público, privado e coletivo.

Na questão temporal é díspar, porque na Itália a primeira lei a respeito de teletrabalho é de 16.12.98, Lei n. 191, no âmbito público, e no Brasil, é de 15.12.11, Lei n. 12.551/2011, pela inserção do parágrafo único, de maneira genérica, com menção aos meios telemáticos, no art. 6º, da CLT. No entanto, apenas em 2017 foi inserida de forma expressa e mais pormenorizada na CLT.[31]

O mais relevante a ser apreendido é a importância da negociação coletiva e autonomia privada no ordenamento jurídico italiano.

A autonomia privada coletiva é um fenômeno que tem duas premissas teóricas gerais: a do pluralismo político e a do pluralismo jurídico, por tratar da correlação entre os grupos sociais e o Estado, e de sua produção normativa independente deste.[32]

O reconhecimento da autonomia coletiva dos particulares tem no direito do trabalho, um significado diferenciado que se relaciona com as próprias características desse ramo do direito, as lutas de classe, os instrumentos coletivos, a liberdade sindical. É a base da concepção democrática do direito do trabalho.

As manifestações de autonomia coletiva expressas na legislação italiana trazem uma produção normativa de teletrabalho no âmbito público e privado, que de forma dinâmica é um alicerce na realidade concreta que a lei não pode alcançar, as quais se passam a destacar, inicialmente, no âmbito público: a) prioridade dos trabalhadores com maior experiência; b) preferência aos trabalhadores que possuam deficiências psicofísicas, com dificuldade de acesso ao local de trabalho, aos trabalhadores que tenham necessidades de cuidados de filhos menores de oito anos ou de familiares ou conviventes, com a devida comprovação; por fim, aqueles que moram distante do local de trabalho; c) alteração da modalidade de teletrabalho poderá ser revogável, mesmo que seja a pedido

(31) FELICIANO, Guilherme Guimarães; PASQUALETO, Olívia de Quintana Figueiredo. "Teletrabalho, saúde e segurança do trabalho e regulamentação estatal: Pandemia, aprendizados e perspectivas futuras. *Rev. Trib. Reg. Trab. 3ª Reg.*, Belo Horizonte, v. 66, n.102, p. 109, jul./dez. 2020."Embora o teletrabalho tenha sido inserido de forma expressa e mais pormenorizada na CLT apenas em 2017, tal modalidade já era utilizada amplamente por muitos empregadores, bem como já havia sido contemplada, ainda que de maneira mais genérica, no art. 6º da CLT, segundo o qual 'Não se distingue entre o trabalho realizado no estabelecimento do empregador, o executado no domicílio do empregado e o realizado a distância, desde que estejam caracterizados os pressupostos da relação de emprego', frisando em seu parágrafo único que 'Os meios telemáticos e informatizados de comando, controle e supervisão se equiparam, para fins de subordinação jurídica, aos meios pessoais e diretos de comando, controle e supervisão do trabalho alheio'".

(32) RUDIGER, Dorothee Susane. "A teoria da autonomia privada coletiva: do direito sindical ao direito dos grupos intermediários". *Revista dos Tribunais,* São Paulo, ano 85, v. 727, p. 21, maio 1996.

do trabalhador; d) igualdade de tratamento e oportunidades em termos de carreira, formação e socialização do teletrabalhador; e) criação de um observatório a fim de avaliar obrigação dos teletrabalhadores, por meio da contribuição dos peritos e dos comitês, com igualdade de oportunidades.

Nota-se que o instrumento normativo trata de questões cotidianas imprescindíveis, como o respeito à qualificação e à antiguidade, possibilidade de reversão da modalidade de teletrabalho, igualdade no tratamento e oportunidade e na socialização do teletrabalhador, criação de observatório para avaliar obrigação dos teletrabalhadores, por meio de peritos e — o mais importante — a preferência de concessão de vagas aos portadores de deficiência, a cuidadores de filhos menores de oito anos ou de familiares e a quem mora distante.

No Brasil a recente Lei n. 14.442, no art. 75-F da CLT, dispôs que os empregadores deverão conferir prioridade à modalidade do teletrabalho aos empregados com deficiência e com filhos ou criança, sob guarda judicial até quatro anos de idade.

A legislação coletiva da Itália nesse aspecto é mais vantajosa, porque o limite de idade é oito anos e faz remissão a quem mora distante, o que não foi regulado pelo direito brasileiro.

Nota-se que essas normas estão relacionadas a uma nova organização e gestão de trabalho, que tem o escopo de contribuir substancialmente com a melhoria da qualidade de vida do teletrabalhador, trazendo a equidade e priorizando as vulnerabilidades existentes no âmbito familiar, incentivando boas práticas de governança.

Além da relevância legislativa do ponto de vista das normas coletivas, tem-se a destacar a existência de uma norma específica no âmbito público, valorizando as especificidades totalmente distintas do âmbito privado, contrapondo o vácuo da legislação brasileira quanto à regulação no âmbito público e normas coletivas no âmbito nacional.

No âmbito privado, as seguintes normas se destacam: a) "direito à socialização" do teletrabalhador; b) responsabilidade do empregador com a instalação e manutenção do posto de trabalho; c) a empresa é responsável pelo fornecimento, instalação e manutenção das ferramentas necessárias; d) garantir a proteção dos dados utilizados e tratados pelo trabalhador remoto para fins profissionais; e) o teletrabalhador não terá direito a hora extra, contudo, deverá cumprir a mesma jornada do trabalhador presencial; f) identificação no acordo do tempo de descanso do trabalhador, bem como as medidas técnicas e organizacionais necessárias para garantir o desligamento do trabalhador dos equipamentos tecnológicos de trabalho.

O direito italiano tem como base a Carta Europeia de Teletrabalho, dispondo em síntese ser um novo modo de organização e gestão de trabalho com o potencial de contribuir significativamente para a melhoria da qualidade de vida e igualdade de participação.[33]

Esses pontos na norma viabilizam o respeito aos direitos humanos, ao livre desenvolvimento da personalidade e ao exercício da cidadania.

O direito do teletrabalhador à socialização implica reconhecer um dos mais graves problemas de quem está nessa modalidade de trabalho, notadamente, porque o distanciamento do organismo da empresa traz insegurança de perda do vínculo, isolamento social, ausência de pertencimento do coletivo da empresa, perda de possibilidade de crescimento. Todas essas questões podem ocasionar depressão e doença psicossomática. Apesar da importância desse tema, o direito brasileiro não cuidou dessa questão.

A definição da instalação e manutenção do posto de teletrabalho a expensas da entidade empregadora é outra distinção em relação à legislação brasileira, apesar de a atualização recente não ter prescrito de forma clara sobre esse aspecto, disciplinando somente no § 3º do art. 75-C, da CLT, que o empregador não será responsável, pelas despesas advindas do retorno ao trabalho presencial, se tiver sido o trabalhador quem escolheu essa opção de teletrabalho. Manteve, portanto, a ausência da obrigação da responsabilidade das despesas de forma explícita.

Essa alteração trouxe mais problemas do que solução. Contudo, ao nosso sentir se o legislador estabeleceu que a responsabilidade das despesas não seria do empregador, caso a opção de escolha da modalidade de teletrabalho seja do empregado, o § 3º passa a ser a exceção, concluindo-se, portanto, que a regra seria a responsabilidade do empregador quanto à assunção das despesas, esse é o entendimento da prevalente jurisprudência.

No que concerne à proteção de dados mencionada pela legislação italiana, não houve regulação pela legislação brasileira, apesar da existência de uma recente e atualização da Lei do Teletrabalho e ainda pela importância do tema, tendo em vista que a internet em local diverso da empresa poderá sofrer invasão, podendo vazar dados dos clientes, caso não seja protegida.

Em relação ao horário de trabalho, o Decreto Legislativo n. 66/2003 estabelece que, em razão das características das atividades desempenhadas no teletrabalho, não se aplica a legislação sobre horário de trabalho para os seguintes perfis: horário normal, duração máxima, horas extras, descansos pausa e horário noturno (art. 17, § 5º, "*d*").[34]

Na Lei n. 81/2017, trabalho ágil, também, faz remissão quanto ao cumprimento dos limites da duração máxima das horas de trabalho diárias e semanais, decorrentes da legislação e da negociação coletiva (§ 1º, art. 19).

---

(33) GBEZO, Bernard E. "Outro modo de teletrabajo". *Trabajo. Revista da OIT*, n. 14. p. 10, dez. 1995.

(34) COLUMBU, Francesca; MASSONI, Túlio de Oliveira. In: COLNAGO, Lorena de Mello Rezende; CHAVES JUNIOR, José Eduardo de Resende; ESTRADA, Manuel Martín Pino (Coords.). *Teletrabalho*. São Paulo, LTr, 2017. p. 28.

O acordo interconfederal dispõe que o trabalhador gestiona o seu próprio tempo. Contudo, há uma previsão de que a carga de trabalho e os níveis de prestação de serviços devem ser equivalentes aos trabalhadores que desempenham a prestação no ambiente da empresa (art. 8).

Há menção expressa no acordo que a instalação de qualquer instrumento de controle deve estar em consonância com o código de privacidade, art. 5º (Decreto-lei n. 196, de 30 de junho de 2003).

Como mencionado alhures, qualquer controle do teletrabalhador por meio telemático deverá ser autorizado pelo sindicado, consoante art. 4º do Estatuto do Trabalhador.

Ante a impossibilidade de controle, a legislação italiana — em sintonia com a brasileira – compreende pela inexistência de direitos a horas extraordinárias.

No entanto, há algumas distinções na legislação italiana quanto a esse aspecto; uma, não veda a possibilidade de horas extras; duas, dispõe quanto à obrigação de cumprir a mesma jornada do trabalhador presencial; três, a lei de forma explícita dificulta a possibilidade de controle da jornada por meio telemático, por exigir autorização do sindicado, consoante estatuto do trabalhador, art. 4º.

Não obstante, a norma italiana não regula a respeito da desconexão, ela remete ao acordo individual entre as partes as medidas técnicas e organizacionais necessárias para garantir o desligamento do trabalhador dos equipamentos tecnológicos de trabalho, no § 1º, art. 19, da lei de trabalho ágil.

A legislação brasileira, contudo, exclui o direito de o trabalhador por produção e tarefa ter horas extras, mesmo com a possibilidade de controle telemático ao reverso da legislação italiana. Além disso, não faz nenhuma menção quanto ao direito à desconexão.

Todavia, a Constituição Federal assim regula: a) Princípio da dignidade da pessoa humana, art. 1º, III, da Constituição Federal (intangibilidade da pessoa humana); b) Violação do princípio da igualdade, *caput do* art. 5º, da Constituição Federal; c) Direito à privacidade, art. 5º, X, da Constituição Federal; d) Direito à saúde, lazer, art. 6º, da Constituição Federal; e) Limitação da jornada, art. 7º, XIII, XVI, da Constituição Federal; f) Repouso Semanal Remunerado, art. 7º, XV, da Constituição Federal; g) Gozo de Férias, art. 7º, XVII.

Apesar de todo o arcabouço constitucional brasileiro estar no sentido de garantir o direito de auferir horas extras, com adicionais respectivos e o direito a desconexão, o legislador brasileiro entendeu que os empregados em regime de teletrabalho que prestam serviço por produção ou tarefa não têm direito às horas extraordinárias, excluindo-os do art. 62, da CLT, como descrito no inciso III.

Outro agravante é o fato de dispor que o tempo de uso dos meios telemáticos, por meio de ferramentas digitais, fora da jornada de trabalho normal, não será considerado tempo à disposição, a menos que haja acordo individual ou coletivo, com previsão em contrário (§ 5º);

É direito do trabalhador se recompor física e emocionalmente do trabalho, com total desconexão tecnológica, e é dever do empregador preservar o trabalhador em seu descanso sem a intervenção em sua liberdade de usufruir dos períodos destinados aos intervalos diários (inter e intrajornada), semanal (descanso semanal), anual (férias) licenças.

Mas em total desrespeito aos princípios constitucionais que impõem ao empregador zelar pela desconexão do empregado, a legislação brasileira veda ao teletrabalhador que presta serviços por produção e tarefa a possibilidade de fazer jus ao recebimento de horas e ainda de não se manter desconectado, a teor do § 5º, do art. 75-B, da CLT.[35]

O art. 7º, XIII, da CF, descreve o direito à desconexão como direito fundamental, ao garantir a limitação da duração do trabalho. Ademais, excessiva conexão viola direitos fundamentais, por resultar em doenças profissionais, como estresse e síndrome de *burnout* (art. 7º, XXII).

6. Conclusões

A perspectiva deste trabalho foi traçar uma reflexão da legislação do teletrabalho entre o Brasil e a Itália, na atualidade, que por se tratar de um fenômeno mundial tem de ser analisado sob a ótica do direito comparado.

O realce dessa comparação é o fato de o Brasil desconsiderar o direito coletivo como norma abrangente ante as especificidades das categorias na modalidade do teletrabalho e a ausência de uma legislação no âmbito público.

O fenômeno a ser refletido é a limitação da ordem jurídica do Estado, em contraposição à possibilidade de os atores sociais, de uma forma positiva e com a integração de indivíduos e dos grupos, ampliarem aspectos não observados pela legislação.

Todas as normas advindas do diálogo social trazem o reconhecimento de princípios ou critérios mínimos utilizados pelos acordos interconfederais, protegendo situações de vulnerabilidade e insegurança dos teletrabalhadores no tocante à preservação da voluntariedade, da reversibilidade, da socialização e direitos iguais em relação aos trabalhadores que desempenham funções iguais ou semelhantes nas instalações da empresa. Isso demonstra o quanto é importante e necessária a prática de negociação coletiva na modalidade de teletrabalho, evidenciando a participação dos agentes sociais.

---

(35) § 5º, do art. 75-B, da CLT: "O tempo de uso de equipamentos tecnológicos e de infraestrutura necessária, bem como de softwares, de ferramentas digitais ou de aplicações de internet utilizados para o teletrabalho, fora da jornada de trabalho normal do empregado não constitui tempo à disposição ou regime de prontidão ou de sobreaviso, exceto se houver previsão em acordo individual ou em acordo ou convenção coletiva de trabalho".

Contudo, ambas as legislações não protegem de forma adequada o direito à saúde e à segurança do teletrabalhador, e não observam a conveniência de regulamentar uma série de aspectos relacionados com a privacidade, a confidencialidade, a prevenção de riscos, instalações e formação.

No Brasil, destaca-se também de forma negativa o disposto no § 6º do art. 75-B, da CLT, com a permissão da adoção do regime de teletrabalho aos estagiários e aprendizes, que descaracterizou esses institutos, deixando em segundo plano o requisito fundamental do aprendizado, do treinamento no âmbito das empresas, não compreendendo o aprendizado, oscilante entre os limites da subordinação, do treinamento no âmbito das empresas e os meios de múltiplas variáveis inter-relacionadas com o aprendizado no "chão de fábrica".

Em síntese, há muito a progredir na legislação do teletrabalho. Contudo, questões que se apresentam frágeis na legislação do Brasil poderiam ser tratadas por meio da negociação coletiva.

Referências

BECK, Ulrich. *Sociedade de risco*. 2. ed., 3. reimp. São Paulo: Editora 34, 2019. p. 9-10.

BRASIL. *Lei n. 12.551*. Disponível em: <https://www.planalto.gov.br/ccivil_03/_ato2011-2014/2011/lei/l12551.htm>. Acesso em: 10 out. 2022.

______. *Lei n. 13.467*. Disponível em: <https://www.planalto.gov.br/ccivil_03/_ato2015-2018/2017/lei/l13467.htm>. Acesso em: 12 nov. 2022.

______. *Lei n. 14.437, de 15 de agosto de 2022*. Disponível em: <http://www.planalto.gov.br/ccivil_03/_ato2019-2022/2022/lei/L14437.htm>. Acesso em: 12 nov. 22.

______. *Lei n. 14.442*. Planalto. Disponível em: <https://www.planalto.gov.br/ccivil_03/_ato2019-2022/2022/lei/L14442.htm>. Acesso em: 12 nov. 2022.

______. *Lei n. 14.457*. Planalto. Disponível em:<https://www.planalto.gov.br/ccivil_03/_ato2019-2022/2022/lei/l14457.htm>. Acesso em: 20 nov. 2022.

COLUMBU, Francesca; MASSONI, Túlio de Oliveira. Tempo de Trabalho e Teletrabalho. In: COLNAGO, Lorena de Mello Rezende; CHAVES JUNIOR, José Eduardo de Resende; ESTRADA, Manuel Martín Pino (Coords.). *Teletrabalho*. São Paulo: LTr, 2017.

DAVID, René. *Os grandes sistemas do direito contemporâneo*. 5. ed. São Paulo: Martins Fontes, 2014. Prefácio XII.

FELICIANO, Guilherme Guimarães, PASQUALETO, Olívia de Quintana Figueiredo. Teletrabalho, saúde e segurança do trabalho e regulamentação estatal: Pandemia, aprendizados e perspectivas futuras. *Rev. Trib. Reg. Trab. 3ª Reg.*, Belo Horizonte, v. 66, n. 102, jul./dez. 2020.

GALANTINO, Luisa. *Diritto Del Lavoro*. 16. ed. Turim: Giappichelli, 2009.

GBEZO, Bernard E. "Outro modo de teletrabajo". *Trabajo. Revista da OIT*, n. 14. p. 10, dez. 1995.

ITÁLIA. Agenzia per la rappresentanza negoziale delle pubbliche amministrazioni. Disponível em: <https://www.treccani.it/enciclopedia/aran_%28Dizionario-di-Economia-e-Finanza%29/>. Acesso em: 10 dez. 2022.

MORAES FILHO, Evaristo de. *Trabalho a domicílio e contrato de trabalho.* Edição fac-similada. São Paulo: LTr, 1994.

NASCIMENTO, Amauri Mascaro. *Curso de Direito do Trabalho.* 27. ed. São Paulo: Saraiva, 2012.

PEDREIRA, Pinho. O teletrabalho. *Revista LTr.,* São Paulo: LTr, v. 64m b.5, p. 583-597, maio 2000.

PERONE, Giancarlo. *Lineamenti di diritto del lavoro.* 2. ed. Turim: Giappichelli, 2008.

RUDIGER, Dorothee Susane. A teoria da autonomia privada coletiva: do direito sindical ao direito dos grupos intermediários. *Revista dos Tribunais,* São Paulo, ano 85, v. 727, p. 21, maio 1996.

SELLAS I BENVINGUT, Ramón, Teletrabajo: naturaleza jurídica y relaciones laborales. *TS,* n. 92-93, 1998.

SIERRA BENÍTEZ, Esperanza Macarena. *El contenido de la relación laboral em el teletrabajo.* Primeira Edição. Sevilla: Consejo Econnómico y Social de Andalucía, mar. 2011.

VALLEBONA, Antonio. *Breviario Di Diritto Del Lavoro.* 7. ed. Turim: Giappichelli, 2012.

Noções Gerais de Teletrabalho da Realidade Brasileira

Carlos Eduardo Ferreira Cardoso

1. Introdução

A legislação trabalhista tem por primado estabelecer o equilíbrio entre a relação do capital e a mão de obra, dada a vinculação intrínseca que envolve esses dois elementos. Contudo, é clarividente a assimetria histórica dessa relação, uma vez que o empregado é hipossuficiente na lata acepção do termo.

A globalização e a amplitude da conexão mundial através da internet e da rede mundial de computadores, aliadas, inclusive, à inteligência artificial, trouxeram inúmeras modificações às relações de trabalho e emprego.

Não obstante, a crise mundial sanitária instalada pelo advento da disseminação da pandemia de Covid-19 apresentou a necessidade e a obrigatoriedade de adequações urgentes das formas da prestação de serviço laboral, sendo o teletrabalho o regime que eclodiu no período pandêmico.

No ordenamento jurídico laboral, mesmo que de maneira muito sutil e vaga, com a Lei n. 13.467/2017, denominada de Reforma Trabalhista, foi inserido o capítulo II-A, compreendido entre os arts. 75-A e 75-E, que efetivamente passou a disciplinar as atividades exercidas na modalidade de teletrabalho.

Cumpre ressaltar ainda que, com a crise sanitária instaurada mundialmente, como forma de enfrentamento e cumprimento das ordens das autoridades sanitárias, dentre elas o distanciamento social, o governo federal brasileiro editou medidas provisórias flexibilizando normas na seara trabalhista, sendo o regime de teletrabalho uma das modalidades mais utilizadas conforme veremos no discorrer deste artigo.

Dessa forma, o presente artigo discorre sobre a evolução história legislativa brasileira no tocante ao regime de teletrabalho.

2. Evolução histórica legislativa

Conforme amplamente exposto, o conceito ou a definição de teletrabalho passou por diversas ampliações e diversificações, uma vez que a efetividade da realização do trabalho que ocorre fora das dependências físicas do empregador pode caracterizar uma modalidade de teletrabalho.

Evidencia-se que, na atual concepção normativa para a modalidade de teletrabalho, dependemos dos meios telemáticos para que se possa caracterizar e identificar a atividade exercida por meio do teletrabalho. Contudo, desde o início do século XX, ainda que de maneira tímida e superficial, a legislação já disciplinava o trabalho a distância, ou seja, o trabalho remoto e, consequentemente, a modalidade do teletrabalho.

A primeira lei a disciplinar essa modalidade no Brasil foi o Decreto-lei n. 399, de 30 de abril de 1938. O referido decreto regulamentou a execução da Lei n. 185, de janeiro de 1936, que instituiu as Comissões de Salário Mínimo no Brasil. O art. 8º do decreto apresentou a definição de trabalho em domicílio *in verbis*: *"Entende-se por trabalho em domicílio, para os efeitos do presente regulamento, o executado na habitação do empregado ou em oficina de família, por conta de empregador que o remunere"*.[(1)]

Somente em 1943, com o advento da Consolidação das Leis do Trabalho, Lei n. 5.542, de 1º de maio, foram inclusos na legislação trabalhista alguns artigos que tratavam sobre o trabalho domiciliar (trabalho a distância/teletrabalho).

No art. 6º da então denominada CLT — Consolidação das Leis do Trabalho — apresentava-se a seguinte redação: "Não se distingue entre o trabalho realizado no estabelecimento do empregador e o executado no domicilio do empregado desde que seja caracterizada a relação de emprego".[(2)]

Nesse aspecto, é importante salientar que o empregado que realizava as suas atividades em domicílio só teria os direitos e garantias trabalhistas previstos na CLT após a comprovação da caracterização da relação de emprego havido entre as partes.

Esse artigo, que estabelecia as condições para a efetivação dos direitos e garantias previstos aos trabalhadores, perdurou por 68 anos na legislação trabalhista, sendo modificado somente no início do século XXI, mais especificamente em 2011, conforme passaremos a expor em ordem cronológica sobre a evolução legislativa.

No art. 83 do referido marco legal, foi expressamente garantido o piso do salário mínimo ao trabalhador em domicílio: "É devido o salário mínimo ao trabalhador em domicílio, considerado este como o executado na habitação do empregado ou em oficina de família, por conta de empregador que o remunere".[(3)]

---

(1) BRASIL. *Consolidação das Leis do Trabalho*. Disponível em: <https://www2.camara.leg.br/legin/fed/declei/1930- 1939/decreto-lei-399-30-abril-1938-348733-publicacaooriginal-1-pe.html>. Acesso em: 15 jun. 2021.

(2) *Idem*.

(3) *Idem*.

Assim, a legislação buscava estender a garantia do salário mínimo para os trabalhadores em domicílio.

Ocorre, entretanto, que naquele momento histórico, as mulheres ainda não possuíam direitos e paridades em relação aos homens em diversos aspectos e, no tocante a essa garantia trabalhista, não foi diferente, conforme preconizado no parágrafo único do art. 372.(4)

Esse artigo compunha o capítulo da CLT que tratava da proteção da mulher e fica evidente que, para a caracterização do trabalho domiciliar exercido pela mulher, era necessário preencher os requisitos estabelecidos, incorrendo assim em tratamento diferenciado "prejudicial" à mulher no tocante à garantia do salário mínimo.

Insta salientar que o referido artigo somente foi revogado com o advento da Lei n. 13.467/2017, denominada Reforma Trabalhista.

Assim, esses foram os únicos dispositivos na Consolidação das Leis do Trabalho que trataram, de alguma forma, do trabalho a distância ou, como era chamado, do trabalho em domicílio.

Seguindo a ordem cronológica da evolução histórica normativa, somente em 1990, ou seja, quase no final do século XX, foi incluso o anexo II da Norma Regulamentadora n. 17 do Ministério do Trabalho e Emprego — MTE, que disciplinava o trabalho em teleatendimento e *telemarketing*, estabelecendo parâmetros mínimos para o trabalho em atividades de teleatendimento/*telemarketing* nas diversas modalidades desse serviço — trabalho fora das dependências do empregador/teletrabalho — de modo a proporcionar um máximo de conforto, segurança, saúde e desempenho eficiente.

Ocorre que o texto normativo só passou a ter efetividade e aplicação para os profissionais abarcados após 2007, quando o sindicato da categoria — SINTRATEL — conquistou, por meio da Convenção Coletiva de Trabalho — CCT —, a obrigatoriedade do cumprimento e da aplicação integral do disposto no Anexo II da NR-17 do Ministério do Trabalho.

Dessa forma, podemos observar que a dificuldade de legislar e efetivar direitos e garantias ao trabalho realizado a distância é grande, pois no caso do Anexo II da NR-17, o lapso temporal para a efetiva aplicação foi de 17 anos após sua publicação.

Seguindo a cronologia da evolução histórica legislativa, em 2011 foi decretada e sancionada a Lei n. 12.551, 15 dezembro de 2011, que alterou o texto do *caput* do art. 6º e acrescentou o parágrafo único.(5)

---

(4) Não é regido pelos dispositivos a que se refere este artigo o trabalho nas oficinas em que sirvam exclusivamente pessoas da família da mulher e esteja sob a direção do esposo, do pai, da mãe, do tutor ou do filho *(Revogado pela Lei n. 13.467, de 2017)* (BRASIL, 1943. p. 70).

(5) Não se distingue entre o trabalho realizado no estabelecimento do empregador, o executado no domicílio do empregado e o realizado a distância, desde que estejam caracterizados os pressupostos da relação de

Com um olhar mais atento, observa-se que o legislador se ocupou em caracterizar o vínculo da relação empregatícia para as atividades que utilizam os meios telemáticos e informatizados de comando, mas não disciplinou a matéria *stricto sensu* de maneira específica.

3. Lei n. 13.467/2017 — Reforma Trabalhista

Em 2017, com o advento da Lei n. 13.467/2017, denominada Reforma Trabalhista, foi inserido na Consolidação das Leis do Trabalho — CLT o capítulo II-A, compreendido entre os arts. 75-A e 75-E, que efetivamente passou a disciplinar as atividades exercidas na modalidade de teletrabalho.

Para não tornar o texto anacrônico, neste momento não vamos incluir a Lei n. 14.442/2022 que realizou alterações nesse capítulo que disciplina o teletrabalho. Contudo, faremos o detalhamento no momento adequado, respeitando a ordem cronológica.

Assim, os arts. 75-A ao 75-E inclusos pela Reforma Trabalhista cuidaram de disciplinar a matéria nos seguintes aspectos: i) Definição legal de teletrabalho; ii) Obrigatoriedade da alteração expressa no contrato de trabalho; iii) Obrigações quanto aos custos e iv) Saúde e segurança do trabalho, conforme é apresentado adiante.

Ainda que não esteja compondo o capítulo II-A da CLT, o legislador incluiu o inciso III no art. 62 da CLT a modalidade do teletrabalho, eximindo o empregador do controle de jornada realizada pelo empregado que exercer a função no referido regime de trabalho.

No que diz respeito à definição legal para o teletrabalho, o legislador, no art. 75-B, apresentou o seguinte conceito.[(6)]

Um ponto a se destacar na redação do art. 75-B é a expressão "preponderantemente", a qual representa a limitação da aplicação da modalidade. Importante ressaltar que o comparecimento eventual no estabelecimento do empregador não descaracterizará a modalidade do teletrabalho.

Nesse sentido, os doutrinadores Élisson Miessa e Henrique Correia esclarecem:[(7)]

> Será considerado teletrabalhador o empregado que presta a maior parte de seus serviços em sua residência ou em outro local diverso do estabelecimento de seu empregador e que possa se comunicar com seu empregador

---

emprego. Parágrafo único. Os meios telemáticos e informatizados de comando, controle e supervisão se equiparam, para fins de subordinação jurídica, aos meios pessoais e diretos de comando, controle e supervisão do trabalho alheio (BRASIL, 2011. p. 1).

(6) Considera-se teletrabalho a prestação de serviços preponderantemente fora das dependências do empregador, com a utilização de tecnologias de informação e de comunicação que, por sua natureza, não se constituam como trabalho externo (BRASIL, 2017. p. 5).

(7) BRASIL. *Consolidação das Leis do Trabalho*. Disponível em: <http://www.planalto.gov.br/ccivil_03/_ato2015-2018/2017/lei/l13467.htm>. Acesso em: 18 jul. 2021.

por meio de tecnologias de informação e de comunicação, como *e-mails*, *WhatsApp*, *Facebook*, *SMS*, telefone, entre outras.

O art. 75-C da CLT estabeleceu as condições e a forma para a realização da alteração contratual, ou seja, da modalidade presencial para a modalidade de teletrabalho, trazendo no *caput* a obrigatoriedade da anotação expressa no contrato de trabalho individual: "A prestação de serviços na modalidade de teletrabalho deverá constar expressamente do contrato individual de trabalho, que especificará as atividades que serão realizadas pelo empregado".(8)

O § 1º do artigo supramencionado determina que para a alteração do regime presencial para o teletrabalho é imprescindível o mútuo acordo entre empregador e empregado, e que seja registrado em aditivo contratual com a seguinte menção: "Poderá ser realizada a alteração entre regime presencial e de teletrabalho desde que haja mútuo acordo entre as partes, registrado em aditivo contratual".(9)

Entretanto, o § 2º estabelece que a alteração do regime de teletrabalho para o presencial pode ser realizada por determinação do empregador, não prescindindo de mútuo acordo.(10)

Buscando minimizar o impacto da alteração do regime de teletrabalho para o presencial sem a concordância do empregado, o prazo estabelecido para a comunicação foi de 15 quinze dias para que o empregado pudesse realinhar suas rotinas e condições de vida. Entretanto, em nenhum momento o legislador culminou sanção pelo não cumprimento.

Referente aos custos advindos do contrato no regime teletrabalho, o art. 75-D da CLT buscou disciplinar as responsabilidades pela aquisição, manutenção e infraestrutura adequada e necessária à prestação do teletrabalho, bem como a forma expressa no contrato individual de trabalho.(11)

A responsabilidade aqui mencionada deve ser entendida e utilizada com proporcionalidade e razoabilidade, pois o empregador, em nenhuma hipótese, poderá transferir a responsabilidade e o risco do negócio, insculpido, entre outros, no art. 2º da CLT, para o empregado sob o pretexto ou fundamento de a atividade ser exercida no regime de teletrabalho.

---

(8) CORREIA, Henrique; MIESSA. Élisson. *Manual da Reforma Trabalhista:* O que mudou? 2018. p. 236.

(9) BRASIL. *Consolidação das Leis do Trabalho*. Disponível em: <http://www.planalto.gov.br/ccivil_03/_ato2015-2018/2017/lei/l13467.htm>. Acesso em: 18 jul. 2021.

(10) Poderá ser realizada a alteração do regime de teletrabalho para o presencial por determinação do empregador, garantido prazo de transição mínimo de quinze dias, com correspondente registro em aditivo contratual (BRASIL, 2017. p. 5).

(11) As disposições relativas à responsabilidade pela aquisição, manutenção ou fornecimento dos equipamentos tecnológicos e da infraestrutura necessária e adequada à prestação do trabalho remoto, bem como ao reembolso de despesas arcadas pelo empregado, serão previstas em contrato escrito (BRASIL, 2017. p. 5).

Esse artigo trouxe, ainda, o parágrafo único que tratou da natureza das utilidades em relação a serem ou não remuneratórias, concluindo que: "As utilidades mencionadas no *caput* deste artigo não integram a remuneração do empregado".(12)

Insta salientar que, no tocante à natureza das utilidades, o art. 458 da CLT apresenta um rol que deve ser sempre observado, não sendo suficiente uma leitura única e exclusiva do parágrafo único do art. 75-D da CLT como forma excludente da natureza das utilidades previstas no contrato de trabalho individual no regime de teletrabalho.

Em matéria de saúde, segurança e meio ambiente de trabalho, o legislador, no art. 75-E, determinou que é obrigação do empregador instruir de forma expressa e ostensiva aos empregados quanto às medidas protetivas para evitar doenças e acidentes de trabalho: "O empregador deverá instruir os empregados, de maneira expressa e ostensiva, quanto às precauções a tomar a fim de evitar doenças e acidentes de trabalho".(13)

Ainda o parágrafo único do referido artigo determina que o empregado deve assinar um termo de responsabilidade com as devidas instruções recebidas: "O empregado deverá assinar termo de responsabilidade comprometendo-se a seguir as instruções fornecidas pelo empregador".(14)

Nesse aspecto, é de extrema importância consignar as diretrizes insculpidas no anexo II da Norma Regulamentadora n. 17 do Ministério do Trabalho e Emprego — MTE, aplicáveis para os profissionais que exerçam suas atividades nas funções de teleatendimento/*telemarketing*, buscando minimizar os riscos para as atividades em regime de teletrabalho.

Não obstante, ainda em matéria de saúde, segurança e meio ambiente do trabalho, a Lei n. 13.467/2017 incluiu o inciso III ao art. 62 da CLT, com a seguinte redação: "Os empregados em regime de teletrabalho".(15) Excluiu-se, desta forma, esse regime de trabalho do controle e, por conseguinte, do pagamento do adicional de horas extraordinárias previstos na CLT.

Entre as controvérsias existentes quanto à regulamentação do regime de teletrabalho, as concernentes às horas extras são exponenciais. No tocante ao direito ao recebimento de adicional de horas extras, o doutrinador Raphael Miziara(16) esclarece que:

> Com efeito, o TST já decidiu que não se pode negar que, de maneira geral, em princípio, tais trabalhadores enquadram-se no tipo jurídico excetivo

---

(12) BRASIL. *Consolidação das Leis do Trabalho*. Disponível em: <http://www.planalto.gov.br/ccivil_03/_ato2015- 2018/2017/lei/l13467.htm>. Acesso em: 18 jul. 2021.

(13) *Idem*.

(14) *Idem*..

(15) *Idem*.

(16) MIZIARA, Raphael. "Reforma não permite que a empresa transfira custos de home office ao trabalhador". SEDEP. Disponível em: <https://www.sedep.com.br/artigos/reforma-nao-permite-que-empresa-transfira-custos-de-home-office-ao-trabalhador/>.

> do art. 62 da CLT, realizando o parâmetro das jornadas não controladas de que fala a ordem jurídica trabalhista (art. 62, I, CLT) (TST-AIRR-6214119.2003.5.10.0011, relator Ministro: Mauricio Godinho Delgado, Data de Julgamento: 7.4.2010, 6ª Turma, Data de Publicação: *DEJT* 16.4.2010). Agora, por expressa disposição legal (art. 62, III, da CLT) os empregados em teletrabalho estão excluídos do regime de duração do trabalho. Estabelece a CLT que os empregados em regime de teletrabalho não são abrangidos pelo regime previsto no capítulo "da duração do trabalho", razão pela qual não farão jus, por exemplo, ao recebimento de horas extras.
>
> Mas, se os teletrabalhadores sofrerem vigilância dos períodos de conexão, controle de *login* e *logout*, localização física, pausas ou ligações ininterruptas para saber o andamento dos trabalhos, especialmente se de forma periódica, estarão, inevitavelmente, enquadrados na disposição do art. 7º da CR/88 e no art. 6º, parágrafo único da CLT e terão direito à proteção da jornada, inclusive eventuais horas extras.
>
> Logo, em que pese a disposição legal, se houver efetivo controle de horário do teletrabalhador, por exemplo, por meio de controle de ponto online, exsurgirá a possibilidade de enquadramento no capítulo da duração do trabalho. Isso porque o labor no sistema de *home office* não é totalmente incompatível com o controle da jornada de trabalho. A propósito, o próprio art. 62 é de duvidosa constitucionalidade.

Assim, à inclusão deste inciso III ao art. 62 da CLT, o qual eximiu o empregador do controle de jornada do trabalhador em regime de teletrabalho, é problemática, sobretudo porque, com a tecnologia que existe hoje, seria possível criar instrumentos e protocolos de controle até mais precisos do que o controle presencial direto, bem como porque os trabalhadores em teletrabalho tendem a trabalhar em jornadas mais longas do que aqueles que estão inseridos nas dependências físicas do empregador.(17)

Todavia, recentemente, a Lei n. 14.442/2022 trouxe alteração, mas reiterou a alínea III do art. 62 da CLT, permanecendo excluso o regime de teletrabalho do controle de jornada e, por conseguinte, do pagamento de horas extraordinárias praticadas pelo empregado.

Dessa forma, de maneira expositiva, essa foi a regulamentação para a aplicação do regime de teletrabalho introduzida no ordenamento jurídico pátrio, especificamente pela Lei n. 13.467/2017, denominada Reforma Trabalhista, sendo objeto de inúmeras reflexões, críticas e debates jurídicos e decisões judiciais.

---

(17) EUROFOUND; OIT. "Working anytime, anywhere: the effects on the world of work". 2017. Disponível em: <https://www.ilo.org/wcmsp5/groups/public/---dgreports/---dcomm/---publ/documents/publication/wcms_544138.pdf>. Acesso em: 18 nov. 2022.

4. Covid-19 — A pandemia e o teletrabalho

Em obediência à ordem cronológica, no tocante à evolução histórica legislativa, em março de 2020, no Brasil, iniciou-se o enfrentamento da pandemia causada pela disseminação do SARSCOV-2, denominado "coronavírus", razão pela qual o regime de teletrabalho que, até o momento, era exceção, passou a ser a regra nos contratos de trabalhos como meio de adequação e saída para o enfrentamento da pandemia.

Nesse momento histórico, o governo federal emitiu diversas medidas provisórias, sendo que a MP n. 927/2020 trouxe a possibilidade de as empresas realizarem a alteração nos contratos de trabalho para o regime de teletrabalho, flexibilizando as determinações da CLT, conforme apresentado alhures.

Ainda a MP n. 936/2020 disciplinou institutos de redução e suspensão do contrato de trabalho, porém, em razão de sua exclusão do regime de controle da duração do trabalho, conforme detalhado alhures, alguns doutrinadores têm entendido que os contratos em regime de teletrabalho não são suscetíveis de redução de jornada/salário.[18]

Em 2021, o governo federal emitiu a Medida Provisória n. 1.046/2021, reeditando a MP n. 927/2020, salvo algumas alterações, mas mantendo medidas trabalhistas flexibilizadas, inclusive, no tocante ao regime de teletrabalho.

Notadamente, caberiam inúmeras reflexões e ponderações acerca das flexibilizações concedidas por medidas provisórias, porém, como o objetivo do presente artigo é trazer a evolução histórica legislativa no tocante ao regime de teletrabalho e as referidas MPs não estão mais vigentes em nosso ordenamento jurídico, cumpre o que nos deve registrar.

5. Medida Provisória n. 1.108/2022 e a Lei n. 14.442/2022

Com o período denominado pós-pandêmico, após o processo de vacinação nacional obter um resultado positivo no controle, na diminuição dos casos de contaminação da Covid- 19 e, por outro lado, uma vez ocorrida a contaminação, os efeitos não serem tão drásticos como eram anteriores à vacinação, iniciou-se a chamada retomada do mercado econômico.

Nesse cenário econômico, o governo federal, em 25 de março de 2022, emitiu a Medida Provisória n. 1.108, regulamentando o pagamento do vale alimentação e alterando significativamente a regulamentação do regime de teletrabalho, mais especificamente os arts. 62; 75-B; 75-C e 75-F, todos da CLT.

Inicialmente, a MP n. 1.108/22 vigoraria até 26.5.2022, porém foi prorrogada no mês de maio por mais 60 dias. Ocorre que, no dia 3 de agosto de 2022, o processo para

(18) Nesse sentido, ver BOMFIM, Volia. "MP n. 936 — Medidas Trabalhistas para o enfrentamento da crise". Disponível em: <https://www.youtube.com/watch?v=TJ-YytPp6Mw>. Acesso em: 18 nov. 2021.

a conversão em lei foi aprovado pelo Congresso Nacional, sendo sancionada no dia 2 de setembro e publicada no dia 5 de setembro a Lei n. 14.442/2022.

A Lei n. 14.442 de 5 de setembro de 2022 manteve integralmente as disposições da MP no tocante às alterações dos artigos supramencionados relacionados ao regime de teletrabalho, conforme é apresentado detalhadamente adiante.

O art. 62, em seu inciso III da CLT, passou a ter a seguinte redação: "os empregados em regime de teletrabalho que prestam serviço por produção ou tarefa".(19)

Com a alteração, a lei permite que o empregado contratado no regime de teletrabalho por produção ou tarefa possa ter a liberdade de exercer as suas atividades na hora em que lhe for conveniente, não havendo controle de jornada. Logo, não haverá incidência nem pagamento de horas extraordinárias.

Cumpre destacar, *contrario sensu*, que surge a presunção *iuris tantum* de que o empregado submetido ao regime de teletrabalho, que não seja por tarefa ou produção, estará sujeito ao controle de jornada e com devido pagamento de horas extras.

O art. 75-B(20) que apresenta o conceito legal sobre o teletrabalho sofreu alteração no *caput* e, ainda, foram inseridos os §§ 1º ao 9º, no intuito de regulamentar a matéria.

Os §§ 1º ao 9º do art. 75-B, inclusos pela Lei n. 14.442/22, regulamentam os requisitos objetivos para a caracterização do regime de teletrabalho, bem como estabelecem as condições de obrigatoriedade ou dispensa de controle de jornada.(21)

---

(19) BRASIL. *Consolidação das Leis do Trabalho.* Disponível em: <http://www.planalto.gov.br/ccivil_03/_ato2019- 2022/2022/lei/L14442.htm, Acesso em: 20 out. 2022.

(20) Considera-se teletrabalho ou trabalho remoto a prestação de serviços fora das dependências do empregador, de maneira preponderante ou não, com a utilização de tecnologias de informação e de comunicação, que, por sua natureza, não configure trabalho externo (BRASIL, 2022. p. 22).

(21) § 1º O comparecimento, ainda que de modo habitual, às dependências do empregador para a realização de atividades específicas que exijam a presença do empregado no estabelecimento não descaracteriza o regime de teletrabalho ou trabalho remoto.

§ 2º O empregado submetido ao regime de teletrabalho ou trabalho remoto poderá prestar serviços por jornada ou por produção ou tarefa.

§ 3º Na hipótese da prestação de serviços em regime de teletrabalho ou trabalho remoto por produção ou tarefa, não se aplicará o disposto no Capítulo II do Título II desta consolidação.

§ 4º O regime de teletrabalho ou trabalho remoto não se confunde nem se equipara à ocupação de operador de *telemarketing* ou de teleatendimento.

§ 5º O tempo de uso de equipamentos tecnológicos e de infraestrutura necessária, bem como de softwares, de ferramentas digitais ou de aplicações de internet utilizados para o teletrabalho, fora da jornada de trabalho normal do empregado não constitui tempo à disposição ou regime de prontidão ou de sobreaviso, exceto se houver previsão em acordo individual ou em acordo ou convenção coletiva de trabalho.

§ 6º Fica permitida a adoção do regime de teletrabalho ou trabalho remoto para estagiários e aprendizes.

§ 7º Aos empregados em regime de teletrabalho aplicam-se as disposições previstas na legislação local e nas convenções e nos acordos coletivos de trabalho relativas à base territorial do estabelecimento de lotação do empregado.

Entre tantas inclusões, frisa-se o § 6º do art. 75-B que permitiu o regime de teletrabalho para contratos de estágio e aprendizado, comprometendo integralmente a natureza jurídica dos referidos contratos, uma vez que dependem de acompanhamento qualificado para que ocorra efetivamente o aprendizado e evolução profissional.

A Lei n. 14.442/22, no art. 75-F, trouxe uma novidade, estabeleceu um rol de empregados detentores de prioridade em caso de aplicação do regime de teletrabalho.(22)

Desse modo, os empregadores aos quais os trabalhadores exerçam atividades utilizando o regime de teletrabalho deverão dar prioridade para: i) Trabalhadores com deficiência e ii) Pais e mães de filhos com até 4 anos de vida completos.

6. Conclusões

Diante de todo o exposto, observa-se que o regime de teletrabalho existe há muitas décadas, porém no Brasil não era o regime mais utilizado nos contratos de trabalho individuais. É salutar entender que em 2017, com a entrada em vigor da Lei n. 13.467/17, foram inseridos na CLT alguns artigos que disciplinaram de forma tímida e até abstrata a caracterização e aplicação do regime de teletrabalho, sendo insuficiente para a proteção dos direitos trabalhistas previstos no ordenamento jurídico.

Este artigo abordou como tema central a evolução histórica legislativa no Brasil concernente ao regime de teletrabalho, apresentando sua exponencial ascensão no período de enfrentamento da pandemia de Covid-19 causada pela disseminação do SARS-COV-2.

Cumpre destacar que, nesse momento histórico pandêmico, a modalidade do regime de teletrabalho obteve um salto histórico, passando a ser a realidade da maioria dos contratos de trabalho individuais. Contudo, o nosso ordenamento jurídico ainda permanecia carente de uma robusta e densa regulamentação para aplicação da modalidade do regime de teletrabalho, em meio ao cenário caótico nos aspectos sanitário e econômico.

Assim, o governo federal, por meio de medidas provisórias, foi regulamentando a modalidade de teletrabalho.

Cumpri ressaltar que as ditas MPs não tiveram os debates e conversas públicas tão necessárias e indispensáveis para a regulamentação de uma matéria de tal importância

§ 8º Ao contrato de trabalho do empregado admitido no Brasil que optar pela realização de teletrabalho fora do território nacional aplica-se a legislação brasileira, excetuadas as disposições constantes da Lei n. 7.064, de 6 de dezembro de 1982, salvo disposição em contrário estipulada entre as partes.

§ 9o Acordo individual poderá dispor sobre os horários e os meios de comunicação entre empregado e empregador, desde que assegurados os repousos legais.

(22) Os empregadores deverão dar prioridade aos empregados com deficiência e aos empregados e empregadas com filhos ou criança sob guarda judicial até 4 (quatro) anos de idade na alocação em vagas para atividades que possam ser efetuadas por meio do teletrabalho ou trabalho remoto (BRASIL, 2022. p. 19).

para a sociedade de uma forma geral, pois o regime de teletrabalho altera em todos os aspectos a vida do empregado e a relação de trabalho.

Nesse sentido, fez-se necessário conhecer a recente Lei n. 14.442/2022 que incluiu novas diretrizes, obrigações, ampliações e flexibilizações para adoção e aplicação do regime de teletrabalho, uma vez que o referido regime passou a ser uma nova realidade na relação de trabalho diante do momento fático histórico vivenciado.

É imperioso mencionar nessas linhas de considerações que devemos manter sempre cautela máxima na regulamentação das novas relações de trabalho para que, ao invés de estarmos tratando de evolução social, não estejamos migrando para um retrocesso nos direitos e garantias constitucionais nas relações trabalhistas.

Por fim, destaca-se o avanço histórico no tocante à utilização do regime de teletrabalho, rompendo barreiras geográficas, econômicas e trazendo à sociedade de modo geral a ampliação do mercado e de oportunidades. Por fim, não se pode desconsiderar a responsabilidade inerente à proteção à saúde, à segurança, ao meio ambiente de trabalho e aos direitos individuais e coletivos do trabalhador insculpidos no nosso ordenamento jurídico pátrio.

Referências

BOMFIM, Volia. "MP n. 936 – Medidas Trabalhistas para o enfrentamento da crise". Disponível em: <https://www.youtube.com/watch?v=TJ-YytPp6Mw>.

BRASIL. 1938. Legislação informatizada. *Decreto-lei n. 399, de 30 de abril de 1938*. [Publicação na *web*]. Disponível em: <https://www2.camara.leg.br/legin/fed/declei/1930- 1939/decreto-lei-399-30-abril-1938-348733-publicacaooriginal-1-pe.html>.

______. 1943. Presidência da República. Casa Civil. Subchefia para Assuntos Jurídicos. *Decreto--lei n. 5.452, de 1º de maio de 1943*. [Publicação na *web*]. Disponível em: <http://www.planalto.gov.br/ccivil_03/decreto-lei/del5452.htm>.

______. 2017. Presidência da República. Secretaria-Geral. Subchefia para Assuntos Jurídicos. *Lei n. 13.467, de 13 de julho de 2017*. [Publicação na *web*]. Disponível em: <http://www.planalto.gov.br/ccivil_03/_ato2015-2018/2017/lei/l13467.htm>.

______. 2011. Presidência da República. Casa Civil. Subchefia para Assuntos Jurídicos. *Lei n. 12.551, de 15 de dezembro de 2011*. [Publicação na *web*]. Disponível em: <http://www.planalto.gov.br/ccivil_03/_ato2011-2014/2011/lei/l12551.htm>.

______. 2022. Presidência da República. Secretaria-Geral. Subchefia para Assuntos Jurídicos. *Lei n. 14.442, de 2 de setembro de 2022*. [Publicação na *web*]. Disponível em: <http://www.planalto.gov.br/ccivil_03/_ato2019-2022/2022/lei/L14442.htm>.

CORREIA, Henrique; MIESSA, Élisson. *Manual da Reforma Trabalhista:* O que mudou?. Salvador: JusPodivm, 2018.

EUROFOUND; OIT. Working anytime, anywhere: the effects on the world of work. 2017. Disponível em: <https://www.ilo.org/wcmsp5/groups/public/---dgreports/---dcomm/---publ/documents/publication/wcms_544138.pdf>.

MIZIARA, Raphael. Reforma não permite que a empresa transfira custos de *home office* ao trabalhador. *SEDEP*. Disponível em: <https://www.sedep.com.br/artigos/reforma-nao-permite-que-empresa-transfira-custos-de-home-office-ao-trabalhador/>.

Modelo Híbrido de Trabalho: Regras e Desafios

Larissa Medeiros Rocha

1. Introdução

A discussão acerca das vantagens e desvantagens da realização do trabalho de forma remota existe há quase meio século. Na década de 1970, Jack Nilles[1], conhecido como um dos defensores das vantagens do trabalho remoto, já discutia os impactos que essa modalidade de trabalho trazia na redução de custos e no tempo de deslocamento da residência para o trabalho.

No Brasil, a primeira referência sobre o assunto foi tímida. Em 2011, foi introduzida na Consolidação das Leis do Trabalho (CLT), por meio da Lei n. 12.551, a nova redação do art. 6º, que passou a prever que "não se distingue entre o trabalho realizado no estabelecimento do empregador, o executado no domicílio do empregado e o realizado a distância, desde que estejam caracterizados os pressupostos da relação de emprego". Além disso, foi inserido o parágrafo único no referido artigo "os meios telemáticos e informatizados de comando, controle e supervisão se equiparam, para fins de subordinação jurídica, aos meios pessoais e diretos de comando, controle e supervisão do trabalho alheio".

Era possível inferir da previsão que o legislador buscou equiparar o trabalho realizado fora das dependências do empregador ao trabalho realizado em demais ambientes, como a residência do empregado ou o trabalho externo. Contudo, ainda faltavam dispositivos específicos para regular essa modalidade de trabalho remoto.

O teletrabalho apenas foi expressamente regulamentado com a edição da Lei n. 13.467, de 13 de julho de 2017, também conhecida como Reforma Trabalhista, que introduziu na CLT o Capítulo II-A – Do Teletrabalho. Inicialmente, foram introduzidos os arts. 75-A ao 75-E, que tratavam, dentre outros pontos, da necessidade de previsão

(1) NILLES, Jack M.; CARLSON JR., F. Roy; GRAY, Paul; HANNEMAN, Gerhard J. *The telecommunications:* transportation tradeoff. Londres: John Wiley, 1976.

específica desse modelo de trabalho no contrato firmado entre as partes, dos termos e condições para migração do regime e da natureza dos valores pagos aos empregados para reembolso das despesas por eles arcadas. Apesar de introduzido ao ordenamento jurídico brasileiro em 2017, foi apenas com a pandemia da Covid-19 e a recomendação de isolamento social, que o teletrabalho ganhou mais espaço no dia a dia dos empregados. Para tratar de questões emergenciais ligadas à transferência da atividade econômica das empresas para a residência dos empregados, o governo federal editou a Medida Provisória n. 927/2020 e a Medida Provisória n. 1.046/2021. Nas duas situações, as disposições trazidas buscaram simplificar a alteração do regime presencial para o regime de teletrabalho, com o intuito de viabilizar a continuidade da prestação de serviços e a adoção de medidas de saúde necessárias para o enfrentamento da pandemia. Contudo, essas medidas provisórias não foram convertidas em lei, tendo suas vigências limitadas de 22 de março de 2020 a 19 de julho de 2020 (Medida Provisória n. 927/2020) e de 27 de abril de 2021 a 7 de setembro de 2021 (Medida Provisória n. 1.046/2021).

Como consequência do crescimento da utilização dessa modalidade de trabalho, o governo federal editou uma nova Medida Provisória n. 1.108 em 25 de março de 2022, a fim de alterar os artigos da CLT que tratam sobre o regime de teletrabalho. A referida medida foi convertida na Lei n. 14.442, em 2 de setembro de 2022, e alterou a CLT para trazer novas disposições ao Capítulo II-A – do Teletrabalho, especificamente aos arts. 75-B, 75-C, e 75- F da CLT.

Entre as alterações da nova lei, trouxe-se expressamente a possibilidade de adoção de um modelo híbrido de trabalho, caracterizado pela existência de uma alternância entre o trabalho presencial e o remoto. As disposições anteriores vigentes limitavam a aplicação do referido instituto às atividades realizadas "preponderantemente fora das dependências do empregador, com a utilização de tecnologias de informação e de comunicação que, por sua natureza, não se constituam como trabalho externo" *(redação antiga do art. 75-B, da CLT).*

Depreende-se da leitura do antigo Capítulo II-A – Do Teletrabalho (introduzido com a Lei n. 13.467/2017) que o Legislativo tinha em mente apenas a existência do regime preponderante de teletrabalho e não abordou especificamente quais diretrizes deveriam ser seguidas em caso do exercício das atividades em caráter misto. Com a Lei n. 14.442/2022, passa-se agora a constar expressão "preponderantemente ou não" na nova redação do art. 75-B, da CLT, havendo um pouco mais de claridade sobre a aplicação das regras do Capítulo II-A ao regime híbrido de trabalho.

Diante disso, faz-se necessário analisar quais são os desafios para a manutenção ou implementação do modelo de trabalho híbrido, ou seja, composto pelo desempenho de atividades na residência do empregado e nas dependências do empregador. Nesse sentido, verifica-se que, mesmo com as disposições legislativas sobre o tema, ainda há uma série de dúvidas sobre como os requisitos legais devem ser cumpridos, especialmente no tocante à jornada de trabalho, concessão de vale transporte e vale alimentação, e às normas de saúde e segurança aplicáveis.

2. O teletrabalho

Jack Nilles, em 1976, juntamente com outros pesquisadores, publicou o livro *The telecommunications: transportation tradeoff*[2], propondo o modelo de teletrabalho como uma alternativa ao transporte de trabalhadores nos grandes centros. O foco era a redução do tempo de deslocamento entre a residência do empregado e seu o local de trabalho.

O desenvolvimento da pesquisa feita pelo autor teve como contexto a primeira crise do petróleo, em 1973, quando os países membros da Organização dos Países Exportadores de Petróleo (OPEP), detentores de praticamente toda a produção mundial, resolveram aumentar o preço do petróleo de modo significativo, bem como estabelecer uma diminuição na produção. Diante disso, os custos de deslocamento para o trabalho com meios de transporte que utilizavam matéria-prima derivada do petróleo cresceram exponencialmente.

O autor abordou em suas obras os impactos do teletrabalho no tocante à produtividade, aos custos e aos benefícios envolvidos. As suas primeiras impressões sobre o tema foram no sentido de que as funções administrativas podiam ser executadas com eficácia mesmo que a distância. As funções relacionadas à gestão, por sua vez, demandavam um pouco mais de atenção para serem desenvolvidas em regime de teletrabalho. De toda forma, Nilles acreditava que o desafio na execução dessas funções podia ser superado com eventuais reuniões presenciais e disponibilidade do sistema operacional de exibição gráfica, de modo que dados, gráficos, tabelas, desenhos pudessem ser transmitidos entre os chefes e seus subordinados.

Atualmente, com a criação e propagação de diversas plataformas e programas de comunicação, verifica-se que a preocupação de Nilles com a dinâmica do trabalho e integração

das pessoas restou superada. Está cada vez mais viável o desempenho de atividades a qualquer momento, seja na residência do empregado ou em outro qualquer lugar do mundo, desde que compatíveis com a atuação fora das dependências do empregador, demonstrando uma maior flexibilidade no trabalho para o empregado e o empregador.

Na legislação, verificou-se que antes mesmo da edição da Lei n. 13.467, de 13 de julho de 2017, também conhecida como Reforma Trabalhista, que entrou em vigor apenas em 11 de novembro do mesmo ano da sua edição, a CLT já constava com o disposto no

(2) NILLES, Jack M. Telecommunications and organizational decentralization. *IEEE Transactions on Communications*, v. 23, n. 10, p. 1.142-1.147, out. 1975. Disponível em: <http://adapt.it/adapt-indice-a-z/wp-content/uploads/2017/07/Telecomm-and-Org-Decentralization.pdf>. Acesso em: 15 ago. 2022.

art. 6º, que previa desde 1943 a inexistência de distinção entre o trabalho realizado no estabelecimento do empregador e aquele realizado no domicílio do empregado, quando presentes os elementos do vínculo empregatício. O referido artigo passou por uma pequena mudança em 2011, quando incluiu referência ao trabalho a distância. Além disso, a CLT incorporou o fato de que os meios telemáticos e informatizados de comando, controle e supervisão se equiparam, para fins de subordinação jurídica, aos meios pessoais e diretos de comando, controle e supervisão do trabalho, afastando qualquer dúvida sobre a possibilidade de caracterização da subordinação no trabalho a distância. A redação final ficou dessa forma:

> Art. 6º Não se distingue entre o trabalho realizado no estabelecimento do empregador, o executado no domicílio do empregado e o realizado a distância, desde que estejam caracterizados os pressupostos da relação de emprego.
>
> Parágrafo único. Os meios telemáticos e informatizados de comando, controle e supervisão se equiparam, para fins de subordinação jurídica, aos meios pessoais e diretos de comando, controle e supervisão do trabalho alheio.

Na vez da Lei n. 13.467/2017, foi introduzido um novo capítulo na CLT para tratar especificamente do teletrabalho, o Capítulo II-A – Do Teletrabalho, composto originalmente por 5 artigos (de 75-A a 75-E) dispondo sobre as regras a serem adotadas para a instituição desse regime.

O art. 75-A, de início, deixava claro que a prestação de serviços pelo empregado em regime de teletrabalho observará as disposições trazidas no capítulo em referência. Em seguida, o art. 75-B esclarecia que o teletrabalho era a "prestação de serviços preponderantemente fora das dependências do empregador, com a utilização de tecnologias de informação e de comunicação que, por sua natureza, não se constituam como trabalho externo". Ainda, o parágrafo único do referido artigo dispunha que o comparecimento do empregado às dependências do empregador para a realização de atividades específicas não descaracteriza o regime de teletrabalho.

A doutrina também buscou desenvolver o conceito desse instituto. Antes mesmo da Reforma Trabalhista, Alice Monteiro de Barros[(3)] já mencionava que:

> O teletrabalho é a modalidade especial de trabalho a distância, subvertendo a relação de trabalho clássica, sendo responsável por novos tipos de atividade descentralizada, que reúne informação e comunicação, podendo ser executado por pessoas com média ou alta qualificação, as quais se utilizam da informática ou da telecomunicação no exercício das atividades.

(3) BARROS, Alice Monteiro de. *Curso de direito do trabalho*. 10. ed. São Paulo: LTr, 2016. p. 213.

Homero Batista Mateus da Silva[4] dispôs que "a expressão está afeta aos trabalhos executados por meios telemáticos, donde a nomenclatura consagrada na palavra teletrabalho" e que essa atividade pressupõe "o uso de computadores e redes de comunicação".

Sergio Pinto Martins[5] sumarizou esclarecendo que o teletrabalho "é a prestação de serviços realizada a distância com emprego de tecnologia de informação e de comunicação", onde o "empregado trabalha na maior parte do tempo fora das dependências do empregador".

Dalton Araujo Antunes[6] mencionou que o teletrabalho é o termo mais comum no Brasil, mas há outras denominações, tais como "trabalho remoto, trabalho a distância, programa de gestão de demandas, *telecommuting*, *home working*, *home office*, *telework ou teleworking*, *working from home*, *mobile work*, *remote work e flexibe workplace*, *telecottage*, *homeoffice,* entre outros". Por sua vez, Gustavo Filipe Barbosa Garcia[7] discordou da generalização do termo e esclareceu que "o trabalho a distância é gênero que engloba o trabalho em domicílio e o teletrabalho", sendo que "embora que o trabalho a distância seja normalmente desempenhado na própria residência do empregado, não se restringe a essa hipótese", podendo ser realizado em outras localidades diversas do estabelecimento empresarial do empregador e da residência do empregado.

Em que pesem as pequenas variações na doutrina sobre a conceituação do instituto, é indiscutível que o desenvolvimento das atividades no modelo de teletrabalho virou uma realidade para uma quantidade expressiva de brasileiros. Com as diretrizes impostas de distanciamento social devido à pandemia iniciada em 2020, o número de trabalhadores em regime de teletrabalho cresceu exponencialmente.

De acordo com o Instituto Brasileiro de Geografia e Estatística — IBGE[8], em maio de 2020, o número de trabalhadores em regime de teletrabalho era de 8,5 milhões, atingindo o seu pico na primeira semana de junho, quando alcançou 8,9 milhões de pessoas trabalhando remotamente de suas residências. Em setembro de 2020, a última data que o dado foi disponibilizado pelo Instituto, ainda existiam 7,9 milhões de trabalhadores atuando remotamente.

---

(4) SILVA, Homero Batista Mateus da. *Legislação trabalhista em tempos de pandemia:* comentários às Medidas Provisórias 927 e 936. São Paulo: Thomson Reuters Brasil, 2020. p. 28.

(5) MARTINS, Sergio Pinto. *Reforma Trabalhista:* comentários às alterações das Leis ns. 13.467/2017, 13.545/2017 e da Medida Provisória n. 808/2017. São Paulo: Saraiva Educação, 2018. p. 50-51.

(6) ANTUNES, Dalton Araujo. *Impactos positivos e negativos para o empregador e empregado após a reforma trabalhista.* São Paulo: Ixtlan, 2019. p. 14.

(7) GARCIA, Gustavo Filipe Barbosa. *Reforma Trabalhista.* 3. ed., rev., amp. e atual. Salvador: JusPodivm, 2018. p. 96-97.

(8) INSTITUTO BRASILEIRO DE GEOGRAFIA E ESTATÍSTICA (IBGE). "Trabalho: Desocupação, renda, afastamentos, trabalho remoto e outros efeitos da pandemia no trabalho". Disponível em: <https://covid19.ibge.gov.br/pnad-covid/trabalho.php>. Acesso em: 20 ago. 2022.

Com a diminuição das medidas de isolamento devido à pandemia da Covid-19 e o retorno gradativo das atividades, verificou-se que nasceu uma nova tendência para aquelas atividades que se mostraram viáveis serem desempenhadas a distância: a de acomodar a realidade vivida durante a pandemia (teletrabalho exclusivo) com o retorno das atividades presenciais (trabalho presencial exclusivo). Surge, dessa forma, a necessidade de criação de um novo modelo, o modelo híbrido de trabalho, que consiste em uma alternância no desempenho das atividades de forma presencial e remota.

3. Comentários à Lei n. 14.442/2022

Diante do fenômeno de retorno presencial ao trabalho e ciência das vantagens da continuidade do trabalho de forma remota, houve um crescimento da demanda de um modelo que atendesse aos dois extremos: um modelo em que a integração da equipe não fosse inteiramente prejudicada, bem como que permitisse que o empregado pudesse gozar do benefício de não gastar tempo e dinheiro se deslocando ao trabalho todos os dias.

Em que pese o trabalho híbrido já tivesse virado uma realidade para diversos brasileiros ao final de 2021, com a retomada da abertura dos centros comerciais e avanço da vacinação, foi apenas em 2022 que houve uma tentativa de regulação efetiva da matéria por parte do governo federal.

Nas Medidas Provisórias ns. 927/2020 e 1.046/2021, que tratavam sobre as medidas trabalhistas para enfrentamento da emergência de saúde pública decorrente do coronavírus, o governo federal optou por manter o conceito de teletrabalho atrelado à prestação de serviços "preponderantemente ou totalmente fora das dependências do empregador, com a utilização de tecnologias da informação e comunicação que, por sua natureza, não configurem trabalho externo" (arts. 4º §§ 1º e 3º, § 1º, respectivamente).

A mudança do posicionamento só nasce com a edição da Medida Provisória n. 1.108 de 25 de março de 2022. Nessa medida provisória, propôs-se uma nova redação ao art. 75- B, da CLT, que passou a considerar teletrabalho como "a prestação de serviços fora das dependências do empregador, de maneira preponderante ou não, com a utilização de tecnologias de informação e de comunicação, que, por sua natureza, não se configure como trabalho externo".

A nova redação do art. 75-B também buscou superar a discussão de conceituação trazida na doutrina equiparando o instituto do teletrabalho e do trabalho remoto, cabendo seguir as regras dispostas no Capítulo II-A – Do Teletrabalho da CLT.

Após a tramitação no Congresso Nacional, a medida provisória foi convertida na Lei n. 14.442, em 2 de setembro de 2022, sem mudanças na redação que conceitua teletrabalho ou trabalho remoto. Assim, atualmente, o art. 75-B da CLT possui a seguinte redação:

> Art. 75-B. Considera-se teletrabalho ou trabalho remoto a prestação de serviços fora das dependências do empregador, de maneira preponderante ou não, com a utilização de tecnologias de informação e de comunicação, que, por sua natureza, não configure trabalho externo.

O parágrafo único do art. 75-B da CLT sofreu alteração para esclarecer que a presença do empregado para atividades específicas não descaracteriza o regime e para equiparar o instituto do teletrabalho ao do trabalho remoto e, passando a constar que:

> § 1º O comparecimento, ainda que de modo habitual, às dependências do empregador para a realização de atividades específicas que exijam a presença do empregado no estabelecimento não descaracteriza o regime de teletrabalho ou trabalho remoto.

Diante das alterações propostas, restou claro que, para o legislador, pouco importa se as atividades em teletrabalho ou trabalho remoto serão desempenhadas de forma preponderantemente ou não para atrair o disposto no Capítulo II-A, da CLT. Ou seja, empregados submetidos a regimes mistos de trabalho, sejam eles duas vezes presenciais e três vezes em teletrabalho ou duas vezes em teletrabalho e três vezes presenciais, serão considerados teletrabalhadores e estarão submetidos às mesmas regras legais.

Demais periodicidades de trabalho também estarão sujeitas às mesmas disposições, seja o empregado trabalhando de forma remota semana sim semana não, ou até mês sim, mês não, ou qualquer outro arranjo realizado entre empregado e empregador que permita o desempenho de suas atividades com a utilização de tecnologias de informação e de comunicação, que, por sua natureza, não configure trabalho externo.

Outras disposições na CLT também foram alteradas com a nova lei, bem como novas previsões foram incluídas. Dentre as disposições alteradas, menciona-se a nova limitação do art. 62, inciso III, da CLT, que trata da obrigatoriedade do controle de jornada. A partir da Lei n. 14.442/2022, a isenção do controle só é aplicável aos empregados em teletrabalho que prestam serviços por produção ou por tarefa, ao passo que, anteriormente, qualquer empregado que desempenhada suas atividades em regime de teletrabalho estavam isentos do controle. Assim, empregados contratados em regime de teletrabalho por "tempo à disposição" ou "jornada" teriam que ser sua jornada de trabalho controlada na nova versão da lei.

Outro dispositivo que sofreu alteração foi o art. 75-C, da CLT, que deixou de prever que o empregado submetido ao teletrabalho devia ter suas atividades especificadas no contrato de trabalho. A redação do artigo atualmente é muito mais concisa, apenas prevendo que "a prestação de serviços na modalidade de teletrabalho deverá constar expressamente do instrumento de contrato individual de trabalho".

Dentre as novas previsões, destacam-se os §§ 2º a 9º do art. 75-B, da CLT. O § 2º prevê que há distinção entre os trabalhadores em teletrabalho ou trabalho remoto que desempenham seus serviços por jornada ou por produção e por tarefa, ainda que não conceitue cada modelo. De forma complementar, o § 3º prevê que os trabalhadores em regime de teletrabalho ou trabalho remoto por produção ou por tarefa não serão submetidos ao controle de jornada previsto no Capítulo II, do Título II, da CLT, fazendo, portanto, a conexão com o art. 62, inciso III, da CLT, já mencionado anteriormente.

Por sua vez, o § 4º afasta dos teletrabalhadores as regras aplicáveis aos trabalhadores de *telemarketing* ou teleatendimento, dispondo que "o regime de teletrabalho ou trabalho remoto não se confunde nem se equipara à ocupação de operador de *telemarketing* ou de teleatendimento". A inserção do referido texto parece que possui a intenção de cessar, uma vez por todas, a discussão acerca da aplicação do Anexo II, da Norma Regulamentadora n. 17, que versa sobre os requisitos para o trabalho em atividades de teleatendimento e *telemarketing*.

O § 5º, do referido art. 75-B, trouxe a seguinte disposição:

> § 5º O tempo de uso de equipamentos tecnológicos e de infraestrutura necessária, bem como de softwares, de ferramentas digitais ou de aplicações de internet utilizados para o teletrabalho, fora da jornada de trabalho normal do empregado não constitui tempo à disposição ou regime de prontidão ou de sobreaviso, exceto se houver previsão em acordo individual ou em acordo ou convenção coletiva de trabalho.

O novo texto legal conversa bem com o disposto no § 2º, do art. 4º da CLT, introduzido pela Reforma Trabalhista, que prevê uma série de atividades que, ainda que desempenhadas dentro das dependências do empregador, não constituem tempo à disposição, como, por exemplo: práticas religiosas, descanso, lazer, estudo, alimentação, atividades de relacionamento pessoal, higiene pessoal, troca de roupa ou uniforme, quando não houver obrigatoriedade de realizar a troca na empresa, bem como para buscar proteção pessoal, em caso de insegurança das vias públicas ou más condições climáticas. Seguindo o mesmo raciocínio, utilizar as ferramentas digitais disponibilizadas pelo empregador, por si só, não configura tempo à disposição, pois o empregado pode estar utilizando-as para lazer ou relacionamento pessoal, como é o caso de assistir a um filme fora do horário de trabalho no computador fornecido pelo empregador ou conversar por vídeo com algum familiar, utilizando a mesma ferramenta.

No § 6º foi permitida a adoção do regime de teletrabalho ou trabalho remoto para estagiários e aprendizes, o que já havia sido previsto nas Medidas Provisórias ns. 927/2020 (art. 5º) e 1.046/2021 (art. 4º), mas que tinham caducado com o encerramento da vigência das referidas medidas sem a devida conversão em lei.

Uma importante previsão surgiu com a introdução do § 7º, no art. 75-B, da CLT. Considerando que o teletrabalho permite que o empregado atue em qualquer localidade, inclusive, em outras cidades ou países, era necessário que houvesse uma regra acerca dos instrumentos coletivos aplicáveis aos trabalhadores, especialmente porque a base territorial é requisito essencial para o enquadramento sindical. Reconhecendo o silêncio legislativo sobre o assunto até então, foi introduzida a seguinte disposição na CLT:

> § 7º Aos empregados em regime de teletrabalho aplicam-se as disposições previstas na legislação local e nas convenções e nos acordos coletivos de trabalho relativas à base territorial do estabelecimento de lotação do empregado.

De forma complementar, o § 8º afasta qualquer tentativa de aplicação sumária da Lei n. 7.064/1982, que trata sobre os trabalhadores expatriados e aqueles contratados para atuar no exterior, destacando que quando o empregado contratado no Brasil optar pela realização de teletrabalho no exterior será aplicada a "legislação brasileira, excetuadas as disposições constantes da Lei n. 7.064, de 6 de dezembro de 1982, salvo disposição em contrário estipulada entre as partes".

Fazendo uma pequena pausa nas novas introduções legislativas no art. 75-B, menciona-se o disposto no § 3º, do art. 75-C, que traz uma conexão com os §§ 7º e 8º, do art. 75-B, mencionados acima. Isso porque o § 3º, do art. 75-C, esclarece que o empregador não será responsável pelos custos do retorno ao trabalho presencial daqueles empregados que optaram por residir em localidade diversa da prevista no contrato, durante a prestação do teletrabalho. Veja-se:

> § 3º O empregador não será responsável pelas despesas resultantes do retorno ao trabalho presencial, na hipótese de o empregado optar pela realização do teletrabalho ou trabalho remoto fora da localidade prevista no contrato, salvo disposição em contrário estipulada entre as partes.

Nota-se que tal previsão é aplicável nos casos de o empregado optar por residir em outra cidade diferente da localidade do estabelecimento empresarial (§ 7º do art. 75-B da CLT), bem como se optar por residir fora do território nacional (§ 8º do art. 75-B da CLT). Nas duas situações, o empregado será responsável pelos custos do retorno ao trabalho presencial.

Retomando o art. 75-B, da CLT, para finalizar, o seu § 9º indica que o acordo individual poderá dispor sobre os horários e os meios de comunicação entre empregado e empregador, desde que assegurados os repousos legais.

Para finalizar as novas introduções no texto legal, menciona-se o novo art. 75-F, que garantiu que empregados com deficiência ou com filhos ou criança sob guarda judicial, de até 4 (quatro) anos de idade, terão prioridade nas vagas em regime de teletrabalho ou trabalho remoto nas empresas.

4. Questões atinentes ao modelo híbrido de trabalho

Com as alterações trazidas pela Lei n. 14.442/2022 na CLT, verifica-se que a possibilidade de adoção de um modelo híbrido de trabalho pelos empregadores é autorizada pela legislação. Diante disso, as disposições que não sofreram alterações com a referida lei, mas que estão inseridas no Capítulo II-A – Do Teletrabalho na CLT, também serão aplicáveis no caso de um regime de trabalho híbrido.

Esse é o caso do § 1º, do art. 75-C, que estabelece que a alteração entre regime presencial e de teletrabalho poderá ser realizada desde que haja mútuo acordo entre as partes, registrado em aditivo contratual; e do § 2º, que prevê que a alteração do regime de teletrabalho para o presencial poderá ser realizada por determinação do empregador, garantido prazo de transição mínimo de quinze dias, com correspondente registro em aditivo contratual.

De igual forma, aplicam-se ao regime de trabalho híbrido as disposições trazidas no art. 75-D, da CLT, que estabelece que a responsabilidade pela aquisição, manutenção ou fornecimento dos equipamentos tecnológicos e da infraestrutura necessária e adequada à prestação do trabalho remoto, bem como o reembolso de despesas arcadas pelo empregado, serão previstas em contrato escrito entre empregado e empregador. As utilidades necessárias para o desempenho das atividades não integram a remuneração do empregado (parágrafo único, do art. 75-D, da CLT).

O empregador também deverá instruir os empregados, de maneira expressa e ostensiva, quanto às precauções a tomar a fim de evitar doenças e acidentes de trabalho, nos termos do art. 75-E, da CLT. O empregado, por sua vez, deverá assinar termo de responsabilidade, comprometendo-se a seguir as instruções fornecidas pelo empregador (parágrafo único do art. 75-E da CLT).

Contudo, ainda que a CLT tenha sofrido mudanças para incluir a possibilidade de atuação em um regime híbrido de trabalho, e que novas disposições tenham sido introduzidas no ordenamento jurídico, ainda se está longe de sanar todas as dúvidas e desafios que esse modelo de trabalho traz aos empregados e seus empregadores.

De início, destaca-se que o novo texto legal não cuidou de conceituar a diferença entre os trabalhadores que desempenham suas atividades em regime de teletrabalho por jornada ou por produção ou tarefa. Há quem diga que o salário pago por produção é aquele pelo qual a hora trabalhada é remunerada com o pagamento da tarefa ou da comissão, afastando os trabalhadores mensalistas dessa categoria.[9] A ausência de uma clara diferenciação impacta os empregados em regime exclusivo de teletrabalho, bem como aqueles em trabalho híbrido.

---

(9) LACERDA, Rosangela; VALE. Sílvia Teixeira do. A inconstitucionalidade da discriminação do trabalhador remunerado por produção ou por tarefa. *Justiça & Cidadania*, 25 abr. 2022. Disponível em: <https://www.editorajc.com.br/a-inconstitucionalidade-da-discriminacao-do-trabalhador-remunerado-por-producao-ou-por-tarefa/>. Acesso em: 10 out. 2022.

Isso porque ainda restam dúvidas sobre como será a aplicação do novo art. 62, inciso III, da CLT, pelos Tribunais do Trabalho. A nova disposição, que é de certa forma replicada no artigo a 75-B, § 2º e 3º, da CLT, excepciona a necessidade de controle apenas para os empregados contratados em regime de teletrabalho por produção ou por tarefa, não se aplicando a isenção aos teletrabalhadores que prestarem serviços por jornada.

Além de não haver claridade sobre quais empregados em regime de teletrabalho serão submetidos ao controle de jornada, ainda prevalece a dúvida como a jurisprudência e os órgãos fiscalizadores irão se posicionar quanto à ausência de controle de jornada dos empregados que estiverem frequentando o estabelecimento do empregador em regime híbrido de trabalho, de forma preponderante ou não.

Carlos Henrique Bezerra Leite(10) sustenta que, se houver a possibilidade de controle de jornada no regime de teletrabalho ou no trabalho a distância, não se aplica a regra do inciso III do art. 62 da CLT. Por sua vez, Homero Batista Mateus da Silva(11) acredita que ainda haverá muita discussão pela frente a respeito da interpretação dos Tribunais do Trabalho sobre as disposições aplicáveis aos teletrabalhadores, principalmente no tocante ao controle de jornada.

Quando o teletrabalhador prestar serviços por jornada, é inevitável proceder ao controle de jornada tanto nos dias de prestação de serviços em regime presencial, quanto nos dias de prestação de serviços em regime de teletrabalho. Nesse caso, para facilitar o controle nos dias de trabalho remoto, a empresa poderia adotar métodos alternativos de controle da jornada, como o controle por aplicativos, desde que autorizado pelo instrumento coletivo aplicável à categoria dos empregados.

Em 8 de novembro de 2021, o Ministério do Trabalho e Previdência editou a Portaria n. 671, que regulamenta disposições relativas à legislação trabalhista, à inspeção do trabalho, às políticas públicas e às relações de trabalho. No texto normativo, os empregadores estão autorizados a adotar métodos alternativos de controle de jornada eletrônicos, desde que sigam os sistemas previstos na portaria.

Outro desafio não enfrentado pela legislação é a concessão do vale-transporte ao empregado submetido ao regime híbrido de trabalho. Caso os dias de atendimento às dependências do empregador sejam fixos por mês, é fácil calcular quanto o empregado demandará de vale-transporte e quanto será arcado pelo empregador. Contudo, para aqueles empregados que desempenham suas atividades em modelo híbrido, até uma quantidade de vezes por semana em casa ou nas dependências no empregador, ou até mesmo aqueles em que não houver nenhuma diretriz sobre a frequência desejada para comparecimento ao trabalho presencial, o empregador encontrará desafios para calcular

(10) BEZERRA LEITE, Carlos Henrique. *Curso de direito do trabalho*. 12. ed. São Paulo: Saraiva, 2020. p. 599.

(11) SILVA, Homero Batista Mateus da. *CLT comentada*. São Paulo: Thomson Reuters Brasil, 2018.

qual valor será pago ao empregado para o custeio do deslocamento de forma antecipada, na linha do disposto na Lei n. 7.418/1985. De igual forma, houve dúvidas acerca da concessão de vale-alimentação para os empregados que desempenham atividades em teletrabalho, tendo sido ventilada a hipótese de pagamento do respectivo benefício apenas nos dias que o empregado se deslocar à sede da empresa para trabalhar presencialmente. Considerando que esse benefício muitas vezes decorre de norma coletiva, alguns sindicatos já cuidaram de incluir previsões normativas expressas acerca da concessão do benefício aos trabalhadores em teletrabalho, evitando, portanto, qualquer controvérsia sobre o assunto.(12)

Também é necessário observar as regras de saúde e segurança atinentes aos trabalhadores em modelos híbridos de trabalho. Nesse sentido, Lepletier e Cruz(13) destacam a vigência do art. 157, da CLT, de forma que ainda *"cabe ao empregador não somente cumprir as exigências das normas de segurança e medicina do trabalho, quanto fazê-las cumprir"*, sendo papel do empregador instruir os empregados, ou seja, capacitá-los para cumprir adequadamente as diretrizes de saúde e segurança, por meio de orientações e treinamentos.

Independentemente da modalidade da prestação do trabalho, empregado e empregador ainda estão submetidos a todo o arcabouço legislativo trabalhista, especialmente no que toca às diretrizes de saúde e segurança do trabalho, uma vez que a CLT deixa claro que não há diferenciação entre o trabalho realizado nas dependências do empregador e aquele na residência do empregado.

Dessa forma, o cuidado do empregador em um regime de trabalho híbrido deve ser redobrado, já que lhe caberá observar as questões de ergonomia e outros riscos ocupacionais nos dois ambientes de trabalho do empregado, o estabelecimento do empregador e a própria residência do empregado. A rigor, o empregador não deve autorizar o regime de trabalho híbrido ao empregado que não tem condições ergonômicas para tanto, considerando que tal fato pode acarretar problemas de saúde ao empregado, bem como é de sua responsabilidade garantir que o desempenho das atividades na sede da empresa respeite as normas de saúde e segurança vigentes.

---

(12) Sindicato dos Empregados de Agentes Autônomos do Comércio e em Empresas de Assessoramento, Perícias, Informações e Pesquisas e de Empresas de Serviços Contábeis e Sindicato das Empresas de Serviços Contábeis e das Empresas de Assessoramento, Perícias, Informações e Pesquisas no Estado de São Paulo. "Convenção Coletiva de Trabalho 2022/2023". Disponível em: <https://sescon.org.br/convencao-coletiva/>. Acesso em: 10 out. 2022.

Cláusula 12 – Auxílio Refeição ou Alimentação. As empresas fornecerão aos seus empregados, mensalmente, em número idêntico ao dos dias a serem trabalhados no mês, tíquetes de auxílio refeição ou alimentação com valor facial unitário de, no mínimo, R$26,10 (vinte e seis reais e dez centavos).

12.1 O benefício previsto nesta cláusula é devido inclusive para empregados em regime de "home office", trabalho remoto ou externo.

(13) LEPLETIER, Evandro; CRUZ, Lucineide. *Gestão do teletrabalho (*home office*) no Brasil*: casos do Serpro e TCU e métodos para a implantação. Brasília: Fácil Editora, 2018. p. 110.

Quando o empregado estiver atuando de sua residência, caberá ao empregador demonstrar o atendimento ao art. 75-E, da CLT, que dispõe que caberá ao empregador instruir os empregados, de maneira expressa e ostensiva, quanto às precauções a fim de evitar doenças e acidentes de trabalho. Nesse sentido, a empresa deverá ter em mente quais métodos serão adotados para cumprir essa obrigação legal, bem como realizar a devida guarda dos documentos que comprovam o cumprimento, nos termos do parágrafo único do referido artigo. Quando as atividades forem desempenhadas no âmbito do estabelecimento empresarial, todo o arcabouço jurídico relacionado a saúde e segurança do trabalhador deverá ser aplicado, cabendo ao empregador atenção às normas regulamentadoras cabíveis e às eventuais diretrizes específicas previstas no Programa de Controle Médico de Saúde Ocupacional (PCMSO), no Programa de Prevenção de Riscos Ambientais (PPRA) e no Laudo Técnico das Condições Ambientais de Trabalho (LTCAT).

Diante dos desafios relatados, a fim de trazer mais segurança jurídica para os empregados e empregadores, recomenda-se haver clareza do contrato de trabalho sobre as controvérsias aqui relatadas, especialmente no tocante à modalidade do trabalho híbrido (limitação de teletrabalho, horário flexível, rodízio mensal, semanal.) concessão do vale- transporte e vale-alimentação, formas de controle da jornada (quando aplicável), bem como quaisquer outras particulares que possam surgir no desempenho de atividades especificas.

5. Conclusões

Os desafios trazidos pela pandemia da Covid-19 impulsionaram os empregadores a buscarem novas formas de trabalho, de modo a viabilizar a continuidade das atividades empresariais. Nas empresas onde a manutenção das operações era possível através de utilização de ferramentas de tecnologias de informação e de comunicação, adotou-se o teletrabalho como novo modelo de trabalho.

Em que pese ter sido expressamente inserido no ordenamento jurídico trabalhista brasileiro em 2017, o teste desse modelo em massa ocorreu apenas em 2020 com a propagação do coronavírus e necessidade de adoção de medidas de isolamento social. Passado o período mais conturbado da emergência de saúde pública, o que se verificou foi que essa experiência funcionou em muitas empresas, tendo as vantagens advindas do teletrabalho não passado despercebidas por empregados e empregadores, tais como a redução de espaço físico necessário, importando em redução de custos, diminuição do tempo de deslocamento ao trabalho e maior flexibilidade no desempenho das atividades.

Com o avanço da vacinação e retomada das atividades presenciais, verificou-se a necessidade de novamente pensar em uma nova forma de trabalho. Surge, então, o modelo híbrido de trabalho, na tentativa de agregar as vantagens dos dois modelos propagados até então, o modelo de trabalho presencial e o modelo de trabalho remoto ou teletrabalho.

Considerando que havia uma lacuna legislativa acerca da possibilidade do desempenho de atividades no modelo híbrido de trabalho, foi editada a Medida Provisória n. 1.108/2022, que, em seguida, foi convertida na Lei n. 14.442/2022, introduzindo as mesmas regras aplicáveis ao teletrabalho exclusivo ao trabalho em regime híbrido.

Contudo, em que pese a nova Lei ter autorizado esse novo regime, algumas questões não foram enfrentadas pelo legislador, restando necessário os empregadores estarem atentos às controvérsias quando da implementação do trabalho híbrido para os seus empregados. Para mitigar riscos trabalhistas, caso a legislação vigente ainda se mostre insuficiente para regular esse novo modelo, empregadores e empregados poderão lançar mão de acordos individuais ou coletivos para preencher as lacunas existentes e seguir nesse caminho, que a essa altura parece ser inevitável.

Referências

ANTUNES, Dalton Araujo. *Impactos positivos e negativos para o empregador e empregado após a reforma trabalhista.* São Paulo: Ixtlan, 2019.

BARROS, Alice Monteiro de. *Curso de direito do trabalho.* 10. ed. São Paulo: LTr, 2016.

BEZERRA LEITE, Carlos Henrique. *Curso de direito do trabalho*, 12. ed. São Paulo: Saraiva, 2020.

BRASIL. *Decreto-lei n. 5.452, de 1º de maio de 1943.* Aprova a Consolidação das Leis do Trabalho. Brasília, DF: Presidência da República. Disponível em: <http://www.planalto.gov.br/ccivil_03/decreto-lei/del5452.htm>. Acesso em: 15 ago. 2022.

______. *Medida Provisória n. 927, de 22 de março de 2020.* Dispõe sobre as medidas trabalhistas para enfrentamento do estado de calamidade pública reconhecido pelo Decreto Legislativo n. 6, de 20 de março de 2020, e da emergência de saúde pública de importância internacional decorrente do coronavírus (Covid-19), e dá outras providências. Brasília, DF: Presidência da República. Disponível em: <https://www.in.gov.br/en/web/dou/-/medida-provisoria-n-927-de-22-de-marco-de-2020-249098775>-. Acesso em: 15 ago. 2022.

______. *Medida Provisória n. 1.046, de 27 de abril de 2021.* Dispõe sobre as medidas trabalhistas para enfrentamento da emergência de saúde pública de importância internacional decorrente do coronavírus (Covid-19). Brasília, DF: Presidência da República. Disponível em: <https://www.in.gov.br/en/web/dou/-/medida-provisoria-n-1.046-de-27-de-abril-de-2021-316265470>. Acesso em: 15 ago. 2022.

______. *Medida Provisória n. 1.108, de 25 de março de 2022.* Dispõe sobre o pagamento de auxílio-alimentação de que trata o § 2º do art. 457 da Consolidação das Leis do Trabalho, aprovada pelo Decreto-lei n. 5.452, de 1º de maio de 1943, e altera a Lei n. 6.321, de 14 de abril de 1976, e a Consolidação das Leis do Trabalho, aprovada pelo Decreto-lei n. 5.452, de 1943. Brasília, DF: Presidência da República. Disponível em: <https://www.in.gov.br/en/web/dou/-/medida-provisoria-n-1.108-de-25-de-marco-de-2022- 388651514>. Acesso em: 20 ago. 2022.

______. *Portaria Conjunta n. 20, de 18 de junho de 2020.* Estabelece as medidas a serem observadas visando à prevenção, controle e mitigação dos riscos de transmissão da Covid-19 nos ambientes de trabalho (orientações gerais). Brasília, DF: Secretaria Especial de Previdência e Trabalho do

Ministério da Economia; Ministério da Saúde, [2020b]. Disponível em: <https://www.in.gov.br/en/web/dou/-/portaria-conjunta-n-20-de-18-de-junho-de-2020- 262408085. Acesso em: 15 ago. 2020.

______. *Portaria n. 671, de 8 de novembro de 2021.* Regulamenta disposições relativas à legislação trabalhista, à inspeção do trabalho, às políticas públicas e às relações de trabalho. Brasília, DF: Ministério do Trabalho e Previdência. Disponível em: <https://in.gov.br/en/web/dou/-/portaria-359094139>. Acesso em: 16 ago. 2022.

BRIGATTI, Fernanda. 3,8 milhões de brasileiros trabalhavam em casa em 2018, alta de 21%. *Folha de S. Paulo*, São Paulo, 18 dez. 2019. Mercado. Disponível em: <https://www1.folha.uol.com.br/mercado/2019/12/38-milhoes-de-brasileiros-trabalhavam-em-casa-em-2018-uma-alta-de-21.shtml>. Acesso em: 15 ago. 2020.

BROLIO, Raphael Jacob. Artigos 75-A a 75-E. In: ROCHA, Fabio Ribeiro; COLNAGO, Lorena de Mello Rezende; FERREIRA, Farley Roberto Rodrigues de Carvalho (Coords.). *CLT 2020:* comparada e comentada pelos magistrados do TRT da 2ª Região (precedentes e jurisprudência do TST e TRT2). São Paulo: LTr, 2020.

DELGADO, Mauricio Godinho; DELGADO, Gabriela Neves. *A reforma trabalhista no Brasil:* com comentários à Lei n. 13.467/2017. São Paulo: LTr, 2017.

GARCIA, Gustavo Filipe Barbosa. *Reforma Trabalhista.* 3. ed., rev., amp. e atual. Salvador: JusPodivm, 2018.

LEPLETIER, Evandro; CRUZ, Lucineide. *Gestão do teletrabalho (*home office*) no Brasil:* casos do Serpro e TCU e métodos para a implantação. Brasília: Fácil Editora, 2018.

INSTITUTO BRASILEIRO DE GEOGRAFIA E ESTATÍSTICA (IBGE). Trabalho: Desocupação, renda, afastamentos, trabalho remoto e outros efeitos da pandemia no trabalho. Disponível em: <https://covid19.ibge.gov.br/pnad-covid/trabalho.php>. Acesso em: 20 ago. 2022.

LACERDA, Rosangela. VALE. Sílvia Teixeira do. A inconstitucionalidade da discriminação do trabalhador remunerado por produção ou por tarefa. *Justiça & Cidadania*, 25 abr. 2022. Disponível em: <https://www.editorajc.com.br/a-inconstitucionalidade-da-discriminacao-do-trabalhador-remunerado-por-producao-ou-por-tarefa/>. Acesso em: 10 out. 2022.

LINERO, Cibelle; ROCHA, Larissa Medeiros. Os desafios na manutenção do regime de teletrabalho no Brasil após a pandemia da Covid-19. *Revista da Escola Judicial do TRT4*, [S.l.], v. 2, n. 4, p. 125-148, 2020. Disponível em: <https://rejtrt4.emnuvens.com.br/revistaejud4/article/view/93>. Acesso em: 10 out. 2022.

MARTINS, Sergio Pinto. *Reforma Trabalhista:* comentários às alterações das Leis ns. 13.467/2017, 13.545/2017 e da Medida Provisória n. 808/2017. São Paulo: Saraiva Educação, 2018.

NILLES, Jack M. Telecommunications and organizational decentralization". *IEEE Transactions on Communications*, v. 23, n. 10, p. 1.142-1.147, out. 1975. Disponível em: <http://adapt.it/adapt-indice-a-z/wp-content/uploads/2017/07/Telecomm-and-Org-Decentralization.pdf>. Acesso em: 15 ago. 2020.

NILLES, Jack M.; CARLSON JR., F. Roy; GRAY, Paul; HANNEMAN, Gerhard J. *The telecommunications:* transportation tradeoff. Londres: John Wiley, 1976.

SILVA, Homero Batista Mateus da. *Legislação trabalhista em tempos de pandemia:* comentários às Medidas Provisórias 927 e 936. São Paulo: Thomson Reuters Brasil, 2020.

SILVA, Homero Batista Mateus da. *CLT comentada*. São Paulo: Thomson Reuters Brasil, 2018.

SINDICATO DOS EMPREGADOS DE AGENTES AUTÔNOMOS DO COMÉRCIO E EM EMPRESAS DE ASSESSORAMENTO, PERÍCIAS, INFORMAÇÕES E PESQUISAS E DE EMPRESAS DE SERVIÇOS CONTÁBEIS. SINDICATO DAS EMPRESAS DE SERVIÇOS CONTÁBEIS E DAS EMPRESAS DE ASSESSORAMENTO, PERÍCIAS, INFORMAÇÕES E PESQUISAS NO ESTADO DE SÃO PAULO. Convenção Coletiva de Trabalho 2022/2023. Disponível em: <https://sescon.org.br/convencao-coletiva/> Acesso em: 10 out. 2022.

As Obrigações Principais dos Contratos de Teletrabalho, a Responsabilidade Pelas Despesas e os Princípios Inerentes

Jamile Khede Israel
Nécia Batista

Introdução

O presente capítulo busca dar luz às principais obrigações a serem observadas no contrato de teletrabalho, nos termos da Lei 13.467/17, Medida Provisória n. 927/2020, Medida Provisória n. 1.046/2021 e, mais recentemente, Medida Provisória n. 1.108/2022, convertida na Lei n. 14.442/22, e Medida Provisória n. 1.116/2022, convertida na Lei n. 4.457/22.

Nesse escopo, também será abordado como a legislação distribui a responsabilidade pelas despesas que recaem sobre o contrato de trabalho em tal modalidade.

Os princípios, de ordem constitucional ou infraconstitucional, que recaem sobre o tema também serão tangenciados, permitindo uma maior compreensão e reflexão.

Por fim, será apresentado o resultado de pesquisa qualitativa realizada através de entrevistas com trabalhadores reais, que migraram do labor presencial para o teletrabalho, bem como dados estatísticos, a fim de se verificar o cumprimento das obrigações legais quanto ao contrato em comento e os reflexos na vida desses trabalhadores.

1. As obrigações principais do contrato de teletrabalho

1.1. Premissas fundamentais

O teletrabalho é uma realidade posta, que se intensificou largamente com a ocorrência da pandemia de coronavírus, decretada oficialmente no Brasil em 6 de março de 2020 (conforme Decreto Legislativo n. 6/2020).

Contudo, não foi novidade trazida com a pandemia, tanto é assim que a Lei n. 13.467/17, conhecida como Reforma Trabalhista, que passou a vigorar em 11 de novembro de 2017, trouxe em seu bojo capítulo específico para discipliná-lo (Capítulo II-A, arts. 75-A a 75-F da CLT), acarretando, por conseguinte, em regras e obrigações a serem observadas nos contratos de teletrabalho.(1)

Dito isso, como pressuposto, analisaremos apenas as obrigações afetas aos contratos de trabalho, logo, contratos que regem relações de emprego, e como tal, prestação de serviços subordinada, nos moldes dos arts. 2º e 3º da CLT.(2)

Em assim sendo, nas palavras de Maurício Godinho Delgado, "(...) a relação de emprego ocupa-se de um tipo específico da atividade humana: o trabalho subordinado, prestado por um tipo especial de trabalhador, que é o empregado"(3), pessoa física que presta seus serviços com pessoalidade, onerosidade, não eventualidade e mediante subordinação.

Nesse espeque, a subordinação é traço característico e distintivo da relação de emprego, através da qual a "(...) atividade laboral (física, mental ou intelectual) é que fica num estado de sujeição ao poder (diretivo, regulamentar e disciplinar) do empregador, sendo que esse critério é, para a maioria dos doutrinadores, o mais relevante para caracterizar a relação empregatícia".(4)

Apesar de a subordinação ser explicada por diversas teorias (entre elas, hierárquica, econômica, técnica, social), a mais aceita é a jurídica, decorrendo do próprio contrato de trabalho:

> Significa um estado de dependência real, decorrente de um contrato e produzido por um direito, o direito do empregador de comandar, de dar ordens, donde a obrigação correspondente para o empregado de se submeter a essas ordens. Vale dizer, não é a sua pessoa que fica sujeita ao poder do empregador, mas o modo como o seu trabalho é prestado àquele, ou seja, a subordinação incide sobre a sua atividade e não sobre a sua pessoa.

---

(1) Relembre-se, nos termos da CLT, é considerado teletrabalho "*a prestação de serviços fora das dependências do empregador, de maneira preponderante ou não, com a utilização de tecnologias de informação e de comunicação, que, por sua natureza, não se configure como trabalho externo*" (art. 75-B, CLT).

(2) Ainda que pese a modalidade negocial teletrabalho poder aplicar-se não apenas ao trabalhador subordinado, mas também ao "*... autônomo, trabalhador empresário, trabalho em cooperação, em economia compartilhada e tantas outras variantes que pode se revestir*" (NAHAS, Thereza C.; FITA, Fernando. Teletrabalho: pequena reflexão conceitual e de equilíbrio entre capital/trabalho. *Revista de Direito do Trabalho*. vol. 212/2020, jul./ago. 2020. Disponível em: < https://andt.org.br/wp-content/uploads/2021/04/tetetrabalho-algumas-linhas.pdf>. Acesso em: 10 maio 2021).

(3) DELGADO, Mauricio Godinho. *Curso de Direito do Trabalho*. São Paulo: LTr, 2018. p. 148.

(4) Ibidem, p. 150

> *Subordinação é, pois, o objeto do contrato de trabalho. É a limitação à autonomia do empregado.*[5] (Grifou-se)

E, como é sabido, o teletrabalho é realizado a distância[6], longe dos olhos diretos do empregador, razão pela qual há quem questione a viabilidade do controle e fiscalização e, portanto, da subordinação.

Considerando os meios telemáticos atuais que envolvem o desenvolvimento do teletrabalho, parece que não há nenhuma inviabilidade no controle, ainda que o empregado não esteja dentro do estabelecimento do empregador. Assim, mecanismos como o estabelecimento de metas, prestação de contas periódicas, ferramentas de tecnologia da comunicação e informação, como marcação de *log in* e *log out*, geolocalização, ligações, entre outros, possibilitam a fiscalização e o controle de produtividade, inclusive mais intensos, do trabalhador.[7]

Atualmente, a tecnologia permite o labor, e o controle, a distância, de uma série de atividades, permitindo a inserção do trabalhador nas atividades essenciais da empresa, ainda que pese a distância física, e, portanto, o convívio social, e possíveis falhas de comunicação e coesão como grupo de trabalhadores, daí advindos. Portanto, afigura-se possível a subordinação e a relação de emprego na modalidade de teletrabalho.

Traçadas tais premissas fundamentais, passemos à análise das previsões normativas acerca das obrigações incidentes especificamente nos contratos de teletrabalho.

1.2. As obrigações impostas pela Lei n. 13.467/17, MP n. 927/20, MP n. 1.046/21, MP n. 1.108/22, MP n. 1.116/22, Lei n. 14.442/22 e Lei n. 14.457/22 ao contrato de teletrabalho

A Lei n. 13.467/17, que instituiu a chamada Reforma Trabalhista, entre suas novidades, regulamentou o contrato de teletrabalho e, entre as obrigações incidentes sobre tal contrato, passou a prever a forma escrita (uma especificidade, já que o contrato de trabalho *lato sensu* pode adotar a forma verbal ou escrita), bem como que nele constasse expressamente as atividades que seriam realizadas pelo empregado (art. 75-C, CLT, cuja redação foi posteriormente alterada pela MP n. 1.108/2022, convertida na Lei n. 14.442/22).[8]

---

(5) *Ibidem*, p. 160.

(6) A saber: "*Por exemplo, residência própria, biblioteca, cafeteria, mas desde que utilizando das tecnologias da informação e telecomunicação, especialmente por meio da internet, como* e-mail, Whatsapp, Facebook, *para recebimento e envio das atribuições ao empregado*" (MELO, Geraldo Magela. O teletrabalho na nova CLT (LGL\1943\5)". *Anamatra*, 28 jul. 2017. Disponível em: <https://www.anamatra.org.br/artigos/25552-o-teletrabalho-na-nova-clt>. Acesso em: 5 maio 2021).

(7) MELO, *Op. cit.*

(8) Como alerta Homero B. da Silva, tal cláusula expressa contendo as atividades a serem desempenhadas poderia ser facilmente burlada através de formulários de contratos de adesão (SILVA, Homero Batista Mateus da. *CLT Comentada*. 2. ed., rev., atual. e ampl. São Paulo: Thomson Reuters, 2018).

Ademais, considerando que o labor é prestado fora das dependências do empregador e com o auxílio de tecnologia da informação e comunicação, são necessários equipamentos tecnológicos e de infraestrutura, sobre os quais deve ser prevista, no contrato, a responsabilidade pela aquisição, manutenção ou fornecimento, bem como o reembolso de despesas arcadas pelo empregado (art. 75-D, CLT).(9) De se ressaltar que a lei também previu que tais utilidades não integram a remuneração do empregado (vide parágrafo único).(10)

Há de se citar, como obrigação anexa ao contrato de trabalho, que o legislador de 2017 também determinou que o empregado deve assinar termo de responsabilidade, comprometendo-se a seguir as instruções fornecidas pelo empregador acerca das precauções a tomar a fim de evitar doenças e acidentes de trabalho, instruções essas cuja obrigatoriedade também restou taxativa (art. 75-E, e parágrafo único, CLT).(11)

De se ressaltar que o art. 75-C, §§ 1º e 2º da CLT também passou a prever a possibilidade de alteração entre regime presencial e de teletrabalho, em havendo mútuo acordo entre as partes(12), registrado em aditivo contratual. A alteração do regime de

---

(9) Salta aos olhos a margem à possibilidade de o próprio empregado arcar com os referidos equipamentos e infraestrutura, mecanismos necessários para o trabalho, desvirtuando a ótica da assunção dos riscos do negócio pelo empregador e, assim, do princípio da alteridade.

(10) Cite-se que o legislador também excluiu o teletrabalho do capítulo de controle de jornada (cf. art. 62, II, da CLT), inviabilizando, a princípio, o pagamento de horas extras, havendo contudo interpretações diversas. Para mais informações, vide SILVA, 2018, Op. cit., p. 136/137. Outrossim, a MP n. 1.108/22/ Lei n. 14.442/22, que será tratada a seguir, parece ter dado novos ares e esmiuçado tal questão ao estabelecer no art. 75-B, §§ 2º e 3º da CLT a prestação de serviços em teletrabalho pode ser por jornada ou por produção ou tarefa, não se aplicando para as duas últimas o disposto no Capítulo II do Título II da Consolidação.

(11) Nesse sentido, também constou da Nota Técnica redigida pelo Ministério Público do Trabalho em 2020: "*6. INSTRUIR os empregados, de maneira expressa, clara e objetiva, quanto às precauções a tomar a fim de evitar doenças, físicas e mentais e acidentes de trabalho, bem como adotar medidas de segurança como intervalos e exercícios laborais.*" (BRASIL. Nota Técnica n. 17/2020 do GT Nacional Covid-19 do GT Nanotecnologia/2020. *Nota Técnica para a atuação do Ministério Público do Trabalho para a proteção da saúde e demais direitos fundamentais das trabalhadoras e dos trabalhadores em trabalho remoto ou* home office. Brasília, 2020. Disponível em: <https://mpt.mp.br/pgt/noticias/nota-tecnica-n17-sobre-trabalho-remoto-gt-covid- 19-e-gt-nanotecnologia-2.pdf>. Acesso em: 5 maio 2021).

Destaque-se, por outro lado, como informa Priscila F. S. Cezario, que há parcela da doutrina a defender que o termo bastaria para isentar o empregador de qualquer responsabilidade em matéria de saúde e segurança do teletrabalhador; interpretação esta estimulada pelos relatórios legislativos que deram origem à Lei n. 13.467/2017 (CEZARIO. Priscila Freire da Silva. Caracterização do teletrabalho no ordenamento pátrio e aplicação da norma no teletrabalho transnacional e no teletrabalho transregional. *Revista do Tribunal Superior do Trabalho*, São Paulo, v. 85, n. 4, p. 185-201, out./dez. 2019. Disponível em: <https://juslaboris.tst.jus.br/bitstream/handle/20.500.12178/167993/2019_cezario_priscila_caracterizacao_teletrab alho.pdf?sequence=1&isAllowed=y>. Acesso em: 5 maio 2021).

(12) Há na doutrina, a exemplo de Almeida e Krost, os que defendem a impossibilidade, na maioria das vezes, de o trabalhador efetivamente poder negociar individualmente com o seu empregador, mormente no cenário de crise econômica e de escassez de empregos (ALMEIDA, Almiro Eduardo de; KROST, Oscar. Teletrabalho: o trabalho a distância e o distanciamento do direito do trabalho. *Revista do Tribunal Regional do Trabalho da 12ª Região*, v. 21, n. 30, 2018, p. 29-47. Disponível em: <https://www.trt12.jus.br/portal/areas/escola/extranet/documentos/REVISTA_TRT12_ED_30_2018.pdf>. Acesso em: 2 maio 2021).

teletrabalho para o presencial, por determinação do empregador, foi facultada desde que garantido prazo de transição mínimo de quinze dias e com correspondente registro em aditivo contratual.

Uma vez inobservados os requisitos formais ou verificada a incompatibilidade entre os serviços descritos, haverá um contrato de trabalho "comum", afastando-se a incidência das regras do teletrabalho, nos termos do Capítulo II-A da CLT.

De modo sucinto, essas foram as principais obrigações traçadas pela Lei n. 13.467/17 para o novo contrato de teletrabalho. Contudo, em 20 de março de 2020, por meio da publicação do Decreto Legislativo 6, foi reconhecido e decretado estado de calamidade pública em todo o território nacional (com efeitos até 31.12.2020). Vinculada ao referido decreto, foi editada a MP n. 927/2020, de 22 de março de 2020, que flexibilizou alguns dos requisitos citados, sob a alegação de objetivar a preservação dos empregos com o atendimento do isolamento e quarentena dos trabalhadores.

Nesse sentido, dispensou, naquele momento, a necessidade de o contrato ser escrito, bem como a de mútuo acordo (acordo individual ou coletivo) para a transição do regime de trabalho presencial para o de teletrabalho, e vice-versa, bastando a comunicação com 48 horas de antecedência, por meio escrito ou eletrônico (art. 4º e § 2º da MP n. 927/20).

Permaneceu a necessidade de constar em contrato escrito a responsabilidade pelas despesas e reembolsos necessários ao labor na modalidade, todavia poderia ser feito previamente ou no prazo de 30 dias da alteração (§ 3º, art. 4º, MP n. 927/20).

A MP n. 927/20 trouxe, ainda, em seu artigo quinto a permissão da adoção do regime de teletrabalho, trabalho remoto ou trabalho a distância para estagiários e aprendizes.

Ante a permanência da pandemia, em 28 de abril de 2021, foi editada a MP n. 1.046/2021, que, no que toca às obrigações contratuais relativas ao teletrabalho, ressalvada a ampliação do conceito de tecnologias utilizadas para o teletrabalho (art. 3º, § 5º), manteve as flexibilizações já promovidas pela MP n. 927/20, durante o prazo de cento e vinte dias, contado da data de sua publicação.

Por conseguinte, em 25 de março de 2022, foi editada a MP n. 1.108/2022, convertida na Lei n. 14.442, em 2 de setembro de 2022, a qual promoveu novas alterações no capítulo da CLT afeto ao teletrabalho. Entre as alterações que incidem sobre as obrigações contratuais, cite-se a não mais necessidade de constar expressamente as atividades a serem realizadas pelo empregado, mantida, entretanto, a forma escrita (art. 75-C, CLT).

Novamente previu-se a permissão à adoção do regime de teletrabalho ou trabalho remoto para estagiários e aprendizes (art. 75-B, § 6º, CLT).

Importantes aspectos que anteriormente já causavam dúvidas e discussões doutrinárias, e que passaram a encontrar previsão na MP n. 1.108/22 e, então, na Lei n. 14.442/22, foram a aplicabilidade das disposições previstas na legislação local e nas convenções e acordos coletivos de trabalho relativas à base territorial do estabelecimento de lotação do empregado (art. 75-B, § 7º, CLT) e da legislação pátria aos empregados admitidos no Brasil, ainda que optando por realizar o labor fora do território nacional, salvo mútuo acordo em contrário e as disposições constantes na Lei n. 7.064/82 (a qual trata dos trabalhadores contratados ou transferidos para prestar serviços no exterior) (art. 75-B, § 8º, CLT).

Há de se citar, ainda que brevemente, que também no ano de 2022 houve a edição da MP n. 1.116, em 4 de maio, convertida na Lei n. 14.457, de 21 de setembro do mesmo ano, a qual instituiu o Programa Emprega + Mulheres, destinado à inserção e à manutenção de mulheres no mercado de trabalho, implementando diversas medidas, entre elas o apoio à parentalidade por meio da flexibilização do regime de trabalho, através da adoção do teletrabalho (*vide* art. 1º, II, *"a"*, art. 7 e art. 22, todos da referida lei).

Feita essa revisão normativa, passaremos a uma análise mais acurada acerca da responsabilidade pelas despesas nessa modalidade de labor.

1.3. A responsabilidade pelas despesas

Na modalidade do teletrabalho, as atividades, que antes eram presenciais, passam a ser desenvolvidas fora do estabelecimento físico do empregador ou as novas já se iniciam fora dele, haja vista que o empregado, teletrabalhador, deixa de utilizar a infraestrutura do empregador e começa a utilizar a sua, normalmente, da sua residência.

Sob esse viés, o artigo 75-D da CLT, inserido pela Lei n. 13.467, disciplina o ajuste entre o empregado e o empregador, assim como trata de quem será a responsabilidade pela aquisição e pela manutenção dos equipamentos necessários à realização das atividades laborais no teletrabalho. Nesse sentido, para a referida norma, a responsabilidade será estabelecida entre as partes e estipulada em contrato escrito, conforme o referido artigo dispõe:

> Art. 75-D. As disposições relativas à responsabilidade pela aquisição, manutenção ou fornecimento dos equipamentos tecnológicos e da infraestrutura necessária e adequada à prestação do trabalho remoto, bem como ao reembolso de despesas arcadas pelo empregado, serão previstas em contrato escrito.

Ademais, o aludido tema sobre de quem será o sujeito da responsabilidade das despesas na relação contratual do teletrabalho, de igual forma, foi discutido na 2ª Jornada de Direito Material e Processual do Trabalho.(13) Tal discussão, após o advento da Reforma Trabalhista, resultou no Enunciado 70, o qual assevera que:

> TELETRABALHO: CUSTEIO DE EQUIPAMENTOS. O contrato de trabalho deve dispor sobre a estrutura e sobre a forma de reembolso de despesas do teletrabalho, mas *não pode transferir*

---

(13) Disponível em: <https://www.anamatra.org.br/attachments/article/27175/livreto_RT_Jornada_19_Conamat_site.pdf>. Acesso em: 23 maio 2022.

para o empregado seus custos, que devem ser suportados exclusivamente pelo empregador. Interpretação sistemática dos arts. 75-D e 2º da CLT à luz dos arts. 1º, IV, 5º, XIII e 170 da Constituição da República e do art. 21 da Convenção n. 155 da OIT (2ª Jornada de Direito Material e Processual do Trabalho, 2018). (Grifou-se).

Ainda nessa linha de intelecção e de acordo com art. 2º da CLT, denota-se um estímulo ao mercado de trabalho e ao empregador para que esse possa contratar trabalhadores em teletrabalho, pois há a transferência do ônus (despesas) da relação trabalhista para o empregado. Dessa forma, infelizmente, a legislação, ao trazer a negociação como um meio para disciplinar quais e como as despesas devem ser pagas, o ônus acabou sobressaindo para a parte hipossuficiente, o trabalhador. Além do mais, o empregador tornou-se um ente favorecido, beneficiado, posto que, ao ter a redução dos seus gastos, como água, energia, internet compatível ao trabalho, equipamentos eletrônicos, produtos de limpeza etc., transferiu parte dos riscos da atividade empresarial para o trabalhador.

Nesse prisma, cabe ressaltar que, além das citadas despesas transferidas aos empregados — antes arcadas pelo empregador, cabia a este também garantir uma melhor condição no ambiente de trabalho, em prol da segurança e saúde do trabalhador, ou seja, uma obrigação legal que despendia despesas e custos financeiros. Nesse aspecto, e considerando, a título de exemplo, que o trabalhador permanece sentado e digitando por inúmeras horas, o empregador deveria arcar com a toda a infraestrutura, garantindo, assim, melhores condições ergonômicas como mesa, cadeira com altura correta, iluminação adequada, apoio para os pés e coluna, suporte para o notebook etc.

Em corroboração com a ideia anterior, Cláudio Jannotti da Rocha e Raimundo Simão de Melo(14) explicam que a transição de despesas ao empregado se traduz em uma redução salarial, dado que há um evidente aumento de ônus financeiro arcado por ele. Nesse viés, os referidos autores preconizam que

> No caso, em sendo o Teletrabalho uma forma de prestação de serviço fora da empresa, esta deverá conceder todos os meios necessários para a realização da atividade, sob pena de incidir, na prática, numa redução real do valor do salário do empregado, além de transferir para o obreiro o risco da atividade de pactuação quanto os equipamentos utilizados pelo trabalhador e ao local de mourejo, não há como interpretar o dispositivo com uma previsão legal de o empregado vir a se responsabilizar por aqueles ou pela montagem do espaço fora da empresa onde o mesmo prestará serviços para ela.

(14) ROCHA, Cláudio Jannotti da; MELO, Raimundo Simão de. *Constitucionalismo, trabalho, seguridade social e as reformas trabalhista e previdenciária.* São Paulo: LTr, 2017. p. 249-250. *apud* BARBOSA JUNIOR, Francisco de Assis. *Contrato de teletrabalho:* estudo comparado dos elementos constitutivos e da regulamentação concernente. São Paulo: LTr, 2019. p. 149.

Outrossim, a MP n. 927/2020, não mais aplicável, mencionava que o reembolso de despesas custeadas pelo empregado, a responsabilidade pela aquisição e/ou manutenção dos equipamentos tecnológicos e da infraestrutura necessária e adequada à prestação do teletrabalho deveriam estar previstos no contrato escrito, o que de fato nem sempre ocorreu. Nessa linha, uma segunda medida, a MP n. 1.108/2022, recentemente convertida na Lei n. 14.442/2022, nada mudou. Dito de outro modo, a referida norma esclarece que o reembolso de despesas e o fornecimento dos equipamentos em teletrabalho são assuntos alicerçados na ampla liberdade das partes, por meio de uma negociação individual, a qual não predispõe de imposição e limitação na negociação. Portanto, observa-se que há a aplicação direta do artigo 75-D da CLT, já supramencionado.

Diante do exposto, faz-se necessário mencionar que a MP n. 1.108/2022, convertida na Lei n. 14.442/2022, acrescentou o § 3º ao artigo 75-C da CLT, dispondo sobre o retorno à modalidade presencial. Nesse viés, a empresa não será responsável em arcar com eventuais despesas, quando o empregado optar por teletrabalho ou pelo trabalho remoto em localidade diversa daquela, anteriormente, prevista no contrato laboral. Entretanto, caberá ao empregador assumir as despesas, desde que haja um acordo entre as partes.(15)

2. Princípios incidentes

Da breve análise das obrigações contratuais trazidas com a recente legislação nacional, observa-se que, a par de regulamentar, flexibilizou-se, de modo que a implicação prática não pode perder de vista os princípios de ordem constitucional e trabalhista incidentes sobre as relações de trabalho.

Nesse sentido, há de se relembrar o princípio da equidade, estampado no art. 6º, e parágrafo único, da CLT, que expressamente determina, uma vez havendo os pressupostos da relação de emprego, a não discriminação entre o trabalho realizado no estabelecimento do empregador, o executado no domicílio do empregado e o realizado a distância, equiparando os meios telemáticos e informatizados de comando, controle e supervisão, para fins de subordinação jurídica, aos meios pessoais e diretos de comando, controle e supervisão do trabalho alheio.

Em assim sendo, o pretenso não pagamento de horas extras, independentemente de controle de jornada, inicialmente propugnado por interpretação à Lei n. 13.467/17, não encontra lugar, haja vista a necessidade de igualdade de tratamento. Por essa razão, importantes vozes, como a de Guilherme Guimarães Feliciano, Ney S. M. Maranhão(16)

(15) Nesse sentido, observa-se o art. 75-C, § 3º, da CLT, após o advento da Lei n. 14.422/2022: "§ 3º O empregador não será responsável pelas despesas resultantes do retorno ao trabalho presencial, na hipótese de o empregado optar pela realização do teletrabalho ou trabalho remoto fora da localidade prevista no contrato, salvo disposição em contrário estipulada entre as partes".

(16) FELICIANO, Guilherme Guimarães; MARANHÃO, Ney Stany Morais. Os juízes do trabalho e a reforma trabalhista: primeiros horizontes de consenso. *Revista Ltr: legislação do trabalho*. São Paulo, v. 82, n. 7, p. 787-795, jul. 2018.

e Homero B. da Silva[17], defendem que havendo a possibilidade de controle de jornada, eventual labor em sobrejornada deve dar direito às horas extras. Nessa toada é o Enunciado n. 71, da 2ª Jornada de Direito Material e Processual do Trabalho, que preceitua:[18]

> Enunciado n. 71. Duração do trabalho
>
> TELETRABALHO. HORAS EXTRAS. São devidas horas extras em regime de teletrabalho, assegurado em qualquer caso o direito ao repouso semanal remunerado. Interpretação do art. 62, III e do parágrafo único do art. 6º da CLT conforme o art. 7º, XIII e XV, da Constituição da República, o art. 7º, *"e"*, *"g"* e *"h"* protocolo adicional à convenção americana sobre direitos humanos em matéria de direitos econômicos, sociais e culturais ("Protocolo de San Salvador"), promulgado pelo Decreto n. 3.321, de 30 de dezembro de 1999, e a Recomendação n. 116 da OIT.

Nas palavras de Eduardo Almeida e Oscar Krost:

> A inserção do teletrabalho na hipótese de exceção do art. 62 da CLT infringe o Princípio da Proibição do Retrocesso Social, desconsidera a eficácia negativa dos Direitos Fundamentais, dos quais os Direitos Sociais Trabalhistas são espécie, pela vedação de práticas, mesmo no plano normativo, que os limitem ou cerceiem e afronta, ainda, o disposto no art. 6º, também da CLT.[19]

Em estreita ligação, há de se citar também o princípio da proteção e o da proibição do retrocesso social, na medida em que o Direito do Trabalho objetiva a redução da desigualdade material entre empregado e empregador. Assim, a alteração do contrato por arbítrio de apenas uma das partes, sem aventar prejuízo, entra em descompasso com os princípios citados.

A MP n. 927/20 possibilitou a alteração do regime presencial ao de teletrabalho, e vice- versa, por determinação unilateral do empregador. É o empregador quem assume os riscos da atividade econômica e dirige a prestação de serviços, podendo parecer razoável tal opção ser feita por ele, sobretudo em tempos de enfrentamento da pandemia do coronavírus. Todavia, não se pode esquecer de verificar se a alteração em comento não causa prejuízo ao trabalhador, em conformidade com os *princípios da inalterabilidade contratual lesiva*, nos termos do já preceituado art. 468 da CLT, e da *melhoria da condição social do trabalhador*, conforme art. 7º, II, CF/88[20], pelo que o caminho da ponderação parece o melhor a ser seguido.

---

(17) SILVA, 2018, *Op. cit.*, p. 137.

(18) BRASIL. "Jornada 19 Conamat", *Op. cit.* Relembre-se que a MP n. 1.108/22, e posteriormente a Lei n. 14.442/22, passou a prever a possibilidade de o teletrabalho ou trabalho remoto ser prestado por jornada, aplicando-se o Capítulo II do Título II da Consolidação.

(19) ALMEIDA, Almiro Eduardo de; KROST, Oscar, *Op. cit.*

(20) MELO, Geraldo Magela, *Op. cit.*

Em razão dos princípios relembrados, também não há como concordar com a interpretação de que o termo de responsabilidade assinado pelo empregado quanto às precauções a evitar doenças e acidentes de trabalho (art. 75-E, e parágrafo único, CLT) bastaria para isentar o empregador de qualquer responsabilidade em matéria de saúde e segurança do teletrabalhador. Isso porque a matéria de saúde e segurança envolve um conjunto de fatores, os quais não podem ser ignorados. Nesse sentido, a Nota Técnica n. 17 editada pelo MPT em 2020:

> 2.1. O teletrabalho deve ser exercido em condições de qualidade de vida e de saúde do trabalhador, abrangendo não só a ausência de afecção ou de doenças, mas também os elementos físicos e mentais que afetam a saúde e estão diretamente relacionados com a segurança e a higiene do trabalho.(21)

Foram citados alguns princípios que se relacionam com as recentes previsões relativas ao contrato de teletrabalho, porém, a regulamentação dessa modalidade (e não apenas dessa) deve buscar garantir a valorização social do trabalho e da livre-iniciativa (art. 1º, IV, CF/88).

Com intuito de trazer dados efetivos e reais de trabalhadores que se submetem ao teletrabalho, a presente pesquisa apresenta narrativas de pessoas (três empregados de empresas, sendo um do setor de Recursos Humanos) por meio de questionamentos e entrevistas abertas.

3. A experiência de trabalhadores que passaram pela mudança

Em abril de 2021, foi realizada uma pesquisa de campo sobre a responsabilidade e reembolso do empregador pelas despesas, ocasião em que foram entrevistados dois empregados e uma pessoa do setor de Recursos Humanos — RH. Os dois empregados, uma pessoa do sexo feminino e outra do masculino, trabalhavam, respectivamente, em uma empresa automobilística e outra relacionada ao serviço social. Já o trabalhador do RH era vinculado a uma atividade empresarial do ramo de Tecnologia da Informação — TI. Posteriormente, em meados de maio de 2022, as aludidas pessoas foram novamente questionadas, momento em que algumas respostas obtiveram alterações. Diante do contexto, o presente trabalho elucida uma comparação entre as respostas advindas das entrevistas de 2021 e 2022.

É notório, aqui, salientar que nos dois anos, as perguntas efetuadas aos empregados foram atreladas aos temas como: realização ou não de reembolso pela empresa; formas de trabalho antes da pandemia; formas de trabalho durante a pandemia; jornadas de trabalho; eventuais vantagens ou desvantagens; e preferências contratuais ou não Já para a pessoa responsável pelo setor de RH da pessoa jurídica, as indagações foram relativas

---

(21) BRASIL. *Nota Técnica n. 17/2020 do GT Nacional Covid-19 do GT Nanotecnologia/2020, Op. cit.*

às alterações contratuais após a pandemia; formas de jornadas de trabalho; despesas que a empresa assumiu em relação aos empregados; despesas que a empresa não assumiu em relação ao empregados; e eventuais as vantagens e as desvantagens.

A entrevistada do sexo feminino é uma mulher de 42 (quarenta e dois) anos, casada, com filhos menores e gerente de Tecnologia da Informação (TI) em uma empresa do ramo automobilístico, desde 2013. Na primeira conversa, ela informou que a empresa onde trabalha, no período pandêmico, forneceu apenas notebook e celular e que houve, efetivamente, um aumento nas despesas, em sua residência, com luz, banda larga da internet e supermercado, além do dispêndio devido à compra de cadeira, mesa, luminária, teclado e suporte para o *notebook*.

A mulher respondeu que antes da pandemia, o trabalho a distância era uma vez por semana, obedecendo a escala. Para tanto, existia um termo formalizado com participação do sindicato e um consenso que os empregados que assumiam as despesas. Entretanto, com o advento dos tempos pandêmicos, o trabalho sofreu algumas modificações. A título de conhecimento, para a aprovação das atividades por meio do teletrabalho, foi, inicialmente, feita uma pesquisa que, após quinze dias, em razão do isolamento social, ocorreu em votação por meio eletrônico. A maioria foi a favor da implantação do teletrabalho, porém, quem assumiu as despesas foram reiteradamente os empregados, haja vista não ter qualquer termo assinado.

Em relação às alterações contratuais, a empregada, em opinião, afirmou que seria mais conveniente um contrato híbrido, com dois ou 3 três dias na empresa e o restante poderia ocorrer a distância, pois essa modalidade possibilitaria que os trabalhos que exigissem mais concentração fossem realizados na própria empresa. De fato, na visão da entrevistada, os empregados nessa situação tinham como vantagens o tempo de deslocamento e o acompanhamento dos filhos e como desvantagens o fato de não conseguir mais separar as atividades de casa e trabalho, o excesso de horas dedicadas ao serviço, as dificuldades em se concentrar em tarefas que exigiam maior atenção. Para a entrevistada, era um desafio ajudar o filho de seis anos nas atividades escolares e, ao mesmo tempo, participar de reuniões de trabalho. Já em relação à jornada, explicou que não havia controle, posto que ocupa cargo de confiança e que sempre ultrapassava o seu horário, assim como que nunca fazia uma hora de intervalo para descanso.

Em maio 2022, a mulher verificou duas alterações. Uma ocorreu na jornada de trabalho, posto que ela começou a fazer, mesmo que esporadicamente, uma hora de intervalo para descanso, principalmente em dias em que não há reuniões. E a segunda diz respeito ao contrato de trabalho híbrido, o qual foi devidamente formalizado a partir de dezembro de 2021. Nesse contrato constaram todas as especificações, inclusive a possibilidade de trabalhar integralmente a distância.

A segunda pessoa entrevistada, em abril de 2021, é um homem de quarenta e oito anos, casado, com filhos maiores, trabalhador em uma empresa do ramo de Serviço Social desde 1995, que começou a trabalhar como advogado a partir de 2014. Nessa ocasião, ele esclareceu que não houve aumento considerável de despesas em sua residência e que a empresa forneceu apenas notebook e celular corporativo. Explicou também que, antes dos tempos pandêmicos, havia um projeto-piloto para o trabalho a distância, o qual ocorreria duas vezes por semana a distância e três, na empresa, sem deixar de obedecer à escala, tudo, devidamente, formalizado em aditivo contratual.

Já em contexto de pandemia, o homem informou que recebeu, via e-mail, uma solicitação para implantação do teletrabalho, contudo não houve formalização. Outrossim, esclareceu que prefere trabalhar na modalidade teletrabalho. Ainda em respostas ao questionário, elucidou que sobre o tema jornada de trabalho, a empresa possui um controle via sistema, que ele não ultrapassa sua jornada e quando necessita extrapolá-la pede autorização ao seu superior, tal como realiza um intervalo correspondente a uma hora.

O entrevistado pontuou que o trabalho a distância tem vantagens e desvantagens. As vantagens seriam o evitamento do trânsito, a possibilidade de conviver mais com a esposa, o tempo para fazer orações e praticar exercícios físicos. No entanto, as desvantagens se traduzem em perda de contato com os colegas e o excesso de barulho em sua residência, visto que há vizinhos realizando reformas. Vale ressaltar que ele continuou recebendo o vale-refeição.

Em maio de 2022, o mesmo empregado atualizou as suas respostas, dizendo que a empresa, além de fornecer *notebook* e celular corporativo, também disponibilizou acesso ao sistema e à rede de trabalho. Nos atuais tempos pós-pandêmicos, a empresa vem realizando retornos às atividades, de forma crescente, ou seja, somente um dia por semana em *home office*.

Por fim, a representante do setor de RH, ao responder a primeira entrevista, disse que, desde o início da pandemia, não houve nenhuma alteração contratual, que não existe controle de jornada, assim como que todos os empregados passaram para o teletrabalho. Para tanto, a empresa não assumiu nenhuma despesa, apenas cedeu *notebook*, e para aqueles empregados que solicitaram, mesa e cadeira. Ainda sob esse contexto de teletrabalho, o representante esclareceu que foi opcional trabalhar na residência ou nas instalações da empresa, mas que todos preferiram trabalhar em suas residências. Somente se deslocando à empresa por necessidades específicas, como, para realizar trabalhados administrativos.

Nesse prisma, o RH contabilizou uma economia considerável e, diante disso, pode deslocar uma sala alugada, reduzir despesas com limpeza, materiais de higiene, cafés e produtos descartáveis, bem como deixou de ter custos com estacionamento. Isso tudo, com a mesma produtividade, a mesma produção e, ainda, distribuindo vale-refeição.

Cabe ressaltar que todo esse cenário informado pelo setor do RH não obteve alterações de abril de 2021 a maio de 2022.

Diante de todo exposto, nota-se que a maior parte das despesas, efetivamente, foram arcadas pelo empregado e por sua família. A presente pesquisa buscou, portanto, dados estatísticos oficiais sobre o tema, com o intuito de ampliar o estudo de campo e trazer os dados de forma ilustrativa.

4. Dados estatísticos

O Instituto DataSenado(22) realizou uma pesquisa nacional que trouxe a opinião de diversos brasileiros acerca do tema teletrabalho. A pesquisa objetivou demonstrar quais foram as dificuldades ocorridas após o início do teletrabalho e qual foi a incidência de cada uma das dificuldades elencadas.

Nesse norte, em setembro de 2020, os entrevistados responderam que a falta de internet de qualidade foi a maior dificuldade enfrentada e a sobrecarga de trabalho foi a menor. Veja:

Quadro1: DataSenado Teletrabalho e Mercado de Trabalho

Fonte(23)

Nessa linha de estatística, em relação às desvantagens, a maioria das mulheres entrevistadas citou que conseguir conciliar o trabalho com os afazeres domésticos foi um grande desafio. Já para os homens foi a falta de internet de qualidade.

(22) DATASENADO. Pandemia no Brasil: Retrospectiva 2020, 2020. Disponível em: <https://www12.senado.leg.br/institucional/datasenado/pdf/boletim-retrospectiva2020-v5.pdf>. Acesso em: 2 maio 2021.

(23) DATASENADO. Teletrabaho e Mercado de Trabalho, set. 2020. Disponível em: <https://www12.senado.leg.br/institucional/datasenado/publicacaodatasenado?id=pandemia-aumenta-o-numero-de-brasileiros-com-experiencia-em-teletrabalho>. Acesso em: 23 jun. 2022.

Quadro 2: Desvantagens

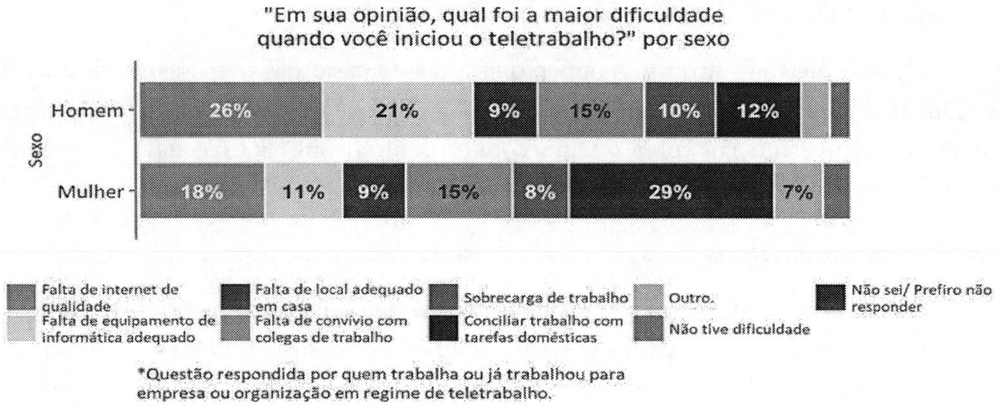

Fonte[24]

Por outro lado, a vantagem mais apontada entre os entrevistados foi a flexibilidade na jornada e, em seguida, a possibilidade de melhor convivência familiar. Observe:

Quadro 3: Vantagens

Fonte[25]

Ademais, a pesquisa do Instituto mostra que a maioria dos trabalhadores entrevistados não recebeu auxílio da empresa para ter os equipamentos necessários para o trabalho.

(24) DATASENADO. "Teletrabaho e Mercado de Trabalho", *Op. cit.*

(25) *Idem.*

Quadro 4: Ausência de auxílio

Fonte[26]

No quadro 5, intitulado "Despesas", foi observado que a maioria dos entrevistados assumiram as suas despesas, como a energia elétrica e a internet, ambas utilizadas para o trabalho em casa.

Quadro 5: Despesas

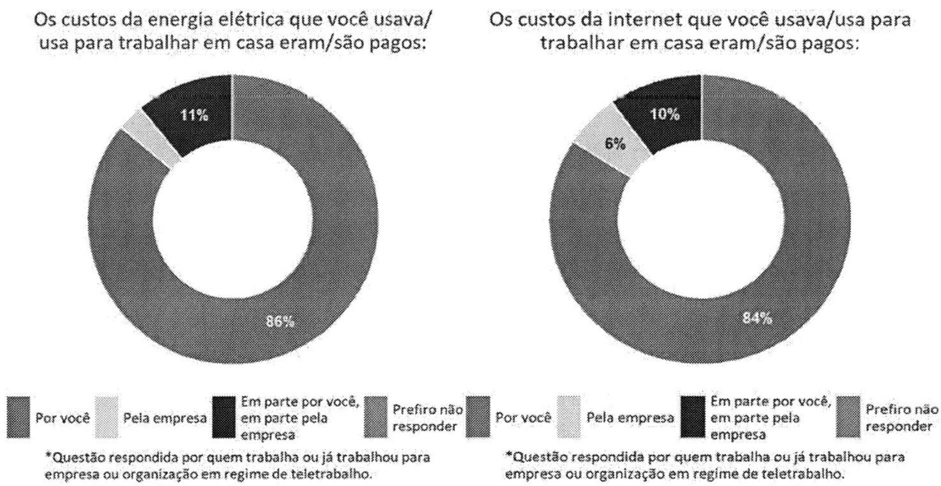

Fonte[27]

Diante dos estudos de campo por intermédio das entrevistas já apresentadas no tópico anterior e dos dados da pesquisa divulgada pelo Instituto DataSenado, pode-se concluir que, na prática, as políticas de reembolso inseridas nas empresas são prejudiciais aos trabalhadores e benéficas à atividade empresarial.

(26) *Idem.*

(27) *Idem.*

Quadro 6: Perfil dos entrevistados – região e sexo

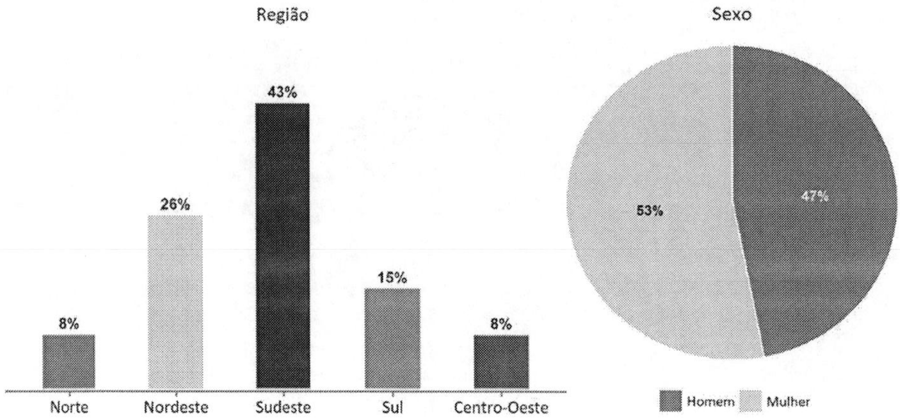

Fonte[28]

Quadro 7: Perfil dos entrevistados – faixa etária

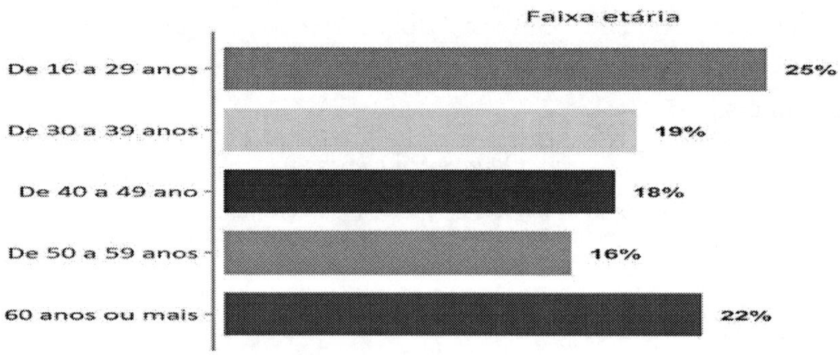

Fonte[29]

Perante as abordagens feitas, faz-se necessário salientar que os perfis dos entrevistados foram estabelecidos de acordo com a região do país, sexo e faixa etária. Cerca de quarenta e três por cento pertencem à região Sudeste do Brasil, cinquenta e três por cento são mulheres e vinte e cinco por cento têm entre 16 dezesseis a 29 vinte e nove anos.

4. Conclusões

As novas formas de trabalho, como o teletrabalho, são uma realidade contemporânea e devem ser pensadas sob o viés da proteção típica que deve pairar sobre as relações de trabalho, com respeito à saúde, vida privada e individualidade do trabalhador. Afinal, as novas modalidades de labor que se apresentam não podem servir a fins exploratórios, mas permanecer no intento de um labor mais digno e que garanta direitos que melhorem a condição social do trabalhador, nos termos do artigo 7º da Constituição pátria.

---

(28) *Idem.*

(29) *Idem.*

Assim sendo feito, e valendo-se dos princípios de ordem constitucional e trabalhistas, pode-se apontar para uma saída para eventuais defeitos conceituais existentes na legislação e propiciar à manutenção da livre iniciativa e melhoria da condição social do trabalhador.

Referências

ALMEIDA, Almiro Eduardo de; KROST, Oscar. Teletrabalho: o trabalho a distância e o distanciamento do direito do trabalho. *Revista do Tribunal Regional do Trabalho da 12ª Região*, v. 21, n. 30, 2018, p. 29-47. Disponível em: <https://www.trt12.jus.br/portal/areas/escola/extranet/documentos/REVISTA_TRT12_ED_30_ 2018.pdf>. Acesso em: 2 maio 2021.

BARBOSA, Fábio Tulio. Potencialização da autonomia da vontade individual na reforma trabalhista. Restrições estruturais e constitucionais. In: ROCHA, Claúdio Jannotti da; MELO, Raimundo Simão de. *Constitucionalismo, trabalho, seguridade social e as reformas trabalhista e previdenciária.* São Paulo: LTr, 2017. p. 244-259.

BARBOSA JUNIOR, Francisco de Assis. *Contrato de teletrabalho:* estudo comparado dos elementos constitutivos e da regulamentação concernente. São Paulo: LTr, 2019.

CEZARIO. Priscila Freire da Silva. Caracterização do teletrabalho no ordenamento pátrio e aplicação da norma no teletrabalho transnacional e no teletrabalho transregional. *Revista do Tribunal Superior do Trabalho*, São Paulo, v. 85, n. 4, p. 185-201, out./dez. 2019. Disponível em: <https://juslaboris.tst.jus.br/bitstream/handle/20.500.12178/167993/2019_cezario_priscila_cara cterizacao_teletrabalho.pdf?sequence=1&isAllowed=y>. Acesso em: 5 maio 2021.

DATASENADO. "Pandemia no Brasil: Retrospectiva 2020", 2020. Disponível em: <https://www12.senado.leg.br/institucional/datasenado/pdf/boletim-retrospectiva2020- v5.pdf>. Acesso em: 2 maio 2021.

______. "Teletrabaho e Mercado de Trabalho", set. 2020. Disponível em: <https://www12.senado.leg.br/institucional/datasenado/publicacaodatasenado?id=pandemia-aumenta-o-numero-de-brasileiros-com-experiencia-em-teletrabalho>. Acesso em: 23 jun. 2022.

DELGADO, Mauricio Godinho. *Curso de Direito do Trabalho.* São Paulo: LTr, 2018.

FELICIANO, Guilherme Guimarães; MARANHÃO, Ney Stany Morais. Os juízes do trabalho e a reforma trabalhista: primeiros horizontes de consenso. *Revista LTr: legislação do trabalho*, São Paulo, v. 82, n. 7, p. 787-795, jul. 2018.

MELO, Geraldo Magela. "O teletrabalho na nova CLT (LGL\1943\5)". *Anamatra*, 28.7.2017. Disponível em: <https://www.anamatra.org.br/artigos/25552-o-teletrabalho-na-nova-clt>. Acesso em: 5 maio 2021.

NAHAS, Thereza C.; FITA, Fernando. "Teletrabalho: pequena reflexão conceitual e de equilíbrio entre capital/trabalho". *Revista de Direito do Trabalho*, vol. 212/2020. jul./ago. 2020. Disponível em: <https://andt.org.br/wp-content/uploads/2021/04/tetetrabalho-algumas-linhas.pdf>. Acesso em: 10 maio 2021.

SANTOS, Michel Carlos Rocha. "O teletrabalho nos tempos da Covid-19 (coronavírus): ensaio sobre a importância e necessidade de proteção aos trabalhadores". *Rev. TST*, São Paulo, vol. 86, n. 2, abr./jun. 2020. Disponível em: <https://juslaboris.tst.jus.br/bitstream/handle/20.500.12178/176097/2020_santos_michel_teletrabalho_tempos.pdf?sequence=1&isAllowed=y>. Acesso em: 10 maio 2021.

SILVA, Homero Batista Mateus da. *Legislação trabalhista em tempos de pandemia:* comentários às Medidas Provisórias 927 e 936. São Paulo: Thomson Reuters, 2020.

SILVA, Homero Batista Mateus da. *CLT Comentada*. 2. ed., rev., atual. e ampl. São Paulo: Thomson Reuters, 2018.

Legislativas

BRASIL. *Decreto-lei n. 5.452, de 1º de maio de 1943*. Presidência da República. Casa Civil. Subchefia de Assuntos Jurídicos, Brasília, 1943. Disponível em: <http://www.planalto.gov.br/ccivil_03/decreto-lei/Del5452compilado.htm>. Acesso em: 7 maio 2022.

______. *Constituição da República Federativa do Brasil (1988)*. Presidência da República. Casa Civil. Subchefia de Assuntos Jurídicos, Brasília, 1998. Disponível em: <http://www.planalto.gov.br/ccivil_03/constituicao/constituicao.htm>. Acesso em: 7 maio 2022.

______. *Lei n. 13.467, de 13 de julho de 2017*. Presidência da República. Casa Civil. Subchefia de Assuntos Jurídicos, Brasília, 2017. Disponível em: <https://www.planalto. gov.br/ccivil_03/_ato2015-2018/2017/lei/ l13467>. Acesso em: 28 maio 2022.

______. *Medida Provisória n. 927, de 22 de março de 2020*. Presidência da República. Casa Civil. Subchefia de Assuntos Jurídicos, Brasília, 2020. Disponível em: <http://www.planalto.gov.br/ccivil_03/_ato2019-2022/2020/mpv/mpv927impressao.htm>. Acesso em: 23 maio 2022.

______. *Decreto Legislativo n. 6, de 20 de março de 2020*. Senado Federal. Brasília, 2020. Disponível em: <http://www.planalto.gov.br/ccivil_03/portaria/DLG6-2020.htm>. Acesso em: 28 abr. 2022.

______. *Jornada 19 Conamat*. Anamatra. Disponível em: <https://www.anamatra.org.br/attachments/article/27175/livreto_RT_Jornada_19_Conamat_sit e.pdf'>. Acesso em: 23 maio 2022.

______. *Nota Técnica n. 17/2020 do GT Nacional Covid-19 do GT Nanotecnologia/2020*. Nota Técnica para a atuação do Ministério Público do Trabalho para a proteção da saúde e demais direitos fundamentais das trabalhadoras e dos trabalhadores em trabalho remoto ou home office, Brasília, 2020. Disponível em: <https://mpt.mp.br/pgt/noticias/nota-tecnica-n17- sobre-trabalho-remoto-gt-covid-19-e-gt-nanotecnologia-2.pdf>. Acesso em: 5 maio 2021.

______. *Medida Provisória n. 1.046, de 27 de abril de 2021*. Presidência da República. Casa Civil. Subchefia de Assuntos Jurídicos, Brasília, 2021. Disponível em: <https://www.in.gov.br/en/web/dou/-/medida-provisoria-n-1.046-de-27-de-abril-de-2021- 316265470>. Acesso em: 28 maio 2022.

______. *Medida Provisória n. 1.108, de 25 de março de 2022*. Presidência da República. Casa Civil. Subchefia de Assuntos Jurídicos, Brasília, 2022. Disponível em: <http://www.planalto.gov.br/ccivil_03/_Ato2019-2022/2022/Mpv/mpv1108.htm>. Acesso em: 28 maio 2022.

______. *Lei n. 14.442, de 2 de setembro de 2022*. Presidência da República. Secretaria-Geral. Subchefia de Assuntos Jurídicos, Brasília, 2017. Disponível em: <http://www.planalto.gov.br/ccivil_03/_Ato2019-2022/2022/Lei/L14442.htm>. Acesso em: 5 out. 2022.

Análises Comparativas do Teletrabalho entre Brasil e Espanha. Obrigações Principais do Contrato. Responsabilidade Pelas Despesas

Larissa Matos

1. Introdução

O artigo visa realizar uma análise comparativa do teletrabalho entre Brasil e Espanha, no tocante às obrigações principais do contrato e às responsabilidades das despesas.

A chamada Lei de Teletrabalho espanhola (Real Decreto-ley 28/2020), de 22 de setembro de 2020, foi pensada no contexto do primeiro ano de pandemia da Covid-19, quando muitas empresas, por medida de saúde pública, tiveram que direcionar seus empregados para o teletrabalho.

Em razão do aumento do número de teletrabalhadores e, consequentemente, das diversas questões que surgiram em torno desse novo cenário, houve a necessidade de promulgação de uma lei específica de teletrabalho, com a finalidade de regular situações peculiares a essa nova dinâmica de trabalho e, assim, trazer segurança jurídica aos empregados e empregadores.

Além disso, o desenvolvimento de novas tecnologias tende a acentuar essa dinâmica, pois permite a realização de trabalho independente da localização geográfica do trabalhador, bastando que ele tenha acesso a mecanismos que possam colocá-lo em contato com a empresa. E, justamente por envolver, o teletrabalho, uma estrutura própria para o exercício da atividade do trabalhador, foi preciso garantir, por lei específica, o estabelecimento de obrigações contratuais e responsabilidades em relação às despesas inerentes.

Nesse cenário, a lei definiu o teletrabalho como o trabalho remoto, que é realizado através do uso de meios e sistemas informáticos, de forma exclusiva ou predominante (art. 2º, "*b*", Real Decreto-ley 28/2020; art. 2º, "*b*", Ley 10/2021).

Isso também é exposto nas considerações iniciais da lei ao registrar que o teletrabalho é definido como uma forma de realização do trabalho que usa as tecnologias da informação, no âmbito de um contrato ou uma relação de trabalho, e geralmente é realizado fora das empresas. Em razão da sua configuração, portanto, tem peculiaridades que devem ser consideradas quando da sua implementação, mas que não excluem a igualdade de direitos em relação aos que exercem atividades nas estruturas físicas da empresa.

Posteriormente, em 9 de julho de 2021, veio a Lei do trabalho a distância (Ley 10/2021) com o objetivo principal de proporcionar uma regulação suficiente ao trabalho remoto, incluso o teletrabalho. Essa lei traz poucas modificações em relação ao Decreto-ley e, assim, mantém o caráter voluntário e reversível do teletrabalho, que deve ser adotado mediante acordo escrito, bem como mantém os conceitos de teletrabalho e trabalho a distância.

Contudo, faz algumas modificações pontuais. Por exemplo, acrescenta a obrigação de a empresa evitar qualquer tipo de discriminação, direta ou indireta, por motivos não só de sexo, mas também de idade, grupo profissional ou deficiência — e, assim, garante mais proteção aos trabalhadores com deficiência, como será abordado no tópico das obrigações.

Mas bem, por ser um trabalho realizado, predominantemente, fora da estrutura da empresa, é preciso deixar claras as normas aplicadas ao teletrabalho, notadamente as que têm relação com à proteção da saúde e da segurança, o fornecimento de equipamentos de trabalho e situações em torno da privacidade e proteção de dados do trabalhador.

Foi o que as citadas leis tentaram estabelecer, conforme será exposto ao tratar das obrigações principais do contrato e das responsabilidades pelas despesas, temas seguidos da análise comparativa do teletrabalho entre Brasil e Espanha.

2. Obrigações principais do contrato

As obrigações (*debitum*) não se confundem com a responsabilidade (*obligatio*), pois esta última somente se configura com o inadimplemento da primeira. Assim, a obrigação corresponde "[...] ao dever do sujeito passivo de satisfazer a prestação positiva ou negativa em benefício do credor, enquanto a outra se refere à autorização, dada pela lei, ao credor que não foi satisfeito, de acionar o devedor, alcançando seu patrimônio, que responderá pela prestação".[1]

(1) GAGLIANO, Pablo Stolze; PAMPLONA FILHO, Rodolfo. *Novo curso de direito civil*. vol. 2 (Obrigações). 20. ed. São Paulo: Saraiva Educação, 2019. p .65.

Dessa forma, as obrigações são permeadas por um sujeito ativo, beneficiário da obrigação (credor), e um sujeito passivo (devedor), ou seja, "[...] aquele que assume um dever, na ótica civil, de cumprir o conteúdo da obrigação, sob pena de responder com seu patrimônio".(2) No caso da relação trabalhista, quando se fala em normas de saúde e segurança do trabalho, o sujeito que tem a obrigação de implementá-las é o empregador. Desse modo, é o empregador que tem o dever de cumprir o conjunto normativo relacionado à proteção labor-ambiental. Contudo, em que pese o dever de implementação, cuidado e vigilância ser da empresa, cabe ao empregado zelar pelo cumprimento dessas normas. E isso é necessário para o benefício de todos: pessoas que trabalham na empresa e sociedade, pois há pontos de interseção entre o meio ambiente do trabalho e o ambiente fora dele.

No caso das obrigações concernentes ao teletrabalho, a lei espanhola traz a primeira obrigação no art. 4º do Real Decreto-ley 28/2020, ao tratar da igualdade de tratamento e oportunidades e não discriminação. Assim, consta na lei que os teletrabalhadores devem ter, em regra, os mesmos direitos dos que prestam serviços no local de trabalho da empresa.

Além disso, o item 3 do mesmo artigo impõe que as empresas são obrigadas a evitar qualquer discriminação, direta ou indireta, notadamente em razão do sexo dos trabalhadores que prestam serviços em teletrabalho.

Essa ideia é fortalecida pelo art. 4º, item 3, da Ley 10/2021, que prevê a obrigação, por parte das empresas, de evitar qualquer discriminação em razão do sexo, idade, antiguidade ou grupo profissional ou deficiência, de trabalhadores que prestam serviços remotamente, garantindo a igualdade de tratamento e o fornecimento de suporte, e fazendo os ajustes razoáveis apropriados.

Ademais, nos termos do art. 5º do Decreto-ley 28/2020, a empresa tem a obrigação de obedecer a regra de que a decisão de trabalhar remotamente, a partir de uma modalidade de trabalho presencial, é voluntária e será reversível para o trabalhador. O exercício dessa reversibilidade poderá ser exercido nos termos estabelecidos na negociação coletiva ou, na sua falta, no contrato de trabalho — a mesma ideia consta no art. 5º da Ley 10/2021.

O Decreto-ley 28/2020, no art. 6º, arrola especificamente as obrigações formais do contrato de trabalho remoto, que são: 1) o contrato de trabalho deve ser escrito; e 2) a empresa deve entregar à representação legal dos trabalhadores, no prazo de até 10 dias, uma cópia de todos os acordos de teletrabalho, resguardos os direitos de proteção à honra, à privacidade pessoal e familiar e à própria imagem, bem como o respeito ao direito fundamental de proteção de dados.

---

(2) TARTUCE, Flávio. *Direito civil*, v. 2 (Direito das obrigações e responsabilidade civil), 12. ed., rev., atual. e ampl. Rio de Janeiro: Forense, 2017. p. 22.

A lei também estabelece, no art. 7º do Decreto de 2020, que o contrato de trabalho terá, obrigatoriamente, os seguintes temas: 1) inventário dos meios, equipamentos e ferramentas necessários para o desenvolvimento do teletrabalho, incluindo consumíveis e elementos móveis, bem como a vida útil ou prazo máximo para sua renovação; 2) enumeração das despesas que o trabalhador poderá ter, bem como uma forma de quantificação da remuneração correspondente; 3) horário de trabalho; 4) percentual e distribuição entre trabalho presencial e trabalho remoto, se houver; 5) local de trabalho presencial da empresa, na hipótese de o trabalhador desenvolver parte presencial da jornada de trabalho; 6) local de trabalho remoto escolhido pelo trabalhador; 7) duração dos prazos de pré-aviso para o exercício das situações de reversibilidade, se for o caso; 8) meios de controle empresarial da atividade; 9) procedimento a seguir em caso de dificuldades técnicas que impeçam o desenvolvimento normal do teletrabalho; 10) instruções emitidas pela empresa, com a participação da representação dos trabalhadores, em matéria de proteção de dados; 11) instruções emitidas pela empresa e informação prévia ao representante[(3)] legal dos trabalhadores sobre segurança da informação; e 12) duração do contrato de trabalho remoto — o que também consta no art. 7º da Ley 10/2021.

---

(3) A representação de trabalhadores está prevista no do Estatuto dos Trabalhadores da Espanha, especificamente no Título II, que trata dos direitos de representação coletiva e reunião dos trabalhadores na empresa, e notadamente no capítulo I, que aborda o direito de representação coletiva, conforme transcrição original a seguir:

Artículo 61. Participación.— De conformidad con lo dispuesto en el artículo cuarto de esta ley, y sin perjuicio de otras formas de participación, los trabajadores tienen derecho a participar en la empresa a través de los órganos de representación regulados en este título.

Artículo 62. Delegados de personal. — La representación de los trabajadores en la empresa o centro de trabajo que tengan menos de 50 y más de 10 trabajadores corresponde a los delegados de personal. Igualmente podrá haber un delegado de personal en aquellas empresas o centros que cuenten entre seis y diez trabajadores, si así lo decidieran éstos por mayoría.

Los trabajadores elegirán, mediante sufragio libre, personal, secreto y directo a los delegados de personal en la cuantía siguiente: hasta 30 trabajadores, uno; de 31 a 49, tres.

2. Los delegados de personal ejercerán mancomunadamente ante el empresario la representación para la que fueron elegidos, y tendrán las mismas competencias establecidas para los comités de empresa.

Los delegados de personal observarán las normas que sobre sigilo profesional están establecidas para los miembros de comités de empresa en el artículo 75 de esta ley.

Artículo 63. Comités de Empresa. — 1. El comité de empresa es el órgano representativo y colegiado del conjunto de los trabajadores en la empresa o centro de trabajo para la defensa de sus intereses, constituyéndose en cada centro de trabajo cuyo censo sea de 50 o más trabajadores.

En la empresa que tenga en la misma provincia, o en municipios limítrofes, dos o más centros de trabajo cuyos censos no alcancen los 50 trabajadores, pero que en su conjunto lo sumen, se constituirá un comité de empresa conjunto. Cuando unos centros tengan 50 trabajadores y otros de la misma provincia no, en los primeros se constituirán comités de Empresa propios y con todos los segundos se constituirá otro.

Sólo por convenio colectivo podrá pactarse la constitución y funcionamiento de un comité intercentros con un máximo de 13 miembros, que serán designados de entre los componentes de los distintos comités de Centro.

En la constitución del comité intercentros se guardará la proporcionalidad de los sindicatos, según los resultados electorales considerados globalmente. Tales comités intercentros no podrán arrogarse otras funciones que las que expresamente se les conceda en el convenio colectivo en que se acuerde su creación (ESPANHA, 2015).

Especificamente em relação à modificação dos termos estabelecidos no contrato de trabalho do teletrabalhador, a lei, no art. 8º, item1, esclarece que as alterações devem ser objeto de acordo escrito entre a empresa e o trabalhador, com comunicação à representação legal do trabalhador – igualmente, essa prevista consta no art. 8º da Ley 10/2021.

Outrossim, as pessoas que realizam teletrabalho desde o início do vínculo empregatício terão prioridade na ocupação de empregos realizados total ou parcialmente presenciais. Para isso, a empresa informará a esses teletrabalhadores, e à representação legal respectiva, as vagas de trabalho de caráter presencial que houver. Igualmente, os acordos ou convenções coletivas podem estabelecer os mecanismos e critérios pelo qual a pessoa que desenvolve o trabalho presencial pode mudar para o trabalho remoto ou vice-versa (art. 8º, itens 2 e 3) – determinação semelhante está no art. 8º da Ley 10/2021.

Ainda, no próprio art. 8º, o Decreto de 2020 traz um recorte de gênero ao estabelecer que no desenho desses mecanismos, a perpetuação de papéis e os estereótipos de gênero e a promoção da corresponsabilidade devem ser levados em conta entre mulheres e homens, devendo ser objeto de diagnóstico e tratamento pelo plano de igualdade que, se for o caso, deve ser aplicado na empresa.

Igualmente, no plano das obrigações, a lei impõe o cumprimento às empresas dos seguintes deveres, sem prejuízo de outros existentes no ordenamento jurídico: 1) de resguardar o direito do teletrabalhador a uma carreira profissional; 2) adotar as medidas necessárias para garantir a participação efetiva dos teletrabalhadores nas ações de capacitação (direito à formação do trabalhador); 3) garantir às pessoas que trabalham remotamente o treinamento necessário para o bom desenvolvimento da sua atividade, quer no momento da formalização do contrato de trabalho remoto, quer quando houver mudanças nos meios ou tecnologia usada;

4) resguardar à promoção profissional, de modo a garantir aos teletrabalhadores os mesmos termos e direitos daqueles que prestam serviços presencialmente (art. 9º e 10, Decreto-ley 28/2020) – disposição semelhante está nos art. 9º e 10 da Ley 10/2021.

A Lei de Teletrabalho espanhola prevê, ainda, o direito a horários flexíveis, nos termos do contrato, respeitando os tempos de disponibilidade obrigatórios e os regulamentos relacionados ao descanso, com a observação de que o teletrabalho pode ter um cronograma de entrega de serviços mais flexível (art. 13, Decreto-ley 28/2020). Contudo, a lei obriga a empresa a registrar fielmente o tempo que o trabalhador realiza o teletrabalho (art. 14, Decreto-ley 28/2020).

Outra obrigação constante na lei é o dever de prevenir riscos ocupacionais, pois as pessoas que realizam teletrabalho têm o direito à proteção adequada em questões de segurança e saúde no trabalho, de acordo com o disposto em norma específica do Direito espanhol (art. 15, Decreto-ley 28/2020). O que impõe a avaliação de risco e planejamento da atividade preventiva, dando especial atenção aos fatores psicossociais, ergonômicos e organizacionais, como garantia de pausas e desconexões durante o dia (art. 16, Decreto-ley 28/2020).

Em relação ao direito à privacidade e proteção de dados, a lei espanhola impôs às empresas a obrigação de implementar meios telemáticos e de controle da prestação de trabalho por meio de forma a garantir, adequadamente, os referidos direitos, que estão previstos na Lei Orgânica 3/2018. Assim, as empresas não podem exigir a instalação de programas ou aplicativos em dispositivos de propriedade do trabalhador, nem o uso desses dispositivos no desenvolvimento do teletrabalho.

Desse modo, impõe a lei que as empresas devem estabelecer critérios para uso de dispositivos, respeitando em qualquer caso os padrões mínimos de proteção de sua privacidade, de acordo com os usos sociais e os direitos legal e constitucionalmente reconhecidos. Além disso, enfatiza que os acordos ou convenções coletivas podem especificar os termos dentro do quais trabalhadores podem usar, para questões pessoais, os equipamentos disponibilizados (art. 17, Decreto-ley 28/2020).

Em razão da conexão intensa a que estão submetidos os teletrabalhadores, as empresas têm a obrigação de garantir à desconexão digital, o que impõe o dever corporativo de garantir a limitação ao uso de os meios tecnológicos de comunicação empresarial e de trabalho durante os períodos de descanso, bem como o respeito pela duração máxima do dia e quaisquer limites e precauções em termos de horas de trabalho previstas por regulamentos legais ou convencionais aplicáveis (art. 18, Decreto-ley 28/2020).

Além disso, ouvido o representante legal dos trabalhadores, a empresa tem obrigação de elaborar uma política interna dirigida a eles, incluindo ações de treinamento e conscientização em relação ao uso razoável de ferramentas tecnológicas (art. 18, Decreto-ley 28/2020).

A lei, ainda, prevê que os teletrabalhadores terão o direito de exercer seus direitos de natureza coletiva com o mesmo conteúdo e alcance que os trabalhadores que exercem atividade presencial. Para isso, a negociação coletiva pode estabelecer as condições para garantir o exercício dos direitos coletivos dos trabalhadores remotos, atenta às singularidades de sua prestação, com pleno respeito ao princípio da igualdade de tratamento e oportunidades entre o trabalhador remoto e a pessoa que desempenhar tarefas no estabelecimento da empresa (art. 19, Decreto-ley 28/2020).

Outrossim, a empresa deve fornecer à representação legal dos trabalhadores os elementos necessários para o desenvolvimento de sua atividade representativa, entre eles, o acesso a comunicações e endereços eletrônicos para uso na empresa e a implantação do quadro virtual, quando compatível com a forma de prestação de trabalho remoto (art. 19, Decreto-ley 28/2020).

Ademais, a empresa deve garantir que não haja obstáculos à comunicação entre os teletrabalhadores e seus representantes legais, bem como com os demais trabalhadores – o que inclui a participação efetiva nas atividades organizadas ou convocadas pela representação legal ou pelos demais trabalhadores, em defesa de seus interesses trabalhistas (art. 19, Decreto-ley 28/2020).

As obrigações da empresa demandam obrigações também para os empregadores, que têm a obrigação de cumprir as instruções que a empresa estabelecer no âmbito da legislação sobre proteção de dados e participação prévia da representação legal das pessoas trabalhadores. Dessa forma, os funcionários devem cumprir as instruções de segurança, bem como cuidar das condições e instruções de uso e conservação de equipamentos (art. 20, Decreto-ley 28/2020).

Outras obrigações estão relacionadas às responsabilidades do empregador em relação aos equipamentos necessários para o exercício do teletrabalho, bem como a manutenção dessas estruturas — o que será analisado no próximo tópico.

3. Responsabilidade das despesas

A empresa tem a obrigação de garantir o direito ao fornecimento e manutenção suficientes de meios, equipamentos e ferramentas, garantindo aos que trabalham remotamente o direito à dotação e manutenção adequada pela empresa de todos os meios, equipamentos e ferramentas necessárias para o desenvolvimento da atividade (art. 11) — disposição semelhante consta no art. 11 da Ley 10/2021.

Da mesma forma, será garantido um atendimento em caso de dificuldades técnicas (art. 11) e não será possível imputar ao trabalhador as despesas relacionadas com os equipamentos, ferramentas e meios ligados ao desenvolvimento do trabalho.

Nesse sentido, o teletrabalhador terá direito ao pagamento e compensação das despesas, com possibilidade de os acordos ou convenções coletivas poderem estabelecer o mecanismo para a determinação e compensação ou pagamento dessas despesas (art. 12).

Em relação aos custos de internet e energia, não houve previsão explícita na lei sobre o tema, ainda que a ideia central da lei seja não imputar os ônus ao teletrabalhador. Contudo, é possível solucionar a questão por meio de negociação coletiva, a fim de que haja o pagamento proporcional à realização dos serviços relacionados ao teletrabalho — isso se extrai da noção geral de assunção dos custos pelo empregador, que tem a responsabilidade de custear as despesas relacionadas ao teletrabalho — disposição semelhante está no art. 12 da Ley 10/2021.

4. Análise comparativa do teletrabalho entre Brasil e Espanha

Ambas as leis, brasileira e espanhola, impõem que o contrato de teletrabalho deve ser escrito.

Contudo, enquanto a Espanha impõe igualdade de tratamento e oportunidades e não discriminação entre trabalhadores e teletrabalhadores, o Brasil faz diferença em relação ao controle de jornada de trabalho daqueles que em regime de teletrabalho prestam serviço por produção ou tarefa (art. 62, III, CLT).

Com relação à voluntariedade, a lei espanhola prevê que a escolha de trabalhar remotamente é do trabalhador e voluntária, além de reversível. A legislação brasileira tem norma dispondo que "Poderá ser realizada a alteração entre regime presencial e de teletrabalho desde que haja mútuo acordo entre as partes, registrado em aditivo contratual (art. 75-C, § 1º, CLT).

Quanto à participação do sindicato ou de representante dos trabalhadores, a lei espanhola prevê que empresa deve entregar à representação legal dos trabalhadores, no prazo de até 10 dias, uma cópia de todos os acordos de teletrabalho, resguardados os direitos de proteção à honra, à privacidade pessoal e familiar e à própria imagem, bem como o respeito ao direito fundamental de proteção de dados. Entretanto, a lei brasileira não tem nenhuma disposição sobre o tema.

A lei espanhola prevê que o contrato de trabalho terá, obrigatoriamente, que tratar de determinados temas, a exemplo das instruções que devem ser emitidas pela empresa e informação prévia ao representante legal dos trabalhadores sobre segurança da informação; ao passo que a lei brasileira não tem disposição similar.

No plano das obrigações, a lei espanhola impõe, ainda, o cumprimento às empresas de deveres relacionados à formação e capacitação do teletrabalhador, o que não encontra previsão na lei brasileira.

Da mesma forma, temas como prevenção de riscos ocupacionais e proteção de dados, que aparecem na lei espanhola, não têm previsão na lei brasileira de modo detalhado. O que há na CLT é apenas uma norma geral prevendo que "O empregador deverá instruir os empregados, de maneira expressa e ostensiva, quanto às precauções a tomar a fim de evitar doenças e acidentes de trabalho" (art. 75-E, CLT). Em relação à proteção de dados, nada consta, de modo expresso, na lei brasileira.

Por fim, quanto às despesas, a lei espanhola prevê que o teletrabalhador terá direito ao pagamento e compensação das despesas, com possiblidade de fazer negociação coletiva. Já a lei brasileira, quanto ao tema despesas, apenas prevê que "O empregador não será responsável pelas despesas resultantes do retorno ao trabalho presencial, na hipótese de o empregado optar pela realização do teletrabalho ou trabalho remoto fora da localidade prevista no contrato, salvo disposição em contrário estipulada entre as partes" (art. 75-C, § 3º, CLT). Além disso, estipula o art. 75-D que "As disposições relativas à responsabilidade pela aquisição, manutenção ou fornecimento dos equipamentos tecnológicos e da infraestrutura necessária e adequada à prestação do trabalho remoto, bem como ao reembolso de despesas arcadas pelo empregado, serão previstas em contrato escrito".

5. Conclusões

As normas jurídicas são pensadas e construídas a partir da realidade de cada país ou lugar. Contudo, analisar experiências normativas externas é sempre interessante para a interpretação de semelhantes situações, a fim de se encontrar respostas mais coerentes para determinados fatos. Não é à toa a valorização do direito comparado no art. 8º, *caput*, da CLT.(4)

Isso toma uma proporção maior no mundo globalizado, que minimiza, de certa forma, as distâncias culturais e aproxima as pessoas por meio dos avanços tecnológicos. Portanto, utilizar as ferramentas do direito comparado pode contribuir na resolução de problemas no Brasil, onde não se tem, ainda, uma lei própria e específica sobre teletrabalho.

E uma das legislações que podem contribuir para o sistema brasileiro é, sem dúvidas, a legislação espanhola sobre teletrabalho, diante da sua modernidade (por exemplo, previsão sobre questões que envolvem a temática da proteção de dados), riqueza de detalhes (abrange diversas situações que podem ser objeto de controvérsia no teletrabalho), base principiológica (por exemplo, princípios quanto à sua natureza voluntária e reversível e o princípio da igualdade de tratamento nas condições profissionais).

Referências

BRASIL. *Decreto-Lei n. 5.452, de 1º de maio de 1943*. Aprova a Consolidação das Leis do Trabalho. Disponível em: <http://www.planalto.gov.br/ccivil_03/decreto-lei/del5452.htm>. Acesso em: 1º abr. 2022.

ESPANHA. *Ley 10/2021, de 9 de julio, de trabajo a distancia*. Disponível em: <https://www.boe.es/boe/dias/2021/07/10/pdfs/BOE-A-2021-11472.pdf>. Acesso em: 1º abr. 2022.

______. *Real Decreto-ley 28/2020, de 22 de septiembre, de trabajo a distancia*. Disponível em: <https://www.boe.es/boe/dias/2020/09/23/pdfs/BOE-A-2020-11043.pdf>. Acesso em: 31 mar. 2022.

______. *Real Decreto Legislativo 2/2015, de 23 de octubre, por el que se aprueba el texto refundido de la Ley del Estatuto de los Trabajadores*. Disponível em: <https://www.boe.es/boe/dias/2015/10/24/pdfs/BOE-A-2015-11430.pdf>. Acesso em: 1º abr. 2022.

GAGLIANO, Pablo Stolze; PAMPLONA FILHO, Rodolfo. *Novo curso de direito civil*. vol. 2 (Obrigações). 20. ed. São Paulo: Saraiva Educação, 2019.

TARTUCE, Flávio. *Direito civil*, v. 2 (Direito das obrigações e responsabilidade civil), 12. ed. rev., atual. e ampl. Rio de Janeiro: Forense, 2017.

---

(4) Art. 8º As autoridades administrativas e a Justiça do Trabalho, na falta de disposições legais ou contratuais, decidirão, conforme o caso, pela jurisprudência, por analogia, por eqüidade e outros princípios e normas gerais de direito, principalmente do direito do trabalho, e, ainda, de acordo com os usos e costumes, o direito comparado, mas sempre de maneira que nenhum interesse de classe ou particular prevaleça sobre o interesse público (BRASIL, 1943).

Smart Working como Referência para o Teletrabalho

Aurélio Miguel Bowens da Silva

1. Introdução

Na atual sociedade líquida, constata-se a fragilidade de vínculos, a volatilidade de ideias e convicções. O mundo é globalizado, com múltiplos referenciais, e a empresa está sendo desterritorializada pelos meios telemáticos. Segundo Zygmunt Bauman, vivemos o medo do medo, o vício por segurança, a necessidade de se sentir seguro o tempo todo. Os vínculos afetivos, aversões e simpatias outrora deixados na chapelaria logo na entrada da fábrica, agora são incentivados e encorajados. É a ideia de vestir a camisa da empresa, de que o empregado tem de desenvolver o sentido de pertencimento do time; é um vínculo afetivo artificial que se quer criar.

As esteiras de produção e linhas de montagem de Henry Ford e as medições de tempo e movimento de Frederick Taylor acabaram: a empesa agora pode explorar a totalidade do tempo e a personalidade do empregado, estando seus funcionários à disposição do empregador durante todo o tempo, a qualquer momento. Nada reflete melhor essa leitura de Bauman do que o teletrabalho.(1)

Nessa sociedade, o computador, a internet, o aparelho celular, o smartphone, as plataformas digitais, as redes sociais, os aplicativos são tecnologias de informação e comunicação que permitem o trabalho a distância, sem as dificuldades da mobilidade urbana e com economia de tempo. Tamanha é a importância do tempo, que ficou conhecido no mundo todo o provérbio *time is money*, cuja frase original é atribuída ao polímata estadunidense Benjamin Franklin, que teria dito *remember that time is money.*(2)

---

(1) FELICIANO, Guilherme Guimarães. Questões atuais sobre a duração do trabalho e teletrabalho. In: *Direito e Processo do Trabalho:* Fundamentos e perspectivas, 1º módulo híbrido, 2022 e Florianópolis. Disponível em: <https://youtu.be/qZ5onmzuchU>. Acesso em: 13 abr. 2022.

(2) MARONI NETO, Ricardo. Economia — Time is Money! *Nova Imprensa*. Economia. Disponível em: <https://novaimprensa.com/2019/03/economia-time-is-money.html#>. Acesso em: 13 abr. 2022.

Vários estudos internacionais têm apontado inúmeros benefícios do trabalho a distância, realizado por meio de tecnologias de informação e comunicação, por exemplo, a redução do tempo de deslocamento entre casa e trabalho, um ambiente de trabalho mais confortável, a possibilidade de estar mais com a família, organizando melhor as tarefas diárias, o aumento de produtividade, entre outros.

O trabalho a distância, que já era uma tendência mundial, foi impulsionado em todo mundo a partir do ano de 2020, por conta da pandemia do novo coronavírus (Covid-19), que exigiu da humanidade o isolamento em casa. Porém, muitos anos antes, em 1977, o Maluco Beleza, Raul Seixas, já lançava a canção: o dia em que a Terra parou. No ano de 2020, os dias parados se tornaram semanas, e as semanas meses, o que tornou o teletrabalho a única forma de continuidade do sustento para muitas pessoas.

Talvez pela urgência e precariedade imposta pelo isolamento social, em muitos casos o trabalho a distância foi improvisado, sem negociação entre empregados e empregadores, e sem equipamentos e infraestrutura necessária. O momento exigia que o trabalho ocorresse da forma possível, o que evidenciou muitos problemas, chamando a atenção para a necessidade do seu aprimoramento.

Vários aspectos negativos foram sentidos, como por exemplo o isolamento do trabalhador com as dificuldades de interação e comunicação entre membros do grupo e teletrabalhador, a sobrecarga de trabalho e ausência de descansos, a jornada suplementar e confusão entre os sentimentos de casa e trabalho.

As tecnologias de informação e comunicação são instrumentos neutros, que podem ser utilizadas para o bem ou para o mal, sendo papel da sociedade como um todo buscar o aprimoramento, inclusive a melhor regulamentação.

Atualmente, a ideia de ficar sentado no escritório durante determinada jornada é substituída pelo conceito de *smart working*, como referência ao trabalho em qualquer local, a qualquer momento, objetivando a entrega de resultados. A Itália provavelmente foi o primeiro país a regulamentar o *smart working*, denominando o instituto como de *lavoro agile*, traduzido para o português como trabalho ágil.

A partir da referência italiana, é possível identificar normas que já foram adotadas na regulamentação do teletrabalho aqui no Brasil, e outras que deveriam ser adotadas o quanto antes, para que o instituto tivesse aplicação mais adequada, de acordo com os direitos fundamentais dos cidadãos brasileiros. Compreender algumas diferenças entre o *smart working* e o teletrabalho, em especial as regras que podem aprimorar o modelo brasileiro, permitiria sugerir à sociedade o aprimoramento do modelo nacional.

Aplicando a pesquisa doutrinária, sob o método dedutivo, o objetivo é entender em que medida o teletrabalho poderia ser aprimorado pelo *smart working*. O desenrolar do trabalho passa pela compreensão do *smart working* na Itália e do teletrabalho no Brasil, de algumas diferenças e os possíveis impactos na relação de trabalho. Na conclusão, são apresentadas sugestões para aprimorar o modelo brasileiro, podendo ser implementadas pela legislação, convenção coletiva, acordo coletivo e acordo individual de trabalho.

2. O *smart working* na Itália

Impulsionada pelas tecnologias e pela pandemia de Covid, que exigiu o isolamento das pessoas em casa, surge o modelo de trabalho denominado o *smart working*, um conceito que propõe abandonar os escritórios e as jornadas determinadas, em prol da prestação de serviços em qualquer local, a qualquer momento e com foco nos resultados. A referência à prestação de serviços é proposital, porque junto com essa tendência vem a pejotização, transformando os empregados em pessoas jurídicas, do dia para a noite, como forma de mascarar a verdadeira relação de emprego.

A Lei italiana n. 81, de 22 de maio de 2017(3), foi uma das primeiras, senão a primeira regulamentação do *smart working* no mundo; denominando o instituto de *lavoro agile*, dispõe sobre medidas para a proteção do trabalho, destinadas a incentivar a flexibilização dos horários e locais de trabalho subordinado. O *lavoro agile*, traduzido para o vernáculo como trabalho ágil, tem como objetivos expressos na lei aumentar a competitividade e facilitar a conciliação de vida e tempo de trabalho.

Conciliar vida e trabalho na medida certa traz vários benefícios para o empregado, como a redução do tempo de deslocamento entre casa e trabalho, mais tempo para a família, ambiente de trabalho mais confortável, entre outros. Com essas condições de trabalho, a consequência é o aumento da produtividade e, portanto, maior competitividade.

Compreendidos os objetivos da lei, o *lavoro agile* é conceituado como forma de execução da relação de trabalho subordinado, estabelecido por acordo entre as partes, também com formas de organização por fases, ciclos e objetivos, e sem restrições específicas de tempo ou local de trabalho, com a possível uso de ferramentas tecnológicas para a realização da atividade laboral.

O conceito legal evidencia que se trata de uma forma de execução da relação de trabalho subordinado, com três características principais. As atividades são organizadas por fases, ciclos e objetivos. Essas atividades ocorrem em qualquer tempo ou local de trabalho, o que evidencia se tratar de trabalho a distância. O uso de equipamentos tecnológicos viabiliza o trabalho, permitindo que o empregado exerça suas tarefas em qualquer local e a qualquer tempo.

O desempenho do trabalho é realizado, em parte, no estabelecimento do empregador e em outro local fora, que não precisa sequer ser fixo, e dentro dos limites

---

(3) ITÁLIA. *Lei n. 81, de 22 de maio de 2.017*. Diário Oficial da República Italiana: seção geral n. 135, Roma, p. 1, 13 jun. 2017. Disponível em: <https://www.gazzettaufficiale.it/eli/gu/2017/06/13/135/sg/pdf>. Acesso em: 20 abr. 2022.

da duração máxima das horas diárias de trabalho e semanal. Com efeito, a referida lei italiana prevê expressamente que o local de trabalho pode ser no domicílio, conhecido como *home office*, ou em qualquer outro lugar, como em um *coworking* por exemplo, que caracterizaria o trabalho remoto ou a distância. O local e o momento da prestação de serviços não são fixos no modelo italiano, mas deve ser respeitada a jornada máxima diária e semanal, prevista na legislação ou no contrato, como forma de evitar o trabalho suplementar.

As limitações de jornada diária e semanal também se aplicam a essa forma de execução de trabalho, como se aplicam aos empregados que atuam no estabelecimento do empregador, porque estamos tratando de trabalhadores com os mesmos direitos, em especial a jornada máxima. Porém, em tempos de flexibilização/desregulamentação do trabalho no mundo, é importante que a lei estabeleça expressamente qual a duração da jornada de trabalho.

A compreensão de que os equipamentos tecnológicos permitem o controle não só da jornada, mas também dos movimentos mais ínfimos dos empregados, obriga a legislação a tratar os empregados em trabalho a distância e aqueles que trabalham no estabelecimento do empregador da mesma forma; afinal de contas, nesse aspecto não existe nenhuma diferença entre as duas formas de execução de trabalho. Quanto à responsabilidade pelos instrumentos de trabalho, a lei italiana estabelece que o empregador é responsável pela segurança, proteção e bom funcionamento das ferramentas tecnológicas atribuídas ao empregado para a realização da atividade laboral.

Como a lei italiana entende o *lavoro agile* como forma de execução da relação de trabalho subordinado, decorre dessa a organização do trabalho realizada pelo empregador, inclusive a organização quanto aos equipamentos e à estrutura do trabalho. Nesse contexto, nada mais razoável do que responsabilizar quem organiza o trabalho pela segurança, proteção e bom funcionamento das ferramentas tecnológicas e estrutura de um modo geral.

O art. 19 da Lei italiana n. 81 estabelece a necessidade de acordo escrito, que necessariamente deve tratar sobre o poder de subordinar os intervalos para descanso e o direito à desconexão. O acordo relativo ao método de trabalho ágil é estipulado por escrito para fins de regularidade administrativa e de prova da sua ocorrência. Além disso, regulamenta a execução dos trabalhos realizados a distância, no que diz respeito às formas de exercício do poder executivo do empregador e às ferramentas utilizadas pelo empregado.

Ao tratar do poder de subordinar, deve o acordo escrito incluir organização das atividades, as formas de fiscalização e as hipóteses de punição por atos faltosos. O empregado deve ter pleno conhecimento sobre o que deve fazer, como fazer e quando fazer. Deve ainda saber como será fiscalizado, até como forma de proteger sua intimidade, que atos faltosos podem diferir do trabalho presencial, e como será punido em eventual hipótese de incidência.

A regulamentação da execução dos trabalhos realizados a distância é essencial para a compreensão dos limites do trabalho e da vida privada, especialmente no que diz respeito às formas de exercício dos poderes do empregador e, nessa perspectiva, às ferramentas utilizadas e como serão utilizadas. O empregado deve saber como será controlado e quais as informações que o empregador recebe por meio dos equipamentos tecnológicos. Porém, a tecnologia não pode servir como instrumento de abusos e de invasão da intimidade do empregado, daí a necessidade de transparência total nessa regulamentação.

O poder de controle e disciplina vem regulamentado no art. 21 da Lei italiana n. 81/2017, sendo que o acordo escrito ajustado entre as partes deve regulamentar especificamente o exercício do poder de controle do empregador sobre o trabalho a distância. O acordo escrito deve identificar as condutas relacionadas com a execução das atividades fora do estabelecimento do empregador, que dão origem à aplicação de sanções disciplinares, os tempos de descanso do empregado, bem como as medidas técnicas e organizacionais necessárias para assegurar a desconexão do trabalhador dos equipamentos tecnológicos de trabalho.

> Entende-se por direito à desconexão o direito do trabalhador de não responder aos *e-mails*, às mensagens instantâneas e encaminhadas através das redes sociais, bem como de não atender ligações relacionadas às atividades laborais. É o direito de não ser perturbado pelo empregador, nos períodos destinados ao descanso e ao lazer.[4]

Os intervalos de descanso, repouso, alimentação e desconexão são medidas de saúde do trabalho, que necessariamente precisam estar previstos no acordo escrito e ser cumpridos e fiscalizados, como ocorre no modelo de trabalho no estabelecimento do empregador.

Atualmente, os equipamentos tecnológicos permitem o controle de jornada; assim, não existe razão para que não sejam utilizados para esse fim, inclusive como forma de garantia dos descansos de um modo geral. A equiparação em direitos entre empregados que atuam na empresa e os que atuam em parte fora do estabelecimento do empregador vem expressa no art. 20 da lei italiana.

O empregado que realiza o serviço na modalidade do *lavoro agile* tem direito a tratamento econômico e regulamentar não inferior ao aplicado globalmente, em execução das convenções coletivas, bem como aos trabalhadores que exercem as mesmas funções exclusivamente no estabelecimento do empregador. Segundo o art. 22 da lei italiana, o

(4) GOLDSCHIMIDT, Rodrigo; GRAMINHO, Vivian Maria Caxambu. O direito fundamental do trabalhador à desconcexão: panorama latino-americano e a (não) regulamentação brasileira. *Direito, tecnologia e trabalho,* v. 1. Leme: Mizuno, 2022.

empregador garante a saúde e segurança do empregado que presta o serviço na modalidade de *lavoro agile*. Para tanto, é necessário entregar ao trabalhador e ao representante dos trabalhadores, de forma regular e pelo menos anualmente, um aviso por escrito especificando os riscos gerais e específicos relacionados, e identificados, ao método particular de execução das atividades naquele caso.

O seguro obrigatório, que tem a finalidade de amparar as vítimas de acidentes e doenças profissionais, vem expresso no art. 23 da lei italiana. O empregado tem direito à proteção contra acidentes no trabalho e doenças profissionais dependentes de riscos, relacionadas com o trabalho realizado fora do estabelecimento do empregador.

O *lavoro agile* estabelece que o empregado tem direito à proteção contra acidentes no trabalho que venham a ocorrer durante a viagem de ida e volta ao local de residência, ou entre este e outro escolhido para realizar o desempenho do trabalho a distância. Ou seja, o acidente de trajeto é entendido como aquele que ocorre entre o domicílio do empregado e o estabelecimento empresarial em que trabalha, ou o domicílio e outro local em que o empregado vai trabalhar remotamente.

3. O teletrabalho no Brasil

No Brasil, a regulamentação do trabalho a distância teve início com a Lei n. 12.551, de 15 de dezembro de 2011, que alterou o art. 6º da Consolidação das Leis do Trabalho, reconhecendo a identidade entre o trabalho realizado no estabelecimento do empregador, no domicílio do empregado ou a distância. No parágrafo único, foram equiparadas as determinações pessoais e diretas do empregador àquelas recebidas por meios telemáticos e informatizados.

A lei disse o óbvio: o trabalho a distância não é diferente do trabalho realizado no estabelecimento do empregador, e a subordinação transmitida por meios telemáticos e informatizados não difere da pessoal. Essa premissa, apesar da sua obviedade, precisa ser lembrada e relembrada atualmente porque, em tempos de flexibilização/desregulamentação da legislação trabalhista em todo o mundo, a tendência é diminuir os direitos estabelecidos pela legislação.

Importante compreender a existência de espécies de trabalho a distância, dependendo do local do trabalho e dos equipamentos utilizados pelo empregado. Pode haver trabalho em domicílio que, a rigor, não é teletrabalho; pode haver trabalho em domicílio controlado, por exemplo, por telefone, que não é meio telemático.

Conceitualmente, telemática significa telecomunicação mais informática. Teletrabalho também não é necessariamente *home office*, quando o empregado trabalha em estações de *coworking* (cotrabalho) por exemplo, e não em casa.[5] O que diferencia o

(5) FELICIANO, Guilherme Guimarães. Questões atuais sobre a duração do trabalho e teletrabalho. *Direito e Processo do Trabalho:* Fundamentos e perspectivas, 1º módulo híbrido, 2022 e Florianópolis. Disponível em: <https://youtu.be/qZ5onmzuchU>. Acesso em: 13 abr. 2022.

teletrabalho das demais formas de trabalho a distância é o controle telemático, que instrumentaliza comunicação e informações na relação de trabalho.

Nessa perspectiva, o controle torna-se ainda mais presente e significativo em razão dos inúmeros dados disponíveis sobre o perfil do empregado, que o mero contato visual não permitiria, de forma a tratá-lo presente e seguramente ainda mais acentuado.(6)

A Lei n. 13.467, de 13 de julho de 2017, fez várias modificações na CLT, para implementar a reforma trabalhista no Brasil, e tratou especificamente do teletrabalho no Capítulo II-A, entre os arts. 75-A e 75-E, além de incluir o inciso III no art. 62, e o inciso VIII no art. 611-A.

A Medida Provisória n. 1.108, de 25 de março de 2022, foi convertida na Lei n. 14.442, de 2 de setembro de 2022, incluindo mais algumas alterações nos arts. 62, 75-B, 75-C e 75-F da CLT. O conceito de teletrabalho vem expresso no art. 75-B da CLT, como a prestação de serviços fora das dependências do empregador, com a utilização de tecnologias de informação e de comunicação que, por sua natureza, não configure trabalho externo.

A Lei n. 14.442/2022 fez cair do conceito de trabalho da Lei n. 13.467/2.017 a exigência de que o trabalho fosse preponderantemente fora das dependências do empregador. Portanto, atualmente o teletrabalho pode se dar em apenas alguns dias, sem que isso desnature o instituto. No entanto, o comparecimento habitual nas dependências do empregador somente pode ocorrer para realizar atividades específicas, ou seja, aquelas que somente podem ser realizadas no estabelecimento do empregador, ou que foram regulamentadas entre as partes como tal.

Outra importante alteração da Lei n. 13.467/2017 para a Lei n. 14.442/2.022 é que a primeira tratava o teletrabalho como regime de trabalho, excluído controle de hora, enquanto a segunda passou a tratá-lo como regime com controle de hora em regra, salvo se a contratação do trabalho for por produção ou tarefa. A alteração legislativa ocorreu no art. 62, III da CLT, mas como os demais incisos do mesmo artigo são interpretados, trata-se de presunção relativa, não absoluta, que deve ser desconsiderada se ao empregador for possível controlar a jornada do empregado. Considerando que os instrumentos telemáticos permitem o controle não só da jornada como também dos movimentos durante o teletrabalho, parece que a presunção relativa é letra morta, não será aplicada.

A implementação e formalização do teletrabalho constam no art. 75-C da CLT, devendo a modalidade de teletrabalho constar expressamente no contrato de trabalho. O § 1º prevê a possibilidade de alteração entre regime presencial e de teletrabalho desde

---

(6) GUNTHER, Luiz Eduardo; BUSNARDO, Juliana Cristina. A aplicação do teletrabalho ao Poder Judiciário federal. *Revista Jurídica Luso-Brasileira*, v. 2, n. 4, p. 1.199-1.246, 2016.

que haja mútuo acordo entre as partes, registrado em aditivo contratual. Já o § 2º acrescenta que poderá ser realizada a alteração do regime de teletrabalho para o presencial por determinação do empregador, garantido prazo de transição mínimo de quinze dias.

Retrocedeu a Lei n. 14.442/2022 ao excluir do art. 75-C da CLT a necessidade de especificar no contrato que institui o teletrabalho as atividades que serão realizadas pelo empregado. A disposição é importante porque exige a formalização escrita e a descrição das atividades que serão realizadas pelo empregado em regime de teletrabalho; mas, por outro lado, esquece-se da bilateralidade do contrato e da necessidade de especificar como funcionará o controle do empregador, como serão exercidos seus poderes, principalmente por meios telemáticos.

Definir se o empregado estará sendo filmado ou não, se as mensagens serão fiscalizadas, ou se alguma conduta poderá ser considerada ato faltoso nesse novo contexto, são algumas questões que podem ser especificadas no contrato que implementa e formaliza o teletrabalho. Ao excluir a necessidade de especificar as atividades que serão realizadas pelo empregado, a nova lei trouxe imprecisão e insegurança nesse aspecto, na medida em que sequer registra as atividades que o empregado deve realizar.

A Lei n. 14.442/2.022 acrescentou ainda o parágrafo 3º ao art. 75-C da CLT, prevendo que o empregador não responde pelas despesas resultantes do retorno ao trabalho presencial, quando o empregado estava fora da localidade prevista no contrato. O art. 75-D da CLT estabelece a livre contratação quanto à responsabilidade pela aquisição, manutenção ou fornecimento dos equipamentos tecnológicos e da infraestrutura necessária e adequada à prestação do trabalho remoto, bem como quanto ao reembolso de despesas arcadas pelo empregado, que deverá ser previsto em contrato escrito. O parágrafo único estabelece que as utilidades mencionadas no *caput* desse artigo não integram a remuneração do empregado.

A liberdade na contratação, quanto à responsabilidade pela aquisição, manutenção ou fornecimento dos equipamentos tecnológicos e da infraestrutura do teletrabalho, não permite interpretar que os custos decorrentes podem ser transferidos ao empregado, na medida em que o risco da atividade econômica é do empregador, nos termos do art. 2º da CLT.

É o empregador que organiza a atividade em busca de lucro e assume o risco de lucrar ou perder dinheiro. O contrato de emprego não impõe riscos de recebimento ao empregado, porque suas atividades são organizadas pelo empregador. Daí a impossibilidade de transferir a responsabilidade quanto aos custos dos equipamentos tecnológicos e da infraestrutura necessária à prestação do trabalho a distância.

A Associação Nacional dos Magistrados da Justiça do Trabalho, juntamente com a Associação Nacional dos Procuradores do Trabalho, a Associação Brasileira dos Advogados Trabalhistas e o Sindicato Nacional dos Auditores Fiscais, fixaram alguns enunciados na

2ª Jornada de Direito Material e Processual do Trabalho(7), dando norte para a interpretação de vários assuntos tratados pela Lei n. 13.467/2017, inclusive sobre o teletrabalho.

A interpretação aprovada na Súmula n. 70 foi no sentido de que o contrato deve dispor sobre a estrutura e forma de reembolso das despesas no regime de teletrabalho, mas não pode transferir para o empregado seus custos, que devem ser suportados exclusivamente pelo empregador.

Quanto à saúde e segurança do trabalho, o art. 75-E da CLT estabelece a obrigação do empregador instruir os empregados, de maneira expressa e ostensiva, quanto às precauções a fim de evitar doenças e acidentes de trabalho, inclusive devendo assinar termo de responsabilidade comprometendo-se a seguir as instruções fornecidas pelo empregador.

Como ambiente artificialmente criado, o ambiente de trabalho faz parte da organização do trabalho pelo empregador, e nesse contexto é sua responsabilidade o que ocorre nesse ambiente. A alteração do local de trabalho pode criar a confusão de que o empregador não responderia mais por riscos ambientais, ainda mais se o local de trabalho for o domicílio do empregado. Ainda que o trabalho possa ocorrer fora do estabelecimento empresarial, não se pode esquecer que, mesmo em outro local, continua sendo do empregador a organização da atividade, a implementação de equipamentos tecnológicos e a própria estrutura de trabalho.

A Súmula 72 da 2ª JDMPT estabelece que a mera subscrição do termo de responsabilidade pelo empregado não exime o empregador de responsabilidade pelos danos decorrentes dos riscos ambientais. Do mesmo modo, a Súmula 83 é no sentido de que inclusive a adequação às respectivas normas de saúde e segurança, bem como a implementação da fiscalização também são de responsabilidade do empregador.

O art. 611-A da CLT estabelece a convenção coletiva, e o acordo coletivo de trabalho tem prevalência sobre a lei quando, entre outros, dispuserem sobre teletrabalho. Essa disposição permite que aplicações normativas benéficas de outros modelos, como no caso italiano por exemplo, sejam implementadas, aprimorando o modelo brasileiro. Daí a boa nova aos sindicatos, que podem contratar entre classe tudo que entendem de melhor para teletrabalho.

4. Algumas sugestões para o modelo brasileiro

Objetivando aumentar a competitividade e facilitar a conciliação entre a vida e o tempo de trabalho dos empregados, a Lei n. 81 da Itália criou o *lavoro agile*, regulamentando o *smart working* naquele país. O regime de trabalho é estabelecido por acordo

(7) Enunciados Aprovados. 2ª Jornada de Direito Material e Processual do Trabalho. 9 e 10 out. 2017 e Brasília. Disponível em: <https://www.anamatra.org.br/attachments/article/27175/livreto_RT_Jornada_19_Conamat_site.pdf>. Acesso em: 17 abr. 2022.

entre as partes e organizado por fases, ciclos e objetivos, sem restrições específicas de tempo e local de trabalho, possibilitando utilizar ferramentas tecnológicas na realização das atividades.

A Lei n. 13.467/2017, por sua vez, instituiu o teletrabalho, também estabelecido por acordo entre as partes, sem controle de jornada e com o local dos serviços fora das dependências do empregador, além da utilização de tecnologias de informação e de comunicação, os equipamentos telemáticos.

Praticamente cinco anos depois, a Lei n. 14.442/2022 fez algumas alterações na regulamentação do teletrabalho, aproximando-se mais do modelo *smart working* italiano, mas ainda se omitindo em aspectos importantíssimos desse regime de trabalho, para garantir direitos fundamentais dos trabalhadores.

Conceitualmente, o regime de teletrabalho se aproxima do conceito de *smart working* quando a Lei n. 14.442/2022 exclui a necessidade do trabalho preponderante fora do estabelecimento do empregador porque, como o regime jurídico italiano, é a necessidade da atividade e a regulamentação entre as partes que devem ajustar o melhor modelo para cada caso. Não é a quantidade de dias ou horas laboradas no estabelecimento do empregador que vai desnaturar o regime de teletrabalho.

Também se aproximando muito do modelo italiano, a Lei n. 14.442/2022 alterou o art. 75-B da CLT, prevendo que somente quando realizado por produção ou tarefa o teletrabalho, ou trabalho remoto, poderia ser excluído do controle de horas. Ou seja, a grande maioria dos contratos no Brasil é ajustada por jornada, e nesse caso, como regra, o teletrabalho, ou trabalho remoto, deve ter o controle de horas e, se for o caso, o pagamento das horas extras e intervalos descumpridos.

A organização da atividade no modelo italiano deve ser fixada em fases, ciclos e objetivos, o que conhecemos aqui no Brasil como por produção ou tarefas. Essa forma de organização das atividades permite calcular e estabelecer um objetivo/volume de trabalho que deve ser concluído em determinado tempo, independentemente do controle de jornada. Nesse aspecto, mais adequado às necessidades do trabalho fora das dependências do empregador, sem controle de hora, já que estabelece a atividade por produção ou tarefa.

Não obstante, como acontece no modelo italiano, as tarefas devem ser condizentes com a jornada normal de trabalho do empregado, uma vez que o trabalho somente pode ser realizado dentro dos limites máximos de jornada diária e duração semanal, nos termos do art. 7º, XIII, XIV, XV e XVI da CF. Com efeito, caso a produção ou tarefa não sejam razoáveis e relativas aos limites máximos de jornada, ou ainda, caso o empregador realize o controle de horas do empregado, as horas extras excedentes deverão ser remuneradas.

O art. 20 da lei italiana prevê o mesmo tratamento econômico e regulamentar previsto nas convenções coletivas de trabalho, e os mesmos direitos dos empregados que exercem as mesmas funções no estabelecimento do empregador. A lei brasileira silencia nesse sentido, mas parece certo que o local da prestação de serviços e os equipamentos tecnológicos não diferenciam o teletrabalho do trabalho presencial. Não existe diferença que justifique um tratamento diferenciado, e por consequência a aplicação das convenções coletivas de trabalho da categoria e a equiparação salarial do art. 461 da CLT também devem ser observadas.

O art. 22 da Lei do Trabalho Ágil prevê que o empregador garante a saúde e segurança do empregado, e deverá entregar para ele e para o representante dos trabalhadores na segurança do trabalho, ao menos uma vez por ano, um aviso escrito com os riscos gerais e específicos relacionados.

O art. 75-E da CLT impõe a obrigação de instruir os empregados, de maneira expressa e ostensiva, quanto às precauções para evitar doenças e acidentes de trabalho. Exigindo no parágrafo único do mesmo artigo a assinatura de um termo de responsabilidade, em que se compromete a seguir as instruções fornecidas pelo empregador.

Nesse aspecto, os modelos são parecidos, com ressalva a responsabilização expressa do empregador pela saúde e segurança do empregado e a entrega regular de orientação relacionada, ao menos uma vez por ano. Apesar dessas proximidades, o modelo brasileiro se distancia muito do modelo italiano em aspectos que podem ensejar violações gravíssimas aos direitos fundamentais dos trabalhadores, como será observado a seguir.

O art. 18 da lei italiana registra que o empregador é o responsável pelas ferramentas tecnológicas atribuídas ao empregado, inclusive quanto à segurança e ao bom funcionamento dessas. Por sua vez, o art. 75-D da CLT estabelece uma cláusula aberta, permitindo que as partes ajustem por contrato a responsabilidade pela aquisição, manutenção ou fornecimento dos equipamentos, bem como o reembolso de despesas arcadas pelo empregado.

A cláusula aberta do modelo brasileiro possibilita a inversão da regra nas relações de trabalho: os instrumentos de trabalho e a infraestrutura são de responsabilidade do empregador, como se fosse possível trabalhar sem equipamentos e estrutura de trabalho, tratando de forma diferente empregados que não se distinguem, senão pelo local de trabalho.

A possibilidade de negociar a responsabilidade pela aquisição dos equipamentos e estrutura de trabalho remete ainda à segurança e à saúde do empregado. Com a recente alteração das Normas Regulamentares do Ministério do Trabalho e Emprego, os riscos ocupacionais, até então classificados em físicos, químicos e biológicos, foram acrescidos pelo ergonômico na NR-17.

A ergonomia está intimamente relacionada aos equipamentos e à estrutura de trabalho, o que significa dizer que a possibilidade de definir a responsabilidade pela aquisição, manutenção e fornecimento necessariamente será considerada na responsabilidade civil subjetiva, que exige um ato ilícito culposo e o nexo causal para sua verificação. O empregador não pode ser responsabilizado por doença ou acidente decorrente de um equipamento ou infraestrutura que não adquiriu, ou que não tinha responsabilidade pela manutenção.

Dessas ponderações, é possível compreender que o modelo italiano é mais adequado e seguro ao estabelecer expressamente a responsabilidade do empregador pelos equipamentos e pela estrutura de trabalho. As formas de exercício do poder do empregador devem ser tratadas no contrato escrito do modelo italiano, possibilitando o registro da organização do trabalho, formas de fiscalização e punição. A medida é importante para delimitar os poderes do empregador em uma relação que pode se confundir com a vida particular do empregado.

O modelo brasileiro instituído pela Lei n. 13.467/2.017 estabelecia no art. 75-C da CLT que as atividades realizadas pelo empregado deveriam ser especificadas no contrato, nada mais. Ocorre que a Lei n. 14.442/2.022 excluiu essa exigência, dando um passo atrás na evolução do instituto brasileiro. A limitação das ordens de trabalho por determinados meios ou em determinados momentos, por exemplo, resolveria a importunação de mensagens do empregador durante os momentos de família. Saber como está sendo fiscalizado, se está sendo filmado, se suas mensagens serão vistas por terceiros também é essencial para garantir a intimidade do trabalhador.

No art. 21, a lei italiana estabelece a necessidade de ajustar o exercício do poder de controle do empregador sobre o trabalho a distância, e a lei brasileira é omissa quanto a essa questão. Mas vai além: no art. 19 prevê a necessidade de estabelecer os intervalos para descanso do empregado, bem como as medidas técnicas e organizacionais necessárias para assegurar a desconexão.

> Os períodos de repouso são, tipicamente, a expressão do direito à desconexão do trabalho. Por isto, no que se refere a estes períodos, há de se ter em mente que descanso é pausa no trabalho e, portanto, somente será cumeprido, devidamente, quando haja a desvinculação plena do trabalho. Fazer refeição ou tirar férias com uma linha direta com o superior hierárquico, ainda que o aparelho não seja acionado concretamente, estando, no entanto, sob a ameaça de sê-lo a qualquer instante, representa a negação plena do descanso.[8]

(8) SOUTO MAIOR, Jorge Luiz. Do direito à desconexão do trabalho. *Revista do Direito Trabalhista*, Brasília, p. 12-18, 2003.

A legislação brasileira não trata do direito de desconexão, e aqui a referência não diz respeito somente ao contrato de teletrabalho, mas a toda a legislação brasileira. Apesar de o art. 7º, XIII e XIV da CF estabelecer limites de duração do trabalho, passa a ser importante delimitar um período mínimo de desconexão quando a legislação exclui algumas hipóteses de trabalho do controle de hora, como é o caso do teletrabalho.

A Lei n. 14.442/2022 fez incluir o § 9º no art. 75-B da CLT, para facultar o ajuste sobre os horários e meios de comunicação entre as partes, assegurando os repousos semanais. A disposição até poderia assegurar o direito de desconexão do empregado, não fosse faculdade das partes, o que torna a medida letra morta em uma relação desigual, como no contrato de emprego.

A regulamentação dos poderes do empregador, a fixação dos intervalos mínimos para descanso e a contratação do direito à desconexão fazem da lei italiana um modelo a ser imitado, porque permite a compreensão dos poderes do empregador e o descanso necessário à saúde do empregado. Não é novidade que o controle por equipamentos tecnológicos é muito desenvolvido atualmente, havendo inúmeras possibilidades, desde o controle quando o equipamento é ligado ou desligado até a possibilidade de filmar o usuário durante toda a utilização. Nesse sentido, a disposição da lei italiana traz para o contrato a necessidade de identificar as formas de controle, dando transparência na relação com o subordinado.

A possibilidade de determinar quais condutas podem ser consideradas atos faltosos, tratando das condutas que podem ser punidas e as respectivas sanções, também é regra de transparência prevista no art. 21 da lei italiana. O art. 611-A da CLT permite que, por convenção coletiva ou acordo coletivo, a regulamentação do teletrabalho seja criada pela sociedade, representada pelos sindicatos e empregador, com prevalência sobre o que foi legislado pelo Estado. Esse instrumento permite acrescentar ao modelo de teletrabalho acertos da legislação italiana que não foram tratados pela legislação brasileira, ou adequar disposições mais condizentes com determinadas atividades.

Ante todo exposto, algumas disposições do modelo italiano podem aprimorar o modelo brasileiro, sendo acrescentadas ao conjunto normativo de uma categoria por meio da convenção coletiva, ou implementadas em uma determinada empresa, por acordo coletivo ou individual.

Vale destacar alguns poderes do empregador regulados: delimitar a organização das atividades, a fiscalização por meios telemáticos, garantindo a proteção da intimidade do empregado e transparência quanto às possibilidades de punição; b) fixar intervalos mínimos para descanso durante a jornada; c) ajustar algumas horas de desconexão, por exemplo um período mínimo de 12 horas, em que o empregado não pode ser importunado por mensagens, chamadas ou quaisquer informações relacionadas ao trabalho.

5. Conclusões

O empregado tem de vestir a camisa da empresa, estando à disposição durante todo o tempo e a qualquer momento, ideia essa que se relaciona muito bem com o teletrabalho.

As tecnologias de informação e comunicação revolucionaram as relações de trabalho, permitindo que fossem realizadas a distância com vários benefícios, mas também com muitos problemas.

Conhecer o *smart working*, regulamentado na Itália, e o teletrabalho no Brasil permite que se identifiquem diferenças normativas, podendo-se sugerir disposições de aprimoramento ao modelo brasileiro, de acordo com os direitos fundamentais dos trabalhadores.

Atualmente, a ideia de ficar sentado no escritório durante determinada jornada é substituída pelo conceito de *smart working*, como referência ao trabalho em qualquer local, a qualquer momento, objetivando a entrega de resultados.

A Lei italiana n. 81/2017 regulamentou o *smart working*, denominando-o de *lavoro agile*, traduzido como trabalho ágil. Esse modelo de trabalho é entendido como trabalho subordinado, organizado por fases, ciclos, não oferece restrições específicas de tempo ou local de trabalho, e faculta o uso de ferramentas e recursos tecnológicos.

Os limites da duração máxima das horas diárias de trabalho e semanal devem ser respeitados, e o local de trabalho não precisa ser fixo, podendo ser no domicílio ou em outro lugar qualquer.

O art. 19 da Lei italiana n. 81 estabelece a necessidade de acordo escrito, que deve tratar sobre o poder de subordinar, os intervalos e a desconexão. Esse artigo regulamenta a execução dos trabalhos realizados fora dos estabelecimentos do empregador, também no que diz respeito às formas de exercício do poder executivo do empregador e às ferramentas utilizadas pelo empregado.

O *smart working* garante o mesmo tratamento econômico e regulamentar aos demais que atuam na mesma função no estabelecimento do empregador, bem como as mesmas convenções coletivas.

No Brasil, o trabalho a distância teve início com a Lei n. 12.551/2011, que alterou o art. 6º da CLT, reconhecendo a identidade entre o trabalho realizado no estabelecimento do empregador, na casa do empregado ou a distância, além de equiparar as determinações pessoais e diretas do empregador àquelas recebidas por meios telemáticos e informatizados.

O que diferencia o teletrabalho das demais formas de trabalho a distância é o controle telemático, que instrumentaliza comunicação e informações na relação de trabalho.

A Lei n. 13.467/2017 tratou especificamente do teletrabalho no Brasil e acrescentou na CLT o art. 75-B, estabelecendo a prestação de serviços preponderantemente fora das dependências do empregador, com a utilização de tecnologias de informação e de comunicação que, por sua natureza, não se constituam como trabalho externo.

Posteriormente, a Lei n. 14.442/2022 exclui a exigência de serviços preponderantemente fora do estabelecimento do empregador, possibilitando que os dias e horas laborados na empresa estejam de acordo com a necessidade e regulamentação entre as partes.

O art. 75-D da CLT, incluído pela mesma lei já referida, estabelece a livre contratação quanto à responsabilidade pela aquisição, manutenção ou fornecimento dos equipamentos tecnológicos e da infraestrutura, bem como ao reembolso de despesas arcadas pelo empregado.

Quanto à formalização e implementação do teletrabalho, o art. 75-C da CLT estabelecia que o contrato deveria especificar as atividades que fossem realizadas pelo empregado, sendo essa exigência excluída mais tarde pela Lei n. 14.442/2022, afastando o modelo brasileiro da melhor regulamentação.

O art. 62, III da CLT excluiu o empregado em regime de teletrabalho do controle de hora, sendo alterado pela Lei n. 14.442/2022, para que a regra fosse o controle de horas, com exclusão apenas daqueles contratados em que houvesse a contratação por produção ou tarefa.

O *smart working* italiano e o teletrabalho brasileiro se aproximam em muitos pontos, como evidenciado ao longo desta exposição, mas em alguns aspectos as diferenças são enormes e devem ser consideradas, como forma de melhorar a legislação no Brasil, garantindo os direitos fundamentais dos trabalhadores.

Os dois modelos de trabalho a distância exigem um contrato escrito para a instituição. A diferença é que na Itália as formas de exercício do poder do empregador também serão tratadas, possibilitando o registro da organização do trabalho, as formas de fiscalização e a punição. A medida é importante para delimitar os poderes do empregador em uma relação que pode se confundir com a vida particular do empregado.

O empregado deve saber quais informações que o equipamento transmite ao empregador. A lei italiana estabelece no art. 21 a necessidade de ajustar o exercício do poder de controle do empregador sobre o trabalho fora do estabelecimento do empregador, bem como as medidas técnicas e organizacionais necessárias para assegurar a desconexão.

A regulamentação dos poderes do empregador, garantindo a intimidade do empregador, a fixação dos intervalos e o direito à desconexão, que protegem a saúde do empregado, servem de exemplo para utilização no modelo brasileiro.

A legislação italiana traz para o contrato a necessidade de identificar as formas de controle, dando transparência na relação com o subordinado. Inclusive contratar quais condutas podem ser consideradas atos faltosos, tratando das condutas que podem ser punidas e as respectivas sanções.

Concluindo, a legislação brasileira precisa evoluir para estabelecer a necessidade de fazer constar no contrato que institui o teletrabalho como será exercido o poder de controle do empregador sobre o trabalho fora do estabelecimento do empregador, bem como as medidas técnicas e organizacionais necessárias para assegurar a desconexão. Aliás, o ideal seria tratar também da organização do trabalho remoto, estabelecendo as atividades, como e quando deveriam ser realizadas, além de prever hipóteses e a forma de punição nesse novo modelo.

A CLT permite que, por convenção coletiva ou acordo coletivo, a regulamentação do teletrabalho seja criada pela sociedade, acrescentando ao modelo de teletrabalho acertos da legislação italiana não tratados pela legislação brasileira.

Nesse contexto, enquanto a legislação brasileira não evolui, podem as empresas e entidades sindicais estabelecer em acordos e convenções coletivas a regulamentação dos poderes do empregador, delimitando a organização do trabalho remoto, a forma de fiscalização e punição, bem como determinando intervalos mínimos para descanso e desconexão.

Referências

ENUNCIADOS APROVADOS. 2ª Jornada de Direito Material e Processual do Trabalho, 9 e 10 out. 2017 e Brasília. Disponível em: <https://www.anamatra.org.br/attachments/article/27175/livreto_RT_Jornada_19_Conamat_sit e.pdf>. Acesso em: 17 abr. 2022.

FELICIANO, Guilherme Guimarães. Questões atuais sobre a duração do trabalho e teletrabalho. *Direito e Processo do Trabalho:* Fundamentos e perspectivas, 1º módulo híbrido, 2022 e Florianópolis. Disponível em: <https://youtu.be/qZ5onmzuchU>. Acesso em: 13 abr. 2022.

GOLDSCHIMIDT, Rodrigo; GRAMINHO, Vivian Maria Caxambu. O direito fundamental do trabalhador à desconcexão: panorama latino-americano e a (não) regulamentação brasileira. *Direito, tecnologia e trabalho*, v. 1. Leme: Mizuno, 2022.

GUNTHER, Luiz Eduardo; BUSNARDO, Juliana Cristina. A aplicação do teletrabalho ao Poder Judiciário Federal. *Revista Jurídica Luso-Brasileira*, v. 2, n. 4, p. 1.199-1.246, 2016.

ITALIA. *Lei n. 81, de 22 de maio de 2.017.* Diário Oficial da República Italiana: seção geral n. 135, Roma, p. 1, 13 jun. 2017. Disponível em: <https://www.gazzettaufficiale.it/eli/gu/2017/06/13/135/sg/pdf>. Acesso em: 20 abr. 2022.

MARONI NETO, Ricardo. Economia — Time is Money! *Nova Imprensa.* Economia. Disponível em: <https://novaimprensa.com/2019/03/economia-time-is-money.html#>. Acesso em: 13 abr. 2022.

SOUTO MAIOR, Jorge Luiz. Do direito à desconexão do trabalho. *Revista do Direito Trabalhista*, Brasília, p. 12-18, 2003.

Análise da Regulação do Teletrabalho na Argentina, Brasil e Uruguai: Estudo Comparativo

Oscar Krost

Introdução

O mundo experimenta um momento histórico singular, marcado por avanços tecnológicos em ritmo jamais visto. Variáveis como tempo e espaço perdem a centralidade até então hegemônica, a ponto de o planeta ser considerado por muitos como uma "aldeia global".

A produção e a circulação de bens e de serviços provoca uma verdadeira metamorfose nas relações de trabalho, levando a atuação remota a dominar alguns segmentos. Em decorrência desse avanço, os Estados nacionais passaram a disciplinar os novos arranjos produtivos, dentre os quais o teletrabalho, a exemplo do Brasil, pela Lei n. 13.467, de 13 de julho de 2017, da Argentina, por meio da Lei n. 27.555, publicada no dia 14 de agosto de 2020 e, mais recentemente, do Uruguai, pela Lei n. 19.978, de 20 de agosto de 2021. A comparação em termos protetivos entre as regulações do teletrabalho pelas três principais economias do Mercosul é o desafio ora proposto.

Para tanto, realizar-se-á a conceituação e um breve histórico do teletrabalho, para, então, analisarem-se as disposições internas de cada país em sedes constitucional e legal.

1. Teletrabalho, *home office* e trabalho em domicílio

O teletrabalho, também conhecido como trabalho por telecomunicação ou trabalho remoto, é regime consideravelmente recente, atrelado ao uso de meios telemáticos de informação. Sua origem remonta à década de 1970 e ao norte-americano Jack M. Nilles, investigador da empresa *Aerospace Corporation*, parceira no desenvolvimento de projetos do Departamento de Defesa estadunidense e da NASA. Há quem sustente que a modalidade iniciou pelo emprego do telégrafo, nos séculos

XVIII e XIX, na França e nos Estados Unidos.(1) Usualmente, o teletrabalho costuma ser chamado de *home office*, embora os termos não sejam sinônimos perfeitos. Enquanto o teletrabalho pode se realizar em qualquer ambiente externo às instalações do empregador, com o emprego de tecnologia telemática, de modo que seu resultado seja enviado a outro local, o *home office* se desenvolve na moradia do trabalhador, com ou sem uso de informática.

No Brasil, existem duas correntes sobre o marco inicial da regulação do teletrabalho. A minoritária entende que o art. 6º da CLT(2), com a alteração promovida pela Lei n. 12.511/11, consagrou a modalidade(3), enquanto que a majoritária reputa a Lei n. 13.467/17 (Lei da Reforma Trabalhista), pela inserção à CLT dos arts. 75-A a E. Independentemente da linha endossada, fato é que o trabalho em domicílio possui expressa previsão legal antes mesmo do advento das Leis ns. 12.511/11 e 13.467/17, conforme disposto nos arts. 6º e 83 da CLT, mas apenas a partir de 2017 o teletrabalho recebeu uma disciplina em minúcias, para além de mera previsão.

De outro lado, na Argentina, até a edição da Lei n. 27.555/20, o teletrabalho era disciplinado pela Convenção n. 177 da Organização Internacional do Trabalho (OIT)(4), internalizada pela Lei n. 25.800/03(5). O país assumiu o compromisso de aperfeiçoar as condições de trabalho dos empregados que atuassem a distância e de implantar uma política de igualdade de direitos(6), ao contrário de Brasil e Uruguai que não firmaram a referida Convenção.(7)

---

(1) LOURENÇO, Lucas Barbieri; ARANALDE, Luciana Carneiro da Rosa. Teletrabalho — A (des)regulamentação dada pela Reforma Trabalhista (Lei n. 13.467/17). *Revista do Tribunal Regional do Trabalho da 12ª Região*, Florianópolis, n. 30, 2018, p. 29-48, também disponível em: <http://www.trt12.jus.br/portal/areas/escola/extranet/documentos/REVISTA_TRT12_ED_30_2018.pdf>. Acesso em: 28 nov. 2022.

(2) BRASIL. *Decreto-lei n. 5.452, de 1º de maio de 1943*. Consolidação das Leis do Trabalho (CLT). Diário Oficial da União, Rio de Janeiro/RJ, 1943. Disponível em: <http://www.planalto.gov.br/ccivil_03/decreto-lei/del5452.htm>. Acesso em: 28 nov. 2022.

(3) LIMA, Francisco Meton Marques de; LIMA, Francisco Péricles Rodrigues Marques de. *Reforma Trabalhista:* entenda ponto por ponto. São Paulo: LTr, 2017. p. 45. ROESLER, Átila da Rold. Teletrabalho, mais uma maldade da 'Reforma Trabalhista' ou Karl Marx e o Teletrabalho. In: SEVERO, Valdete Souto *et al.* (Coords.). *Comentários à Lei n. 13.467/17:* contribuições para um enfrentamento crítico. Porto Alegre: HS Editora, 2017. p. 62-65.

(4) Apenas 12 países no mundo são firmatários da Convenção n. 177 da OIT. (ORGANIZAÇÃO INTERNACIONAL DO TRABALHO. *Ratificación del C177* — Convenio sobre el trabajo a domicilio, 1996. Disponível em: <https://www.ilo.org/dyn/normlex/es/f?p=1000:11300:0::NO:11300:P11300_INSTRUMENT_ID:312322>. Acesso em: 28 nov. 2022).

(5) ARGENTINA. *Lei n. 25.800, de 5 de novembro de 2003*. Boletim Oficial, Buenos Aires, 2003. Disponível em: <http://servicios.infoleg.gob.ar/infolegInternet/verNorma.do?id=90682>. Acesso em: 28 nov. 2022.

(6) ARGENTINA. *Marco normativo*. Disponível em: <https://www.argentina.gob.ar/trabajo/teletrabajo/marco-normativo>. Acesso em: 28 nov. 2022.

(7) ORGANIZAÇÃO INTERNACIONAL DO TRABALHO (OIT). *Convenções não ratificadas pelo Brasil.* Disponível em: <https://www.ilo.org/brasilia/convencoes/WCMS_242947/lang—pt/index.htm>. Acesso em: 28 nov. 2022.

O Uruguai não dispunha de regramento específico sobre a matéria antes da Lei n. 19.978/21, havendo entendimento na doutrina sobre inexistir necessidade para tanto. Segundo Hugo Ghione, o fenômeno do trabalho remoto "*se trata de eso: hacer lo mismo, desde otro lugar*"[8], de modo a haver trabalho subordinado a ser protegido, não importando onde se desenvolve.

No plano constitucional, há semelhança entre o tratamento dispensado pelos três países. A Constituição brasileira proíbe a diferenciação de salários, função e admissão por questões pessoais e discriminatórias, inclusive entre trabalho manual, técnico e intelectual.[9]

Já a Lei Maior argentina garante ampla proteção aos empregados em termos de remuneração e de condições gerais, lançando mão de termos como "dignidade" e "equidade" na qualificação das condições mínimas de atuação.[10] A Carta uruguaia assegura a proteção do trabalho pela lei, inclusive sua distribuição imparcial e equitativa.[11] Contudo, a identificação normativa se encerra aqui, conforme demonstram evidências a seguir apresentadas.

2. Legislação argentina, brasileira e uruguaia sobre teletrabalho. Estudo comparativo

O regramento do teletrabalho no Brasil se deu pela inclusão do inciso III ao art. 62, juntamente com os arts. 75-A a E à Consolidação das Leis do Trabalho (CLT – Decreto-lei n. 5.452/43), pela Lei n. 13.467/17[12] (Reforma Trabalhista), com modificações posteriores, a exemplo da Medida Provisória n. 1.108/22 convertida na Lei n. 14.442/22.[13] O legislador da Argentina utilizou semelhante técnica, ao incorporar o art. 102 *bis* à Lei do Contrato de Trabalho (LCT – Lei n. 20.744/76)[14], por meio

(8) GHIONE,Hugo Barretto. *¿Es necesario legislar sobre teletrabajo?* Disponível em: <https://direitodotrabalhocritico.com/2021/02/05/es-necesario-legislar-sobre-teletrabajo/>, desde 5 fev. 2021. Acesso em: 28 nov. 2022.

(9) BRASIL. *Constituição da República Federativa do Brasil, de 5 de outubro de 1988*. Diário Oficial da União, Brasília/DF,1988, art. 7º, incisos XXX e XXXII. Disponível em: <http://www.planalto.gov.br/ccivil_03/constituicao/constituicao.htm>. Acesso em: 28 nov. 2022.

(10) ARGENTINA. *Constituição da Nação Argentina*. Boletim Oficial, Buenos Aires, 1994. Art. 14 bis. Disponível em: <https://bd.camara.leg.br/bd/handle/bdcamara/10092>. Acesso em: 28 nov. 2022.

(11) URUGUAI. *Constituição da República Oriental do Uruguai*. Registro Nacional de Leis e Decretos, Montevidéu,1967. Arts. 53 e 55. Disponível em: <https://siteal.iiep.unesco.org/sites/default/files/sit_accion_files/siteal_uruguay_3001.pdf>. Acesso em: 28 nov. 2022.

(12) BRASIL. *Lei n. 13.467, de 13 de julho de 2017*. Diário Oficial da União, Brasília/DF, 2017. Disponível em: <https://www.normaslegais.com.br/legislacao/Lei-13467-2017.htm>. Acesso em: 28 nov. 2022.

(13) BRASIL. *Lei n. 14.442, de 2 de setembro de 2022*. Diário Oficial da União, Brasília/DF, 2022. Disponível em: <http://www.planalto.gov.br/ccivil_03/_Ato2019-2022/2022/Lei/L14442.htm#art6>. Acesso em: 28 nov. 2022.

(14) O emprego do termo "bis" equivale à técnica adotada no Brasil do uso de letras quando inseridos artigos novos em uma norma vigente, a fim de preservar a numeração conhecida.

da Lei n. 27.555/20.[15] No Uruguai, a disciplina do tema ocorreu pela promulgação da Lei n. 19.978/21.[16]

No entanto, merece destaque uma pequena, porém relevante diferença: ao invés de distinguir os dispositivos novos por letras ao lado dos numerais, como feito no Brasil, a Lei do Contrato de Trabalho argentina manteve a numeração ordinal do projeto de lei, fazendo o desdobramento do art. 102 bis. Começou pelos arts. 1º e 2º, seguiu com o art. 102 bis e finalizou, em sequência, a partir do art. 3º. O Uruguai não promoveu a inserção da nova regra em um diploma consolidado ou codificado, seguindo a tradição de manter a legislação protetiva do trabalho dispersa e fragmentada.[17]

Para facilitar a comparação das regras, apresentar-se-ão os textos lado ao lado, em colunas, após o que, virão os comentários correspondentes.

---

(15) Textocompleto da Lei n. 27.555/20. Disponível em: <https://www.boletinoficial.gob.ar/detalleAviso/primera/233626/20200814>. Acesso em: 7 out. 2022.

(16) Lei n. 19.978/21. Disponível em: <https://www.impo.com.uy/bases/leyes/19978-2021>. Acesso em: 7 out. 2022.

(17) GHIONE, Hugo. *Direito e processo do trabalho no Uruguai*. In: Escola Nacional de Formação e Aperfeiçoamento de Magistrados do Trabalho (ENAMAT). *CFC Direito do Trabalho comparado Brasil, Argentina e Uruguai*. Brasília, 20 e 21 de novembro de 2014, degravação disponível em: <http://www.enamat.jus.br/wp-content/uploads/2015/02/Degravacao_CFC_Direito_Comparado_Brasil_Argentina_Uruguai.pdf>, p. 45. Acesso em: 28 nov. 2022.

Argentina LCT	Brasil CLT	Uruguay Lei n. 19.978/21
Artículo 102 bis. Concepto. Habrá contrato de teletrabajo cuando la realización de actos, ejecución de obras o prestación de servicios, en los términos de los artículos 21 y 22 de esta ley, sea efectuada total o parcialmente en el domicilio de la persona que trabaja, o en lugares distintos al establecimiento o los establecimientos del empleador, mediante la utilización de tecnologías de la información y comunicación. Artículo 3º – Derechos y obligaciones. Las personas que trabajen contratadas bajo esta modalidad, en los términos del artículo 102 bis del Régimen de Contrato de Trabajo aprobado por la ley 20.744 (t.o. 1976) y sus modificatorias, gozarán de los mismos derechos y obligaciones que las personas que trabajan bajo la modalidad presencial y su remuneración no podrá ser inferior a la que percibían o percibirían bajo la modalidad presencial. Los convenios colectivos deben, acorde a la realidad de cada actividad, prever una combinación entre prestaciones presenciales y por teletrabajo.	Art. 75-A. A prestação de serviços pelo empregado em regime de teletrabalho observará o disposto neste Capítulo. Art. 75-B. Considera-se teletrabalho ou trabalho remoto a prestação de serviços fora das dependências do empregador, de maneira preponderante ou não, com a utilização de tecnologias de informação e de comunicação, que, por sua natureza, não configure trabalho externo. § 1º O comparecimento, ainda que de modo habitual, às dependências do empregador para a realização de atividades específicas que exijam a presença do empregado no estabelecimento não descaracteriza o regime de teletrabalho ou trabalho remoto. § 2º O empregado submetido ao regime de teletrabalho ou trabalho remoto poderá prestar serviços por jornada ou por produção ou tarefa. § 3º Na hipótese da prestação de serviços em regime de teletrabalho ou trabalho remoto por produção ou tarefa, não se aplicará o disposto no Capítulo II do Título II desta Consolidação. § 4º O regime de teletrabalho ou trabalho remoto não se confunde nem se equipara à ocupação de operador de *telemarketing* ou de teleatendimento. § 5º O tempo de uso de equipamentos tecnológicos e de infraestrutura necessária, bem como de softwares, de ferramentas digitais ou de aplicações de internet utilizados para o teletrabalho, fora daj ornada de trabalho normal do empregado não constitui tempo à disposição ou regime de prontidão ou de sobreaviso, exceto se houver previsão em acordo individual ou em acordo ou convenção coletiva de trabalho. § 6º Fica permitida a adoção do regime de teletrabalho ou trabalho remoto para estagiários e aprendizes. § 7º Aos empregados em regime de teletrabalho aplicam-se as disposições previstas na legislação local e nas convenções e nos acordos coletivos de trabalho relativas à base territorial do estabelecimento de lotação do empregado.	Artículo 1 (Concepto) A los efectos de la presente ley, entiéndese por 'teletrabajo' la prestación del trabajo, total o parcial, fuera del ámbito físico proporcionado por el empleador, utilizando preponderantemente las tecnologías de la información y de la comunicación, ya sea en forma interactiva o no (*online – offline*) Artículo 2 (Ámbito de aplicación) La presente regulación será aplicable a las relaciones laborales que se desempeñen en un régimen de subordinación y dependencia en las que el empleador sea una persona privada o de derecho público no estatal. Artículo 3 (Principios rectores) Son principios rectores para la aplicación de la presente ley, los siguientes: Voluntariedad. El teletrabajo es voluntario, deberá obtenerse el consentimiento del trabajador, el que deberá constar por escrito. Reversibilidad. Las partes podrán modificar la modalidad de trabajo presencial a la de teletrabajo y de teletrabajo a presencial, previo acuerdo por escrito. Igualdad. Los teletrabajadores gozarán de los mismos derechos y acceso a las mismas condiciones de trabajo que los trabajadores presenciales, salvo las que sean inherentes a la prestación del trabajo en forma presencial. En particular, se respetará su derecho al descanso, a la intimidad, a la seguridad e higiene laboral y a la libertad sindical. No discriminación. La modalidad de teletrabajo no será medio para la distinción, exclusión o restricción, ya sea basada en la nacionalidad, origen étnico racial, sexo, edad, orientación sexual o identidad de género, estado civil, religión, condición económica, social, cultural, situación de discapacidad, lugar de residencia u otros factores, que tenga por objeto menoscabar o anular el reconocimiento, goce o ejercicio de los derechos humanos y libertades fundamentales.

Argentina LCT	Brasil CLT	Uruguay Lei n. 19.978/21
	§ 8º Ao contrato de trabalho do empregado admitido no Brasil que optar pela realização de teletrabalho fora do território nacional aplica-se a legislação brasileira, excetuadas as disposições constantes da Lei n. 7.064, de 6 de dezembro de 1982, salvo disposição em contrário estipulada entre as partes. § 9º Acordo individual poderá dispor sobre os horários e os meios de comunicação entre empregado e empregador, desde que assegurados os repousos legais. (Redaçao de todo o artigo dada pela Lei n. 14.442, de 2 de setembro de 2022)	Fomento del empleo. Se reconoce al teletrabajo como una modalidad necesaria para la generación de empleo y en particular para el acceso a puestos de trabajo de personas con responsabilidades familiares, personas con discapacidad o de quien ellos dependan o a cuyo cuidado estén. Artículo 4 (Teletrabajador) A los efectos de la presente ley, entiéndese por 'teletrabajador' a toda persona que presta su trabajo, total o parcial, fuera del ámbito físico proporcionado por el empleador, utilizando preponderantemente las tecnologías de la información y de la comunicación ya sea en forma interactiva o no (*online- offline*). Artículo 5 Del contrato laboral) El teletrabajador y el empleador deberán pactar al inicio o durante la vigencia de la relación laboral la modalidad de teletrabajo, en el contrato de trabajo o documento anexo a este. Dicho acuerdo se documentará por escrito. Artículo 6 (Del lugar donde se desarrolla el trabajo) El teletrabajador y el empleador deberán determinar el lugar donde se prestarán las tareas laborales, que podrá ser el domicilio del teletrabajador o en otro sitio definido en el contrato. Si la prestación del teletrabajo, por su naturaleza, fuera susceptible de desarrollarse en distintos lugares, podrá acordarse que el teletrabajador elija libremente donde ejercerá sus tareas, pudiendo incluso, ser más de un lugar alternativamente. En ningún caso, el teletrabajador podrá exigir al empleador que sea este quien le proporcione el lugar donde se preste el teletrabajo.

O art. 102 bis da LCT conceitua o contrato de teletrabalho como aquele em que os serviços contratados ocorram total ou parcialmente no domicílio do empregado ou, ainda, em lugar distinto dos estabelecimentos do empregador. Exige a utilização de tecnologia de informação e comunicação. Remete à lei especial o estabelecimento de pressupostos legais mínimos do contrato de teletrabalho e permite o ajuste de pontos particulares por negociação coletiva.

O emprego da locução "contrato de teletrabalho" pela Lei n. 27.555/20 no lugar de "regime", como consta no art. 75-A da CLT, não acarreta distinção de ordem prática. Nos demais dispositivos, o legislador argentino adota o termo "modalidade" como sinônimo de contrato, ao se referir ao teletrabalho. O dispositivo faz referência expressa aos arts. 21 e 22 da Lei do Contrato de Trabalho quanto ao objeto do contrato de teletrabalho. Neles são definidos os elementos essenciais da relação de emprego.(18)

Inexiste referência à exclusividade de atuação do trabalhador fora das dependências do empregador, podendo laborar, inclusive, em seu domicílio, durante toda a jornada ou apenas parte dela, desde que utilizados recursos tecnológicos e informacionais.

Pela Lei n. 14.442/22 houve significativa mudança no conteúdo do art. 75-B da CLT agregando-se a expressão "*ou não*" depois de preponderante, esvaziando a ideia inicial sobre o critério da preponderância como essencial à caracterização da modalidade. Contudo, deixou o legislador de indicar outro elemento fático ou normativo a ser empregado em substituição, dificultando ainda mais a consecução da almejada segurança jurídica, na medida em que qualquer sujeito pode, agora, ser considerado teletrabalhador, bastando que utilize tecnologia telemática e atue fora das dependências do empregador. Além disso, foram acrescidos nove parágrafos ao dispositivo.

Pelo § 1º, "o comparecimento, ainda que de modo habitual, às dependências do empregador para a realização de atividades específicas, que exijam a presença do empregado no estabelecimento, não descaracteriza o regime de teletrabalho ou trabalho remoto". E nem poderia, pois o *caput* do artigo define os elementos essenciais do "teletrabalho", não havendo motivo, ainda mais considerando o trecho "preponderantemente ou não" também inserido.

O § 2º determina que "o empregado submetido ao regime de teletrabalho ou trabalho remoto poderá prestar serviços por jornada ou por produção ou tarefa". Ao tratar do critério de apuração do salário, *a regra confirmou aquilo que quase todos sabem: ser possível mensurar e controlar a jornada de quem presta serviços a distância em contradição com* o art. 62, inciso III.

O § 3º estabelece que "na hipótese da prestação de serviços em regime de teletrabalho ou trabalho remoto por produção ou tarefa, não se aplicará o disposto no Capítulo II do Título II desta Consolidação". Em que medida o critério de apuro de salário guarda relação com limite e controle de jornada é mistério indecifrável, não por ignorância ou má-vontade, mas por absoluto nexo de causalidade.

---

(18) Os conceitos de empregado e empregador se encontram nos arts. 25 e 26 da Lei do Contrato de Trabalho (LCT), sendo feita remissão aos arts. 21 e 22 da mesma norma (*ARGENTINA. Lei n. 25.552 de 13 de maio.* Lei do Contrato de Trabalho (LCT). In: Boletim Oficial, Buenos Aires, 1976. Disponível em: <http://servicios.infoleg.gob.ar/infolegInternet/anexos/25000-29999/25552/texact.htm>. Acesso em: 28 nov. 2022).

O que torna dada atividade passível de controle são as condições fáticas em que são prestadas, não a forma de apurar a remuneração. Questão de caráter lógico, atraindo a aplicação do Princípio da Primazia da Realidade.

Embora reducionista, a questão apresenta caráter binário: atividade é controlável ou não é. Sendo e não havendo controle, cabe a quem assume os riscos da atividade arcar com as consequências de suas escolhas; não sendo, a prova cabe a quem alegar eventual prorrogação.

Em qualquer hipótese, *não existe atividade realizada sob a égide do Direito do Trabalho no Brasil sem limites diários, semanais ou anuais.* A interpretação do art. 62 da CLT, de receptividade duvidosa pela atual Constituição(19), deve ser feita a partir dos valores e disposições da própria Constituição, especialmente a dignidade da pessoa humana, o valor social do trabalho e o direito à jornada/carga-horária (*arts. 1º, inciso III, e 7º, inciso XIII*).

Além disso, outras fontes devem inspirar a leitura das normas, com destaque aos Princípios do Direito do Trabalho, as orientações da OIT e diplomas do Direito Comparado. Na pior das hipóteses, pode-se aventar, com a devida cautela, estar-se diante de regra sobre inversão da distribuição do ônus probatório.

Pelo § 4º foi exposto que "o regime de teletrabalho ou trabalho remoto não se confunde e nem se equipara à ocupação de operador de *telemarketing* ou de teleatendimento". Descontextualizada a observação, pois o que fará com que qualquer atividade, partindo do próprio texto elaborado pelo legislador, seja "teletrabalho" é o atendimento ao disposto no art. 75-B da CLT, não a nomenclatura adotada. Pode haver operadores de *telemarketing* em "teletrabalho", assim como em regime presencial.

O § 5º dispõe que "o tempo de uso de equipamentos tecnológicos e de infraestrutura necessária, e de *softwares*, de ferramentas digitais ou de aplicações de internet utilizados para o teletrabalho, fora da jornada de trabalho normal do empregado não constitui tempo à disposição, regime de prontidão ou de sobreaviso, exceto se houver previsão em acordo individual ou em acordo ou convenção coletiva de trabalho". O que constitui tempo à disposição, alheio ou não à jornada, é o estado à disposição. Mais uma vez, a primazia da realidade x a vontade do Poder Legislativo entram em embate por condicionar o reconhecimento do direito ao exercício da "autonomia da vontade individual".

Fosse assim e poderíamos imaginar a seguinte regra para pôr fim ao conflito entre capital e trabalho: "As disposições da presente Consolidação (CLT), assim como as

---

(19) Ver KROST, Oscar. Releitura do conceito de atividade externa incompatível com fixação de horário: uma abordagem vinculada aos Direitos Fundamentais. *Revista do Tribunal Regional do Trabalho da 12ª Região.* Florianópolis, n. 23, jan./dez. 2007, p. 270-82, disponível em: <https://www.trt12.jus.br/portal/areas/revista/extranet/documentos/23/Oscar_Krost.pdf>. Acesso em: 28 nov. 2022.

constantes da Constituição da República Federativa do Brasil, disposições internacionais ou quais fontes, inclusive hábitos e costumes, aplicam-se aos contratos individuais de trabalho, salvo acordo individual ou coletivo dispondo em contrário".

Pelo § 6º fica autorizada a adoção do regime de "teletrabalho" ou trabalho remoto para estagiários e aprendizes, o que deve ser analisado com todo cuidado. Não há como deixar os futuros profissionais fora do alcance das novas e atuais realidades do mundo do trabalho. Porém, essa transposição deve se dar com cautela, a fim de não acarretar mais prejuízos do que ganhos, tanto ao processo de ensino prático, quanto ao ambiente profissional em que se desenvolve.

Para melhor adequar meios e fins, poderia o Poder Legislativo estabelecer, por exemplo, critérios específicos sobre o modo de interação do estagiário e aprendiz, adotando preferencialmente um sistema híbrido (parte remoto, parte presencial), na forma prevista em âmbito interno no Poder Judiciário, pela Resolução n. 151/15.

O § 7º assegura a aplicação aos empregados em "teletrabalho" das "disposições previstas na legislação local e nas convenções e acordos coletivos de trabalho relativas à base territorial do estabelecimento de lotação do empregado". Adotou o Princípio da territorialidade, medida importante, pelo completo vazio legal até então existente no capítulo II-A sobre "teletrabalho", gerando celeumas sobre relações de emprego iniciadas de modo telepresencial.

A territorialidade estabelecida é relativa e, portanto, passível de ser alterada em situações concretas quando forem de encontro aos Princípios Protetivos e da Primazia da Realidade, em manobra para afastar a aplicação da regra mais favorável ou, ainda, se prestar a uso que comprometa a melhoria das condições sociais das pessoas trabalhadoras, objetivando a redução do "custo da mão de obra". Além disso, essencial recordar a importância das negociações coletivas e da representação sindical em dados espaço e tempo.

As observações em questão aplicam-se, por razões óbvias, à previsão do § 8º, no sentido de que o "contrato de trabalho do empregado admitido no Brasil que optar pela realização de teletrabalho fora do território nacional, aplica-se à legislação brasileira, excetuadas as disposições constantes na Lei n. 7.064, de 6 de dezembro 1982, salvo disposição em contrário estipulada entre as partes".

Novamente a questão territorial se apresentando e demandando cautela dos Operadores do Direito e do Poder Público. Recorde-se, no aspecto, o conteúdo da Súmula n. 207 do TST, cancelada pela resolução 181/12, verbete que por muito tempo estabeleceu a adoção do Princípio da *Lex Loci Executionis* em contratos de trabalho chamados "internacionais".[20]

Tal qual afirmado em relação ao parágrafo anterior trazido pela Lei n. 14.442/22, tem-se nesta previsão uma presunção *juris tantum* e um ponto de partida, podendo ser afastada na análise de casos concretos quando artificial ou utilizada em fraude da finalidade protetiva das regras trabalhistas.

O § 9º garante a possibilidade de se estabelecer por ajuste individual horários e meios de comunicação entre empregado e empregador, desde que assegurados os repousos legais. Sabemos que a lei não contém palavras inúteis ou desnecessárias, mas não há como negar a existência de prolixidades.

Havendo nos arts. 444 e 468 da CLT regulação sobre os limites da autonomia da vontade das partes, e sendo o repouso semanal remunerado direito fundamental assegurado no art. 7º, inciso XV, da Constituição, não há nenhum acréscimo ao ordenamento jurídico por este parágrafo. Serve, na realidade, apenas para confirmar que o título II-A sobre teletrabalho é um microssistema consideravelmente autônomo dentro da CLT e que dispensa o diálogo com demais disposições da Consolidação e do Direito do Trabalho. Além disso, a fixação de horário é elemento essencial do contrato de trabalho ao prever a limitação do tempo de atividade ou à disposição, repercutindo nos descansos inter e entrejornadas. O discurso sobre as supostas liberdade e flexibilidade na execução dos serviços a distância não pode se sobrepor aos direitos fundamentais sociais. Quando tudo é possível, nada é garantido.

Considerando estar o teletrabalhador, também por modificação trazida pela Lei n. 14.442/22, em tese, fora do alcance das disposições do "Capítulo II Da duração do trabalho" quando receber por produção ou tarefa, pelo teor do art. 62, inciso III, da CLT, pelo menos em uma leitura meramente literal da norma, não haveria como controlar sua jornada, pelo que, inviabilizada a adoção do critério temporal. Exceção seria quando a remuneração fosse apurada por unidade de tempo.

Ficção sobre ficção, buscando contradizer a realidade: se é possível pactuar remuneração por unidade de tempo, por óbvio, a atividade é controlável. Dessa forma, não possui nenhuma razoabilidade deixar de assim entendê-lo apenas pelo pagamento ser calculado por unidade de obra.

---

(20) A Súmula n. 207 contava com o seguinte teor: *207. CONFLITOS DE LEIS TRABALHISTAS NO ESPAÇO.PRINCÍPIO DA "LEX LOCI EXECUTIONIS" (cancelada) – Res. n. 181/2012, DEJT divulgado em 19, 20 e 23.4.2012. A relação jurídica trabalhista é regida pelas leis vigentes no país da prestação de serviço e não por aquelas do local da contratação.* (BRASIL. Tribunal Superior do Trabalho. Súmula n. 207 de 15 de julho. *In*: Diário Oficial da União, Brasília/DF, Resolução n. 13/1985. Disponível em: <https://www3.tst.jus.br/jurisprudencia/Sumulas_com_indice/Sumulas_Ind_201_250.html#SUM-207>. Acesso em: 29 nov. 2022).

A Lei n. 19.978/21, nos arts. 1º, 2º, 4º e 5º, traz o conceito de teletrabalho e o âmbito de aplicação das regras a ele atinentes. Ao contrário dos legisladores argentino e brasileiro, o uruguaio não deixou margem a incertezas sobre a natureza jurídica do ajuste como modalidade contratual, tendo por fator distintivo a prestação de trabalho fora das dependências do empregador, utilizando de modo preponderante tecnologia de informação e comunicação, *online* ou *offline*.

As normas em questão incidem sobre as relações trabalhistas subordinadas e dependentes, não abrangendo, por consequência, liames envolvendo prestadores autônomos ou parassubordinados. De forma expressa, asseguram a aplicação a limes tanto estabelecidos com empregadores de direito privado, quanto público, consagrando uma inovação, se analisada conjuntamente às disposições argentina e brasileira, alcançando o Estado empregador.

O art. 3º da LCT garante aos teletrabalhadores os mesmos direitos e deveres dos empregados presenciais. Delega às normas coletivas competência para reger situações híbridas. Inexiste disposição similar na CLT sobre o tema, embora o art. 7º, incisos XXX e XXXII, da Constituição brasileira, dê margem ao mesmo tratamento, por uma interpretação sistemática.

Os primeiros dispositivos das leis argentina e brasileira permitem perceber as diferenças entre a intenção de cada legislador nacional: enquanto o Brasil exclui o teletrabalhador das disposições do capítulo "Da duração do trabalho", quando o critério de apuração do salário for por produção ou tarefa, desprotegendo a saúde e renegando o bem-estar geral, a Argentina equipara teletrabalhador e trabalhador presencial para todos os fins, prestigiando, inclusive, a negociação coletiva e a participação dos sindicatos.

A Lei n. 19.978/21 em seu art. 3º apresenta como princípios regentes da modalidade a voluntariedade, reversibilidade, igualdade, não discriminação e fomento ao emprego. Garante, de modo similar à regra argentina, o direito à isonomia de tratamento entre empregados que atuam dentro e fora das dependências do empregador. Inova, comparando-a ao regramento dos países vizinhos, ao impor a patrões e trabalhadores, conjuntamente, o dever de definição do(s) local(is) em que se desenvolverá o teletrabalho, podendo ser o domicílio do sujeito subordinado, outro ou ambos, de modo alternado e se a natureza do serviço permitir. Veda, apenas, a concessão pelo empregador do espaço físico onde o labor ocorre.

Argentina LCT	Brasil CLT	Uruguay Lei n. 19.978/21
Artículo 4º —Jornada laboral. La jornada laboral debe ser pactada previamente por escrito en el contrato de trabajo de conformidad con los límites legales y convencionales vigentes, tanto en lo que respecta a lo convenido por hora como por objetivos. Las plataformas y/o software utilizados por el empleador a los fines específicos del teletrabajo, y registrados según lo establecido en el artículo 18 de la presente, deberán desarrollarse de modo acorde a la jornada laboral establecida, impidiendo la conexión fuera de la misma. **Artículo 5º**– Derecho a la desconexión digital. La persona que trabaja bajo la modalidad de teletrabajo tendrá derecho a no ser contactada y a desconectarse de los dispositivos digitales y/o tecnologías de la información y comunicación, fuera de su jornada laboral y durante los períodos de licencias. No podrá ser sancionada por hacer uso de este derecho. El empleador no podrá exigir a la persona que trabaja la realización de tareas, ni remitirle comunicaciones, por ningún medio, fuera de la jornada laboral.	**Art. 62.** Não são abrangidos pelo regime previsto neste capítulo: (...) III – os empregados em regime de teletrabalho que prestam serviço por produção ou tarefa. (Redação dada pela Lei n. 14.442, de 2 de setembro de 2022)	**Artículo 8 (De la jornada laboral del teletrabajador)** El total del tiempo efectivamente trabajado, no superará el máximo legal de horas semanales de trabajo aplicable a la actividad a la que pertenece la empresa o institución o el límite semanal establecido contractualmente, en su caso; sin perjuicio del derecho al descanso y a la desconexión. Deberá existir una desconexión mínima de 8 horas continuas entre una jornada y la siguiente. El teletrabajador podrá distribuir libremente su jornada en los horarios que mejor se adapten a sus necesidades. El exceso de trabajo diario, respecto de la jornada legal o contractual, no constituirá trabajo extraordinario y por lo tanto no dará lugar al pago de horas extras. Las horas efectivamente trabajadas que superen el límite legal o convencional diario, se compensarán con horas no trabajadas en otros días de la misma semana. Las horas que superen el máximo de horas semanales de trabajo aplicables a la actividad o las horas semanales convencionalmente pactadas, se abonarán con un 100% de recargo sobre el valor hora de los días hábiles. **Artículo 9** (Del registro de asistencia) Las partes podrán establecer el sistema de registro de asistencia que permita determinar la cantidad de horas trabajadas por el teletrabajador en la semana. **Artículo 14** (Derecho a la desconexión) Todo trabajador tiene derecho a la desconexión, entendiéndose por tal, el pleno ejercicio del derecho de todo trabajador a la desconexión de los dispositivos digitales y del uso de las tecnologías, y el derecho a no ser contactado por su empleador, lo cual implica que el teletrabajador no estará obligado – entre otro s-, a responder comunicaciones, órdenes u otros requerimientos del empleador, a fin de garantizar su tiempo de descanso, en concordancia con lo establecido en el artículo 8º, respecto al descanso mínimo.

O art. 4º da LCT determina o ajuste escrito da jornada, dentro dos limites legais, ainda que se apure a remuneração por unidade de obra. Impõe que as plataformas ou *softwares* utilizados no teletrabalho devam funcionar somente durante o expediente, reportando-se ao art. 18 da mesma lei.

O art. 5º da LCT garante o direito à desconexão digital[(21)], vedando o acesso do empregado pelo empregador mesmo por mensagens fora da jornada. Em sentido diverso, a CLT afasta o teletrabalhador da aplicação das regras do capítulo das disposições sobre a duração do trabalho. Ao assim proceder, viola o Princípio da Proibição do Retrocesso Social consagrado no art. 7º, *caput*, da Constituição brasileira e ignora a eficácia negativa dos direitos fundamentais, dos quais os direitos sociais trabalhistas são espécie, no entendimento de MOLINA (2013, p. 128).

A inclusão do teletrabalho na regra do art. 62 da CLT, ainda que a Lei n. 14.442/22 tenha promovido a inserção de um limitador ("que prestam serviço por produção ou tarefa"), afronta, ainda, o disposto no art. 6º, também da CLT, chocando-se com as diretrizes internacionais. Segundo Rodrigo Carelli:

> Conforme a OIT recomenda, deve-se atentar para os tipos de teletrabalho e eliminar suas consequências danosas, para que somente os efeitos positivos do trabalho à distância permaneçam. O teletrabalho não pode ser somente um meio eficaz de apropriação da vida privada do ser humano que trabalha; ele deve ser olhado sob o viés do futuro promissor de uma vida melhor e com o trabalho mais digno, não pelo olhar de um passado meramente exploratório.[(22)]

Unidade de obra/tarefa ou unidade de tempo são critérios para calcular a contraprestação, não interferindo, absolutamente, na possibilidade de mensurar e controlar a jornada, tampouco modifica o direito ao não trabalho, corolário do direito à saúde. Logo, artificial e anti-isonômica a novação na CLT, no particular, dando conta de que sempre foi possível controlar o trabalhador remoto.

Mais uma vez, a Lei n. 19.978/21 demonstra similitude ao regramento argentino, mais protetivo do que o brasileiro, ao dispor em seus arts. 8º, 9º e 14 sobre a limitação de horas semanais existente em cada atividade, ao garantir o direito ao descanso e à desconexão, esta em tempo não inferior a 8 horas contínuas entre o término de uma jornada e o início da subsequente. Prevê o direito do trabalhador à organização livre da jornada em horários que melhor atendam às próprias necessidades em importante avanço social.

---

(21) No Brasil, os debates sobre a existência do direito à desconexão avançam, sem alcançar, ainda, alterações legislativas no nível argentino. A respeito do direito à desconexão, especificamente, ver ALMEIDA, Almiro Eduardo; SEVERO, Valdete Souto. *Direito à desconexão nas relações sociais do trabalho*. 2. ed. São Paulo: LTr, 2016 e GOLDSCHMIDT, Rodrigo; GRAMINHO, Vivian Maria Caxambu. *Desconexão:* um Direito Fundamental do Trabalhador. Rio de Janeiro: Lumen Juris, 2020.

(22) CARELLI, Rodrigo. O teletrabalho. In: SOUTO MAIOR, Jorge Luiz; SEVERO, Valdete Souto (Coords.). *Resistência:* aportes teóricos contra o retrocesso trabalhista. São Paulo: Expressão Popular, 2017. p. 334.

Entretanto, em relação às prorrogações de expediente, o legislador uruguaio estabeleceu um duplo tratamento: *se diárias*, não constituem trabalho extra, devendo ser compensadas na própria semana em que prestadas; *acaso semanais*, devem ser remuneradas com 100% de acréscimo sobre o valor da hora normal. Facultou às partes a fixação de sistema de registro de horário para gerir os excessos para fins de compensação e pagamento, medida intermediária entre a ausência de controle brasileira e a marcação necessária argentina.

Como bem destacado por Gustavo Gauthier, o art. 14 da Lei n. 19.978/21 vai além do art. 5º da Lei n. 27.555/20, ao definir os beneficiários da desconexão. Enquanto este se aplica "*a persona que trabaja bajo la modalidad de teletrabajo*", aquele reconhece que "*todo trabajador tiene derecho*"(23), o que não significa que aos trabalhadores em regime presencial a regra argentina não garanta o direito, apenas que, para tanto, exige um esforço interpretativo que vá além da literalidade do dispositivo.

Argentina LCT	Brasil CLT	Uruguay Lei n. 19.978/21
Artículo 6º. Tareas de cuidados. Las personas que trabajen bajo esta modalidad y que acrediten tener a su cargo, de manera única o compartida, el cuidado de personas menores de trece (13) años, personas con discapacidad o adultas mayores que convivan con la persona trabajadora y que requieran asistencia específica, tendrán derecho a horarios compatibles con las tareas de cuidado a su cargo y/o a interrumpir la jornada. Cualquier acto, conducta, decisión, represalia u obstaculización proveniente del empleador que lesione estos derechos se presumirá discriminatorio resultando aplicables las previsiones de la ley 23.592. Mediante la negociación colectiva podrán establecerse pautas específicas para el ejercicio de este derecho.	**Art. 75-F.** Os empregadores deverão dar prioridade aos empregados com deficiência e aos empregados com filhos ou criança sob guarda judicial até 4 (quatro) anos de idade na alocação em vagas para atividades que possam ser efetuadas por meio do teletrabalho ou trabalho remoto. (Incluído pela Lei n. 14.442, de 2 de setembro de 2022) **Lei n. 14.457/22** Art. 7º Na alocação de vagas para as atividades que possam ser efetuadas por meio de teletrabalho, trabalho remoto ou trabalho a distância, nos termos do Capítulo II-A do Título II da Consolidação das Leis do Trabalho, aprovada pelo Decreto-Lei n. 5.452, de 1º de maio de 1943, os empregadores deverão conferir prioridade: I – às empregadas e aos empregados com filho, enteado ou criança sob guarda judicial com até 6 (seis) anos de idade; e II – às empregadas e aos empregados com filho, enteado ou pessoa sob guarda judicial com deficiência, sem limite de idade.	**Artículo 3** (Principios rectores) Son principios rectores para la aplicación de la presente ley, los siguientes: (...) E) Fomento del empleo. Se reconoce al teletrabajo como una modalidad necesaria para la generación de empleo y en particular para el acceso a puestos de trabajo de personas con responsabilidades familiares, personas con discapacidad o de quien ellos dependan o a cuyo cuidado estén. **Artículo 8 (De la jornada laboral del teletrabajador)** **(...)** El teletrabajador podrá distribuir libremente su jornada en los horarios que mejor se adapten a sus necesidades. (...) Las horas efectivamente trabajadas que superen el límite legal o convencional diario, se compensarán con horas no trabajadas en otros días de la misma semana. Las horas que superen el máximo de horas semanales de trabajo aplicables a la actividad o las horas semanales convencionalmente pactadas, se abonarán con un 100% de recargo sobre el valor hora de los días hábiles.

Pelo art. 6º da LCT, quando os empregados em teletrabalho tiverem sob sua responsabilidade, exclusiva ou não, o dever de cuidado de menores de 13 anos, de pessoas

(23) GAUTHIER, Gustavo. Ley de promoción y regulación del teletrabajo. *Revista Derecho del Trabajo*, Montevideo, ano IX, n. 33, 2021, p. 22.

com alguma incapacidade ou de adultos que exijam assistência especial, farão jus ao cumprimento de jornada compatível com tais obrigações. A oposição patronal será tipificada como discriminatória, nos termos da lei. Pela via coletiva, permite a fixação de parâmetros para a fruição do direito.

A disposição semelhante na CLT foi introduzida pela Lei n. 14.442/22, assegurando a prioridade do teletrabalho a pessoas com deficiência ou quando possuírem filhos com idade de até 4 anos sob sua responsabilidade, estabelecendo-se, ainda, na normatividade esparsa, garantia semelhante, pela Lei n. 14.457/22[(24)], porém em relação a cuidados de crianças de até 6 anos ou dependente com deficiência, neste caso, sem limite etário.

O art. 3º da Lei n. 19.978/21 traz como um dos princípios aplicáveis ao trabalho remoto o fomento do emprego, reconhecendo a necessidade dessa forma de atuação à geração de postos de serviço a pessoas com responsabilidades familiares/de cuidado ou dependência, assim como incapacidade. Na mesma linha, o art. 8º reconhece ao sujeito subordinado o direito de organizar as horas a serem trabalhadas por dia, franqueando a compensação dentro da própria semana, acaso observado o módulo máximo, e impondo o pagamento com adicional de 100% caso esse módulo seja desrespeitado.

Tais previsões concretizam o mandamento do art. 41 da Constituição da República Oriental do Uruguai[(25)], pelo qual cabe aos pais, como direito, o cuidado e a educação dos filhos, inclusive mediante recebimento de auxílios compensatórios. Segundo a Lei Maior, pode a lei dispor, como de fato dispôs, sobre medidas necessárias à proteção da infância e juventude contra o abandono.

---

(24) BRASIL. *Lei n. 14.457, de 21 de setembro*. Diário Oficial da União, Brasília/DF, 2022. Disponível em: <http://www.planalto.gov.br/ccivil_03/_Ato2019-2022/2022/Lei/L14457.htm>. Acesso em: 29 nov. 2022.

(25) *Constituiçãoda República Oriental do Uruguai*. Disponível em: <https://siteal.iiep.unesco.org/sites/default/files/sit_accion_files/siteal_uruguay_3001.pdf>. Acesso em: 7 out. 2022.

Argentina LCT	Brasil CLT	Uruguai Lei n. 19.978/21
Artículo 7º. Voluntariedad. El traslado de quien trabaja en una posición presencial a la modalidad de teletrabajo, salvo casos de fuerza mayor debidamente acreditada, debe ser voluntario y prestado por escrito. **Artículo 8º.** Reversibilidad. El consentimiento prestado por la persona que trabaja en una posición presencial para pasar a la modalidad de teletrabajo, podrá ser revocado por la misma en cualquier momento de la relación. En tal caso, el empleador le deberá otorgar tareas en el establecimiento en el cual las hubiera prestado anteriormente, o en su defecto, en el más cercano al domicilio del dependiente, en el cual puedan ser prestadas. Salvo que por motivos fundados resulte imposible la satisfacción de tal deber. El incumplimiento de esta obligación será considerado violatorio del deber previsto en el artículo 78 del Régimen de Contrato de Trabajo aprobado por la ley 20.744 (t.o. 1976) y sus modificatorias. La negativa del empleador dará derecho a la persona que trabaja bajo esta modalidad a considerarse en situación de despido o accionar para el restablecimiento de las condiciones oportunamente modificadas. En los contratos que se pacte la modalidad de teletrabajo al inicio de la relación, el eventual cambio a la modalidad presencial operará conforme las pautas que se establezcan en la negociación colectiva.	**Art. 75-C.** A prestação de serviços na modalidade de teletrabalho deverá constar expressamente do instrumento de contrato individual de trabalho. (Redação dada pela Lei n. 14.442, de 2022) § 1º Poderá ser realizada a alteração entre regime presencial e de teletrabalho desde que haja mútuo acordo entre as partes, registrado em aditivo contratual. § 2º Poderá ser realizada a alteração do regime de teletrabalho para o presencial por determinação do empregador, garantido prazo de transição mínimo de quinze dias, com correspondente registro em aditivo contratual. § 3º O empregador não será responsável pelas despesas resultantes do retorno ao trabalho presencial, na hipótese de o empregado optar pela realização do teletrabalho ou trabalho remoto fora da localidade prevista no contrato, salvo disposição em contrário estipulada entre as partes. (Incluído pela Lei n. 14.442, de 2 de setembro de 2022)	**Artículo 5 (Del contrato laboral)** El teletrabajador y el empleador deberán pactar al inicio o durante la vigencia de la relación laboral la modalidad de teletrabajo, en el contrato de trabajo o documento anexo a este. Dicho acuerdo se documentará por escrito. **Artículo 7 (Del cambio en la modalidad de trabajo)** La modificación permanente de la modalidad de trabajo presencial a la de teletrabajo y de teletrabajo a presencial, deberá contar con el común acuerdo de partes y documentarse por escrito. Si la modalidad de teletrabajo se acuerda luego de iniciado un vínculo presencial, tanto el teletrabajador como el empleador tendrán derecho a retornar a la modalidad presencial dentro de los noventa días de iniciado el teletrabajo, previo aviso a la otra parte con una anticipación no inferior a siete días. Si el teletrabajo fue la modalidad originalmente adoptada por las partes, se requerirá el consentimiento de ambas recabada por escrito para adoptar la modalidad presencial, debiendo constar la misma en la planilla de trabajo.

O art. 7º da LCT valida a troca do regime presencial para remoto de modo bilateral e por escrito, exceto se configurada situação de força maior, comprovada. A regra é mais favorável ao empregado do que a estabelecida no art. 75-C, § 1 º, da CLT, pelo qual o mútuo consentimento é exigido apenas na troca da modalidade presencial para remota, não o oposto, conforme teor do art. 75-C, § 2º, da CLT.

O teletrabalho no Brasil, diante do disposto no art. 75-C, *caput*, da CLT, atribui à forma escrita efeito de solenidade. A inobservância gera o desvirtuamento da modalidade especial, afastando a incidência das disposições específicas do "Capítulo II-A – Do Teletrabalho".

No que diz respeito à obrigatória descrição das atividades do teletrabalhador, igualmente se tem que sua ausência ou insuficiência desatende o comando legal. Com isso, acaba inviabilizada a análise da compatibilidade entre os serviços descritos e os considerados possíveis de prestação remota, passando o negócio a ser normatizado como contrato comum.

A exigência de "mútuo acordo" quer dizer "mútuo consentimento", como adotado pelo art. 468 da CLT, ao tratar das alterações contratuais em geral, não podendo qualquer modificação causar prejuízo ao empregado, sob pena de nulidade, pela incidência do disposto nos arts. 9º, 444 e 468, todos da CLT, inspirados no Princípio da Proteção.

Quanto à isenção do empregador pelas despesas decorrentes do retorno ao trabalho presencial, na hipótese de o empregado optar pela realização do teletrabalho ou trabalho remoto fora da localidade prevista no contrato, admitida pactuação em contrário pelas partes, na forma do § 3º, algumas considerações apresentam-se pertinentes.

Não houve cuidado pelo Legislativo sobre a distinção entre teletrabalho e trabalho remoto, descuidando do microssistema de teletrabalho. No entanto, a ausência de responsabilidade patronal diante do dever de fazer frente a despesas impostas ao empregado na hipótese de permanecer em teletrabalho não pode prevalecer por alguns fundamentos.

Primeiro, por caber ao empreendedor da atividade assumir todos os riscos do negócio, dentre os quais despesas (CLT, art. 2º). Segundo, pelo interesse do trabalho a distância nunca ser apenas de uma das partes como faz crer o dispositivo, de modo que o ônus deve atentar a isso. Terceiro, por atribuir ao trabalhador despesa decorrente da prestação de serviços representa redução salarial, prática constitucionalmente vedada (art. 7º, inciso VI).

A lei uruguaia, por sua vez, vai além, consagrando como princípios do teletrabalho a Voluntariedade e a Reversibilidade (art. 3º), sempre por meio de ajustes bilaterais entre empregado e empregador. Merece destaque o aspecto solene imposto às partes, no particular, pois assim como na CLT, a pactuação deve ser escrita, dando conta da relevância da pré- constituição probatória, pois sequer do contrato de trabalho no Uruguai é exigida a forma documentada.

Ao contrário da lei brasileira, o art. 8º da LCT garante o direito de reconsideração do consentimento à mudança de regime, presencial para teletrabalho, a qualquer tempo. Quando ocorrer dita manifestação, o patrão deve franquear o retorno ao posto antigo de trabalho e, em sua falta, ao mais próximo do domicílio do trabalhador, ressalvada a hipótese de impossibilidade.

Acaso inobservada a obrigação, tem-se por violado o dever do art. 78 da Lei do Contrato de Trabalho, que prevê o direito de ocupação do trabalhador, garantindo o recebimento de salários ainda que não prestados serviços efetivamente. A mera negativa empresária enseja a configuração de justa causa do empregador e a extinção do contrato. Caso a admissão tenha sido feita para trabalhar a distância, pode o empregado ser remanejado ao estabelecimento do empregador, segundo critérios ajustados em norma coletiva.

Mais uma vez, não houve interesse do legislador brasileiro em incentivar a atuação sindical quanto à matéria.

A Lei n. 19.978/21 alinha-se à proteção da norma argentina, sendo mais protetiva do que a brasileira. Estabelece a possibilidade de reversão do regime de teletrabalho para o de trabalho presencial em 90 dias, com direito de aviso de pelo menos 7 dias, não exigindo qualquer contagem em sentido contrário. Diante dos princípios positivados e relacionados ao teletrabalho.

Argentina LCT	Brasil CLT	Uruguai Lei n. 19.978/21
Artículo 9º. Elementos de trabajo. El empleador debe proporcionar el equipamiento – hardware y software-, las herramientas de trabajo y el soporte necesario para el desempeño de las tareas, y asumir los costos de instalación, mantenimiento y reparación de las mismas, o la compensación por la utilización de herramientas propias de la persona que trabaja. La compensación operará conforme las pautas que se establezcan en la negociación colectiva. La persona que trabaja será responsable por el correcto uso y mantenimiento de los elementos y herramientas de trabajo provistas por su empleador, deberá procurar que estos no sean utilizados por personas ajenas a la relación o contrato de trabajo. En ningún caso responderá por el desgaste normal producto del uso o el paso del tiempo. En caso de desperfectos, roturas o desgaste en los elementos, instrumentos y/o medios tecnológicos que impidan la prestación de tareas, el empleador deberá proveer su reemplazo o reparación a fin de posibilitar la prestación de tareas. El tiempo que demande el cumplimiento de esta obligación patronal no afectará el derecho de la persona que trabaja a continuar percibiendo la remuneración habitual. **Artículo 10.** Compensación de Gastos. La persona que trabaja bajo la modalidad del teletrabajo tendrá derecho a la compensación por los mayores gastos en conectividad y/o consumo de servicios que deba afrontar. Dicha compensación operará conforme las pautas que se establezcan en la negociación colectiva, y quedará exenta del pago del impuesto a las ganancias establecido en la ley 20.628 (t. o. 2019) y sus modificatorias.	**Art. 75-D.** As disposições relativas à responsabilidade pela aquisição, manutenção ou fornecimento dos equipamentos tecnológicos e da infraestrutura necessária e adequada à prestação do trabalho remoto, bem como ao reembolso de despesas arcadas pelo empregado, serão previstas em contrato escrito. Parágrafo único. As utilidades mencionadas no *caput* deste artigo não integram a remuneração do empregado.	**Artículo 12 (Herramientas y equipos para el teletrabajo)** Las partes acordarán la forma de provisión de las tecnologías de la información necesarias para que el trabajador desarrolle el teletrabajo, debiendo quedar debidamente consignada en el contrato de trabajo. En caso de desacuerdo, el empleador deberá proporcionar los equipos, insumos y servicios y demás herramientas necesarias para el desarrollo del teletrabajo, siendo de cargo del empleador los costos de operación, funcionamiento, reemplazo y mantenimiento de los equipos. Los equipos, insumos y servicios que provea el empleador, ya sea en forma directa o asumiendo su costo para el desarrollo de las tareas asignadas al teletrabajador, no serán considerados a ningún efecto parte del salario, materia gravada ni asignación computable.

Os arts. 9º e 10 da LCT impõem ao empregador o dever de fornecer equipamentos e ferramentas para o teletrabalho, inclusive suporte. Atribui a assunção dos custos com instalação, manutenção e reparo e determina a previsão de reembolsos em norma coletiva.

Os trabalhadores ficam responsáveis pelo uso exclusivo do maquinário, isentados do desgaste e da depreciação comuns. Na hipótese de desatualização ou avaria do equipamento, responde o empregador, fazendo jus o empregado à remuneração integral, mesmo na impossibilidade de trabalhar durante o tempo de espera. Acaso o teletrabalho acarrete aumento de despesas de conexão e de serviços contratados pelo empregado, cabe ao patrão satisfazê-lo, conforme norma coletiva, valores isentos de tributação.

As disposições em questão são simples consequências dos aspectos que caracterizam a relação de emprego na Argentina, Brasil, Uruguai e demais países capitalistas ocidentais. Aquele que empreende atividade econômica assume os riscos e custos correspondentes. Entretanto, o art. 75-D da CLT determina que o ajuste relativo à aquisição, manutenção e fornecimento de maquinário deva constar em contrato escrito, não especificando a quem cabe o custeio. O parágrafo único do art. 75-D da CLT estabelece que as utilidades fornecidas não possuem natureza salarial.

A regra uruguaia determina que às condições sobre uso e fornecimento de maquinário e demais recursos necessários à execução do teletrabalho constem expressamente no contrato. Em redação dúbia e contraditória, aproximando-se da imprecisão da CLT, atribui ao empregador o dever de proporcionar equipamentos e estrutura apenas em caso de "desacordo" com o empregado, custeando gastos operacionais, quantias e utensílios cujos valores não integram o salário para qualquer fim.

Por uma interpretação sistemática e finalística das disposições atinentes ao Direito do Trabalho dos três países ora comprados, não há dúvidas sobre caber ao empregador a assunção de custos e despenas decorrentes da implantação do regime telepresencial. Contudo, ao não expressar de forma direta e precisa tal ônus, o legislador deixa aos operadores do direito um verdadeiro desafio hermenêutico, nem sempre simples, criador de insegurança, incertezas e celeumas, todas evitáveis.

Argentina LCT	Brasil CLT	Uruguai Lei n. 19.978/21
Artículo 11. Capacitación. El empleador deberá garantizar la correcta capacitación de sus dependientes en nuevas tecnologías, brindando cursos y herramientas de apoyo, tanto en forma virtual como presencial, que permitan una mejor adecuación de las partes a esta modalidad laboral. La misma no implicará una mayor carga de trabajo. Podrá realizarla en forma conjunta con la entidad sindical representativa y el Ministerio de Trabajo, Empleo y Seguridad Social de la Nación.	**Art. 75-E.** O empregador deverá instruir os empregados, de maneira expressa e ostensiva, quanto às precauções a tomar a fim de evitar doenças e acidentes de trabalho. Parágrafo único. O empregado deverá assinar termo de responsabilidade comprometendo-se a seguir as instruções fornecidas pelo empregador.	**Artículo 11 (Seguridad e Higiene Laboral)** El teletrabajo no eximirá al empleador de verificar la correcta aplicación de las condiciones de salud y seguridad ocupacional, a cuyos efectos podrá solicitar la intervención de la Inspección General del Trabajo y de la Seguridad Social quien tendrá las facultades de fiscalización que le asigna la legislación vigente. Cuando la actividad laboral se realice en el domicilio del teletrabajador a falta de su consentimiento, la referida dependencia deberá solicitar judicialmente la inspección ocular del lugar. El Ministerio de Trabajo y Seguridad Social determinará por vía reglamentaria las condiciones de trabajo, en materia de seguridad, ergonomía y salud ocupacional aplicables a la modalidad de trabajo regulada por la presente ley. **Artículo 13** (Accidentes laborales y enfermedades profesionales) Serán aplicables a los teletrabajadores regulados por la presente ley, todas las disposiciones contenidas en la Ley n. 16.074, de 10 de agosto de 1989.

O art. 11 da LCT determina que o empregador responda pela capacitação dos teletrabalhadores. O tempo despendido não produz a ampliação da jornada, ficando facultado o acompanhamento por representantes dos sindicatos e do Ministério do Trabalho, Emprego e Seguridade Social.

Ainda que bem elaborada, a regra em questão não se viu livre de críticas, ponderando Ramiro Albrieu, Mateo Allerand e Pablo De La Vega que "*una de las ausencias más importantes de la reglamentación es la consideración explícita de temas relacionados con la organización necesaria para evitar problemas relacionados con el tecnoestrés, las malas posiciones y diversos perjuicios sanitarios y psicológicos*".(26)

O art. 75-E da CLT prevê somente o dever de instrução quanto a precauções sobre saúde e trabalho. No parágrafo único, exige a assinatura pelo trabalhador de termo de responsabilidade pelas informações recebidas. O patrão na Argentina responde pela formação, enquanto que no Brasil, apenas pela informação.

(26) ALBRIEU, Ramiro; ALLERAND, Mateo; DE LA VEGA, Pablo. El teletrabajo en Argentina: la pandemia de Covid-19 y lo que viene después. *Documento de Trabajo — Programa de Desarrollo Económico*. CIPPEC, mar. 2021. Disponível em: <https://www.cippec.org/wp-content/uploads/2021/05/203-DT-ADE-El-teletrabajo-en-Argentina-Albrieu-Allerand-y-de-la-Vega-mar pdf>, p. 30. Acesso em: 28 nov. 2022.

Antônio Umberto Souza Júnior *et al.* entendem que a real dimensão do art. 75-E da CLT deve ser obtida junto aos princípios jusambientais da Prevenção e da Informação, bem como na Convenção 155 da Organização Internacional do Trabalho (OIT).(27) Lembram a ampliação da responsabilidade empresária no teletrabalho, por não estar o local da prestação de serviços sob fiscalização e orientação da Comissão Interna de Prevenção de Acidentes (CIPA).

A CLT, por seu art. 157, incisos I, II e IV, expressamente imputa ao empregador o dever de instruir, cumprir e fazer cumprir as normas de segurança e medicina do trabalho, adotar as medidas que lhes sejam determinadas pelo órgão regional competente e facilitar o exercício da fiscalização pela autoridade competente. Assim, informar é tão somente uma das modalidades de promover a redução dos riscos de adoecimento e de acidentes.

Em relação à saúde, segurança e meio ambiente do trabalho, a lei uruguaia apresenta preocupação com o aspecto preventivo, expressando a responsabilidade empresária com a preservação de condições equilibradas de serviço, cabendo ao Poder Público regulamentar as condições ergonômicas e de saúde ocupacional. A regra franqueou, inclusive, a atuação do órgão oficial de inspeção/fiscalização do trabalho para visita ao local em que executado o teletrabalho.

A Lei n. 19.978/21 preservou, ainda, o direito dos trabalhadores à intimidade e à privacidade, além da inviolabilidade do domicílio, ao prever a recusa ao recebimento do empregador para fins de fiscalização, óbice possível de ser afastado apenas por ordem judicial. Por questões de isonomia e de não discriminação foi imposta a contratação de seguro contra acidentes de trabalho e doenças profissionais, pela incidência integral da Lei n. 16.074/89(28), regra trabalhista de abrangência geral sobre a matéria.

---

(27) SOUZA JÚNIOR, Antônio Umberto de (*et al.*). *Reforma trabalhista:* análise comparativa e crítica da Lei n. 13.467/17 e da Med. Prov. n. 808/2017. 2. ed. São Paulo: Rideel, 2018. p. 111-112.

(28) URUGUAI. *Lei n. 16.074, de 10 de outubro.* Registro Nacional de Leis e Decretos, Montevidéu, 1989. Disponível em: <https://www.impo.com.uy/bases/leyes/16074-1989>. Acesso em: 28 nov. 2022.

Argentina LCT	Brasil CLT	Uruguai Lei n. 19.978/21
Artículo 12. Derechos colectivos. Las personas que se desempeñen bajo la modalidad de teletrabajo, gozarán de todos los derechos colectivos. Serán consideradas, a los fines de la representación sindical, como parte del conjunto de quiénes trabajen en forma presencial. Artículo 13. Representación sindical. La representación sindical será ejercida por la asociación sindical de la actividad donde presta servicios, en los términos de la ley 23.551. Las personas que trabajan bajo esta modalidad deberán ser anexadas por el empleador a un centro de trabajo, unidad productiva o área específica de la empresa a los efectos de elegir y ser elegidas, para integrar los órganos de la asociación sindical.	sem correspondência	**Artículo 3 (Principios rectores)** Son principios rectores para la aplicación de la presente ley, los siguientes: (...) C) Igualdad. Los teletrabajadores gozarán de los mismos derechos y acceso a las mismas condiciones de trabajo que los trabajadores presenciales, salvo las que sean inherentes a la prestación del trabajo en forma presencial. En particular, se respetará su derecho al descanso, a la intimidad, a la seguridad e higiene laboral y a la libertad sindical. **Artículo 10 (Derechos del teletrabajador y condiciones laborales)** El teletrabajo modificará única y exclusivamente la modalidad en que se efectúa el trabajo, sin afectar los derechos individuales y colectivos consagrados por el ordenamiento jurídico vigente, en todo lo que le sea aplicable.

São reconhecidos aos teletrabalhadores, pelo art. 12 da LCT, idênticos direitos coletivos dos empregados presenciais. Consoante o art. 13 do mesmo diploma legal, o empregado deve ser representado pelo sindicato atuante no local da prestação de serviços e considerado lotado em um dos estabelecimentos físicos do empregador, para efeitos de eleições sindicais. A previsão se mostra condizente com o conteúdo do art. 102 bis.

Não há correspondência na legislação brasileira, exigindo-se uma interpretação sistemática para obter-se alcance próximo, acentuando o quadro de instabilidade e incerteza. No particular, Fábio Pacheco e Janete Deste entendem razoável que a representação sindical e as normas coletivas atinentes ao teletrabalho guardem relação com o local em que situado o estabelecimento empresário a que o teletrabalhador esteja vinculado, por ali se encontrar o "centro gravitacional" do contrato.(29)

O regramento uruguaio se coloca em um nível intermediário de tutela comparado aos vizinhos. Não desce em minúcias, como a regra argentina em termos de representação, embora se aproxime bastante, afastando-se do silêncio do legislador brasileiro, reconhecendo a igualdade entre "teletrabalhadores" e trabalhadores presenciais, inclusive em termos de liberdade sindical e de direitos coletivos.

(29) PACHECO, Fábio Luiz; DESTE, Janete Aparecida. *O teletrabalho na legislação brasileira e sua multidisciplinariedade:* Aspectos teóricos e práticos. São Paulo: Mizuno, 2021. p. 146.

Argentina LCT	Brasil CLT	Uruguai Lei n. 19.978/21
Artículo 14. Higiene y seguridad laboral. La autoridad de aplicación dictará las normas relativas a higiene y seguridad en el trabajo con el objetivo de brindar una protección adecuada a quienes trabajen bajo la modalidad laboral del teletrabajo. El control del cumplimiento de esta normativa deberá contar con participación sindical. Asimismo la autoridad de aplicación determinará la inclusión de las enfermedades causadas por esta modalidad laboral dentro del listado previsto en el artículo 6º, Inciso 2, de la Ley 24.557. Los accidentes acaecidos en el lugar, jornada y en ocasión del teletrabajo, se presumen accidentes en los términos del artículo 6º, inciso 1, de la Ley 24.557.	sem correspondência	**Artículo 11 (Seguridad e Higiene Laboral)** El teletrabajo no eximirá al empleador de verificar la correcta aplicación de las condiciones de salud y seguridad ocupacional, a cuyos efectos podrá solicitar la intervención de la Inspección General del Trabajo y de la Seguridad Social quien tendrá las facultades de fiscalización que le asigna la legislación vigente. Cuando la actividad laboral se realice en el domicilio del teletrabajador a falta de su consentimiento, la referida dependencia deberá solicitar judicialmente la inspección ocular del lugar. El Ministerio de Trabajo y Seguridad Social determinará por vía reglamentaria las condiciones de trabajo, en materia de seguridad, ergonomía y salud ocupacional aplicables a la modalidad de trabajo regulada por la presente ley. **Artículo 13 (Accidentes laborales y enfermedades profesionales)** Serán aplicables a los teletrabajadores regulados por la presente ley, todas las disposiciones contenidas en la Ley n. 16.074, de 10 de agosto de 1989.

O art. 14 da LCT versa sobre medidas de higiene e de segurança no trabalho. Reconhece a autoridade apta a regulamentar o teletrabalho, o equivalente, no Brasil, às Normas Regulamentares do Ministério do Trabalho e Emprego. O controle sobre a observância das disposições deve contar com o envolvimento dos sindicatos. Eventuais moléstias geradas pelo teletrabalho incluir-se-ão em lista pela referida autoridade, presumido-se o nexo de causalidade com os serviços de eventuais acidentes ocorridos no local da prestação de trabalho.

A legislação brasileira não traz disposições acerca da representação sindical ou de infortunística. Deixa a cargo dos operadores do direito a construção de normas concretas em caso de controvérsias a respeito.

A Lei n. 19.978/21 reconhece o dever do empregador de fiscalizar e zelar pelo meio ambiente de trabalho, ainda que em caráter remoto, cabendo ao Ministério do Trabalho disciplinar questões de seguridade, ergonomia e saúde ocupacional no teletrabalho. Determina, por fim, a contratação de seguro contra acidentes de trabalho e doenças profissionais, pela incidência integral da Lei n. 16.074/89, não deixando nenhum indício sobre como diferenciar os acidentes relacionados ao trabalho daqueles domésticos, quando ocorridos no âmbito domiciliar, dando margem a incertezas (GAUTHIER, 2021, p. 22).

Argentina LCT	Brasil CLT	Uruguai Lei n. 19.978/21
Artículo 15. Sistema de Control y Derecho a la Intimidad. Los sistemas de control destinados a la protección de los bienes e informaciones de propiedad del empleador deberán contar con participación sindical a fin de salvaguardar la intimidad de la persona que trabaja bajo la modalidad de teletrabajo y la privacidad de su domicilio. **Artículo 16.** Protección de la Información Laboral. El empleador deberá tomar las medidas que correspondan, especialmente en lo que se refiere a software, para garantizar la protección de los datos utilizados y procesados por la persona que trabaja bajo la modalidad de teletrabajo para fines profesionales, no pudiendo hacer uso de software de vigilancia que viole la intimidad de la misma.	sem correspondência	**Artículo 3** (Principios rectores) Son principios rectores para la aplicación de la presente ley, los siguientes: (...) C) Igualdad. Los teletrabajadores gozarán de los mismos derechos y acceso a las mismas condiciones de trabajo que los trabajadores presenciales, salvo las que sean inherentes a la prestación del trabajo en forma presencial. En particular, se respetará su derecho al descanso, a la intimidad, a la seguridad e higiene laboral y a la libertad sindical.

Pelo teor dos arts. 15 e 16 da LCT, controles de bens e informações de propriedade do empregador devem contar com a participação sindical, a fim de preservar o direito à intimidade do empregado. A tutela abarca o domicílio, protegendo dados referentes ao teletrabalho. Proíbe a vigilância por *software* do empregador.

Inexiste disposição correspondente no Direito brasileiro. Contudo, a interpretação sistemática do art. 5º, incisos X, XI e XII, c/c art. 7º, incisos XXVII e XXXII, todos da Constituição, permite amparar em termos normativos o reconhecimento do direito à proteção pelo empregado.

A lei uruguaia garante a igualdade de tutela à intimidade do trabalhador em regime presencial e àquele que atua de modo remoto, impondo ao empregador o dever de fiscalizar, resguardada a inviolabilidade do domicílio. Atribui, ainda, ao Ministério do Trabalho e Seguridade Social a responsabilidade de regulamentar condições específicas do teletrabalho, o que abarca matéria atinente à proteção de bens e de dados patronais.

Argentina LCT	Brasil	Uruguai Código Civil
Artículo 17. Prestaciones transnacionales. Cuando se trate de prestaciones transnacionales de teletrabajo, se aplicará al contrato de trabajo respectivo la ley del lugar de ejecución de las tareas o la ley del domicilio del empleador, según sea más favorable para la persona que trabaja. En caso de contratación de personas extranjeras no residentes en el país, se requerirá la autorización previa de la autoridad de aplicación. Los convenios colectivos, acorde a la realidad de cada actividad, deberán establecer un tope máximo para estas contrataciones.	**Lei de Introdução às Normas do Direito Brasileiro (LINDB)**[30] Art. 9º. Para qualificar e reger as obrigações, aplicar-se-á a lei do país em que se constituírem.	**Artículo 2399.** Los actos jurídicos se rigen, en cuanto a su existencia, naturaleza, validez y efectos, por la ley del lugar de su cumplimiento, de conformidad, por otra parte, con las reglas del interpretación contenidas en los artículos 34 a 38 inclusive del Tratado de Derecho Civil de 1889. **Lei n. 19.920/20 Artículo 50 (Soluciones especiales).** No son aplicables las normas anteriores del presente capítulo a los siguientes contratos aunque revistan la calidad de internacionales, los cuales se regirán por las normas que a continuación se indican: (...) F) Los contratos individuales de trabajo en relación de dependencia – excepto los de trabajo a distancia – se rigen por la ley del lugar donde se presta el trabajo o por la ley del domicilio del trabajador o por la ley del domicilio del empleador, a elección del trabajador. Pero una vez determinada la misma, regirá todos los aspectos de la relación laboral.

O art. 17 da LCT é aplicável ao teletrabalho transnacional, atraindo a incidência de normas vigentes onde fisicamente atuar o empregado. Reproduz o conteúdo do Princípio da Territorialidade (*lex loci executionis*) previsto em tratados internacionais, a exemplo do Código de Bustamante, em seu art. 198.[31] A admissão de estrangeiros e de não residentes na Argentina exige autorização da autoridade competente, bem como justificativa, podendo negociações coletivas fixar quotas máximas.

No Brasil, a disciplina da matéria encontra-se na Lei de Introdução às Normas do Direito Brasileiro, art. 9º, *caput*, e no Código de Bustamante, internalizado pelo Decreto 18.871/1929. Na CLT há um capítulo sobre a nacionalização do trabalho, de alcance geral, não adstrito ao teletrabalho, nos arts. 352 e seguintes.

A questão afeta à aplicação da lei trabalhista no espaço no Brasil já foi pacificada pela jurisprudência do Tribunal Superior do Trabalho, quando editada a Súmula n. 207, o que não impediu seu cancelamento pela Resolução n. 181/2017, em decorrência de diversas nuances levadas à Corte em sede de recurso de revista. Nesse sentido, como já defendido em artigo anterior:

---

(30) BRASIL. *Decreto-lei n. 4.657, de 04 de setembro de 1942*. Diário Oficial da União, Rio de Janeiro/RJ, 1942. Disponível em: <http://www.planalto.gov.br/ccivil_03/decreto-lei/del4657compilado.htm>. Acesso em: 28 nov. 2002.

(31) CONVENÇÃO de Direito Internacional Privado (Código de Bustamante), 20 fev. 1928. Disponível em: <http://portfolio.unisinos.br/OA1/docs/codigo_de_bustamente.pdf>. Acesso em: 29 nov. 2022.

> [...] a posição que melhor se coaduna com uma visão sistêmica e moderna de Direito estaria, justamente, no ponto intermediário, pelo qual a determinação da normatividade incidente ao caso concreto deve se dar de forma casuística e tópica, pelo uso de critérios flexíveis, com base nos valores que orientam o sistema protetivo constitucional pátrio.[32]

No Uruguai não houve tratamento do tema pela Lei n. 19.978/21, atraindo a incidência do art. 2.399 do Código Civil e do art. 50, *"f"*, da Lei n. 19.920/21[33], pelos quais é adotado o critério territorial do local do cumprimento das obrigações na definição da norma aplicável. Contudo, Cecilia Fresnedo de Aguirre e Gonzalo Lorenzo Idiarte reconhecem a dificuldade histórica na harmonização das referidas disposições, sendo comum a opção pela doutrina e jurisprudência de excepcionar o critério em questão, adotando o Princípio da Aplicação da Regra Mais Favorável.[34]

Argentina LCT	Brasil CLT	Uruguai Lei n. 19.978/21
Artículo 18. Autoridad de aplicación. Registro. Fiscalización. El Ministerio de Trabajo, Empleo y Seguridad Social de la Nación será la autoridad de aplicación de la presente ley y deberá dictar la reglamentación respectiva dentro de los noventa (90) días. En el ámbito de su competencia se deberán registrar las empresas que desarrollen esta modalidad, acreditando el software o plataforma a utilizar y la nómina de las personas que desarrollan estas tareas, las que deberán informarse ante cada alta producida o de manera mensual. Esta información deberá ser remitida a la organización sindical pertinente. La fiscalización del cumplimiento de las disposiciones legales y convencionales relativas a las tareas cumplidas bajo la modalidad del teletrabajo se ejercerá conforme a lo establecido por el título III – capítulo I, sobre inspección del trabajo de la ley 25.877 y sus modificatorias. Toda inspección de la autoridad de aplicación, de ser necesaria, deberá contar con autorización previa de la persona que trabaja.	sem correspondência,	**Artículo 11 (Seguridad e Higiene Laboral)** (...) El Ministerio de Trabajo y Seguridad Social determinará por vía reglamentaria las condiciones de trabajo, en materia de seguridad, ergonomía y salud ocupacional aplicables a la modalidad de trabajo regulada por la presente ley.

(32) KROST, Oscar. A relativização do Princípio da Aplicação da lex loci executionis no Direito do Trabalho Brasileiro: análise crítica do Enunciado 207 de Súmula do TST. *Revista Justiça do Trabalho*. Porto Alegre: HS Editora, n. 239, nov. 2003, p. 62-73.

(33) URUGUAI. *Lei n. 19.920, de 27 de novembro*. Registro Nacional de Leis e Decretos, Montevidéu, 2020. Disponível em: <https://www.impo.com.uy/bases/leyes/19920-2020>. Acesso em: 28 nov. 2022.

(34) FRESNEDO DE AGUIRRE, Cecilia; IDIARTE, Gonzalo Lorenzo. *Texto y Contexto:* Ley de Derecho Internacional Privado n. 19.920. Montevidéu: FCU, 2021. p. 204.

Pelo art. 18 da LCT fica sob responsabilidade do Ministério do Trabalho, Emprego e Seguridade Social a regulamentação das condições de teletrabalho, no prazo de 90 dias. Deve providenciar o registro dos empregadores que adotarem o sistema de teletrabalho, informando *softwares* e plataformas utilizadas, bem como dados mensais, remetendo-os aos sindicatos. A inspeção presencial do local em que for prestado o teletrabalho deve ser autorizada pessoalmente pelo trabalhador.

Novamente, não há disposição similar no Direito do Trabalho brasileiro. Ficam os órgãos de fiscalização e/ou de classe, assim como os operadores do direito na dependência de esforços e riscos hermenêuticos.

A Lei n. 19.978/21 atribui ao Ministério do Trabalho e Seguridade Social a competência para regulamentar aspectos relativos à seguridade, ergonomia e saúde ocupacional. Atrai, de modo semelhante à regra argentina, a participação do Poder Executivo, limitando, contudo, sua atuação à regência de aspectos específicos, adstritos ao meio ambiente laboral/infortunística.

Argentina LCT	**Brasil**	**Uruguai Lei n. 19.978/21**
Artículo 19. Régimen de transitoriedad. La presente ley entrará en vigor luego de noventa (90) días contados a partir de que se determine la finalización del período de vigencia del aislamiento social, preventivo y obligatorio. **Artículo 20.** Comuníquese al Poder Ejecutivo nacional.	**Lei n. 13.467/17** Art. 6º. Esta Lei entra em vigor após decorridos cento e vinte dias de sua publicação oficial.	**Artículo 15 (Transitorio)** Los empleadores cuyos trabajadores ya prestan teletrabajo, deberán ajustarse a las disposiciones de la presente ley en el plazo de seis meses, a contar desde su promulgación.

A vacância da lei argentina é de 90 dias, contados do fim do período de isolamento social estabelecido. De modo parecido, o art. 6º da Lei n. 13.467/17 estabelece *vacatio legis* de 120 dias. Já o art. 20 determina a comunicação da votação no Senado ao Poder Executivo nacional argentino.

A regra uruguaia, promulgada em 20.8.2021 e publicada em 30.8.2021, teve início de vigência em 9 de setembro de 2021, pelo que dispõe o art. 1º do Código Civil uruguaio[35], que estabelece prazo de 10 dias. Concedeu o legislador lapso de 6 meses, a contar da promulgação, às partes para que adaptem os contratos envolvendo a prestação por teletrabalho. O silêncio sobre novos contratos ou negócios antigos em que haja mudança de regime presencial para remoto após a vigência da regra é fator de insegurança e incerteza, recordando-se o direito à isonomia já tratado.

Conclusões

A Lei n. 27.555/20 da Argentina é coerente com a razão de ser do Direito do Trabalho, bem como com as disposições da Organização Internacional do Trabalho e a

(35) URUGUAI. Código Civil. *Lei n. 16.603, de 19 de outubro*. Registro Nacional de Leis e Decretos, Montevidéu, 1994. Disponível em: <http://www.oas.org/dil/esp/codigo_civil_uruguay.pdf>. Acesso em: 28 nov. 2022.

Constituição, ao reger o teletrabalho. Enfatiza a participação sindical e a igualdade entre empregados atuantes em regime presencial e remoto. De outro lado, a norma brasileira, Lei n. 13.467/17, apresenta inúmeras incongruências com as disposições constitucionais e legais de proteção ao trabalho, sendo repleta de lacunas e "silêncios" desprotetivos eloquentes. Já a Lei n. 19.978/2021, por sua vez, traz previsões pertinentes, como o direito à desconexão, a limitação horária e a não discriminação, mas dá excessiva ênfase à negociação individual entre as partes, relativizando o aspecto tuitivo.

De qualquer sorte, não podemos perder de vista ser a lei apenas um ponto de partida para o Direito, com ele não se confundindo. Nada está resolvido definitivamente ao se regular o fenômeno do teletrabalho na Argentina, no Brasil ou no Uruguai. Essencial, assim, recordar as palavras de Norberto Bobbio, para quem "Não devemos ser pessimistas a ponto de nos abandonarmos ao desespero, mas também não devemos ser tão otimistas que nos tornemos presunçosos".(36)

Alea jacta est.

Referências

ALBRIEU, Ramiro; ALLERAND, Mateo; DE LA VEGA, Pablo. El teletrabajo en Argentina: la pandemia de Covid-19 y lo que viene después. *Documento de Trabajo — Programa de Desarrollo Económico.* CIPPEC, mar. 2021. Disponível em: <https://www.cippec.org/wp-content/uploads/2021/05/203-DT-ADE-El-teletrabajo-en-Argentina-Albrieu-Allerand-y-de-la-Vega-mar pdf>. Acesso em: 28 nov. 2022.

ALMEIDA, Almiro Eduardo; SEVERO, Valdete Souto. *Direito à desconexão nas relações sociais do trabalho.* 2. ed. São Paulo: LTr, 2016.

ARGENTINA. Constituição da Nação Argentina. *Boletim Oficial*, Buenos Aires, 1994. Disponível em: <https://bd.camara.leg.br/bd/handle/bdcamara/10092>. Acesso em: 28 nov. 2022.

______. *Lei n. 25.552, de 13 de maio.* Lei do Contrato de Trabalho (LCT). Boletim Oficial, Buenos Aires, 1976. Disponível em: <http://servicios.infoleg.gob.ar/infolegInternet/anexos/25000-29999/25552/texact.htm>. Acesso em: 28 nov. 2022.

______. *Lei n. 25.800, de 05 de novembro.* Boletim Oficial, Buenos Aires, 2003. Disponível em: <http://servicios.infoleg.gob.ar/infolegInternet/verNorma.do?id=90682>. Acesso em: 28 nov. 2022.

______. *Marco normativo.* Disponível em: <https://www.argentina.gob.ar/trabajo/teletrabajo/marco-normativo>. Acesso em: 28 nov. 2022.

BOBBIO, Norberto. *A Era dos Direitos.* Rio de Janeiro: Campus, 1992.

BRASIL. *Constituição da República Federativa do Brasil, de 5 de outubro 1988.* Diário Oficial da União, Brasília/DF, 1988. Disponível em: <http://www.planalto.gov.br/ccivil_03/constituicao/constituicao.htm>. Acesso em: 28 nov. 2022.

(36) BOBBIO, Norberto. *A Era dos Direitos.* Rio de Janeiro: Campus, 1992. p. 45.

______. *Decreto-lei n. 4.657, de 4 de setembro*. Diário Oficial da União, Rio de Janeiro/RJ, 1942. Disponível em: <http://www.planalto.gov.br/ccivil_03/decreto-lei/del4657compilado.htm>. Acesso em: 28 nov. 2022.

______. *Decreto-lei n. 5.452 de 1º de maio de 1943*. Consolidação das Leis do Trabalho (CLT). Diário Oficial da União, Rio de Janeiro/RJ, 1943. Disponível em: <http://www.planalto.gov.br/ccivil_03/decreto-lei/del5452.htm>. Acesso em: 28 nov. 2022.

______. *Lei n. 13.467, de 11 de agosto*. Diário Oficial da União, Brasília/DF, 2017. Disponível em: <https://www.normaslegais.com.br/legislacao/Lei-13467-2017.htm >. Acesso em: 28 nov. 2022.

______. *Lei n. 14.442, de 2 de setembro*. Diário Oficial da União, Brasília/DF, 2022. Disponível em: <http://www.planalto.gov.br/ccivil_03/_Ato2019-2022/2022/Lei/L14442.htm#art6>. Acesso em: 28 nov. 2022.

______. *Lei n. 14.457, de 21 de setembro*. Diário Oficial da União, Brasília/DF, 2022. Disponível em: <http://www.planalto.gov.br/ccivil_03/_Ato2019-2022/2022/Lei/L14457.htm>. Acesso em: 29 nov. 2022.

______. Tribunal Superior do Trabalho. *Súmula n. 207, de 15 de julho*. Diário Oficial da União, Brasília/DF, Resolução n. 13/1985. Disponível em: <https://www3.tst.jus.br/jurisprudencia/Sumulas_com_indice/Sumulas_Ind_201_250.html#SUM-207>. Acesso em: 29 nov. 2022.

CARELLI, Rodrigo. O teletrabalho. In: SOUTO MAIOR, Jorge Luiz; SEVERO, Valdete Souto (Coords.). *Resistência:* aportes teóricos contra o retrocesso trabalhista. São Paulo: Expressão Popular, 2017. p. 327-334.

CONVENÇÃO de Direito Internacional Privado (Código de Bustamante), 20 fev. 1928. Disponível em: <http://portfolio.unisinos.br/OA1/docs/codigo_de_bustamente.pdf>. Acesso em: 29 nov. 2022.

DELGADO, Mauricio Godinho. *Curso de Direito do Trabalho*. São Paulo: LTr, 2018.

FRESNEDO DE AGUIRRE, Cecilia; IDIARTE, Gonzalo Lorenzo. *Texto y Contexto:* Ley de Derecho Internacional Privado n. 19.920. Montevidéu: FCU, 2021.

GAUTHIER, Gustavo. Ley de promoción y regulación del teletrabajo. *Revista Derecho del Trabajo*. Montevidéu, ano IX, n. 33, 2021, p. 7-24.

______. *Teletrabalho no Uruguai*. Núcleo de Estudos O trabalho além do direito trabalho: dimensões da clandestinidade jurídico laboral. FELICIANO, Guilherme Guimarães (Coord.). Departamento de Direito do Trabalho. Universidade de São Paulo (USP). Disponível em: <https://www.youtube.com/watch?v=KJESBzm-c74>. Acesso em: 28 nov. 2022.

GHIONE, Hugo Barretto. *¿Es necesario legislar sobre teletrabajo?* Disponível em: <https://direitodotrabalhocritico.com/2021/02/05/es-necesario-legislar-sobre-teletrabajo/>, desde 5 fev. 2021. Acesso em: 28 nov. 2022.

______. Direito e processo do trabalho no Uruguai. Escola Nacional de Formação e Aperfeiçoamento de Magistrados do Trabalho (ENAMAT). *CFC – Direito do Trabalho comparado Brasil, Argentina e Uruguai*. Brasília, 20 e 21 de novembro de 2014, degravação disponível em: <http://www.enamat.jus.br/wp-content/uploads/2015/02/Degravacao_CFC_Direito_Comparado_Brasil_Argentina_Uruguai.p df>. Acesso em: 28 nov. 2022.

GOLDSCHMIDT, Rodrigo; GRAMINHO, Vivian Maria Caxambu. *Desconexão:* um Direito Fundamental do Trabalhador. Rio de Janeiro, Editora Lumen Juris, 2020.

KROST, Oscar. Releitura do conceito de atividade externa incompatível com fixação de horário: uma abordagem vinculada aos Direitos Fundamentais. *Revista do Tribunal Regional do Trabalho da 12ª Região*. Florianópolis, n. 23, janeiro/dezembro 2007, p. 270- 82, disponível em: <https://www.trt12.jus.br/portal/areas/revista/extranet/documentos/23/Oscar_Krost.pdf>. Acesso em: 28 nov. 2022.

LIMA, Francisco Meton Marques de; LIMA, Francisco Péricles Rodrigues Marques de. *Reforma Trabalhista:* entenda ponto por ponto. São Paulo: LTr, 2017.

LOURENÇO, Lucas Barbieri; ARANALDE, Luciana Carneiro da Rosa. Teletrabalho — A (des)regulamentação dada pela Reforma Trabalhista (Lei n. 13.467/17). *Revista do Tribunal Regional do Trabalho da 12ª Região*. Florianópolis, n. 30, 2018, p. 29-48, também disponível em: <http://www.trt12.jus.br/portal/areas/escola/extranet/documentos/REVISTA_TRT12_ED_30_2018.pdf>. Acesso em: 28 nov. 2022.

MOLINA, André Araújo. *Teoria dos Princípios Trabalhistas:* a aplicação do modelo metodológico pós-positivista ao Direito do Trabalho. São Paulo: Atlas, 2013.

ORGANIZAÇÃO INTERNACIONAL DO TRABALHO (OIT). *Convenções não ratificadas pelo Brasil*". Disponível em: <https://www.ilo.org/brasilia/convencoes/WCMS_242947/lang—pt/index.htm>. 28 nov. 2022.

______. *Ratificación del C177* – Convenio sobre el trabajo a domicilio, 1996. Disponível em: <https://www.ilo.org/dyn/normlex/es/f?p=1000:11300:0::NO:11300:P11300_INSTRUMENT_ID:312322>. Acesso em: 28 nov. 2022.

PACHECO, Fábio Luiz; DESTE, Janete Aparecida. *O teletrabalho na legislação brasileira e sua multidisciplinariedade*: Aspectos teóricos e práticos. São Paulo: Mizuno, 2021.

ROSENFELD, C. L.; ALVES D. A. Teletrabalho. In: CATTANI, A. D.; HOLZMANN, L. (Orgs.) *Dicionário de Trabalho e Tecnologia*. Porto Alegre: Souk, 2011.

ROESLER, Átila da Rold. Teletrabalho, mais uma maldade da 'Reforma Trabalhista' ou Karl Marx e o Teletrabalho. In: SEVERO, Valdete Souto *et al.* (Coords.). *Comentários à Lei n. 13.467/17:* contribuições para um enfrentamento crítico. Porto Alegre: HS Editora, 2017, p. 62-65.

SOUZA JÚNIOR, Antônio Umberto de e*t al. Reforma trabalhista:* análise comparativa e crítica da Lei n. 13.467/17 e da Med. Prov. n. 808/2017, 2. ed. São Paulo: Rideel, 2018.

URUGUAI. *Constituição da República Oriental do Uruguai*. Montevidéu, 1967. Disponível em: <https://siteal.iiep.unesco.org/sites/default/files/sit_accion_files/siteal_uruguay_3001.pdf>. Acesso em: 28 nov. 2022.

______. *Lei n. 19.920, de 27 de novembro*. Registro Nacional de Leis e Decretos, Montevidéu, 2020. Disponível em: <https://www.impo.com.uy/bases/leyes/19920-2020>. Acesso em: 28 nov. 2022.

______. *Lei n. 16.074, de 10 de outubro*. Registro Nacional de Leis e Decretos, Montevidéu, 1989. Disponível em: <https://www.impo.com.uy/bases/leyes/16074-1989>. Acesso em: 28 nov. 2022.

Um Estudo Comparado entre Brasil e Portugal sobre a Segurança da Informação e o Teletrabalho

Diane Souza Mena

Introdução

Não há como pensar em teletrabalho e não pensarmos conjuntamente em segurança da informação, pois se teletrabalho é modalidade de labor a distância que necessita do uso da tecnologia para interação e supervisão, vulnerabilidades podem ocorrer no sistema e a exposição de dados pessoais e informações das empresas e dos empregados podem ocorrer, e é isso que tem que ser evitado ou ao menos minimizado, o que só é possível com a implementação de uma segurança da informação sólida e eficaz, o que necessita que os países invistam nessa área de proteção de dados, essencial para as transformações que estamos passando nas relações de trabalho.

Para contextualizarmos essas transformações, a modalidade de trabalho a distância que vem sendo adotada pelos países, principalmente quando se instalou a crise sanitária no mundo com o novo coronavírus Sars-Cov-2 (Covid-19), é o denominado teletrabalho, que foi implementado no Brasil, em Portugal e na comunidade europeia, que adotaram diplomas legais, para proteger trabalhadores.

Com a adoção do teletrabalho, foi necessária a implementação eficiente do que conhecemos como segurança da informação para que houvesse uma proteção de dados dos trabalhadores em teletrabalho, que ficaram mais expostos e consequentemente mais vulneráveis.

Por meio de um estudo comparado entre as legislações que foram aplicadas no Brasil e em Portugal sobre o tema, tem-se como objetivo a análise dessas legislações e da aplicação efetiva da segurança da informação diante do novo cenário imposto pela Covid-19.

Em Portugal, o tema teletrabalho foi adotado em 2003 pelo Código do Trabalho (CT), levando-se em conta o Acordo-Quadro europeu sobre o teletrabalho instituído pelos parceiros sociais em diálogo promovido no ano de 2002.

No Brasil, a abordagem do teletrabalho chegou um pouco mais tarde, com o surgimento de um projeto de lei em 2008 que não saiu do papel, e uma leve recessão do teletrabalho pela nossa CLT no ano de 2011, em seu art. 6º.

Com isso, a segurança da informação que objetiva a proteção de dados teve de ser reforçada em ambos os países.

Com uma rápida evolução, a segurança da informação foi implementada nessas legislações com a finalidade de preservação da intimidade do trabalhador, preservando-se um conjunto de informações, capaz de impedir qualquer ataque cibernético.

Para tanto, iremos focar no surgimento da segurança da informação e do teletrabalho, no teletrabalho no direito brasileiro e português, na comparação da segurança da informação em Portugal e no Brasil e da relação existente entre ambos nesses países, por meio das legislações portuguesa e brasileira, e da utilização da segurança da informação nessa nova realidade que é o trabalho a distância.

1. Surgimento da segurança da informação e do teletrabalho

Percorrendo um caminho que teve início no século XVIII, período em que houve a Revolução Industrial com a substituição da mão de obra humana pelas máquinas, passando pelo século XX, em que tivemos o início da revolução tecnológica no cenário mundial, tais inovações trouxeram um cenário de crise, com máquinas capazes de realizar o trabalho humano.

Buscando aliar a tecnologia ao trabalho humano, percebe-se que determinadas funções não precisam ser exercidas no espaço físico do empregador e que podem ser realizadas com o uso da tecnologia, surgindo o trabalho a distância.

Em um contexto de revolução, destaquemos a revolução tecnológica, que trouxe inovações na microeletrônica, robótica e informática, com uma consequente mudança na seara trabalhista ao extinguir vários postos de trabalho. Surge, assim, na década de 1970, a sociedade da informação.

Para Ana Antunes(1):

> A sociedade da informação está baseada nas tecnologias de informação e comunicação que envolvem a aquisição, o armazenamento, o processamento e a distribuição da informação por meios electrónicos, como o rádio, a televisão, telefone e computadores, entre outros. Estas tecnologias não

(1) ANTUNES, Ana. *Sociedade da Informação*. Coimbra: FEUC, 2008, p. 2. Disponível em: <http://www4.fe.uc.pt/fontes/trabalhos/2008007.pdf>. Acesso em: 3 mar. 2022.

transformam a sociedade por si só, mas são utilizadas pelas pessoas em seus contextos sociais, econômicos e políticos, criando uma nova comunidade local e global: a Sociedade da Informação.

A expressão sociedade da informação começou a ser utilizada no final do século XX, substituindo o termo sociedade pós-industrial, tendo como marco o crescimento no setor de serviços, diferente da era industrial em que a produção de bens era a principal atividade econômica.

Essa revolução tecnológica tem como uma de suas bases conhecer e ter acesso aos dados dos seus usuários, surgindo a necessidade de tutelar adequadamente as informações existentes, o que alcança as relações de trabalho e a Lei Geral de Proteção de Dados — LGPD.

Novos procedimentos laborais como o teletrabalho surgem na medida em que as tecnologias permitem formatos inéditos de prestação de labor e que inovam o tradicional direito do trabalho. As tecnologias passam a influenciar as relações de trabalho, surgindo novas formas de ocupação, provocando mudanças estruturais na vida dos trabalhadores e na organização das empresas.

Segundo Gloria Rebelo[(2)], a Organização Internacional do Trabalho (OIT) afirma que:

> O teletrabalho é a forma de trabalho realizada a partir de um lugar distante da empresa e/ou estabelecimento, que permite a separação física entre o local de produção ou de execução da prestação de trabalho e o local onde funciona a empresa, mediante o recurso a tecnologias que facilitam a informação e a comunicação.

Já o Código do Trabalho português traz a noção de teletrabalho em seu art. 165 (antigo 233 no CT de 2003): “considera-se teletrabalho a prestação laboral realizada com subordinação jurídica, habitualmente fora da empresa e através do recurso a tecnologias de informação e de comunicação”.

Para Menezes Leitão[(3)]:

> O teletrabalho consiste na prestação de trabalho que se desenvolve fora do local de trabalho central do empregador, sendo realizado noutro local que se encontra ligado a esse local de trabalho central por meios de comunicação eletrónicos.

(2) REBELO, Glória. *Teletrabalho e Privacidade:* contributos e desafios para o Direito do Trabalho. Lisboa: RH Editora, 2004.

(3) LEITÃO, Luís. *Direito do Trabalho*. Coimbra: Coimbra Editora, 2008.

No Brasil, muitos autores definem o teletrabalho como aquele realizado fora do estabelecimento do empregador, com a utilização de meios de comunicação que estão a disposição do processo produtivo, devendo haver a utilização da tecnologia da informação e comunicação para o exercício do teletrabalho.

O Projeto de Lei n. 4.505/2008, de autoria do deputado Luiz Paulo Vellozo Lucas, tinha por objetivo regulamentar a questão do trabalho a distância no Brasil, com a justificativa baseada no art. 7º, inciso XXVII da Constituição da República, que garante proteção ao trabalhador em face da automação, bem como na modernização dos meios de telecomunicação e informática. Contudo, não foi aprovado.

Mais tarde, o legislador brasileiro, por meio da Lei n. 12.551 de 2011 alterou a CLT para tratar do teletrabalho, mas de forma tímida.

Com a Lei n. 13.467, que trata da reforma trabalhista ocorrida em 2017, e que teve origem no Projeto de Lei n. 6.787/2016, apresentado em 23.12.2016 pelo Poder Executivo, com o objetivo de alterar o Decreto-lei n. 5.452 de 1943 (CLT) e a Lei n. 6.019 de 1974, entrando em vigor no dia 11 de novembro de 2017, houve uma abordagem sistemática do teletrabalho, criando-se o capítulo II-A, sendo a temática tratada nos arts. 75-A até 75-E.

Em 2022, houve a conversão da Medida Provisória 1.108 de 2022 na Lei n. 14.442, de 2 de setembro de 2022, que em seu art. 75-B estabeleceu que se considera teletrabalho ou trabalho remoto a prestação de serviços fora das dependências do empregador, de maneira preponderante ou não, com a utilização de tecnologias de informação e de comunicação, que, por sua natureza, não configure trabalho externo.

Também ficou estabelecido no mesmo art. 75-B, mas agora em seu § 5º, que o tempo de uso de equipamentos tecnológicos e de infraestrutura necessária, bem como de softwares, de ferramentas digitais ou de aplicações de internet utilizados para o teletrabalho, fora da jornada de trabalho normal do empregado não constitui tempo à disposição ou regime de prontidão ou de sobreaviso, exceto se houver previsão em acordo individual ou em acordo ou convenção coletiva de trabalho.

Muito antes do surgimento da modalidade de trabalho a distância, e intensificando-se cada vez mais em virtude do surgimento dessas modalidades de trabalho, a segurança da informação caminha lado a lado com essas novas formas de labor.

A segurança da informação está relacionada com a proteção de um conjunto de informações, com a finalidade de preservar o valor que essas informações possuem para um indivíduo ou uma organização, incluindo não apenas a segurança dos dados/informações, mas do sistema como um todo.

Visa à proteção contra o uso e acesso não autorizados à informação, preservando a integridade e a confidencialidade dessas informações. Com as novas formas de labor, e com a grande inserção de dados dos indivíduos ou das organizações, a segurança é utilizada principalmente para evitar invasões e vazamento de dados.

A segurança é usada especificamente para referência do problema genérico do assunto, já os mecanismos de proteção são usados para salvar as informações a serem protegidas. Dessa forma as organizações precisam assumir um comportamento dinâmico em relação à segurança de suas informações.

Segundo Nakamura e Geus(4), "a informação é um ativo que, como qualquer outro ativo importante, é essencial para os negócios de uma organização e, consequentemente, necessita ser adequadamente protegida". Pode existir em diversos meios, ser impressa ou escrita em papel, armazenada eletronicamente, transmitida pelo correio por meios eletrônicos e apresentada em filmes ou dita em conversas.

Lyra(5) enfatiza que a segurança da informação é obtida com a implementação de um conjunto de controles adequados que inclui políticas, processos, procedimentos, estruturas organizacionais e funções de software e hardware. Esses controles, além de implementados, precisam ser estabelecidos, monitorados, analisados criticamente e melhorados onde for necessário, para garantir que os objetivos do negócio e da segurança da organização sejam atendidos.

No Brasil e em Portugal, houve a intensificação de investimento na segurança da informação para se evitar vulnerabilidades no ambiente de trabalho físico e virtual, intensificando-se ainda mais com a adoção do regime de teletrabalho.

Vulnerabilidade é a fragilidade de um ativo ou grupo de ativos, que pode ser explorada por uma ou mais amcaças.

Segundo Sêmola(6):

> são fragilidades presentes ou associadas a ativos que manipulam e/ou processam informações que, ao serem exploradas por ameaças, permitem a ocorrência de um incidente de segurança, afetando negativamente um ou mais princípios da segurança da informação.

Sob o ponto de vista de Sêmola(7), são exemplos de vulnerabilidade:

> • Físicas – Falta de extintores, detectores de fumaças e de outros recursos para combater incêndios em ambientes com ativos ou informações estratégicas,acesso facilitado a ambientes de processamento de dados, deficiência

---

(4) NAKAMURA, Emílio; GEUS, Paulo. *Segurança de redes em ambientes corporativos*. São Paulo: Berkeley Brasil, 2002.

(5) LYRA, Maurício R. *Segurança e auditoria em sistemas de informação*. Rio de Janeiro: Ciência Moderna, 2008.

(6) SÊMOLA, Marcos. *Gestão da segurança da informação:* uma visão executiva, 2. ed. Rio de Janeiro: Elsevier, 2012.

(7) *Idem*.

de controles de Acesso em: locais de armazenamento de informações confidenciais ou sensíveis etc.

• Naturais – Ambientes com equipamentos eletrônicos perto de locais suscetíveis a desastres naturais, como incêndio, enchentes, terremotos, tempestades, e outros, como falta de energia, acúmulo de poeira, aumento de umidade etc.

• *Hadware* – Os computadores são suscetíveis à poeira, à umidade, à sujeira e ao acesso indevido a recursos inadequadamente protegidos e podem sofrer com componentes deficientes ou mal configurados, como falhas ou flutuações no suprimento energético ou aumento excessivo de temperatura ambiente.

• *Software* – Erros na codificação, na instalação ou na configuração de sistemas e aplicativos podem acarretar acessos indevidos, vazamento de informações, perda de dados e de trilhas de auditoria ou indisponibilidade do recurso quando necessário.

• Mídias – Discos, fitas, relatórios e impressos podem ser perdidos ou danificados, e falhas de energia podem causar panes em equipamentos e danificar trilhas lógicas de dados. Discos rígidos, usualmente, têm vida útil, e a radiação eletromagnética pode afetar diversos tipos de mídias magnéticas.

• Comunicação – A comunicação telefônica é vulnerável a escutas (acesso indevido) ou a problemas na infraestrutura física ou lógica que a impeçam de ser estabelecida.

• Humanas – Falta de treinamento ou de conscientização das pessoas e de avaliação psicológica adequada ou de verificação de antecedentes que identifiquem objetivos escusos, problemas anteriores, má-fé ou descontentamento de um funcionário, entre outros, podem levar ao compartilhamento indevido de informações confidenciais, à não execução de rotinas de segurança ou a erros e omissões que ponham em risco as informações.

Na União Europeia, incluído aqui Portugal, a metodologia CORAS ou *The Coras Method* é o resultado de um projeto financiado pela União Europeia, que objetivou criar um método prático baseado em um modelo de suporte informatizado de avaliação de riscos voltada para a identificação precisa e inequívoca de riscos de segurança em sistemas críticos.

Já no Brasil, visando à gestão de risco na administração pública federal, o governo brasileiro emitiu, em 15 de fevereiro de 2013, com o apoio do Departamento de Segurança da Informação e Comunicação, por intermédio do Gabinete de Segurança Institucional, a Norma Complementar n. 4 da Instrução Normativa n. 1 – NC04/IN01/DSIC/GSIPR, que objetiva estabelecer diretrizes para a Gestão de Riscos de Segurança da Informação e Comunicações nos órgãos ou entidades da administração pública federal. Esse método visa identificar as necessidades da organização em relação aos requisitos de segurança da informação e da comunicação.

Em um mundo globalizado, cujas fronteiras são transpostas pelas redes de comunicação, a informação é o bem de maior valor de uma organização e essencial para qualquer organização que deseja se manter competitiva. Por essa razão, deve estar segura contra as inúmeras ameaças informacionais que possam incidir sobre seus negócios e proteger os dados pessoais de seus empregados.

2. O teletrabalho no direito português

Para contextualizar o teletrabalho no direito português, devemos iniciar com a data de 16 de julho de 2002, quando, na cidade de Bruxelas, foi assinado um acordo que definiu o teletrabalho, bem como estabeleceu as suas condições numa escala europeia.

Esse acordo, chamado de Acordo-Quadro europeu sobre o teletrabalho, foi resultado de discussões entre parceiros sociais com o objetivo de dar mais segurança aos teletrabalhadores europeus.

O Acordo-Quadro define o teletrabalho como uma forma de organização, de execução do trabalho que utiliza tecnologias de informação, no contexto de um contrato ou relação de emprego, em que um trabalho que pode ser executado nas instalações do empregador é exercido fora dessas instalações e de forma regular.

No Acordo-Quadro foram fixados princípios como o da igualdade, que estabeleceu o mesmo nível de proteção aos teletrabalhadores com aquele que possuem os trabalhadores que estão nas dependências do empregador.

O teletrabalho no direito português possui caráter voluntário, opcional para ambas as partes, tanto para o empregador quanto para o empregado, sendo que a recusa do trabalhador em exercer sua atividade em teletrabalho não pode ensejar a justa causa patronal.

Foram conferidos os mesmos direitos que possuem os trabalhadores do modelo clássico, garantidos pelas aplicações das leis e acordos coletivos, a responsabilidade do empregador de informar ao teletrabalhador sobre as regras de proteção de dados da empresa, bem como suas restrições e sanções, o respeito à privacidade do teletrabalhador e os limites para a questão da vigilância, o fornecimento, instalação e manutenção dos equipamentos por parte do empregador, salvo se o teletrabalhador utilizar seu próprio equipamento e a compensação dos custos e dados ao teletrabalhador que tem a responsabilidade de cuidar dos equipamentos e não destiná-los para fins particulares ou para atender interesses de terceiros.

O empregador passou a ter a responsabilidade pela proteção da saúde e segurança ocupacional do teletrabalhador, e o teletrabalhador passou a ter a responsabilidade de aplicar as políticas da empresa de forma correta. O local do teletrabalho pode ser fiscalizado pelas partes envolvidas e autoridades para se verificar questões de saúde e segurança.

No Acordo-Quadro europeu foram estabelecidos outros direitos e deveres para o teletrabalhador e o empregador, objetivando estabelecer diretrizes uniformes e segurança jurídica dentro da Comunidade, quando o teletrabalho ainda se encontrava em sua fase inicial nos anos 2000.

Um relatório elaborado pela *European Foundation for the Improvement of Living and Working Conditions*(8), que tratava sobre o teletrabalho na União Europeia, do ano de 2010, constatou que no ano de 2000 a percentagem média de trabalhadores envolvidos no teletrabalho nos 27 Estados-Membros da União Europeia correspondia a cerca de 5%, passando esse número para 7% no ano de 2005, havendo um aumento da quantidade de teletrabalhadores dentro da Comunidade Europeia com o advento do Acordo-Quadro.

Portugal, inspirado pelo Acordo-Quadro Europeu de 16 de julho de 2002, foi o primeiro país europeu a regulamentar o regime jurídico do teletrabalho no setor privado, acolhendo o Acordo-Quadro apenas no que se refere ao teletrabalho subordinado, ao contrário do Acordo-Quadro que teve um acolhimento mais amplo.

O teletrabalho foi introduzido na legislação portuguesa pela primeira vez em 2003, no Código do Trabalho, em seus arts. 233 a 243, baseado no Acordo-Quadro europeu.

No atual Código do Trabalho(9), datado de 2009, o teletrabalho passou a ser tratado nos arts. 165 a 171, encontrando-se inserido na secção IX, que trata das modalidades de contrato de trabalho, subsecção V.

O legislador português inovou no art. 165 do atual Código do Trabalho, quando na questão da subordinação não acompanhou o Acordo-Quadro europeu, adotado pelo país, que trata do tema de uma forma mais abrangente.

De acordo com o art. 165 do Código do Trabalho português, o teletrabalho é uma forma de organização do trabalho realizada pelo empregado fora das dependências do empregador, usando tecnologias de informação e comunicação.

---

(8) Relatório da European Foundation for the Improvement of Living and Working Conditions. *Telework in the European Union*, 2010. Disponível em: <https://www.eurofound.europa.eu/sites/default/files/ef_files/docs/eiro/tn0910050s/tn0910050s.pdf>. Acesso em: 20 abr. 2022.

(9) PORTUGAL. Código do Trabalho. 2009. Disponível em: <http://www.pgdlisboa.pt/leis/lei_mostra_articulado.php?artigo_id=1047A0165&nid=1047&tabela=leis&pagina=1&ficha=1&so_miolo=&nversao=#artigo>. Acesso em: 7 abr. 2022.

O uso das tecnologias possibilita um controle mais amplo sobre o teletrabalhador, havendo programas próprios para tanto, respeitado o direito à privacidade.

Essa utilização da tecnologia pode fazer com que o teletrabalhador seja mais dependente e ligado ao seu empregador, pois pode se conectar a qualquer momento, em qualquer lugar e a qualquer hora, pois não existem barreiras geográficas que impeçam esse contato, o que não elimina a subordinação jurídica. Por esse motivo, a legislação portuguesa trata do teletrabalhador subordinado, não se enquadrando nela o teletrabalhador autônomo.

Com a crise sanitária provocada pelo novo coronavírus Sars-Cov-2 (Covid-19), houve a intensificação do teletrabalho em Portugal, que assim como em outros países, adotou medidas de proteção dos trabalhadores, privilegiando o teletrabalho e permitindo a continuidade da atividade empresarial, bem como garantindo a proteção da saúde e segurança de empregados e empregadores.

O empregador deve assegurar as condições de segurança e saúde dos seus trabalhadores em todos os aspectos relacionados ao trabalho, aplicando as medidas necessárias para tal fim e considerando os princípios gerais de prevenção de riscos profissionais.

Deve respeitar a privacidade do trabalhador e os tempos de descanso e de repouso da família, bem como proporcionar-lhe boas condições de trabalho, tanto do ponto de vista físico como psíquico, de acordo com o art. 170 do Código de Trabalho.

Os trabalhadores devem cumprir as prescrições, ordens e instruções determinadas pelo empregador desde que não sejam contrárias aos seus direitos e garantias, e conforme estabelecido em lei ou em instrumentos de regulamentação coletiva de trabalho, de acordo com os arts. 127 e 128 do Código de Trabalho.

3. O teletrabalho no direito brasileiro

Diferentemente de Portugal, o teletrabalho no Brasil encontrou bastante dificuldade de ser implementado, e só no ano de 2008 aconteceu a primeira tentativa, que não foi aprovada.

Em 2011 houve alteração na legislação trabalhista, que gerou um certo progresso, mas não o suficiente.

Com a reforma trabalhista no ano de 2017(10), o teletrabalho ganhou mais espaço, com uma abordagem mais sistemática. Criou-se um capítulo só para tratar do trabalho a distância, que foi o capítulo II-A, arts. 75-A até 75-E.

(10) BRASIL. *Lei n. 13.467/2017, de 13 de julho de 2017.* Diário Oficial da República Federativa do Brasil. Brasília, DF.13 jul. 2017. Disponível em: <http://www.planalto.gov.br/ccivil_03/_ato2015- 2018/2017/lei/l13467.htm>. Acesso em: 22 mar. 2022

Nesse capítulo houve a supressão de horas extras em virtude da ausência de controle de jornada, de adicional noturno e intervalos, podendo ser elidido por prova em contrário.

O regime de contratação do trabalho a distância deve ter forma escrita, especificando as atividades que serão desempenhadas pelo empregado.

O art. 75-D da CLT diz que "as disposições relativas à responsabilidade pela aquisição, manutenção ou fornecimento dos equipamentos tecnológicos e da infraestrutura necessária e adequada à prestação do trabalho remoto, bem como ao reembolso de despesas arcadas pelo empregado, serão previstas em contrato escrito. Parágrafo único. As utilidades mencionadas no *caput* deste artigo não integram a remuneração do empregado".

Em março de 2022 houve no Brasil a publicação da Medida Provisória do Teletrabalho, Medida Provisória 1.108, de 25 de março de 2022, que foi incorporada à legislação trabalhista, mudando na prática as regras do *home office*, ganhando o *home office* e o trabalho híbrido amparo legal. A principal mudança se deu pela redação do art. 75-B, que diz: "Considera-se teletrabalho ou trabalho remoto a prestação de serviços fora das dependências do empregador, de maneira preponderante ou não, com a utilização de tecnologias de informação e de comunicação, que, por sua natureza, não se configure como trabalho externo". Assim, a medida provisória desobrigou o empregador da responsabilidade de controlar a quantidade de vezes que o empregado comparece ao espaço físico da empresa, não descaracterizando o modelo de teletrabalho.

Em 2022, houve a conversão dessa Medida Provisória 1.108 de 2022 na Lei n. 14.442 de 2 de setembro de 2022 mencionada acima, que manteve a redação do art. 75-B e que em seu parágrafo 5º estabeleceu que o tempo de uso de equipamentos tecnológicos e de infraestrutura necessária, bem como de softwares, de ferramentas digitais ou de aplicações de internet utilizados para o teletrabalho, fora da jornada de trabalho normal do empregado não constitui tempo à disposição ou regime de prontidão ou de sobreaviso, exceto se houver previsão em acordo individual ou em acordo ou convenção coletiva de trabalho, assunto já abordado em tópico anterior.

A contratação de profissionais brasileiros para empresas estrangeiras e com atuação em outros países vem crescendo significativamente após a pandemia. Com a Medida Provisória n. 1.108/2022, quem trabalha no Brasil para uma empresa no exterior deverá seguir a legislação trabalhista brasileira, tendo ficado estabelecido no art. 75-B, § 8º, que "Ao contrato de trabalho do empregado admitido no Brasil que optar pela realização de teletrabalho fora do território nacional, aplica-se a legislação brasileira, excetuadas as disposições constantes na Lei n. 7.064, de 6 de dezembro de 1982, salvo disposição em contrário estipulada entre as partes". Diferentemente da legislação portuguesa, que destacou que o ônus com os gastos de fornecimento e de manutenção dos equipamentos de trabalho caso não estipulado pelas partes pertence ao empregador, o legislador brasileiro apenas cuidou de estabelecer a forma escrita para tratar tais utilidades e a natureza dessas no parágrafo único, não havendo a natureza salarial.

4. Comparação da segurança da informação em Portugal e no Brasil

A segurança da informação, tanto em Portugal quanto no Brasil, possui o mesmo objetivo, qual seja, a proteção de dados, de informações, do usuário.

Com a pandemia da Covid-19 que se instalou no início do mês de março do ano de 2020 e que nos acompanha, apesar da diminuição dos casos, em 2022, cresceu o número de trabalhadores em regime de teletrabalho, onde o empregador controla a distância o trabalho desempenhado pelo seu empregado através de plataformas digitais, monitoramento por câmeras, inserção de dados, entre outros meios de controle de jornada, para se evitar inicialmente o contágio com a doença e mais atualmente mantendo-se esse regime de trabalho para diminuir os custos de operação, onde a implementação dos mecanismos de segurança da informação se tornam essenciais para a proteção de dados, de informações dos usuários, sendo necessário o fortalecimento de uma rede de proteção para que os usuários não tenham seus dados e sua privacidade expostas na rede para milhares de pessoas.

Tanto Portugal quanto o Brasil intensificaram na implementação de segurança de informação com a crescente demanda de trabalhadores em regime de teletrabalho.

Em Portugal, desde o ano de 2005, já havia uma estrutura nacional de segurança da informação, conhecida pela sigla ENSI, que envolveu várias entidades relacionadas com a segurança, objetivando proteger a privacidade do trabalhador, o que ficou mais latente em tempos pandêmicos, onde o fator distância era necessário, dando vazão à ampliação do teletrabalho.

O art. 170 do CT, baseado no Acordo-Quadro europeu, consagra o direito da privacidade do teletrabalhador, que deverá ser respeitado pelo empregador, bem como tempos de descanso e de repouso da família daquele, já que o ambiente de trabalho e o ambiente familiar acabam se confundindo em um mesmo espaço físico.

O empregador deve oferecer boas condições de trabalho ao trabalhador, fisicamente e psicologicamente e, nos casos em que o teletrabalho é exercido no domicílio, o legislador português estabeleceu um horário para as visitas, que deverão ter relação com o controle da atividade laboral e dos instrumentos de trabalho, devendo ser efetuadas entre as 9 horas e as 19 horas, assistidas pelo teletrabalhador ou por pessoa por ele designada.

A maior preocupação que devemos ter é que o direito à privacidade do teletrabalhador que exerce as suas atividades em casa seja assegurado de maneira efetiva, uma vez que a vida privada e o trabalho se misturam em um mesmo ambiente nos casos em que a atividade é exercida em domicílio, fazendo com que o legislador português tenha tido um maior cuidado com o teletrabalhador dessa modalidade.

O direito à privacidade não se encontra apenas em consonância com o Acordo-Quadro europeu, na cláusula 6[(11)], mas, também, com a Constituição da República Portuguesa[(12)], em seu art. 26.

A título de exemplo sobre a privacidade do trabalhador e o controle do empregador, onde este último não pode interferir no primeiro, o Supremo Tribunal de Justiça português, na data de 13.11.2013[(13)], proferiu um acórdão sobre o assunto, que concluiu pela legalidade dos registros de um GPS para respaldar uma conduta geradora de despedimento por justa causa, já que não afetou a esfera de intangibilidade da privacidade e da dignidade humana: "o poder de direção do empregador, enquanto realidade naturalmente inerente à prestação de trabalho e à liberdade de empresa, inclui os poderes de vigilância e controle, os quais, têm, no entanto, de se conciliar com os princípios de cariz garantístico que visam salvaguardar a individualidade dos trabalhadores e conformar o sentido da ordenação jurídica das relações de trabalho em função dos valores jurídico-constitucionais".

Com a existência concomitante da flexibilização trabalhista e da sociedade da informação, a preocupação é crescente em garantir ao trabalhador os seus direitos fundamentais, principalmente ao trabalhador em regime de teletrabalho.

No Brasil, vêm sendo investidos recursos para que haja uma política de implementação da segurança da informação de maneira efetiva e satisfatória nos ambientes de trabalho, principalmente com a questão da intensificação do teletrabalho com o surgimento da pandemia.

A segurança da informação visa à proteção de dados, compreendendo o conjunto de ações que objetivam viabilizar e assegurar a disponibilidade, integridade, confidencialidade, e autenticidade das informações.

O Brasil possui um programa de privacidade e segurança da informação, conhecido como PPSI, com o objetivo de elevar o grau de maturidade de órgãos e entidades em termos de proteção de dados pessoais e ações de segurança da informação.

---

(11) Cláusula 6 do Acordo-Quadro: The Employer respects the privacy of the teleworker. If any kind of monitoring system is put in place, it needs to be proportionate to the objective and introduced in accordance with Directive 90/270 on visual display units. Framework Agreement on Telework. Disponível em: <http://www.ueapme.com/docs/joint_position/Telework%20agreement.pdf>. Acesso em: 15 fev. 2022.

(12) PORTUGAL. *Constituição da República Portuguesa*. Disponível em: <https://www.parlamento.pt/Legislacao/Paginas/ConstituicaoRepublicaPortuguesa.aspx>. Acesso em: 15 fev. 2022.

(13) PORTUGAL. Supremo Tribunal de Justiça. *73/12.3TTVNF.P1.S1*. 4ª Secção, j. em 13.11.2013, rel. Mário Belo Morgado. Disponível em: <https://www.dgsi.pt/jstj.nsf/954f0ce6ad9dd8b980256b5f003fa814/e32eab3444364cb980257c2300331c47?OpenDocument&Highlight=0>. Acesso em: 15 fev. 2022.

Tanto em Portugal quanto no Brasil, a segurança da informação possui o mesmo objetivo que é a proteção de dados, proteção da privacidade das pessoas, que se intensificou com o teletrabalho.

5. Segurança da informação e teletrabalho: qual a relação existente em Portugal e no Brasil?

O teletrabalho vem ganhando espaço não somente em Portugal e no Brasil, mas em diversos países no âmbito da Comunidade com a elaboração do Acordo-Quadro europeu em 2002.

Com a revolução tecnológica surgiram profundas transformações no mundo do trabalho, juntamente com o fenômeno da globalização, nascendo a era digital e com ele o teletrabalho.

O teletrabalho, com a crise sanitária instalada no mundo em março do ano de 2020 com o surgimento da Covid-19, se intensificou, pois foi uma maneira encontrada pelos empregadores de se protegerem e protegerem seus empregados da contaminação com o vírus.

Aliado ao teletrabalho, necessário se fez a intensificação de uma prática de segurança da informação eficaz, que protegesse os dados expostos nas redes por meio de interfaces digitais existentes para o desempenho das atividades laborais e o controle dos usuários. Isso ocorreu tanto no Brasil quanto em Portugal e em diversos países no mundo.

A evolução das ferramentas tecnológicas conduz à superação de modelos tradicionais das relações sociais, reinventando as formas de realidade já conhecidas.

O espaço cibernético iniciou uma verdadeira revolução na forma de criação intelectual e na forma de trabalho. A tecnologia permitiu a introdução de modalidades de disponibilização de conhecimento por meio das informações e comunicações que até então não existiam.

Só é considerado teletrabalho se há uma inter-relação entre o computador da empresa e o computador pessoal do trabalhador, podendo essa inter-relação ser estabelecida a partir do domicílio, de telecentros, da sede do cliente etc. A utilização da tecnologia de telemática deve permitir a conexão e comunicação com a empresa.

Com as técnicas da telemática o teletrabalho foi implantado tanto no Brasil quanto em Portugal, e a segurança da informação foi mais fortificada para a proteção eficaz dos dados e informações pessoais, já que o trabalho é realizado fora da sede da empresa, o que causa uma maior exposição e vulnerabilidade dos dados empresariais e dos dados pessoais dos empregados.

6. Conclusões

Os avanços proporcionados pelas tecnologias da informação e comunicação, somados ao fenômeno da globalização, fizeram surgir novas formas de trabalho, como o trabalho a distância, conhecido como teletrabalho.

Com o surgimento dessa nova modalidade, houve a necessidade de implementação de uma segurança da informação robusta e eficaz para a proteção de dados da empresa e do empregado, que agora passam a ter suas informações pessoais navegando pelos mais variados espaços digitais.

Fruto da tecnologia, o teletrabalho é implementado no Brasil, em Portugal e em outros países europeus, intensificando sua demanda com o surgimento da pandemia que assolou o mundo em meados de março do ano de 2020 com o popularmente conhecido Covid-19.

Teletrabalho no Brasil ou em Portugal é aquele trabalho exercido a distância com uso de pelo menos uma tecnologia da informação e comunicação.

Diferentemente de Portugal, que possui legislação que abarca os pormenores da modalidade de trabalho a distância, o Brasil perdeu a oportunidade de regulamentar pormenorizadamente a legislação relativa ao teletrabalho quando da reforma trabalhista ocorrida no ano de 2017.

Mesmo com a intensificação na busca dessa modalidade de trabalho com a instalação da pandemia em 2020, a legislação brasileira ficou e ainda fica muito atrás da legislação portuguesa e de outros países europeus que tratam do teletrabalho, ficando a cargos da discricionária dos juristas a interpretação da legislação existente no Brasil.

Já com relação à segurança da informação, Brasil e Portugal possuem uma política de implementação similar, eficaz e que garante o não vazamento de dados, dando uma maior proteção de dados para o empregador e o empregado.

Estamos vivendo uma época de grandes transformações na sociedade e nas relações de trabalho. Necessário que se tenha uma mudança de conduta, tanto dos empregadores quanto dos empregados, para que a segurança da informação possa conter vulnerabilidades causadas muitas vezes pelos próprios usuários e para que o teletrabalho não se transforme em redução de despesas contratando empregados como trabalhadores autônomos.

Referências

ANTUNES, Ana. *Sociedade da Informação*. Coimbra: FEUC, 2008, p. 2. Disponível em: <http://www4.fe.uc.pt/fontes/trabalhos/2008007.pdf>. Acesso em: 3 mar. 2022.

Cláusula 6 do Acordo-Quadro: The Employer respects the privacy of the teleworker. If any kind of monitoring system is put in place, it needs to be proportionate to the objective and introduced in accordance with Directive 90/270 on visual display units". Framework Agreement on Telework. Disponível em: <http://www.ueapme.com/docs/joint_position/Telework%20agreement.pdf>. Acesso em: 15 fev. 2022.

BRASIL. *Lei n. 13.467/2017, de 13 de julho de 2017*. Diário Oficial da República Federativa do Brasil, Brasília, DF. 13 jul. 2017. Disponível em: <http://www.planalto.gov.br/ccivil_03/_ato2015- 2018/2017/lei/l13467.htm>. Acesso em: 22 mar. 2022.

LEITÃO, Luís. *Direito do Trabalho.* Coimbra: Coimbra Editora, 2008.

LYRA, Maurício R. *Segurança e auditoria em sistemas de informação.* Rio de Janeiro: Ciência Moderna, 2008.

NAKAMURA, Emílio; GEUS, Paulo. *Segurança de redes em ambientes corporativos.* São Paulo: Berkeley Brasil, 2002.

PORTUGAL. Constituição da República Portuguesa. Disponível em: <https://www.parlamento.pt/Legislacao/Paginas/ConstituicaoRepublicaPortuguesa.aspx>. Acesso em: 15 fev. 2022.

______. *Código do Trabalho.* 2009. Disponível em: <http://www.pgdlisboa.pt/leis/lei_mostra_articulado.php?artigo_id=1047A0165&nid=1047&tabela=leis&pagina=1&ficha=1&so_miolo=&nversao=#artigo>. Acesso em: 7 abr. 2022.

______. Supremo Tribunal de Justiça. *73/12.3TTVNF.P1.S1*. 4ª Secção, j. em 13.11.2013, Rel. Mário Belo Morgado. Disponível em: <https://www.dgsi.pt/jstj.nsf/954f0ce6ad9dd8b980256b-5f003fa814/e32eab3444364cb980257 c2300331c47?OpenDocument&Highlight=0>. Acesso em: 15 fev. 2022.

REBELO, Glória. *Teletrabalho e Privacidade* contributos e desafios para o Direito do Trabalho. Lisboa: RH Editora, 2004.

Relatório da European Foundation for the Improvement of Living and Working Conditions, Telework in the European Union, 2010. Disponível em: <https://www.eurofound.europa.eu/sites/default/files/ef_files/docs/eiro/tn0910050s/tn091005 0s.pdf>. Acesso em: 20 abr. 2022.

SÊMOLA, Marcos. *Gestão da segurança da informação:* uma visão executiva. 2. ed. Rio de Janeiro: Elsevier, 2012.

Visión General de la Regulación del Teletrabajo en España: La Ley 10/2021, de 9 de Julio, de Trabajo a Distancia[1]

Esperanza Macarena Sierra Benítez

1. Antecedentes. La regulación del teletrabajo en el marco de la unión europea: la vía de la negociación colectiva

En el año 2002 los interlocutores sociales europeos firman el Acuerdo Marco sobre el Teletrabajo (AMET, 2002), con la finalidad de modernizar y mejorar las relaciones de trabajo y dotar a los trabajadores de una mayor autonomía en la realización de sus tareas, así como de una herramienta para conciliar la vida profesional y vida personal. El AMET es un "acuerdo voluntario que tiene como objetivo establecer un marco general a nivel europeo, a poner en marcha por las organizaciones miembros de las partes firmantes, conforme a los procedimientos y prácticas específicas a los interlocutores sociales en los Estados miembros"[2]. En el AMET se establecen la definición y ámbito de aplicación, el carácter voluntario para el trabajador y el empresario afectado, de manera que no afecta al estatus laboral del trabajador, el carácter reversible por acuerdo individual o colectivo, las condiciones de empleo, la protección de datos, la vida privada, los equipamientos, la salud y seguridad en el trabajo, la organización de trabajo, la formación, los derechos colectivos y la puesta en marcha y seguimiento del contenido del texto firmado.

La importancia de este acuerdo colectivo radica en que no sólo es el resultado de un acuerdo fruto de la negociación colectiva y del diálogo social, sino también en su contenido, al tratar una materia novedosa que afectaba a una nueva forma de organización

(1) Este trabajo se ha realizado en el marco del Grupo de Investigación SEJ-158: Relaciones Industriales en España y Europa. Junta de Andalucía.

(2) Texto del Acuerdo marco europeo sobre el teletrabajo, 2002.

del trabajo que nació en los años 70 y se desarrolló en los años 90, entre otras causas por el auge de las nuevas tecnologías de la información y la comunicación y, en general, por el fenómeno de la globalización de la economía mundial.

No obstante, la implementación del AMET en cada uno de los estados miembros de la UE no se ha llevado a cabo mediante una Directiva europea de refuerzo, sino mediante una transposición libre o autónoma, es decir, atendiendo a los procedimientos y prácticas específicos de gestión y de trabajo en cada Estado miembro. Las Directivas son actos legislativos en los cuales se establecen objetivos que todos los países de la UE deben cumplir. Sin embargo, corresponde a cada país elaborar sus propias leyes sobre cómo alcanzar esos objetivos(3). De esta forma, la propuesta inicial de directiva sobre el teletrabajo queda definitivamente "desplazada" por la vía del diálogo social de la Unión Europea y, por lo tanto, los Estados miembros no están obligados a aplicar directamente el AMET ni a elaborar normas de transposición, como tampoco a modificar la legislación nacional de un Estado, porque no existe un marco legislativo europeo para las negociaciones autónomas, como un Reglamento, una Decisión o una Directiva-marco.

La implementación del AMET en cada uno de los Estados miembros se ha llevado a cabo mediante una transposición autónoma que, por consiguiente, ha dependido del diálogo social y de la capacidad de los interlocutores sociales a escala comunitaria para garantizar que sus afiliados nacionales cumplan con lo dispuesto en los acuerdos. Los instrumentos de implementación del AMET en los distintos estados miembros han sido los siguientes: a) mediante una legislación legalmente vinculante y exigible; b) mediante acuerdos colectivos entre las organizaciones internacionales; y c) mediante medidas voluntarias como directrices y códigos de prácticas. Antes de la aparición de la Ley 10/21, de 9 de julio, de trabajo a distancia (en adelante LTD), el instrumento de implementación utilizado en España ha sido la elaboración de acuerdos colectivos entre los interlocutores sociales en el ámbito de la empresa o de sector en el ámbito privado(4). El Acuerdo Interconfederal para la Negociación Colectiva 2003, (ANCE 2003), recoge el compromiso de las organizaciones empresariales y sindicales firmantes de compartir en su totalidad el AMET y de "promover la adaptación y el desarrollo de su contenido a la realidad española, teniendo especialmente en cuenta aquellos ámbitos en los que

---

(3) WEB Oficial de la Unión Europea en: <https://european-union.europa.eu/institutions-law-budget/law/types- legislation_es>.

(4) Entre otros Resolución de 31 de julio de 2003, de la Dirección General de Trabajo, por la que se dispone la inscripción en el registro y publicación del Convenio Colectivo de la empresa Telefónica de España, S.A.U (BOE núm. 258, de 16 de octubre de 2003); Resolución de 9 de agosto de 2007, de la Dirección General de Trabajo, por la que se registra y publica el XV Convenio colectivo de la industria química (BOE núm. 207, de 29 de agosto de 2007); Resolución de 29 de octubre de 2009, de la Dirección General de Trabajo, por la que se registra y publica el I Convenio colectivo de Nokia Siemens Networks, S.L. (BOE núm. 271, de 10 de noviembre de 2009), Resolución de 10 de marzo de 2010, de la Dirección General de Trabajo, por la que se registra y publica el I Convenio colectivo de Cableuropa, SAU y Tenaria, S.A. (Grupo ONO) (BOE núm. 81, de 3 de abril de 2010).

puede existir más interés, de manera que se impulse una mayor y adecuada utilización del teletrabajo, favorable tanto a las empresas como a los trabajadores"[5]. En este texto publicado en el BOE se implementa el teletrabajo en España, incorporando el AMET como Anexo al AINC 2003.

Con la actual crisis sanitaria de la Covid-19 en la Unión Europea ha proliferado el teletrabajo obligatorio impuesto como medida de contención de la pandemia y de aislamiento social para que, en los casos de compatibilidad de la prestación de servicios con el teletrabajo, los trabajadores continuaran la prestación de servicios en sus domicilios en la etapa dura de la pandemia. Esto ha generado casos de abusos y de regulación desigual entre trabajadores que tenían garantizados los derechos como teletrabajadores por contar con una cobertura negociada en su empresa antes de la declaración de la pandemia, frente a aquellos otros trabajadores que no contaban con esa regulación garantizada al no haber implementado el empresario el teletrabajo. La declaración del teletrabajo como medida de contención sanitaria derivada de la Covid-19 originó el auge del trabajo a distancia precarizado y sin garantía, al que se ha denominado como el "teletrabajo de la emergencia".

En el año 1996 el Libro Verde *Vivir y trabajar en la sociedad de la información prioridad a la dimensión humana* apuntaba la necesidad de presentar una propuesta de directiva sobre el teletrabajo para garantizar las condiciones de trabajo de los teletrabajadores. Si esta propuesta de Directiva hubiera prosperado, la regulación del teletrabajo habría supuesto una garantía para todos los teletrabajadores, impidiendo los abusos que han tenido lugar en estos dos años de pandemia. Entiendo que es necesario retomar el diálogo social a escala europea y actuar de acuerdo con el mecanismo de refuerzo de un acuerdo europeo mediante una Directiva que, teniendo como base el AMET y la experiencia de estos dos últimos años, extienda su campo de aplicación a otras formas de manifestación del trabajo a distancia, como el trabajo remoto, con la finalidad de "igualar" la regulación en cada Estado miembro y poder dar respuesta a los objetivos en materia de empleo contemplados en la aplicación del *Plan de Acción del Pilar Europeo de Derechos Sociales* asumido por la Comisión europea[6]. La propia Comisión afirma que "el teletrabajo se ha convertido en la norma para muchos debido a la pandemia, y es probable que siga imperando a largo plazo". Según esta institución, los avances de la digitalización y del propio teletrabajo merecen un amplio debate con todas las partes interesadas pertinentes, en especial los interlocutores sociales. En definitiva, la Comisión insta a los interlocutores

(5) Resolución de 31 de enero de 2003, de la Dirección General de Trabajo, por la que se dispone la inscripción en el Registro y publicación del Acuerdo Interconfederal para la Negociación Colectiva 2003 (ANC 2003), (BOE núm. 47, de 24 de febrero de 2003). El acuerdo fue suscrito el 30 de enero de 2003, de una parte, por la CEOE CEPYME, y de otra, por CCOO y UGT, de conformidad con lo dispuesto en el art. 83.2 ET.

(6) Véase la Comunicación de la Comisión al Parlamento Europeo, al Consejo, al Comité Económico y Social Europeo y al Comité de las Regiones, *Plan de Acción del Pilar Europeo de Derechos Sociales,* Bruselas, 4 de marzo de 2021, COM(2021) 102 final.

sociales a dar seguimiento a un Acuerdo Marco Autónomo (como el AMET) sobre la Digitalización[(7)], y a explorar las medidas para garantizar unas condiciones de teletrabajo justas para garantizar que todos los trabajadores puedan disfrutar en la práctica del derecho a desconectarse. Las transformaciones que están teniendo lugar en las relaciones laborales derivadas de la digitalización de la economía no pueden abordarse sin la intervención de la negociación colectiva y del diálogo social en el ámbito europeo y en el ámbito nacional[(8)]. Prueba de ello son las numerosas remisiones que la LTD realiza a la negociación colectiva, como no puede ser de otra manera.

2. Referencia a la negociación colectiva en la regulación del trabajo a distancia en españa

La LTD es una regulación necesaria y esperada, sobre todo por el auge mundial que ha experimentado esta forma de prestación de servicios como consecuencia de las medidas de contención de la Covid-19.

No obstante, el teletrabajo como forma de trabajo a distancia se extendió sin un marco legal suficiente en el ámbito nacional, como ha ocurrido en una gran parte de los países del mundo. Por este motivo el Gobierno dictó el Real Decreto-ley 28/2020, de 22 de septiembre, de trabajo a distancia que, tras ser convalidado por el Parlamento, se tramitó como proyecto de ley y que elaboró la actual LTD.

En esta ley se contempla que la negociación colectiva "es un instrumento imprescindible para completar la normativa aplicable en cada uno de los sectores específicos, estableciendo criterios propios". El papel de la negociación colectiva es necesario en el ámbito del trabajo a distancia, "con llamadas expresas a la hora de definir las tareas y actividades susceptibles de trabajo a distancia, los criterios de preferencia en el acceso a esta modalidad, el ejercicio de la reversibilidad, los distintos derechos de contenido económico e incluso los porcentajes de trabajo a distancia a los efectos de definir en sectores profesionales específicos lo que se considera trabajo a distancia regular[(9)].

El capítulo II, que trata del acuerdo de trabajo a distancia (voluntariedad, obligaciones formales, contenido, modificación del acuerdo y ordenación de prioridades), realiza una remisión a la negociación colectiva en el procedimiento y criterios que deben

(7) Acuerdo Marco Europeo de los interlocutores sociales sobre la digitalización, marzo de 2021 en: <https://www.ccoo.es/3ec9e3ddff84034c1a796cb52ac84c09000001.pdf>.

(8) Véase Rojo Torrecilla, Eduardo "La importancia del diálogo social a escala europea a propósito del acuerdo marco sobre digitalización suscrito el 22 de junio de 2020, *blog* El nuevo y cambiante mundo del trabajo. Una mirada abierta y crítica a las nuevas realidades laborales". 30 de junio de 2020 en: <http://www.eduardorojotorrecilla.es/2020/06/la-importancia-del-dialogo-social.html>.

(9) Exposición de motivos IV de la LTD.

seguirse, debiéndose evitar la perpetuación de roles de género y fomentando la corresponsabilidad entre mujeres y hombres(10).

Así mismo, los convenios o acuerdos colectivos podrán establecer la identificación de los puestos de trabajo y funciones susceptibles de ser realizados a través del trabajo a distancia, las condiciones de acceso y desarrollo de la actividad laboral mediante esta modalidad, la duración máxima del trabajo a distancia, así como contenidos adicionales en el acuerdo de trabajo a distancia y cuantas otras disposiciones se considere necesario regular(11).

Igualmente, los convenios o acuerdos colectivos también podrán regular la jornada mínima presencial en el trabajo a distancia, el ejercicio de la reversibilidad al trabajo en los locales de la empresa, un porcentaje o período de referencia inferiores a los fijados en la propia ley a los efectos de calificar como "regular" esta modalidad de ejecución de la actividad laboral, un porcentaje de trabajo presencial de los contratos formativos diferente al previsto en el mismo, siempre que no se celebren con menores de edad, así como a las posibles circunstancias extraordinarias de modulación del derecho a la desconexión(12).

Al respecto, en relación a los derechos con repercusión en el tiempo de trabajo, conforme se establece en el art. 34.9 del Estatuto de los Trabajadores (en adelante ET), el sistema de registro horario deberá incluir, entre otros, el momento de inicio y finalización de la jornada (art. 14 LTD), sin perjuicio de la flexibilidad horaria de la que dispone el teletrabajador, respetando los tiempos de disponibilidad obligatoria y la normativa sobre tiempo de trabajo y descanso (art. 13 LTD)(13). Estamos ante una medida, la del registro horario, que fue incorporada en el ET poco antes que se publicara una sentencia del TJUE y que obligaba a implantar en las empresas un sistema que permitiera

(10) Entendemos que el legislador utiliza indistintamente los términos "negociación colectiva" y "convenios o acuerdos colectivos". Entre otros, GOERLICH PESET, José María "La regulación del trabajo a distancia. Una reflexión general" en RODRÍGUEZ PÍÑERO ROYO, Miguel; TOLODÍ SIGNES, Adrián. *Trabajo a distancia y teletrabajo:* análisis del marco normativo vigente. Aranzadi: Cizur Menor, 2021. p. 41.

(11) El art. 13 LTD contempla la posibilidad de flexibilizar el horario de prestación de servicios establecido conforme se establezca en el acuerdo de trabajo a distancia y la negociación colectiva siempre que se respete los tiempos de disponibilidad obligatoria y la normativa sobre tiempo de trabajo y descanso.

(12) Disposición adicional primera de la LTD.

(13) Un pronunciamiento muy reciente STS del 5.4.2022 (Rec. 7/2020) manifiesta su aprobación de los acuerdos colectivos con la representación sindical, reforzando el papel de la negociación colectiva en la materia. En este caso se acordó mantener la modalidad Flexwork y establecer un factor corrector de dos horas diarias, para el personal a jornada partida (que correspondían a una 1 hora y 30 minutos de la comida y a los 30 minutos del desayuno) y de 30 minutos para el personal a jornada continuada. Este factor corrector no supone alteración de la jornada ni del horario porque si el trabajador utiliza sólo una hora para comer, saldrá una hora antes o entrará una hora después. Por otro lado, la sentencia valida los sistemas de registro de jornada auto-declarativos.

computar la jornada laboral diaria realizada por cada trabajador (registro horario), para garantizar el cumplimiento del tiempo de trabajo[(14)].

En materia de derechos colectivos esta remisión a la negociación colectiva es significativa, en cuanto que es la que puede establecer las condiciones para garantizar el ejercicio de esos derechos colectivos de los teletrabajadores, en atención a las singularidades de su prestación, y con respeto pleno al principio de igualdad de trato y de oportunidades entre la persona trabajadora a distancia y la que desempeñe tareas en establecimientos de la empresa (art. 19 LTD). La importancia de la negociación colectiva radica en que es la que debe dar respuesta a los diversos interrogantes señalados por la doctrina, por la falta de concreción de conceptos jurídicos indeterminados que dificultan su aplicación práctica en cuestiones como la adscripción del trabajador al centro de trabajo, creación de nuevas unidades electorales a resultas de la organización del teletrabajo, determinación de nuevos canales que facilitan la representación, especialmente mediante el uso de las tecnologías que, por ejemplo, garantice el voto electrónico o las tele-asambleas, el ejercicio efectivo de los derecho de huelga o reunión, así como las consecuencias ante el incumplimiento de los mismos[(15)].

3. Las denominaciones teletrabajo y trabajo a distancia. El teletrabajo como medida de contención sanitaria de la Covid-19

La disposición transitoria tercera de la LTD contempla que, mientras las medidas de contención sanitaria derivadas de la Covid-19 se mantengan, seguirá resultando de aplicación la normativa laboral ordinaria. No obstante, el legislador hace una mención especial, quizás por tratarse de una de las cuestiones más conflictivas, a que "en todo caso, las empresas estarán obligadas a dotar de los medios, equipos, herramientas y consumibles que exige el desarrollo del trabajo a distancia, así como al mantenimiento que resulte necesario".

Esta es una cuestión significativa que corresponde a la negociación colectiva, que es la gran protagonista de esta nueva regulación del trabajo a distancia, dado que son constantes y significativas las llamadas al convenio o acuerdo colectivo de aplicación entre las partes para que, por ejemplo, en esta ocasión se establezca la forma de compensación de los gastos derivados para la persona trabajadora, "si existieran y no hubieran sido compensados". Esto puede ser conflictivo dada la variedad de formas de trabajo a distancia existentes, algunas de las cuales no requieren una dotación adicional que deba ser sufragada por el empleador (por ejemplo, la conexión a Internet, espacio de trabajo,

(14) STJUE de 14 de mayo de 2019, asunto C 55/18, Federación de Servicios de Comisiones Obreras (CCOO) y Deustsche Bank, S.A.E.

(15) DOMÍNGUEZ MORALES, Ana. Derechos colectivos de los trabajadores a distancia en el Real Decreto-Ley 28/2020 de 22 de septiembre: problemas de aplicación práctica. In: *Trabajo, Persona, Derecho, Mercado*, núm. 3, 2021, p. 170.

etc.). Las circunstancias pueden ser muy variadas, y en unos casos requerirán que los gastos consumibles en un hogar o en un lugar móvil sean compartidos, y en otros sufragados por el propio trabajador o bien en exclusiva por el empleador. Volveremos más adelante a esta cuestión, porque nos interesa entrar a valorar los distintos términos que emplea la LTD: trabajo a distancia, teletrabajo y trabajo presencial.

En este sentido la LTD, que sustituye al Real Decreto-ley 28/2020 y entra en vigor para regular el trabajo a distancia y el teletrabajo, modifica el art. 13 del Estatuto de los Trabajadores del año 2015 que contemplaba el trabajo a distancia en un único artículo, manifiestamente insuficiente para esta forma de trabajo tan compleja y evolutiva(16). La actual LTD corrige las imperfecciones anteriores en relación con el concepto del teletrabajo, término que, aunque fue mencionado en la Exposición de Motivos de la reforma laboral de 2012, no se dejó constancia de dicha denominación en el propio artículo 13 (ex trabajo a domicilio, ET/1980). El legislador del año 2021 incorpora y define el concepto de teletrabajo junto al del trabajo a distancia, que mantiene y reforma, para diferenciar ambos conceptos del trabajo presencial. El teletrabajo es una modalidad de trabajo remoto y flexible que se realiza mediante el uso exclusivo o prevalente de medios y sistemas informáticos, telemáticos y de telecomunicación (art. 2.c ET) y que, por lo tanto, es la forma de realizar la prestación de servicios típica de la sociedad post-industrial que surge a finales del siglo XX como consecuencia de la crisis energética del petróleo y del auge de las nuevas tecnologías de la comunicación e información. El trabajo a distancia es una denominación que incluye el antiguo trabajo a domicilio, modalidad muy feminizada en que la prestación de la actividad laboral se realiza de manera preponderante en el domicilio del trabajador o en el lugar libremente elegido por éste(17). Son dos conceptos que van unidos y que identifican una modalidad de trabajo en un entorno cambiante que se puede agrupar en torno al trabajo remoto. Un trabajo remoto que evoluciona en sus formas conforme evoluciona la tecnología: trabajo digital, trabajo en el Metaverso(18).

La evolución del concepto del teletrabajo es una cuestión transcendental para el estudio de esta forma de prestación "atípica" en la era industrial y "típica" en la era digital. No obstante, debemos tener en cuenta que esta evolución no sólo es debida a las innovaciones tecnológicas incorporadas al mundo del trabajo, sino a la necesidad de aislamiento como consecuencia de una crisis sanitaria mundial. En un principio parece que son las crisis, ya sean económicas, sociales o medioambientales, las que favorecen la implantación del teletrabajo. Crisis que se extienden también al campo de la salud,

(16) SIERRA BENÍTEZ, Esperanza Macarena. La nueva regulación del trabajo a distancia. *Revista Internacional y Comparada de Relaciones Laborales y Derecho del Empleo,* Vol. 1, núm. 1, 2013, pp. 14 a 17.

(17) VÉASE A GALLARDO MOYA, Rosario. *El viejo y el nuevo trabajo a domicilio:* de la máquina de hilar al ordenador. Madrid: IBIDEM, 1998. p. 112.

(18) RASO DELGUE, Juan. Trabajar en el metaverso. *El Blog de Juan Raso,* 31 ene. 2022.

llegando a incluir el recurso al teletrabajo como una de las medidas incluidas en el Plan de actuación de las empresas o centros de trabajo ante la pandemia de gripe A en el año 2009[19], y en 2020 por la Covid-19. Sin embargo, esta es una cuestión puntual porque la implantación del teletrabajo en muchísimos casos dependerá en mayor medida de cuestiones sociológicas o culturales que de las puramente económicas. La incidencia del teletrabajo ha sido menor en los países del Mediterráneo con respecto a otros países del norte o de clima más severo. De todas maneras, la razones que justifican el teletrabajo son distintas para los sujetos del contrato de trabajo; así, para la empresa primarán las razones económicas y para el trabajador la flexibilidad del tiempo de trabajo[20].

La sociedad digital post-pandemia está cambiando y el teletrabajo entendido como modalidad flexible no se adapta a las personas trabajadoras que, tras la dura situación de aislamiento, han cambiado sus valores y prioridades. Esto no es nada nuevo, porque la condición humana es la misma y no evoluciona al ritmo de las tecnologías. Los departamentos de recursos humanos de las empresas realizan cambios para mantener un buen ambiente laboral. De ello tenemos constancia en el año 2003 cuando un cambio de dirección de recursos humanos protagonizado por la nueva consejera delegada de Yahooo, Marissa Mayer, hizo que los trabajadores de Yahoo volvieran a la oficina[21]. En un informe realizado recientemente en Harvard Business Review se sugiere que el trabajo flexible puede conllevar un coste oculto: en una serie de estudios con casi 2.000 empleados y estudiantes encontraron que trabajar en horarios flexibles (no estándar, como sería por ejemplo de 9 a 5 de la tarde) reducía significativamente la motivación intrínseca de las personas, haciendo que el trabajo fuera menos motivado y agradable[22]. En EEUU ha surgido un movimiento conocido como "Gran Renuncia" en que los trabajadores estadounidenses abandonan sus trabajos, voluntariamente, desde que se inició la recuperación post-pandémica. Los datos de la Oficina de Estadísticas Laborales de Estados Unidos apuntan que en noviembre de 2021 se llegó a alcanzar un record histórico, con 4'5 millones de estadounidenses que decidieron abandonar sus puestos de trabajo ese mes[23]. Los motivos se deben al desencanto con la profesión o el puesto de trabajo y la necesidad de movilidad o de trabajar por proyectos. No obstante, entendemos que este

(19) Véanse las propuestas del Foro Español de Laboralistas (Forelab) sobre creación de un marco legal específico para la microempresa en: <https://inmodiario.com/145/4262/abogados-laboralistas-proponen-crear-un-marco-legal-especifico-para-la-microempresa.html>.

(20) Rueda de prensa de Forebab, 12 de marzo de 2009-Club Financiero Génova, material multicopiado.

(21) VÉASE LÓPEZ ROJAS, Valentina, Marissa Mayer, la mente maestra que dejó a Google por Yahoo!. En: Tentulogo. *Tentulogo. Blog para emprendedores* en: >https://tentulogo.com/marissa-mayer-la-mente-maestra-que-dejo-a-google-por-yahoo/>.

(22) GIURGE, Laura; WOOLLEY, Kaitlin. Research:Flexible Work Can Dampen Motivation. En: *Harvard Business Review,* 25 abr. 2022 en: <https://hbr.org/2022/04/research-flexible-work-can-dampen- motivation>

(23) PORTALO, Ana. La Gran Renuncia (I): ¿por qué la pandemia ha sacudido el mercado laboral? *Forbes,* 2 mayo 2020 en: <https://forbes.es/economia/152055/la-gran-renuncia-eeuu/>

fenómeno no es extrapolable a España, dado que no hay tanta movilidad laboral o cambio de puestos de trabajo como en los EEUU dotado de un modelo de relaciones laborales bastante flexible. En definitiva, sea cual sea la razón, entendemos que el fenómeno de los cambios en el trabajo está muy relacionado con el tipo o modelo de vida al que aspire la persona trabajadora. En este sentido, es importante implementar buenas prácticas de teletrabajo y acabar con el teletrabajo obligatorio o forzado que se implantó en la etapa más dura de la pandemia, ya que una de las características fundamentales del teletrabajo es la voluntariedad y su reversibilidad acordada por las partes del contrato de trabajo.

Por este motivo debemos preguntarnos si sigue vigente el teletrabajo como medida de contención sanitaria derivada de la Covid-19, puesto que la LTD contempla que mientras las medidas de contención sanitaria se mantengan, le seguirá resultando de aplicación la normativa laboral ordinaria(24).

3.1. El teletrabajo como medida de contención sanitaria derivada de la Covid-19

Hay que tener en cuenta que a pesar de la pérdida de vigencia del art. 5 del RD-ley 8/2020, que fue la norma que impuso el recurso al teletrabajo como medida de contención de la pandemia, las empresas han seguido manteniendo a su plantilla en régimen de teletrabajo. Como respuesta a una consulta no vinculante que le ha sido planteada, la Dirección General de Trabajo ha manifestado que dicho régimen transitorio especial seguirá siendo de aplicación siempre y cuando se mantenga la aplicación de las medidas de contención sanitarias derivadas de la Covid-19 sobre el ámbito territorial donde se debe desarrollar la actividad laboral de carácter presencial(25).

Al respecto el art. 7 de la Ley 2/2021, de 29 de marzo, de medidas urgentes de prevención, contención y coordinación para hacer frente a la crisis sanitaria ocasionada por el Covid-19 (BOE núm. 76, de 30 de marzo de 2021) contempla que en los centros de trabajo se "deben adoptar medidas para la reincorporación progresiva de forma presencial a los puestos de trabajo y la potenciación del uso del teletrabajo cuando por la naturaleza de la actividad laboral sea posible". En este sentido, entendemos que no cabe potenciar el uso del teletrabajo cuando se ha constatado una mejora de la situación epidemiológica y un descenso importante de la gravedad de la enfermedad desde el inicio de las campañas de vacunación, lo que ha modificado la obligatoriedad del uso de mascarillas durante la situación de crisis sanitaria ocasionada por el Covid-19 en el entorno laboral(26).

---

(24) La Disposición transitoria tercera de la LTD.

(25) TRIGUEROS RAMOS, Teresa. ¿Durante cuánto tiempo procede mantener el teletrabajo como medida de contención sanitaria frente al COVID? *Observatorio de Recursos Humanos y RRLL*, núm. 169, jul. 2021, p. 61.

(26) RD 286/2022, de 19 de abril, por el que se modifica la obligatoriedad del uso de las mascarillas durante la situación de crisis sanitaria ocasionada por la Covid-19 (*BOE* núm. 94 de 20 de abril de 2022).

En definitiva, entendemos que no tiene sentido mantener la obligatoriedad del teletrabajo estando vigente un marco normativo general que garantiza las condiciones de trabajo de las personas teletrabajadoras (LTD). No olvidemos que no sólo es titular del derecho a la igualdad de trato y de oportunidades y no discriminación el teletrabajador con respecto al trabajador presencial (art. 4), sino también en la relación entre los propios teletrabajadores.

4. El protagonismo del acuerdo de teletrabajo

Una de las cuestiones centrales relacionadas con el concepto de teletrabajo es que la regulación sólo comprende la prestación realizada a distancia que se preste en un período de referencia de tres meses, un mínimo del 30% de la jornada o el porcentaje proporcional equivalente en función de la duración del contrato de trabajo (teletrabajo regular). Es decir, la regulación mantiene al margen no sólo el teletrabajo forzado implantado por la pandemia sino también el teletrabajo ocasional. Estamos sin duda ante una exigencia empresarial no exclusiva de nuestra normal nacional, sino de otras normas internacionales o de otros países. Hay que tener en cuenta que, por regla general, las relaciones de trabajo esporádicas no están cubiertas por la regulación del derecho del trabajo[27]. Los aspectos relacionados con el acuerdo de teletrabajo vienen recogidos en capítulo II (arts. 5 a 8). Por regla general el eje de toda la regulación de la LTD es el acuerdo individual, sujeto al contenido mínimo y a los requisitos formales exigidos en la ley, sin perjuicio del papel atribuido a la negociación colectiva[28].

La voluntariedad del teletrabajo

Sin duda alguna, una de las reglas fundamentales del teletrabajo es su carácter voluntario y, por este motivo, es necesaria la firma del acuerdo de teletrabajo que puede ser realizada en el momento del contrato inicial o en un momento posterior. El legislador refuerza este carácter voluntario añadiendo que no puede ser impuesto por el empresario mediante la posibilidad que tiene prevista en el art. 41 del ET de modificar unilateralmente condiciones de trabajo sustanciales cuando existan probadas razones económicas, técnicas, organizativas o de producción[29]. No obstante, pronunciamientos

(27) Así, por ejemplo, en el ámbito de la Unión Europea, la Directiva 2019/1152 del Parlamento Europeo y del Consejo, de 20 de junio de 2019, relativa a unas condiciones laborales transparentes y previsibles en la Unión Europea, contempla la posibilidad para los Estados miembros de no aplicar las disposiciones de la propia directiva a una relación laboral con un número de horas predeterminadas y reales que supongan una media igual o inferior a tres horas semanales en un período de referencia de cuatro semanas consecutivas.

(28) LAHERA FORTEZA, Jesús. El acuerdo individual y los requisitos formales del trabajo a distancia regular y estructural". En: RODRÍGUEZ PIÑERO, Todolí Signes Adrián. *Trabajo a distancia y teletrabajo:* análisis del marco normativo vigente, *ob. cit.*, p. 67.

(29) STS de 11 de abril de 2005 (Rec. 143/2004) justifica que no se puede imponer por la vía del art. 41 ET, ni mediante acuerdo colectivo, pues implica una transformación del régimen contractual que afecta a la esfera personal del trabajador.

judiciales recientes declaran que la empresa puede imponerlo unilateralmente porque consideran que el paso al teletrabajo no es una modificación sustancial de condiciones de trabajo(30). En efecto, coincidimos con los tribunales que afirman que en circunstancias excepcionales como las del periodo de la pandemia, se pueda ir en contra del principio de voluntariedad cuando las razones de su imposición estén relacionadas con la prevención de la salud(31).

Por otro lado, el legislador contempla igualmente la reversibilidad del teletrabajo para ambas partes, en los términos establecidos en la negociación colectiva o, en su defecto, en los fijados en el acuerdo de teletrabajo. El legislador remite la concreción de este derecho a lo regulado por la vía negociada no sólo de forma colectiva sino también individual(32).

4.1. Las obligaciones formales del acuerdo de teletrabajo

El legislador exige la forma escrita y que el empresario entregue a la representación legal de las personas trabajadoras una copia de todos los acuerdos de teletrabajo que se realicen y de sus actuaciones, salvaguardando los datos que corresponden a la esfera íntima y privada del trabajador. Con posterioridad el empleador debe enviar una copia a la oficina de empleo. Estas formalidades no suponen ninguna novedad, dado que la normativa anterior — ex art. 13.2 ET — las incluía como instrumentos necesarios para dotar de seguridad jurídica al teletrabajo(33).

4.2. El contenido del acuerdo de trabajo a distancia

El art. 7 contempla el contenido mínimo obligatorio del acuerdo de teletrabajo, sin perjuicio de la regulación contenida al respecto en los convenios o acuerdos colectivos (inventario de los medios, equipos y herramientas que exige el desarrollo del teletrabajo; enumeración de los gastos de la realización del teletrabajo; horario de trabajo y, en su caso, reglas de disponibilidad; porcentaje y distribución entre trabajo presencial y trabajo a distancia; centro de trabajo de la empresa a la que queda adscrita la persona trabajadora y, en su caso, donde desarrollará la parte de la jornada de trabajo presencial; lugar de trabajo a distancia; duración de plazos de preaviso para el ejercicio de la reversibilidad,

(30) SAN 12 de mayo de 2021 (Rec. 393/2020) y STS de 12 de mayo de 2021 (Rec. 164/2020).

(31) TODOLÍ, Adrián. La voluntariedad en el teletrabajo tiene más agujeros que el queso gruyere: análisis a la última doctrina judicial. En: *Blog del autor Argumentos en Derecho Laboral*, 27 en. de 2022. Dsiponible en: <https://adriantodoli.com/2022/01/27/la-voluntariedad-en-el-teletrabajo-tiene-mas-agujeros-que-el-queso- gruyere-analisis-a-la-ultima-doctrina-judicial/>.

(32) VÉASE LÁZARO SÁNCHEZ, José Luis. Sobre el acuerdo del trabajo a distancia: voluntariedad, contenido, modificación y reversibilidad del pacto. In: *Trabajo, persona, derecho, mercado. Revista de Estudios sobre Ciencias del Trabajo y Protección Social*, núm. 3, 2021, p. 115-141.

(33) En general, vid. FERNÁNDEZ MÁRQUEZ, Oscar. La forma en el contrato de trabajo. En: *Relaciones Laborales. Revista crítica de teoría y práctica*, núm. 2, 2002, p.1215-1226.

en su caso, medios de control empresarial de la actividad; procedimiento a seguir en el caso de producirse dificultades técnicas que impidan el normal desarrollo del teletrabajo; instrucciones dictadas por la empresa sobre seguridad de la información y, por último, la duración del trabajo a distancia). Hay que tener en cuenta que el incumplimiento de la formalidad del acuerdo individual conlleva la comisión de una infracción grave, con su correspondiente sanción económica graduada en función de las circunstancias[(34)].

4.3. Modificación del acuerdo de trabajo de teletrabajo y ordenación de prioridades

Como consecuencia de lo que hemos señalado más arriba sobre la voluntariedad de teletrabajo y la prohibición al empresario para realizar modificaciones sustanciales de condiciones de trabajo unilateralmente, la LCT contempla que la modificación de lo acordado, incluido el porcentaje de presencialidad, deberá ser objeto de acuerdo entre las partes del contrato de trabajo debiendo formalizarse también por escrito. Y, posteriormente, hace referencia a la ordenación de prioridades como, por ejemplo, el derecho a la prioridad para ocupar puesto de trabajo que se realiza de manera presencial que corresponde a las personas teletrabajadoras que lo son desde el inicio de la relación laboral, y la obligación empresarial de informar tanto a los teletrabajadores como a la representación legal de los mismos de aquellos puestos de trabajo vacantes de carácter presencial que se produzcan. Al respecto el legislador hace una nueva remisión a los convenios o acuerdos colectivos para establecer los mecanismos y criterios por los que el trabajador presencial puede pasar a realizar el teletrabajo o viceversa, así como preferencias vinculadas a determinadas circunstancias, como las relacionadas con la formación, la promoción y estabilidad en el empleo de personas con diversidad funcional o con riegos específicos, etc. En definitiva, una regulación muy exhaustiva que altera de manera sensible el régimen ordinario de modificación de las condiciones de trabajo y, por lo tanto, "el régimen de modificación del acuerdo de trabajo a distancia es el que estrictamente resulta del derecho civil de contratos"[(35)].

5. Los derechos de las personas teletrabajadoras

Los derechos de las personas teletrabajadoras vienen contemplados en el capítulo III de la LTD (arts. 9 a 19), y comprenden diversas secciones cuyo contenido trata el derecho a la carrera profesional, derechos relativos a la dotación y mantenimiento de medios y al abono y compensación de gastos; derechos con repercusión en el tiempo de

(34) LAHERA FORTALEZA, Jesús. El acuerdo individual y los requisitos formales del trabajo a distancia regular y estructural, *ob. cit.*, p. 80.

(35) THIBAULT ARANDA, Javier. La modificación de las condiciones de trabajo en el trabajo a distancia. En: RODRÍGUEZ PIÑERO ROYO; TODOLÍ SIGNES, Adrián, *ob. cit.*, p. 99., citando a su vez a GÓMEZ ABELLEIRA, Francisco. *La nueva regulación del trabajo a distancia*. Valencia: Tirant lo Blanch, 2020. p. 66.

trabajo; derecho a la prevención de riesgos laborales; derechos relacionados con el uso de medios digitales; derecho a la desconexión digital y los derechos colectivos.

5.1. Derecho a la carrera profesional (formación y promoción profesional)

Como es obvio, en materia de formación se debe aplicar el principio de igualdad de los teletrabajadores con respecto a aquellos otros que corresponden también a los trabajadores presenciales. Por este motivo el empresario debe adoptar las medidas necesarias para garantizar la participación efectiva en las acciones formativas de los teletrabajadores atendiendo, en lo posible, a las características de su prestación de servicios a distancia(36). Hay que tener en cuenta que las previsiones para España en el año 2025 identifican que el 49% de los puestos requerirán una cualificación intermedia, y solo un 14% de puestos requerirán baja cualificación.

La LTD no concreta a qué formación tiene derecho la persona teletrabajadora. Entendemos que debe ser la "formación a lo largo de la vida", es decir, el conjunto de la formación inicial (el itinerario de formación realizada, dentro del sistema educativo, desde el inicio de la escolarización hasta la finalización de la permanencia en el mismo, para la incorporación al mundo laboral) y continua (cualquier tipo de formación realizada después de la formación inicial y de la incorporación a la vida activa, dentro o fuera del sistema educativo). La formación continua tiene como objetivo permitir a la persona adquirir, ampliar o actualizar sus conocimientos o competencias de cara a una adaptación, promoción profesional o reconversión de su itinerario de desarrollo personal o profesional(37). Los empleos generados por la digitalización y la transición ecológica necesitarán ser cubiertos por personas competentes y cualificadas profesionalmente. Hay que tener en cuenta que las previsiones para España en 2025 identifican que el 49% de los puestos de trabajo requerirán una cualificación intermedia, y solo un 14% de ellos requerirán baja cualificación(38).

Dentro del derecho a la carrera profesional se incluye la promoción profesional debiendo la empresa informar, de manera expresa y por escrito, de las posibilidades de ascenso que se produzcan, con independencia de que se trate de puestos de desarrollo presencial o a distancia. La LTD exige rigurosas normas formales que doten a este derecho de la necesaria seguridad jurídica en el teletrabajo.

(36) DE CASTRO MEJUTO, Luis Fernando. La formación y promoción profesional en el teletrabajo. En: MELLA MÉNDEZ, L. (Dir.). *Trabajo a distancia y teletrabajo*. Cizur Menor: Aranzadi, 2015. p. 99 en el caso que la formación se realice a distancia habría que establecer instrumentos de control para asegurar que quien se conecta y la recibe es el trabajador y no un tercero.

(37) Artículo 2.9 y 2.10 de la Ley Orgánica 3/2022, de 31 de marzo, de ordenación integración de la Formación Profesional (BOE núm. 78, de 1 de abril de 2022).

(38) Preámbulo de la Ley Orgánica 3/2022, de 31 de marzo, de ordenación integración de la Formación Profesional.

5.2. Derechos relativos a la dotación y mantenimiento de medios y al abono y compensación de gastos

Entramos brevemente en el estudio de los derechos económicos del teletrabajador y que han generado una gran problemática. Más arriba hicimos referencia a que las reglas de la LTD no amparan otras formas de teletrabajo (teletrabajo ocasional y teletrabajo como medida de contención sanitaria por la Covid-19)[(39)]. No obstante, la LCT hace una serie de predicciones relacionadas con las situaciones de trabajo a distancia existentes a la entrada en vigor de la ley[(40)].

En relación con el derecho a la dotación y mantenimiento de medios, equipos y herramientas, las partes deben incorporarlos mediante un inventario en el contenido del acuerdo de trabajo a distancia, que incluya además "los consumibles y los elementos muebles, así como la vida útil o período máximo para la renovación de estos" (art. 7 a) LTD) y, "con los términos establecidos, en su caso, en el convenio o acuerdo colectivo de aplicación" (art. 11 LTD). Nos encontramos de nuevo con remisiones tanto al acuerdo individual como al acuerdo colectivo entre las partes, que pueden repercutir negativamente en el estatuto de los trabajadores, porque estos espacios compartidos entre el contrato (acuerdo de trabajo a distancia) y los convenios colectivos (pactos y convenios colectivos) "se tornan permeables. Incluso pueden operar cual vasos comunicantes en sentido opuesto. La dialéctica prevista en la LTD transmuta entonces en unidireccional, lo que explica el espacio regulatorio del acuerdo individual y que este se expanda a costa de los espacios de normación colectiva"[(41)].

Por otro lado, con respecto al derecho al abono y compensación de gastos, la LTD contempla que deberá ser sufragado o compensado por la empresa, y no podrá suponer la asunción por parte de la persona trabajadora de gastos relacionados con los equipos, herramientas y medios vinculados al desarrollo de su actividad laboral (art. 12 LTD). En cuanto a la determinación o concreción de este derecho, el legislador se remite nuevamente a la negociación de los convenios o acuerdos colectivos, ya que entiende que es el instrumento idóneo para hacerlo. No obstante, como en el caso anterior en relación con la dotación y mantenimiento de medios, equipos y herramientas, se parte de la necesidad de que el acuerdo individual de trabajo a distancia enumere los gastos que pudiera tener la persona teletrabajadora por el hecho de teletrabajar, así como la forma de cuantificación que debe obligatoriamente abonar la empresa, y momento y forma para realizar

(39) La SAN 4 de junio de 2021 (Rec. 103/2021) declaró que las empresas no están obligadas a compensar los gastos derivados de la implantación del teletrabajo por el COVID. Se trata de un deber que solo tiene efecto desde la entrada en vigor de la regulación del teletrabajo y que, por lo tanto, no puede ser exigido de manera genérica por la plantilla.

(40) Disposición transitoria primera LTD.

(41) ALEMÁN PÁEZ, Francisco. El trabajo a distancia en la post-pandemia. Segunda entrega. En: *Jurisdicción social*, núm. 230, feb. 2022, p. 16.

la misma que, de existir, se corresponderá con la previsión recogida en la negociación colectiva (art. 7b) LTD).

La forma de compensación de los gastos, cuantificación y demás es uno de los puntos conflictivos del teletrabajo que, como hemos señalado más arriba, se acentúa cuando se trata del teletrabajo como medida de contención sanitaria derivada de la Covid-19[42]. En estos casos la LTD señala que las empresas están obligadas no solo a proporcionar los medios, equipos, herramientas y consumibles que exige el desarrollo del teletrabajo, sino que también son responsables de su mantenimiento. La forma de compensación si existieran gastos que no hubieran sido ya compensados se debe establecer en la negociación colectiva[43]. El problema que plantea esta regulación es que a falta de acuerdo individual o colectivo que precise los términos del acuerdo de trabajo a distancia, solo cabe reclamar individualmente la compensación de los gastos debidamente justificados[44]. En todo caso, debe prevalecer el principio de igualdad, en cuanto que establece que los teletrabajadores se beneficiarán de los mismos derechos, garantizados por la legislación y los convenios colectivos aplicables, que los trabajadores comparables que desempeñan su labor en los locales de empresa. No obstante, teniendo en cuenta las peculiaridades del teletrabajo, pueden ser necesarios acuerdos específicos complementarios individuales o colectivos[45].

5.3. Derechos con repercusión en el tiempo de trabajo

Los arts. 13 y 14 contemplan los derechos con repercusión en el tiempo de trabajo. Así, en primer lugar, la persona teletrabajadora puede flexibilizar el horario de prestación de servicios establecido, dado que tiene derecho a esa flexibilidad en los términos establecidos en el acuerdo de trabajo a distancia y la negociación colectiva, respetando los

(42) Así, por ejemplo, véanse la SAN 22 de septiembre de 2021 (Rec. 47/2021) en relación con la ayuda a comida en teletrabajo a trabajadores con jornada partida desde el 16 de marzo de 2020.

(43) La STSJ Andalucía 30 de septiembre de 2021 (Rec. 1125/2021) declara "... la empresa ha cumplido con la normativa, al llevar a cabo el oportuno acuerdo empresarial con el Comité de empresa (...) para regular el teletrabajo con anterioridad a la pandemia, cumpliendo lo pactado en el mismo al retribuir a los trabajadores que teletrabajan conforme a lo estipulado. Mientras que el resto de trabajadores han sido dotados de los medios, herramientas y consumibles necesarios para el teletrabajo".

(44) GARCÍA ROMERO, Belén. Compensación de los gastos derivados del desarrollo del trabajo a distancia: A falta de convenio colectivo o acuerdo-individual o colectivo- que precise los términos del acuerdo de trabajo a distancia, solo cabe reclamar individualmente la compensación de los gastos debidamente justificados. *Revista de Jurisprudencia Laboral*, núm. 7, 2021, p. 1 a 9. La SAN de 4 de junio de 2021 (Rec. 103/2021) declara que en el caso de la implantación del teletrabajo forzado sin delimitación de la compensación de gastos en los acuerdos de trabajo a distancia en los términos establecidos, en su caso, en el acuerdo individual, convenio o acuerdo colectivo de aplicación solo quedan las reclamaciones individuales en compensación de los gastos efectuados a consecuencia del trabajo a distancia, previa justificación de los mismos, puesto que no cabe un reconocimiento genérico.

(45) Por ejemplo, Acuerdo de implantación del teletrabajo en el Grupo Repsol (VII Convenio Colectivo de Repsol, S.A.).

tiempos de disponibilidad obligatoria y la normativa sobre tiempo de trabajo y descanso[46]. Esta flexibilidad constituye una técnica muy utilizada que puede suponer una manifestación donde prevalezca el interés del empresario cuando condiciona formalmente a la aceptación del trabajador. De ahí la remisión a lo establecido en el acuerdo de trabajo a distancia y a la negociación colectiva[47].

En segundo lugar, se contempla el derecho al registro horario adecuado que, a su vez, se articula junto a otro derecho contemplado en el art. 34.9 del ET. El sistema de registro horario es un instrumento que permite reflejar fielmente el tiempo que la persona teletrabajadora dedica a la actividad laboral, sin perjuicio de la flexibilidad horaria, y deberá incluir, entre otros, el momento de inicio y finalización de la jornada[48]. El registro de la jornada es una obligación para el empresario contemplada en el art. 34.9 ET que fue introducida como medida de control de la jornada previo recurso ante el Tribunal de Justicia de la Unión Europea (TJUE). Este Tribunal dictó una sentencia que sirve como muestra del rol de corrector nacional que ha venido asumiendo el TJUE, cuya sentencia se incorpora en el ordenamiento jurídico español como consecuencia de la aprobación del art. 10 del RDL 8/2019[49].

No obstante, estos derechos recogidos en la LTD hay que ponerlos en relación con el art. 34.8 ET en cuanto contempla que, para hacer efectivo el derecho a la conciliación de la vida familiar y laboral, el trabajador tiene derecho a solicitar las adaptaciones de la duración y distribución de la jornada de trabajo, incluida la prestación de su trabajo a distancia. Esta adaptación debe ser razonable y proporcionada en relación con las necesidades de la persona teletrabajadora y con las necesidades organizativas o productivas de la empresa. Y precisamente en relación con esta regulación se han producido algunos pronunciamientos judiciales. Así, por ejemplo, no cabe exigir el teletrabajo todos los días

---

(46) En relación a la caracterización de los tiempos de disponibilidad "tecnológica" sin presencia FÍSICA IGARTUA MIRÓ, María Teresa. *Ordenación flexible del tiempo de trabajo:* jornada y horario. *Valencia:* Tirant lo Blanch, 2018. p. 327-330.

(47) GARCÍA QUIÑONES, Juan Carlos. La organización del tiempo de trabajo y descanso y la conciliación en el teletrabajo. En: MELLA MÉNDEZ, Lourdes. *Trabajo a distancia y teletrabajo, ob cit.*, p. 165 y ss.

(48) El Ministerio de Trabajo. Migraciones y Seguridad Social ha elaborado una guía sobre dicho registro publicada en: <https://www.mites.gob.es/ficheros/ministerio/GuiaRegistroJornada.pdf>.

(49) ROJO TORRECILLA, Eduardo. La obligación de registro diario de la jornada: la necesaria intervención del TJUE en el debate judicial entre la Audiencia Nacional y el Tribunal Supremo. STJUE (Gran Sala) de 14 de mayo de 2019 (asunto C-55/18). *Revista de Jurisprudencia Laboral*, núm. 3/2019, p. 6-7. Esta normativa es fruto del conflicto previo de carácter interpretativo entre la doctrina del Tribunal Supremo y de la Audiencia Nacional, véanse las SSTS de 23 de marzo de 2017 (rec. 8172016) y de 20 de abril de 2017 (Rec. 116/2016) y las SSAN 4 de diciembre de 2016 (núm. 207/2015) y 19 de febrero (núm. 25/2016) y 6 de mayo (núm. 77/2016). Este conflicto concluyó con la publicación del RD-ley 8/2019, de 8 de marzo, de medidas urgentes de protección social y de lucha contra la precariedad laboral en la jornada de trabajo (BOE 12 de marzo 2019, núm. 61) estableciendo en el art. 10 el registro de jornada.

de la semana (SJS de Madrid de 20 diciembre de 2021), como tampoco conferir un derecho absoluto al teletrabajo para el trabajador (SSTSJ de Castilla León de 2020, Cataluña de 15 de abril de 2021). En otros casos solo estima en parte la petición de teletrabajo de una trabajadora, al conciliar los intereses de la empresa y los de la trabajadora (SJS Burgos de 24 de julio de 2020); se deniega el teletrabajo si se acredita que no se cuenta con la infraestructura necesaria (STSJ Cataluña de 15 de abril de 2021), o se concede al no estar suficientemente motivada la denegación de la empresa (SJS núm. 1 de Guadalajara de 13 octubre de 2020). Y, por último, ser director no implica no poder pedir teletrabajo al amparo del art. 34.8 ET (STJ Galicia de 5 de febrero de 2021)[(50)].

5.4. Derecho a la prevención de riesgos laborales

Los arts. 15 y 16 de la LTD regulan dos cuestiones centrales en materia de prevención de riesgos laborales. La primera está relacionada con la aplicación de la normativa preventiva en el trabajo a distancia, y la segunda con la evaluación de riesgos y planificación de la actividad preventiva.

En relación a la primera es obvio que los teletrabajadores tienen derecho a una adecuada protección en materia de seguridad y salud en el trabajo, de conformidad con lo establecido en la Ley 31/1995, de 8 de noviembre, de Prevención de Riesgos Laborales (en adelante, LPRL), y su normativa de desarrollo. La doctrina ha debatido las dificultades o inconvenientes de la aplicación de esta norma a las peculiaridades del teletrabajo, debiendo en unos casos adaptarse, y en otros no siendo posible su aplicación dada la peculiaridad del lugar de la prestación[(51)]. En materia de prevención de riesgos laborales, la característica diferencial y peculiar del teletrabajo es la ubicación del puesto de trabajo, que se localiza en un lugar diferente del centro de trabajo de la empresa[(52)]. Así, por ejemplo, puesto que la prestación de servicios en el teletrabajo se realiza fundamentalmente por medios digitales, los puestos de trabajo deben cumplir el RD 488/1997, de 14 de abril, sobre disposiciones mínimas de seguridad y salud relativas al trabajo con equipos que incluyen pantallas de visualización. Así mismo, deben respetarse también las recomendaciones relacionadas con los trastornos musculo-esqueléticos, la

(50) Estos pronunciamientos comentados por MARTÍN, Estela. 5 sentencias sobre teletrabajo al amparo del art. 34.8 del ET. En: *Sincro. Blog. Actualidad laboral*, 22 ene. 2022 en: <https://sincrogo.com/blog/actualidad-laboral/sentencias-teletrabajo-y-adaptacion-jornada/>.

(51) Entre otros, IGARTUA MIRÓ, María Teresa. Teletrabajo y prevención de riesgos laborales. En: *AAVV, Descentralización productiva y nuevas formas organizativas del trabajo:* X Congreso nacional de derecho del trabajo y de la Seguridad Social. Ministerio de Trabajo e Inmigración, Madrid, 1999, p. 1.045-1.064, MELLA MÉNDEZ, Lourdes. Reflexión crítica sobre la necesidad de adaptar la normativa de seguridad y salud al nuevo mercado de trabajo. *Iuslabor,* 1, 2020, p. 4-5.

(52) NTP 1165: Teletrabajo, criterios para su integración en el sistema de gestión de la SST. INSST, 2021.

fatiga visual, las organizacionales y las derivados de la transformación de una parte de la vivienda en lugar de trabajo(53).

Con respecto a la segunda cuestión, es decir, la evaluación de riesgos y planificación de la actividad preventiva, la LTD introduce ciertas peculiaridades o matices en relación con la LPRL, pero en el caso de las previsiones generales relacionadas con la vigilancia de la salud son idénticas a las de la modalidad presencial. En general, la evaluación de riesgos y la planificación de la actividad preventiva deberán tener en cuenta los riesgos característicos del teletrabajo, que hemos señalado más arriba, y en particular, la distribución de la jornada, los tiempos de disponibilidad y la garantía de los descansos y desconexiones durante la jornada. La empresa deberá obtener toda la información acerca de los riesgos a los que está expuesta la persona que teletrabaja mediante una metodología que ofrezca confianza respecto de sus resultados, y prever las medidas de protección que resulten más adecuadas en cada caso, incluida la visita por parte de quien tuviera competencias en materia preventiva al lugar en el que se desarrolla el teletrabajo. No obstante, si se trata del domicilio del trabajador o del de una persona física se requiere la autorización del propio teletrabajador. De no obtenerse dicho permiso, el desarrollo de la actividad preventiva por parte de la empresa se podrá llevar a cabo en base a la determinación de los riesgos que se deriven de la información recabada del propio teletrabajador, según las instrucciones del servicio de prevención(54).

La planificación de la actividad preventiva de la empresa no se supedita al criterio del empleado mediante una auto-evaluación, como sucedió cuando se adoptaron medidas concretas durante la pandemia, sino que es necesaria la actuación de los expertos, como los servicios de prevención de la empresa y los responsables de la evaluación de los riesgos de los teletrabajadores, porque la empresa es la responsable de la formación e información conveniente al trabajador para alcanzar una adecuada evaluación(55).

5.5. Derechos relacionados con el uso de los medios digitales

La LTD contempla dos derechos que deben ser garantizados cuando la persona teletrabajadora haga uso de los medios digitales en el ejercicio de su actividad laboral: el derecho a la intimidad y a la protección de datos, y el derecho a la desconexión digital (art. 17 y 18 LTD).

---

(53) IBERLEY. *Prevención de riesgos laborales en el trabajo a distancia (Teletrabajo).* 5 mayo 2022 en: <https://www.iberley.es/temas/prevencion-riesgos-laborales-trabajo-distancia-teletrabajo-1554.

(54) *Idem.*

(55) El art. 5 del RD-ley 8/2020, de 17 de marzo, de medidas urgentes extraordinarias para hacer frente al impacto económico y social del Covid-19 (BOE núm. 73, 18 de marzo de 2020) estableció el carácter preferente del trabajo a distancia y entendió cumplida la obligación de realizar la evaluación de riesgos, con carácter excepcional, a través de una autoevaluación realizada voluntariamente por el propio teletrabajador, Un análisis del teletrabajo en esta fase en VILLALBA SÁNCHEZ, Alicia. El teletrabajo en tiempos de pandemia: de su implantación coyuntural a su regulación estructural en el derecho español. *Revista Internacional y Comparada de Relaciones Laborales y Derecho del Empleo,* vol. 9, núm. 2021, p. 427-448.

Las personas que realizan teletrabajo tienen garantizado el derecho a la intimidad y a la protección de datos, en los términos previstos Ley Orgánica de Protección de Datos Personales y garantía de los derechos digitales, de acuerdo con los principios de idoneidad, necesidad y proporcionalidad de los medios utilizados[56]. En el caso del tratamiento de datos de las personas trabajadoras que realizan teletrabajo, cuando este suponga un tratamiento adicional de datos con respecto al que venía realizándose en el ámbito presencial, se ha de respetar el principio de licitud, por lo que para los distintos tratamientos que se realicen a causa de esta modalidad de trabajo a distancia habrá de considerarse lo siguiente: la voluntariedad; la no aplicabilidad del consentimiento como base jurídica, recurriendo según el tratamiento específico a otras más adecuadas como, por ejemplo, el tratamiento legitimado por la existencia de una relación laboral con relación a la facultad del empresario para poder ejercer el poder de dirección y control, siempre con observancia del principio de proporcionalidad de acuerdo a lo previsto en el ET; el levantamiento de la prohibición del tratamiento de categorías especiales de datos (por ejemplo, en cuanto a los datos biométricos solo quedaría amparado este levantamiento cuando sea necesario para el cumplimiento de otras obligaciones y el ejercicio de derechos específicos de la persona responsable del tratamiento o de la persona interesada en el ámbito del Derecho laboral y de la seguridad y protección social, en la medida en que así lo autorice el Derecho o un convenio colectivo con arreglo a Derecho que establezca garantías adecuadas del respeto de los derechos fundamentales y de los intereses de la persona interesada); y, por último, el respeto de los derechos relacionados con el uso de dispositivos en el ámbito laboral y el derecho a la desconexión digital[57].

En relación con la desconexión digital es obligada la remisión al art. 88 de la Ley Orgánica 3/2018, de 5 de diciembre, en cuanto supone un deber empresarial de garantizarla durante los períodos de descanso. El empresario debe elaborar una política interna en la que defina las modalidades de ejercicio del derecho a la desconexión y las acciones de formación y de sensibilización del personal sobre un uso razonable de las herramientas tecnológicas que evite el riesgo de fatiga informática, en particular en los supuestos de realización total o parcial del teletrabajo, así como en el domicilio del teletrabajador vinculado al uso con fines laborales y herramientas tecnológicas. Por último, el legislador

(56) Ley Orgánica 3/2018, de 5 de diciembre, de Protección de Datos Personales y garantía de los derechos digitales (LOPDyDG). En el marco de la Unión Europea fue elaborado un Reglamento de aplicación directa en cada uno de los Estados miembros para unificar la normativa de protección de datos en este ámbito adaptándola a la nueva realidad digital. Este Reglamento se aplica a las personas físicas, independientemente de su nacionalidad o de su lugar de residencia, en relación con el tratamiento de sus datos personales y su protección debe ser tecnológicamente neutra y no debe depender de las técnicas utilizadas (Reglamento (UE) 2016/679 del Parlamento Europeo y del Consejo de 27 de abril de 2016).

(57) AEPD. Teletrabajo y protección de datos en el ámbito digital. *Blog* de la Agencia Española de Protección de Datos en el ámbito digital. 19 jul. 2021, en: <https://www.aepd.es/es/prensa-y-comunicacion/blog/teletrabajo-y-pd-en-el-ambito-digital>.

hace un llamamiento a los convenios o acuerdos colectivos de trabajo para que establezcan los medios y medidas adecuadas para garantizar el ejercicio de este derecho[(58)] y la organización adecuada de la jornada, de forma que sea compatible con la garantía de tiempos de descanso, sin remitirse en este caso al acuerdo individual de los instrumentos que garanticen este derecho[(59)].

5.6. Derechos colectivos

Es obvio que el principio de igualdad entre trabajadores exige que las personas que teletrabajan tengan derecho al ejercicio de los derechos colectivos con el mismo contenido y alcance que el resto de las personas que trabajen en el propio centro de trabajo. En este caso la LCT realiza una remisión a la negociación colectiva para que establezca las condiciones para garantizar el ejercicio de los derechos colectivos atendiendo, eso sí, a las particularidades de la realización de la actividad laboral en régimen de teletrabajo. En este sentido el legislador hace un llamamiento a la negociación colectiva sin precisar cuáles deben ser los términos de esas condiciones que aseguren que no existen obstáculos para la comunicación entre la persona teletrabajadora y sus representantes legales, así como con el resto de los trabajadores. No obstante, sí hace una mención al deber de garantizar la participación efectiva en las actividades organizadas o convocadas por su representación legal o por el resto de las personas trabajadoras en defensa de sus intereses laborales, y particularmente su participación efectiva presencial para el ejercicio del derecho a voto en las elecciones a representantes legales. En todo caso, será necesario que la representación legal de las personas trabajadoras reciba información en el plazo que establezca la negociación colectiva de las personas adheridas a la modalidad del teletrabajo, así como la relación de los puestos[(60)].

Al igual que en el AMET, el legislador solo hace referencia a algunas cuestiones de los derechos de representación, sin mencionar aquellos restantes de los derechos colectivos. Por lo tanto, corresponderá a la negociación colectiva, por ejemplo, que desde el inicio del teletrabajo se haga constar la adscripción del teletrabajador al centro de trabajo a los efectos del ejercicio de los derechos colectivos; la forma de computar los teletrabajadores y el tipo de órgano a constituir, de acuerdo con lo establecido en el ET para el

(58) Entre las prácticas para la desconexión se recomiendan evitar: enviar mails, llamadas o mensajes fuera del horario laboral normal; convocatoria de reuniones fuera del horario laboral normal y el envío de comunicaciones durante los descansos por vacaciones y fines de semana (art. 28 del III Convenio colectivo de oficinas corporativas del grupo *Siemens Gamesa Energy*, BOE núm. 132, 3 de junio de 2021).

(59) IGARTUA MIRÓ, María Teresa. Garantía de la seguridad y salud en el trabajo a distancia: mucho ruido y pocas nueces. *Trabajo y Seguridad Social. CEF*, núm. 458, 2021, p. 83.

(60) Confederación Sindical de CCOO. *Orientaciones para la regulación del teletrabajo en la negociación colectiva*. Jul. 2020, p. 16, en: <https://www.ccoo.es/98924f6342dd4089217c2b8898065def000001.pdf>.

caso de la representación unitaria (delegado de personal/comités de empresa) y representación sindical (secciones sindicales y delegado sindical), teniendo en cuenta que la prestación de servicios no se realiza en el centro de trabajo o empresa(61). Por otro lado, también los convenios o acuerdos colectivos son los que deben determinar en qué centro serán electores y elegibles pero, en su defecto, debería atenderse a un sistema subsidiario de asignación del puesto de trabajo en una futura regulación nacional(62). En cuanto a la participación de los trabajadores como electores en las elecciones a representantes de los trabajadores, entendemos que sería conveniente la existencia de una representación específica de los teletrabajadores que atienda la particularidad de sus problemas y de sus reivindicaciones. Esta posibilidad es perfectamente factible si en el convenio colectivo se pacta la posibilidad de crear un nuevo colegio electoral de teletrabajadores, conforme prescribe el art. 71 del ET(63). Al respecto no hemos encontrado un convenio colectivo que recoja esta posibilidad, porque suelen hacer una remisión a lo estipulado con carácter general a los trabajadores de la empresa, ya sean trabajadores presenciales o propiamente teletrabajadores(64). La ausencia de disposiciones específicas para identificar adecuadamente el lugar y el centro de trabajo puede dar lugar a problemas de efectividad del derecho de libertad sindical y a otros como, por ejemplo, el de la determinación de la norma laboral y de seguridad social aplicable en los casos de teletrabajo internacional. Como también la contratación en origen cien por cien teletrabajo, que puede debilitar la capacidad de organización de las personas teletrabajadoras. En este sentido, se recomienda que "en el acuerdo colectivo, es conveniente eludir la *posibilidad de un teletrabajo el 100% de la jornada, así como mecanismos que permitan vincular las nuevas contrataciones a un centro de trabajo*(65). La realidad es que aumentan las empresas que optan por abandonar el teletrabajo por completo (99%) y sólo un 1% opta por un modelo sin presencialidad, solo con teletrabajo, Sin duda alguna, es el modelo híbrido el que se mantiene como la opción más utilizada según un informe que incluye estos datos con respecto al primer trimestre del año 2022(66).

---

(61) SIERRA BENÍTEZ, Esperanza Macarena. *El contenido de la relación laboral en el teletrabajo.* Junta de Andalucía, 2011. p. 164.

(62) HERNANDO DE LARRAMENDI, Álvaro. Notas sobre la aplicación en España del Acuerdo Marco Europeo sobre Teletrabajo. *Relaciones laborales*, núm. 21, 2003, p. 85.

(63) MELLA MÉNDEZ, Lourdes. Comentario general al Acuerdo Marco sobre el Teletrabajo. *Relaciones Laborales*, núm. 1, 2003, p. 49.

(64) Entre otros, Acuerdo de modificación del Convenio colectivo de Orange España Comunicaciones Fijas, S.L.U (BOE, núm. 13, 15 ene. 2022).

(65) CCOO Industria, Teletrabajo. Guía para su negociación e implantación tras la aprobación de la ley del teletrabajo. en: <https://industria.ccoo.es/8df9574de12621b6b43378acffd85eab000060.pdf>.

(66) MVGM España. *Informe de Mercado Q1 2022*, en: <https://www.mvgm.es/news/mvgm-spain-market-report-q1-2022/>

5.7. Facultades de organización, dirección y control empresarial en el teletrabajo

En este apartado se abordan tres aspectos fundamentales relacionados con el poder del empresario en un espacio virtual: a) protección de datos y seguridad de la información; b) condiciones e instrucciones de uso y conservación de equipos o útiles informáticos; y c) facultades de control empresarial.

En relación a la protección de datos y seguridad de la información las personas teletrabajadoras en el desarrollo del teletrabajo, están obligadas a cumplir las instrucciones empresariales en el marco de la legislación sobre protección de datos, previa participación legal de las personas trabajadoras. Así mismo, deben cumplir las condiciones e instrucciones de uso y conservación establecidas en la empresa en relación con los equipos o útiles informáticos dentro de los términos que, en su caso, se establezcan en la negociación colectiva(67).

Por último, en cuanto a las facultades de control empresarial la LTD reproduce en los mismos términos la regulación contenida en el ET. Así, la empresa podrá adoptar las medidas de vigilancia y control que estime más oportunas para verificar el cumplimiento por parte de la persona teletrabajadora de sus obligaciones y deberes laborales, incluida la utilización de medios telemáticos, guardando en su adopción y aplicación la consideración debida a su dignidad (art. 22 LTD)(68).

En definitiva, "el poder de dirección del empresario no tiene unas características muy diferentes a las que les son propias en el trabajo subordinado presencial. La cuestión más controvertida es la relativa al poder de vigilancia y control empresarial, y la amenaza que el uso de los medios informáticos supondría para la privacidad de los teletrabajadores. No obstante, el poder del empresario no es absoluto, sino que está sometido a límites: el primero, relacionado con la misma finalidad de control, consistente en verificar sólo el cumplimiento de las obligaciones y deberes laborales por el teletrabajador; y el segundo, relacionado con la dignidad del trabajador, presente en todos los derechos fundamentales del mismo, y por supuesto, en el derecho a la intimidad". En esta materia es necesario

(67) Así, por ejemplo, dar a conocer tanto a los teletrabajadores como a la representación legal de los trabajadores los procedimientos, métodos, protocolos de uso de dispositivos y herramientas y soporte técnico que pudieran ponerse en marcha fruto de la implementación del teletrabajo. En estos términos art. 31.6 Convenio colectivo de Sinfo Instalaciones de Telecomunicaciones, S.L. (BOE núm. 86, 11 abr. 2022).

(68) STS 2 de febrero 2017 (Rec. 554/2016), en el supuesto de control por videovigilancia: "lo importante será determinar si el dato obtenido se ha utilizado para la finalidad de control de la relación laboral o para una finalidad ajena al cumplimiento del contrato, porque sólo si la finalidad del tratamiento de datos no guarda relación directa con el mantenimiento, desarrollo o control de la relación contractual el empresario estaría obligado a solicitar el consentimiento de los trabajadores afectados".

potenciar la negociación colectiva, así como aplicar la normativa de protección de datos como la vía más adecuada para garantizar la privacidad del teletrabajador[69].

6. Anexo I: Ley 10/2021, de 9 de julio, de trabajo a distancia[70]

Exposición de Motivos

(...)

CAPÍTULO I

Disposiciones generales

Artículo 1. Ámbito de aplicación.

Las relaciones de trabajo a las que resultará de aplicación la presente Ley serán aquellas en las que concurran las condiciones descritas en el artículo 1.1 del texto refundido de la Ley del Estatuto de los Trabajadores aprobado por el Real Decreto Legislativo 2/2015, de 23 de octubre, que se desarrollen a distancia con carácter regular. Se entenderá que es regular el trabajo a distancia que se preste, en un periodo de referencia de tres meses, un mínimo del treinta por ciento de la jornada, o el porcentaje proporcional equivalente en función de la duración del contrato de trabajo.

Artículo 2. Definiciones.

A los efectos de lo establecido en esta Ley, se entenderá por:

a) Trabajo a distancia»: forma de organización del trabajo o de realización de la actividad laboral conforme a la cual esta se presta en el domicilio de la persona trabajadora o en el lugar elegido por esta, durante toda su jornada o parte de ella, con carácter regular.

b) Teletrabajo»: aquel trabajo a distancia que se lleva a cabo mediante el uso exclusivo o prevalente de medios y sistemas informáticos, telemáticos y de telecomunicación.

c) Trabajo presencial»: aquel trabajo que se presta en el centro de trabajo o en el lugar determinado por la empresa.

Artículo 3. Limitaciones en el trabajo a distancia.

En los contratos de trabajo celebrados con menores y en los contratos en prácticas y para la formación y el aprendizaje, solo cabrá un acuerdo de trabajo a distancia que garantice, como mínimo, un porcentaje del cincuenta por ciento de prestación de servicios presencial, sin perjuicio del desarrollo telemático, en su caso, de la formación teórica vinculada a estos últimos.

Artículo 4. Igualdad de trato y de oportunidades y no discriminación.

1. Las personas que desarrollan trabajo a distancia tendrán los mismos derechos que hubieran ostentado si prestasen servicios en el centro de trabajo de la empresa, salvo aquellos que sean inherentes a la realización de la prestación laboral en el mismo de manera presencial, y no podrán sufrir perjuicio en ninguna de sus condiciones laborales, incluyendo retribución, estabilidad en el empleo, tiempo de trabajo, formación y promoción profesional. Sin perjuicio de lo

(69) SIERRA BENÍTEZ, Esperanza Macarena. *El contenido de la relación laboral en el teletrabajo, ob. cit.*, p. 378.

(70) Extracto de Ley 10/2021, de 9 de junio, de trabajo a distancia (BOE-A-2021-11472). Legislación consolidada.

previsto en el párrafo anterior, las personas que desarrollan total o parcialmente trabajo a distancia tendrán derecho a percibir, como mínimo, la retribución total establecida conforme a su grupo profesional, nivel, puesto y funciones, así como los complementos establecidos para las personas trabajadoras que solo prestan servicios de forma presencial, particularmente aquellos vinculados a las condiciones personales, los resultados de la empresa o las características del puesto de trabajo.

2. Las personas que desarrollan trabajo a distancia no podrán sufrir perjuicio alguno ni modificación en las condiciones pactadas, en particular en materia de tiempo de trabajo o de retribución, por las dificultades, técnicas u otras no imputables a la persona trabajadora, que eventualmente pudieran producirse, sobre todo en caso de teletrabajo.

3. Las empresas están obligadas a evitar cualquier discriminación, directa o indirecta, particularmente por razón de sexo, edad, antigüedad o grupo profesional o discapacidad, de las personas trabajadoras que prestan servicios a distancia, asegurando la igualdad de trato y la prestación de apoyos, y realizando los ajustes razonables que resulten procedentes. Igualmente, las empresas están obligadas a tener en cuenta a las personas teletrabajadoras o trabajadoras a distancia y sus características laborales en el diagnóstico, implementación, aplicación, seguimiento y evaluación de medidas y planes de igualdad.

4. De conformidad con lo previsto en la normativa aplicable, las empresas deberán tener en cuenta las particularidades del trabajo a distancia, especialmente del teletrabajo, en la configuración y aplicación de medidas contra el acoso sexual, acoso por razón de sexo, acoso por causa discriminatoria y acoso laboral. En la elaboración de medidas para la protección de las víctimas de violencia de género, deberán tenerse especialmente en cuenta, dentro de la capacidad de actuación empresarial en este ámbito, las posibles consecuencias y particularidades de esta forma de prestación de servicios en aras a la protección y garantía de derechos sociolaborales de estas personas.

5. Las personas que realizan trabajo a distancia tienen los mismos derechos que las personas trabajadoras presenciales en materia de conciliación y corresponsabilidad, incluyendo el derecho de adaptación a la jornada establecido en el artículo 34.8 del Estatuto de los Trabajadores, a fin de que no interfiera el trabajo con la vida personal y familiar.

CAPÍTULO II

El acuerdo de trabajo a distancia Sección 1.ª Voluntariedad del trabajo a distancia

Artículo 5. Voluntariedad del trabajo a distancia y acuerdo de trabajo a distancia.

1. El trabajo a distancia será voluntario para la persona trabajadora y para la empleadora y requerirá la firma del acuerdo de trabajo a distancia regulado en esta Ley, que podrá formar parte del contrato inicial o realizarse en un momento posterior, sin que pueda ser impuesto en aplicación del artículo 41 del Estatuto de los Trabajadores, todo ello sin perjuicio del derecho al trabajo a distancia que pueda reconocer la legislación o la negociación colectiva.

2. La negativa de la persona trabajadora a trabajar a distancia, el ejercicio de la reversibilidad al trabajo presencial y las dificultades para el desarrollo adecuado de la actividad laboral a distancia que estén exclusivamente relacionadas con el cambio de una prestación presencial a otra que incluya trabajo a distancia, no serán causas justificativas de la extinción de la relación laboral ni de la modificación sustancial de las condiciones de trabajo.

3. La decisión de trabajar a distancia desde una modalidad de trabajo presencial será reversible para la empresa y la persona trabajadora. El ejercicio de esta reversibilidad podrá ejercerse en

los términos establecidos en la negociación colectiva o, en su defecto, en los fijados en el acuerdo de trabajo a distancia al que se refiere el artículo 7.

Sección 2.ª

El acuerdo de trabajo a distancia

Artículo 6. Obligaciones formales del acuerdo de trabajo a distancia.

1. El acuerdo de trabajo a distancia deberá realizarse por escrito. Este acuerdo podrá estar incorporado al contrato de trabajo inicial o realizarse en un momento posterior, pero en todo caso deberá formalizarse antes de que se inicie el trabajo a distancia.

2. La empresa deberá entregar a la representación legal de las personas trabajadoras una copia de todos los acuerdos de trabajo a distancia que se realicen y de sus actualizaciones, excluyendo aquellos datos que, de acuerdo con la Ley Orgánica 1/1982, de 5 de mayo, de protección civil del derecho al honor, a la intimidad personal y familiar y a la propia imagen, pudieran afectar a la intimidad personal, de conformidad con lo previsto en el artículo 8.4 del Estatuto de los Trabajadores. El tratamiento de la información facilitada estará sometido a los principios y garantías previstos en la normativa aplicable en materia de protección de datos. Esta copia se entregará por la empresa, en un plazo no superior a diez días desde su formalización, a la representación legal de las personas trabajadoras, que la firmarán a efectos de acreditar que se ha producido la entrega. Posteriormente, dicha copia se enviará a la oficina de empleo. Cuando no exista representación legal de las personas trabajadoras también deberá formalizarse copia básica y remitirse a la oficina de empleo.

Artículo 7. Contenido del acuerdo de trabajo a distancia.

Será contenido mínimo obligatorio del acuerdo de trabajo a distancia, sin perjuicio de la regulación recogida al respecto en los convenios o acuerdos colectivos, el siguiente:

a) Inventario de los medios, equipos y herramientas que exige el desarrollo del trabajo a distancia concertado, incluidos los consumibles y los elementos muebles, así como de la vida útil o periodo máximo para la renovación de estos.

b) Enumeración de los gastos que pudiera tener la persona trabajadora por el hecho de prestar servicios a distancia, así como forma de cuantificación de la compensación que obligatoriamente debe abonar la empresa y momento y forma para realizar la misma, que se corresponderá, de existir, con la previsión recogida en el convenio o acuerdo colectivo de aplicación.

c) Horario de trabajo de la persona trabajadora y dentro de él, en su caso, reglas de disponibilidad. d) Porcentaje y distribución entre trabajo presencial y trabajo a distancia, en su caso.

d) Centro de trabajo de la empresa al que queda adscrita la persona trabajadora a distancia y donde, en su caso, desarrollará la parte de la jornada de trabajo presencial.

e) Lugar de trabajo a distancia elegido por la persona trabajadora para el desarrollo del trabajo a distancia.

f) Duración de plazos de preaviso para el ejercicio de las situaciones de reversibilidad, en su caso.

g) Medios de control empresarial de la actividad.

h) Procedimiento a seguir en el caso de producirse dificultades técnicas que impidan el normal desarrollo del trabajo a distancia.

i) Instrucciones dictadas por la empresa, con la participación de la representación legal de las personas trabajadoras, en materia de protección de datos, específicamente aplicables en el trabajo a distancia.

j) Instrucciones dictadas por la empresa, previa información a la representación legal de las personas trabajadoras, sobre seguridad de la información, específicamente aplicables en el trabajo a distancia.

k) Duración del acuerdo de trabajo a distancia.

Artículo 8. Modificación del acuerdo de trabajo a distancia y ordenación de prioridades.

1. La modificación de las condiciones establecidas en el acuerdo de trabajo a distancia, incluido el porcentaje de presencialidad, deberá ser objeto de acuerdo entre la empresa y la persona trabajadora, formalizándose por escrito con carácter previo a su aplicación. Esta modificación será puesta en conocimiento de la representación legal de las personas trabajadoras.

2. Las personas que realizan trabajo a distancia desde el inicio de la relación laboral durante la totalidad de su jornada, tendrán prioridad para ocupar puestos de trabajo que se realizan total o parcialmente de manera presencial. A estos efectos, la empresa informará a estas personas que trabajan a distancia y a la representación legal de las personas trabajadoras de los puestos de trabajo vacantes de carácter presencial que se produzcan.

3. Los convenios o acuerdos colectivos podrán establecer los mecanismos y criterios por los que la persona que desarrolla trabajo presencial puede pasar a trabajo a distancia o viceversa, así como preferencias vinculadas a determinadas circunstancias, como las relacionadas con la formación, la promoción y estabilidad en el empleo de personas con diversidad funcional o con riesgos específicos, la existencia de pluriempleo o pluriactividad o la concurrencia de determinadas circunstancias personales o familiares, así como la ordenación de las prioridades establecidas en la presente Ley. En el diseño de estos mecanismos se deberá evitar la perpetuación de roles y estereotipos de género y se deberá tener en cuenta el fomento de la corresponsabilidad entre mujeres y hombres, debiendo ser objeto de diagnóstico y tratamiento por parte del plan de igualdad que, en su caso, corresponda aplicar en la empresa.

CAPÍTULO III

Derechos de las personas trabajadoras a distancia

Sección 1.ª Derecho a la carrera profesional

Artículo 9. Derecho a la formación. 1. Las empresas deberán adoptar las medidas necesarias para garantizar la participación efectiva en las acciones formativas de las personas que trabajan a distancia, en términos equivalentes a las de las personas que prestan servicios en el centro de trabajo de la empresa, debiendo atender el desarrollo de estas acciones, en lo posible, a las características de su prestación de servicios a distancia. 2. La empresa deberá garantizar a las personas que trabajan a distancia la formación necesaria para el adecuado desarrollo de su actividad tanto al momento de formalizar el acuerdo de trabajo a distancia como cuando se produzcan cambios en los medios o tecnologías utilizadas. Artículo 10. Derecho a la promoción profesional. Las personas que trabajan a distancia tendrán derecho, en los mismos términos que las que prestan servicios de forma presencial, a la promoción profesional, debiendo la empresa informar a aquellas, de manera expresa y por escrito, de las posibilidades de ascenso que se produzcan, ya se trate de puestos de desarrollo presencial o a distancia.

Sección 2.ª Derechos relativos a la dotación y mantenimiento
de medios y al abono y compensación de gastos

Artículo 11. Derecho a la dotación suficiente y mantenimiento de medios, equipos y herramientas.

1. Las personas que trabajan a distancia tendrán derecho a la dotación y mantenimiento adecuado por parte de la empresa de todos los medios, equipos y herramientas necesarios para el desarrollo de la actividad, de conformidad con el inventario incorporado en el acuerdo referido en el artículo 7 y con los términos establecidos, en su caso, en el convenio o acuerdo colectivo de aplicación. En el caso de personas con discapacidad trabajadoras, la empresa asegurará que esos medios, equipos y herramientas, incluidos los digitales, sean universalmente accesibles, para evitar cualquier exclusión por esta causa.

2. Asimismo, se garantizará la atención precisa en el caso de dificultades técnicas, especialmente en el caso de teletrabajo.

Artículo 12. El derecho al abono y compensación de gastos.

1. El desarrollo del trabajo a distancia deberá ser sufragado o compensado por la empresa, y no podrá suponer la asunción por parte de la persona trabajadora de gastos relacionados con los equipos, herramientas y medios vinculados al desarrollo de su actividad laboral.

2. Los convenios o acuerdos colectivos podrán establecer el mecanismo para la determinación, y compensación o abono de estos gastos.

Sección 3.ª Derechos con repercusión en el tiempo de trabajo

Artículo 13. Derecho al horario flexible en los términos del acuerdo.

De conformidad con los términos establecidos en el acuerdo de trabajo a distancia y la negociación colectiva, respetando los tiempos de disponibilidad obligatoria y la normativa sobre tiempo de trabajo y descanso, la persona que desarrolla trabajo a distancia podrá flexibilizar el horario de prestación de servicios establecido.

Artículo 14. Derecho al registro horario adecuado. El sistema de registro horario que se regula en el artículo 34.9 del Estatuto de los Trabajadores, de conformidad con lo establecido en la negociación colectiva, deberá reflejar fielmente el tiempo que la persona trabajadora que realiza trabajo a distancia dedica a la actividad laboral, sin perjuicio de la flexibilidad horaria, y deberá incluir, entre otros, el momento de inicio y finalización de la jornada.

Sección 4.ª Derecho a la prevención de riesgos laborales

Artículo 15. Aplicación de la normativa preventiva en el trabajo a distancia. Las personas que trabajan a distancia tienen derecho a una adecuada protección en materia de seguridad y salud en el trabajo, de conformidad con lo establecido en la Ley 31/1995, de 8 de noviembre, de Prevención de Riesgos Laborales, y su normativa de desarrollo.

Artículo 16. Evaluación de riesgos y planificación de la actividad preventiva.

1. La evaluación de riesgos y la planificación de la actividad preventiva del trabajo a distancia deberán tener en cuenta los riesgos característicos de esta modalidad de trabajo, poniendo especial atención en los factores psicosociales, ergonómicos y organizativos y de accesibilidad del entorno laboral efectivo. En particular, deberá tenerse en cuenta la distribución de la jornada, los tiempos de disponibilidad y la garantía de los descansos y desconexiones durante la jornada. La evaluación de riesgos únicamente debe alcanzar a la zona habilitada para la prestación de servicios, no extendiéndose al resto de zonas de la vivienda o del lugar elegido para el desarrollo del trabajo a distancia.

2. La empresa deberá obtener toda la información acerca de los riesgos a los que está expuesta la persona que trabaja a distancia mediante una metodología que ofrezca confianza respecto de sus resultados, y prever las medidas de protección que resulten más adecuadas en cada caso. Cuando la obtención de dicha información exigiera la visita por parte de quien tuviera competencias en materia preventiva al lugar en el que, conforme a lo recogido en el acuerdo al que se refiere el artículo 7, se desarrolla el trabajo a distancia, deberá emitirse informe escrito que justifique dicho extremo que se entregará a la persona trabajadora y a las delegadas y delegados de prevención. La referida visita requerirá, en cualquier caso, el permiso de la persona trabajadora, de tratarse de su domicilio o del de una tercera persona física. De no concederse dicho permiso, el desarrollo de la actividad preventiva por parte de la empresa podrá efectuarse en base a la determinación de los riesgos que se derive de la información recabada de la persona trabajadora según las instrucciones del servicio de prevención.

Sección 5.ª Derechos relacionados con el uso de medios digitales

Artículo 17. Derecho a la intimidad y a la protección de datos.

1. La utilización de los medios telemáticos y el control de la prestación laboral mediante dispositivos automáticos garantizará adecuadamente el derecho a la intimidad y a la protección de datos, en los términos previstos en la Ley Orgánica 3/2018, de 5 de diciembre, de Protección de Datos Personales y garantía de los derechos digitales, de acuerdo con los principios de idoneidad, necesidad y proporcionalidad de los medios utilizados.

2. La empresa no podrá exigir la instalación de programas o aplicaciones en dispositivos propiedad de la persona trabajadora, ni la utilización de estos dispositivos en el desarrollo del trabajo a distancia.

3. Las empresas deberán establecer criterios de utilización de los dispositivos digitales respetando en todo caso los estándares mínimos de protección de su intimidad de acuerdo con los usos sociales y los derechos reconocidos legal y constitucionalmente. En su elaboración deberá participar la representación legal de las personas trabajadoras. Los convenios o acuerdos colectivos podrán especificar los términos dentro de los cuales las personas trabajadoras pueden hacer uso por motivos personales de los equipos informáticos puestos a su disposición por parte de la empresa para el desarrollo del trabajo a distancia, teniendo en cuenta los usos sociales de dichos medios y las particularidades del trabajo a distancia.

Artículo 18. Derecho a la desconexión digital.

1. Las personas que trabajan a distancia, particularmente en teletrabajo, tienen derecho a la desconexión digital fuera de su horario de trabajo en los términos establecidos en el artículo 88 de la Ley Orgánica 3/2018, de 5 de diciembre. El deber empresarial de garantizar la desconexión conlleva una limitación del uso de los medios tecnológicos de comunicación empresarial y de trabajo durante los periodos de descanso, así como el respeto a la duración máxima de la jornada y a cualesquiera límites y precauciones en materia de jornada que dispongan la normativa legal o convencional aplicables.

2. La empresa, previa audiencia de la representación legal de las personas trabajadoras, elaborará una política interna dirigida a personas trabajadoras, incluidos los que ocupen puestos directivos, en la que definirán las modalidades de ejercicio del derecho a la desconexión y las acciones de formación y de sensibilización del personal sobre un uso razonable de las herramientas tecnológicas que evite el riesgo de fatiga informática. En particular, se preservará el derecho a la desconexión digital en los supuestos de realización total o parcial del trabajo a distancia, así como en el domicilio de la persona empleada vinculado al uso con fines laborales de herramientas

tecnológicas. Los convenios o acuerdos colectivos de trabajo podrán establecer los medios y medidas adecuadas para garantizar el ejercicio efectivo del derecho a la desconexión en el trabajo a distancia y la organización adecuada de la jornada de forma que sea compatible con la garantía de tiempos de descanso.

Sección 6.ª Derechos colectivos

Artículo 19. Derechos colectivos de las personas que trabajan a distancia.

1. Las personas trabajadoras a distancia tendrán derecho a ejercitar sus derechos de naturaleza colectiva con el mismo contenido y alcance que el resto de las personas trabajadoras del centro al que están adscritas. A estos efectos, la negociación colectiva podrá establecer las condiciones para garantizar el ejercicio de los derechos colectivos de las personas trabajadoras a distancia, en atención a las singularidades de su prestación, con respeto pleno al principio de igualdad de trato y de oportunidades entre la persona trabajadora a distancia y la que desempeñe tareas en el establecimiento de la empresa.

2. La empresa deberá suministrar a la representación legal de las personas trabajadoras los elementos precisos para el desarrollo de su actividad representativa, entre ellos, el acceso a las comunicaciones y direcciones electrónicas de uso en la empresa y la implantación del tablón virtual, cuando sea compatible con la forma de prestación del trabajo a distancia. Deberá asegurarse que no existen obstáculos para la comunicación entre las personas trabajadoras a distancia y sus representantes legales, así como con el resto de personas trabajadoras.

3. Deberá garantizarse que las personas trabajadoras a distancia pueden participar de manera efectiva en las actividades organizadas o convocadas por su representación legal o por el resto de las personas trabajadoras en defensa de sus intereses laborales, en particular, su participación efectiva presencial para el ejercicio del derecho a voto en las elecciones a representantes legales.

CAPÍTULO IV

Facultades de organización, dirección y control empresarial en el trabajo a distancia

Artículo 20. Protección de datos y seguridad de la información.

1. Las personas trabajadoras, en el desarrollo del trabajo a distancia, deberán cumplir las instrucciones que haya establecido la empresa en el marco de la legislación sobre protección de datos, previa participación de la representación legal de las personas trabajadoras.

2. Las personas trabajadoras deberán cumplir las instrucciones sobre seguridad de la información específicamente fijadas por la empresa, previa información a su representación legal, en el ámbito del trabajo a distancia.

Artículo 21. Condiciones e instrucciones de uso y conservación de equipos o útiles informáticos.

Las personas trabajadoras deberán cumplir las condiciones e instrucciones de uso y conservación establecidas en la empresa en relación con los equipos o útiles informáticos, dentro de los términos que, en su caso, se establezcan en la negociación colectiva.

Artículo 22. Facultades de control empresarial.

La empresa podrá adoptar las medidas que estime más oportunas de vigilancia y control para verificar el cumplimiento por la persona trabajadora de sus obligaciones y deberes laborales, incluida la utilización de medios telemáticos, guardando en su adopción y aplicación la consideración debida a su dignidad y teniendo en cuenta, en su caso, sus circunstancias personales, como la concurrencia de una discapacidad.

Disposición adicional primera. El trabajo a distancia en la negociación colectiva.

1. Los convenios o acuerdos colectivos podrán establecer, en atención a la especificidad de la actividad concreta de su ámbito, la identificación de los puestos de trabajo y funciones susceptibles de ser realizados a través del trabajo a distancia, las condiciones de acceso y desarrollo de la actividad laboral mediante esta modalidad, la duración máxima del trabajo a distancia, así como contenidos adicionales en el acuerdo de trabajo a distancia y cuantas otras cuestiones se consideren necesario regular.

2. Los convenios o acuerdos colectivos podrán regular una jornada mínima presencial en el trabajo a distancia, el ejercicio de la reversibilidad al trabajo en los locales de la empresa, un porcentaje o periodo de referencia inferiores a los fijados en la presente Ley a los efectos de calificar como «regular» esta modalidad de ejecución de la actividad laboral, un porcentaje de trabajo presencial de los contratos formativos diferente al previsto en el mismo, siempre que no se celebren con menores de edad, así como las posibles circunstancias extraordinarias de modulación del derecho a la desconexión.

(...)

Disposición transitoria primera. Situaciones de trabajo a distancia existentes a la entrada en vigor de esta Ley.

1. Esta Ley será íntegramente aplicable a las relaciones de trabajo vigentes y que estuvieran reguladas, con anterioridad a su publicación, por convenios o acuerdos colectivos sobre condiciones de prestación de servicios a distancia, desde el momento en el que estos pierdan su vigencia. En caso de que los convenios o acuerdos referidos en el apartado anterior no prevean un plazo de duración, esta norma resultará de aplicación íntegramente una vez transcurrido un año desde su publicación en el «Boletín Oficial del Estado», salvo que las partes firmantes de estos acuerden expresamente un plazo superior, que como máximo podrá ser de tres años.

2. En ningún caso la aplicación de esta Ley podrá tener como consecuencia la compensación, absorción o desaparición de cualesquiera derechos o condiciones más beneficiosas que vinieran disfrutando las personas que prestasen con carácter previo sus servicios a distancia que se reflejarán en el acuerdo de trabajo a distancia, de conformidad con lo previsto en el artículo 7. El acuerdo de trabajo a distancia regulado en la sección segunda del capítulo II de esta Ley deberá formalizarse en el plazo de tres meses desde que esta norma resulte de aplicación a la relación laboral concreta. En idéntico plazo deberán efectuarse adaptaciones o modificaciones de los acuerdos de trabajo a distancia de carácter individual vigentes a la fecha de publicación de esta Ley, no derivados de convenios o acuerdos colectivos.

(...)

Disposición transitoria tercera. Trabajo a distancia como medida de contención sanitaria derivada de la Covid-19.

Al trabajo a distancia implantado excepcionalmente en aplicación del artículo 5 del Real Decreto-ley 8/2020, de 17 de marzo, o como consecuencia de las medidas de contención sanitaria derivadas de la Covid-19, y mientras estas se mantengan, le seguirá resultando de aplicación la normativa laboral ordinaria.

En todo caso, las empresas estarán obligadas a dotar de los medios, equipos, herramientas y consumibles que exige el desarrollo del trabajo a distancia, así como al mantenimiento que resulte necesario.

> En su caso, la negociación colectiva establecerá la forma de compensación de los gastos derivados para la persona trabajadora de esta forma de trabajo a distancia, si existieran y no hubieran sido ya compensados.

Referencias

ALEMÁN PÁEZ, Francisco. El trabajo a distancia en la post-pandemia. Segunda entrega. *Jurisdicción social*, núm. 230, febrero, 2022.

DE CASTRO MEJUTO, Luis Fernando. La formación y promoción profesional en el teletrabajo. En: MELLA MÉNDEZ, L. (Dir.). *Trabajo a distancia y teletrabajo*. Cizur Menor, Aranzadi, 2015.

DOMÍNGUEZ MORALES, Ana. Derechos colectivos de los trabajadores a distancia en el Real Decreto-Ley 28/2020 de 22 de septiembre: problemas de aplicación práctica. *Trabajo, Persona, Derecho, Mercado*, núm. 3, 2021.

FERNÁNDEZ MÁRQUEZ, Oscar. La forma en el contrato de trabajo. *Relaciones Laborales. Revista crítica de teoría y práctica*, núm. 2, 2002.

GARCÍA QUIÑONES, Juan Carlos. La organización del tiempo de trabajo y descanso y la conciliación en el teletrabajo. En: MELLA MÉNDEz, Lourdes. *Trabajo a distancia y teletrabajo*. Aranzadi, Cizur Menor, 2015.

GALLARDO MOYA, Rosario. *El viejo y el nuevo trabajo a domicilio:* de la máquina de hilar al ordenador, IBIDEM, Madrid, 1998.

GIURGE, Laura; WOOLLEY, Kaitlin. Research:Flexible Work Can Dampen Motivation. En: *Harvard Business Review*, 25 de abril de 2022 en: <https://hbr.org/2022/04/research-flexible-work-can-dampen-motivation>

GOERLICH PESET, José María. La regulación del trabajo a distancia. Una reflexión general. En: RODRÍGUEZ PÍÑERO ROYO, Miguel; TOLODÍ SIGNES, Adrián. *Trabajo a distancia y teletrabajo:* análisis del marco normativo vigente, Aranzadi, Cizur Menor, 2021.

HERNANDO DE LARRAMENDI, Álvaro. Notas sobre la aplicación en España del Acuerdo Marco Europeo sobre Teletrabajo. *Relaciones laborales*, núm. 21, 2003.

IGARTUA MIRÓ, María Teresa. Garantía de la seguridad y salud en el trabajo a distancia: mucho ruido y pocas nueces. *Trabajo y Seguridad Social. CEF*, núm. 458, 2021.

______. *Ordenación flexible del tiempo de trabajo:* jornada y horario. Tirant lo Blanch, 2018.

______. Teletrabajo y prevención de riesgos laborales. En: AAVV, *Descentralización productiva y nuevas formas organizativas del trabajo:* X Congreso nacional de derecho del trabajo y de la Seguridad Social, Ministerio de Trabajo e Inmigración, Madrid, 1999.

LAHERA FORTEZA, Jesús. El acuerdo individual y los requisitos formales del trabajo a distancia regular y estructural. En: RODRÍGUEZ PIÑERO, Todolí; SIGNES, Adrián. *Trabajo a distancia y teletrabajo:* análisis del marco normativo vigente, Aranbzadi, Cizur menor, 2021.

Lázaro Sánchez, José Luis. Sobre el acuerdo del trabajo a distancia: voluntariedad, contenido, modificación y reversibilidad del pacto. *Trabajo, persona, derecho, mercado. Revista de Estudios sobre Ciencias del Trabajo y Protección Social*, núm. 3, 2021.

LÓPEZ ROJAS, Valentina. Marissa Mayer, la mente maestra que dejó a Google por Yahoo! En: Tentulogo. *Tentulogo. Blog para emprendedores* en: <https://tentulogo.com/marissa-mayer-la-mente-maestra-que-dejo-a-google-por-yahoo/>.

MELLA MÉNDEZ, Lourdes. Reflexión crítica sobre la necesidad de adaptar la normativa de seguridad y salud al nuevo mercado de trabajo. *Iuslabor*, 1, 2020.

______. Comentario general al Acuerdo Marco sobre el Teletrabajo. *Relaciones Laborales*, núm. 1, 2003.

PORTALO, Ana. La Gran Renuncia (I): ¿por qué la pandemia ha sacudido el mercado laboral?. *Forbes*, 2 de mayo de 2020 en: <https://forbes.es/economia/152055/la-gran-renuncia-eeuu/>.

RASO DELGUE, Juan. Trabajar en el metaverso. *El Blog de Juan Raso*, 31 de enero de 2022.

ROJO TORRECILLA, Eduardo. La importancia del diálogo social a escala europea a propósito del acuerdo marco sobre digitalización suscrito el 22 de junio de 2020. Blog *El nuevo y cambiante mundo del trabajo*. Una mirada abierta y crítica a las nuevas realidades laborales. 30 jun. 2020 en: <http://www.eduardorojotorrecilla.es/2020/06/la-importancia-del-dialogo-social.html>.

ROJO TORRECILLA, Eduardo. La obligación de registro diario de la jornada: la necesaria intervención del TJUE en el debate judicial entre la Audiencia Nacional y el Tribunal Supremo. STJUE (Gran Sala) de 14 de mayo de 2019 (asunto C-55/18). *Revista de Jurisprudencia Laboral*, número 3/2019.

SIERRA BENÍTEZ, Esperanza Macarena. La nueva regulación del trabajo a distancia. *Revista Internacional y Comparada de Relaciones Laborales y Derecho del Empleo*, Vol. 1, núm. 1, 2013.

El contenido de la relación laboral en el teletrabajo, Junta de Andalucía, 2011.

TODOLÍ, Adrián. La voluntariedad en el teletrabajo tiene más agujeros que el queso gruyere: análisis a la última doctrina judicial. En: Blog del autor *Argumentos en Derecho Laboral*, 27 de enero de 2022: <https://adriantodoli.com/2022/01/27/la-voluntariedad-en-el-teletrabajo-tiene-mas-agujeros-que-el-queso-gruyere-analisis-a-la-ultima-doctrina-judicial/>.

TRIGUEROS RAMOS, Teresa. ¿Durante cuánto tiempo procede mantener el teletrabajo como medida de contención sanitaria frente al COVID? *Observatorio de Recursos Humanos y RRLL*, núm. 169, julio 2021.

THIBAULT ARANDA, Javier. La modificación de las condiciones de trabajo en el trabajo a distancia. En: RODRÍGUEZ PIÑERO, Royo; TODOLÍ SIGNES, Adrián, obra cit., p. 99 citando a su vez a GÓMEZ ABELLEIRA, Francisco. *La nueva regulación del trabajo a distancia*. Tirant lo Blanch, Valencia, 2020.

El Nuevo Trabajo a Distancia en España

Jordi García Viña

1. Introducción y concepto

La regulación actual del teletrabajo se desarrolla en la Ley 10/2021, de 9 de julio, de trabajo a distancia[1], que distingue entre trabajo a distancia, que afecta a las relaciones de trabajo por cuenta ajena a distancia con carácter regular, entendiendo por el concepto regular por la prestación de la actividad realizada, en un período de referencia de 3 meses, un mínimo del 30% de la jornada o porcentaje proporcional equivalente y el teletrabajo, como aquel que se realiza mediante el uso exclusivo o prevalente de medios y sistemas informáticos, telemáticos y de telecomunicación[2].

Al tratarse de una definición muy genérica, los convenios colectivos complementan esta definición. Así, por ejemplo, al regular el trabajo no presencial inferior al 30% de la jornada[3] o el Smart work[4] o cuando excluyen de esta figura la prestación de servicios en lugares ubicados fuera de las dependencias de la empresa como consecuencia de la actividad realizada, como actividades en instalaciones de clientes o proveedores, desplazamientos que tengan la consideración de jornada efectiva etc.[5].

El fundamento del teletrabajo es la voluntariedad y está presente tanto en el inicio de la relación, como en la modificación del porcentaje de presencialidad. De hecho, el Tribunal Supremo, en una sentencia de 2005 ya determinó que no se podía implantar

(1) Respecto al origen de esta figura, véase DE LA VILLA GIL, E. *El trabajo a domicilio*. Pamplona: Aranzadi, 1966. p. 40 ss.

(2) THIBAULT ARANDA, J. Toda crisis trae una oportunidad: el trabajo a distancia. *Trabajo y Derecho*, núm. 12, 2020, p. 2 ss.

(3) XXIV Convenio colectivo del sector de banca.

(4) Acuerdos de modificación y prórroga del II Convenio colectivo de Telefónica de España, SAU, Telefónica Móviles España, SAU y Telefónica Soluciones de Informática y Comunicaciones de España, SAU.

(5) XX Convenio colectivo general de la industria química.

aplicando la modificación sustancial de las condiciones de trabajo[(6)]. Sin embargo, cabe plantearse si es posible pactar en convenio o en acuerdo colectivo un sistema que sea "obligatorio" para los trabajadores en aplicación de la DA primera de la norma.

Los tribunales también se han pronunciado sobre esta cuestión, en ambos sentidos.

Así, se entiende que la modificación de condiciones colectiva es nula ya que pasó de una jornada partida a una jornada continuada y suprimió el ticket restaurante como consecuencia del teletrabajo durante la situación del Covid-19[(7)].

En cambio, ha considerado legal las siguientes dos conductas:

- La empresa estableció que, desde septiembre de 2020 a mayo de 2021, tras la pausa para la comida el resto de la jornada se realice teletrabajando y el tiempo de desplazamiento del trabajador desde su puesto de trabajo presencial al domicilio se debe recuperar antes que finalice la jornada ordinaria[(8)].
- Empresa tecnológica que consecuencia del Covid-19 estaba aplicando un sistema de 100% de teletrabajo y decide trasladar sus oficinas a un nuevo centro de trabajo en el que con intención de combinar un sistema mixto presencial y en remoto introduce un nuevo sistema de organización denominado *hotdesk*, donde el trabajador no cuenta con una ubicación fija asignada[(9)].

2. Puesto de trabajo

El teletrabajo se establece como un mecanismo de carácter universal en algunos convenios colectivos[(10)], mientras que otros establecen exclusiones, por ejemplo, cuando se exceptúan actividades que por la naturaleza de sus funciones requieren realizarse mayoritariamente de manera presencial y aquellas otras que se desarrollan mediante trabajo en movilidad[(11)].

En otros casos, se determinan qué competencias han de tener las personas que pueden ser incluidas en los procesos de teletrabajo, por ejemplo, cuando se requiere

(6) Sentencia del Tribunal Supremo (STS) 11 de abril de 2005.

(7) Sentencia de la Audiencia Nacional (SAN) 18 de marzo de 2021.

(8) SAN 12 de mayo de 2021.

(9) SAN 27 de julio de 2021.

(10) Acuerdo de trabajo a distancia de Axa.

(11) Acuerdos de modificación y prórroga del II Convenio colectivo de Telefónica de España, SAU, Telefónica Móviles España, SAU y Telefónica Soluciones de Informática y Comunicaciones de España, SAU.

suficiente experiencia, autonomía y responsabilidad[(12)] o si se exige que tengan conocimientos suficientes de la actividad del puesto y de los procedimientos de trabajo de forma no presencial, así como conocimientos informáticos y técnicos, con autonomía y con capacidad de planificación en el trabajo, accesibilidad y disponibilidad[(13)].

De la misma manera, hay convenios que regulan, no tanto las características personales de los trabajadores, como las actividades que son susceptibles de ser realizadas en teletrabajo, por ejemplo, si no requieren presencia física[(14)] o si en caso de conflicto, serán determinadas por el comité intercentros[(15)].

Incluso hay acuerdos que establecen preferencia al teletrabajo respecto a determinados trabajadores, normalmente en supuestos de conciliación de la vida laboral y familiar, por ejemplo, en caso de trabajadores con problemas graves de salud y/ o movilidad o necesidad suficientemente acreditada de atender temporalmente a familiares de primer grado de consanguinidad por causa de enfermedad grave y/o dependencia[(16)] o al regular que las mujeres embarazadas podrán solicitar trabajar a distancia un día más a la semana[(17)].

En todo caso, se exige que el puesto de trabajo en el que se vaya a teletrabajar tenga unos requisitos mínimos.

Es necesario que este espacio o lugar cuente con las siguientes condiciones que garanticen que se podrá desarrollar el trabajo habitual en un entorno adecuado y que se cumplen con las condiciones mínimas en materia de prevención, seguridad y salud de un puesto de trabajo tipo[(18)].

- Espacio suficiente para permitir los cambios de postura y movimientos de trabajo.
- Mesa y silla adecuadas para poder prestar servicio durante toda la jornada, sin perjuicio de los descansos que se determinen, especialmente para evitar situaciones de fatiga de las muñecas y brazos y carga de espalda y cuello.
- Luz adecuada para que no se provoquen deslumbramientos directos, ni reflejos en la pantalla.

---

(12) II Convenio colectivo del Grupo Vodafone España.

(13) Acuerdos de modificación y prórroga del II Convenio colectivo de Telefónica de España, SAU, Telefónica Móviles España, SAU y Telefónica Soluciones de Informática y Comunicaciones de España, SAU.

(14) II Convenio colectivo del Grupo Vodafone España.

(15) III Convenio colectivo de la Corporación de Radio Televisión Española, SME, SA.

(16) III Convenio colectivo de la Corporación de Radio Televisión Española, SME, SA.

(17) Acuerdo de trabajo a distancia Axa.

(18) El II Convenio colectivo de Bureau Veritas Inspección y Testing, SLU, Bureau Veritas Solutions, SA, e Instituto de la Calidad, SAU regula que el desarrollo del teletrabajo sólo es posible en el domicilio del trabajador cuando este espacio resulte adecuado a las exigencias de seguridad y salud en el trabajo.

• Ausencia de ruido que permita la concentración.

• Conexión a internet (conectividad y cobertura de red adecuadas)

• Terminales con pantalla que cumplan con el Real Decreto 488/1997, de 14 de abril, sobre disposiciones mínimas de seguridad y salud relativas al trabajo con equipos que incluyen pantallas de visualización.

• Impresora y consumibles.

• Instalación eléctrica que asegure la eliminación del riesgo eléctrico.

Estas condiciones mínimas deben constar en el acuerdo de trabajo a distancia.

El teletrabajador es el sujeto obligado al mantenimiento óptimo de estas condiciones y cualquier tipo de modificación debe ser comunicada a la empresa que tomará, en su caso, las decisiones que estime oportunas.

A los efectos de desarrollar el teletrabajo, el teletrabajador debe designar un único domicilio o lugar en el que vaya a prestar sus servicios durante todo el periodo, que puede ser modificado, si existe causa justificada por parte del trabajador y autorización de la empresa.

En este caso, no cambia la adscripción al centro de trabajo donde se desarrolla la actividad con carácter presencial, ya que son por su cuenta los gastos que puedan originarse por los viajes debidos a la presencia en el centro de trabajo.

De hecho, son varios los convenios colectivos que regulan esta cuestión, determinando requisitos como la comunicación previa a la empresa(19), permitiendo el trabajo en remoto, de manera puntual, en otro lugar, siempre que se respeten las medidas de prevención de riesgos laborales(20) y responsabilizando al trabajador de garantizar una conectividad suficiente, el cumplimiento de la normativa de prevención de riesgos laborales y el abono de los gastos de desplazamiento en caso de necesidad de incorporación al centro por cualquier motivo. Se debe garantizar la asistencia al centro de trabajo los días que le corresponda o para cualquier actividad que sea necesaria la presencia(21). Incluso el algún caso se establece que el cambio de domicilio puede ser temporal o definitivo(22).

Finalmente, en cuanto a la parte de trabajo presencial, el acuerdo de trabajo a distancia determinará el centro de trabajo de la empresa al que queda adscrito el teletrabajador y donde, en su caso, desarrollará la parte de la jornada de trabajo presencial.

---

(19) XXIV convenio colectivo del sector de banca.

(20) II Convenio colectivo del Grupo Vodafone España.

(21) Acuerdo de trabajo a distancia Axa.

(22) Acuerdo de la comisión negociadora del I Convenio colectivo autonómico de enseñanza y formación no reglada de Cataluña, relativo al trabajo a distancia.

3. Acuerdo

El acuerdo sobre el teletrabajo puede formar parte del contrato inicial o realizarse en momento posterior, ha de constar por escrito, teniendo en cuenta que la no formalización, se considera infracción grave y ha de ser previo a la realización del trabajo a distancia.

Cualquier modificación del documento inicial ha de ser incluida en el mismo con carácter previo a su implementación.

Existe la obligación de entregar copia del acuerdo y de sus actualizaciones a la representación legal de los trabajadores, que debe contener todos los datos, excepto los que puedan afectar a la intimidad personal en un plazo no superior a 10 días desde su formalización. La representación firma esta copia y se envía a la oficina de empleo.

Las materias básicas que ha de contener el acuerdo sobre teletrabajo, sin perjuicio de la regulación en convenio colectivo, son las siguientes(23):

✓ Inventario de los medios, equipos y herramientas que exige el desarrollo del trabajo a distancia, incluidos los consumibles y los elementos muebles, así como de la vida útil o periodo máximo para la renovación de estos

✓ Enumeración de los gastos, así como forma de cuantificación de la compensación que obligatoriamente debe abonar la empresa y momento y forma para realizar la misma.

✓ Horario de trabajo y reglas de disponibilidad.

✓ Porcentaje y distribución entre trabajo de presencia y trabajo a distancia, en su caso.

✓ Centro de trabajo de la empresa donde queda adscrito el teletrabajador y donde, en su caso, ha de desarrollar la parte de la jornada de trabajo presencial.

✓ Lugar de trabajo a distancia elegido por el teletrabajador para el desarrollo del trabajo a distancia.

✓ Duración de plazos de preaviso para el ejercicio de las situaciones de reversibilidad, en su caso.

✓ Medios de control empresarial de la actividad.

✓ Procedimiento a seguir en el caso de producirse dificultades técnicas que impidan el normal desarrollo del trabajo a distancia.

---

(23) GARCÍA GONZÁLEZ, G. La nueva regulación del trabajo a distancia y del teletrabajo: entre lo simbólico y lo impreciso. *Trabajo y Derecho*, núm. 72, 2020, p. 5.

✓ Instrucciones para la protección de datos y seguridad de la información específicamente aplicables en el trabajo a distancia.

✓ Duración del acuerdo o de la prestación de servicios a distancia.

4. Régimen jurídico

Los teletrabajadores han de tener los mismos derechos que si prestasen servicios en el centro de trabajo de la empresa, salvo aquellos que sean inherentes a la realización de la prestación laboral en el mismo de manera presencial y no pueden sufrir perjuicio en ninguna de sus condiciones laborales, incluyendo retribución, estabilidad en el empleo, tiempo de trabajo, formación y promoción profesional.

De la misma manera, no pueden sufrir modificación en sus condiciones, particularmente en materia de tiempo de trabajo o de retribución, por las dificultades, técnicas u otras no imputables al trabajador y cualquier modificación requiere acuerdo, se debe formalizar por escrito con carácter previo a su aplicación y ha de ser puesta en conocimiento de la representación legal de los trabajadores[(24)].

La negativa a trabajar a distancia, el ejercicio de la reversibilidad al trabajo presencial y su falta de adaptación o la ineptitud sobrevenida, cuando estén vinculadas exclusivamente con el teletrabajo, no pueden ser causas justificativas de la modificación sustancial de las condiciones de trabajo, ni de extinción de la relación laboral regulada en el art. 52.b del Estatuto de los Trabajadores (ET)[(25)].

Es evidente, finalmente, que en estas especiales circunstancias, es necesario dar unas recomendaciones básicas a estos trabajadores en relación con la manera de prestar el servicio (hábitos de vida saludables, gestión de las emociones, ritmo de trabajo, organización del puesto de trabajo), teniendo en cuenta las especialidades de este momento: conciliación de la vida personal y laboral, cuidado de personas, atención a los hijos, espacios compartidos, gestión del estrés, distracciones (redes sociales), etc.

5. Reversibilidad

La reversibilidad del teletrabajo se fundamenta en el acuerdo de las partes[(26)], por lo que puede ser a iniciativa del teletrabajador o de la empresa; ahora bien, ésta no se contempla cuando el teletrabajo no forme parte de la descripción inicial del puesto de trabajo[(27)].

---

(24) JURADO SEGOVIA, A. Algunos aspectos relevantes y/o críticos de la nueva regulación del trabajo a distancia desde la perspectiva empresarial. *Revista de Derecho VLex*, núm. 197, 2020.

(25) RODRÍGUEZ ESCANCIANO, S. El teletrabajo y sus fuentes de regulación. *Revista Galega de Direito Social*, núm. 11, 2020, p. 58.

(26) MELLA MÉNDEZ, L. Sobre una nueva manera de trabajar: el teletrabajo. *Aranzadi Social*, vol. 5, 1998, p. 28.

(27) XXIV convenio colectivo del sector de Banca y Convenio colectivo del sector de grandes almacenes.

En el supuesto que se quiera ejercitar este derecho, cualquiera de las partes está obligada a preavisar a la otra con un determinado período que los convenios colectivos regulan de manera diferente: 15 días(28), 20 días(29), 30 días(30) o incluso 2 meses(31).

Además, también regulan que si es el teletrabajador el que quiere ejercitar este derecho, ha de hacerlo durante los 2 primeros meses de la duración del acuerdo, transcurrido el cual queda sometido al desarrollo de su actividad laboral mediante teletrabajo hasta transcurrido los dos años de la firma del acuerdo individual(32) y que no lo puede volver a solicitar durante un año, salvo que concurran causas excepcionales que lo justifiquen(33).

En todo caso, puede caber la reversibilidad, sin que la otra parte se pueda negar, en los siguientes supuestos:

- Cambios en la actividad o puesto de trabajo del teletrabajador o cuando no se adecua al perfil requerido para el teletrabajo.
- Incumplimiento del trabajador de su obligación de informar sobre el cumplimiento de las medidas de seguridad del lugar desde el que éste teletrabaja.
- Dificultades técnicas que impidan el desarrollo normal del teletrabajo.
- Motivos organizativos y/o de índole empresarial que hagan necesaria la presencia del trabajador en el centro de trabajo durante un intervalo periodo temporal.

En determinadas circunstancias, esta reversibilidad puede ser por el tiempo imprescindible para que la situación que la ha originado haya podido ser resuelta, en cuyo caso, la suspensión no modifica la duración del acuerdo individual.

Cuando ejercitado el derecho de reversibilidad, existan problemas para asignar al trabajador a un centro de trabajo concreto, el plazo de reincorporación al puesto de trabajo puede ser ampliado por la empresa.

Además, este trabajador puede ser reasignado a un puesto de trabajo ubicado en un centro de trabajo distinto al que éste se encontraba en el momento de comenzar a prestar servicios en régimen de teletrabajo, siempre que no implique un supuesto de

---

(28) II Convenio colectivo de la Corporación de Radio Televisión Española, SME, SA.

(29) Acuerdos de modificación y prórroga del II Convenio colectivo de Telefónica de España, SAU, Telefónica Móviles España, SAU y Telefónica Soluciones de Informática y Comunicaciones de España, SAU.

(30) XX convenio colectivo general de la industria química.

(31) II convenio colectivo del Grupo Vodafone España.

(32) III Convenio colectivo de la Corporación de Radio Televisión Española, SME, SA.

(33) Acuerdos de modificación y prórroga del II Convenio colectivo de Telefónica de España, SAU, Telefónica Móviles España, SAU y Telefónica Soluciones de Informática y Comunicaciones de España, SAU.

movilidad geográfica para el trabajador, conforme a lo regulado en el convenio colectivo, salvo que se alcance otro acuerdo con el trabajador suscrito voluntariamente por éste.

6. Porcentaje de presencialidad

La modificación del porcentaje de presencialidad requiere acuerdo entre las dos partes.

Cuando se den circunstancias extraordinarias en la persona del teletrabajador, puede realizar una propuesta a la empresa, que debe analizarla y contestar en un determinado plazo y, en caso de denegar dicha circunstancia, debe motivarlo por escrito.

Igualmente, cuando se den situaciones de necesidades productivas u organizativas, la empresa puede proponer modificación de este porcentaje, justificando dichas necesidades y por el tiempo imprescindible y el trabajador sólo se puede negar si existen circunstancias extraordinarias en su persona.

En caso de modificación del porcentaje de presencialidad, el trabajador puede ser asignado al centro de trabajo que determine la empresa siempre que no implique un supuesto de movilidad geográfica para el trabajador, salvo que se alcance otro acuerdo con el trabajador suscrito voluntariamente por éste.

7. Prioridad

El teletrabajador tiene prioridad para ocupar puestos de trabajo que se realizan total o parcialmente de manera presencial, si realizan trabajo a distancia durante la totalidad de su jornada. De esta manera, la empresa debe informar a los teletrabajadores y a la representación letal de los trabajadores de los puestos de trabajo vacantes de carácter presencial que se produzcan.

Además, se puede regular por negociación colectiva o por acuerdo entre la empresa y la representación legal de los trabajadores los mecanismos y criterios por los que el trabajador que desarrolla trabajo presencial pueda pasar a trabajo a distancia o viceversa o preferencia vinculada a determinadas circunstancias.

8. Derecho a la formación

Los teletrabajadores tienen derecho a la participación efectiva en las acciones formativas necesarias para el desarrollo de su actividad, tanto previas al teletrabajo, como después de producidos cambios en los medios o tecnologías utilizadas.

La empresa se compromete a organizar e impartir los programas de formación adecuados y específicos que se estimen necesarios, especialmente los que incluyan medidas de prevención de riesgos laborales, uso de los medios, equipos y herramientas, así como cuestiones relativas a protección de datos para los teletrabajadores.

Algunos convenios colectivos completan esta regulación al establecer que el objetivo del plan formativo es garantizar una formación adecuada y de calidad que facilite y capacite a la persona teletrabajadora para el uso de las herramientas básicas, haciendo especial énfasis en el correo electrónico, en los entornos de trabajo corporativos y en las cuestiones psicosociales precisas para una correcta adecuación al nuevo entorno laboral(34), cuando se determina que es obligatorio su seguimiento(35) o cuando se establece que se trabajará en un escenario formativo para los mandos que puedan mejorar sus capacidades de liderazgo digital(36).

Además, vinculada a esta circunstancia, el teletrabajador tiene derecho a la promoción profesional, debiendo la empresa informar, de manera expresa y por escrito, de las posibilidades de ascenso.

9. Tiempo de trabajo

De conformidad con el acuerdo de trabajo a distancia y la negociación colectiva, y respetando los tiempos de disponibilidad obligatoria y la normativa sobre tiempo de trabajo y descanso, el teletrabajador puede flexibilizar el horario de prestación de servicios establecido(37). La empresa debe asignar una carga de trabajo equilibrada, estableciendo de forma concreta tareas y cometidos y marcando un horario de disponibilidad, en el que se respeten los tiempos de actividad (horario) y de descanso.

Ahora bien, en caso de producirse dentro de la jornada prestada en teletrabajo cortes en el suministro de la luz o en la conexión a internet por causa no imputable a los trabajadores, dichos periodos de tiempo deberán computarse como tiempo de trabajo efectivo(38).

El sistema de teletrabajo se suele distribuir entre varios días de teletrabajo y el resto como días presenciales, regulándose en los convenios colectivos diferentes modalidades:

- El teletrabajo tiene un límite del 90% de la jornada laboral(39).
- Entre uno y cuatro días semanales(40).

---

(34) III Convenio colectivo de la Corporación de Radio Televisión Española, SME, SA

(35) II convenio colectivo del Grupo Vodafone España.

(36) Acuerdos de modificación y prórroga del II Convenio colectivo de Telefónica de España, SAU, Telefónica Móviles España, SAU y Telefónica Soluciones de Informática y Comunicaciones de España, SAU.

(37) DEL REY GUANTER, S. Negociación colectiva, flexiseguridad y nuevas tecnologías: la necesaria adaptación a un cambio inexorable. *Revista del Ministerio de Empleo y Seguridad Social*, núm. 13, 2018, p. 279 ss.

(38) SAN, 10 mayo 2021.

(39) Acuerdo colectivo sobre las condiciones de la prestación de servicios en el banco en régimen de teletrabajo. BBVA.

(40) III Convenio colectivo de la Corporación de Radio Televisión Española, SME, SA.

- Hasta un máximo del 60% de la jornada[41].
- 2 días semanales con carácter universal[42].
- Se realizarán dos días teletrabajo una semana y tres días de teletrabajo la siguiente y así sucesivamente respetando las secuencias asignadas[43].

Se puede extender el trabajo a distancia hasta 5 días a la semana para aquellos empleados que así lo soliciten voluntariamente sin perjuicio de que la empresa ante determinadas circunstancias organizativas pueda exigir la presencia del trabajador en el centro de trabajo.

La empresa, previa consulta con los responsables directos de las diferentes áreas funcionales debe determinar el régimen de trabajo en remoto y presencialidad de cada área, así como los turnos rotativos de teletrabajo.

La distribución entre teletrabajo y jornada presencial se puede alterar bien por acuerdo entre las partes o porque la empresa tenga necesidades organizativas razonables, en cuyo caso, con un preaviso de 3 días, pueda comunicar el cambio que se requiera al teletrabajador.

En cuanto al horario, es preferible establecer una jornada diaria de referencia, por ejemplo, de 7:00 a 22:00 horas, dentro de las cuales se fija una jornada mínima presencial en el teletrabajo, por ejemplo, de 10 a 14 horas.

El resto de las horas de trabajo se puede realizar de manera flexible siempre que el trabajo desempeñado así lo permita y en tanto organizativamente sea posible, teniendo en cuenta el impacto en la organización de la empresa y sin que en ningún caso pueda repercutir negativamente sobre el resto de los compañeros.

En todo caso, la prestación de teletrabajo fuera de la jornada diaria de referencia no genera compensación alguna, salvo que la misma haya sido requerida o autorizada por la empresa, ni se pueden considerar como horas extraordinarias.

A pesar de esta regulación, cuando el teletrabajador haya cumplido su horario de trabajo y precise prolongarlo para la atención de necesidades laborales inaplazables, debe solicitar y recibir previamente autorización por parte de la empresa.

Sin perjuicio del derecho de conciliación de los teletrabajadores, cuando solicite adaptación de jornada que afecte al período de jornada mínima presencial, puede

(41) II convenio colectivo del Grupo Vodafone España.

(42) Acuerdos de modificación y prórroga del II Convenio colectivo de Telefónica de España, SAU, Telefónica Móviles España, SAU y Telefónica Soluciones de Informática y Comunicaciones de España, SAU.

(43) II Convenio colectivo de Bureau Veritas Inspección y Testing, SLU, Bureau Veritas Solutions, SA, e Instituto de la Calidad, SAU.

considerarse que dicha petición no es razonable si existen necesidades organizativas o productivas de la empresa(44).

Los días y horarios pactados en el acuerdo individual actúan como regla general siempre que no impida la normal realización de la actividad, permitiéndose las variaciones que sean precisas en atención a las necesidades organizativas, siempre con pleno respeto a la jornada.

Si fuera necesario, el trabajador debe acudir al centro de trabajo al que esté adscrito o al lugar que sea preciso para atender las gestiones necesarias, así como para otro tipo de tareas (asistencia a reuniones, a cursos, sustitución de compañeros de baja o de vacaciones, imprevistos, variaciones de actividad, por ejemplo, por colaboración en proyectos transversales..., etc.), que le sean solicitadas por parte de la empresa, que se le deberá comunicar con antelación suficiente(45).

De la misma manera, cuando el trabajador, por causa justificada, necesite cambiar el día asignado para realizar su trabajo a distancia, puede acordarlo con su responsable directo siempre que sea compatible con la organización del departamento, siendo necesario que la denegación esté justificada(46).

Finalmente, para favorecer la comunicación y evitar situaciones de aislamiento o de no pertenencia, se pueden establecer de manera periódica reuniones con una periodicidad bisemanal de contacto bien con el equipo de trabajo, con colaboradores o con responsables(47).

10. Desconexión digital

Los teletrabajadores tienen derecho a la desconexión digital fuera de su horario de trabajo que incluya:

✓ Una limitación del uso de los medios tecnológicos de comunicación y de trabajo durante los periodos de descanso,

✓ Respeto a la duración máxima de la jornada y a cualesquiera límites y precauciones en materia de jornada que dispongan la normativa legal o convencional aplicables.

---

(44) PÉREZ CAPITÁN, L. *La nueva regulación del teletrabajo:* el Real Decreto ley 28/2020, de 22 de septiembre, de trabajo a distancia. Entorno, exposición y análisis, Servicio de Estudios de la Unión General de Trabajadores, Madrid, 2020. p. 4 ss.

(45) Acuerdos de modificación y prórroga del II Convenio colectivo de Telefónica de España, SAU, Telefónica Móviles España, SAU y Telefónica Soluciones de Informática y Comunicaciones de España, SAU.

(46) Acuerdo de trabajo a distancia de Axa.

(47) III Convenio colectivo de la Corporación de Radio Televisión Española, SME, SA.

La empresa, previa audiencia de la representación legal de los trabajadores, debe elaborar una política interna dirigida a los teletrabajadores, en la que deben definirse las modalidades de ejercicio del derecho a la desconexión y las acciones de formación y sensibilización del personal sobre el uso razonable de las herramientas tecnológicas[48].

El objetivo de esta política es garantizarles el respeto a su tiempo de descanso, permisos y vacaciones, así como de su intimidad personal y familiar, más allá del tiempo configurado como de trabajo, así como mejorar la conciliación de su vida familiar y laboral.

A los efectos de asegurar el ejercicio efectivo del derecho a la desconexión y de limitar el uso de los medios tecnológicos durante los períodos de descanso, la empresa debe garantizar este derecho una vez finalizada la jornada laboral, así como en períodos de descanso, vacaciones, permisos, así como situaciones de suspensión o excedencia.

De esta manera, se compromete a no enviar comunicaciones a los teletrabajadores fuera de las horas que constituyen la jornada de referencia diaria, salvo que se trate de supuestos de especial necesidad por razones organizativas.

Las reglas de desconexión digital deben ser cumplidas específicamente por las personas que tienen responsabilidades sobre un equipo de personas por lo que deben de abstenerse de requerir respuesta a las comunicaciones enviadas a los teletrabajadores fuera del horario de trabajo, siempre que puedan suponer una invasión de su tiempo de descanso[49].

La convocatoria de las reuniones de trabajo, ya sean internas o externas, en las que se ha de incluir la hora de inicio y finalización, se deben realizar teniendo en cuenta los derechos de desconexión en la jornada de trabajo y se intentará que no suponga ningún tipo de afección al tiempo de descanso de los teletrabajadores.

De la misma manera, la realización de actividades de formación que requiera conexión personal se debe convocar en el tiempo de trabajo y finalizar durante la jornada, sin que afecte a los períodos de descanso.

El teletrabajador se compromete a un uso adecuado de los medios informáticos y tecnológicos puestos a disposición por la empresa, evitando en la medida de lo posible su utilización fuera de la jornada de trabajo. Así, podrá no atender los dispositivos digitales fuera de su jornada de trabajo y durante el tiempo destinado a permisos, vacaciones, etc., salvo causas de urgencia o puedan existir graves perjuicios para la actividad empresarial. En estos supuestos excepcionales, la empresa debe determinar un procedimiento para contactar con los teletrabajadores y solicitar su conexión.

---

(48) REQUENA MONTES, O. Derecho a la desconexión digital: un estudio de la negociación colectiva. *Revista Lex Social*, núm. 2, 2020, p. 553.

(49) MUÑOZ RUIZ, A. B. El derecho a la desconexión digital en el teletrabajo. *Trabajo y Derecho*, núm. 12, 2020, p. 6 ss.

La política de desconexión debe incluir campañas de sensibilización y acciones formativas sobre la utilización de las herramientas tecnológicas en relación con este derecho de desconexión y de mejor gestión de éstas. Para conseguir el objetivo del total comprensión por parte de los teletrabajadores, la empresa ha de poner a su disposición toda la información y/o formación que estime oportuna.

11. Registro horario

Se debe determinar un sistema de registro horario específico para los teletrabajadores o incluirlos en el mecanismo general, en cuyo caso, se han de fijar especialidades derivadas del trabajo en el lugar designado por ellos(50) que debe reflejar fielmente el tiempo que dedica a la actividad laboral, sin perjuicio de la flexibilidad horaria, y debe incluir, entre otros, el momento de inicio y finalización de la jornada.

Se debe determinar el régimen jurídico de la obligación de registro de jornada diaria en los días en que el teletrabajador preste servicios en su domicilio o lugar que ellos hayan designado. Cuando el teletrabajador, en el momento de iniciar o finalizar su jornada se encuentre fuera de su domicilio o lugar designado, el sistema de registro se regirá por el sistema general.

El sistema de registro horario en los días que esté prestando servicios en el centro de trabajo seguirá el régimen general del convenio colectivo, teniendo en cuenta que la obligación de registro se aplica a todos los teletrabajadores, con independencia de su puesto de trabajo.

Sin perjuicio de la flexibilidad y de la autoorganización que permite este sistema y en base de la plena responsabilidad de los teletrabajadores y de la confianza que la empresa deposita en ellas, de manera diaria, están obligados a activar el sistema de registro horario establecido por la empresa cuando así se haya establecido y, en todo caso, al inicio y final de su jornada.

Todo ello, sin olvidar que el incumplimiento de esta obligación por parte de los teletrabajadores puede ser considerada como una infracción laboral, conforme al régimen sancionador regulado en el convenio colectivo.

A los efectos de permitir la realidad de la coexistencia de los denominados períodos de tiempo de trabajo efectivo y de tiempo de presencia, se reconoce que no todo el tiempo que se incluye entre el momento del inicio y la finalización de la jornada diaria ha de ser considerado como tiempo de trabajo efectivo, porque durante este período los teletrabajadores pueden realizar actividades que no están relacionadas con sus obligaciones laborales.

---

(50) SIERRA BENÍTEZ, M. E. *El contenido de la relación laboral en el teletrabajo*. Sevilla: CES Andalucía, 2011. p. 185.

Se permite la aplicación de un factor corrector genérico, por ejemplo, de 2 horas al día, que contempla, a título ilustrativo y no exclusivo ni excluyente, descansos, pausa para la comida y/o desayuno, permisos no retribuidos, cualquier clase de pausa o descanso, etc., de manera que, una vez aplicado este factor corrector, el exceso de horas que resulten se compensarán en tiempo de descanso en un periodo no superior a 4 meses.

En esta línea de confianza entre la empresa y el teletrabajador, se debe aceptar que el sistema garantiza la fiabilidad e invariabilidad y la imposibilidad de manipulación o alteración de los datos que constan en el registro por ninguna de las partes, por lo que se considera de total fiabilidad y que se cumplen, por las dos partes, todas las obligaciones reguladas en la Ley Orgánica 3/2018, de 5 de diciembre, de protección de datos y garantía de los derechos digitales.

El sistema debe incluir mecanismos para recordar al teletrabajador la obligación de activar el registro, así como prevenir posibles situaciones de olvidos o impedir supuestos de retrasos en el momento cumplimiento de dicha obligación.

La empresa debe conservar durante 4 años los registros diarios de las jornadas de los teletrabajadores y cumplirá con las obligaciones relativas a la puesta a disposición de esta información, comprometiéndose a ponerla a disposición, tanto de los teletrabajadores como de la representación legal de los mismos, en el plazo más breve posible.

12. Retribución

El teletrabajador tiene derecho a percibir, como mínimo, la retribución total establecida conforme a su grupo profesional y funciones, así como los complementos establecidos para los trabajadores que prestan servicios en los centros de trabajo, particularmente en aquellos vinculados a las condiciones personales, los resultados de la empresa o las características del puesto de trabajo.

Sin embargo, existen dudas en relación con las cantidades vinculadas a determinadas circunstancias que no se dan en este tipo de prestación (tickets-restaurants, plus de puntualidad, peligrosidad, toxicidad, etc.).

Estas cuestiones se han de resolver por negociación colectiva, como sucede en las siguientes regulaciones.

- No sufrirán modificación el salario base y los complementos personales. Respecto a los devengos circunstanciales, se percibirán aplicando las mismas condiciones que corresponden a su trabajo presencial, así como las circunstancias que generan el derecho a percepción. Este mismo criterio regirá para las retribuciones en especie.

> Los cambios de horarios que tengan lugar a instancia de la persona teletrabajadora no darán lugar a compensación económica alguna[(51)].
>
> • La retribución se mantiene, salvo que incorpore algún concepto cuya naturaleza o descripción implique presencia[(52)].
>
> • La empresa continuará abonando el plus de transporte a todos los trabajadores en las mismas condiciones que lo venía realizando con independencia de los días que se teletrabaje[(53)].
>
> • Si el teletrabajador viniera cobrando el concepto de Ayuda alimentaria, en razón de su horario de trabajo, previamente a su incorporación a esta modalidad, la seguirá cobrando en las mismas condiciones[(54)].

Sin embargo, los tribunales han matizado estas cuestiones, por ejemplo, cuando han entendido que es lícito no abonar el plus transporte en supuestos de teletrabajo[(55)] o, en caso contrario, cuando aseguran que no cabe suprimir unilateralmente estos tickets en casos de teletrabajo cuando se haya creado un derecho adquirido[(56)].

13. Equipos y herramientas para desarrollar la actividad

Existe la obligación de la dotación y mantenimiento adecuado por parte de la empresa de todos los medios, equipos y herramientas necesarios para el desarrollo de la actividad, siempre que sean necesarios para el desarrollo de la actividad profesional.

En el acuerdo de trabajo a distancia se deben determinar los medios, equipos y herramientas que se ponen a disposición de cada teletrabajador, que garanticen la máxima conectividad para poder desarrollar en remoto las funciones a desarrollar por medio del teletrabajo, incluidos los consumibles y los elementos muebles, así como de la vida útil o periodo máximo para la renovación de estos.

Entre los medios más reiterados están el ordenador, tableta, portátil o similar, así como el teléfono móvil con línea y datos necesarios y suficientes para la conexión (*wifi*).

---

(51) III Convenio colectivo de la Corporación de Radio Televisión Española, SME, SA.

(52) Acuerdos de modificación y prórroga del II Convenio colectivo de Telefónica de España, SAU, Telefónica Móviles España, SAU y Telefónica Soluciones de Informática y Comunicaciones de España, SAU.

(53) Acuerdo de la comisión negociadora del I convenio colectivo autonómico de enseñanza y formación no reglada de Cataluña, relativo al trabajo a distancia.

(54) Acuerdo colectivo sobre las condiciones de la prestación de servicios en el banco en régimen de teletrabajo. BBVA.

(55) SAN 30 de abril de 2021 y SAN 13 de septiembre de 2021.

(56) SAN 9 de diciembre de 2020 y SAN 18 de marzo de 2021.

En cuanto a una silla ergonómica, el régimen es diferente según los convenios, ya sea a petición del trabajador(1) o si se entrega a todos los teletrabajadores(2). También a petición del trabajador, se puede adjudicar una mesa(3).

La empresa debe regular unas reglas de utilización de estos medios, equipos y herramientas y se compromete a mantener regularmente informado al teletrabajador de todas estas reglas de uso y, en caso necesario, realizar acciones formativas que serán de seguimiento obligatorio para el teletrabajador(4).

La resolución de incidencias que tengan relación directa con la realización del teletrabajo se asumirá por la empresa mediante la atención desde el soporte técnico del departamento de informática.

En supuestos de dificultades técnicas que impidan el normal desarrollo del trabajo a distancia, el teletrabajador debe comunicarlo inmediatamente a su responsable quien determinará cómo proceder y cuando se produzca una avería en los equipos o aplicaciones informáticas, debe acudir al centro de trabajo para su reparación.

El teletrabajador se compromete a hacer un uso responsable de estos medios, a cumplir con todas las condiciones e instrucciones de uso y conservación establecidas por la empresa que se les comunique respecto a estos, especialmente las que provengan del departamento de informática en materia de seguridad, así como a comunicar en el plazo más breve posible, cualquier tipo de incidencia.

No se permite el uso personal por parte del teletrabajador de los medios, equipos y herramientas puestas a disposición por la empresa para la prestación de servicios.

El desarrollo del trabajo a distancia debe ser sufragado o compensado por la empresa, y no puede suponer la asunción por parte del teletrabajador de gastos relacionados con los equipos, herramientas y medios vinculados al desarrollo de su actividad laboral(5).

La compensación por todos los gastos que tienen los teletrabajadores por el hecho de prestar servicios a distancia, que se refiere a los gastos derivados de un uso profesional de estos medios, equipos y herramientas, se cuantifica en una indemnización que varía

(1) XXIV convenio colectivo del sector de Banca.

(2) Acuerdos de modificación y prórroga del II Convenio colectivo de Telefónica de España, SAU, Telefónica Móviles España, SAU y Telefónica Soluciones de Informática y Comunicaciones de España, SAU).

(3) Acuerdo colectivo sobre las condiciones de la prestación de servicios en el Banco en régimen de teletrabajo. BBVA.

(4) SAN MARTÍN MAZUCCONI, C.; SEMPERE NAVARRO, A. Sobre el control empresarial de los ordenadores. *Revista Doctrinal Aranzadi Social*, núm. 3, 2012, p. 1 ss.

(5) CREMADES CHUECA, O. El enriquecimiento injusto en la utilización del dispositivo móvil personal con fines profesionales (Bring your own device). *Trabajo y Derecho. Nueva Revisas de Actualidad y Relaciones Laborales*, núm. 47, 2018, p. 103 ss.

según la regulación en los convenios colectivos: 3 euros brutos por cada día trabajado en régimen de teletrabajo, por lo que no se aplica en situaciones de incapacidad temporal, vacaciones, permisos o situaciones análogas[6]; 15 euros brutos mensuales[7]; 25 euros brutos mensuales[8]; 35 euros brutos mensuales[9]; 50 euros mensuales[10] o 55 euros mensuales[11].

El pago de esta compensación se realizará mensualmente por medio de su inclusión en la hoja de salarios, aplicando las normas de cotización a la Seguridad Social y del Impuesto de la Renta de las Personas Físicas que correspondan.

En este tema los tribunales han entendido que el derecho a la compensación de gastos solo puede ser alegado ante la Jurisdicción Social de acuerdo con lo que dispongan los acuerdos de trabajo a distancia y con los términos establecidos, en su caso, en el acuerdo individual, convenio o acuerdo colectivo de aplicación[12] y que los trabajadores en teletrabajo Covid-19 tienen derecho a compensación de gastos prevista para trabajadores acogidos a acuerdo de teletrabajo post-Covid[13].

14. Medios y sistemas informáticos, telemáticos o de comunicación

En cuanto al uso de estos medios digitales, se pueden establecer una serie de obligaciones del teletrabajador, como por ejemplo[14]:

- Utilizar aquellos programas y software que se establezcan en los procedimientos y normas de la empresa, la utilización de dichos programas y software se realizará siempre para desarrollar su actividad profesional y en beneficio de la empresa y no para uso particular. Queda terminantemente prohibido el uso de software o programas ilegales no autorizados.
- Gestionar sus claves de acceso a soportes y sistemas con la máxima diligencia posible.

(6) Acuerdo de trabajo a distancia Axa.

(7) Convenio colectivo de Primark Tiendas, SLU.

(8) Convenio colectivo del sector de grandes almacenes y convenio colectivo de la empresa Euro Depot España, SAU.

(9) XX convenio colectivo general de la industria química.

(10) Acuerdo colectivo sobre las condiciones de la prestación de servicios en el banco en régimen de teletrabajo. BBVA.

(11) XXIV convenio colectivo del sector de Banca.

(12) SAN, 4 jun. 2021

(13) SAN, 2 nov. 2021.

(14) II Convenio colectivo de Bureau Veritas Inspección y Testing, SLU, Bureau Veritas Solutions, SA, e Instituto de la Calidad, SAU.

• No utilizar programas propios ni de uso particular, ni introducir datos particulares ni extraerá ningún tipo de datos del sistema informático para uso particular, y tampoco introducir contraseñas privadas o no autorizadas por el administrador del sistema de la empresa.

• No utilizar cualquier medio de comunicación vía intranet-internet, correo electrónico, teléfono fijo o teléfono móvil, o cualquier otra modalidad que exista o pudiera existir para uso particular o privado.

• Mantener conectado durante toda la jornada laboral el teléfono móvil propiedad de la empresa que le haya sido facilitado con el objetivo de que esta se pueda comunicar con él en cualquier momento.

En todo caso, en virtud del derecho a la intimidad y protección de datos(15), el empresario sólo puede acceder a los contenidos derivados del uso de estos medios respetando los principios de idoneidad, necesidad y proporcionalidad de los medios utilizados(16), con dos propósitos:

• Controlar el cumplimiento de las obligaciones laborales.

• Garantizar la integridad de dichos dispositivos.

El acceso por el empresario al contenido de los dispositivos respecto de los que haya admitido su uso con fines privados requiere que se especifiquen de modo preciso los usos autorizados y se establezcan garantías para preservar la intimidad de los trabajadores, tales como, en su caso, la determinación de los períodos en que los dispositivos pueden utilizarse para fines privados.

La empresa no puede exigir la instalación de programas o aplicaciones en dispositivos propiedad del teletrabajador, ni la utilización de estos dispositivos en el desarrollo del trabajo a distancia.

Además, deben establecer criterios de utilización de los dispositivos respetando en todo caso los estándares mínimos de protección de su intimidad de acuerdo con los usos sociales y los derechos reconocidos, en cuya elaboración debe participar la representación legal de los trabajadores, así como establecer unas instrucciones sobre seguridad de la información, previa información a la representación legal de los trabajadores.

(15) FERNÁNDEZ ORRICO, F. Protección de la intimidad del trabajador frente a dispositivos digitales: análisis de la Ley Orgánica 3/2018, de 5 de diciembre. *Revista Española de Derecho del Trabajo*, núm. 222, 2019.

(16) PÉREZ DE LOS COBOS ORIHUEL, F. La subordinación jurídica frente a la innovación tecnológica. *Relaciones Laborales*, núm. 1, 2005, p. 1.321.

El empresario es el responsable de adoptar las medidas adecuadas para garantizar la protección de los datos utilizados por el trabajador con fines profesionales, por lo que debe informarle de todas las normas y reglas relativas a la protección de datos.

El teletrabajador debe cumplir las instrucciones que, en el marco de la legislación sobre protección de datos y seguridad de la información, haya establecido la empresa, con la participación de la representación legal de los trabajadores y especialmente, ha de aumentar la seguridad para evitar que se produzcan ciberataques a la red informática de la empresa, fundamentalmente cuando se utilizan equipos informáticos o móviles personales(17).

De la misma manera, debe tener antivirus fiables y actualizados, acceder sólo a páginas web seguras, en relación con el wifi, evitar redes públicas o abiertas con los equipos de trabajo, ya que suelen ser más vulnerables, bloquear los equipos con contraseñas y cambiarla cada poco tiempo, utilizar VPN ya que permite una conexión segura, realizar copias de seguridad de la información y del trabajo realizado especialmente si puede ser en sistemas remoto (en la nube) y no abrir correos electrónicos desconocidos o páginas web sin control, para evitar el phishing(18).

La empresa ha de establecer una política, con la participación de la representación legal de los trabajadores, sobre cómo debe proceder el teletrabajador para cumplir con toda la normativa relativa a la protección de datos, así como una política sobre seguridad de la información, que ha de ser cumplida por los teletrabajadores, de la que se ha informado previamente a la representación legal de los trabajadores.

El teletrabajador tiene la obligación de cumplir las condiciones e instrucciones de uso y conservación establecidas en la empresa en relación con los equipos o útiles informáticos, dentro de los términos que, en su caso, se establezcan en la negociación colectiva.

Finalmente, la empresa puede adoptar las medidas que estime más oportunas de vigilancia y control para verificar el cumplimiento por el teletrabajador de sus obligaciones y deberes laborales, incluida la utilización de medios telemáticos, guardando en su adopción y aplicación la consideración debida a su dignidad.

Bibliografía

GARCÍA ROMERO, B. *El teletrabajo*. Madrid: Cívitas-Thomson Reuters, 2012.

GÓMEZ ABELLERIA, F. J. *La nueva regulación del trabajo a distancia*. Valencia: Tirant lo Blanch, 2020.

---

(17) RODRÍGUEZ-PIÑERO ROYO, M.; CALVO GALLEGO, J. Los derechos digitales de los trabajadores a distancia. *Revista de Derecho y Relaciones Laborales*, núm. 11, 2020, p. 1.459.

(18) La Agencia Española de Protección de Datos ha publicado el documento "Recomendaciones para proteger los datos personales en situaciones de movilidad y teletrabajo", de gran interés.

HERAS GARCÍA, A. *Trabajo a distancia y teletrabajo* — Análisis crítico de normas y prácticas convencionales. Madrid: CEF, 2021.

PÉREZ DE LOS COBOS, F.; THIBAULT ARANDA, J. *El trabajo a distancia* — Con particular análisis del Real Decreto-ley 28/2020, de 22 de septiembre. Madrid: Wolters Kluwer, 2021.

RODRÍGUEZ-PIÑERO ROYO, M.; TODOLÍ SIGNES, A. *Trabajo a distancia y teletrabajo:* análisis del marzo normativo vigente. Cizur Menor: Aranzadi, 2021.

SALA FRANCO, T.; TODOLÍ SIGNES, A. *El teletrabajo*. Valencia: Tirant lo Blanch, 2020.

SELLAS BENVINGUT, R. *El régimen jurídico del teletrabajo en España*. Pamplona: Aranzadi, 2001.

THIBAULT ARANDA, J. *El teletrabajo* — Análisis jurídico-laboral. Madrid: CES, 2001.

Do Teletrabalho ao Trabalho Híbrido: A Evolução Regulatória Italiana do Fenômeno da Desconstrução do Local de Trabalho[1]

Alberto Levi

1. Trabalho em domicílio, teletrabalho e trabalho híbrido: a parábola evolutiva de uma tendência orientada para a flexibilidade organizacional

Existe um denominador comum mínimo indubitável que correlaciona os três casos distintos de trabalho em domicílio, teletrabalho e trabalho híbrido: a necessidade legal — paralela à organizacional — de proteger a pessoa que presta o seu trabalho subordinado fora do local clássico de prestação do serviço, representada pela empresa.

A partir desse ponto de observação específico, de fato, a empresa pode ser considerada o lugar físico em que — graças à contextualidade não só espacial, mas também temporal[2], em que se realizam as diversas execuções de trabalho — a síntese entre os diversos fatores de produção da qual decorre o resultado útil para o empregador.

Além disso, não é por acaso que o art. 2.094 do Código Civil italiano, redigido em 1942 e que desde então permaneceu inalterado em sua formulação textual, define o trabalhador subordinado como aquele que se obriga "através da remuneração, a colaborar na empresa, prestando seu próprio trabalho intelectual e manual aos empregados e sob a direção do empresário".

---

(1) Tradução: Patricia Helena Azevedo Lima.

(2) Como se sabe, os dois elementos lugar e tempo de trabalho representam dois pilares fundamentais do direito clássico do trabalho, ambos destinados a sofrer de forma profunda os efeitos irreversíveis da profunda transformação organizacional determinada pelo fenômeno da remotização do trabalho.

Já com o trabalho em domicílio, há muito consolidado na experiência regulatória do direito trabalhista italiano, há um deslocamento externo da atividade que se enquadra no ciclo ordinário da empresa, tanto que sempre se falou, a esse respeito, de descentralização produtiva. As semelhanças no que diz respeito às novas formas de organização do trabalho são evidentes, quando se considera que a posição do trabalhador doméstico difere da do trabalhador interno, "na medida em que aquele não está sujeito, como este, a aspectos do desempenho" e portanto "o empregador pode determinar o como, mas não o onde e quando do desempenho do trabalho"(3).

Como se vê, a questão jurídica que surgiu com o trabalho em domicílio é, afinal, semelhante à que se coloca hoje em relação às novas formas de organização do trabalho, no que diz respeito ao fenômeno do desmoronamento das categorias clássicas de tempo e lugar. Trabalho, que começou bem antes da pandemia, mas inquestionavelmente acelerado por esta.

Na Itália, o atual regulamento do trabalho em domicílio foi estabelecido em 1973, com a Lei n. 877. O principal objetivo do legislador italiano era estabelecer quando as regras do direito do trabalho deveriam ser aplicadas ao trabalhador em domicílio(4). E, a esse respeito, o art. 1º da referida lei dispõe que "trabalhador em domicílio é aquele que, com vínculo de subordinação, exerce em domicílio próprio ou em local à sua disposição, ainda que com a ajuda acessória de membros da sua família que vivam juntos e dependentes, mas com exclusão de mão de obra assalariada e aprendiz, trabalho remunerado por conta de um ou mais empresários, utilizando matérias-primas e equipamentos auxiliares próprios ou do mesmo empresário, ainda quc fornccidos por terceiros"(5).

A doutrina italiana, no que diz respeito ao trabalho em domicílio, desde a década de 1970, destacou imediatamente que a subordinação do trabalhador domiciliário evoluiu para o conceito de subordinação técnica, no sentido de que o trabalhador domiciliário era obrigado a seguir as instruções técnicas dadas *ex ante* pelo empregador, apesar da flexibilidade do local e horário de trabalho. Assim, desde os anos 1970, tem sido uma primeira evolução necessária do conceito de subordinação, evidentemente exigida pelas pressões em termos de flexibilidade organizacional dos modelos de trabalho subordinado. O que permanece, em essência, o cerne do debate em que hoje se encontra o direito do trabalho, fruto da flexibilização dos modelos de trabalho gerados pela tecnologia, no que diz respeito às possíveis formas de proteção da pessoa que trabalha.

É com a tecnologia, em particular, que vêm à tona formas extremamente flexíveis de realizar o desempenho do trabalho, como o teletrabalho, em que as categorias de tempo e local de trabalho se tornam fluidas ao enésimo grau.

---

(3) Ainda Luisa Galantino, *Diritto del lavoro*, 18. ed. Turim, 2012, p. 205.

(4) Neste ponto, Luisa Galantino, *Diritto del lavoro*, cit., p. 202.

(5) Sobre isso, Pietro Ichino, "Il contratto di lavoro", in: *Trattato di Diritto civile e commerciale*, già diretto da Antonio Cicu — Francesco Messineo, continuato da Luigi Mengoni, vol. I, Milão, 2000, p. 329 e seg.

Em particular, no que diz respeito ao teletrabalho, o prefixo "tele" serve para indicar que esse método de trabalho pressupõe, de facto, a utilização conjunta da telemática e/ou das tecnologias de informação.

O teletrabalho dá um impulso muito forte em termos de flexibilidade organizacional, afetando o local de trabalho como é classicamente entendido. De facto, apesar de ser uma instituição extremamente heterogénea, abrangendo diferentes tipos de situações possíveis[(6)], tem uma versatilidade muito forte em termos de trabalho remoto[(7)], permitindo qualquer *outsourcing* no que diz respeito ao local interno da empresa que só a tecnologia pode alcançar em tais termos, intenso. Basta pensar no fenômeno do nomadismo digital, que agora está se espalhando por todo o mundo.

É quase óbvio sublinhar que a categoria de teletrabalho e trabalho em domicílio também podem ser combinadas na figura do teletrabalho em domicílio, mas esta é uma mera possibilidade.

No ordenamento jurídico italiano, desde o final da década de 1990, o teletrabalho recebeu uma disciplina diferenciada no setor público, em relação ao setor privado. Em particular, no setor público, essa forma de trabalho é regulamentada por lei[(8)], enquanto no setor privado por acordos coletivos[(9)].

Além da diversidade de fontes de regulação, no entanto, tanto no trabalho contratado pela administração pública quanto no trabalho privado, são previstas como proteções fundamentais para o teletrabalhador: igualdade de tratamento econômico e regulatório, bem como igualdade de oportunidades, inclusive de carreira, relativamente ao trabalhador equiparado que exerça a sua atividade na empresa ou organismo público; o "direito à socialização", na forma de comunicação constante com outros trabalhadores e com o empregador; o exercício dos direitos sindicais; a protecção da segurança e saúde e a protecção da privacidade.

Além disso, mais de vinte anos depois e após a dramática emergência sanitária global, hoje o interesse pelo direito do trabalho está se deslocando para a figura do trabalho híbrido. É uma figura que implica um coquetel de flexibilidade espacial e temporal, que

(6) Sobre isso: Yone Frediani, *Nômades digitais*, 2022, in corso di pubblicazione na obra coletiva em homenagem ao Ministro Sergio Pinto Martins, p. 2; Gaeta Lorenzo, *Lavoro a distanza e subordinazione*, Nápoles, 1993, p. 69 e seg.

(7) Gaeta Lorenzo, *La qualificazione del rapporto*, in Gaeta Lorenzo, Pascucci Paolo, a cura di, *Telelavoro e diritto*, Turim, 1998, p. 1-2.

(8) Sobre isso: l'art. 4, legge 16 giugno 1998, n. 191 e il Decreto del Presidente della Repubblica 8 marzo 1999, n. 70.

(9) Em nível europeu, foi assinado em 16 de julho de 2002 um acordo-quadro sobre teletrabalho entre a UNICE (Associação Europeia de Empregadores) e a CES (Confederação dos Sindicatos Europeus). Em âmbito nacional, então, foi assinado o acordo interconfederal de 9 de junho de 2004, assinado pela CGIL, CISL e UIL e por todas as organizações patronais.

deixa amplas margens de autonomia ao credor para, precisamente, onde e quando trabalhar.

Como se sabe, não existe um modelo de trabalho híbrido predefinido, necessariamente idêntico para cada empresa, mas — pelo contrário — a experiência aplicacional que até agora tem vindo a ser difundida vai no sentido de aproveitar ao máximo as soluções mais adequadas às necessidades individuais e organizacionais, obviamente diferentes de empresa para empresa.

2. A declinação italiana do trabalho híbrido: trabalho ágil

Na Itália, um exemplo típico de trabalho híbrido pode ser identificado no trabalho ágil, introduzido pela Lei n. 81 de 2017, ou seja, bem antes da pandemia.

A lei previu que um primeiro elemento constitutivo dessa nova forma de realização do trabalho é a alternância entre o trabalho dentro da empresa e o trabalho realizado fora dos espaços físicos da empresa.

O segundo elemento constitutivo da figura em questão é a ausência de restrições temporais precisas, com referência ao trabalho realizado fora da empresa. Isso significa que quando o mutuante trabalha dentro da empresa, estará sujeito a restrições de tempo precisas, enquanto que quando estiver fora terá uma autonomia organizacional que lhe permitirá gerir os tempos de trabalho com alguma flexibilidade. Conforme expressamente previsto pelo legislador, no entanto, o trabalhador continua obrigado a respeitar os limites máximos de duração do serviço diário e semanal.

Quanto ao terceiro elemento, por fim, novamente para o trabalho realizado fora da empresa, o trabalhador está livre de restrições de lugar precisas. Um exemplo: nos três primeiros dias da semana o trabalhador pode ser obrigado a trabalhar na empresa; para os restantes dias da semana, fora.

Como sinal de maior flexibilização, tanto para o empresário quanto para o trabalhador, a quantidade de atividades laborais a serem realizadas internamente e as atividades a serem realizadas externamente é deixada a um acordo individual(10). Esse acordo, segundo o disposto na Lei n. 81, deve ser por escrito para fins de regularidade administrativa e da prova.

Para o trabalho ágil realizado fora da empresa, o trabalhador – é a própria lei que o específica – não possui local de trabalho fixo. Além disso, novamente com referência exclusiva à parte do trabalho realizado fora das instalações da empresa, a Lei n. 81 de 2017 estabelece que o trabalho ágil é realizado com o "possível uso de ferramentas tecnológicas para a realização da atividade laboral"(11). É provável que no trabalho ágil, do

(10) Art. 19 da Lei n. 81 de 2017.

(11) Assim, em particular, o art. 18 da Lei n. 81 de 2017.

ponto de vista da aplicação, o uso de tais ferramentas tecnológicas seja muito frequente. Mas — como se vê — a utilização dessas ferramentas é meramente possível, pelo que este perfil não se torna um elemento definidor do caso, como é o caso do teletrabalho. Aqui, dessa forma, emerge a principal diferença entre teletrabalho e trabalho ágil: o primeiro implica necessariamente a utilização de ferramentas informáticas e telemáticas, enquanto o segundo não. Além disso, o teletrabalho exige um local de trabalho fixo(12); pelo contrário, o trabalho ágil — como mencionado — é, por definição, sem um local fixo.

Uma vez definidos os três elementos constitutivos do trabalho ágil, é necessário analisar os objetivos perseguidos pelo legislador, que foram explicitamente relatados na Lei n. 81, nomeadamente o aumento da competitividade das empresas, por um lado, e uma melhor conciliação dos tempos de vida e de trabalho, por outro.

Muitas vezes acontece que o trabalho ágil é acordado no interesse do trabalhador, mas também pode ser feito exclusivamente no interesse da empresa. No primeiro caso, o trabalhador ágil emprestará seu negócio de casa (exatamente para facilitar a conciliação dos tempos de vida e de trabalho), ou de qualquer outro lugar de sua escolha. No segundo caso, porém, o prestador de serviço ágil será obrigado a trabalhar nos escritórios indicados pelo empregador (por exemplo, a sede de um cliente, onde o trabalhador ágil fará a manutenção de rotina dos sistemas), a fim de aumentar, de fato, a competitividade empresarial.

A disciplina do trabalho ágil, conforme previsto na Lei n. 81 de 2017, caracteriza-se por uma atitude muito particular, pelo menos potencialmente, do paradigma clássico: os poderes patronais não são declinados em via unilateral.

Em particular, no que se refere ao poder diretivo, o legislador estabelece que o contrato individual "rege a execução das obras realizadas fora das instalações da empresa, também no que diz respeito às formas de exercício do poder diretivo do empregador"(13). Além disso, o contrato individual rege "o exercício do poder de controle do empregador sobre o serviço prestado pelo trabalhador fora das dependências da empresa, observado o disposto no art. 4º do Estatuto do Trabalhador"(14). E, por último, no que se refere ao poder disciplinar, prevê-se que o acordo identifique "as condutas relacionadas com a execução de trabalhos fora das instalações da empresa, que ensejam a aplicação de sanções disciplinares"(15).

(12) A esse respeito, o acordo interconfederal sobre teletrabalho de 9 de Junho de 2004, assinado pela CGIL, CISL e UIL e todas as organizações patronais, prevê expressamente que a instalação e manutenção do posto de teletrabalho são da responsabilidade do empregador (art. 6º).

(13) Art. 19, § 1º, da Lei n. 81.

(14) Art. 21, § 1º, da mesma lei.

(15) Art. 21, § 2º.

No entanto, o que é sancionado pelo legislador é potencialmente subversivo no que diz respeito aos princípios subjacentes ao direito do trabalho e à própria noção de subordinação. O que se subverte é — se não precisamente o caráter unilateral dos três poderes próprios do empregador, sobre os quais se baseia o conceito de subordinação(16) — pelo menos seu modelo de declinação, o *quomodo* de sua tradução na dinâmica concreta da relação.

Em particular, embora a posição civil de *poder* implique como contrariar a posição jurídica de *sujeição*, no trabalho ágil, o trabalhador tem, em certo sentido, o direito de codeterminar com a contraparte as modalidades de exercício dos três poderes, tanto que uma parte da doutrina italiana fala de "*subordinazione parzialmente 'condivisa' attraverso il* medium *del contratto individuale*"(17).

Em particular, como antecipado, o trabalhador ágil é obrigado a ter uma autonomia avaliativa particular, que é combinada com aquela alma colaborativa de que o instituto está impregnado, tanto que parte da doutrina passou a se perguntar se no trabalho ágil há ou não uma alteração daquele corolário de subordinação segundo o qual o risco deve necessariamente pertencer à empresa(18).

É, portanto, de alguma forma dado como certo que o poder gerencial, o poder de controle e, consequentemente, o poder disciplinar, sofrem uma alteração no que diz respeito ao que acontece na relação *standard*, permitindo explicações flexíveis sobre o desempenho do trabalho, com uma remodelação da subordinação, assim como hoje, em geral, a *collaborative economy* exige(19).

3. O trabalho em casa e a emergência sanitária provocada pela pandemia, entre o teletrabalho e o trabalho ágil adaptado

Durante o intervalo de tempo entre 2017 (ou seja, desde a promulgação da Lei n. 81) e os primeiros meses de 2020 (ou seja, até o início da emergência sanitária), a taxa de difusão do trabalho ágil não foi nem remotamente comparável com a relativa ao o período da pandemia. De fato, muitas empresas prontas para a mudança há muito implementaram formas de trabalho semelhantes ao trabalho ágil, regulamentando-o no acordo coletivo, mas quantitativamente essas experiências não representaram nada comparado ao que foi o trabalho ágil durante a pandemia.

---

(16) Verificar Antonio Baylos Grau, "Poteri privati e diritti fondamentali dei lavoratori", in: *Lavoro e diritto*, 2017, n. 1, p. 7 e seg.

(17) Adalberto Perulli, "Il Jobs Act del lavoro autonomo e agile: come cambiano i concetti di subordinazione e autonomia nel diritto del lavoro", in: *Working Paper "Massimo D'Antona"*, n. 341 de 2017, p. 15.

(18) Verificar Michele Tiraboschi, "Il lavoro agile tra legge e contrattazione collettiva: la tortuosa via italiana verso la modernizzazione del diritto del lavoro", in:*Working Paper "Massimo D'Antona"*, n. 335 de 2017, p. 11-12.

(19) Sobre o assunto Carmelo Romeo, "Il lavoro agile in ambito privato e pubblico", in: *Massimario di Giurisprudenza del Lavoro*, n. 12 de 2017, p. 826.

De fato, desde março de 2020, o legislador italiano prevê o uso do trabalho ágil em casa como medida organizacional essencial para evitar infecções[20].

Na realidade, não se tratava de puro trabalho ágil, de acordo com o disposto na Lei n. 81, mas de uma hibridização entre ágil e teletrabalho.

Limitando-se aos perfis essenciais, a legislação de emergência italiana foi imediatamente pensada como um regulamento de emergência. Um exemplo para todos: como tivemos a oportunidade de antecipar, o núcleo regulatório fundamental do trabalho ágil é representado pelo pacto individual do trabalho ágil, regido pelo art. 19 da Lei n. 81 de 2017, daí a consequência de que o trabalho ágil só pode ser ativado se houver o consentimento de ambas as partes da relação. Pois bem, a legislação italiana de emergência pandêmica previa a possibilidade de recorrer ao trabalho ágil sem acordo, a fim de preparar imediatamente uma reação adequada à situação real que surgiu. Do ponto de vista estritamente jurídico, porém, é bem entendida a relevância desse "desvio" em relação ao estabelecido na Lei n. 81.

Um segundo elemento a ser considerado diz respeito à alternância entre o trabalho dentro e fora das instalações da empresa. Como vimos, a noção de trabalho ágil introduzida pela Lei n. 81, de 2017, pressupõe, de fato, essa alternância mencionada acima. Pois bem, no trabalho remoto realizado na Itália no período imediatamente posterior a março de 2020 não havia possibilidade dessa alternância, pois a finalidade anticontágio prevaleceu sobre todas as demais.

Mas, em retrospectiva, não foi nem mesmo uma experiência de teletrabalho puro. Em primeiro lugar, porque o legislador de emergência se referiu explicitamente à figura do trabalho ágil desde o início[21]. E, claramente, os dados positivos não podem ser negligenciados.

Em segundo lugar, então, por exemplo, não havia local fixo, ainda que remoto, que o teletrabalho pressupõe, já que o trabalhador ágil ficou em sua maioria livre para escolher o local que considerasse mais adequado.

4. O legado da experiência da pandemia para o futuro próximo do direito do trabalho

A pandemia, como pudemos antecipar, foi sem dúvida um forte acelerador de mudanças que, aliás, já estavam em curso há algum tempo, quer no que respeita à temática em causa, ou seja, ao local de trabalho, quer no que diz respeito a tempo de trabalho.

---

(20) Da mesma forma, o legislador brasileiro previu a mesma reação com a Medida Provisória 927, de 22 de março de 2020 (Fabiano Zavanella – Raphael Jacob Brolio, "Lei Geral de Proteção de dados e o teletrabalho no Brasil: breve análise dos desafios em um mundo globalizado e sob efeitos da pandemia", in: Zavanella Fabiano; Luis Otávio Camargo Pinto, organizadores, *A evoluçao do teletrabalho, Tomo I: aspectos jurídicos*, Campinas, 2021, p. 48).

(21) Verificar o Decreto do Presidente do Conselho de Ministros, 11 de marco de 2020.

Isso, sobretudo, em relação à chamada quarta revolução industrial, bem como ao incisivo impulso tecnológico ligado a esta, que envolveu uma reformulação das condições e perspectivas de proteção em que se baseia o direito trabalhista clássico.

Querendo focar nas mudanças relacionadas ao local de trabalho, na doutrina, tanto na Itália quanto no Brasil(22), verificou-se que é "provável que o trabalho remoto, de forma mais ou menos ágil, continue sendo o legado mais duradouro, mas também o mais contencioso da crise pandêmica"(23).

Na Itália, de fato, a experiência jurídica do trabalho remoto já destacou como o trabalho ágil constitui de certa forma a evolução do teletrabalho e, portanto, querendo pensar nas perspectivas do trabalho remoto, é concebível que — uma vez que a emergência de saúde — no trabalho ágil o labor aumenta proporcionalmente mais do que o teletrabalho, também em relação ao maior potencial de flexibilização da relação laboral.

Nesse caso, então, deve-se refletir sobre a necessidade de regular legalmente uma transição de época. Em particular, o fato de trabalhar remotamente implica a necessidade de trabalhar por resultados, por objetivos, e não por uma determinada unidade de tempo. O conceito de "hora trabalhada" (no sentido da quantidade de tempo que o trabalhador dedica ao trabalho) sempre foi um elemento fundamental para quantificar, avaliar e consequentemente remunerar o trabalho executado.

Um dos pilares regulatórios do trabalho ágil, entretanto, consiste, como vimos, na ausência de restrições de tempo precisas. Então, quando o trabalhador ágil empresta sua atividade fora das dependências da empresa com o objetivo de uma melhor conciliação dos tempos de vida e de trabalho, torna-se difícil, entre outras coisas, tomar o tempo de trabalho como parâmetro de medida para a atividade prestada.

Além disso, o trabalhador ágil, pelo maior grau de autonomia avaliativa de que dispõe, é capaz de atingir objetivos em relação aos quais, de fato, a relevância da hora trabalhada é desvalorizada.

Trata-se de uma mudança que inevitavelmente impacta na fisionomia tradicional do trabalhador subordinado e que gera repercussões imediatas nas características típicas da subordinação, como o *downsizing* da heterodireção ou o envolvimento do trabalhador no chamado risco empresarial. Ao trabalhar por objetivos, do lado do empregador,

---

(22) Célio Pereira Oliveira Neto, "A aplicação prática do art. 62, inciso III, da CLT", in: Zavanella Fabiano, Luis Otávio Camargo Pinto, organizadores, *A evoluçao do teletrabalho, Tomo I: aspectos jurídicos*, Campinas, 2021, p. 29.

(23) Sobre o assunto: Bruno Caruso, "Pubbliche amministrazioni e imprese italiane nella crisi pandemica: tra vizi antichi e possibile resilienza", in: *Working Papers "Massimo D'Antona"*, n. 427/2020, in: <http://csdle.lex.unict.it/Archive/WP/WP%20CSDLE%20M%20DANTONA/WP%20CSDLE%20M%20D ANTONA-IT/20200918-063450_Caruso_n427-2020itpdf.pdf, 40>.

a heterodireção desaparece, enquanto o trabalhador é investido de responsabilidades adicionais em relação à relação *standard*[(24)]. É precisamente por isso, aliás, que há algum tempo a doutrina vem sublinhando como está a emergir uma significativa aproximação do trabalho subordinado ao trabalho por conta própria, o que implica uma reformulação também em nível da organização e gestão dos recursos humanos, nem sempre fácil de implementar.

Há também uma segunda ordem de considerações a serem feitas. Já mencionamos a importância central do pacto individual entre empregador e trabalhador na regulação do trabalho ágil. Pois bem, isso sugere a necessidade do papel ativo do sindicato, na regulação de uma mudança tão profunda e disruptiva. A doutrina trabalhista italiana enfatizou que na agilidade (ou mais genericamente, pode-se dizer, no trabalho remoto), há uma "desintegração da dimensão coletiva do trabalho", agravada pelos "riscos de isolamento" do trabalhador, motivo pelo qual o tradicional individual/coletivo deve ser valorizado[(25)].

Finalmente, uma terceira consideração diz respeito à necessidade de acompanhar a mudança em curso com a oferta de uma formação de alta qualidade, possivelmente contínua, capaz de transmitir (e manter atualizada) as novas e complexas competências exigidas por uma verdadeira revolução produtiva como aquela digital[(26)]. Os acordos coletivos da empresa que regem o trabalho ágil na Itália lidaram com esse perfil, não apenas no que diz respeito às novas habilidades digitais, mas, de maneira mais geral, em relação à segurança do trabalho e gerenciamento de emergências, bem como à proteção da privacidade.

No que diz respeito especialmente à segurança no trabalho, há necessidade de formação específica na área da segurança do trabalho, no que se refere à parte dos trabalhos realizados fora das instalações da empresa. Pois bem, um olhar sobre a negociação coletiva chama a atenção dos parceiros sociais, que percebem a necessidade de ativar iniciativas de formação que apoiem a mudança organizacional e cultural, bem como garantam oportunidades de inclusão que facilitem a superação dos modelos organizacionais tradicionais[(27)].

---

(24) Não é por acaso, aliás, "na ideia de trabalho ágil (...) a ideia de participação do trabalhador na gestão de risco e de negócios já está no seu embrião"(Pietro Ichino, *Lo* smart working *e il tramonto della* summa divisio *tra lavoro subordinato e autonomo*, 2020, in Conversazioni sul lavoro dedicate a Giuseppe Pera dai suoi allievi).

(25) Verificar Marina Brollo, "Il lavoro agile alla prova della emergenza epidemiologica", in: Garofalo Domenico, Tiraboschi Michele, Filì Valeria, Seghezzi Francesco (coord.), *Welfare e lavoro nella emergenza epidemiologica. Contributo alla nuova questione sociale*, Volume I, *Covid-19 e rapporto di lavoro*, coord. por Filì Valeria, *Adapt Labour Studies, e-Book Series*, n. 89, 2020, p. 177.

(26) A doutrina apontou que uma das causas que levaram à má aplicação do teletrabalho foi justamente a falta de formação digital adequada (Marina Brollo, "Il lavoro agile alla prova della emergenza epidemiologica", *cit.*, p. 174).

(27) Nesse sentido, o acordo SNAM de 25 de março de 2021, ponto 8.

A questão que assim surge (precisamente a da formação do trabalhador) sempre representou na Itália um núcleo de forte teorização doutrinária, mas que nem sempre teve um acompanhamento adequado no nível legislativo. Esta é, portanto, uma oportunidade a não perder para abordar adequadamente a mudança.

Referências

BAYLOS GRAU, Antonio. Poteri privati e diritti fondamentali dei lavoratori. *Lavoro e diritto*, 2017, n. 1, p. 7.

BROLLO Marina. Il lavoro agile alla prova della emergenza epidemiologica. In: GAROFALO, Domenico; TIRABOSCHI, Michele; FILÌ, Valeria; SEGHEZZI, Francesco (Coords.). *Welfare e lavoro nella emergenza epidemiologica. Contributo alla nuova questione sociale*, Volume I, Covid-19 e rapporto di lavoro, coord. por FILÌ, Valeria, *Adapt Labour Studies*, e-Book Series, n. 89, 2020, 167.

CARUSO, Bruno. Pubbliche amministrazioni e imprese italiane nella crisi pandemica: tra vizi antichi e possibile resilienza. *Working Papers "Massimo D'Antona"*, n. 427/2020, in: <http://csdle.lex.unict.it/Archive/WP/WP%20CSDLE%20M%20DANTONA/WP%20CSDLE%20M%20DANTONA-IT/20200918-063450_Caruso_n427-2020itpdf.pdf>.

FREDIANI, Yone. *Nômades digitais*, 2022. Obra coletiva no prelo em homenagem ao Ministro Sergio Pinto Martins.

GAETA, Lorenzo. La qualificazione del rapporto. In: GAETA, Lorenzo; PASCUCCI, Paolo (Coords.). *Telelavoro e diritto*. Turim, 1998, p. 1.

______. *Lavoro a distanza e subordinazione*. Nápoles: Edizioni Scientifiche Italiane, 1993.

______; PASCUCCI, Paolo (Coords.). *Telelavoro e diritto*. Turim: Giappichelli Editore, 1998.

GALANTINO, Luisa. *Diritto del lavoro*. 18. ed. Turim: Giappichelli, 2012.

GAROFALO, Domenico; TIRABOSCHI, Michele; FILÌ, Valeria; SEGHEZZI, Francesco (Coords.). *Welfare e lavoro nella emergenza epidemiologica*. Contributo alla nuova questione sociale. Adapt Labour Studies, e-Book Series, n. 89, 2020.

ICHINO, Pietro. Il contratto di lavoro. In: *Trattato di Diritto civile e commerciale, già diretto da Antonio Cicu*. Francesco Messineo, continuato da Luigi Mengoni, vol. I, Milão, 2000.

______. Lo *smart working* e il tramonto della summa divisio tra lavoro subordinato e autonomo, 2020. In: *Conversazioni sul lavoro dedicate a Giuseppe Pera dai suoi allievi*.

OLIVEIRA NETO, Célio P. A aplicação prática do art. 62, inciso III, da CLT. In: ZAVANELLA, Fabiano; CAMARGO PINTO, Luis Otávio (Orgs.). *A evoluçao do teletrabalho*. Tomo I: aspectos jurídicos, Campinas, 2021, p. 19.

PERULLI, Adalberto. Il Jobs Act del lavoro autonomo e agile: come cambiano i concetti di subordinazione e autonomia nel diritto del lavoro. *Working Paper "Massimo D'Antona"*, n. 341, 2017.

ROMEO, Carmelo. Il lavoro agile in ambito privato e pubblico. In: *Massimario di Giurisprudenza del Lavoro*, n. 12, 2017, p. 826.

TIRABOSCHI, Michele. Il lavoro agile tra legge e contrattazione collettiva: la tortuosa via italiana verso la modernizzazione del diritto del lavoro. *Working Paper "Massimo D'Antona"*, n. 335, 2017.

ZAVANELLA, Fabiano; CAMARGO PINTO, Luis Otávio (Orgs.). *A evolução do teletrabalho.* Tomo I: aspectos jurídicos, Campinas, 2021.

ZAVANELLA, Fabiano; BROLIO, Raphael Jacob. Lei Geral de Proteção de dados e o teletrabalho no Brasil: breve análise dos desafios em um mundo globalizado e sob efeitos da pandemia. In: ZAVANELLA, Fabiano; CAMARGO PINTO, Luis Otávio (Orgs.). *A evolução do teletrabalho.* Tomo I: aspectos jurídicos, Campinas, 2021, p. 48.

Covid-19 e Lavoro a Distanza: La Reazione Dell'Ordinamento Italiano All'Emergenza Epidemiologica e le Prospettive Future

Maria Cristina Cataudella

1. Premessa. Emergenza e lavoro a distanza

In Italia, come in gran parte del mondo, il lavoro a distanza — capace di coniugare le esigenze della produzione con la garanzia della sicurezza della salute dei lavoratori — è apparso quasi da subito uno degli strumenti più efficaci per reagire all'emergenza epidemiologica.

Da qui tutta una serie di provvedimenti c.d. "emergenziali" volti a favorirne la diffusione e a semplificarne le modalità di attivazione, che hanno portato ad una utilizzazione del lavoro a distanza assolutamente non immaginabile nella fase precedente al diffondersi del Covid.(1)

L'intensissima sperimentazione del lavoro a distanza durante l'emergenza ha consentito di evidenziarne sia le molteplici potenzialità che anche, come vedremo, alcune significative criticità.

---

(1) Secondo i dati raccolti dall'*Osservatorio sullo smart working* del Politecnico di Milano, a marzo 2020 circa il 40% dei lavoratori italiani svolgeva la sua prestazione in modalità agile (si tratta di una percentuale più alta rispetto alla media europea che era, per lo stesso periodo, del 37 %, pur partendo l'Italia, rispetto ad altri Paesi Europei in una posizione di svantaggio); il numero è poi sceso dai 6.6 milioni di lavoratori di marzo 2020 ai circa 5 milioni di lavoratori di settembre 2020, ovvero a circa un terzo dei lavoratori italiani (33,8%). Nel corso del 2021, con l'avanzare della campagna vaccinale e la conseguente ripresa delle attività in presenza, il numero dei lavoratori agili è diminuito ulteriormente, passando da 5,37 milioni nel primo trimestre dell'anno, a 4,71 milioni nel secondo trimestre, per arrivare a 4,07 milioni nel terzo trimestre.

Questi dati sono consultabili in: <https://www.osservatori.net/it/ricerche/comunicati-stampa/smart-working-italia-numeri-trend>.

Oggi — ad emergenza epidemiologica non cessata ma con un forte alleggerimento delle misure di sicurezza e di distanziamento sociale[2] — l'interesse per il lavoro a distanza non è affatto scemato e questo continua a rappresentare uno strumento importante sia per le imprese che per i lavoratori: grazie al lavoro a distanza, infatti, le prime riducono gli spazi di lavoro, i costi dell'elettricità e delle altre utenze e vedono un aumento della produttività del lavoro e una riduzione dell'assenteismo; mentre i secondi rilevano un tendenziale miglioramento delle loro condizioni di vita e sono agevolati nella conciliazione vita/lavoro[3].

2. Le diverse tipologie di lavoro a distanza in Italia: il lavoro a domicilio, il telelavoro e il lavoro agile

In Italia non esiste una sola forma di lavoro a distanza ma ne esistono tre — il lavoro a domicilio, il telelavoro e il lavoro agile — che presentano sia tratti comuni che significative differenze, essendo nate in epoche diverse e per rispondere ad esigenze diverse.

La forma più antica di lavoro a distanza è certamente il lavoro a domicilio, disciplinato, per quanto riguarda la sola modalità subordinata, dalla legge n. 877 del 18 dicembre 1973[4].

Ai sensi dell'art. 1, 1º comma, il lavoro a domicilio si caratterizza proprio perché la prestazione viene eseguita nel domicilio del lavoratore o in un locale nella sua disponibilità: "*E' lavoratore a domicilio chiunque, con vincolo di subordinazione, esegue nel proprio domicilio o in locale di cui abbia disponibilità... lavoro retribuito per conto di uno o più imprenditori*"[5].

(2) Dal 1º maggio 2022 è infatti venuto meno l'obbligo di indossare le mascherine sia all'aperto che nei luoghi chiusi, fatta eccezione per i mezzi di trasporto (esclusi aerei) e per le strutture sanitarie, socio-sanitarie e socio-assistenziali. Sui luoghi di lavoro, con alcune eccezioni, l'uso delle mascherine non è più obbligatorio ma è fortemente consigliato in specifiche situazioni (ad es. quando si è a contatto con il pubblico).

(3) Anche la collettività ha una serie di benefici grazie al lavoro a distanza: la riduzione delle emissioni di co_2 (e conseguentemente dell'inquinamento) e del traffico, in ragione di una minore circolazione delle autovetture.

(4) Il lavoro a domicilio nasce per regolamentare il lavoro dell'artigiano che collabora con una impresa, svolgendo la prestazione lavorativa nel suo domicilio e con un margine di autonomia superiore rispetto a quella di cui godono gli altri lavoratori subordinati che la svolgono nei locali dell'impresa.

In dottrina sul lavoro a domicilio cfr. *ex plurimis*: F. Amirante, *Lavoro a domicilio,* in *Lavoro decentrato, interessi dei lavoratori, organizzazione delle imprese*, Bari, 1996, p. 208 ss.; G. Balandi, *La vecchia e la nuova legge sul lavoro a domicilio*, in *Rivista di giurisprudenza del lavoro*, 1975, I, p. 581 e ss.; Bologna, M. De Cristoforo, *Il lavoro a domicilio*, Padova, 1978; R. Flammia, voce *Telelavoro*, in *Enciclopedia giuridica Treccani*, Roma, 1993, p. 4 e ss.; L. Gaeta, *Lavoro a distanza e subordinazione*, Napoli, 1993; D. Gottardi, voce "*Lavoro a domicilio*", in *Digesto commentato*, vol. VIII, Torino, 1992, p. 182 e ss.; L. Nogler, *Lavoro a domicilio*, in *Commentario al codice civile Schlesinger*, Milano, 2000; F. Santini, *La subordinazione nel lavoro a domicilio: una questione ancora aperta*, in *Rivista italiana di diritto del lavoro*, 2004, II, p. 41 e ss.

(5) Il lavoratore che svolga la sua prestazione in locali di pertinenza del datore di lavoro, non è invece considerato lavoratore a domicilio — anche se, per ipotesi, versa al datore di lavoro un corrispettivo per l'uso dei locali — ma un "normale" lavoratore subordinato a tempo indeterminato (art. 1, 3º comma, l. n. 877 del 1973).

E' compatibile con la natura subordinata del rapporto, la circostanza che la prestazione si svolga *"con l'aiuto accessorio di membri della sua famiglia conviventi e a carico, ma con esclusione di manodopera salariata e di apprendisti"* (art. 1), così come l'utilizzazione di materie prime o accessorie e di attrezzature proprie del lavoratore (art. 1).

Proprio perché il lavoratore a domicilio gode di una maggiore autonomia rispetto agli altri lavoratori subordinati, il legislatore ha dettato per lo stesso una nozione di subordinazione attenuata e derogatoria rispetto a quella generale, dettata dell'art. 2094 del Codice Civile[(6)]: «*La subordinazione, agli effetti della presente legge e in deroga a quanto stabilito dall'articolo 2094 del codice civile, ricorre quando il lavoratore a domicilio è tenuto ad osservare le direttive dell'imprenditore circa le modalità di esecuzione, le caratteristiche e i requisiti del lavoro da svolgere nella esecuzione parziale, nel completamento o nell'intera lavorazione di prodotti oggetto dell'attività dell'imprenditore committente*» (art. 1, comma 2, l. n. 877 del 1973). Secondo la giurisprudenza prevalente, quello che rileva ai fini del riconoscimento della natura subordinata del rapporto, è che il datore di lavoro "possa fare affidamento sulla prestazione del lavorante a domicilio, prestazione che si inserisce così nel ciclo produttivo aziendale e diviene elemento integrativo dell'attività imprenditoriale"[(7)]; la natura subordinata viene invece meno quando il lavoratore è libero di accettare o rifiutare le richieste del committente e può decidere autonomamente i tempi di consegna del lavoro[(8)].

Per quanto riguarda la disciplina del lavoro a domicilio, questa è molto scarna[(9)]. Tra le previsioni più importanti vi è quella che dispone che il lavoratore a domicilio venga retribuito interamente a cottimo (c.d. cottimo pieno), ovvero non in funzione del tempo di lavoro ma del risultato produttivo. Si tratta di una peculiarità del lavoro a domicilio, che deroga al principio di proporzionalità e sufficienza della retribuzione di cui all'art. 36 Cost.[(10)], giustificata dalla circostanza che il datore di lavoro non riesce a

---

(6) La nozione di prestatore di lavoro subordinato è dettata dall'art. 2094 del Codice Civile che così recita: *"E' prestatore di lavoro subordinato chi si obbliga mediante retribuzione a collaborare nell'impresa, prestando il proprio lavoro intellettuale o manuale alle dipendenze e sotto la direzione dell'imprenditore"*. Si tratta di una nozione che ha carattere generale e che pertanto trova sempre applicazione, fatte salve le ipotesi, come questa, per le quali il legislatore detti una definizione di subordinazione specifica.

(7) Così la giurisprudenza prevalente: cfr. Cass. 19 ottobre 2007, n. 21954, in *Il lavoro nella giurisprudenza*, 2008, p. 308, e in *Diritto e pratica del lavoro* 2008, p. 1644; Cass. 6 marzo 2006, n. 4761, in *Il lavoro nella giurisprudenza*, 2006, p. 813; Cass. 15 novembre 2004, n. 21594, in *Diritto e pratica del lavoro*, 2005, p. 1064

(8) Così Cass. 16 ottobre 2006, n. 22129, in *Rivista italiana di diritto del lavoro*, 2007, p. 283.

(9) La disciplina del lavoro a domicilio è contenuta agli articoli 8 e ss. della l. n. 877 del 1973.

L'art. 4 istituisce un registro dei lavoratori a domicilio al quale sono iscritti i lavoratori a domicilio che ne facciano richiesta (art. 4), gli artt. 5, 6 e 7 istituiscono, rispettivamente, una commissione per il lavoro a domicilio che opera a livello provinciale, una commissione per il lavoro a domicilio che opera a livello ragionale e una commissione centrale, alle quali sono attribuiti compiti diversi di controllo e coordinamento. Queste commissioni sono state soppresse e i loro compiti riassorbiti da altri organi.

(10) Fatta eccezione per il lavoro a domicilio, una retribuzione interamente a cottimo è, infatti, considerata in contrasto con l'art. 36 della Costituzione italiana, che sancisce il diritto del lavoratore ad una retribuzione proporzionata alla qualità e quantità del suo lavoro e comunque sufficiente a garantire a se stesso e alla sua

controllare il tempo di svolgimento di una prestazione di lavoro che si svolge al di fuori dei locali aziendali (art. 8). L'art. 9 stabilisce, inoltre, che ai lavoratori a domicilio si applichino "*le norme vigenti per i lavoratori subordinati in materia di assicurazioni sociali e di assegni familiari, fatta eccezione di quelle in materia di integrazione salariale*".

Il telelavoro[(11)] è stato introdotto nell'ordinamento italiano in tempi più recenti rispetto al lavoro a domicilio per consentire a quei lavoratori che svolgono la loro prestazione lavorativa interamente attraverso strumentazioni tecnologiche di poterla svolgere a distanza.

E' regolato nel pubblico impiego da una legge (la legge n. 191 del 1998) e da un regolamento di attuazione della stessa (il D.P.R. n. 70 del 1999 "*Regolamento recante disciplina del telelavoro nelle pubbliche amministrazioni, a norma dell'articolo 4, comma 3, della L. 16 giugno 1998, n. 191*"), mentre nell'impiego privato è disciplinato da un accordo interconfederale (del 9 giugno 2004)[(12)] e dai contratti collettivi.

Come nel lavoro a domicilio, anche nel telelavoro la prestazione viene svolta al di fuori dei locali dell'impresa ma, a differenza del lavoro a domicilio, la postazione di lavoro può coincidere sia con il domicilio del lavoratore che con un locale nella disponibilità del datore di lavoro (ad es. un ufficio satellite, collegato alla sede centrale attraverso una rete telematica).

L'elemento che caratterizza il telelavoro è che la prestazione deve essere svolta necessariamente attraverso l'uso di strumentazioni tecnologiche: "*il telelavoro costituisce una forma di organizzazione e/o di svolgimento del lavoro che si avvale delle tecnologie dell'informazione nell'ambito di un contratto o di un rapporto di lavoro, in cui l'attività lavorativa, che potrebbe anche essere svolta nei locali dell'impresa, viene regolarmente svolta al di fuori dei locali della stessa*" (così l'art. 1 dell'accordo interconfederale del 9 giugno 2004). Le strumentazioni tecnologiche sono generalmente fornite dal datore di lavoro ma non è esclusa la possibilità — sia pure limitatamente all'impiego privato[(13)] — che, come nel

---

famiglia un'esistenza libera e dignitosa ("*Il lavoratore ha diritto ad una retribuzione proporzionata alla quantità e qualità del suo lavoro e in ogni caso sufficiente ad assicurare a se' e alla famiglia un'esistenza libera e dignitosa*"). E' invece ammesso il cottimo misto, ovvero una retribuzione che garantisca comunque al lavoratore un minimo salariale, da integrare in funzione dei risultati realizzati.

(11) Sul telelavoro cfr. *ex plurimis*: M. Biagi, T. Treu, *Lavoro e Information Technology: riflessioni sul caso italiano*, in *Diritto delle relazioni industriali*, 2002, p. 5 e ss.; F. De Falco, *Luogo di lavoro e adempimento della prestazione*, Napoli, 2012; R. Flammia, *Telelavoro*, in *Enciclopedia giuridica Treccani*, Roma, 1996; L. Gaeta, *Lavoro a distanza e subordinazione*, cit.; L. Gaeta, P. Pascucci, *Telelavoro e diritto*, Torino, 1998; M. Lai, *La sicurezza del telelavoro tra legge e contrattazione collettiva*, Torino, 2002; M. Lepore, *La sicurezza e la tutela della salute dei telelavoratori. L'accordo europeo del 16 luglio 2002*, in *Argomenti di Diritto del Lavoro*, p. 813 e ss.; L. Nogler, *Lavoro a domicilio*, Milano, 2000; F. Toffoletto, *Nuove tecnologie informatiche e tutela del lavoratore*, Milano, 2006.

(12) L'accordo interconfederale recepisce, a sua volta, l'accordo europeo sul telelavoro stipulato a Bruxelles il 16 luglio 200 2 tra CES, UNICE/UEAPME e CEEP.

(13) Per quanto riguarda le pubbliche amministrazioni, infatti, la legge prevede che la postazione di telelavoro debba "*essere messa a disposizione, installata e collaudata a cura ed a spese dell'amministrazione interessata, sulla quale gravano altresì la manutenzione e la gestione di sistemi di supporto per il dipendente ed i relativi costi*" (art. 5, comma 2, D.P. R. n. 70 del 1999).

lavoro a domicilio, il lavoratore si avvalga di strumentazioni proprie. Fatta eccezione per il solo caso in cui il telelavoratore faccia uso di strumenti propri, è generalmente il datore di lavoro ad essere responsabile della fornitura, dell'istallazione e della manutenzione degli strumenti necessari ad un telelavoro svolto regolarmente.[(14)]

Il telelavoro può essere attivato solo di comune accordo tra datore di lavoro e lavoratore[(15)] e il rifiuto del lavoratore di optare per il telelavoro non costituisce di per sé, motivo di risoluzione del rapporto di lavoro[(16)]. Per quanto riguarda il pubblico impiego, è anche previsto un diritto del telelavoratore ad essere reintegrato nella sede di lavoro originaria (art. 4, 2º comma, l. 191 del 1998); nell'impiego privato, invece, la previsione di questo diritto è rimessa alla contrattazione individuale e collettiva.[(17)]

L'ultima modalità di lavoro a distanza (in ordine di tempo) introdotta nell'ordinamento italiano è il lavoro agile o *smart working*.[(18)] Questo ha diversi punti di contatto

---

(14) Art. 6 dell'Accordo interconfederale del 2004.

(15) Art. 2 ("*Carattere volontario*") dell'Accordo interconfederale del 9 giugno 2004 e art. 4 della l. n. 191 del 1998.

(16) Art. 2, comma 4, dell'Accordo interconfederale del 9 giugno 2004. La disposizione non impedisce, evidentemente, la risoluzione del rapporto di lavoro ma dispone che questa non possa trovare giustificazione nel rifiuto del lavoratore di optare per il telelavoro.

(17) Così art. 2, comma 6, dell'Accordo interconfederale del 9 giugno 2004: "*Qualora il telelavoro non sia ricompreso nella descrizione iniziale della prestazione lavorativa, la decisione di passare al telelavoro è reversibile per effetto di accordo individuale e/o collettivo. La reversibilità può comportare il ritorno all'attività lavorativa nei locali del datore di lavoro su richiesta di quest'ultimo o del lavoratore*".

(18) Sul lavoro agile prima e durante l'emergenza epidemiologica cfr. *ex plurimis*: P. Albi, *Il lavoro agile fra emergenza e transizione*, in Massimario di giurisprudenza del lavoro, 2020, p. 771; M. Brollo, *Il lavoro agile nell'era digitale tra lavoro privato e pubblico*, in *Lavoro nella Pubblica Amminitrazione*, 2017, p. 119 e ss.; M.C. Cataudella, *Lo* smart working *nella pubblica amministrazione*, in A. Pileggi (a cura di), *Il diritto del lavoro dell'emergenza epidemiologica*, edizioni LPO, 2020, p. 35 e ss.; M. Corso, *Sfide e prospettive della rivoluzione digitale: lo* smart working, in *Diritto delle Relazioni industriali*, 2017, p. 978 e ss.; E. Dagnino – M. Tiraboschi (a cura di), *Verso il futuro del lavoro. Analisi e spunti su lavoro agile e lavoro autonomo*, Adapt – e-Book series, 2016, n. 50; M. De Luca, *Legge sul lavoro agile: uno sguardo dal ponte sul sistema di tipologie contrattuali del lavoro dopo il recente riordino*, Variazioni su temi di Diritto del Lavoro, 2018, p. 547 e ss.; V. De Michele, *Subordinazione, autonomia, lavoro agile e occasionale tra (post) Jobs act e diritto europeo*, in *WP CSDLE "Massimo D'Antona"*, 2018, L. Fiorillo-A. Perulli (a cura di), *Il Jobs Act del lavoro agile e del lavoro autonomo*, Torino, 2018; L. Foglia, *Emergenza lavoro e il lavoro in emergenza*, in A. PILEGGI (a cura di), *Il diritto del lavoro dell'emergenza epidemiologica*, edizioni LPO, 2020, p. 27 e ss.; GggS (Gruppo giovani giuslavoristi Sapienza), *Il lavoro agile nella disciplina legale, collettiva ed individuale. Stato dell'arte e proposte interpretative di un gruppo di giovani studiosi*, in WP CSDLE "Massimo D'Antona", 2017, n. 6; P. Ichino, *La prospettiva della diffusione dello* smart working, in *Giur. Lav.*, 2020, n. 40, p. 12 e ss.; P. Ichino, *Lo smart working e il tramonto della* summa divisio *tra lavoro subordinato e autonomo*, in Lavoro Diritti e Europa, 2021, n. 1; P. Iervolino, *Smart working: siamo davvero pronti*, in *Lavoro e Previdenza Oggi*, 2019, p. 251 e ss.; M. Lai, *Evoluzione tecnologica e tutela del lavoro a proposito di* smart working *e di* crowd working, in Diritto delle Relazioni Industriali, 2017, p. 985 e ss.; A. Levi, *Il lavoro agile nel contesto del processo di destrutturazione della subordinazione*, in Rivista di Giurisprudenza del lavoro, 2019, I, p. 25 e ss.; M. Martone (a cura di), *Il lavoro da remoto – Per una riforma dello* smart working *oltre l'emergenza*, La Tribuna, 2020; R. Romei, *Il lavoro agile in Italia: prima, durante e dopo la pandemia*, in *Labor*, 2020, p. 423 e ss.; A. Romeo, *Il lavoro agile in ambito privato e pubblico*, in *Massimario di Giurisprudenza del Lavoro*, 2017, p. 824 e ss.; G. Santoro Passerelli, *Lavoro etero-organizzato, coordinato, agile e telelavoro: un puzzle non facile da comporre nell' impresa in via di trasformazione*, in Diritto delle relazioni industriali, 2017, p. 771 e ss.; G. Santoro Passerelli, *Il lavoro autonomo non imprenditoriale, il lavoro agile e il telelavoro*, RIDL, 2017, I, p. 369 e ss.; C. Spinelli, *Tecnologie digitali e lavoro agile*, Bari, 2018; C.

con il telelavoro — e in qualche modo può esserne considerato il diretto discendente — ma, come si vedrà, è maggiormente flessibile e consente l'alternarsi di periodi di lavoro in presenza e periodi di lavoro a distanza (c.d. *smart working* ibrido).

Il lavoro agile è stato disciplinato per la prima volta in Italia con la l. n. 81 del 2017[19] "*Misure per la tutela del lavoro autonomo non imprenditoriale e misure volte a favorire l'articolazione flessibile nei tempi e nei luoghi del lavoro subordinato*", che lo definisce all'art. 18 come «*una modalità di esecuzione del rapporto di lavoro subordinato stabilita mediante accordo tra le parti, anche con forme di organizzazione per fasi, cicli e obiettivi e senza precisi vincoli di orario o di luogo di lavoro, con il possibile utilizzo di strumenti tecnologici per lo svolgimento dell'attività lavorativa*».

Da questa definizione emerge chiaramente che il lavoro agile, analogamente al telelavoro, non è un nuovo tipo o un nuovo sottotipo di lavoro subordinato ma, piuttosto "*una modalità di esecuzione del rapporto di lavoro*"[20]. Il legislatore, inoltre, risolvendo così, *a priori*, qualsiasi dubbio di qualificazione del rapporto – che poteva emergere in ragione delle particolari modalità di svolgimento della prestazione[21] – chiarisce anche che si tratta di una modalità di esecuzione del solo "*rapporto di lavoro subordinato*". In vero, questa presa di posizione del legislatore non è di per se sufficiente ad escludere la possibilità che esista anche un lavoro agile autonomo, non potendosi prescindere, nella qualificazione di un rapporto di lavoro, dalle effettive modalità di esecuzione della prestazione.

I tratti caratterizzanti del lavoro agile sono l'assenza di precisi vincoli di orario e di luogo: la scelta dei tempi di lavoro e dei luoghi di svolgimento della prestazione sono infatti rimessi al lavoratore, che ha molta più autonomia rispetto ad un lavoratore che svolge la sua prestazione in presenza.

Non caratterizza, invece, il lavoro agile un'"*organizzazione per fasi, cicli e obiettivi*", che, se pure auspicata dal legislatore, non è necessaria ("*anche con forme di organizzazione per fasi, cicli e obiettivi ...*"), così come pure non lo caratterizza l'"*utilizzo di strumenti tecnologici per lo svolgimento dell'attività lavorativa*", che è "*possibile*" (e, pertanto, non necessaria).[22]

Spinelli, *Lo smart working ai tempi del coronavirus*, in *Labor*, 2021, n. 1; A. Vallebona, *Il lavoro agile*, in *Massimario di Giurisprudenza del Lavoro*, 2017, p. 822 e ss.

(19) In vero, il lavoro agile era già diffuso in Italia, anche prima della legge del 2017, perché era previsto da diversi contratti collettivi. M. Tiraboschi, *Il lavoro agile tra legge e contrattazione collettiva: la tortuosa via italiana verso la modernizzazione del diritto del lavoro*, in *w.p. C.S.D.L.E. "Massimo D'Antona"*, n. 335 del 2017, p. 5, osserva come, già prima dell'entrata in vigore delle legge vi fossero sei contratti collettivi nazionali e almeno ventiquattro contratti collettivi aziendali che introducevano e disciplinavano il lavoro agile.

(20) Così S. Cairoli, *Lavoro agile alle dipendenze della pubblica amministrazione entro e oltre i confini della pubblica amministrazione*, in *Lavoro diritti e Europa*, n. 1, 2021, p. 5.

(21) In particolare dalla circostanza che la prestazione si svolge senza precisi vincoli di orario di lavoro e di luogo della prestazione e che le modalità di esecuzione della prestazione possono essere organizzate anche "*con forme di organizzazione per fasi, cicli e obiettivi*".

(22) Sebbene la legge non escluda la possibilità che il lavoratore utilizzi strumenti di sua proprietà, gli strumenti tecnologici per svolgere la prestazione sono generalmente forniti dal datore di lavoro, che è anche "*responsabile della sicurezza e del buon funzionamento*" degli stessi (art. 18, 2º comma, del d. lgs. n. 81 del 2018).

Il lavoro agile si differenzia dal lavoro a domicilio perché la prestazione non viene eseguita necessariamente nel domicilio del lavoratore ma il lavoratore può scegliere, di volta in volta, dove svolgere la prestazione ("*senza precisi vincoli... di luogo di lavoro*"). Questa è proprio una delle caratteristiche del lavoro agile che rende lo svolgimento della prestazione lavorativa più congeniale alle esigenze dei lavoratori, che possono scegliere, di volta in volta, dove e quando svolgerla (sia pure con alcuni limiti, determinati dalla necessità di garantire la sicurezza del lavoratore.(23)

Il lavoro agile si differenzia, invece, dal telelavoro sia per l'assenza di una postazione fissa sia perché non richiede necessariamente l'utilizzazione di strumentazioni tecnologiche.

Poiché il lavoro agile ha sostanzialmente preso il posto del telelavoro ed ha rappresentato, durante la pandemia, la modalità di lavoro a distanza più diffusa, è principalmente a questo che si farà riferimento nel prosieguo della trattazione.

3. La disciplina del lavoro agile "ordinario" nella legge n. 81 Del 2017

La disciplina del lavoro agile è contenuta, come si è detto, nella legge n. 81 del 2017: si tratta di una disciplina essenziale perché, come si vedrà, la regolamentazione di molti aspetti delicati del rapporto di lavoro è rimessa all'autonomia individuale delle parti.

Per attivare il lavoro agile è necessario, infatti, un accordo tra le parti (art. 8, l. n. 81 del 2017), che può essere stipulato anche successivamente all'instaurazione del rapporto di lavoro. All'accordo – che deve avere forma scritta (art. 19, 1º comma, l. n. 81 del 2017) e può essere sia a tempo determinato che indeterminato (art. 19, 2º comma, l. n. 81 del 2017) – viene demandata la regolamentazione di importanti aspetti del rapporto di lavoro che si svolge all'esterno dei locali aziendali, ovvero: la disciplina dell'esecuzione della prestazione lavorativa; l'esercizio del potere direttivo e di controllo del datore di lavoro; i tempi di riposo del lavoratore; le misure tecniche e organizzative necessarie per assicurare la disconnessione del lavoratore dalle strumentazioni tecnologiche di lavoro; le condotte che danno luogo a sanzioni disciplinari (artt. 19, 1º comma, e 21 d.lgs. n. 81 del 2017).

La legge regola, invece, direttamente solo alcuni aspetti del rapporto di lavoro agile. L'art. 20, in analogia con quanto previsto per alcune contratti di lavoro subordinato diversi rispetto a quello standard, prevede il diritto del lavoratore agile ad un trattamento economico e normativo non inferiore a quello dei lavoratori che svolgono le medesime mansioni all'interno dell'azienda. L'art. 23 garantisce al lavoratore il diritto alla tutela contro gli infortuni sul lavoro e le malattie professionali dipendenti da rischi connessi alla prestazione lavorativa resa all'esterno dei locali aziendali (art. 23).

(23) Che non può scegliere postazioni di lavoro che mettano a repentaglio la sua sicurezza o salute.

Altre norme sono dedicate alla sicurezza del lavoratore, che rappresenta uno dei problemi più delicati quando la prestazione di lavoro non si svolge nei locali dell'impresa[24]. Il problema è ancora più accentuato con riferimento al lavoro agile, perché il lavoratore spesso non ha una postazione fissa, per cui possono esservi più luoghi di lavoro. La l. n. 81 del 2017 affronta il problema della sicurezza attraverso la previsione, a carico del datore di un obbligo informativo: ai sensi dell'art. 22 ("*Sicurezza sul lavoro*"), il datore di lavoro è infatti tenuto a consegnare ai lavoratori e al rappresentante dei lavori per la sicurezza, con cadenza almeno annuale un'"*informativa scritta nella quale sono individuati i rischi generali e i rischi specifici connessi alla particolare modalità di esecuzione del rapporto di lavoro*". Il secondo comma dell'art. 22, prevede, inoltre, che anche il lavoratore sia "*tenuto a cooperare all'attuazione delle misure di prevenzione predisposte dal datore di lavoro per fronteggiare i rischi connessi all'esecuzione della prestazione all'esterno dei locali aziendali*".[25]

4. La disciplina del lavoro agile "emergenziale": finalità e caratteristiche

Il legislatore dell'emergenza — rendendosi conto da subito che il lavoro agile avrebbe rappresentato uno strumento fondamentale per conciliare le esigenze produttive delle imprese con la salute dei lavoratori — è intervenuto più volte sullo stesso con disposizioni a carattere temporaneo, tenendo anche conto delle esigenze delle diverse fasi dell'epidemia[26], e ha cercato di renderne più rapido e semplice il ricorso: non solo consentendo al datore di lavoro di attivare unilateralmente il lavoro agile, ma anche agevolando l'obbligo informativo di cui all'art. 22 della L. n. 81 del 2017 e permettendo al lavoratore di accedere al lavoro agile a prescindere dalla dotazione da parte dell'impresa allo stesso di strumenti tecnologici.

Questo ha comportato che il lavoro agile emergenziale si differenziasse significativamente da "ordinario", ovvero da quello regolato dalla legge n. 81 del 2017, sia per caratteristiche che per finalità.

Se la volontarietà è un requisito essenziale del lavoro agile ordinario, non lo è per il lavoro agile emergenziale, al quale si può accedere anche senza un accordo tra le parti ma con una decisione unilaterale del datore di lavoro. Venendo meno l'accordo, è venuta meno anche la disciplina di tutti quegli aspetti, collegati allo svolgimento della prestazione di lavoro all'esterno dei locali dell'azienda, che il legislatore del 2017 ha

(24) L'ordinamento italiano, in linea con le disposizioni dell'Unione Europea, pone l'obbligo di sicurezza in capo al datore di lavoro: "*L'imprenditore è tenuto ad adottare nell'esercizio dell'impresa le misure che, secondo la particolarità del lavoro, l'esperienza e la tecnica, sono necessarie a tutelare l'integrità fisica e la personalità morale dei prestatori di lavoro*" (art. 2087 c.c.).

(25) Il lavoratore, in vero, deve sempre cooperare in materia di sicurezza con il datore di lavoro, a prescindere che lavori a distanza o in presenza (come emerge, in particolare dall'art. 20 del d.lgs. n. 81 del 2008), ma la sua cooperazione diventa essenziale laddove svolga la sua prestazione fuori dai locali dell'impresa.

(26) Come sottolinea R. Romei, *Il lavoro agile in Italia: prima, durante e dopo la pandemia*, cit., p. 77 e ss., gli interventi legislativi che si sono succeduti dall'inizio della pandemia hanno avuto funzioni diverse in ragione del mutamento delle condizioni esterne (fasi di chiusura e fasi di ripresa o riapertura).

demandato all'accordo stesso e che durante l'emergenza sono stati rimessi in larga misura a scelte organizzative unilaterali del datore di lavoro.

Il lavoro agile "emergenziale", inoltre, può prospettarsi come un obbligo non solo per il lavoratore ma anche per il datore di lavoro stesso[(27)]. Il legislatore ha infatti previsto, di volta in volta, delle ipotesi particolari in cui è riconosciuto al lavoratore il diritto a lavorare a distanza: questo diritto è stato attribuito, ad esempio, ai lavoratori disabili o a quelli che hanno nel loro nucleo familiare una persona con disabilità; ai lavoratori fragili[(28)]; ai lavoratori del settore privato con un figlio minore di anni 14, anche in assenza di accordi individuali, a condizione che la prestazione si compatibile con queste modalità e che l'altro genitore non fruisca di strumenti di sostegno al reddito per sospensione o cessazione del rapporto di lavoro o non lavori.

Un'altra differenza importante rispetto al lavoro agile ordinario ha riguardato l'"*informativa scritta*" in materia di sicurezza che, come si è detto, il datore di lavoro è obbligato a consegnare ai lavoratori e al rappresentante dei lavoratori per la sicurezza, con cadenza almeno annuale (art. 22, l. n. 81 del 2017). Il legislatore dell'emergenza ha previsto, infatti, la possibilità di assolvere questo obbligo anche in via telematica, utilizzando un'informativa già predisposta dell'INAIL[(29)] (senza neppure la necessità di adattarla alle proprie specificità aziendali).

Anche quelli che rappresentano i due tratti maggiormente caratterizzanti del lavoro agile ordinario — ovvero l'assenza di precisi vincoli di luogo e di tempo — appaiono nel lavoro agile emergenziale un po' attenuati. Per quanto riguarda i vincoli di luogo, si deve infatti osservare che, almeno nella prima fase dell'emergenza, quando i lavoratori non potevano circolare liberamente nel territorio nazionale ed erano sostanzialmente costretti a restare, salvo necessità, nel loro domicilio, il luogo della prestazione lavorativa finiva per coincidere con il domicilio del lavoratore, per cui veniva meno quell'autonomia nello scegliere la postazione di lavoro che è un tratto caratteristico del lavoro agile e che lo differenzia dalla altre forme di lavoro a distanza, come il lavoro a domicilio e il telelavoro. Per quanto riguarda, invece, i vincoli di orario, si deve osservare che spesso, soprattutto nelle pubbliche amministrazioni, hanno finito per essere reintrodotti sotto forma di fasce di reperibilità, ovvero fasce orarie, spesso coincidenti con l'orario di lavoro in presenza, nelle quali i lavoratori devono necessariamente essere reperibili.

Anche le finalità del lavoro agile emergenziale sono diverse rispetto a quelle del lavoro agile ordinario. Se il lavoro agile ordinario ha quale obiettivo dichiarato quello di

(27) Così S. CAIROLI, *La definizione del lavoro agile nella legge e nei contratti collettivi: sovrapposizioni e possibili distinzioni*, in AA.VV., *Il lavoro agile nella disciplina legale, collettiva e individuale. Stato dell'arte e proposte interpretative di un gruppo di giovani studiosi*, a cura del Gruppo giovani giuslavoristi Sapienza, in WP C.S.D.L.E. "Massimo D'Antona".IT, n. 6/2017, p. 6.

(28) Per quanto riguarda il diritto al lavoro agile dei lavoratori fragili si rinvia al par. successivo.

(29) L'INAIL è l'Istituto Nazionale per l'assicurazione contro gli infortuni sul lavoro.

"*incrementare la competitività e agevolare la conciliazione dei tempi di vita e di lavoro*" (art. 18, comma 1, l. n. 81 del 2017), il lavoro agile emergenziale, almeno in una primissima fase[30], ha avuto quale principale finalità la tutela della salute e della sicurezza dei lavoratori durante l'emergenza epidemiologica.

5. Il lavoro agile dopo l'emergenza: nuove potenzialità e criticità

Non si può negare che senza l'emergenza epidemiologica non ci sarebbe stata in Italia una sperimentazione così diffusa e rapida del lavoro a distanza e, in particolare, del lavoro agile.

Questa sperimentazione ha fatte emergere sia nuove potenzialità che alcune criticità dello strumento, che probabilmente sarebbero comunque affiorate ma in tempi molto più lunghi.

Per quanto riguarda le prime, il lavoro agile si è affermato durante la seconda fase dell'emergenza non solo come strumento di conciliazione vita/lavoro ma anche come strumento di protezione dei lavoratori c.d. fragili, ovvero di quei lavoratori che, a causa di patologie preesistenti, rischiano conseguenze gravi in caso di infezione da Covid-19[31]. A questi lavoratori, durante l'emergenza, è stato garantito, con una serie di disposizioni normative che si sono succedute nel tempo[32] il diritto di lavorare a distanza, laddove compatibile con le mansioni svolte.

Ritengo che questa funzione del lavoro agile — ovvero di strumento di protezione della salute dei lavoratori fragili — sia destinata a sopravvivere anche una volta cessata completamente l'emergenza e, pertanto, anche per rischi diversi rispetto al Covid-19. Il lavoro agile potrebbe rappresentare, ad esempio, uno dei c.d. "*accomodamenti ragionevoli*" che i datori di lavoro sono tenuti a porre in essere per agevolare l'inserimento sui luoghi di lavoro delle persone con disabilità e per garantire alle stesse parità di trattamento con gli altri lavoratori, ai sensi dell'art. 2, comma 3 bis, del d.lgs. n. 216 del 2003: "*Al fine di garantire il rispetto del principio della parità di trattamento delle persone con disabilità, i datori di lavoro pubblici e privati sono tenuti ad adottare accomodamenti ragionevoli, come definiti dalla Convenzione delle Nazioni Unite sui diritti delle persone con disabilità, ratificata ai sensi della legge 3 marzo 2009, n. 18, nei luoghi di lavoro, per garantire alle persone*

(30) A questa prima finalità, che caratterizza soprattutto la prima fese dell'emergenza, caratterizzata dalla sospensione di tutte le attività produttive e da un *lockdown* molto rigoroso, si è successivamente affiancata anche una finalità di conciliazione vita lavoro, che ha caratterizzato i successivi interventi emergenziali.

(31) Sono stati considerati lavoratori "fragili", ad esempio, i lavoratori immunodepressi, quelli con malattie oncologiche o disabili ma anche chi soffre di patologie che possono incidere sulla prognosi in caso di infezione. Per la definizione di lavoratori "fragili" cfr. l'art. 26, comma 2, del D.L. n. 18 del 17 marzo 2020, la circolare ministeriale n. 38 del 4 settembre 2020, nonché, da ultimo il D.M. 4 febbraio 2022.

In dottrina cfr. M. Brollo, *Lavoro agile per i lavoratori fragili: lezioni dalla pandemia*, in *Argomenti di Diritto del Lavoro*, 2022, p. 405 e ss.

(32) Tra le varie norme, oltre il cit. art. 26 del D.L. 18 del 2020, anche l'art. 74 del cosiddetto Decreto "Rilancio" (DL 19 maggio 2020, n. 34), l'art. 26 della l. nº 126 del 13 ottobre 2020,

con disabilità la piena eguaglianza con gli altri lavoratori. Secondo la definizione della Convenzione ONU del 2006 "*sui diritti delle persone con disabilità*" per "*accomodamenti ragionevoli*" si intendono: "*le modifiche e gli adattamenti necessari ed appropriati che non impongano un onere sproporzionato o eccessivo adottati, ove ve ne sia necessità in casi particolari, per garantire alle persone con disabilità il godimento e l'esercizio, su base di uguaglianza con gli altri, di tutti i diritti umani e delle libertà fondamentali*"(1). Appare evidente che il lavoro agile rappresenta in molti casi proprio quella modifica organizzativa che non comporta un onere sproporzionato o eccessivo per il datore di lavoro e che, come tale, può essere imposta allo stesso(2).

Nella direzione di identificare il lavoro agile come possibile "*accomodamento ragionevole*" è andato anche il Protocollo nazionale sul lavoro in modalità agile nel settore privato(3), sottoscritto dalle parti sociali il 7 dicembre 2021, che all'art. 10 prevede che "*le Parti sociali si impegnano a facilitare l'accesso al lavoro agile per i lavoratori in condizioni di fragilità e di disabilità, anche nella prospettiva di utilizzare tale modalità di lavoro come misura di accomodamento ragionevole*".

Per quanto riguarda i dipendenti delle pubbliche amministrazioni, le *Linee guida in materia di lavoro agile nelle amministrazioni pubbliche* del 2021(4), all'art. 2 ("*Accesso al lavoro agile*") prevedono che l'amministrazione faciliti "*l'accesso al lavoro agile ai lavoratori che si trovino in condizioni di particolare necessità, non coperte da altre misure*". La Circolare ministeriale del 5 gennaio 2022 ha successivamente chiarito che le Amministrazioni devono gestire il lavoro agile con "*flessibilità*" e "*intelligenza*", tenendo conto sia dell'andamento epidemiologico che delle tenendo conto dell'andamento epidemiologico che delle contingenze che possono riguardare i propri dipendenti, aprendo così la strada all'utilizzazione del lavoro agile anche dopo l'emergenza come strumento di tutela della salute del lavoratore.

L'emergenza ha reso più evidente anche un'altra potenzialità del lavoro agile, ovvero come strumento per realizzare il riequilibrio di genere, attraverso la conciliazione vita/lavoro.

---

(1) Si tratta dell'evoluzione della nozione di "*soluzioni ragionevoli*", adottato dalla direttiva 2000/78/UE: "*per garantire il rispetto del principio della parità di trattamento dei disabili, sono previste soluzioni ragionevoli. Ciò significa che il datore di lavoro prende i provvedimenti appropriati, in funzione delle esigenze delle situazioni concrete, per consentire ai disabili di accedere ad un lavoro, di svolgerlo o di avere una promozione o perché possano ricevere una formazione, a meno che tali provvedimenti richiedano da parte del datore di lavoro un onere finanziario sproporzionato. Tale soluzione non è sproporzionata allorché l'onere è compensato in modo sufficiente da misure esistenti nel quadro della politica dello Stato membro a favore dei disabili*».

(2) Poiché il rifiuto del datore di lavoro di porre in essere un accomodamento ragionevole costituisce — ai sensi della Convenzione ONU — una vera e propria discriminazione, l'accomodamento ragionevole rappresenta un vero e proprio obbligo per il datore di lavoro.

(3) Il Protocollo Nazionale su lavoro agile non ha alcuna valore normativo ma rappresenta il quadro di riferimento per la contrattazione collettiva del settore privato.

(4) Si tratta, anche in questo caso, di linee guida, ma per la contrattazione collettiva nel pubblico impiego.

Come si è già detto, il lavoro agile viene considerato in Italia principalmente uno strumento di conciliazione vita/lavoro[5]. Il lavoro agile "emergenziale", soprattutto nella primissima fase, ha avuto invece una funzione diversa, ovvero tutelare la salute e la sicurezza dei lavoratori durante la pandemia. Tuttavia, ben presto, a questa funzione principale si è affiancata anche quella di conciliazione vita/lavoro, che è diventata presto prevalente, come si evince da tutti quei provvedimenti emergenziali volti a favorire, nello svolgimento delle prestazioni di lavoro agile, i lavoratori che, per ragioni collegate all'emergenza epidemiologica, si trovino impossibilitati a recarsi sul posto di lavoro o perché hanno i figli a casa per ragioni collegate all'epidemia (sospensione dell'attività scolastica in presenza, quarantena, malattia, ecc.) o perché devono prendersi cura di un soggetto fragile.

Poiché il lavoro di cura (soprattutto in Italia) grava spesso quasi interamente sulle donne, il lavoro agile, in quanto strumento di conciliazione vita/lavoro, può rappresentare anche una leva efficace per realizzare l'equilibrio di genere. Questa leva sarà ovviamente più efficace se il legislatore cercherà, con disposizioni non più a carattere emergenziale ma permanente, di favorire, nella scelta dei lavoratori ai quali consentire di svolgere la prestazione in modalità agile, quelli che hanno maggiori esigenze di conciliazione vita/lavoro. Per quanto riguarda le aziende, bisogna però evidenziare come una sollecitazione in tal senso possa provenire da strumenti, come la recentissima certificazione di parità di genere[6], ancora in una fase di sperimentazione, volti proprio a promuovere l'equilibrio di genere, garantendo delle premialità a quelle imprese che adottino misure "certificate" finalizzate alla parità salariale e al riequilibrio di genere (v. art. 5, l. 165 del 2021).

Per quanto riguarda invece le criticità che la diffusione del lavoro agile ha contribuito a fare emergere in Italia, due mi sembrano particolarmente significative:

— la scarsa efficacia della tutela del diritto alla disconnessione del lavoratore agile;

— lo spazio limitato che la legge attribuisce all'autonomia collettiva rispetto a quella individuale nella regolamentazione del lavoro agile.

Per quanto riguarda la prima criticità, è chiaro che un problema di diritto alla disconnessione si sia posto anche prima dell'emergenza epidemiologica — come dimostra la

(5) Così l'art. 18 della l. n. 81 del 2017, *"Le disposizioni del presente capo, allo scopo di incrementare la competitività e agevolare la conciliazione dei tempi di vita e di lavoro, promuovono il lavoro agile..."*.

(6) Si tratta di una delle misure del PNRR finalizzate alla realizzazione della *"priorità trasversale"* della parità di genere, che rientra nella *"missione 5"*, ovvero *"Inclusione e coesione"*. Il sistema di certificazione di parità di genere è finalizzato ad accompagnare e incentivare *"le imprese ad adottare policy adeguate a ridurre il gap di genere in tutte le aree maggiormente "critiche" (opportunità di crescita in azienda, parità salariale a parità di mansioni, politiche di gestione delle differenze di genere, tutela della maternità)"*.

E' stata introdotta nel nostro ordinamento dall'art. 4 della l. n. 162 del 5 novembre 2021 che ha modificato il c.d. Codice delle pari opportunità (d. lgs. 198 del 2006), introducendo un nuovo art. 46 bis, intitolato, appunto, *"Certificazione di genere"*.

previsione di questo diritto in alcuni Paesi europei già in un periodo antecedente all'emergenza[7] — ed è altresì chiaro che il diritto alla disconnessione non dovrebbe essere una prerogativa dei soli lavoratori agili ma di tutti quei lavoratori che svolgono la loro prestazione lavorativa tramite l'utilizzazione di strumentazioni tecnologiche, tuttavia, la necessità di garantire la disconnessione dei lavoratori si è manifestata con prepotenza proprio nel momento in cui il lavoro a distanza è diventato una modalità ordinaria di svolgimento della prestazione lavorativa (ovvero durante l'emergenza epidemiologica).

Proprio in questa fase l'Unione Europea è, infatti, intervenuta con la Risoluzione del Parlamento europeo sul diritto alla disconnessione del 21 gennaio 2021, con la quale il Parlamento, preso atto che non esiste a livello di Unione Europea una normativa sul diritto alla disconnessione e che i Paesi membri hanno tutti affrontato la questione in modo diverso, invita la Commissione Europea ad emanare una direttiva che identifichi il diritto alla disconnessione e lo tuteli.

La Risoluzione contiene anche una proposta di direttiva, allegata alla risoluzione, che definisce il diritto alla disconnessione[8] e fissa delle prescrizioni minime che permettano ai lavoratori, sia pubblici che privati, di esercitare il diritto alla disconnessione senza subire ritorsioni da parte dei datori di lavoro. Ai sensi dell'art. 4 della proposta di direttiva, gli Stati membri, previa consultazione delle parti sociali, devono garantire ai lavoratori "*almeno*" le seguenti condizioni di lavoro: "*le modalità pratiche per scollegarsi dagli strumenti digitali a scopi lavorativi, compreso qualsiasi strumento di monitoraggio legato al lavoro*"; "*il sistema per la misurazione dell'orario di lavoro*"; la "*valutazioni della salute e della sicurezza, comprese le valutazioni del rischio psicosociale, in relazione al diritto alla disconnessione*"; "*i criteri per la concessione di una deroga ai datori di lavoro dall'obbligo di attuare il diritto dei lavoratori alla disconnessione*" e, in caso di deroga, "*i criteri per stabilire le modalità di calcolo della compensazione per il lavoro svolto al di fuori dell'orario di lavoro*"; "*le misure di sensibilizzazione, compresa la formazione sul luogo di lavoro, che i datori di lavoro sono tenuti ad adottare riguardo alle condizioni di lavoro*". Il compito di stabilire queste misure spetta alla legge o ai contratti collettivi[9]; in questo secondo caso gli Stati

(7) E' il caso, ad esempio, della Francia che ha riconosciuto il diritto alla disconnessione (*droit à la dèconnexion*) con la *Loi Travail* dell'8 agosto 2016, che ha modificato l'art. 2242-8 del *Code du Travail*, ma anche della Spagna che lo ha riconosciuto con l'art. 88 della *Ley Orgánica 3/2018, de 5 de diciembre, de Protección de Datos Personales y garantía de los derechos digitales*, che si intitola "*Derecho a la desconexión digital en el ámbito laboral*". Sulla disciplina francese e spagnola del diritto alla disconnessione si consenta di rinviare a M.C. Cataudella, *Tempo di lavoro e tempo di disconnessione*, in *Massimario di Giurisprudenza del Lavoro*, 2022, in particolare p. 866 e ss.

(8) L'art. 2 definisce la "disconnessione" come "*il mancato esercizio di attività o comunicazioni lavorative per mezzo di strumenti digitali, direttamente o indirettamente, al di fuori dell'orario di lavoro*". L'art. 3 qualifica la disconnessione come un "*diritto*" dei lavoratori, che deve essere attuato dai datori di lavoro "*in modo equo, lecito e trasparente*" (art. 3).

(9) Così art. 4, comma 2: "*Gli Stati membri possono, conformemente al diritto e alle prassi nazionali, affidare alle parti sociali il compito di concludere accordi collettivi a livello nazionale, regionale, settoriale o di datore di lavoro che stabiliscano o integrino le condizioni di lavoro di cui al paragrafo 1*".

membri si devono preoccupare di garantire le stesse tutele anche ai lavoratori ai quali non si applicano i contratti collettivi[(10)].

A tutela dei lavoratori che esercitino (o tentino di esercitare) il diritto alla disconnessione si prevede il divieto di discriminazione, di trattamenti meno favorevoli e di licenziamento (art. 5, par. 1)[(11)].

In Italia il diritto alla disconnessione è stato introdotto per i soli lavoratori agili dalla legge n. 81 del 2017, che, tuttavia, lo rimette ad un accordo tra le parti che deve individuare "*le misure tecniche e organizzative necessarie per assicurare la disconnessione del lavoratore dalle strumentazioni tecnologiche di lavoro*" (art. 19, comma 1, l. 81 del 2017)[(12)].

Come ampiamente rilevato dai primi commentatori della norma, la disposizione è dotata di scarsa effettività[(13)] perché non fissa direttamente nessun criterio o condizione della disconnessione, rimettendo gli stessi interamente alla determinazione delle parti, e non prevede alcuna sanzione per l'ipotesi in cui le parti omettano di definire le misure di disconnessione o non le rispettino[(14)].

---

(10) Così art. 4, comma 3: "*Gli Stati membri provvedono affinché i lavoratori che non sono coperti da un accordo collettivo a norma del paragrafo 2 beneficino di una tutela conformemente alla presente direttiva*".

(11) Come avviene per le discriminazioni sarà sufficiente per il lavoratore fornire in giudizio degli elementi che facciano presumere che il licenziamento o gli eventuali altri trattamenti meno favorevoli siano dovuti all'esercizio o al tentativo di esercitare il diritto alla disconnessione; spetterà poi al datore di lavoro dimostrare che alla base del licenziamento o di trattamenti meno favorevoli vi siano motivi diversi (art. 5, par. 3).

(12) Sostanzialmente la legge, pur riconoscendo la necessità di misure che assicurino la disconnessione del lavoratore dalle strumentazioni tecnologiche di lavoro, delega l'individuazione delle stesse all'autonomia individuale.

(13) Perplessità sull'effettività della norma sono espresse, sia pure con accentuazioni diverse, da: G. De Nardo, *Lavoro agile, categorie giuridiche e diritto alla disconnessione: uno sguardo al futuro e a qualche nodo irrisolto*, in AA. VV., *Il lavoro agile nella disciplina legale, collettiva e individuale. Stato dell'arte e proposte interpretative di un gruppo di giovani studiosi*, a cura del Gruppo giovani giuslavoristi Sapienza, w.p. C.S.D.L.E. "Massimo D'Antona, n. 6 del 2017, p. 177 e ss.; R. Zucaro, *Il diritto alla disconnessione tra interesse collettivo e individuale. Possibili profili di tutela*, in *Labour&Law Issues*, vol. 5, n. 2, 2019; V. Maio, *Lo smart working emergenziale tra diritti di connessione e di disconnessione*, in AA. VV., *Il lavoro da remoto. Per una riforma dello smart working oltre l'emergenza*, a cura di M. Martone, 2020, Piacenza, p. 93 e ss.

(14) In dottrina vi è chi (così M. Cuttone, *Oltre il paradigma dell'unità di luogo tempo e azione: la revanche dell'autonomia individuale nella nuova fattispecie di lavoro agile*, in AA. VV., *Il lavoro agile nella disciplina legale, collettiva e individuale. Stato dell'arte e proposte interpretative di un gruppo di giovani studiosi*, cit., p. 58) ha ventilato la possibilità che possa configurarsi un'ipotesi di nullità del contratto ai sensi dell'art. 1418 c.c. ("*Producono nullità del contratto la mancanza di uno dei requisiti indicati dall'articolo, l'illiceità della causa, l'illiceità dei motivi nel caso indicato dall'articolo 1345 e la mancanza nell'oggetto dei requisiti stabiliti dall'articolo 1346*") per mancanza di un elemento essenziale dell'accordo individuale. Si tratta di soluzione, tuttavia, che non convince pienamente, non potendosi considerare, anche per la formulazione della norma, le misure di disconnessione un requisito essenziale dell'accordo di lavoro agile ai sensi dell'art. 1325 c.c. Inoltre, il mancato accordo della parti sul punto non sembra neppure configurare un'ipotesi di violazione di norma imperativa *ex* art. 1418 c.c., 1º comma: appare difficile, infatti, considerare cogente una norma che rimetta alle parti la definizione del contenuto di un accordo, senza neppure dettare criteri e vincoli dello stesso. Peraltro, la sanzione della nullità *ex* art. 1418 c.c. non offrirebbe al lavoratore alcuna tutela del suo diritto alla disconnessione ma lo priverebbe, piuttosto, della possibilità di usufruire del lavoro agile, facendo venir meno l'accordo individuale nella sua interezza.

Durante la fase emergenziale — anche in considerazione delle difficoltà di attuare un diritto alla disconnessione rimesso ad un accordo individuale in una fase in cui si può prescindere da un accordo individuale per attivare il lavoro agile — il legislatore italiano è intervenuto sul diritto alla disconnessione con un'altra disposizione: l'art. 2 del d.l. 13 marzo 2021, n. 30, convertito con legge 6 maggio 2021, n. 61 recante "*Misure urgenti per fronteggiare la diffusione del Covid-19 e interventi di sostegno per lavoratori con figli minori in didattica a distanza o in quarantena*". La norma riconosce al lavoratore che svolge la sua attività in modalità agile "*il diritto alla disconnessione dalle strumentazioni tecnologiche e dalle piattaforme informatiche, nel rispetto degli eventuali accordi sottoscritti dalle parti e fatti salvi eventuali periodi di reperibilità concordati*", precisando che "*l'esercizio del diritto alla disconnessione, necessario per tutelare i tempi di riposo e la salute del lavoratore, non può avere ripercussioni sul rapporto di lavoro o sui trattamenti retributivi*" (comma 1 ter).

La nuova norma — che sebbene inserita in una normativa che racchiude tutte disposizioni a carattere temporaneo e eccezionale, sembrerebbe avere una portata che va oltre la durata delle altre disposizioni(15)(16) — riconosce esplicitamente al lavoratore agile un diritto alla disconnessione e il diritto a non subire ripercussione per avere esercitato tale diritto.

Se, sotto questi profili, rappresenta certamente un passo avanti rispetto alla precedente normativa, per altri versi appare ancora carente e lascia diversi nodi irrisolti: *in primis*, non chiarisce quale sia la fonte di determinazione delle modalità e dei tempi della disconnessione: vi è, infatti, un riferimento agli "*eventuali*" accordi sottoscritti dalla parti ma non è chiaro se, come nella l. n. 81 del 2017, la determinazione delle modalità di esercizio della disconnessione sia rimessa solo a questi oppure no.

La disciplina italiana 3 nonostante questo secondo intervento, sicuramente più incisivo rispetto al primo — appare comunque più carente rispetto a quella degli altri Paesi Europei e non in linea con la proposta di direttiva del 2021 del Parlamento Europeo.

Prima di tutto, ha quali destinatari i soli lavoratori agili, lasciando la tutela dei lavoratori non agili alle disposizioni generali in materia di orario di lavoro (d. lgs. n. 66 del 2003) e a quelle in materia di tutela della sicurezza e salute dei lavoratori (art. 2087 c.c. e d.l.gs. n. 81 del 2008)(17). Inoltre, come si è detto, non detta delle condizioni minime per

(15) Così come è formulata la norma sembrerebbe poter continuare a produrre effetti anche una volta cessato lo stato di emergenza. In senso contrario A. Preteroti, *Il diritto alla disconnessione nel lavoro agile alle dipendenze della pubblica amministrazione*, cit., in particolare p. 13 e ss., che considera la norma sul diritto alla disconnessione una norma emergenziale, come quelle che la precedono, e, quindi, destinata a venir meno con la cessazione dello stato di emergenza.

(16) E'chiaro, infatti, che la norma non ha lo stesso ambito di applicazione delle altre disposizioni contenute all'art. 2.

(17) E' vero che già in queste norme si possono trovare disposizioni che garantiscono il diritto alla disconnessione ma sarebbe stato comunque opportuno riconoscerlo a tutti i lavoratori che, grazie alle dotazioni informatiche, sono in grado di svolgere la loro prestazione (o un parte di essa) anche quando non si trovano

attuare la disconnessione (come fa invece la proposta di direttiva) ma rimette interamente la determinazione delle modalità di attuazione della stessa ad un accordo individuale (art. 19, comma 1, l. 81 del 2017) o a fonti che non sono chiaramente individuate (art. 2, comma 1 ter, del d.l. 13 marzo 2021, n. 30). Certamente più opportuna sarebbe stata una chiara delega alla contrattazione collettiva: questa è infatti la scelta che è stata fatta in Spagna e in Francia e che emerge anche dalla proposta di direttiva.

Un'altra criticità che è emersa durante la pandemia, riguarda la scelta della legge n. 81 del 2017 di attribuire, nella regolamentazione del lavoro agile, uno spazio molto ampio all'autonomia individuale, senza invece prendere in considerazione quella collettiva. Come si è già detto, infatti, la legge demanda all'accordo individuale la regolamentazione degli aspetti più delicati relativi alle modalità di svolgimento della prestazione lavorativa al di fuori dei locali aziendali. Se è chiaro che tali aspetti non avrebbero potuto essere disciplinati dalla legge, che per sua natura — essendo generale e astratta — non può tenere conto delle specifiche esigenze delle aziende e dei lavoratori, forse il legislatore, come ha fatto in altri casi, avrebbe potuto dare maggiore spazio alla contrattazione collettiva (anche aziendale), che, oltre ad essere sicuramente più flessibile della legge, tutela maggiormente i lavoratori rispetto ad un accordo individuale.

Questo *favor* del legislatore per l'autonomia individuale ha creato non pochi problemi quando le aziende, durante la pandemia, sono state costrette a far lavorare una parte consistente dei lavoratori a distanza, senza un accordo individuale che ne regolasse le modalità di svolgimento della prestazione. Per esempio, tornando al diritto alla disconnessione, la cui previsione e regolamentazione è rimessa dalla legge n. 81 del 2017 all'accordo individuale, vi è stato il rischio concreto che questo non trovasse alcun riconoscimento(18).

Nell'ultimo anno, tuttavia, la contrattazione collettiva si sta riappropriando di alcuni degli spazi che la legge aveva originariamente riservato all'autonomia individuale: ad esempio, per quanto riguarda il diritto alla disconnessione, sia il Protocollo Nazionale sul lavoro in modalità agile che le Linee Guida in materia di lavoro agile nelle amministrazioni pubbliche sia alcuni contratti collettivi hanno introdotto delle disposizioni specifiche, prevedendo, tra l'altro, la necessità di prevedere delle "fasce di disconnessione", ovvero dei periodi in nei quali il lavoratore non deve svolgere la sua prestazione (non è operativo).

---

sul luogo di lavoro attraverso strumenti informatici: anche per questi si pone, infatti, il rischio di un'eccessiva connessione e la conseguente necessità di tutelarne la salute e il benessere fisico e mentale, salvaguardando i tempi di non lavoro. Il diritto ad un riposo minimo di undici ore giornaliere può essere infatti vanificato laddove il lavoratore, pur non presente in azienda, riceva comunque messaggi e e-mail al di fuori dell'orario di lavoro e si senta in dovere di leggerli e di rispondere; inoltre, il tempo di disconnessione potrebbe costituire per tutti i lavoratori una tutela ulteriore e differenziata rispetto al temo di riposo.

(18) Sul punto v. le preoccupazioni espresse dal Presidente del Garante della Privacy nell'audizione del 13 maggio 2020 in: <https://www.garanteprivacy.it/home/docweb/-/docweb-display/docweb/9341993>.

Referências

P. Albi, *Il lavoro agile fra emergenza e transizione*, in Massimario di giurisprudenza del lavoro, 2020, p. 771.

F. Amirante, *Lavoro a domicilio,* in *Lavoro decentrato, interessi dei lavoratori, organizzazione delle imprese*, Bari, 1996, p. 208 ss.

G. Balandi, *La vecchia e la nuova legge sul lavoro a domicilio*, in *Rivista di giurisprudenza del lav*oro, 1975, I, p. 581 e ss.

M. Biagi – T. Treu, *Lavoro e Information Technology: riflessioni sul caso italiano*, in *Diritto delle relazioni industriali*, 2002, p. 5 e ss.

M. Brollo, *Il lavoro agile nell'era digitale tra lavoro privato e pubblico*, in *Lavoro nella Pubblica Amministrazione*, 2017, p. 119 e ss.

M. Brollo, *Lavoro agile per i lavoratori fragili: lezioni dalla pandemia*, in *Argomenti di Diritto del Lavoro*, 2022, p. 405 e ss.

S. Cairoli, *La definizione del lavoro agile nella legge e nei contratti collettivi: sovrapposizioni e possibili distinzioni*, in AA.VV., I*l lavoro agile nella disciplina legale, collettiva e individuale. Stato dell'arte e proposte interpretative di un gruppo di giovani studiosi*, a cura del Gruppo giovani giuslavoristi Sapienza, in WP C.S.D.L.E. "Massimo D'Antona".IT, n. 6/2017.

S. Cairoli, *Lavoro agile alle dipendenze della pubblica amministrazione entro e oltre i confini della pubblica amministrazione*, in *Lavoro diritti e Europa*, n. 1, 2021, p. 1 e ss.

M.C. Cataudella, *Lo* smart working *nella pubblica amministrazione,* in A. Pileggi (a cura di), *Il diritto del lavoro dell'emergenza epidemiologica,* edizioni LPO, 2020, p. 35 e ss.

M.C. Cataudella, *Tempo di lavoro e tempo di disconnessione*, in *Massimario di Giurisprudenza del Lavoro*, 2022, in particolare p. 853 e ss.

M. Corso, *Sfide e prospettive della rivoluzione digitale: lo* smart working, in *Diritto delle Relazioni industriali*, 2017, p. 978 e ss.

M. Cuttone, *Oltre il paradigma dell'unità di luogo tempo e azione: la revanche dell'autonomia individuale nella nuova fattispecie di lavoro agile*, in AA. VV., *Il lavoro agile nella disciplina legale, collettiva e individuale. Stato dell'arte e proposte interpretative di un gruppo di giovani studiosi*, a cura del Gruppo giovani giuslavoristi Sapienza, in WP C.S.D.L.E. "Massimo D'Antona".IT, n. 6/2017.

E. Dagnino – M. Tiraboschi (a cura di), *Verso il futuro del lavoro. Analisi e spunti su lavoro agile e lavoro autonomo*, Adapt – e-Book series, 2016, n. 50.

M. De Cristoforo, *Il lavoro a domicilio*, Padova, 1978.

F. De Falco, *Luogo di lavoro e adempimento della prestazione*, Napoli, 2012.

M. De Luca, *Legge sul lavoro agile: uno sguardo dal ponte sul sistema di tipologie contrattuali del lavoro dopo il recente riordino*, in *Variazioni su temi di Diritto del Lavoro*, 2018, p. 547 e ss.;

V. De Michele, *Subordinazione, autonomia, lavoro agile e occasionale tra (post) Jobs act e diritto europeo*, in *WP CSDLE "Massimo D'Antona"*, 2018.

G. De Nardo, *Lavoro agile, categorie giuridiche e diritto alla disconnessione: uno sguardo al futuro e a qualche nodo irrisolto*, in AA. VV., *Il lavoro agile nella disciplina legale, collettiva e individuale. Stato dell'arte e proposte interpretative di un gruppo di giovani studiosi,* a cura del Gruppo giovani giuslavoristi Sapienza, WP C.S.D.L.E. "Massimo D'Antona, n. 6 del 2017, p. 177 e ss.

L. Fiorillo- A. Perulli (a cura di), *Il Jobs Act del lavoro agile e del lavoro autonomo*, Torino, 2018. R. Flammia, voce "*Telelavoro*", in *Enciclopedia giuridica Treccani*, Roma, 1993, p. 4 e ss.

L. Foglia, *Emergenza lavoro e il lavoro in emergenza,* in A. PILEGGI (a cura di), *Il diritto del lavoro dell'emergenza epidemiologica*, edizioni LPO, 2020, p. 27 e ss.

L. Gaeta, *Lavoro a distanza e subordinazione*, Napoli, 1993.

L. Gaeta, P. Pascucci, *Telelavoro e diritto*, Torino, 1998.

GggS (Gruppo giovani giuslavoristi Sapienza), *Il lavoro agile nella disciplina legale, collettiva ed individuale. Stato dell'arte e proposte interpretative di un gruppo di giovani studiosi,* in WP CSDLE "Massimo D'Antona", 2017, n. 6.

D. Gottardi, voce "*Lavoro a domicilio*", in *Digesto comm*entato, vol. VIII, Torino, 1992, p. 182 e ss.

P. Ichino, *La prospettiva della diffusione dello* smart working, in *Giur. Lav.*, 2020, n. 40, p. 12 e ss.

P. Ichino, *Lo smart working e il tramonto della* summa divisio *tra lavoro subordinato e autonomo*, in Lavoro Diritti e Europa, 2021, n. 1.

P. Iervolino, *Smart working: siamo davvero pronti?*, in *Lavoro e Previdenza Oggi*, 2019, p. 251 e ss.

M. Lai, *La sicurezza del telelavoro tra legge e contrattazione collettiva*, Torino, 2002.

M. Lai, *Evoluzione tecnologica e tutela del lavoro a proposito di* smart working *e di* crowd working, in *Diritto delle Relazioni Industriali*, 2017, p. 985 e ss.

M. Lepore, *La sicurezza e la tutela della salute dei telelavoratori. L'accordo europeo del 16 luglio 2002*, in *Argomenti di Diritto del Lavoro*, p. 813 e ss.

A. Levi, *Il lavoro agile nel contesto del processo di destrutturazione della subordinazione*, in *Rivista di Giurisprudenza del lavoro*, 2019, I, p. 25 e ss.

V. Maio, *Lo smart working emergenziale tra diritti di connessione e di disconnessione*, in AA. VV., *Il lavoro da remoto. Per una riforma dello smart working oltre l'emergenza*, a cura di M. Martone, 2020, Piacenza, p. 93 e ss.

M. Martone (a cura di), *Il lavoro da remoto – Per una riforma dello* smart working *oltre l'emergenza*, La Tribuna, 2020.

L. Nogler, *Lavoro a domicilio*, in *Commentario al codice civile Schlesinger*, Milano, 2000.

A. Preteroti, *Il diritto alla disconnessione nel lavoro agile alle dipendenze della pubblica amministrazione*, in *Lavoro Diritti e Europa*, 2021.

R. Romei, *Il lavoro agile in Italia: prima, durante e dopo la pandemia*, in *Labor*, 2020, p. 423 e ss.;

A. Romeo, *Il lavoro agile in ambito privato e pubblico*, in *Massimario di Giurisprudenza del Lavoro*, 2017, p. 824 e ss.

F. Santini, *La subordinazione nel lavoro a domicilio: una questione ancora aperta*, in *Rivista italiana di diritto del lavoro,* 2004, II, p. 41 e ss.

G. Santoro Passarelli, *Lavoro etero-organizzato, coordinato, agile e telelavoro: un puzzle non facile da comporre nell'impresa in via di trasformazione*, in *Diritto delle relazioni industriali*, 2017, p. 771 e ss.

G. Santoro Passarelli, *Il lavoro autonomo non imprenditoriale, il lavoro agile e il telelavoro*, in *Rivista Italiana di Diritto del Lavoro*, 2017, I, p. 369 e ss.

C. Spinelli, *Tecnologie digitali e lavoro agile*, Bari, 2018.

C. Spinelli, *Lo smart working ai tempi del coronavirus*, in *Labor*, 2021, n. 1.

M. Tiraboschi, *Il lavoro agile tra legge e contrattazione collettiva: la tortuosa via italiana verso la modernizzazione del diritto del lavoro*, in *w.p. C.S.D.L.E. "Massimo D'Antona"*, n. 335 del 2017.

F. Toffoletto, *Nuove tecnologie informatiche e tutela del lavoratore*, Milano, 2006.

A. Vallebona, *Il lavoro agile*, in *Massimario di Giurisprudenza del Lavoro*, 2017, p. 822 e ss.

R. Zucaro, *Il diritto alla disconnessione tra interesse collettivo e individuale. Possibili profili di tutela*, in *Labour&Law Issues*, vol. 5, n. 2, 2019.

Enhancing Smart Work. Perspectivas Evolutivas do Trabalho Remoto entre Problemas não Resolvidos e Tecnologias Inteligentes[1]

Marco Mocella
Nicola Lettieri

1. Trabalho remoto: um cenário em evolução

A pandemia de Covid-19 teve um efeito impulsionador na propagação do trabalho remoto na Itália, assim como na maioria dos países industrializados. Antes de 2020, apesar de a legislação ter sido introduzida com o Decreto Legislativo n. 81, de 22 de maio de 2017, os dados mostravam um uso extremamente reduzido de trabalho remoto assim como de teletrabalho[2]. De fato, a necessidade de uma maior conciliação entre vida profissional e vida privada já havia recebido a atenção do legislador com o art. 14 da Lei n. 124, de 7 de agosto de 2015, que, com a finalidade de promover a conciliação entre vida profissional e vida familiar no serviço público, vinculava a administração pública a identificar novas modalidades para a realização das atividades de trabalho com relação ao lugar e aos horários. Apesar dos esforços do legislador, tanto o trabalho remoto quanto o teletrabalho não constituíam formas generalizadas de trabalho e se limitavam apenas a uma parte da atividade de trabalho.

(1) O presente artigo é fruto do trabalho conjunto de ambos os autores. No entanto, o primeiro e o segundo parágrafos foram redigidos por Marco Mocella, o terceiro e o quarto por Nicola Lettieri, e o quinto em conjunto.

(2) Como mencionado, antes da emergência resultante da pandemia, o uso do trabalho remoto era muito baixo, contando não mais que 570.000 trabalhadores remotos em 2019. O percentual de teletrabalhadores era, na mesma data, igual a 1,9% da força de trabalho. A regulamentação do teletrabalho na Itália se baseia na transposição do Acordo Marco Europeu de 16 de julho de 2002, Itália pelo Acordo Interconfederal de 9 de junho de 2004.

Com a enorme expansão dessa modalidade de prestação de trabalho ou de serviço durante e após a pandemia, torna-se essencial compreender por um lado, se é possível ampliar os efeitos positivos do trabalho remoto através de uma maior consciência das ferramentas tecnológicas e informáticas; e por outro lado é necessário igualmente evitar problemas decorrentes do uso dessas tecnologias, também em relação a questões inerentes à matéria de saúde e segurança no trabalho.

O legislador de 2017 identifica duas finalidades que o trabalho remoto deve cumprir: a primeira é aumentar a competitividade das empresas, graças ao desenvolvimento dos processos de trabalho com vista a uma maior produtividade, graças à evolução tecnológica; enquanto a segunda finalidade é promover uma lógica de conciliação entre a vida profissional e a vida privada dos trabalhadores, cada vez mais indispensável.

Independentemente dos propósitos expressos pela lei, as vantagens para as partes são múltiplas: para o empregador (público ou privado), é indiscutível a presença de uma diminuição dos custos através da redução do espaço e um aumento do nível de produtividade e da eficácia do desempenho dos trabalhadores[(3)]; para o empregado, a possibilidade de modular seu desempenho de forma extremamente flexível com relação ao tempo e ao lugar de trabalho, com a possibilidade de obter um ótimo equilíbrio entre vida profissional e vida pessoal, assim como uma percepção de maior autonomia na realização do próprio trabalho, fatores que geram uma maior satisfação[(4)].

Há também um interesse mais amplo da coletividade ao incentivar sempre que possível o trabalho remoto, pois dessa forma se contribui a uma redução do trânsito nas grandes cidades e da poluição em geral, e ainda, podem ser suprimidos alguns custos sociais devido a uma maior disponibilidade de tempo para que os indivíduos possam se dedicar, por exemplo, à realização de atividades de cuidado das crianças e dos idosos dentro das famílias[(5)].

Se flexibilidade e autonomia no desempenho do trabalho são as marcas registradas do trabalho remoto, um papel não menos central deve ser atribuído à tecnologia. As tecnologias de informação e comunicação são essenciais não apenas para permitir o acesso a serviços e ferramentas de trabalho a qualquer momento e de qualquer lugar, elas ainda

---

(3) GREENBERG, J.; ROBERGE, M. E.; HO, V. T.; ROUSSEAU, D. M. (2004). "Fairness as an 'i-deal': Justice in under-the-table employment arrangements". *Research in personnel and human resources management*, 2004, 22, 1-34.

(4) MCNALL, L. A.; MASUDA, A. D.; NICKLIN, J. M. Flexible work arrangements, job satisfaction, and turnover intentions: The mediating role of work-to-family enrichment. *The Journal of psychology*, 2010, 144(1), 61-81; SHOCKLEY, K. M.; ALLEN, T.D. When flexibility helps: Another look at the availability of flexible work arrangements and work-family conflict. *Journal of Vocational Behavior*, 2007, 71(3), 479-493.

(5) Veja o LINEE GUIDA SUL PIANO ORGANIZZATIVO DEL LAVORO AGILE (POLA) E INDICATORI DI PERFORMANCE, 4.3 e 4.4, para uma lista mais exaustiva dos benefícios relacionados à adoção do trabalho remoto e sobre o uso de indicadores específicos para uma melhor medição do impacto econômico, ambiental e na saúde do órgão público. ALLEN, T. D.; JOHNSON, R. C.; KIBURZ, K. M.; SHOCKLEY, K. M. Work-family conflict and flexible work arrangements: Deconstructing flexibility. *Personnel psychology*, 2013, 66(2), 345-376.

permitem novas formas de colaboração e compartilhamento de conhecimento, garantem a segurança e integridade dos dados corporativos, e oferecem soluções para fazer um uso mais eficiente de espaços e recursos corporativos. Atualmente, em quase todos os casos, o trabalho remoto simplesmente coincidiu com uma difusão generalizada do trabalho a distância, provavelmente devido ao efeito pandêmico que não permitiu uma adaptação progressiva das capacidades dos trabalhadores às novas possibilidades oferecidas pela tecnologia.

Superada a fase de emergência, precisamos nos perguntar se as formas de uso da tecnologia atualmente contempladas pela prática e disciplina do trabalho remoto estão de acordo com as oportunidades abertas pelo avanço científico e tecnológico. Por outro lado, estamos diante de um modo de produção que, indo além do tradicional sistema de produção Fordista, introduz uma forma de trabalho mais propensa para responder adequadamente aos estímulos externos e às necessidades variáveis da organização[(6)].

De fato, como sugerido em diversos casos e por uma literatura crescente e heterogênea, o encontro do trabalho remoto com os avanços da *computer science* e, em particular, com a inteligência artificial parece ser capaz de tornar tal forma de prestação de serviço uma oportunidade para a realização dos objetivos desejáveis sob vários pontos de vista: métodos inovadores para a análise, organização e reengenharia dos processos da empresa; novas soluções para a gestão e valorização dos recursos humanos; novas abordagens para a concepção de treinamento da força de trabalho e caminhos de melhoria de desempenho. Por outro lado, vivemos em uma era de transição na qual o grau de interpenetração entre a tecnologia e a organização da vida social está prestes a se tornar cada vez mais próximo.

Nesse contexto, uma análise destinada a identificar novas e possíveis formas de utilização da tecnologia no contexto do trabalho remoto, também à luz das restrições e prioridades definidas pelo quadro jurídico atual, parece claramente útil.

O presente estudo é desenvolvido em duas partes principais e complementares. Após uma análise do cenário do trabalho remoto e dos problemas que caracterizam a aplicação da disciplina atual após a pandemia, passa-se a um exame das perspectivas abertas pela evolução da inteligência artificial e da análise de dados (*data analytics*) no desenvolvimento de novos modelos de implementação do trabalho remoto. O presente se conclui breve com uma breve ilustração das oportunidades e dos riscos associados a

(6) Em trabalho através de plataformas digitais: ALESSI, C.; BARBERA, M.; GUAGLIANONE, L. (Coords.). *Impresa, lavoro e non lavoro nell'economia digitale*. Bari: Cacucci, 2019 e aí para outras referências; DI MEO, R. Il diritto alla disconnessione nella prospettiva italiana e comparata, in *LLI*, 2017, 3, 2 19 ss.; DAGNINO, E. Diritto alla disconnessione: legge n. 81/2017 ed esperienza comparata. *Dir. rel. ind.*, 2017, 4, 1024; SENA, E. Agile work and the right to disconnection: the impact of new technologies on the modalities of work performance. *Dir. merc. lav.*, 2018, 1, 245; SPINELLI, C., *Digital technologies and agile work*, Bari: Cacucci, 2018. VISCOMI, A. *Diligence and work performance*. Turim: Giappichelli, 1997, *passim*, de onde são tiradas citações.

um uso mais avançado da tecnologia no trabalho remoto, tornando-se o ponto de partida para esboçar uma agenda interdisciplinar de pesquisa a ser desenvolvida nos próximos anos.

Deve-se considerar, ainda, que a escolha do legislador de avançar em direção a soluções de *soft law*[7] deixando às partes a possibilidade de definir voluntariamente, através de acordos individuais, a regulamentação do caso, deixa amplo espaço para a experimentação de formas inovadoras de trabalho remoto.

2. O quadro legal: a regulamentação do trabalho remoto antes e depois da pandemia

Como mencionado, um elemento essencial da legislação é a voluntariedade na escolha do trabalho remoto e na centralidade do acordo individual, ao qual o art. 19, § 1º, do Decreto Legislativo n. 81/2017 remete à determinação de numerosos elementos da prestação como a forma na qual será exercido o poder diretivo, as condutas do trabalhador relevantes sob o ponto de vista disciplinar, o direito do trabalhador ao descanso e, principalmente, a desconectar-se das ferramentas tecnológicas e do poder de controle do empregador sobre a prestação realizada remotamente[8]. Estão excluídos da possibilidade de derrogação, pelo menos explicitamente, os limites de horário do trabalho (sejam estes estabelecidos pela lei ou por contratos coletivos) e os perfis de segurança no trabalho[9].

(7) No esquema adotado pelo legislador, somente a definição de garantias mínimas para o trabalhador, tais como a duração do horário de trabalho ou regulamentos de saúde e segurança, é delegada à lei. Sobre a regulamentação pré-pandêmica do trabalho remoto, BROLLO, M., *Il lavoro agile nell'era digitale tra lavoro privato e pubblico*, LPA, 2017, 1, 119 ff.; AA. VV., *Impresa, lavoro e non lavoro nell'economia digitale*, editado por ALESSI, C.; BARBERA, M.; GUAGLIANONE, L., Bari, 2019; AA. VV., *Il jobs act del lavoro autonomo e del lavoro agile*, editado por FIORILLO, L.; PERULLI, A., Turim, 2018; AA. VV., *Commentario breve allo Statuto del lavoro autonomo e del lavoro agile*, editado por ZILIO GRANDI, G.; BIASI, M., Cedam, 2018; RICCI, G., *Il lavoro a distanza di terza generazione: la nuova disciplina del "lavoro agile" (l. 22 maggio 2017, n. 81), NLCC*, 2018, 632 ss.; SANTORO-PASSARELLI, G., *Il lavoro autonomo non imprenditoriale, il lavoro agile e il telelavoro, RIDL*, 2017, 3, 369 ff; SPINELLI, C., *Digital technologies and agile work*, Bari, 2018; TURRIN, M., Agile *work and non-standard employment contracts: critical elements*, em *DRI*, 2020, 281.

(8) O primeiro parágrafo do art. 19 l. 81/2017 diz precisamente: "*O acordo sobre trabalho remoto deve ser celebrado por escrito para fins de regularidade administrativa e prova, e deve regular a execução do trabalho realizado fora das instalações da empresa, também no que diz respeito* às *formas de exercício do poder gerencial do empregador e* às ferramentas *utilizadas pelo trabalhador. O acordo também identifica o tempo de descanso do trabalhador, bem como as medidas técnicas e organizacionais necessárias para garantir a desconexão do trabalhador dos instrumentos tecnológicos do trabalho*".

(9) Sobre a relevância do acordo entre as partes no caso do trabalho remoto, ver: GRAMANO, E. L'accordo sul lavoro agile: forma e contenuto, ZILIO GRANDI, G.; BIASI, M. (Eds.), Commentario breve allo Statuto del lavoro autonomo e del lavoro agile, Milão, 2017, 553; LAMBERTI, M. R., L'accordo individuale e i diritti del lavoratore agile, em FIORILLO, L.; PERULLI, A. (Coords.), Il Jobs Act del lavoro autonomo e del lavoro agile. Turim: Giappichelli, 2018, p. 208; PROIA, G., L'accordo individuale e le modalità di esecuzione e di cessazione della prestazione, in FIORILLO, L.; PERULLI, A. (Coords.), Il Jobs Act del lavoro autonomo e del lavoro agile. Turim: Giappichelli, 2018.

Foi salientado que esse novo modo de prestação de serviço acaba por alterar a própria natureza da relação de trabalho, na medida em que não só a forma de exercício dos poderes do empregador é alterada, mas o próprio objeto do contrato, ou melhor, sua causa, na medida em que, em troca de remuneração, o empregado é agora essencialmente solicitado a entregar resultados mensuráveis de seu desempenho, enquanto o compromisso de tempo/horário de trabalho passa a ocupar um lugar secundário(10).

Nessa perspectiva, existem regras relativas ao direito à desconexão, que consiste no direito do trabalhador de não ser continuamente alcançado pelas comunicações e solicitações de trabalho através de ferramentas tecnológicas, o que, logicamente, assume maior relevância no caso do trabalhador remoto(11). A determinação de períodos de desconexão destina-se essencialmente a proteger a saúde e a segurança dos empregados e assim limita o dever de diligência do trabalhador ao estabelecer um equilíbrio entre o poder de controle do empregador e o direito dos empregados à privacidade. Em síntese, está exatamente no direito à desconexão o equilíbrio "vida profissional — vida privada" que o trabalho remoto tende a garantir.

Além disso, a tendência do trabalhador em exasperar a intensidade do próprio desempenho tem sido destacada especialmente no caso de indivíduos com ambições de carreira ou entre aqueles que experimentam insegurança com relação à estabilidade do emprego(12). As várias formas de trabalho remoto também demonstraram ter efeitos
negativos na saúde dos trabalhadores, incluindo um aumento do estresse relacionado

(10) Sobre esse ponto, ver SANTONI, F. L'obbligazione di risultato nei contratti di lavoro tra vecchi e nuovi problemi, in MGL, 2019, 923ff; BELLAVISTA, A. *Il potere di controllo sul lavoratore e la tutela della riservatezza*, em ZILIO GRANDI, G.; BIAGI, M. (Coords.), *Commentario breve allo Statuto del lavoro autonomo e del lavoro agile* ao qual nos referimos para amplas referências doutrinárias sobre o assunto, bem como ID., *Sorveglianza sui lavoratori, protezione dei dati personali e azione collettiva nell'economia digitale,* em ALESSI, C.; BARBERA, M.; GUAGLIANONE, L. (Coords.). *Impresa, lavoro e non lavoro nell'economia digitale.* Bari: Cacucci, 2019; BINI, S. *Il potere di controllo nella prestazione di lavoro agile. Brevi osservazioni,* em AA.VV. *Il lavoro agile nella disciplina legale, collettiva ed individuale,* WP CSDLE "Massimo D'Antona.IT", 6/2017, p. 76-89.

(11) Sobre as questões de excesso de trabalho e hiperconexão e os consequentes riscos para a saúde psicofísica dos trabalhadores, POPMA, J. The Janus face of the 'New Ways of Work'. Rise, risks and regulation of nomadic work, ETUI Working Paper, 2013, no. 7; PIETRAFESA, E.; DI LEO, R.; CASTRIOTTA, M. "ICT e mercato del lavoro tra nuove professioni e rischi emergenti". *RIMP*, 2014, I, no. 2.

(12) Sobre este tópico específico, veja: ALTIMARI, M. "Tempi di lavoro (e on lavoro) e economia digitale: tra diritto ala disconnessione e ineffettività dell'impianto normativo-garantista", in ALESSI, C.; BARBERA, M.; GUAGLIANONE, L. (Coords.), *Impresa, lavoro e non lavoro nell'economia digitale, Op. cit.*, 57; AVOGARO, M.; PERRI, P. "Digitalizzazione e work-life balance: teoria e pratica del diritto ala disconnessione", in ALESSI, C.; BARBERA, M.; GUAGLIANONE, L. (Coords.). *Impresa, lavoro e non lavoro nell'economia digitale, Op. cit.*, 751; DI MEO, R. "Il diritto alla disconnessione nella prospettiva italiana e comparata", *LLI*, 2017, 3, 2 19 ss.; DAGNINO, E. Diritto alla disconnessione: legge n. 81/2017 ed esperienza comparata", *Dir. rel. ind.*, 2017, 4, 1024; DAGNINO, E.; MOSCARITOLO, I. "Diritto alla disconnessione: un diritto di nuova generazione?", *Boll. Adapt*, 19 settembre 2016; DONINI A., "I confini della prestazione agile: tra diritto alla disconnessione e obblighi di risultato", in: VERZARO, M. (Coord.). *Il lavoro agile nella disciplina legale collettiva e individuale,* Jovene, 2018, 111; ID., *I confini della prestazione agile: tra diritto alla disconnessione e obblighi di risultato,* in: AA.VV., *Il lavoro agile nella disciplina legale, collettiva ed individuale,* WP CSDLE "Massimo D'Antona.IT", 6/2017, pp.137-153; MOREL, L. *Il diritto alla disconnessione nell'ordinamento francese. La questione dell'effettività del diritto al riposo nell'era digitale,* in *LLI,*

ao trabalho, bem como o isolamento dos colegas, além de problemas físicos resultantes do uso de ferramentas eletrônicas e a não adoção de soluções ergonômicas em qualquer ambiente que não seja as instalações do empregador. Esses aspectos não são, portanto, cobertos exclusivamente pela extensão da cobertura do seguro social, que também foi objeto de uma interessante circular do Instituto Nacional de Acidentes de Trabalho (INAIL)[(13)].

É necessário, entretanto, questionar também os outros perfis delegados pela lei à autonomia individual, isto é, a maneira de exercer o poder diretivo, a conduta do empregado relevante do ponto de vista disciplinar e o poder de controle do empregador sobre o serviço prestado a distância, a fim de entender como a influência das novas tecnologias também pode influenciar esses perfis.

Esses aspectos foram particularmente acentuados pela pandemia da Covid 19.

Como é notório, na fase inicial da pandemia, o legislador italiano interveio com uma série de medidas com o duplo objetivo de reduzir os contágios e manter em funcionamento as atividades produtivas através do trabalho remoto, obviamente, sempre que possível. Entretanto, o marco regulatório dessa forma de prestação da atividade laboral permaneceu inalterado, pois para a sua ativação o legislador passou a permitir que o empregador solicitasse unilateralmente o desempenho remoto sem exigir para tanto a conclusão de um acordo individual com o trabalhador, ou mesmo contra sua vontade, regulando também de forma diferente as obrigações relativas à saúde e segurança do trabalhador[(14)].

2017, 3, 2, 4 ss.; PERRONE, R. "Il diritto alla disconnessione quale strumento di tutela di interessi costituzionalmente rilevanti", in: *federalismi.it*, 20 dicembre 2017; POLETTI, D. "Il c.d. diritto alla disconnessione nel contesto dei diritti digitali", in *RCP*, 2017, 1, 8 ss.; SPINELLI, C. *Tecnologie digitali e lavoro agile*, Cacucci, 2018; TULLINI, P. (Coord.). *Web e lavoro: profili evolutivi e di tutela,* Turim, 2017, 26; ZUCARO, R. "Il diritto alla disconnessione tra interesse collettivo e individuale. Possibili profili di tutela", in *LLI*, 5, 2, 2019.

(13) INAIL Circolare 48 del 2 novembre 2017.

(14) As disposições mais relevantes sobre o trabalho remoto não se encontram tanto no DL 17.3.2020 n. 18, mas nos vários DPCMs que gradualmente estenderam a área de segurança até o decreto de 8.3.2020 (onde a disciplina do trabalho remoto se encontra no ponto r do art. 2) e depois até o DPCM de 11.3.2020 que o estendeu a todo o território nacional. Sobre o trabalho remoto durante a pandemia, sem pretender ser exaustivo, BROLLO, M. "Il lavoro agile alla prova dell'emergenza epidemiologica", em GAROFALO, D.; TIRABOSCHI, M.; FILÌ, V.; SEGHEZZI, F. (Coords.). *Welfare and work in the epidemiological emergency*, I, Adapt University Press, 2020, 167ff; ALESSI, C.; VALLAURI, M. L. "Il lavoro agile alla prova del Covid-19", in: BONARDI, O.; CARABELLI, U.; D'ONGHIA, M.; ZOPPOLI, L. (Coords.). *Covid-19 e diritti dei lavoratori*, Ediesse, 2020, 131aaa; FOGLIA, L. "EMERGENZA LAVORO E LAVORO IN EMERGENZA" in: PILEGGI, A. (Coord.). *Il diritto del lavoro dell'emergenza epidemiologica*, Supplement to no. 3-4/2020 of *LPO*, May 2020, 27ff; DE MARINIS, N. *Obbligazione di lavoro ed emergenza epidemiologica, ivi*, 23; MARESCA, A. "Contrazione del lavoro e flessibilità dei tempi di lavoro indotte dal Covid-19: esperienze e prospettive", *RIDL*, 2020, 287; DI CARLUCCIO, C. "Emergenza epidemiologica e lavoro agile Legislazione in materia di lavoro", *RIDL*, I, 1ss; VERZARO, M. "Fattispecie della prestazione agile e limite dell'autonomia individuale", *RIDL*, 2019, 253ss; FRANZA, G. "Lavoro agile: profili sistematici e disciplina del recesso", *DRI*, 2018, 773; CARUSO, B. "Tra lasciti e rovine della pandemia: più o meno smart working?", *RIDL*, 2020, I, 215.

Essas inovações mudaram substancialmente a *ratio* da legislação, que inicialmente era aumentar a competitividade das empresas e, ao mesmo tempo, facilitar o equilíbrio entre a vida profissional e familiar dos funcionários, passando, na primeira fase da pandemia, a ter o objetivo de permitir a continuação da atividade produtiva, e apenas em casos marginais, permitir o equilíbrio entre a vida profissional e familiar (*work-life balance*)(15).

Além disso, embora o legislador tenha se preocupado em enfatizar as necessidades de proteção da saúde e segurança deste último, além dos perfis decorrentes de problemas de contágio no local de trabalho, pouco ou nada foi feito com relação às necessidades adicionais de saúde associadas ao trabalho remoto, incluindo o aumento do estresse relacionado ao trabalho, problemas físicos decorrentes do uso de ferramentas eletrônicas, a não adoção de soluções ergonômicas e a impossibilidade de verificar o ambiente de trabalho quando este coincide com o ambiente doméstico. A falta de acordo individual também tornou incertas as modalidades de aplicação do poder gerencial e disciplinar, bem como o direito do funcionário à desconexão.

3. Digitalização do trabalho e inteligência artificial

A digitalização desencadeou processos de profunda transformação que envolveram praticamente todos os aspectos da organização do trabalho(16). O uso de algoritmos no processamento de dados dos trabalhadores e na gestão das relações de trabalho é um fenômeno que se tornou parte da vida cotidiana das administrações públicas e das empresas, muitas vezes mudando a face dos próprios processos de tomada de decisão e *management*.

Um discurso diferente deve ser feito com relação ao trabalho remoto. Como mencionado acima, o trabalho remoto está intimamente ligado ao uso das ITC, e até o presente momento a tecnologia da informação tem sido uma ferramenta essencialmente funcional para levar a prestação do trabalho para fora dos locais da empresa.

Um aspecto ainda pouco investigado e pouco considerado pelos reguladores e *policy maker* é, na verdade, o uso de soluções tecnológicas avançadas para implementar funções mais refinadas e complexas, uma perspectiva que se torna ainda mais sensata à medida que avançamos decisivamente para uma digitalização integral da relação de emprego e de tudo que está relacionado a ela (interações, fluxos de documentos, processos decisórios). Vista dessa perspectiva, a implementação de modelos *inteligentes* de *trabalho* pode se tornar uma oportunidade valiosa para repensar, reorganizar e modernizar não

(15) ALVINO, I. "È configurabile un diritto del lavoratore al lavoro agile nell'emergenza Covid-19?", *Giustizia-Civile.com*; CAIROLI, S. "L'incentivo del lavoro agile nelle misure emergenziali di contrasto al Covid-19: prime osservazioni", *GiustiziaCivile.com*; BINI, S. "Lo *smart working* al tempo del coronavirus. Brevi osservazioni, in stato di emergenza", *GiustiziaCivile.com*.

(16) Contribuições recentes incluem MINGIONE, E., 2020; CIPRIANI, A. *et alii* 2018; DE MASI, D., 2017; RULLANI, F.; RULLANI, E., 2018; DNEGRYSE, C., 2016; VALENDUC, G., VENDRAMIN, P., 2016; SCHWAB, K., 2016.

apenas as atividades de trabalho, mas também — se considerarmos o setor público — o funcionamento do trabalho dos servidores públicos.

Particularmente promissor nesse cenário é o uso de sistemas de inteligência artificial, uma expressão que usamos aqui num sentido muito amplo para indicar *softwares* capazes de fazer previsões, de propor recomendações ou ainda de tomar decisões(17) com referência a objetivos especificamente definidos pelo ser humano e a partir de dados fornecidos ou coletados de forma autônoma dentro de ambientes reais ou virtuais(18). Um papel central é desempenhado, nesse contexto, pelo *machine learning*, um conjunto de técnicas que permitem que as máquinas aprendam de forma autônoma, fazendo inferências a partir de dados e não através das instruções explícitas de um ser humano, explorando processos cujo desempenho melhora com o tempo(19). As aplicações de IA destinadas a ter o maior impacto no mundo do trabalho — compreensão da linguagem

---

(17) Repropomos aqui, por sua eficácia e compêndio, a definição presente em uma recente publicação da OCDE que apresenta o trabalho conduzido pelo Grupo de Especialistas em Inteligência Artificial da OCDE (AIGO) para definir princípios úteis para promover a confiança e o uso da IA, começando com uma definição do que é um sistema de IA e quais são as etapas de seu ciclo de vida. Ver OECD, 2019.

(18) A Inteligência Artificial como disciplina é um assunto diferente. Nesta segunda perspectiva, a expressão indica a área de pesquisa em informática desenvolvida desde os anos 50 (graças à contribuição de outras disciplinas da cibernética às ciências cognitivas) e engajada no estudo dos fundamentos teóricos, metodologias e técnicas que permitem a concepção de sistemas de hardware e sistemas de programas de software capazes de fornecer ao computador desempenhos que, para um observador comum, pareceriam ser a preservação exclusiva da inteligência humana. Para uma introdução ao assunto veja, dentro de uma literatura extraordinariamente ampla, M. Boden, 2019.

(19) Sem entrar em detalhes técnicos, pode-se distinguir entre diferentes técnicas de *machine learning* projetadas para lidar com diferentes necessidades, cenários e condições de uso. *a) Aprendizagem supervisionada:* o computador é instruído fornecendo tanto os dados a serem processados quanto as informações sobre os resultados desejados. O *software* deduz uma função dos dados do treinamento e, uma vez entendida a função matemática que levou à solução de um conjunto específico de problemas, ele pode reutilizar a função para resolver qualquer outro problema semelhante. Formas de aprendizagem supervisionada podem ser encontradas no reconhecimento da fala vocal que melhora com base na audição de áudio passada ou na identificação da caligrafia que melhora as observações de exemplos apresentados pelo usuário; *b) Aprendizagem sem supervisão:* o computador só recebe dados de entrada que serão classificados e organizados pelo software com base em características comuns úteis para induções e previsões em entradas subsequentes, sem qualquer indicação do resultado desejado. Esta técnica visa extrair padrões e padrões ocultos dos dados, estruturas lógicas identificáveis sem rotulagem prévia dos dados. Um exemplo de aprendizagem não supervisionada é oferecido pelos mecanismos de busca que são capazes, a partir de uma ou mais palavras-chave, de criar uma lista de links para páginas que o algoritmo de busca considera relevantes para a busca realizada; c) *Reforço da aprendizagem*: neste caso, o sistema interage com um ambiente dinâmico composto não apenas pela informação de entrada e uma determinada função objetiva, mas também por uma série de feedbacks (reforços positivos e "punições") fornecidos por um ser humano para implementar um processo de aprendizagem de tentativa e erro. Um dos principais campos de aplicação é a robótica, onde agentes de *hardware* e *software* são colocados em ambientes cujas evoluções não são previsíveis e que requerem processos de adaptação que não podem ser totalmente definidos *a priori*. Para uma análise das perspectivas científicas e aplicativas abertas pela *machine learning*, ver DOMINGOS P., 2016.

natural e análise de texto; *algorithmic decision making*; reconhecimento de imagem, rosto e vídeo; modelos preditivos e agentes de conversação (*chatbots*) são em grande parte baseadas na *machine learning*.

Embora não se possa falar de uma disseminação generalizada da inteligência artificial em todos os contextos empresariais(20), é possível observar como a transição para modelos organizacionais e de gestão baseados em IA acelerou rapidamente em setores líderes como o *automotivo*, telecomunicações, transporte e logística, serviços financeiros e bens de consumo embalados, varejo e saúde(21).

Como emerge de uma recente análise da OCDE(22), a tecnologia atingiu um grau de sofisticação que permite que a IA adentre praticamente todos os aspectos mais significativos da organização do trabalho (ver Tabela 1), abrindo o caminho para uma remodelação geral do ambiente de trabalho. A IA muda o conteúdo e o *design das* tarefas, a forma como os funcionários interagem entre si e com as máquinas, e a forma como o esforço de trabalho e a eficiência são monitorados. Isso não é tudo, a IA pode desempenhar um papel importante para facilitar a colaboração homem-máquina, ajudando os trabalhadores a executar tarefas tediosas ou fisicamente extenuantes e capacitando-os a aproveitar suas habilidades exclusivamente humanas.

É importante iniciar a debater sobre tais argumentos, também em razão do avançamento descrito das políticas e estratégias regulatórias sobre o trabalho remoto, tanto no setor público como no setor privado. Como frequentemente ocorre em contextos fortemente marcados pela tecnologia, os legisladores se encontram na posição de perseguir a mudança onde a extensão das transformações ocorridas sugeriria uma abordagem proativa, orientada a direcionar e governar a mudança em vez de intervir *ex post*, talvez através da subsunção em esquemas legais existentes de mudanças já produzidas na realidade. Seguindo essa linha de raciocínio pode ser útil tentar categorizar as várias formas de apoio que a inteligência artificial pode oferecer ao mundo do trabalho, facilitando a reflexão sobre as perspectivas do *trabalho remoto* em termos de oportunidades e também de riscos.

---

(20) Pesquisas realizadas recentemente nos Estados Unidos (ZOLAS N. *et alii*, 2020) compreensivelmente um dos países na vanguarda do desenvolvimento e uso de novas tecnologias, falam de uma penetração ainda relativamente baixa de técnicas relacionadas com a IA, como a aprendizagem de máquinas, visão por computador ou processamento de linguagem natural.

(21) Veja a orientação oferecida sobre esse ponto em BESSEN J. *et alii* (2018); CAM A. *et alii* (2019).

(22) Ver nesse sentido Lane M., Saint-Martin A., 2021. A publicação é parte do *AI-WIPS*: *Artificial Intelligence in Work, Innovation, Productivity and Skills*, um programa da OCDE que visa fornecer aos formuladores de políticas públicas novas evidências e análises para acompanhar as rápidas mudanças induzidas pela difusão da IA com referência específica ao mundo do trabalho. O programa visa assegurar que a adoção da IA no mundo do trabalho seja eficaz, vantajosa para todos, centrada nas pessoas e aceita pela comunidade. O projeto é apoiado pelo Ministério Alemão do Trabalho e Assuntos Sociais e complementa as atividades do Observatório Alemão de Inteligência Artificial no Laboratório de Políticas Digital, Trabalho e Sociedade. V. <https://oecd.ai/work-innovation-productivity-skills e https://denkfabrik-bmas.de/>.

Tabela 1 – Aplicações de IA na gestão de recursos humanos e desenvolvimento de carreira

Aplicação	Funcionalidade	Uso de IA
Motor Nudge Humu's Nudge	Oferece um serviço *de coaching* contínuo e personalizado para funcionários e gerentes baseado em insights das ciências comportamentais e psicologia do trabalho.	O sistema utiliza o *aprendizado da máquina* para oferecer sugestões personalizadas indicando, por exemplo, quais são os horários, mensagens e técnicas motivacionais mais eficazes para cada funcionário
Dristi's video-enabled productivity monitoring	Aumenta a eficiência nas linhas de montagem, identificando pontos fracos e ineficiências no chão de fábrica	*O software de* reconhecimento de imagem converte vídeos de trabalhadores ao longo da linha de montagem em dados que são analisados e disponibilizados por um aplicativo intuitivo
Humanyze's wearable device	Fornece *feedback* sobre o trabalho em equipe com base em informações obtidas de *crachás* 'sociométricos' que, quando usados, registram os padrões de comunicação que se desenvolvem entre os funcionários	Sistemas analíticos inteligentes identificam pontos fracos nos padrões de comunicação, baseados, por exemplo, em tom de voz, gestos, frequência de interrupções
HireVu's facial recognition software	Análise de entrevistas gravadas para tornar os processos de seleção e recrutamento de pessoal mais eficientes	*Software de* reconhecimento de imagem analisa expressões faciais, linguagem corporal e critérios de escolha de palavras para facilitar a seleção de pessoal
IBM's predictive attrition program programa de fricção	Ele prevê se é provável que um funcionário deixe a empresa, dando aos gerentes a oportunidade de tomar medidas estratégicas a esse respeito.	A plataforma de IA da IBM, *Watson,* faz previsões analisando o conjunto de dados dos trabalhadores fornecidos pelos sistemas de *workforce analytics* da empresa
U.S. Army's chatbot recruiter	Responde a perguntas sobre o processo de recrutamento do exército e direciona os usuários para recrutadores humanos, se necessário	Um *chatbot*, explorando técnicas de análise de linguagem natural, fala com potenciais recrutas usando a mesma linguagem e estilo que um recrutador humano
Jobiri's resume builder construtor	Criar currículos e cartas de apresentação para quem procura emprego	Um algoritmo de *machine learning* avalia os CVs e fornece *feedback* personalizado
Instant Coach Flight Simulator	Permite que os estagiários pratiquem e apliquem as habilidades e conhecimentos adquiridos entre as sessões de ensino	Um *chatbot* oferece aos alunos um ambiente privado para testar seus conhecimentos e habilidades, incluindo aqueles que envolvem atividades difíceis, perigosas ou constrangedoras.
IBM's Blue Matching	Oferece sugestões personalizadas de trabalho interno aos funcionários da IBM com base em seus pedidos	A análise preditiva gera recomendações que levam em conta as qualificações, aspirações e habilidades dos funcionários, com base em inferências feitas pela IA.

(Fonte: adaptado de Lane, Saint-Martin, 2021)

4. Tecnologias capacitadoras: da análise da força de trabalho ao *intelligent coaching*

Como mostra o relatório da OCDE acima mencionado, a inteligência artificial está impactando em diferentes aspectos do trabalho, produzindo inovações significativas que afetam, antes de tudo, todo o processo de gestão dos trabalhadores e suas atividades. As categorias de sistemas de informação que devem ser consideradas a partir dessa perspectiva são diversas.

Uma primeira categoria é a dos sistemas de *workforce analytics*(23), ou seja, arquiteturas de *hardware* e *software* de complexidade variável que lidam com a análise das atividades e características comportamentais dos trabalhadores (sejam estes candidatos a emprego ou empregados), coletando dados e examinando-os, usando métodos estatísticos e técnicas de IA. As finalidades dos sistemas de *workforce analytics* podem variar. Uma das principais e mais populares é a *performance appraisal*. Trata-se da análise aprofundada das atividades dos empregados com o objetivo de avaliar a produtividade e identificar as intervenções necessárias para melhorar o desempenho. Em empresas de médio ou grande porte, a avaliação de desempenho dos trabalhadores é de fato demorada e os métodos tradicionais frequentemente não produzem resultados satisfatórios, especialmente em contextos sujeitos a rápidas mudanças organizacionais.

A inteligência artificial está mostrando que pode desempenhar um papel valioso na realização desses objetivos. Diferentes funções relacionadas à inteligência artificial, desde a *machine learning* ao *sentiment analysis*(24), estão de fato sendo combinadas para permitir aos empregadores irem além das formas de monitoramento (análise de *e-mails*, pesquisas *na web*, interações em *Zoom*, *Slack* ou outras plataformas) que não oferecem uma imagem semanticamente completa do que um empregado está fazendo, mas apenas lhes permitem verificar se ele está trabalhando ou não, com implicações na interrelação entre o poder de controle do empregador e o direito à privacidade dos empregados.

Explorando algoritmos de *machine learning*(25), os sistemas de *avaliação de desempenho (performance appraisal)* são capazes de capturar padrões de comportamento e

---

(23) Sobre o ponto KOUL, A. *et alii*, 2020; HUSELID, M. A., 2018; DAGNINO, E., 2016; HOTA, J.; GHOSH D., 2013.

(24) O termo *sentiment analysis* (também conhecido como *mineração de opinião*) denota uma área de pesquisa relacionada ao *processamento de linguagem natural (natural language* PNL) dedicada ao desenvolvimento de sistemas de identificação e extração de opiniões a partir do texto. Estreitamente relacionada à Inteligência Artificial, a análise de *sentimentos* é agora utilizada em áreas que vão da política aos mercados de ações, do *marketing* à comunicação, do esporte às ciências médicas e da vida, da análise das mídias sociais à avaliação das preferências dos consumidores. Uma atividade básica na análise *dos sentimentos* é classificar a polaridade de um determinado texto em nível de documento, sentença ou característica/especto, independentemente de a opinião expressa ser positiva, negativa ou neutra. A classificação avançada de sentimentos "além da polaridade" examina, por exemplo, estados emocionais como diversão, raiva, repugnância, tristeza, medo e surpresa. Existem vários outros tipos de análise de sentimentos, tais como: análise de sentimentos baseada em um ponto, análise de sentimentos de classificação (positiva, negativa, neutra), análise de sentimentos multilíngües e detecção de emoções. Sobre este ponto, ver FELDMAN, 2013; MEDHAT *et al.* 2014.

(25) Uma das soluções técnicas mais utilizadas para esse fim é o algoritmo *trigger-task-time*, um algoritmo projetado para permitir que os sistemas de *performance appraisal* reconstruam um quadro geral da capacidade dos funcionários de cumprir suas *tarefas*, analisando as características (tempo, natureza das atividades executadas etc.) do processo entre o evento que exige que um funcionário execute uma tarefa e a conclusão

regularidades nas atividades de trabalho: para cada funcionário, podem ser identificados os *triggers* (os eventos que determinam o início da atividade de trabalho, como um *e-mail* ou um telefonema); as atividades consequentes e o tempo para a conclusão do trabalho. Uma vez que tenha aprendido um padrão típico de comportamento de um funcionário, o *software é capaz de* atribuir à pessoa uma pontuação de produtividade, podendo teoricamente comparar a *performance* dos trabalhadores da empresa, mesmo que eles executem tarefas diferentes.

De um modo geral, sistemas inteligentes de análise e avaliação da força de trabalho podem reduzir significativamente a carga administrativa dos departamentos de RH, deixando aos gerentes tempo e recursos para a tomada de decisões estratégicas[(1)]. Além disso, há várias vantagens promissoras para diferentes contextos: (i) níveis mais altos de imparcialidade nas avaliações; (ii) a possibilidade de fornecer aos funcionários *feedback* automático e instantâneo sobre seu desempenho graças à análise *data-driven* em tempo real; (iii) a possibilidade de prever o desempenho dos funcionários e da empresa; (iv) novas formas de análise do impacto das políticas corporativas e administrativas; (v) identificação e quantificação dos riscos (acidentes, riscos de segurança de dados, etc.) relacionados às atividades dos funcionários; e (vi) análise das necessidades futuras de mão de obra.

Os sistemas de *workforce management* são o complemento natural da *workforce analytics* (G. Gaudio, 2021; A. Nguyen, 2019; A. Mateescu, 2018; M.K. Lee *et alii*, 2015). As técnicas de análise da força de trabalho podem ser integradas com sistemas decisionais concebidos não para apoiar, mas para substituir o *management* humano através de processos computacionais capazes de gerir autonomamente — muitas vezes com um grau de autonomia considerável — os recursos humanos[(2)]. Um exemplo significativo desse tipo de decisões se materializa no mundo das plataformas digitais de trabalho (*digital labour platform*)[(3)], onde sistemas automatizados de decisão (os chamados *algorithmic decision making*) estão sendo cada vez mais utilizados. Seja no transporte de automóveis ou *food delivery*, operadores da *gig economy* como Uber ou *Just Eat* fazem uso de algoritmos que escolhem autonomamente o trabalhador a quem direcionar a corrida (no caso de Uber) ou a entrega (no caso do *food delivery*) com base na análise de um conjunto de informações que inclui não apenas os dados produzidos pelos sistemas analíticos internos da empresa, mas também as avaliações da prestação do serviço fornecidas pelos

da tarefa requerida. Sobre o uso de inteligência artificial nos sistemas de *performance appraisal*, ver HEAVEN, 2020, onde também são mencionados outros sistemas, como o *Time Doctor*, que analisa o que é exibido na tela do funcionário para avaliar as atividades e características deste último, ou *Isaak*, uma *tool* desenvolvida pela empresa britânica *start-up Status Today* (recentemente adquirida pela empresa italiana *Glickon*), que analisa as interações entre os funcionários para medir a prontidão dos indivíduos em colaborar uns com os outros.

(1) Sobre esse ponto, ver KOLBJØRNSRUD, V. *et alii*, 2016.

(2) Para uma visão atualizada da literatura sobre o assunto veja KELLOGG, K. C. *et alii*, 2020, WOOD, A. J., 2021.

(3) Sobre esse ponto, ver LETTIERI, N. *et alii*, 2019.

clientes[(4)], que interagem com o motorista/*rider*. Outra perspectiva promissora diretamente ligada ao desenvolvimento da IA é a do *intelligent coaching*, categoria à qual pertencem os sistemas que combinam as técnicas de inteligência artificial *data-driven* com os *insights* de psicologia e ciências comportamentais, a fim de implementar estratégias de *tutoring* personalizadas. Após uma fase inicial de difusão em áreas que vão do esporte ao *healthcare*[(5)], o *intelligent coaching* começou a encontrar um lugar na esfera corporativa onde o *software* projetado para incentivar os trabalhadores a perseguirem uma melhoria qualitativa e quantitativa de suas atividades através de sugestões personalizadas e estratégias de comunicação é cada vez mais utilizado.

Ao combinar informações sobre as características psicológicas e comportamentais dos funcionários e dados granulares e individualizados, tais como o tempo de execução de *task* fornecidos por sistemas de *performance appraisal*, os sistemas *intelligent coaching* são capazes de identificar intervenções gerenciais (tempo, organização de atividades, formas de comunicação) que provavelmente produzirão melhorias em níveis de importância crucial para as empresas: produtividade individual; satisfação e motivação dos funcionários; e retenção da força de trabalho. Para alcançar esse resultado, os sistemas *intelligent coaching* não usam questionários ou pesquisas mais tradicionais, mas sim técnicas de *machine learning* para analisar milhares de interações internas da empresa, conseguindo assim selecionar (e distribuir) milhares de *nudge* personalizados[(6)], pequenas massagens pessoais dirigidas a todos: empregados, gerentes, equipes e líderes[(7)]. As mesmas informações subjacentes ao *intelligent coaching* podem ser utilizadas para desenvolver caminhos de treinamento adaptados às características e necessidades dos trabalhadores, caminhos que por sua vez exploram a inteligência artificial para realizar,

---

(4) Esse é o tema muito discutido nos últimos anos dos mecanismos de avaliação e reputação implementados pelas plataformas de trabalho digitais e a forma como esses mecanismos são utilizados pelos sistemas algorítmicos para tomar decisões sobre o emprego e a divisão das tarefas entre os trabalhadores. A reflexão sobre o assunto é extensa: NUZZO, V., 2020; TOPO, A., 2018; BIRGILLITO, G.; BIRGILLITO, M., 2018; DONINI, A., 2017.

(5) Ver, por exemplo, dentro de uma literatura em constante expansão, RAJŠP, A.; IZTOK, F.; 2020; ACIKMESE, Y. *et alii*, 2020; KLEIN *et alii*, 2013; HASSOON, A. *et alii* 2018.

(6) Utilizamos aqui o termo que se estabeleceu na fronteira entre economia comportamental e filosofia política desde o trabalho inicial do economista ganhador do Prêmio Nobel Richard Thaler e do jurista Cass Sunstein durante anos empenhados em explorar como sugestões positivas ou ajudas indiretas podem influenciar os processos decisórios de grupos e indivíduos, com eficácia comparável à de instruções diretas, legislação ou coerção. De acordo com a definição dada por Thaler e Sunstein, o termo significa "*qualquer aspecto na arquitetura de escolha que previsivelmente altere o comportamento das pessoas sem proibi-las de escolher outras opções e sem alterar significativamente seus incentivos econômicos*" (cf. THALER R. e SUNSTEIN C., 2009).

(7) A implementação de *inteligent coaching* também pode tomar outras formas: *chatbots* governados por IA para responder às perguntas dos funcionários sobre questões administrativas e processuais ou para sugerir ao usuário o que melhorar na execução de uma tarefa com base em uma análise *em tempo real das* escolhas feitas.

por exemplo, simulações interativas de processos de negócios ou soluções de *technology enhanced learning*(8) baseadas em modelos de *gamificação*(9).

5. Conclusões

Mesmo conciso e concentrado, o cenário que acaba de ser esboçado indica ao leitor o alcance dos horizontes abertos pela evolução das tecnologias digitais e da inteligência artificial no que diz respeito ao mundo do trabalho. Sem entrar numa análise demasiadamente aprofundada ou ceder a uma perspectiva apodítica favorável ao uso generalizado de novas tecnologias, pode-se argumentar que existem claros elementos a favor de uma exploração séria das possíveis intersecções entre a inteligência artificial e o trabalho remoto.

A IA mostrou que pode sem dúvida estimular desenvolvimentos muito desejáveis na eficácia das atividades de trabalho, na produtividade individual, bem como na qualidade da vida profissional dos empregados. Sob a luz dessa evidência, parece razoável argumentar que uma combinação adequada da heurística e das tecnologias mencionadas acima pode contribuir para tornar o trabalho remoto (na Itália, também chamado *smart working*) "mais *smart*", explorando a capacidade das máquinas — no sentido mais amplo — de tornar todas as nossas atividades "mais inteligentes".

Se a inteligência coincide com a capacidade de resolver problemas, de se adaptar a novas situações e de compreender processos reais, então podemos dizer — embora com todas as ressalvas do caso — que as ferramentas evocadas estão se movendo nessa direção. Utilizadas da maneira correta, podem ajudar a tornar o trabalho remoto mais eficaz, mais adaptável e, sobretudo, mais enraizado na compreensão dos processos do mundo real. Isso se aplica não apenas ao setor privado, mas também ao setor público. A implementação de novas e tecnologicamente mais avançadas formas de trabalho remoto podem se traduzir em valiosas oportunidades para repensar e reorganizar as atividades da administração pública de acordo com uma lógica, a da reengenharia de processos empresariais, que tem recebido pouca atenção nos últimos anos, apesar de suas muitas interseções com os temas da simplificação administrativa.

---

(8) A expressão hoje indica o conjunto de metodologias de treinamento baseadas em tecnologias digitais com referência específica àqueles métodos que se concentram na interatividade dos processos de aprendizagem, na experimentação ativa do conhecimento e na construção conjunta do conhecimento. O objetivo do *aprendizado aperfeiçoado pela tecnologia* é ampliar as perspectivas do *e-learning* entendido como aprendizado a distância através de soluções caracterizadas por especificidades técnicas e metodológicas originais, desde a realidade aumentada até jogos sérios via robótica educacional. Para uma introdução à *tecnologia aprimorada*, veja BALACHEFF, N. *et alii*, 2009.

(9) Sobre esse ponto, ver LETTIERI, N. *et alii*, 2021. Uma outra forma de *gamificação* utilizada não para fins de treinamento mas para monitorar os trabalhadores e estimular sua produtividade pode ser encontrada no sistema adotado pela Amazon, que projeta em um quadro de exposição visível a todos os funcionários a pontuação atribuída aos trabalhadores do depósito de acordo com o grau de eficiência detectado através de dispositivos portáteis, crachás sociométricos e outros dispositivos que podem ser usados. Sobre esse ponto ver, WAN KIM, T., 2018; SCHOBIN, J., TOMAZIC, A. C., 2020.

Apesar das considerações positivas que acabamos de formular e das objetivas razões de interesse em formas de trabalho remoto *AI-enhanced*, parecem apropriadas algumas considerações no que diz respeito, por um lado, às condições necessárias para a implementação efetiva de novos modelos de trabalho remoto e, por outro, às questões críticas que objetivamente acompanham, no plano jurídico, a introdução de soluções de inteligência artificial no mundo do trabalho.

No que diz respeito ao primeiro ponto, deve ser observado que a transição do trabalho remoto para modelos tecnologicamente mais evoluídos requer a existência de pré-requisitos técnicos e organizacionais. Um dos mais importantes é a digitalização dos processos e tudo o que está relacionado a estes; tal situação organizativa que está longe de ser alcançada, especialmente nas administrações públicas onde as informações circulam com grandes dificuldades, há problemas de interoperabilidade entre os sistemas de IT e os fluxos de trabalho não digitalizados, tais dificuldades geram inevitáveis repercussões na possibilidade de implementar a heurística inteligente que mencionamos.

Em relação ao cenário mais estritamente jurídico, podem ser indicadas algumas linhas de pesquisa que parecem merecer uma investigação mais aprofundada. Um primeiro aspecto de particular interesse, muitas vezes negligenciado, é a possibilidade oferecida pela lei de realizar o trabalho em modo remoto por fases, ciclos e objetivos, podendo assim liberar o fator "desempenho" de um parâmetro vinculado ao tempo, ancorando-o mais a um parâmetro de resultado. O desempenho do trabalho remoto pode estar ligado à conclusão de uma fase ou de ciclo específico ou ainda à realização de um objetivo preestabelecido, podendo ser interrompido, se a relação com o trabalhador for por tempo determinado, ou continuar normalmente no caso de uma relação sem limite temporal.

A identificação e o acompanhamento da realização dessas etapas e objetivos, aos quais o pagamento de incentivos também pode ser obviamente ligado, podem ser facilmente realizados por meio de mecanismos automáticos inteligentes.

Os sistemas *intelligent coaching* identificados acima parecem ser facilmente integrados com tais metodologias de trabalho.

Sob outro ponto de vista, tem-se visto como as tecnologias da informação e, particularmente, a evolução dos modelos de previsão podem influenciar o exercício do poder diretivo, identificando os algoritmos a serem seguidos de forma automatizada e sem conceder ao empregado a possibilidade de decidir, mesmo através de uma consulta com seu superior, a escolha mais adequada a ser adotada, mesmo quando esteja em conflito com a ordem recebida.

Naturalmente, as formas de controle a distância do trabalhador também parecem estar mudando significativamente, de forma impensável há apenas alguns anos.

O desafio está, sem dúvida, na forma em que serão combinadas restrições e oportunidades, perfis econômicos e jurídicos, proteção da saúde do trabalhador e o potencial das novas tecnologias. Em todo caso, porém, é preciso permitir um desenvolvimento responsável, com vistas a aumentar a produtividade da empresa, que é um interesse não só do empresário individual, mas de todo o sistema de produção, canalizando-o dentro de limites que protejam os direitos dos trabalhadores e que sejam aceitáveis para os empregadores.

Esse é provavelmente o grande desafio que a legislação trabalhista terá de enfrentar nos próximos anos: um desafio em que não são permitidas derrotas, pois o risco é ser superado por uma economia global que certamente é mais rápida a explorar o potencial tecnológico em constante crescimento.

Referências

Acikmese Y., Ustundag B. C., Uzunovic T., Golubovic E. (2019), Artificially intelligent assistant for basketball coaching. International Symposium on Innovative and Interdisciplinary Applications of Advanced Technologies, 417-427. Springer, Cham.

Alessi C., Barbera M., Guaglianone L. (eds.) (2019), Impresa, lavoro e non lavoro nell'economia digitale, Cacucci, Bari,

Allen, T.D.- Johnson, R.C.-Kiburz, K.M.-Shockley, K.M., Work-family conflict and flexible work arrangements: Deconstructing flexibility, in Personnel psychology, 2013, 66(2), 345-37

Aloisi, A., Gramano, E. (2019). Artificial intelligence is watching you at work: digital surveillance, employee monitoring, and regulatory issues in the EU Context. Comparative Labor Law & Policy Journal, 41, 95.

Amato Mangiameli A.C. (2017), Tecno-diritto e tecno-regolazione. Spunti di riflessione. Rivista di filosofia del diritto, 6, 87-112.

Bessen J. E. et alii (2018), The Business of AI Startups. Boston Univ. School of Law, Law and Economics Research Paper, p. 18-28.

Binci D., Chiarini A., Mengarelli R. (2006), Un'applicazione del Business Process Reengineering nel settore pubblico: l'agenzia delle entrate. Azienda Pubblica, 1, 77-94.

Birgillito G., Birgillito M. (2018), Algorithms and ratings: tools to manage labour relations. Proposals to renegotiate labour conditions for platform drivers. Labour & Law Issues, 4(2), C-25.

Boden M. (2019), L'intelligenza artificiale, Bologna: Il Mulino.

Brynjolfsson E., McAfee A. (2015), La nuova rivoluzione delle macchine, Milano: Feltrinelli.

Brynjolfsson E., McAfee A. (2017), Machine, platform, crowd: Harnessing our digital future. WW New York: Norton & Company.

Cipriani A., Mari G., Gramolati A. (2018), Il lavoro 4.0: la Quarta Rivoluzione industriale e le trasformazioni delle attività lavorative, Firenze: Firenze University Press.

D'ignazio C., Klein L. F. (2020), Data feminism. MIT press.

Dagnino E. (2019), Dalla fisica all'algoritmo: una prospettiva di analisi giuslavoristica, Bergamo: Adapt University Press.

Dagnino E. (2017) , Diritto alla disconnessione: legge n. 81/2017 ed esperienza comparata, in Dir. rel. ind., 4, 1024

Di Meo R. (2017), Il diritto alla disconnessione nella prospettiva italiana e comparata, in LLI, 3, 2 19 ss.;

Dalton C.M., Taylor L., Thatcher J. (2016), Critical data studies: A dialog on data and space. Big Data & Society. 3, 1, <https://journals.sagepub.com/doi/pdf/10.1177/2053951716648346>.

De Masi D. (2017), Lavoro 2025, Venezia: Marsilio.

De Martiis E. (2020), Il lavoro agile nella PA: un'opportunità da non perdere!.RU Risorse umane nella pubblica amministrazione, 4-5, 17-2.

De Minicis M., Donà S., Lettieri N., Marocco M. (2019), Disciplina e tutela del lavoro nelle digital labour platforms. Un modello di tecnoregolazione. Economia & lavoro, 53(3), 89-106.

De Stefano V. (2019), "Negotiating the Algorithm":Automation, Artificial Intelligence, and Labor Protection. Comp. Lab. L. & Pol'y J., 41, 15.

Dnegryse C. (2016), Digitalisation of the economy and its impact on labour markets, Working papers – European Trade-Union Institute (ETUI).

Domingos P. (2016), L'algoritmo definitivo. La macchina che impara da sola e il futuro del nostro mondo, Milano: Bollati Boringhieri.

Donini, A. (2017). Profilazione reputazionale e tutela del lavoratore: la parola al Garante della Privacy. Labour & Law Issues, 3(1), 35-57.

Donini, A. (2018). Tecniche avanzate di analisi dei dati e protezione dei lavoratori. Diritto delle relazioni industriali: rivista della Associazione lavoro e ricerche, 28(1), 222-244.

Duva E., Sharples M., Sutherland R. (2017). Technology Enhanced Learning. Springer.

Feldman R. (2013), Techniques and applications for sentiment analysis. Communications of the ACM, 56(4), 82-89.

Ferrante A., Ragone M. (2021), Lavoro agile: cosa sta accadendo (e cosa accadrà) nelle PA dopo il decreto Brunetta. FPA. Digital 360, <https://www.forumpa.it/riforma-pa/smart-working/lavoro-agile-cosa-sta-accadendo-e-cosa-accadra-nelle-pa-dopo-il-decreto-brunetta>.

Fiorillo L., Perulli A. (eds.) (2018), Il Jobs Act del lavoro autonomo e del lavoro agile, Giappichelli, Turim, 208;

Goodman B., Flaxman S. (2017), European Union regulations on algorithmic decision-making and a "right to explanation". AI magazine, 38(3), 50-57.

Greenberg, J., Roberge, M.E., Ho, V.T., & Rousseau, D.M. (2004). Fairness as an "i-deal": Justice in under-the-table employment arrangements. Research in personnel and human resources management, 2004, 22, 1-34.

Hassoon A. et alii. (2018), Increasing physical activity amongst overweight and obese cancer survivors using an Alexa-based intelligent agent for patient coaching: protocol for the physical activity by technology help (PATH) trial. JMIR research protocols, 7(2), 27.

Heaven W. (2020), This startup is using AI to give workers a "productivity score". MIT Technology Review. <https://www.technologyreview.com/2020/06/04/1002671/startup-ai-workersproductivity-score-bias-machine-learning-business-covid>.

Hota J., Ghosh D. (2013), Workforce Analytics Approach: An Emerging Trend of Workforce Management, AIMS International Journal of Management, 7(3), 167.

Huselid M.A. (2018), The science and practice of workforce analytics: Introduction to the HRM special issue. Human Resource Manager, 57, 679.

Ingrao A. (2021), Il potere di controllo a distanza sull'attività lavorativa e la nuova disciplina della privacy nella sfida delle nuove tecnologie, in G. Ludovico, F. Fita Ortega, T. Nahas (a cura di), Nuove tecnologie e diritto del lavoro, Milano University Press, Milano, 111.

Iliadis A., Russo F. (2016), Critical data studies: An introduction. Big Data & Society, 3(2), 2053951716674238.

Jefferson B. (2020), Digitize and punish: Racial criminalization in the digital age. University of Minnesota Press.

Kellogg K.C., Valentine M., Christin A. (2020), Algorithms at Work: The New Contested Terrain of Control. Academy of Management Annals, 14 (1), 366.

Kitchin R. (2017), Thinking critically about and researching algorithms. Information, communication & society, 20(1), 14-29.

Klein M., Mogles N., van Wissen A. (2013). An intelligent coaching system for therapy adherence. IEEE pervasive computing, 12(3), 22-30.

Kolbjørnsrud V., Amico R., & Thomas R. J. (2016), How artificial intelligence will redefine management. Harvard Business Review, 2, 1-6.

Koul A., Sain A., Coelho P. (2020), Workforce analytics: Using HRM practices, methods and analytics to realise business goals. Psychology and Education Journal, 57(9), 4420-4426.

Landi, C. et alii (2018), Relieving operators' workload: Towards affective robotics in industrial scenarios, Mechatronics, Vol. 54, 144-154.

Lane M., Saint-Martin A. (2021), The impact of Artificial Intelligence on the labour market: What do we know so far?, OECD Social, Employment and Migration Working Papers No. 256, 2021, p. 47.

Lee M. K., Kusbit D., Metsky E., & Dabbish L. (2015, April), Working with machines: The impact of algorithmic and data-driven management on human workers. Proceedings of the 33rd annual ACM conference on human factors in computing systems, 1603-1612.

Lessig L. (2009), Code: And other laws of cyberspace. Basic Books, New York.

Lettieri N. (2020), Antigone e gli algoritmi. Appunti per un approccio giusfilosofico, Mucchi.

Lettieri N., Guarino A., Malandrino D., & Zaccagnino R. (2019), Platform economy and techno-regulation—experimenting with reputation and nudge. Future Internet, 11(7), 163. <https://www.mdpi.com/1999-5903/11/7/163>.

Lettieri N., Donà S. (2020), Critical data studies e tecno-regolazione. Paradigmi emergenti di ricerca e tutela nell'era del lavoro data-driven. Diritti Fondamentali.it, 2, 1007-1044.

Lettieri N., Fabiani E. (2016), Dati, computazione, scienza: estendere i confini del processo civile telematico. Il Foro Italiano, 141(2), 53-57.

Lettieri N., Punzo V., Di Saverio M. (2021), Esperienza, cooperazione, emozioni. Tecnologie per una formazione human-centered. FOR – Rivista per la formazione, 1, 8-14, DOI:10.3280/FOR2021-001002;

Luzzi L., La Torre E., Selmo L. (2020), Lo smart working: un'opportunità per la pubblica amministrazione in RU Risorse umane nella pubblica amministrazione, 2, 28-34.

McNall, L.A.-Masuda, A.D.-Nicklin, J.M., Flexible work arrangements, job satisfaction, and turnover intentions: The mediating role of work-to-family enrichment, in The Journal of psychology, 2010, 144(1), 61-81;

Melis G. (2020), Riformare l'amministrazione pubblica a partire dallo smart-working, Il Mulino, 4, 629-638.

Medhat W., Hassan A., Korashy H. (2014), Sentiment analysis algorithms and applications: A survey. Ain Shams engineering journal, 5(4), 1093-1113.

Mingione E. (2020), Lavoro: la Grande trasformazione, Milano: Feltrinelli.

Moore P. (2019), OSH and the Future of Work: benefits and risks of artificial intelligence tools in workplaces, EU-OSHA Discussion papers, EU-OSHA, Bilbao.

Moore P., Upchurch M., Whittaker X. (eds.) (2018), Digitalisation of Work and Resistance, Palgrave Macmillan.

Moro P., Sarra C. (2017), Tecnodiritto. Temi e problemi di informatica e robotica giuridica. Franco Angeli, Milano.

Mateescu A., Nguyen A. (2019), Algorithmic management in the workplace. Data & Society, 1, 1-15.

Noble S. U. (2018), Algorithms of oppression: How search engines reinforce racism. New York University Press.

Nuzzo V. (2020), Customer satisfaction e contratto di lavoro subordinato. Giornale di diritto del lavoro e relazioni industriali, 27-55.

Obermeyer Z., Powers B., Vogeli C., & Mullainathan S. (2019). Dissecting racial bias in an algorithm used to manage the health of populations. Science, 366(6464), 447-453.

OECD (2019), Scoping the OECD AI principles: Deliberations of the Expert Group on Artificial Intelligence at the OECD (AIGO), OECD Digital Economy Papers, No. 291, OECD Publishing, Paris, <https://doi.org/10.1787/d62f618a-en>.

O'Neil C. (2016), Weapons of math destruction: How big data increases inequality and threatens democracy, Broadway Books.

Pasquale F. (2015), The Black Box Society: The Secret Algorithms that Control Money and Information-, Cambridge: Harvard University Press.

Pera A. (2019), Towards effective workforce management: Hiring algorithms, big data-driven accountability systems, and organizational performance. Psychosociological Issues in Human Resource Management, 7(2), 19-24;

Raimondi E. (2019), Potere di controllo, tutela della riservatezza e "lavoro agile", Rivista giuridica del lavoro e della previdenza sociale, 1(1), 69-92.

Rajšp, A., Fister, I. (2020). A systematic literature review of intelligent data analysis methods for smart sport training. Applied Sciences, 10(9), 3013.

Rullani F., Rullani E. (2018), Dentro la rivoluzione digitale, Torino: Giappichelli.

Santoni F. (2019), L'obbligazione di risultato nei contratti di lavoro tra vecchi e nuovi problemi, in MGL, 923ff;

Sarra C. (2018), "Iper-positività": la riduzione del giuridicamente lecito al tecnicamente possibile nella società dell'nformazione. In Positività giuridica.: Studi ed attualizzazioni di un concetto complesso (pp. 95-125). Padova University Press.

Schobin, J., Tomazic, A.C. (2020), The digital gamification of labour: a new form of labour process regulation? International Journal of Work Innovation, 2(4), 308-327.

Schwab K. (2016), La quarta rivoluzione industriale, Milano: Franco Angeli.

Sena E. (2018), Agile work and the right to disconnection: the impact of new technologies on the modalities of work performance, em Dir. merc. lav., 1, 245

Shockley, K.M.-Allen, T.D., When flexibility helps: Another look at the availability of flexible work arrangements and work-family conflict, in Journal of Vocational Behavior, 2007, 71(3), 479-493

Spinelli C.(2018), Digital technologies and agile work, Bari

Thaler R., Sunstein C. (2009), Nudge – La spinta gentile. Milano: Giacomo Feltrinelli Editore.

Topo A. (2018), Automatic management, reputazione del lavoratore e tutela della riservatezza. Lavoro e Diritto, 32(3), 453-476.

M. Turrin, Agile work and non-standard employment contracts: critical elements, em DRI, 2020, 281.

Valenduc G., Vendramin P. (2016), Work in the digital economy: sorting the old from the new, Working papers – European Trade-Union Institute (ETUI).

Kim T. W. (2018), Gamification of labor and the charge of exploitation. Journal of business ethics, 152(1), 27-39.

Wood A. (2021), Algorithmic management consequences for work organisation and working conditions. JRC Working Papers Series on Labour, Education and Technology, WP No. 7.

Yu E.S., Mylopoulos J., Lespérance Y. (1996). AI models for business process reengineering. IEEE expert, 11(4), 16-23.

Voci E. (2006). Il "BPR" nelle Pubbliche Amministrazioni: il caso INAIL. Rivista degli infortuni e delle malattie professionali, (2/1), 253-272.

Zappalà L. (2021), Informatizzazione dei processi decisionali e diritto del lavoro: algoritmi, poteri datoriali e responsabilità del prestatore nell'era dell'intelligenza artificiale, WP CSDLE "Massimo D'Antona".IT – 446.

Zolas N., Kroff Z., Brynjolfsson E., McElheran K., Beede D., Buffington C., Dinlersoz E. (2020), Measuring Technology Adoption in Enterprise-Level Surveys: The Annual Business Survey. *American Economic Association Presentation. San Diego*, https://www.aeaweb.org/conference/2020/preliminary/powerpoint/7rdEN8G6.

O Novo Regime de Teletrabalho em Portugal

Duarte Abrunhosa e Sousa

Sofia João Queiroga

1. Enquadramento legislativo

O regime do teletrabalho foi reconhecido no ordenamento jurídico português com o Código do Trabalho de 2003[(1)], tendo sofrido, desde então, alterações pontuais e pouco relevantes, motivado pelo facto de, desde sempre, ser um regime com parca aplicação na realidade laboral nacional[(2)(3)]. Não obstante, Portugal foi o primeiro país a implementar o Acordo-Quadro Europeu[(4)], facto que revela pelo menos uma iniciativa legislativa precoce que não foi acompanhada pelo dinamismo das relações de trabalho nacionais[(5)].

No entanto, quando em março de 2020, a Organização Mundial de Saúde qualificou a emergência de saúde pública ocasionada pela doença Covid-19 como uma

(1) Lei n. 99/2003, de 27 de agosto, entretanto revogada pela Lei n. 7/2009, de 12 de fevereiro, com a última alteração pela Lei n. 1/2022, de 3 de janeiro, vulgarmente designado por Código do Trabalho.

(2) Em 2010, 1,8% dos trabalhadores portugueses admitiam desenvolver a sua atividade profissional em regime de teletrabalho durante 25% do seu período normal de trabalho e apenas 0,4% dos trabalhadores portugueses assumiam o seu envolvimento numa prestação laboral em teletrabalho no decurso de quase todo o período normal de trabalho, de acordo com as estatísticas disponibilizadas pelo EURO FOUND (Relatório "Telework in the European Union", 2010, p. 5. Disponível em: <https://www.eurofound.europa.eu/publications/report/2010/telework- in-the-european-union>.

(3) De acordo com os dados do Instituto Nacional de Estatística (INE), em 2015, cerca de 68.300 portugueses identificavam o seu domicílio como local de trabalho principal (cfr. Inquérito ao Emprego de 2015 sobre a "Organização do trabalho e do tempo de trabalho". Disponível em: <https://www.ine.pt/xportal/xmain?xpid=INE&xpgid=ine_destaques&DESTAQUESdest_boui=355798263&DESTAQUESmodo=2>.

(4) Acordo-Quadro Europeu sobre Teletrabalho, assinado em Bruxelas a 16 de julho de 2002, pela Comissão Europeia, a ETUC, a UNICE/UEAPME, e a CEEP. Disponível em: <https://resourcecentre.etuc.org/sites/default/files/2020-09/Telework%202002_Framework%20Agreement%20-%20EN.pdf>.

(5) Para análise de algumas particularidades do anterior regime de teletrabalho em Portugal, cfr. SOUSA, Duarte Abrunhosa e. *Teleworking and Labor Conditions in Portugal.* Comparative Labor Law Dossier Teleworking and Labor Conditions, IUSLabor 2/2017. 2017, p. 46-51.

pandemia internacional, dando origem a um confinamento generalizado, milhões de trabalhadores em todo o mundo foram confrontados com uma realidade de teletrabalho, maioritariamente exercido a partir do seu domicílio. O teletrabalho assumiu-se como uma ferramenta de extrema utilidade com vista a garantir de forma rápida que as atividades profissionais compatíveis pudessem ser prestadas fora dos locais de trabalho tradicionais. Ou seja, generalizou-se a imposição de um regime que seria globalmente identificado como teletrabalho(6).

Essa situação absolutamente sem precedentes foi o verdadeiro promotor da massificação do teletrabalho em Portugal(7), ainda que eminentemente temporária. Pese embora seja possível discutir se a imposição legal desse regime se enquadrava verdadeiramente no conceito de teletrabalho, acabou por precipitar a vontade de o legislador reposicionar e atualizar a legislação nacional, com vista a responder aos desafios que entendeu terem sido identificados ao longo de quase dois anos de intermitência, entre momentos de teletrabalho obrigatório (motivado por estados de emergência e confinamentos gerais) e períodos em que aquele regime era apenas recomendado mas que, fruto das circunstâncias pandémicas acabou por se verificar, ainda assim, em elevada escala(8).

Depois de uma concorrida discussão parlamentar, acabaria por vir a ser publicada a Lei n. 83/2021, de 6 de dezembro, que entrou em vigor no dia primeiro de janeiro de 2022 e que modificou o regime de teletrabalho, alterando o Código do Trabalho, bem como a regulamentação do regime de reparação de acidentes de trabalho e de doenças profissionais.

Essa lei foi sendo apresentada nos *media* como a solução para todos os problemas do teletrabalho "forçado" em Portugal, ideia que paulatinamente se desvanece à medida que são esmiuçadas as soluções legislativas para os temas mais problemáticos e duvidosos, e que ficaram muito aquém das expectativas iniciais. Por outro lado, as expectativas estavam suportadas na ideia de que a legislação que se encontrava em vigor não era suficiente para regular de forma eficiente o regime de teletrabalho. Essa ideia é, como veremos, completamente errada.

---

(6) Para uma abordagem mais aprofundada sobre a legislação temporária publicada durante o ano de 2020, cfr. SOUSA, Duarte Abrunhosa e. *Breve viagem pelo regime de teletrabalho na "legislação COVID".* Covid-19 e Trabalho: O dia Seguinte. Estudos APODIT, Lisboa, 2020, p. 49-63, e SOUSA, Duarte Abrunhosa e, *"Não Matem o Teletrabalho!" — Uma Perspectiva do Teletrabalho em Portugal em 2021.* 22 anos da SOBRAT, A Evolução do Teletrabalho, Tomo I: Aspectos Jurídicos. São Paulo. 2021. p. 137-145.

(7) Em 2016 tínhamos assumido uma postura demasiado otimista, ao acreditarmos que seria a possibilidade do trabalhador impor, unilateralmente, ao empregador o regime de teletrabalho caso tivesse um filho menor de 3 anos, que viria a ser o impulsionador deste regime, o que acabou por não se verificar (SOUSA, Duarte Abrunhosa e. O Enquadramento Legal do Teletrabalho em Portugal. *Revista Derecho Social y Empresa.* 2016, p. 15).

(8) No mesmo sentido, AMADO, João Leal. "Teletrabalho: o 'novo normal' dos tempos pós-pandémicos e a sua nova lei". Observatório Almedina. 2021. Disponível em: <https://observatorio.almedina.net/index.php/2021/12/29/teletrabalho-o-novo-normal-dos-tempos-pos-pandemicos-e-a-sua-nova-lei/>.

2. Noção legal de teletrabalho

O conceito original de teletrabalho, vigente até ao final do ano de 2021, compreendia uma prestação laboral realizada em cumprimento de três requisitos cumulativos: i) regime de subordinação jurídica; ii) habitualmente fora da empresa; e iii) com recurso a tecnologias de informação(9)(10).

A nova lei não trouxe alterações de monta à definição daquele regime, muito embora tivesse abandonado a expressão "habitualmente fora da empresa" para passar a referir-se ao teletrabalho como a "prestação de trabalho em regime de subordinação jurídica do trabalhador a um empregador, em local não determinado por este, através do recurso a tecnologias de informação e comunicação" (cfr. art. 165.º, n. 1 do Código do Trabalho).

Essa alteração da referência ao elemento espacial cria, numa primeira leitura, a ideia de liberdade de escolha do trabalhador no que respeita à determinação do local de trabalho. Liberdade essa que, conforme veremos, está condicionada ao acordo com o empregador.

Por outro lado, contrariamente ao que sucedida com o anterior regime, que versava unicamente sobre o teletrabalho realizado em situação de subordinação jurídica, a nova lei veio, no n. 2 do art. 165º estender, *mutatis mutandis*, a todas as situações de trabalho a distância sem subordinação jurídica, mas em regime de dependência económica(11), as disposições dos artigos que versam sobre equipamentos e sistemas (cfr. art. 168º), organização, direção e controlo do trabalho (cfr. 169.º-A), deveres especiais (cfr. 169º-B), privacidade (cfr. 170º)(12) e segurança e saúde no trabalho (cfr. 171º).

3. Acordo para prestação de teletrabalho

Em Portugal temos dois regimes autónomos quanto à fonte originária do teletrabalho:

(i) teletrabalho consensual; ou

(ii) teletrabalho imposto unilateralmente pelo trabalhador.

---

(9) *Ibidem*, SOUSA, 2016, p. 4.

(10) Sobre o trabalho no domicílio no ordenamento jurídico espanhol, cfr. AROCHENA, José Fernando Lousada. LATAS, Ricardo Pedro Ron. *Una Mirada periférica al teletrabajo, el trabajo a domicilio y el trabajo a distancia en el derecho español.* Trabajo a Distancia y Teletrabajo – Estudios sobre su régimen jurídico en el derecho español y comparado. Pamplona, 2015, p. 31.

(11) "Situações Equiparadas" nos termos do art. 10º do Código do Trabalho.

(12) Quanto a esse tema concreto, à luz da lei brasileira, cfr. ZAVANELLA, Fabiano. BROLIO, Raphael Jacob. *Lei Geral de Proteção de Dados e o Teletrabalho no Brasil:* Breve Análise dos Desafios em um Mundo Globalizado e sob os Efeitos da Pandemia. 22 anos da SOBRAT, A Evolução do Teletrabalho, Tomo I: Aspectos Jurídicos. São Paulo, 2021. p. 40-56.

O regime previsto em (i) é a regra e pressupõe o acordo. O previsto em (ii) depende de requisitos imputáveis ao trabalhador, mas visam essencialmente assegurar a conciliação da vida privada com a vida profissional. Existe uma terceira fonte, comum durante a pandemia, que consistia no teletrabalho imposto por via legal. Este não se encontra regulado no Código do Trabalho e estava sujeito às regras específicas do diploma legal vigente. Por fim, não existe na legislação portuguesa qualquer cenário através do qual possa ser o empregador a impor unilateralmente o regime do teletrabalho.

Relativamente à necessidade de formalização, a Lei n. 83/2021, de 6 de dezembro alterou profundamente o conteúdo do art. 166º. Com efeito, passou a fazer corresponder, contrariamente ao que acontecia no regime anterior, às situações em que a prestação de teletrabalho decorre de acordo entre o empregador e o trabalhador, passando a prever-se, expressamente, que a implementação do regime de teletrabalho depende "apenas" de acordo escrito (e já não de contrato de trabalho específico). Assim, poderá constar do próprio contrato de trabalho ou ser autónomo deste.

Por outro lado, e apesar de, no anterior regime, o legislador já permitir que o recurso ao teletrabalho não fosse exclusivo em todos os momentos da prestação laboral, a possibilidade de implementação de modelos híbridos, ou mistos, foi reforçada remetendo-se para o acordo escrito a celebrar a determinação do "*regime de permanência ou de alternância de períodos de trabalho à distância e de trabalho presencial*", conforme n. 3 do art. 166º. Essa alteração leva-nos, no entanto, a concluir que já não será necessário haver uma predominância do trabalho executado fora da empresa, considerando-se como teletrabalhador qualquer trabalhador que execute, pelo menos, uma parte (sem qualquer barreira mínima ou máxima) do seu período normal de trabalho remotamente, com recurso a tecnologias de informação e comunicação[13].

O acordo escrito, além de conter os dados de identificação das partes, deverá ainda incluir o período normal de trabalho, diário e semanal, o horário de trabalho, a atividade contratada e a retribuição pela atividade prestada, incluindo prestações complementares e acessórias. Deverá, ainda, definir a propriedade dos instrumentos de trabalho e quem fica responsável pela sua instalação e manutenção, bem como a periodicidade e modo de concretização dos contactos presenciais com chefias e demais trabalhadores da empresa, com vista à redução do isolamento do teletrabalhador, nos termos do disposto no n. 4 do art. 166º do Código do Trabalho.

---

(13) Essa opção expressa pelos regimes híbridos poderá acarretar um aumento significativo de custos do empregador em matéria de saúde no trabalho, considerando que passou a estar obrigado a promover a realização de exames médicos antes da implementação do teletrabalho e, posteriormente, exames anuais para avaliação da aptidão física e psíquica do trabalhador (que até à data estavam previstos apenas para os menores e trabalhadores com idade superior a 50 anos). De facto, a nova lei não esclarece se todos os teletrabalhadores estarão abrangidos por essas novas regras com vista à promoção da saúde e segurança no trabalho, independentemente de prestarem a sua atividade em teletrabalho uma ou quarenta horas por semana. Face ao silêncio da lei, entendemos que o legislador pretendeu aplicar esse regime a todos.

Adicionalmente, o acordo para a prestação de teletrabalho deverá ainda definir o local em que o trabalhador realizará habitualmente a sua atividade profissional, o qual será considerado, para todos os efeitos legais, o seu local de trabalho, nomeadamente para preenchimento do conceito de acidente de trabalho, realização de visitas pelo empregador ou pela autoridade de controlo, determinação da residência para efeitos fiscais e contributivos[(14)] etc. Destarte, fica, definitivamente, abandonada a possibilidade trazida pela expressão "em local não determinado" pelo empregador, de ser o trabalhador a definir ou alterar, de forma unilateral, o seu local de prestação da atividade em regime de teletrabalho, na medida em que, tanto a sua determinação, como a subsequente alteração, carecerão de acordo escrito do empregador nesse sentido, como decorre da alínea b) do n. 4 e do n. 8, ambos do art. 166º. Daí que o empregador possa sempre condicionar a escolha do trabalhador.

Por sua vez, a possibilidade de apresentação de oposição à proposta de realização da atividade em regime de teletrabalho varia consoante a proposta for apresentada pelo empregador ou pelo trabalhador. Se a iniciativa partir do empregador, o trabalhador poderá recusar, *tout court*, a proposta de teletrabalho, não podendo essa recusa acarretar nenhuma consequência negativa na esfera daquele, fundamentar a aplicação de uma sanção disciplinar ou constituir causa de despedimento.

Já não será assim nas situações em que i) é o trabalhador quem apresenta uma proposta de acordo de teletrabalho e, ii) a atividade contratada é compatível com o regime de teletrabalho[(15)], considerando o funcionamento da empresa e os recursos disponíveis pois, nesses casos, o empregador terá de apresentar, por escrito, os motivos que fundamentam essa mesma recusa.

Também quanto a esse aspeto, o legislador não determina de forma clara os motivos de recusa quanto à prestação de teletrabalho, no entanto, admitimos que a desproporcionalidade quanto ao custo do teletrabalho e fundamentos operacionais da atividade a ser desempenhada possam ser suficientes. Até porque não há comunicação quanto ao teor da motivação, bastando, nos termos legais, a mera resposta motivada. Não estando integrado em qualquer das situações excecionais, o empregador não pode impor a prestação de teletrabalho ao empregador. Situação diferente ocorrerá no caso de o trabalhador demonstrar que a recusa do seu requerimento é discriminatória. Imaginemos o caso de dois trabalhadores que, apesar de estarem nas mesmas circunstâncias, recebem respostas

(14) A propósito das situações de teletrabalho internacional e respetivo enquadramento fiscal, laboral e em matéria de segurança social, veja-se COSTA, Suzana Fernandes da; SOARES, Conceição. "Teletrabalho a partir do estrangeiro — algumas questões em torno da fiscalidade, segurança social e legislação laboral. *Revista Eletrónica de Direito*, n. 1, vol. 24. 2021. Disponível em: <https://cije.up.pt/pt/red/edicoes-anteriores/2021- nordm-1/teletrabalho-a-partir-do-estrangeiro-ndash-algumas-questoes-em-torno-da-fiscalidade-seguranca-social-e-legislacao-laboral/>.

(15) Cfr. Art. 166º/n. 7 do Código do Trabalho, na sua versão atualizada.

em sentido diferente do mesmo empregador quanto aos respetivos requerimentos para prestação de teletrabalho.

Ainda no que respeita aos requisitos do acordo para a prestação de teletrabalho, a legislação passou a permitir a celebração de acordos de duração indeterminada (contrariamente ao regime anterior, cuja duração máxima era de 3 anos), que podem ser livremente denunciados, por qualquer uma das partes, com uma antecedência mínima de 60 dias. Já os acordos com duração determinada poderão ser celebrados pelo período máximo de 6 meses, automática e indefinidamente renováveis, se nenhuma das partes se opuser a essa renovação.

4. O tempo de trabalho e o tempo de vida: o teletrabalho como um direito — Teletrabalho unilateral

Como vimos, apesar de a regra estabelecer que o teletrabalho tem uma natureza essencialmente consensual, em alguns casos pode ser imposta unilateralmente pelo trabalhador que já resultava da legislação nacional e que foi objeto de reforço com as recentes alterações.

Ora, a Diretiva (UE) 2019/1158, do Parlamento Europeu e do Conselho, publicada a 20 de junho de 2019, veio estabelecer os "*requisitos mínimos destinados a alcançar a igualdade entre homens e mulheres quanto às oportunidades no mercado de trabalho e ao tratamento no trabalho, facilitando a conciliação entre a vida profissional e a vida familiar dos trabalhadores que são progenitores ou cuidadores*".

Por seu turno, como resposta ao aumento abrupto de número de teletrabalhadores, em consequência da pandemia de Covid-19, a OIT publicou um guia(16) de diretrizes, do qual resultaram, entre outras, indicações no que respeita à organização do tempo de trabalho e à necessidade de os empregadores criarem metodologias de autodisciplina nos seus colaboradores, para cumprimento do número de horas de trabalho e dos intervalos de descanso.

Em Portugal, a problemática dos "*Tempos de trabalho, conciliação entre a vida profissional e a vida de trabalho*" ocupa um lugar de destaque no Livro Verde sobre o Futuro do Trabalho de 2022(17), que refletiu sobre o futuro do trabalho e lançou as bases para o enquadramento legal das políticas públicas nessa matéria.

Ademais, a generalidade das iniciativas legislativas para alteração do regime de teletrabalho, apresentadas pelos partidos políticos com assento parlamentar abordavam

(16) ORGANIZAÇÃO INTERNACIONAL DO TRABALHO. An employers' guide on working from home in response to the outbreak of Covid-19. Genebra, 2020.

(17) MOREIRA, Teresa Coelho; DRAY, Guilherme; NEVES, Ana Lima das; FONTES, Ana; CÂMARA, Maria João; TRINDADE, Sónia; ALBUQUERQUE, José Luís; OLIM, Ana; BERNARDES, Ricardo; TAVARES, Susana; FERREIRA, Rita Dantas. *Livro Verde sobre o Futuro do Trabalho*. Lisboa, 2022.

a necessidade de repensar algumas das realidades vigentes, designadamente o tempo de trabalho.

O legislador nacional viria a concretizar essas intenções no novíssimo art. 166º-A que, triunfantemente, designou de "Direito ao regime de teletrabalho".

Nos ns. 1 e 2, foi mantido o "direito" para os trabalhadores vítimas de violência doméstica, se verificadas as condições do art. 195º[(18)], bem como para o progenitor de uma criança com idade até 3 anos, desde que a atividade seja compatível e o empregador disponha dos recursos e meios necessários[(19)].

As novidades legislativas trouxeram, por seu turno, mais uma exceção ao regime tradicionalmente consensual do teletrabalho, prevendo o alargamento do direito ao exercício da atividade profissional a distância ao trabalhador com filho com idade até 8 anos, desde que verificada uma das três condições pessoais constantes da lei, nomeadamente: i) quando exercido por ambos os progenitores, em períodos sucessivos de igual duração, num prazo de referência máxima de 12 meses, nas situações em que os dois progenitores reúnem condições para o exercício da atividade profissional em regime de teletrabalho, ii) em situação de famílias monoparentais; iii) em situações em que apenas um dos progenitores, comprovadamente, reúne condições para o exercício da atividade em regime de teletrabalho.

As situações elencadas em i) e iii) criam, no entanto, dificuldades burocráticas que, em *ultima ratio*, poderão levar ao insucesso do exercício do direito ao regime do teletrabalho. Por um lado, não determina como conseguirão as empresas controlar, junto do empregador do cônjuge do seu trabalhador, a alternância dos períodos de teletrabalho. Por outro lado, não estabelece como consegue, um trabalhador, comprovar a impossibilidade de realização de teletrabalho do seu cônjuge. Por fim, nem sequer identifica com que periodicidade será feita essa prova da manutenção das condições.

Conforme mencionado, os trabalhadores vítimas de violência doméstica também podem impor o teletrabalho de forma unilateral. Nesse caso particular, o empregador apenas poderá opor-se ao pedido de prestação da atividade em teletrabalho com fundamento na incompatibilidade das funções desempenhadas. No entanto, esse fundamento é igualmente válido para os trabalhadores com filhos até 8 anos de idade, acrescendo, nesses casos, o requisito da disponibilidade dos meios e recursos do empregador que permitam realizar a atividade profissional em ambiente remoto.

---

(18) Nos termos do n. 1 do Art. 195º do Código do Trabalho, o trabalhador vítima de violência doméstica tem direito a ser transferido, temporária ou definitivamente, a seu pedido, para outro estabelecimento da empresa, nas situações em que, cumulativamente, procede à apresentação da queixa-crime (alínea a) e saia da casa de morada de família no momento em que se efetive a transferência de local de trabalho.

(19) Sobre esse tema, já nos pronunciámos aprofundadamente em SOUSA. 2016, p. 13.

A legislação passou, ainda, a prever no n. 5 do art. 166-ºA do Código do Trabalho, o direito ao regime de teletrabalho para os trabalhadores a quem tenha sido reconhecido o Estatuto de Cuidador Informal não principal[(20)], pelo período máximo de quatro anos, utilizados de forma seguida ou interpolada e, à semelhança do previsto para as demais exceções, desde que tal seja compatível com a atividade desempenhada e a empresa disponha de meios e recursos para o efeito.

No caso específico dos trabalhadores que beneficiem do estatuo de cuidador informal não principal, o empregador vê o seu poder de objeção reforçado, podendo recusar o pedido do trabalhador sempre que a atividade não seja compatível, sempre que não disponha de recursos e meios ou, com fundamento em exigências imperiosas do funcionamento da empresa[(21)].

Se em 2016 errámos a previsão de *"massificação do teletrabalho em Portugal tendo em conta que permite a imposição unilateral por parte do trabalhador num contexto perfeitamente comum em qualquer sociedade — parentalidade de um filho com idade até 3 anos"*, acreditamos, verdadeiramente, que a perceção das vantagens do teletrabalho no que respeita à conciliação da vida privada e familiar com o tempo de trabalho[(22)], aliada ao alargamento dos destinatários deste direito, irão, finalmente, fazer aumentar o número de teletrabalhadores, em regime de *full remote*, no panorama nacional.

5. Aspetos remuneratórios: equipamentos e despesas

Durante o período pandémico, um dos grandes focos de discussão que envolvia o teletrabalho "forçado" reportava-se à responsabilidade pelo fornecimento dos equipamentos e tecnologias, bem como ao pagamento das despesas em que os trabalhadores (potencialmente) incorriam como consequência desse regime.

---

(20) Nos termos do disposto no n. do 3 do art. 2º da Lei n. 100/2019, de 6 de setembro, que aprovou o Estatuto do Cuidador Informal, regulando os direitos e deveres do cuidador e da pessoa cuidada e estabelece as respetivas medidas de apoio, *"considera-se cuidador informal não principal o cônjuge ou unido de facto, parente ou afim até ao 4º grau da linha reta ou da linha colateral da pessoa cuidada, que acompanha e cuida desta de forma regular, mas não permanente, podendo auferir ou não remuneração de atividade profissional ou pelos cuidados que presta à pessoa cuidada"*.

(21) A intenção de recusa do empregador, relativamente ao pedido de realização de teletrabalho apresentado pelo trabalhador, seguirá o procedimento previsto para os pedidos de prestação de trabalho em regime de horário de trabalho flexível, previsto nos n. 3 a 10 do art. 57º do Código do Trabalho. Nesse caso, no prazo de 20 dias o empregador deverá comunicar, por escrito, ao trabalhador a sua decisão, indicando o fundamento da intenção de recusa, e remeter o processo para a apreciação da CITE — Comissão para a Igualdade no Trabalho e no Emprego, na qualidade de entidade competente na área de igualdade de oportunidades entre homens e mulheres, sendo que na eventualidade de essa entidade emitir um parecer desfavorável, o empregador só poderá recusar o pedido de prestação da atividade em regime de teletrabalho após decisão judicial que reconheça a existência de motivo justificativo.

(22) Para uma análise pragmática das vantagens do teletrabalho, na esfera do trabalhador e das empresas, cfr. NETO, Célio Pereira Oliveira, *Trabalho em ambiente Virtual, Causas, Efeitos e Conformação.* São Paulo. 2018, p. 99.

À data, a legislação aplicável previa, de forma simplista, mas talvez mais eficaz, a presunção da propriedade, pelo empregador, dos instrumentos de trabalho respeitantes a tecnologias de informação e de comunicação utilizados pelo trabalhador, devendo aquele assegurar a respetiva instalação, manutenção e pagamento das inerentes despesas[23].

Pela popularidade da problemática em causa, na nova lei, o legislador nacional optou por densificar as regras relativas ao fornecimento dos sistemas e equipamentos e ao pagamento das despesas. Essa densificação não significou, todavia, a clarificação do regime, que ficou, inclusivamente, muito aquém do expectável, desde logo pelos problemas probatórios que irá criar.

O (novo) art. 168.º abandonou a anterior presunção, passando a remeter para o acordo para prestação de teletrabalho, previsto no art. 166.º, a indicação sobre o modo de disponibilização dos equipamentos e sistemas, nomeadamente se são fornecidos pelo empregador ou, ao invés, se são diretamente adquiridos pelo trabalhador, mediante a verificação de determinadas condições em termos de preço e caraterísticas técnicas.

O seu n. 2 foca, essencialmente, as despesas relacionadas com a aquisição ou utilização dos equipamentos e sistemas telemáticos necessários à realização da prestação laboral, remetendo para o empregador a responsabilidade por elas — à semelhança do que já acontecia no anterior regime — e acrescenta a tão esperada referência ao "*acréscimo de custos*", restringindo o âmbito de aplicação dessa expressão aos custos de energia e custos com rede instalada. O conceito de despesa adicional, ou acréscimo de custos, é concretizado no número seguinte, esclarecendo o legislador que se trata apenas de despesas com a aquisição de "*bens ou serviços de que o trabalhador não dispunha antes da celebração do acordo*" (para prestação de teletrabalho), recorrendo ao critério comparativo das despesas homólogas no mesmo mês do último ano anterior à aplicação do acordo.

Podemos, desde já, identificar um sem número de dificuldades associadas a essa esforçada redação.

Desde logo, afigura-se verdadeiramente herculeana a tarefa de o trabalhador comprovar que o acréscimo de despesas se deve, exclusivamente, à prestação da sua atividade em teletrabalho[24]. Acreditamos que essa prova passará por pedir aos trabalhadores a apresentação de documentação de suporte a esses acréscimos que poderão incluir, entre outros, as próprias faturas de fornecimento dos serviços. No entanto, também pode ser necessária informação adicional[25], que permita ao empregador perceber se se mantiveram

---

(23) Art. 168º/1, na redação do Código do Trabalho de 2009, aprovado pela Lei n. 7/2009, de 12 de fevereiro.

(24) A legislação não dá reposta às situações em que vários membros do agregado familiar estejam em teletrabalho. Cada empregador só será responsável por suportar os acréscimos de despesas que o seu trabalhador teve, mas poderá um empregador pedir comprovativos em como esses acréscimos não foram já compensados pelos empregadores dos restantes membros do agregado familiar?

(25) Falamos em, por exemplo, questionar se se mantiveram as características da composição do agregado familiar, da habitação, dos hábitos de consumo, do preço serviço pelo próprio fornecedor etc.

as condições familiares e pessoais do trabalhador, por forma a afastar as situações em que o acréscimo das despesas não advém da prestação da atividade em teletrabalho, mas sim de uma qualquer variável ou fator externo.

Depois existe ainda o risco de o pagamento de despesas poder ser objeto de tributação. Para esse efeito, o legislador determina que o pagamento de despesas pode ser integrado como custo para as empresas. Contudo, apenas haverá lugar a essa isenção no caso de se tratar do pagamento de verdadeiras despesas, caso contrário seria uma forma de remuneração simulada dos trabalhadores. Entendemos, por esse motivo, que a existência de um regulamento com um valor fixo para todos os trabalhadores (independentemente de terem acréscimo de despesas) pode afastar a natureza desse pagamento como custo. Está em curso uma alteração de impacto fiscal no sentido de identificar um valor máximo até o qual o pagamento de despesas de teletrabalho são isentas de impostos sobre os rendimentos.

Além disso, e não menos importante, haverá ainda que ter em conta que os pedidos de pagamento de custos acrescidos com o teletrabalho apresentados pelo trabalhador ao empregador serão, de acordo com o critério legal, comparados com as despesas verificadas no mês homólogo do último ano anterior à aplicação do acordo de teletrabalho, mês esse que, com um elevado grau de probabilidade, corresponderá, já, a um período em que a prestação de trabalho a distância era frequente, fruto da situação pandémica e do prolongamento de situações de teletrabalho informais impostas por legislação especial.

No que respeita ao pagamento (ou não) do subsídio de alimentação, a discussão recente tem sido, igualmente, intensa considerando o facto da nova legislação, também relativamente a esse tema, abrir margem para interpretações distintas.

Durante a aplicação de legislação extraordinária aprovada durante o período pandémico, e no que respeita aos trabalhadores do sector público, as dúvidas foram dissipadas pelo Despacho 3.614-D/2020, emitido pelo Gabinete da Ministra da Modernização do Estado e da Administração Pública, ao prever expressamente que "*para compensar as despesas inerentes ao teletrabalho obrigatório, o trabalhador mantém sempre o direito ao equivalente ao subsídio de refeição a que teria direito caso estivesse a exercer as suas funções no seu posto de trabalho*" (1.º/ alínea i). Resulta daqui um pressuposto equívoco do legislador, uma vez que determinou que o subsídio refeição fosse pago para assegurar uma compensação do pagamento de despesas. Essa solução veio lançar alguma confusão quanto ao sentido da norma no setor público porque pareceu indiciar que o seu pagamento não era devido durante a prestação de teletrabalho.

Por seu turno, também os trabalhadores do sector privado viram o tema esclarecido, ainda que temporariamente, pelo Decreto-lei n. 79-A/2020, com a alteração trazida pelo Decreto-lei n. 94-A/2020, de 3 de novembro, que, no n. 8 do seu art. 5º-A, estabelecia que "*O trabalhador em regime de teletrabalho tem os mesmos direitos e deveres dos demais trabalhadores, sem redução de retribuição, nos termos previstos no Código do Trabalho ou em*

Instrumento de regulamentação coletiva aplicável (...), mantendo ainda o direito a receber o subsídio de refeição que já lhe fosse devido". Assim, fica evidente o equívoco do legislador, uma vez que no âmbito do setor privado determinou a manutenção do pagamento do subsídio de refeição, sem que se enquadre como pagamento de despesas.

Todavia, e cessada que está a vigência dos supramencionados diplomas relacionados com o contexto pandémico, importa ressalvar que o subsídio de alimentação não é regulado pelo Código do Trabalho, mas sim pelo contrato coletivo aplicável à relação de trabalho. Assim, e atendendo também à aplicação do princípio da igualdade de tratamento entre trabalhadores e teletrabalhadores, no nosso entendimento, o subsídio de alimentação será sempre devido durante a prestação da atividade em teletrabalho. Para esse efeito, é necessário ter em conta as situações em que instrumento de regulamentação coletiva do trabalho aplicável à relação de trabalho em causa fizer pender o pagamento desse subsídio da mera prestação de trabalho, sem nenhuma referência ao local da prestação laboral.

6. Compensação de despesas pela prestação de teletrabalho unilateralmente imposta

O art. 168º do Código do Trabalho estatui que são consideradas despesas adicionais as correspondentes à aquisição de bens e serviços de que o trabalhador não dispunha antes da celebração do acordo para prestação de teletrabalho, assim como as determinadas por comparação com as despesas homólogas no mesmo mês do último ano anterior à aplicação do referido acordo.

Assim, perante a letra da lei, poderão resultar algumas dificuldades interpretativas. Com efeito, parece resultar do mencionado artigo que a compensação pelas despesas adicionais apenas é devida quando o teletrabalho é implementado por acordo entre o trabalhador e o empregador. Pese embora literal, essa interpretação poderia afastar o pagamento das despesas face às situações em que há prestação de teletrabalho por imposição legal ou por determinação unilateral do trabalhador. Todavia, relembre-se que nesses casos concorreu apenas a vontade do trabalhador que, unilateralmente, poderá determinar um custo para o empregador. Afastar o pagamento das despesas nesses casos poderá estar integrado numa abordagem pragmática do tema tendo em conta a possibilidade de imposição unilateral de despesas ao empregador.

Não obstante, a redação do art. 168º não é suficientemente esclarecedora, pelo que serão certamente os instrumentos de regulamentação coletiva a, uma vez mais, suprimir as deficiências legislativas nesse tema.

7. Conclusões

O legislador português foi pioneiro na União Europeia a assumir o Acordo Europeu para o teletrabalho, no entanto, as regras estabelecidas tiveram sempre um reduzido impacto diante do carácter residual do teletrabalho no mercado de trabalho.

Com a necessidade de teletrabalho obrigatório generalizado em virtude da pandemia da Covid-19, verificou-se um recurso intensivo a essa forma de trabalho, embatendo com diversas questões práticas. No entanto, olvidou-se o pormenor mais importante: a legislação nacional preexistente era suficiente para resolver a maioria dos aspetos levantados. Não sendo lacunosa, não necessitava de tantas alterações ineficazes. As alterações promovidas pelas alterações que entraram em vigor em janeiro de 2022 foram essencialmente o objeto de precipitação do legislador perante a pressão da opinião pública, resultando de um regime com maior dificuldade de utilização prática. Basta, para esse efeito, ter em conta que não resolveu a questão mais elementar: responsabilidade pelos custos.

Assim, entendemos que esse diploma que reformou o regime de teletrabalho em Portugal não inova onde devia e na parte que inova tornou o conteúdo normativo mais confuso e de difícil aplicação. Por esse motivo, entendemos que seja necessária uma correção aos falhanços da lei já fora da pressão decorrente da intensidade do teletrabalho em contexto de pandemia.

Referências

AMADO, João Leal. Teletrabalho: o "novo normal" dos tempos pós-pandémicos e a sua nova lei. *Observatório Almedina*, 2021. Disponível em: <https://observatorio.almedina.net/index.php/2021/12/29/teletrabalho-o-novo-normal-dos-tempos-pos-pandemicos-e-a-sua-nova-lei/>. Acesso em: 20 abr. 2022.

______. O teletrabalho: do Código à Covid-19. *Observatório Almedina*, 2021. Disponível em: <https://observatorio.almedina.net/index.php/2020/03/25/o-teletrabalho-do-codigo-a-covid-19/>. Acesso em: 2 jun 2022.

AROCHENA, José Fernando Lousada; LATAS, Ricardo Pedro Ron. Una Mirada periférica al teletrabajo, el trabajo a domicilio y el trabajo a distancia en el derecho español. Trabajo a Distancia y Teletrabajo, Estudos sobre su régimen jurídico en el derecho español y comparado. Pamplona. 2015.

COSTA, Suzana Fernandes da; SOARES, Conceição. Teletrabalho a partir do estrangeiro — algumas questões em torno da fiscalidade, segurança social e legislação laboral. *Revista Eletrônica de Direito*, n. 1, vol. 24, 2021. Disponível em: <https://cije.up.pt/pt/red/edicoes- anteriores/2021-nordm-1/teletrabalho-a-partir-do-estrangeiro-ndash-algumas-questoes-em-torno-da-fiscalidade-seguranca-social-e-legislacao-laboral/>. Acesso em: 29 abr. 2022.

Direção-Geral do Emprego e das Relações de Trabalho, Divisão de Promoção do Diálogo Social. Teletrabalho no contexto da negociação coletiva. *Negociação coletiva em foco*. Lisboa, 2020. Disponível em: <https://www.dgert.gov.pt/teletrabalho-no-contexto-da-negociacao-coletiva>. Acesso em: 2 jun. 2022.

GOMES, Maria Irene. O teletrabalho e as condições de trabalho: desafios e problemas. *E.Tec Yearbook 2020 AI & Robotics*, JusGov. Braga, 2020. Disponível em: <https://issuu.com/comunicadireito/docs/e_tek_yearbook_2020_web>. Acesso em: 28 maio 2022.

MARTINEZ, Pedro Romano; MONTEIRO, Luís Miguel; VASCONCELOS, Joana; BRITO, Pedro Madeira de; DRAY, Guilherme; SILVA, Luís Gonçalves da. *Código do Trabalho Anotado*, 2013.

MOREIRA, Teresa Coelho; DRAY, Guilherme; NEVES, Ana Lima das; FONTES, Ana; CÂMARA, Maria João; TRINDADE, Sónia; ALBUQUERQUE, José Luís; OLIM, Ana; BERNARDES, Ricardo; TAVARES, Susana; FERREIRA, Rita Dantas. *Livro Verde sobre o Futuro do Trabalho*. Lisboa, 2022.

OLIVEIRA NETO, Célio Pereira. *Trabalho em Ambiente Virtual, Causas, Efeitos e Conformação*. São Paulo, 2018.

ORGANIZAÇÃO INTERNACIONAL DO TRABALHO. *An employers' guide on working from home in response to the outbreak of Covid-19*. Genebra, 2020. Disponível em: <https://www.ilo.org/wcmsp5/groups/public/---ed_dialogue/---act_emp/documents/publication/ wcms_745024.pdf>. Acesso em: 29 abr. 2022.

SILVA, Pedro Adão e; CARMO, Renato Miguel do; CANTANTE, Frederico; CRUZ, Catarina; ESTÊVÃO, Pedro; MANSO, Luís; PEREIRA, Tiago Santos. Trabalho e desigualdades no Grande Confinamento. *Estudos CoLABOR*, n. 2/2020. Lisboa, 2020.

SOUSA, Duarte Abrunhosa e. O Enquadramento Legal do Teletrabalho em Portugal. *Revista Derecho Social y Empresa*, 2016.

______. Teleworking and Labor Conditions in Portugal. *Comparative Labor Law Dossier Teleworking and Labor Conditions*, IUSLabor 2/2017, 2017.

______. Breve viagem pelo regime de teletrabalho na 'legislação COVID'. Covid-19 e Trabalho: O dia Seguinte. *Estudos APODIT*, Lisboa, 2020.

______. Não Matem o Teletrabalho! — Uma Perspetiva do Teletrabalho em Portugal em 2021. *22 anos da SOBRAT, A Evolução do Teletrabalho*, Tomo I: Aspectos Jurídicos. São Paulo, 2021.

ZAVANELLA, Fabiano; BROLIO, Raphael Jacob. Lei Geral de Proteção de Dados e o Teletrabalho no Brasil: Breve Análise dos Desafios em um Mundo Globalizado e sob os Efeitos da Pandemia. *22 anos da SOBRAT, A Evolução do Teletrabalho*, Tomo I: Aspectos Jurídicos. São Paulo, 2021.

Teletrabalho no Direito Francês em Tempos de Pandemia

Nicole Maggi-Germain

Introdução

A inclusão de disposições sobre teletrabalho no Código do Trabalho comemorou seu décimo aniversário. De fato, foi uma lei aprovada em 22 de março de 2012[1] que deu ao teletrabalho uma base legal — sem, no entanto, defini-lo. Tivemos que aguardar a adoção da portaria de 22 de setembro de 2017[2], em seu Título III relativo às alterações das regras sobre o recurso a certas formas específicas de trabalho (artigos 21 a 34), para que o teletrabalho fosse definido a partir de então. De acordo com o artigo L1222-9 do Código do Trabalho, ele "refere-se a qualquer forma de organização do trabalho em que o trabalho que também poderia ter sido realizado nas instalações do empregador é realizado por um funcionário fora dessas instalações, de forma voluntária, usando tecnologias de informação e comunicação".

Apesar dessa nova estrutura legal, o teletrabalho continua sendo uma forma pouco utilizada de organização do trabalho. Em 2017[3], apenas 3% dos funcionários teletrabalhavam regularmente, pelo menos um dia por semana. A maioria deles são gerentes (61%).

Os teletrabalhadores são encontrados principalmente nas profissões de TI e telecomunicações. A pandemia mudará consideravelmente a situação, incentivando um

(1) Lei n. 2012-387 (art. 46) de 22 de março de 2012, sobre simplificação da lei e redução de procedimentos administrativos.

(2) Portaria n. 2017-1387 sobre a previsibilidade e segurança das relações de trabalho.

(3) S. Hallépée e A. Mauroux, "Quels sont les salariés concernés par le télétravail", *Dares Analyses*, nov. 2019, n. 051, 11 p. Disponível em: <https://dares.travail-emploi.gouv.fr/dares-etudes-et-statistiques/etudes-et-syntheses/dares-analyses-dares-indicateurs-dares-resultats/article/quels-sont-les-salaries-concernes-par-le-teletravail>.

maior uso do teletrabalho como forma de garantir a continuidade dos negócios. Em março de 2021[(4)], ou seja, pouco antes do segundo confinamento na França[(5)], cerca de 25% dos funcionários estavam totalmente em teletrabalho, em comparação com 14% em julho. Em outubro de 2021, dos 20% de funcionários em teletrabalho, 6% estavam em teletrabalho todos os dias da semana (ou seja, 1% de todos os funcionários).

O teletrabalho está gradualmente se tornando uma forma comum de organizar o trabalho, e as empresas, por uma série de razões, assumiram a possibilidade de usar sistematicamente o teletrabalho. No entanto, a realidade é muito variada, tanto em termos do perfil dos teletrabalhadores quanto dos setores envolvidos.

A maioria dos funcionários que teletrabalham pelo menos alguns dias por mês eram, e ainda são, gerentes. Em 2019, 14% dos gerentes estavam em teletrabalho regularmente, aumentando para 56% em 2021.

No entanto, o teletrabalho ainda é muito marginal entre os trabalhadores qualificados (3%) e os funcionários do setor comercial e de serviços (5%), embora sua atividade possa permitir que o façam graças ao uso de ferramentas de TI[(6)].

A pandemia da Covid-19, juntamente com os períodos de confinamento que ela gerou, sem dúvida levou as empresas e as administrações a reverem sua organização do trabalho para criar condições favoráveis ao desenvolvimento do teletrabalho.

Isso resultou, tanto em nível governamental quanto em nível de gestão empresarial, em um desejo de tornar essa forma de organização do trabalho comum, estabelecendo um marco jurídico adequado.

Mas, além das regras aplicáveis ao teletrabalho, que foram adaptadas e complementadas pela portaria de 2017 (I), permanece a questão das possíveis transformações, provocadas por essa nova forma de organização do trabalho, na relação que os funcionários têm com o trabalho (II).

Mais especificamente, embora o teletrabalho possa ser uma fonte de mudança nas relações individuais e coletivas de trabalho, surge agora a questão de como as próprias funções do teletrabalho estão mudando.

---

(4) As figuras a seguir foram extraídas do estudo a seguir: M. Gouyon; L. Malard; A. Baron. "Activité et conditions d'emploi de la main-d'œuvre pendant la crise sanitaire Covid-19 en octobre 2021". *Vue d'ensemble des résultats de l'enquête flash*. Nov. 2021, 17 p., p. 11.

(5) A França passou por vários períodos de confinamento: de 17 de março a 10 de maio de 2020, de 30 de outubro a 14 de dezembro de 2020 não incluído, ou seja, 1 mês e 15 dias; de 3 de abril a 2 de maio de 2021.

(6) Dares, DGAFP. Drees, Conditions de travail surveys (2019) e L. Erb *et al*, "Telework during the health crisis. Quelles pratiques en janvier 2021? Quels impacts sur le travail et la santé?", *Dares Analyses* n. 9, 10 fev. 2022, 8 p., em N. Valle e V. Aussilloux, *Productivité et compétitivité:* analyses conjoncturelles et structurelles post-Covid, terceiro relatório do Conselho Nacional de Produtividade, maio 2022, 269 p., p. 112-113.

I. A estrutura legal para o teletrabalho na França

Embora a Lei de 22 de março de 2012 tenha consagrado pela primeira vez o teletrabalho no Código do Trabalho, foi somente com o Despacho[7] de 22 de setembro de 2017 que ele foi definido e as condições para sua introdução foram especificadas (1). A lei privilegia a negociação coletiva em nível de grupo ou empresa para adaptar o teletrabalho às características específicas da empresa (2).

1. Uma estrutura fornecida pelo Código do Trabalho

De acordo com o artigo L1222-9 do Código do Trabalho da França, o teletrabalho é uma forma de organização do trabalho que diz respeito ao trabalho que também poderia ter sido realizado nas instalações do empregador, mas que é realizado fora dessas instalações de forma voluntária, usando tecnologias de informação e comunicação. Portanto, o teletrabalho não é, na acepção da lei, simplesmente uma maneira de trabalhar, mas uma forma de organização do trabalho.

Essa distinção é essencial: a introdução do teletrabalho exige que o empregador considere as mudanças mais gerais provocadas pelo teletrabalho, em termos de relações de trabalho individuais e coletivas.

Essa definição também permite distinguir o teletrabalho de outras formas de trabalho remoto que não podem ser realizadas nas instalações do empregador e/ou que não requerem o uso de tecnologias de informação e comunicação.

Alguns acordos de filiais, grupos ou empresas fazem claramente essa distinção. O acordo de 29 de janeiro de 2021 sobre a qualidade de vida no trabalho assinado na agência do Banque Populaire reúne, assim, sob o título genérico de "trabalho remoto", múltiplas "modalidades" de trabalho (nomadismo, trabalho em vários locais, teletrabalho) que são parte integrante das condições de trabalho na empresa (capítulo V, "transformação da organização e do ambiente de trabalho, uma alavanca para a qualidade de vida no trabalho", art. 2).

---

(7) O artigo 38 da Constituição francesa estabelece que o governo pode solicitar ao Parlamento autorização para tomar medidas que se enquadrem no escopo da lei a fim de implementar seu programa. Esse procedimento exige que o Parlamento aprove primeiro uma lei de habilitação (caso contrário, a portaria caduca). A portaria adotada pelo Conselho de Ministros é assinada pelo Presidente da República. Um projeto de lei de ratificação deve ser apresentado ao Parlamento, que deve votá-lo. No entanto, o Conselho Constitucional determinou que as disposições de uma portaria não ratificada têm força de lei e não mais força de regulamento (Decisão n. 2020-843 QPC de 28 de maio de 2020). Esse é um procedimento acelerado que tende a concentrar poderes nas mãos do executivo em detrimento do debate democrático no Parlamento. Um relatório do Senado de 2021 mostra que o uso de portarias está se tornando comum: de 14 portarias publicadas por ano entre 1984 e 2007, o número subiu para 64 por ano desde 2017. Na sessão de 2019-2020, foram publicadas 100 portarias (em comparação com 59 na sessão anterior), 67 das quais foram em resposta à crise de saúde da covid-19. O relatório também observa que a ratificação está se tornando menos sistemática. Cf. P. Bas, Rapport sur la proposition de loi constitutionnelle garantissant le respect des principes de la démocratie représentative et de l'État de droit en cas de législation par ordonnance, n. 107, 27 octobre 2021, Sénat, rapport fait au nom de la commission des lois constitutionnelles, de législation, du suffrage universel, du Règlement et d'administration générale, 35 p., p. 6.

Mesmo que a etimologia do termo "teletrabalho" remeta à ideia de "distância", parece importante manter uma distinção que reflita os desenvolvimentos contemporâneos que vão além do teletrabalho para abranger diferentes formas de organização do trabalho e reconhecer que o teletrabalho é uma categoria jurídica específica com seus próprios efeitos jurídicos.

O artigo L1222-9 estabelece que o teletrabalho é voluntário, exceto nas circunstâncias excepcionais previstas no artigo L1222-11 — ameaça de epidemia ou força maior. Portanto, um empregador não pode forçar um funcionário a trabalhar em regime de teletrabalho. A recusa do empregado ao teletrabalho não pode constituir motivo para a rescisão do contrato de trabalho (L1222-9, III, 3º parágrafo).

A recusa do empregador em conceder o benefício do teletrabalho a um funcionário que ocupa um cargo elegível deve ser justificada (L1222-9, III, 1er al.). Além disso, o Código do Trabalho consagra o princípio da igualdade de tratamento entre teletrabalhadores e trabalhadores presenciais (L1222-9, III). Como resultado, o órgão responsável pela arrecadação de contribuições, a Urssaf, pôde decidir que os funcionários em teletrabalho devem ter direito a vales-refeição se suas condições de trabalho forem equivalentes às de outros funcionários de sua empresa que trabalham no local e que não têm um restaurante da empresa[(8)].

O Código do Trabalho faz referência à assinatura de um acordo coletivo ou, na falta deste, de uma carta elaborada pelo empregador após consulta ao comitê social e econômico[(9)] para a implementação de um determinado número de garantias relativas, em particular, "às disposições para monitorar o tempo de trabalho ou regular a carga de trabalho" (L1222-9, II, 3º) ou "à determinação dos intervalos de tempo durante os quais o empregador pode normalmente entrar em contato com o funcionário em teletrabalho" (L1222-9, II, 4º). Na ausência de um acordo ou carta coletiva, o teletrabalho será implementado por acordo entre o empregador e o empregado.

Como o teletrabalho faz parte dos poderes de gestão do empregador, o empregador tem uma série de obrigações adicionais em relação às suas "obrigações de direito comum para com seus empregados" (L1222-10): o empregador deve informar o empregado sobre quaisquer restrições ao uso de equipamentos ou ferramentas de TI ou serviços de comunicação eletrônica e sobre as penalidades pelo não cumprimento de tais restrições; dar ao empregado prioridade para assumir ou retornar a um cargo não relacionado ao teletrabalho que corresponda às suas qualificações e habilidades profissionais e informar o empregado sobre a disponibilidade de tal cargo; organizar uma entrevista anual com foco, principalmente, nas condições de trabalho e na carga horária do empregado.

---

(8) Boss (Bulletin officiel de la sécurité sociale), Benefits in kind, n. 155, 25 jun. 2021.

(9) A criação de um órgão de representação da equipe é obrigatória em empresas com mais de 11 funcionários. Seus membros são eleitos pelos funcionários da empresa para um mandato de quatro anos.

2. Implementação por meio de negociação coletiva

Um acordo nacional intersetorial "para a implementação bem-sucedida do teletrabalho" foi assinado em 26 de novembro de 2020[10]. Ele contém muito poucas medidas vinculativas. Seu objetivo é essencialmente simbólico: definir, no mais alto nível do campo de negociação coletiva, as principais diretrizes: levar em conta o bem-estar dos funcionários e a necessidade de adaptar as práticas gerenciais; disposições relativas ao treinamento de gerentes e funcionários para apoiar a organização do trabalho; lembrar os riscos associados ao isolamento e a necessidade de manter o tempo de trabalho coletivo; cobertura de despesas profissionais.

O acordo também expressa o desejo dos parceiros sociais de tornar o teletrabalho comum, que é apresentado como o resultado de um movimento muito mais profundo ligado à digitalização da economia (preâmbulo do acordo). O teletrabalho deve se tornar um assunto de diálogo social dentro das filiais e empresas, uma meta que foi alcançada em vista das muitas negociações abertas sobre esse assunto em grupos e empresas.

De fato, a pandemia levou a um aumento no número de acordos assinados sobre o tema do teletrabalho: em 2020, eles representaram mais da metade dos acordos assinados sobre condições de trabalho (em comparação com 39% em 2019[11] e 67% em 2021[12]). Mais de 1.900 acordos abrangeram o teletrabalho (em comparação com menos de 1.175 em 2019)[13], a maioria dos quais foi assinada em PMEs, pequenas e médias empresas (300 funcionários ou menos), representando um aumento de 54%. O Ministério do Trabalho fez disso um objetivo prioritário quando apresentou aos ramos profissionais, em 26 de fevereiro de 2021, um serviço gratuito temporário prestado pela Anact[14] com o objetivo de ajudar as empresas a se organizarem em face da Covid-19.

O "Objectif télétravail" foi concebido em particular para ajudar as PMEs a "identificar atividades de teletrabalho" e facilitar a elaboração de uma carta ou acordo. Com a pandemia sob controle, os acordos continuaram a ser negociados dentro das empresas. Em 2021, eles aumentaram em 48% em comparação com 2020 e em 173% em comparação com 2019. Em 2021, as empresas assinaram dez vezes mais acordos do que em 2017[15].

---

(10) Os representantes dos empregadores são Medef (Mouvement des entreprises de France) e U2P (Union des entreprises de proximité). A Confédération des petites et moyennes entreprises não assinou. Do lado dos funcionários, o acordo foi assinado pela CFDT (Confédération française démocratique du travail), pela CFTC (Confédération française des travailleurs chrétiens), pela FO (Force ouvrière) e pela CFE-CGC (executivos). A CGT (Confédération générale du travail) não assinou.

(11) Dares (Ministério do Trabalho), *La négociation collective en 2020. Bilan et rapports*, edição de 2021, 473 p., p. 225.

(12) M. Pesenti (2022), "Les accords d'entreprise portant sur le télétravail : quels usages durant la crise sanitaire?", *Dares analyses* n. 57, novembro, 7 p., p. 1.

(13) DARES (Ministério do Trabalho), *Collective bargaining in 2020 (Negociação coletiva em 2020)*, p. 369.

(14) A Agence nationale pour l'amélioration des conditions de travail é um órgão administrativo público sob a autoridade do Ministério do Trabalho.

(15) M. Pesenti, *op. cit.*, p. 1.

A proporção de acordos assinados em empresas que empregam menos de 50 funcionários tem aumentado constantemente desde 2017, de 8% para 21% em 2021; quase metade dos acordos de teletrabalho vem de estruturas que empregam entre 50 e 299 funcionários.[(16)] No entanto, as empresas muito pequenas ainda estão em grande parte excluídas do teletrabalho, com pouco mais de um em cada dez funcionários teletrabalhando pelo menos um dia por semana até o final de 2021[(17)]. "O principal obstáculo ao desenvolvimento do teletrabalho continua sendo a natureza das tarefas, que exige a presença no local, como nos setores de varejo, transporte e hospedagem e alimentação"[(18)].

De modo geral, quando os acordos de teletrabalho foram renegociados para lidar com a organização do trabalho durante o período pandêmico, o número de dias de teletrabalho foi ampliado, as medidas preventivas foram reforçadas e os custos do teletrabalho foram cobertos[(19)].

Às vezes, é previsto um "período de adaptação" para "testar o funcionamento adequado dos aplicativos de TI do teletrabalho, bem como a viabilidade real do projeto (autonomia, organização, comunicação etc.)"[(20)].

Os acordos assinados geralmente levam em conta os principais princípios consagrados no Código do Trabalho francês: participação voluntária[(21)]; tratamento igualitário entre os funcionários em teletrabalho e os presentes no local; reversibilidade da mudança para o teletrabalho[(22)], etc. Eles também determinam as modalidades de teletrabalho, adaptando-as às características específicas da empresa e/ou do setor de atividade. Existem várias classificações de tipos de teletrabalho ou de teletrabalhadores[(23)]. O acordo

---

(16) *Ibidem*, p. 3.

(17) 18,6% dos funcionários de empresas com 1 a 9 funcionários trabalham em uma empresa que introduziu o teletrabalho, sendo que 59,1% dessas empresas introduziram o teletrabalho muito recentemente, em 2020. Ousadia 19 de dezembro de 2022

(18) *Idem*.

(19) DARES, *op. cit.*, p. 369.

(20) O artigo 4-3 do acordo-quadro sobre teletrabalho de 9 de novembro de 2021 foi assinado no setor de seguros, um dos setores que mais teletrabalhou (emprega 149.000 funcionários, 53,1% dos quais teletrabalham).

(21) Por exemplo, a carta do BNP Paribas assinada em 6 de abril de 2022 por um período de três anos pela federação sindical UNI Europa Finance, a Federação Europeia de Executivos de Instituições de Crédito (FEDEC) e o Conselho de Empresa Europeu.

(22) *Ibid*: "Dependendo, em particular, de restrições pessoais (por exemplo, mudança de residência que não ofereça mais um ambiente propício ao teletrabalho) ou de restrições operacionais importantes que tornem necessária a presença do funcionário no local".

(23) O acordo-quadro sobre teletrabalho de 9 de novembro de 2021, assinado no ramo de seguros, distingue entre trabalhadores regulares e ocasionais, para os quais o teletrabalho é uma forma de organização do trabalho, e o teletrabalho excepcional, realizado a pedido do empregador (principalmente em caso de risco epidêmico, picos de poluição, greves de transporte etc.) ou em casos de força maior (principalmente catástrofes naturais, incêndios etc.), que constitui um ajuste do posto de trabalho (IVª parte do acordo).

assinado em 15 de outubro de 2021 no grupo Bayer France[(24)] distingue cinco "situações de teletrabalho" (art. 3):

> O teletrabalho comum é para pessoas cuja atividade permite que elas se organizem anualmente, com um planejamento que não é necessariamente regular;
>
> O teletrabalho específico diz respeito principalmente a funcionários em locais onde uma organização local será escolhida para preservar, por exemplo, as condições de produção ou pesquisa;
>
> O teletrabalho ocasional é para pessoas cuja estação de trabalho não permite o teletrabalho, mas que podem se beneficiar do teletrabalho para uma tarefa específica, como o ensino à distância;
>
> Teletrabalho terapêutico decidido por motivos de saúde, geralmente temporário e medicamente justificado.
>
> Teletrabalho imposto pela gerência em circunstâncias excepcionais para proteger os funcionários da empresa em situações de emergência (pandemias, crises de saúde, etc.).

O acordo de 16 de abril de 2018 sobre a introdução, em caráter experimental, do teletrabalho na Caisse d'Epargne de Midi-Pyrénées[(25)] distingue entre "teletrabalho em casa" e "trabalho deslocalizado", "outra forma de teletrabalho que é realizada nas instalações da empresa, que não as da atribuição geográfica habitual do funcionário" (art. 13).

Os acordos da empresa ou do grupo determinam os termos e condições para a implementação do teletrabalho, levando em conta suas próprias características específicas. A carta do BNP Paribas[(26)], por exemplo, proíbe o teletrabalho em um terceiro local, como um espaço de coworking, "tendo em vista os requisitos de segurança dos dados processados ou das operações realizadas" ("Princípios gerais do teletrabalho").

A questão da indenização e da cobertura dos custos de equipamentos também é objeto de disposições específicas. O acordo do grupo Bayer na França estipula que os empregados em regime de teletrabalho receberão equipamentos de trabalho, incluindo *hardware* de computador (computador de trabalho).

Surpreendentemente, nenhuma impressora é disponibilizada ao teletrabalhador pela empresa, "sendo a impressão realizada no local de trabalho" (art. 5.1). Também é especificado que a conexão com a Internet continua sendo de responsabilidade do funcionário. Os acordos de grupo ou de empresa preveem o pagamento de subsídios para compensar os custos do teletrabalho. Os valores variam pouco, mas são limitados pelo teto de isenção de contribuições para a seguridade social aplicado pela Urssaf[(27)].

(24) Acordo de revisão do acordo de 20 de setembro de 2017 sobre teletrabalho no grupo Bayer na França;

(25) Assinado por CFTC, FO, SNE-CGC, UGICT-CGT, SU-UNSA e SUD.

(26) *Supra*, nota 16.

(27) Um máximo de 10 euros por dia de teletrabalho e 50 euros por mês para um funcionário em tempo integral em teletrabalho. O valor fixo máximo agora é definido por acordo coletivo. O subsídio é, então, "considerado como utilizado de acordo com sua finalidade e isento de contribuições para a seguridade

Quando existe um acordo de filial, esse é o nível em que as decisões são tomadas[(28)]. O reembolso de despesas profissionais é geralmente previsto nos acordos. Essas despesas podem ser usadas para comprar equipamentos para melhorar a ergonomia da estação de trabalho[(29)].

A questão do *status* do trabalhador e da igualdade de tratamento com os funcionários presentes no local de trabalho geralmente é tratada nos contratos, que estabelecem os princípios definidos no Código do Trabalho francês. O acordo da Bayer especifica que o teletrabalho não pode ter um impacto negativo no desenvolvimento da carreira.

Também é lembrado que os acidentes ocorridos no local de trabalho e durante o horário de trabalho "estarão sujeitos às mesmas regras como se tivessem ocorrido nas instalações da empresa durante o horário de trabalho" (art. 5.1 do acordo da Bayer França).

De modo geral, os direitos e deveres relacionados ao teletrabalho são definidos, o que pressupõe o respeito à vida privada e ao tempo de trabalho. É lembrada a existência de um direito à desconexão. A jornada de trabalho do teletrabalhador é supervisionada e são definidos intervalos de tempo durante os quais ele pode ser contatado.

Longe de se limitar a apenas uma forma de realizar o trabalho, o teletrabalho, que está se tornando mais difundido, às vezes é claramente anunciado em determinados acordos de filial[(30)], acordos de grupo ou acordos de empresa como uma forma mais global de transformar o trabalho. O rider datado de 9 de abril de 2021 do anexo 2 do acordo PSA[(31)] relativo à motivação e ao bem-estar dentro do grupo PSA automobiles S.A. datado de 29 de janeiro de 2020 prevê a perpetuação do teletrabalho,

> [...] essa nova forma de trabalho, que possibilita o cumprimento dos objetivos de desempenho da empresa e, ao mesmo tempo, oferece aos funcionários a chance de encontrar um melhor equilíbrio entre suas vidas profissional e pessoal, desfrutando de mais tempo útil como resultado da redução do tempo de deslocamento (preâmbulo).

---

social dentro do limite dos valores estabelecidos por acordo coletivo, desde que o subsídio seja alocado com base no número de dias efetivamente trabalhados em teletrabalho. Quando o valor pago pelo empregador exceder esses limites, a isenção de contribuições para a seguridade social poderá ser concedida desde que o empregado possa comprovar que realmente incorreu em despesas profissionais." Disponível em: <https://www.urssaf.fr/portail/home/employeur/calculer-les-cotisations/les-elements-a-prendre-en-compte/les-frais-professionnels/le-teletravail.html>. Acesso em: 23 jun. 2022.

(28) Acordo do setor de seguros, citado acima. O pagamento é feito com base em recibos ou em uma taxa fixa. O valor é de 13 euros por mês para um dia de teletrabalho por semana; 3,25 euros por dia de teletrabalho por mês, até um máximo de 71,50 euros por mês.

(29) Orçamento máximo de quatrocentos euros, incluindo impostos (art. 5.1, "equipamento de trabalho" do contrato da Bayer França).

(30) "O teste em larga escala do teletrabalho e a maior autonomia dos funcionários dão à gerência da empresa a oportunidade de reexaminar seu modelo de organização do trabalho", Acordo de 9 de novembro de 2021 sobre teletrabalho assinado no ramo das seguradoras pela Fédération Française des Assurances, do lado dos empregadores, e pela CFTC CSFV (Commerce, Services et Force de Vente), do lado dos funcionários, a CFE-CGC Assurances, a Fédération Banques et Assurances (FBA) CFDT e a UNSA Banques-Assurances.

(31) Peugeot-Citroën, grupo automotivo francês.

O teletrabalho faz parte de um projeto chamado "Nova Era da Agilidade"(32) e tem como objetivo facilitar a evolução das funções dos espaços de trabalho presenciais, que estão se tornando "espaços colaborativos e coletivos, para ampliar a criatividade, a complementaridade das atividades presenciais e remotas e o valor agregado do tempo gasto no local".

Em outras palavras, parece estar se formando uma divisão entre o teletrabalho, focado apenas na atividade produtiva realizada na casa do funcionário, e o trabalho presencial, que é multidimensional. Para os signatários do acordo da Yusen Logistics France(33), "o teletrabalho também deve ajudar a renovar a percepção do trabalho no 'escritório', para que ele não seja visto simplesmente como um local onde o trabalho é realizado, mas como um local onde as pessoas podem se encontrar, compartilhar e socializar" (preâmbulo).

Na mesma linha, o acordo de sessenta e duas páginas assinado em 30 de outubro de 2020 na união de cooperativas agrícolas, InVivo(34), estabelece "novas formas de organizar o trabalho" (o título do acordo) e visa generalizar o teletrabalho (capítulo 2), o que deve permitir a implementação de novas formas de trabalho (capítulo 4).

O trabalho presencial em meio período se tornará a norma para todas as funções de serviço(35). Quanto ao acordo assinado em 11 de maio de 2021 dentro do grupo Mutuelle Générale(36), ele oferece aos funcionários a possibilidade de teletrabalho até 5 dias por semana, com um requisito mínimo de presença de 4 dias por mês, distribuídos em 3 ou 4 semanas. O acordo abrange o "trabalho aberto", cuja definição, dada no Artigo 6, não se distingue do teletrabalho. Essa é uma medida simbólica que reflete o desejo de romper com um sistema antigo. Isso fica claro no preâmbulo do acordo:

> O Open Travail é considerado pelas partes deste acordo como uma nova forma de organização do trabalho, oferecendo a liberdade e a flexibilidade necessárias para melhor conciliar as atividades profissionais e pessoais dos funcionários. Essa nova forma de organização do trabalho é

---

(32) Os funcionários podem trabalhar em regime de teletrabalho de 5 a 15 dias por mês, em casa ou em um terceiro local (preâmbulo do acordo).

(33) Acordo de teletrabalho de 4 de novembro de 2021 assinado com os representantes sindicais da CFDT, CFE-CGC, UST (Union syndicale solidaire) e CGT.

(34) Acordo sobre a introdução do trabalho aberto assinado pela CFTC, FGTA-FO, FNS-CGT e Fédération Solidaires SDACOOPA (syndicat des agents de la coopération et des industries agro-alimentaires) em nome dos sindicatos de funcionários.

(35) Há cinco arranjos de ciclo: 3 dias consecutivos de teletrabalho não fixo; dias fixos e não fixos alternados de uma semana para a outra; uma semana inteira de teletrabalho a cada duas semanas; 15 dias de teletrabalho e 15 dias de trabalho presencial; ou presença diária, mas com horário de trabalho ajustado.

(36) Acordo assinado por CFDT, CFE-CGC, CGT, UNSA renouveau LMG.

consistente com o projeto MG UES[37], pois visa melhorar as condições de trabalho e dar mais liberdade aos funcionários sem reduzir a atividade e o desempenho esperados.

Embora o governo francês tenha convidado as empresas, no Protocolo Nacional de Saúde de 3 de janeiro de 2022, a organizar entre 2 e 5 dias de teletrabalho por semana, dependendo do contexto da pandemia, as situações no local variam muito.

Mutuelle Générale[38] oferece aos funcionários a possibilidade de trabalhar até 5 dias por semana, com um requisito mínimo de presença de 4 dias por mês, distribuídos em 3 ou 4 semanas.

O acordo global assinado na Renault em 26 de abril de 2021[39] estabelece uma taxa mínima de teletrabalho de dois dias por semana e um tempo mínimo de presença no local igual a 20% do tempo de trabalho mensal (art. 3).

O acordo de teletrabalho assinado pelo grupo de assistência IMA GIE em 18 de outubro de 2021[40] prevê a anualização do teletrabalho, resultando na concessão de uma cota anual de dias de teletrabalho, com um limite máximo de 100 dias por ano.

A duração do teletrabalho depende dos objetivos da empresa. Embora esses objetivos variem consideravelmente (promover um melhor equilíbrio entre a vida pessoal e profissional; tornar a organização do trabalho mais flexível; reduzir os custos de propriedade para a empresa ou grupo etc.), a expansão do teletrabalho está tendo um impacto nas relações trabalhistas.

II. Efeitos sobre as relações trabalhistas

A expansão e até mesmo a generalização do uso do teletrabalho em determinadas empresas ou grupos é um fator de transformação das relações de trabalho, tanto em nível individual (1) quanto coletivo (2).

---

(37) Unidade econômica e social da Mutuelle Générale. O conceito de unidade econômica e social é uma criação pretoriana que possibilita agrupar empresas legalmente distintas que tenham vínculos econômicos e sociais particularmente próximos. O objetivo era evitar que a divisão em entidades jurídicas separadas fosse usada para contornar os limites de mão de obra necessários para a criação de órgãos de representação de funcionários. A UES pode ser criada por acordo coletivo ou por decisão judicial. Desde então, suas funções foram ampliadas pelo legislador e pela jurisprudência para outros campos além da representação de funcionários.

(38) Acordo mencionado acima.

(39) "Construindo juntos o mundo do trabalho no grupo Renault", "Adendo ao acordo-quadro global sobre a evolução da vida profissional de 9 de julho de 2019, especificando as condições de trabalho remoto para os funcionários do Grupo Renault" assinado pelo IndustriALL Global Union; Fédération FO de la Métallurgie; Fédération de la Métallurgie CFE-CGC; Fédération Générale des Mines et de la Métallurgie — CFDT; Fédération des Travailleurs de la Métallurgie — CGT e, para as outras federações sindicais ou sindicatos representados no Group Works Council:Confederacion Sindical de Comisiones Obreras CC OO; Centrale Nationale des Employés — CNE; Fédération AUB Die Unabhängigen e.V. — AUB; Fédération Syndicale IndustriALL BNS; Zveza delavskih sindikatov Slovenije - Solidarnost; Fédération de l'Industrie, de la construction et de l'agroalimentaire de l'Union Générale des Travailleurs (UGT FICA).

(40) CFDT; CFE-CGC; CGT; FO; SUD.

1. Relações individuais de trabalho e a questão dos riscos psicossociais

A expansão do uso do teletrabalho se reflete nos acordos por meio de uma gestão muito mais individualizada do tempo de trabalho e, em última análise, do próprio trabalho. A questão da autonomia do teletrabalhador está presente nos acordos, às vezes como uma condição para a introdução do teletrabalho, ou mesmo para a própria "elegibilidade dos empregados"[(41)].

No nível mais alto da hierarquia das normas de negociação coletiva, ou seja, em nível nacional e interprofissional, o acordo assinado em 2020[(42)] consagra a ideia de que "o teletrabalho se baseia em uma premissa fundamental — a relação de confiança entre um gestor e cada empregado em teletrabalho — e duas competências complementares — a autonomia e a responsabilidade necessárias para o teletrabalho". (art. 4.1 do ANI 2020).

O acordo PSA levanta a questão da confiança mútua como um dos seis critérios de elegibilidade para o acesso ao teletrabalho (art. 3, 6º parágrafo)[(43)]. A autonomia, a responsabilidade e a confiança não podem ser decretadas. O uso generalizado do teletrabalho significa que os trabalhadores são classificados de acordo com sua capacidade de dominar as ferramentas de TI e de se organizar independentemente das estruturas coletivas e dos colegas no local de trabalho.

Da mesma forma, alguns dos pré-requisitos para a mudança para o teletrabalho só podem ser adquiridos, para alguns funcionários, a longo ou médio prazo, por meio de treinamento vocacional e/ou suporte personalizado. Isso exige que a empresa coloque recursos em prática e pressupõe uma definição precisa das tarefas que são, por sua própria natureza, "teletrabalháveis".

Por fim, a contrapartida da autonomia concedida ao teletrabalhador também parece ser o desenvolvimento de ferramentas de vigilância remota para os funcionários (*software* para monitorar *e-mails*, ferramentas de colaboração, navegação na *Internet*; geolocalização ou vigilância por vídeo; *software* de rastreamento de *webcam*; *keyloggers*).

Em suas recomendações de 8 de setembro de 2021 sobre o teletrabalho[(44)], a Autoridade Francesa de Proteção de Dados (CNIL)[(45)] afirma que "o empregador deve

---

(41) Carta do BNP Paribas, "Princípios Gerais do Teletrabalho no Grupo BNP Paribas na Europa", citado acima.

(42) Pré-aprovado.

(43) Os outros critérios são: autonomia suficiente; domínio das habilidades a serem exercidas; organização do trabalho compatível; estação de trabalho compatível; espaço de teletrabalho equipado.

(44) Disponível em: <https://www.cnil.fr/fr/les-questions-reponses-de-la-cnil-sur-le-teletravail>. Acesso em: 24 jun. 2022.

(45) Uma autoridade administrativa independente com poderes de controle e sanção. "No mundo digital, a Commission nationale de l'informatique et des libertés (CNIL) é o órgão regulador dos dados pessoais. Ela auxilia os profissionais a obter conformidade e ajuda os indivíduos a controlar seus dados pessoais e a exercer seus direitos". Disponível em: <https://www.cnil.fr/fr/les-missions-de-la-cnil> Acesso em: 24 jun. 2022.

sempre justificar que os sistemas implementados são estritamente proporcionais ao objetivo perseguido e não infringem excessivamente os direitos e liberdades dos funcionários, particularmente seu direito à privacidade". Exceto em casos excepcionais justificados pela natureza da tarefa, não é possível colocar os funcionários sob vigilância permanente.

Quanto ao compartilhamento permanente de tela e/ou ao uso de *"keyloggers"*, a CNIL considera esses "procedimentos particularmente invasivos", que "equivalem a uma vigilância permanente e desproporcional das atividades dos funcionários".

Além disso, um certo número de obrigações, normalmente cumpridas pelo empregador nas instalações da empresa, é transferido para o funcionário em casa. A questão do tempo de trabalho, que é crucial do ponto de vista do cumprimento das normas de saúde e segurança, é transferida para o funcionário em teletrabalho.

O artigo 6-3 do acordo do setor de seguros(46) estipula que os teletrabalhadores são responsáveis pela organização de seu próprio horário de trabalho. O acordo da Mutuelle Générale(47) estabelece o princípio de que os voluntários em teletrabalho podem escolher seu horário de trabalho, desde que sejam elegíveis para o esquema e tenham o consentimento de seu gerente. Em outras palavras, um certo número de obrigações que estavam ligadas às condições de trabalho organizadas coletivamente em um site são transferidas para a casa do funcionário, um local privado que se torna uma extensão ou anexo do escritório. O acordo assinado dentro do grupo Bayer França(48) exige uma declaração juramentada do empregado em teletrabalho sobre a adequação e a segurança do local escolhido para o teletrabalho (art. 5.1). No que diz respeito ao gerenciamento dos intervalos, cabe ao teletrabalhador "organizar-se de modo a estar acessível durante os intervalos de tempo a que está sujeito quando trabalha em seu local de origem" (art. 6). O teletrabalhador também tem certas obrigações com relação à organização de seu tempo de trabalho:

> O teletrabalhador não é obrigado a responder a nenhuma solicitação (e-mail, chamada telefônica, etc.) fora do horário normal de trabalho e, em qualquer caso, quando tiver terminado sua jornada de trabalho. O teletrabalho não deve, em hipótese alguma, ter o efeito de modificar a atividade habitual, a carga de trabalho ou as horas de trabalho normalmente aplicáveis dentro das instalações da empresa (Art. 6 "Prevenção de riscos à saúde e psicossociais", "Direito à desconexão — organização do tempo de trabalho").

Embora o papel do gerente seja essencial, e afirmado como tal pelos acordos(49), em particular por meio da entrevista profissional anual obrigatória que ele deve organizar com o

(46) Pré-aprovado.

(47) Pré-aprovado.

(48) Pré-aprovado.

(49) Em geral, os contratos estabelecem que o gerente de linha não pode, exceto em circunstâncias excepcionais, entrar em contato com o teletrabalhador fora de seu horário normal de trabalho.

teletrabalhador[50], o teletrabalho gera, na prática, uma horizontalidade das relações de trabalho que resulta em um esmagamento dos níveis hierárquicos e em um isolamento do teletrabalhador que pode gerar dúvidas sobre a eficácia das medidas implementadas por determinados acordos[51].

A 'invasão' do lar pelo trabalho leva a uma diluição das fronteiras entre a vida privada e a profissional. O tempo dedicado ao trabalho e o trabalho em si ocupam todo o espaço, tanto físico quanto simbólico, por exemplo, eliminando o tempo de deslocamento ou o tempo para trocas com outros funcionários. Isso elimina esses "espaços de respiração", facilitando o distanciamento do trabalho e dos problemas que ele gera. Também tende a incentivar a intensificação do trabalho, levantando assim a questão do cumprimento pelo empregador de suas obrigações em termos de saúde e segurança no trabalho[52].

O acordo global assinado na Renault em 26 de abril de 2021[53] prevê o fornecimento de um ou mais guias de boas práticas (por exemplo, adaptação do espaço físico, adoção da postura correta, organização dos turnos de trabalho, pausas, atividade física, manutenção de uma alimentação saudável, etc.) em conjunto com os departamentos de medicina e higiene, segurança e saúde (art. 1.7, parágrafo 1). Institui uma gestão quase individualizada dos riscos sociais: embora esteja previsto que os serviços de saúde, em conjunto com a gerência, continuarão a garantir a preservação da saúde e da segurança dos funcionários, em particular por meio de campanhas de informação e prevenção de riscos ocupacionais, são esses mesmos funcionários que

> Os funcionários são convidados a informar seus gerentes sobre quaisquer preocupações que possam ter caso se sintam isolados, sobrecarregados e/ou em risco para sua saúde e/ou bem-estar psicológico. De acordo com a legislação local, os funcionários devem informar seus gerentes de linha sobre quaisquer horas trabalhadas além de suas horas normais de trabalho. (art. 1.6, 5º parágrafo)

No entanto, estudos recentes mostram que o teletrabalho domiciliar regular não apenas aumenta a autonomia, mas também estende as horas de trabalho, pois o tempo de transporte é "absorvido" pelo tempo de trabalho[54].

No início de 2021, 7 em cada 10 teletrabalhadores estarão fazendo isso regularmente, aumentando sua autonomia, mas também levando a mudanças nas horas de

---

(50) Previsto no artigo L1222-10 do Código do Trabalho da França.

(51) "Para evitar qualquer risco de isolamento, os gerentes de linha garantirão contato regular com os funcionários em teletrabalho e cuidarão para que a organização de reuniões, sejam elas remotas ou presenciais, permita a participação de todos", art. 6 do acordo da Bayer França.

(52) Exigido pelos artigos L4121-1 e L4121-2 do Código do Trabalho da França.

(53) Pré-aprovado.

(54) L. Erb *et al.* Teleworking during the health crisis. What practices in January 2021? *Dares Analyses*, n. 9, 10 fev. 2022, 8 p.

trabalho e a jornadas de trabalho mais longas. O teletrabalho também está associado a mais dores e problemas de sono, embora a experiência varie de pessoa para pessoa.

As pessoas que trabalham em regime de teletrabalho cinco dias em cada cinco experimentam um aumento maior na pressão do tempo do que a média dos teletrabalhadores, bem como um aumento nas metas inadequadas.

Por outro lado, a intensidade de seu trabalho não aumentou mais do que a do teletrabalhador médio. De modo geral, o teletrabalho favorece jornadas de trabalho mais longas, levando a uma mudança no horário de trabalho. O controle dos empregadores sobre as horas de trabalho e as cargas de trabalho, que são ampliadas em decorrência do teletrabalho, é uma questão fundamental, especialmente em vista dos riscos à saúde decorrentes do trabalho excessivo.

Um estudo recente da Organização Mundial da Saúde e da Organização Internacional do Trabalho conclui que trabalhar mais de 55 horas por semana aumenta o risco de desenvolver doenças cardíacas e de sofrer um derrame(55).

Além disso, a questão do apoio aos teletrabalhadores é fundamental. Estudos recentes mostram que os empregados que enfrentam dificuldades materiais no teletrabalho experimentam um aumento acentuado no tempo e na intensidade do trabalho, especialmente porque precisam "trabalhar sob pressão" ou "pensar em muitas coisas ao mesmo tempo"(56).

Por fim, os funcionários que não trabalham mais em regime de teletrabalho "diferem dos demais por ganharem menos autonomia, mas seu trabalho é mais significativo e a insegurança no emprego é menos acentuada"(57). Por fim, há a questão central da adaptação da estação de trabalho ao domicílio do funcionário, que deve ser associada, entre outras coisas, ao problema dos distúrbios musculoesqueléticos. O mesmo estudo mostra que, embora as dores físicas aumentem em geral com o número de horas de teletrabalho, os teletrabalhadores sentem novas dores com mais frequência do que os empregados em geral. Suas dores são mais frequentes e mais graves. Ao mesmo tempo, eles têm maior probabilidade de sofrer um aumento nos distúrbios do sono(58).

---

(55) Estudo realizado no período de 2000 a 2016 sobre o tema das longas jornadas de trabalho e seu impacto na saúde, publicado *on-line* em 17 de maio de 2021. Em 2016, 8,9% da população mundial trabalhava pelo menos 55 horas por semana. As previsões apontam para um aumento nos fatores de risco ligados, em particular, à "expansão da economia gig, incerteza introduzida e novas organizações de trabalho (por exemplo, trabalho de plantão, teletrabalho e economia de plataforma)", bem como à crise da Covid-19, Franck Pega *et al.* "Global, regional, and national burdens of ischemic heart disease and stroke attributable F. exposure to long working hours for 194 countries, 2000-2016: A systematic analysis from the WHO/ILO Joint Estimates of the Work-related Burden of Disease and Injury", Elsevier, *Environment International* 154, 2021, 15 p., p. 7 e p. 11. Disponível em: <https://doi.org/10.1016/j.envint.2021.106595>.

(56) L. Erb *et al., op. cit.*, p. 3.

(57) *Ibid.*

(58) *Ibid*, p. 5.

Um fator de isolamento e intensificação do trabalho, o teletrabalho também levanta a questão mais ampla da terceirização do gerenciamento da saúde ocupacional e sua transferência para o teletrabalhador quando a organização da prevenção de riscos ocupacionais ocorre fora da empresa e da comunidade de trabalho.

2. Relações coletivas de trabalho e a questão da desinstitucionalização da empresa e a desconstrução de coletivos de trabalho

A maioria dos acordos recomenda que as empresas evitem 100% de teletrabalho, exceto em circunstâncias excepcionais e casos de força maior. Mesmo que um número máximo de dias de teletrabalho seja geralmente definido pelo acordo, na prática, nem todos os empregos e, de forma mais ampla, nem todos os setores de atividade são "teletrabalháveis".

Quase um em cada dois funcionários (47%) trabalha em uma profissão em que o teletrabalho não é praticado, mesmo durante o auge da crise de saúde. A grande maioria (86%) é composta por trabalhadores de colarinho azul e branco nos setores de saúde e serviços sociais, varejo e hospedagem e alimentação[(59)]. Embora o teletrabalho seja uma forma relativamente comum de organização do trabalho nos setores de informação, comunicação, finanças e seguros, ele permanece residual nos setores de comércio, construção, educação, ação social e saúde, hospedagem e alimentação. No final, apenas 6% dos funcionários trabalham em uma profissão em que mais da metade de seu tempo de trabalho foi teletrabalhado em 2021. Isso se refere principalmente à equipe não gerencial (engenheiros de TI, gerentes financeiros, jornalistas, professores do ensino superior, por exemplo).

Mais de três quartos (77%) dos funcionários desse grupo trabalharam em teletrabalho, em média, todas as semanas em 2021, e 59% dos dias trabalhados nessas ocupações foram gastos em teletrabalho[(60)]. Esses números são espelhados internacionalmente: em média, nos países da OCDE, 54% dos trabalhadores altamente qualificados podem trabalhar em casa, em comparação com apenas 18% dos trabalhadores de baixa qualificação[(61)].

O mundo do trabalho está, portanto, dividido entre setores "teletrabalháveis" e outros e, dentro do mesmo setor ou empresa, entre empregos "teletrabalháveis" e aqueles que não podem ser teletrabalhados ou para os quais é difícil estabelecer essa possibilidade. Essa polarização do mundo do trabalho levanta a questão do papel e do lugar da empresa como uma comunidade de trabalho.

---

(59) Pesquisa Insee emploi, *Insee Focus,* março de 2022, n. 263, 7 p., p. 5.

(60) Pesquisa do Insee emploi, *op. cit.,* p. 6.

(61) R. Espinoza; L. Reznikova. Who can log in? The importance of skills for the feasibility of teleworking arrangements across OECD, OECD Social, *Employment and Migration Working Papers* n. 242, 2020 , 25 p., p. 8.

O artigo 1.2 do acordo da InVivo estipula que as partes desse acordo reconhecem que certas profissões, "devido à sua natureza e/ou às restrições técnicas inerentes a elas, são incompatíveis com o teletrabalho". Por exemplo, "atividades que exijam presença física permanente, ou que exijam equipamento técnico disponível apenas nas instalações de trabalho, ou associadas a requisitos de segurança e confidencialidade» não são elegíveis para o teletrabalho. A lista fornecida no acordo, que não é exaustiva, inclui as seguintes atividades:

— centros de jardinagem e lojas (excluindo serviços administrativos),

— produção (fábrica, laboratório), incluindo o gerenciamento de equipes de produção,

— logística, incluindo o gerenciamento de equipes de logística,

— ISD: funções de suporte local (que exigem presença física para realizar tarefas de suporte),

— reparos no local,

— restauração.

Como, então, a empresa pode funcionar quando a comunidade de trabalho é desfeita porque a casa — um local privado por excelência — se torna uma extensão ou anexo do escritório? Ao incentivar a desconstrução das relações coletivas de trabalho e o rompimento da comunidade de trabalho, a disseminação do teletrabalho está levando à desinstitucionalização da empresa, que parece estar reduzida a nada mais do que uma justaposição de trabalhadores. Ao mesmo tempo, o uso do teletrabalho está tendendo a apagar as funções sociais da empresa em favor de uma abordagem produtivista. Essa tendência é incentivada pelos custos mais baixos gerados pelo uso do teletrabalho em massa para as empresas, que utilizam menos terra.

De acordo com um estudo do Banque de France, o aluguel para a empresa inquilina mediana representou 8,3% de seu valor agregado em 2017[(62)]. Para a empresa mediana, a relação entre "despesas com aluguel e salários" aumentou de 13,5% em 2001 para 15,3% em 2017, uma tendência alimentada principalmente pelo aumento dos custos imobiliários.[(63)] "Assim, se o teletrabalho aliviasse algumas das restrições associadas ao setor imobiliário, os efeitos em termos de dinamismo empresarial poderiam ser significativos"[(64)].

Da mesma forma, a economia no tempo de deslocamento possibilitada aos funcionários pelo teletrabalho "pode ser bem aproveitada em termos de aumento da margem extensiva do tempo de trabalho e de melhoria do ambiente de vida do indivíduo"[(65)].

---

(62) A. Bergeaud; S. Ray. "Macroéconomie du télétravail". *Bulletin de la Banque de France*, 231/2, set./out. 2020, 9 p., p. 1.

(63) *Ibid*, p. 1.

(64) *Ibid*, p. 4 e 5.

(65) N. Valle; V. Aussilloux, *Productivité et compétitivité:* analyses conjoncturelles et structurelles post-Covid.

Isso mostra claramente a natureza dupla do teletrabalho, mesmo que, como o relatório do Conselho Nacional de Produtividade ressalta, "as medidas de distanciamento social reduzam muito certos fluxos de informação".[66]

Isso levanta a questão — essencial para o funcionamento da empresa — das possibilidades e dos meios implementados para estruturar o coletivo de trabalho fora do local de trabalho. A questão da organização da representação coletiva e do funcionamento dos órgãos de representação da equipe torna-se central.

Alguns acordos abordam a questão dos direitos sindicais no teletrabalho. Esse é o assunto do Título 9 do acordo de 21 de abril de 2022 sobre teletrabalho assinado na SAGE S.A.S.[67].

Está previsto que cada organização sindical representativa tenha acesso a um endereço de *e-mail* que lhe permita enviar e-mails em seu nome a todos os funcionários da empresa. Os folhetos só podem ser enviados na forma de um anexo de e-mail e, curiosamente, do ponto de vista da liberdade sindical, "o Departamento de Recursos Humanos deverá ser informado com antecedência sobre a data e o conteúdo de qualquer comunicação enviada pelas organizações sindicais representativas nos termos deste artigo" (art. 9.1). Além disso, se as discussões coletivas com os funcionários forem organizadas uma vez por mês, elas ocorrerão fora do horário de trabalho, no local ou por videoconferência.

Embora os acordos assinados estipulem que as condições de acesso às informações da empresa, especialmente às informações sindicais, inclusive por meio de intranets sindicais[68], devam estar nas mesmas condições que as dos demais funcionários, na prática isso continua sendo extremamente complicado de implementar.

A distância elimina o tempo para trocas informais, limitando o tempo coletivo a trocas desmaterializadas. O teletrabalho coloca os funcionários à distância. Como resultado, o teletrabalho contribuiu, especialmente no contexto da pandemia, para a transformação das funções de consulta dos órgãos de representação dos funcionários. A distância induzida pelo confinamento e o uso de videoconferências ajudaram a transformar o diálogo social na empresa[69], centralizado e exercido no mais alto nível sobre questões diretamente ligadas à Covid-19. Isso também tornou o trabalho dos representantes dos funcionários mais complexo e aumentou sua carga de trabalho[70].

Terceiro relatório do Conselho Nacional de Produtividade, maio. 2022, 269 p., p. 117.

(66) *Ibid.*

(67) CFTC; CFDT; CFE-CGC.

(68) O Código do Trabalho francês estipula que o uso de mensagens eletrônicas para fins de comunicação sindical deve ser previsto em acordo (artigo L2142-6).

(69) C. Dupuy; J. Simha. "Le dialogue social en entreprise en temps de pandémie", Cnam e CEET. *Connaissance de l'emploi* 176, 2021, 4 p.

(70) Aumento significativo no número de reuniões, com mais itens na agenda.

A videoconferência dificulta a interação "normal" quando os interlocutores são invisíveis; torna difícil, se não impossível, tomar a palavra durante as reuniões. De acordo com os autores de um estudo sobre o assunto,

> As reuniões remotas reduzem muito o conteúdo dessas trocas. Todos os elementos informais — tudo o que poderia ocorrer paralelamente às reuniões e que poderia permitir que certas pessoas trocassem informações, chegassem a um acordo, preparassem um ponto de vista compartilhado etc. — foram descartados. — foi descartado. Como resultado, as discussões parecem ter perdido toda a sua substância, às vezes deixando mais espaço para decisões unilaterais da gerência.(71)

A distância e a videoconferência também significam que a fala é mais individualizada. É menos a voz coletiva de uma organização sindical que é transmitida, e mais a voz de um indivíduo. Nesse contexto, torna-se muito mais difícil desenvolver estratégias sindicais à medida que a reunião avança.

Finalmente, em meio à crise de saúde em 2020, o número de greves caiu drasticamente(72).

Conclusões: todos nós estaremos trabalhando à distância em 2050?(73)

Assim como o dever de cuidado introduzido na legislação francesa em 2017(74), o teletrabalho levanta questões sobre as funções sociais da empresa. Ao colocar os funcionários à distância e separar a comunidade de trabalho, o teletrabalho levanta a questão da viabilidade da empresa sem papel. O acordo de 21 de abril de 2022 sobre teletrabalho assinado na SAGE S.A.S.(75) estabelece o "INVIVO Virtual Office (BVI)":

> Trata-se de um espaço de trabalho totalmente digital, que permite que os funcionários trabalhem onde e como quiserem, centralizando todos os dados do Grupo, como notícias, o catálogo de endereços e o armazenamento de documentos e informações do Grupo.

---

(71) C. Dupuy; J. Simha, *op. cit.*, p. 3.

(72) Em 2020, 1,2% das empresas com 10 ou mais funcionários no setor privado relataram pelo menos uma paralisação coletiva do trabalho, independentemente da duração ou do número de participantes. Essa proporção foi 1,3 ponto menor do que em 2019, uma redução pela metade. Maxime Lescurieux (2022), "Strikes in 2020. Recule des arrêts de travail dans un contexte de crise sanitaire", *Dares Focus* n. 20, maio, 2 p.

(73) Pergunta feita no título da primeira parte de um relatório parlamentar sobre o futuro do teletrabalho: Relatório de informação de C. Boulay-Espéronnier, C. Cukierman e S. Sautarel, feito em nome da delegação senatorial para a previsão n. 89 (2021-2022) – 22 out. 2021.

(74) A Lei n. 2017-399, de 27 de março de 2017, sobre o dever de cuidado das empresas controladoras e ordenadoras, exige que as empresas comerciais com sede na França e que empregam mais de 5.000 funcionários na França ou 10.000 no exterior elaborem um plano de due diligence não apenas para suas próprias atividades, mas também para as de suas subsidiárias, subcontratadas e fornecedores sempre que houver uma "relação comercial estabelecida" com os dois últimos. As medidas de due diligence implementadas devem evitar grandes riscos para os trabalhadores, o meio ambiente e os direitos humanos. As disposições foram codificadas no Código Comercial Francês nos artigos L225-102-4 e seguintes.

(75) Pré-aprovado.

> O objetivo da BVI é fornecer a todos os funcionários do Grupo, seja em teletrabalho, em viagem ou nas instalações da empresa, uma solução global que lhes permita acessar, diariamente e a qualquer momento, informações individuais ou coletivas, pessoas e ferramentas para trabalhar em conjunto de forma eficaz, a fim de promover a produtividade, mas também o bem-estar, simplificar a colaboração entre as equipes, fortalecer a cultura e envolver os funcionários. (art. 2.1)

O vínculo entre os funcionários também está se tornando virtual: o acordo prevê a possibilidade de disponibilizar um espaço aberto virtual ou organizar almoços virtuais. Não é a própria empresa que está se tornando virtual? A questão se coloca ainda mais porque o teletrabalho diz respeito principalmente às grandes empresas(76), ou seja, àquelas com maior peso em termos de emprego e valor agregado criado(77).

A questão das funções do teletrabalho precisa ser abordada. Alguns acordos têm como objetivo utilizá-lo como uma ferramenta que oferece maior flexibilidade na gestão de pessoal(78) e reduzir custos, especialmente custos imobiliários(79). O acordo de 21 de abril de 2022 relativo ao teletrabalho assinado dentro da empresa SAGE S.A.S.(80) autoriza, no artigo 2-3, que o número máximo de dias de teletrabalho seja dispensado até 5 dias por semana quando houver "necessidade de recrutamento em uma área de emprego em que a Sage não tenha uma unidade estabelecida ou em uma área de emprego em que haja falta de pessoal".

Esse desenvolvimento é ainda mais preocupante porque é possível estabelecer um vínculo entre o uso do teletrabalho e certas mudanças pelas quais a empresa ou o grupo está passando.

Um exemplo é o acordo sobre a nova organização do trabalho no Grupo InVivo(81), cujo preâmbulo vincula o fim da crise da Covid-19 à implementação de um plano de recuperação baseado em uma "transformação organizacional do Grupo INVIVO".

---

(76) Em 2021, 9% dos funcionários em empresas com menos de 10 funcionários usavam o teletrabalho, em comparação com 36% em empresas com 250 ou mais funcionários (pesquisa Insee emploi, *Insee Focus*, março de 2022, n. 263, 7 p., p. 4).

(77) Em 2019, as empresas organizadas em grupos de empresas representavam 5,2% de todas as empresas, mas empregavam 71,4% dos funcionários equivalentes em tempo integral na França e geravam 75,4% do valor agregado bruto produzido na França. Insee, *Les entreprises en France*, Insee référence, edição de 2021, 188 p., p. 101.

(78) Por exemplo: preâmbulo do acordo de revisão de 15 de outubro de 2021 do acordo de 20 de setembro de 2017 relativo ao teletrabalho no grupo Bayer na França (preâmbulo); preâmbulo do acordo ATS-ATPE relativo ao teletrabalho de 29 de setembro de 2021 (assinado pelos sindicatos FO e CFE-CGC).

(79) Assim, as empresas podem vender edifícios que se tornaram superdimensionados. Os ganhos são substanciais, especialmente na região de Paris e nas principais cidades francesas.

(80) Pré-aprovado.

(81) Pré-aprovado.

Esse acordo, que generaliza o uso do teletrabalho e cria um *"flex-office"*, deve ser visto no contexto de uma série de outros acordos do Grupo relacionados à "gestão ativa da mobilidade"[(82)] assinados como parte das negociações sobre a gestão prospectiva de empregos e habilidades, que facilitam a reciclagem fora da empresa de funcionários em "profissões sensíveis e vulneráveis pela perspectiva de cortes de empregos" (art. 2 do acordo de 2013). Esses acordos anunciaram um processo de reestruturação contínua da empresa, que culminou em 23 de março de 2017 com a assinatura de um acordo "relativo à reestruturação da INVIVO TRADING e ao plano de proteção ao emprego (PSE) implementado nesse contexto".

No que diz respeito às autoridades públicas, o teletrabalho está se tornando um instrumento de políticas públicas para gerenciar riscos à saúde e riscos ambientais. O Código do Trabalho francês, conforme alterado pela Ordem de 22 de setembro de 2017, prevê que o teletrabalho pode ser imposto aos empregados em caso de circunstâncias excepcionais, como a ameaça de epidemias ou em um caso de força maior, "para permitir a continuidade da atividade da empresa e garantir a proteção dos empregados" (art. L1222-11).

Nesses casos, a lei descreve o teletrabalho como um "ajuste de estação de trabalho" que é obrigatório para o funcionário. O uso maciço do teletrabalho durante uma pandemia foi usado pelo governo como um meio de conter a disseminação da COVID-19. A estrutura legal foi estabelecida pelas várias leis de emergência de saúde[(83)] , enquanto as diretrizes do governo para as empresas foram estabelecidas em um protocolo de saúde atualizado regularmente em 31 de agosto de 2020, elaborado pelo Ministério do Trabalho levando em conta o parecer do Conselho Superior de Saúde Pública da França[(84)] .

Em sua versão datada de 29 de outubro de 2020, recomendava 100% de teletrabalho para todos os empregos em que isso fosse possível e, em seguida, um mínimo de três dias por semana e quatro dias "quando a organização do trabalho e a situação dos funcionários permitirem"[(85)].

De acordo com o mais alto tribunal administrativo da França, o Conseil d'Etat, o protocolo de saúde da empresa não é vinculativo; ele constitui "um conjunto de recomendações". Assim como as 54 folhas de aconselhamento publicadas após consulta aos

(82) Acordo de 8 de março de 2013 assinado por um período de três anos por CFE-CGC, CFTC e FO; acordo de 22 de novembro de 2016 alterado por um acordo de 23 de janeiro de 2018 assinado por um período de três anos por CGT-FO, CFE-CGC e CFDT.

(83) Lei de 9 de julho de 2020 (art. 1) Lei n. 2020-856, de 9 de julho de 2020, que organiza o fim do estado de emergência sanitária.

(84) Ela deixou de ser aplicada em 14 de março de 2022.

(85) Protocolo nacional para garantir a saúde e a segurança dos funcionários no local de trabalho de 29 de dezembro de 2021.

parceiros sociais[86] e as perguntas e respostas publicadas no site do Ministério do Trabalho, ele faz parte de um conjunto de medidas elaboradas pelo governo para ajudar as empresas a gerenciar a pandemia. Ao fazê-lo, o governo está envolvendo-as plenamente na implementação de políticas públicas para combater os riscos à saúde, entre as quais o teletrabalho é uma ferramenta.

O mesmo se aplica ao gerenciamento de riscos ambientais. A portaria de 2017, que complementa as disposições do Código do Trabalho adotado em 2012, prevê que o teletrabalho pode ser introduzido em caso de episódio de poluição, quando as normas de qualidade do ar (concentração de partículas atmosféricas) não são cumpridas ou correm o risco de não serem cumpridas (L1222-9, II, 1º). A implementação está prevista na carta ou no acordo coletivo. Embora poucos acordos tenham sido assinados em nível de filial, esse não é o caso de empresas e grupos. Os signatários estabeleceram um vínculo com a transição ecológica[87], com o desenvolvimento sustentável ou com a pegada de carbono[88], em especial limitando as viagens entre a residência e o local de trabalho, facilitadas pelo teletrabalho[89].

O acordo da Yusen Logistics France inclui um artigo 6 intitulado *"Eco-responsible approach"* (Abordagem ecologicamente responsável). Embora afirme, em princípio, que "o uso do teletrabalho faz parte da abordagem ambiental da empresa", que "leva em conta os desafios da transição ecológica e implementa medidas dentro da empresa para reduzir sua pegada de carbono", a questão do impacto da atividade da empresa no meio ambiente não é tratada como tal e a responsabilidade pela redução dos efeitos de seu trabalho no meio ambiente recai sobre os funcionários[90].

---

(86) Folhas de dados sobre temas de negócios multifuncionais e setores específicos (agricultura, varejo, alimentação, etc.).

(87) Setor: acordo de 9 de setembro de 2021 assinado no setor farmacêutico pela federação de empresas farmacêuticas (Leem) e as cinco organizações sindicais representativas. Empresa ou grupo: acordo da Yusen Logistics, citado acima; acordo de empresa n. 54 sobre teletrabalho na SFTRF (Société française du tunnel routier du Fréjus) de 9 de julho de 2021, art. 6, 1er parágrafo.

(88) Empresa ou grupo: 1.397 acordos assinados entre 2018 e 2022 tratam de teletrabalho e se referem a pelo menos um dos seguintes conceitos: transição ecológica, desenvolvimento sustentável, pegada de carbono (censo realizado em 24 de junho de 2022 no banco de dados Légifrance. Disponível em: <https://www.legifrance.gouv.fr/contenu/menu/droit-national-en-vigueur/accords-collectifs>).

(89) Acordo da Caisse d'Epargne Midi-Pyrénées e acordo da Yusen Logistics France mencionados acima; artigo 4.II do acordo do Club Med SAS sobre teletrabalho datado de 5 de julho de 2021, assinado pela Fédération des Services CFDT, Fédération des Syndicats CFTC Commerce, Services et Force de vente, Fédération agriculture, alimentation et tabacs et activités annexes — Force Ouvrière e Fédération des Commerces et des Services UNSA.

(90) Reduzindo o número de viagens rodoviárias entre a casa e o local de trabalho e porque eles "também se comprometem a integrar os desafios da transição ecológica em seu local de teletrabalho, adotando métodos "sem papel" e gestos ecológicos", artigo 6, último parágrafo do acordo da Yusen Logistics France mencionado acima.

Ao fazer isso, o acordo ignora o fato de que o teletrabalho aumenta a pegada ambiental digital por meio do uso de videoconferências, *e-mails* enviados com anexos e download de documentos. Esses são conhecidos como "efeitos de rebote":

> O primeiro grande efeito rebote vem do fato de que, ao reduzir os custos sociais e financeiros da distância casa-escritório, o teletrabalho pode levar os trabalhadores a se mudarem para subúrbios mais distantes, onde os imóveis são mais baratos, ou mesmo para outras regiões por motivos de qualidade de vida ou carreiras duplas. Os supostos benefícios do teletrabalho são, então, compensados por um aumento na distância casa-escritório, mudança modal (menos transporte público nos subúrbios, mais viagens inter-regionais) e um aumento no tamanho da residência.(91)

Longe de ser uma revolução, o crescimento do uso do teletrabalho é, sem dúvida, um fator de mudança nas relações de trabalho e, talvez, a longo prazo, de transformação da relação das pessoas com o próprio trabalho.

Referências

Livros, relatórios e artigos

Bas P.. Rapport sur la proposition de loi constitutionnelle garantissant le respect des principes de la démocratie représentative et de l'État de droit en cas de législation par ordonnance, n. 107, 27 octobre 2021, Sénat, Commission des lois constitutionnelles, de législation, du suffrage universel, du Règlement et d'administration générale, 35 p.

Bergeaud A.; Ray S. "Macroéconomie du télétravail". *Bulletin de la Banque de France*, 231/2, set./out. 2020, 9 p.

Boulay-Espéronnier C.; Cukierman C.; Sautarel S. *L'avenir du télétravail*, Sénat, rapport d'information, Délégation sénatoriale à la prospective n. 89 (2021-2022) – 22 out. 2021.

Dares (Ministério do Trabalho), *Collective bargaining in 2020. Bilan et rapports*, edição de 2021, 473 p.

Dupuy C.; Simha J., "Le dialogue social en entreprise en temps de pandémie". Cnam e CEET, *Connaissance de l'emploi* 176, 2021, 4 p.

Erb L. *et al.* "Teleworking during the health crisis. Quelles pratiques en janvier 2021? *Dares Analyses* n. 9, 10 fev. 2022, 8 p.

Espinoza R.; Reznikova L. *Who can log in?* The importance of skills for the feasibility of teleworking arrangements across OECD, OECD Social, Employment and Migration Working Papers n. 242, 2020 , 25 p.

Gouyon M.; Malard L.; Baron A. "Activité et conditions d'emploi de la main-d'œuvre pendant la crise sanitaire Covid-19 en octobre 2021", Overview of the results of the flash survey – November 2021, 17 p., p. 11

(91) Greenworking; Ademe. *Étude sur la caractérisation des effets rebondits induits par le télétravail*, 2020, 46 p., p. 6. Disponível em: <https://librairie.ademe.fr/mobilite-et-transport/3776-caracterisation-des-effets-rebond-induits-par-le-teletravail.html#/44-type_de_produit-format_electronique> Acesso em: <24 jun. 2022.

Greenworking; Ademe. *Étude sur la caractérisation des effets rebondits induits par le télétravail*, 2020, 46 p. Disponível em: <https://librairie.ademe.fr/mobilite-et-transport/3776-caracterisation-des-effets-rebond-induits-par-le-teletravail.html#/44-type_de_produit-format_electronique>. Acesso em: 24 jun. 2022.

Hallépée S.; Mauroux A. "Quels sont les salariés concernés par le télétravail", *Dares Analyses*, nov. 2019, n. 051, 11 p. Disponível em: <https://dares.travail-emploi.gouv.fr/dares-etudes-et-statistiques/etudes-et-syntheses/dares-analyses-dares-indicateurs-dares-resultats/article/quels-sont-les-salaries-concernes-par-le-teletravail>.

Insee Emploi, *Insee Focus* mars 2022, n. 263, 7 p.

Insee, *Companies in France*, Insee reference, edição de 2021, 188 p.

Lescurieux M., "Strikes in 2020. Recule des arrêts de travail dans un contexte de crise sanitaire", *Dares Focus* n. 20, maio 2022, 2 p.

Pega F. *et al.* "Global, regional, and national burdens of ischemic heart disease and stroke attributable to exposure to long working hours for 194 countries, 2000-2016: A systematic analysis from the WHO/ILO Joint Estimates of the Work-related Burden of Disease and Injury", Elsevier, *Environment International* 154, 2021, 15 p.

Pesenti M. "Les accords d'entreprise portant sur le télétravail: quels usages durant la crise sanitaire?". *Dares analyses* n. 57, nov. 2022, 7 p.

Valle N.; Aussilloux V. *Productivité et compétitivité: analyses conjoncturelles et structurelles post-Covid*, terceiro relatório do Conselho Nacional de Produtividade, maio 2022, 269 p., p. 112-113.

Valle N.; Aussilloux V. *Productivité et compétitivité: analyses conjoncturelles et structurelles post-Covid*, terceiro relatório do Conselho Nacional de Produtividade, maio 2022, 269 p.

Acordos coletivos de trabalho

1) Acordo interprofissional nacional:

Acordo nacional intersetorial "para a implementação bem-sucedida do teletrabalho" de 26 de novembro de 2020.

2) Contratos de filiais:

Seguros:

Acordo de 9 de novembro de 2021 sobre teletrabalho assinado no setor de seguradoras.

Medicação:

Acordo de teletrabalho de 9 de setembro de 2021.

3) Acordos de grupo ou empresa:

BNP Paribas, *Principes généraux du télétravail au sein du groupe BNP Paribas en Europe*, carta assinada em 6 de abril de 2022.

SFTRF (Société française du tunnel routier du Fréjus), acordo n. 54 sobre teletrabalho de 9 de julho de 2021.

Renault, Acordo Global de 26 de abril de 202, "Moldando juntos o mundo do trabalho no grupo Renault", "Adendo ao Acordo-Quadro Global sobre a Evolução da Vida Profissional de 9 de julho de 2019, especificando as condições de teletrabalho dos funcionários do Grupo Renault".

Yusen Logistics France, contrato de teletrabalho de 4 de novembro de 2021.

InVivo:

Acordo de 8 de março de 2013 e acordo de 22 de novembro de 2016, alterado pelo rider de 23 de janeiro de 2018, relativo à gestão da mobilidade ativa.

Acordo de 23 de março de 2017 relativo à reestruturação da INVIVO TRADING e ao plano de proteção ao emprego (PSE) implementado nesse contexto.

Acordo para introduzir o trabalho aberto em 30 de outubro de 2020.

Bayer, acordo de revisão do acordo de 20 de setembro de 2017 sobre teletrabalho no grupo Bayer na França.

Caisse d'épargne de Midi-Pyrénées, acordo de 16 de abril de 2018 sobre a introdução experimental do teletrabalho.

PSA (Peugeot-Citroën), alteração de 9 de abril de 2021 ao anexo 2 do acordo PSA relativo à motivação e ao bem-estar no grupo PSA automobiles S.A. de 29 de janeiro de 2020.

Mutuelle Générale, contrato de teletrabalho de 11 de maio de 2021.

Club Med SAS, contrato de teletrabalho de 5 de julho de 2021.

Acordo de teletrabalho ATS-ATPE de 29 de setembro de 2021.

IMA GIE, acordo de teletrabalho de 18 de outubro de 2021.

SAGE S.A.S., acordo de 21 de abril de 2022 sobre teletrabalho assinado na empresa

Diversos

Protocolo nacional para garantir a saúde e a segurança dos funcionários no local de trabalho de 29 de dezembro de 2021.

Breve Análise dos Projetos de Lei n. 4.044/20, 5.581/20, Lei n. 14.442/22 e Proposta de Resolução do Parlamento Europeu sobre o Teletrabalho e o Direito à Desconexão

Ana Paula Castelo Branco Costa

Introdução

A pandemia da Covid-19 evidenciou um novo método de trabalho que não é nenhuma novidade, uma vez que já vinha sendo utilizado no mundo laboral, o teletrabalho. Antes ele era visto como uma exceção, mas com a crise pandêmica mundial tornou-se uma regra. Essa nova postura laboral trouxe um excesso de conectividade das pessoas e esse comportamento trata-se de um fenômeno mundial.

Nesse contexto, o presente estudo pretende realizar uma breve análise comparativa sobre tentativas de regulamentações em relação ao teletrabalho e ao direito à desconexão, com elementos presentes nos processos legislativos nos Parlamentos brasileiro e europeu e, dessa forma, a problemática que envolve a pesquisa é: de que forma se desenvolve o trâmite processual e se justifica a necessidade de regulamentação do direito à desconexão aos teletrabalhadores nesses instrumentos normativos?

O tema escolhido encontra sua justificativa na importância que o direito à desconexão se apresenta como essencial para a saúde física e mental dos trabalhadores. Nesse sentido, tem- se, portanto, um assunto relevante e atual, uma vez que o adoecimento dos teletrabalhadores apresenta-se em curva ascendente, como se analisará na pesquisa mais à frente.

O estudo adotará a metodologia de revisão bibliográfica parcial da doutrina, e a estrutura do conteúdo começará com a análise comparativa entre o Projeto de Lei n. 4.044/20 de autoria do senador Fabiano Contarato, do Projeto de Lei n. 5.581/20 apresentado pelo deputado federal Rodrigo Agostinho, e as recomendações para a proposta de Resolução do Parlamento Europeu, da Comissão de Emprego e Assuntos Sociais, de autoria de Alexis Agius Saliba sobre o teletrabalho e o direito à desconexão, disponíveis em banco de dados públicos.

Trata-se de uma temática complexa, pois envolve questões sociais, culturais, econômicas e do meio ambiente laboral, bem como etapas do processo legislativo dos parlamentos brasileiro e europeu.

A pesquisa não tem como pretensão esgotar a questão, porém o objetivo geral será uma breve discussão dessa temática, com a análise dessas tentativas de regulamentação. O objetivo específico será a demonstração dos pontos de semelhança desses instrumentos normativos, todos de grande importância, atualidade e urgência para a saúde assegurada aos trabalhadores nos arts. 6º e 7º da Constituição Federal, bem como a sadia qualidade de vida e dignidade. Foi publicada em setembro de 2022 a Lei n. 14.442 que trata do teletrabalho, cuja breve análise virá mais à frente. Assim, essa pesquisa inicia-se com posições doutrinárias e legislação com conceitos, a seguir analisados.

1. Posições doutrinárias e legislação sobre teletrabalho e desconexão

Como dito anteriormente, houve um aumento da prática de teletrabalho e o debate sobre o direito à desconexão se intensificou desde o início da pandemia de Covid-19(1), assim demonstram os dados trazidos na Carta de Conjuntura do potencial de teletrabalho no Brasil do IPEA de 2020.

Milhões de brasileiros, em todas as regiões, aderiram ao teletrabalho, em resposta à imposição do isolamento social.

Feliciano(2) ensina que: "a adoção do teletrabalho foi uma das ações sugeridas pela Organização Internacional do Trabalho em seu quadro de políticas para contingenciamento da crise sanitária, econômica e social".

(1) IPEA. O Brasil, pelas características de seu mercado de trabalho, possui, na média, um percentual de pessoas em potencial de teletrabalho de cerca de 22,7%, que corresponde a 20,8 milhões de pessoas. Nota-se, então, que o Distrito Federal apresenta o maior percentual de porcentual de teletrabalho (31,6%) em torno de 450 mil pessoas. O estado do Piauí é o que apresenta o menor percentual em teletrabalho (15,6%), ou seja, em torno de 192 mil pessoas poderiam potencialmente estar em teletrabalho. "Carta de Conjuntura 47/2020". Disponível em: <http://reposit orio.ipea.gov.br/bitstream/11058/10152/16/CC_47_nt_potencial_de_teletrabalho.PDF>. Acesso em: 19 abr. 2022.

(2) FELICIANO, Guilherme G.; PASCOALETO, Olívia Q. F. Teletrabalho, Saúde e Segurança do Trabalho e Regulamentação Estatal: Pandemia, Aprendizados e Perspectivas Futuras. *Revista Jurídica Luso-brasileira*, ano 7, n. 5, 2021, p. 1073-1104. Disponível em: <https://www.cidp.pt/revistas/rjlb/2021/5/2021_05_1073_1104.pdf>. Acesso em: 13 maio 2022.

Infere-se, portanto, que a crise sanitária veio e o teletrabalho foi uma das alternativas mais usadas pelo mercado de trabalho.

Em relação à questão, a OIT (2021), em relatório apresentado no início de 2021(3), evidencia a importância do "direito à desconexão" quando faz um apelo aos legisladores para que implementem medidas específicas para fins de se mitigarem os riscos psicossociais das pessoas em teletrabalho, com o intuito de garantir que sejam respeitados os limites entre o trabalho e vida privada.

No que se refere ao conceito, para a OIT (2020)(4), o teletrabalho vem a ser uma subcategoria de um conceito mais amplo de "trabalho a distância", que engloba os trabalhadores que utilizam tecnologias de informação e de comunicação (TIC's) ou telefones fixos para desempenhar o trabalho remotamente. Trata-se, assim, de uma expressão genérica para o trabalho realizado em um local alternativo às dependências do empregador.

Nesse sentido, ensina Feliciano(5), em relação a alguns termos usados nessa temática, como trabalho remoto ou trabalho a distância, trabalho em casa ou em domicílio (*home office*): "Tais expressões são frequentemente utilizadas para designar dinâmicas laborais externas às dependências do empregador, mas não são sinônimas".

Na CLT, a modalidade de trabalho conhecida como teletrabalho foi inserida expressamente com a Lei n. 13.467/2017 (Lei da Reforma Trabalhista), no art. 75-B, que a definiu como a prestação de serviços realizada preponderantemente "fora das dependências do empregador, com a utilização de tecnologias de informação e de comunicação que, por sua natureza, não se constituam como trabalho externo".

Nessa definição celetista, o legislador trouxe a exclusão do local de trabalho nas dependências do empregador como um dos critérios para se caracterizar o teletrabalho. Dessa forma, pode-se concluir que a conexão ao trabalho pode acontecer em qualquer local, onde o empregado tenha acesso à *internet*.

E nesse diapasão, entende-se que o local onde pode haver a maior confusão entre a vida profissional e a vida pessoal do empregado, com o excesso da sua conectividade, é o meio ambiente doméstico, pois em sua casa, o limite entre o profissional e o pessoal/familiar do teletrabalhador fica ainda mais difícil de ser delimitado.

---

(3) OIT. *Trabalho em domicílio*. Disponível em: <https://www.ilo.org/brasilia/noticias/WCMS_766231/lang-- pt/index.htm>. Acesso em: 22 abr. 2022.

(4) OIT. *Definición y medición del trabajo a distancia, el teletrabajo, el trabajo a domicilio y el trabajo basado en el domicilio*. Disponível em: <https://www.ilo.org/wcmsp5/groups/public/---dgreports/---stat/documents/publication/wcms_758333.pdf?_x_tr_sl=en&_x_tr_tl=pt&_x_tr_hl=pt-BR&_x_tr_pto=sc>. Acesso em: 25 abr. 2022.

(5) *Ibidem*, p. 1.075.

Em setembro de 2022 foi editada a Lei n. 14.442[(6)], que trata do auxílio-alimentação, e em sua redação final disciplina o teletrabalho nos arts. 75-A ao 75-F, omissa quanto aos limites da conectividade, com análise da redação mais adiante.

Na doutrina brasileira, Souto Maior[(7)] foi um dos primeiros doutrinadores a tratar do tema de conectividade excessiva ao trabalho e do direito ao não trabalho, uma vez que bem antes da pandemia, ele apresentava algumas contradições sobre essa questão do uso excessivo da tecnologia pelos trabalhadores:

> A primeira contradição está, exatamente, na preocupação com o não trabalho em um mundo que tem como traço marcante a inquietação com o desemprego. A segunda, diz respeito ao fato de que, como se tem dito por aí à boca pequena, é o avanço tecnológico que está roubando o trabalho do homem, mas, por outro lado, como se verá, é a tecnologia que tem escravizado o homem ao trabalho. Em terceiro plano, em termos das contradições, releva notar que se a tecnologia proporciona ao homem uma possibilidade quase infinita de se informar e de estar atualizado com seu tempo, de outro lado, é esta mesma tecnologia que, também, escraviza o homem aos meios de informação, vez que o prazer da informação se transforma em uma necessidade de se manter informado, para não perder espaço no mercado de trabalho. E, por fim, ainda no que tange às contradições que o tema sugere, importante recordar que o trabalho, no prisma da filosofia moderna, e conforme reconhecem vários ordenamentos jurídicos, dignifica o homem, mas sob outro ângulo, é o trabalho que retira esta dignidade do homem, impondo-lhe limites enquanto pessoa na medida em que avança sobre a sua intimidade e a sua vida privada. [...]

Do texto acima, verifica-se que as contradições sobre desemprego, uso excessivo da tecnologia e escravidão a essa tecnologia encontra-se acentuada.

Em termos de teletrabalho, com a confusão entre vida profissional, vida privada, avanço tecnológico e o uso da tecnologia sem limites tem colaborado na escravização do homem ao trabalho.

Nessa linha de raciocínio, em relação aos limites dos horários de trabalho para dirimir a confusão e com o respeito à desconexão, se faz importante a ressalva do pensamento de Han[(8)] ao indicar que a sociedade atualmente se pauta pelo que ele denomina

---

(6) BRASIL. Congresso Nacional. *Lei n. 14.442/22*. Disponível em: <https://normas.leg.br/?urn=urn:lex:br:federal:lei:2022-09-02;14442>. Acesso em: 23 set. 2022.

(7) SOUTO MAIOR, Jorge Luiz. Do direito à desconexão do trabalho. *Revista do TRT da 15ª Região*, Campinas, n. 23 de 2003. Disponível em: <http://trt15.gov.br/escola_da_magistratura/Rev23Art17.pdf>. Acesso em: 25 abr. 2022.

(8) HAN, Byung-Chul. *Sociedade do Cansaço*. Petrópolis: Vozes, 2020. p. 27.

de “Sociedade de Resultados,” onde o próprio indivíduo se autoexige e autocontrola, em busca de resultados mais eficientes, sendo que com esse comportamento aumenta a sua conectividade.

Tem-se, portanto, que além de o empregador exigir a todo instante uma resposta do empregado, por meio dos diversos canais eletrônicos (endereço eletrônico, aplicativos da empresa, aplicativos de comunicação como *WhatsApp*, Telegram etc.), o próprio empregado se conecta excessivamente, pois acredita que estando sempre conectado seus resultados serão melhores.

O alerta trazido pelo referido autor diz que a sociedade está doente: “[...] como consequência da Sociedade de Resultado a que estamos inseridos, onde a própria pessoa se torna algoz de si mesma e se controla e autoexige resultados cada vez mais rápidos”.

Dito de outra maneira, o indivíduo se autoexige tanto e busca resultados incansavelmente, que ele mesmo, por meio de uma excessiva conectividade, se torna escravo da tecnologia. Tais argumentos reforçam a necessidade de regulamentação específica sobre teletrabalho e desconexão.

Para Han[(9)]: “atualmente colhem-se os frutos da sociedade de resultados, que trazem doenças relacionadas à saúde mental das pessoas, com o aumento das doenças mentais da ansiedade, depressão e síndrome de Burnout. [...] Tudo decorrente de um mandato da sociedade pós-moderna do trabalho [...]”.

Das doenças acima referidas, destaca-se nessa pesquisa, a síndrome de *Burnout*, ou de esgotamento profissional, como também é conhecida, a qual recentemente foi considerada uma doença ocupacional, conforme nova classificação da Organização Mundial da Saúde (OMS) e segundo a médica psiquiatra Fasanella adotará a sigla QD-85[(10)].

Desde janeiro de 2022, a doença passou a ter essa nova classificação, antes disso, em 2019, ela estava apenas incluída na 11ª Revisão da Classificação Internacional de Doenças. Para a Organização Pan-Americana da Saúde (OPAS)[(11)], a definição de *Burnout*/CID 11 é:

> *Burnout* é uma síndrome conceituada como resultante do estresse crônico no local de trabalho que não foi gerenciado com sucesso. Ela é caracterizada por três dimensões: sentimentos de exaustão ou esgotamento de energia;

(9) *Ibidem*, p. 31.

(10) FASANELLA, Nicoli. *Síndrome de Burnout já é classificada como doença ocupacional.* Disponível em: <https://j.pucsp.br/noticia/sindrome-de-burnout-ja-e-classificada-como-doenca-ocupacional#>. Acesso em: 13 maio 2022.

(11) ORGANIZAÇÃO PAN-AMERICANA DA SAÚDE/OPAS. *CID:* Burnout é um fenômeno ocupacional. Disponível em: <https://www.paho.org/pt/noticias/28-5-2019-cid-burnout-e-um-fenomeno-ocupacional>. Acesso em: 13 maio 2022.

aumento do distanciamento mental do próprio trabalho, ou sentimentos de negativismo ou cinismo relacionados ao próprio trabalho; e redução da eficácia profissional.

Com o teletrabalho, a síndrome encontrou terreno fértil para se desenvolver. Nesse sentido, o TRT da 3ª Região(12), em julgamento anterior da classificação da OMS, já reconhecia a doença como uma doença ocupacional:

> DOENÇA OCUPACIONAL — SÍNDROME DE BURNOUT — INDENIZAÇÃO. Diagnosticada no curso do contrato de trabalho a Síndrome de Burnout (síndrome do "esgotamento profissional") que levou ao afastamento previdenciário do autor, no curso do aviso prévio, por um ano e quatro meses, por doença ocupacional equiparada a acidente do trabalho, é devida a reintegração ao emprego e ainda a indenização de cunho moral, nos termos dos arts. 118 da Lei n. 8.213/91, segunda parte do item II da Súmula n. 378 do TST e arts. 186 e 927 do CCB e art. 5º, incisos V e X da Constituição Federal. (TRT-3 – RO: 00110126220175030048 MG 0011012-62.2017.5.03.0048, relator: Des. Antônio Gomes de Vasconcelos, data de julgamento: 4.3.2021, 11ª Turma, data de publicação: 5.3.2021)

Conforme a leitura dessa jurisprudência, infere-se que a doença ocupacional foi equiparada a acidente de trabalho.

Na mesma direção, entendeu o TRT da 2ª Região(13), em acórdão publicado em 29.8.2021, cuja ementa segue transcrita:

> DOENÇAS OCUPACIONAIS, SÍNDROME DE *BURNOUT*. INDENIZAÇÕES MATERIAIS E MORAIS. A prova oral foi convincente em demonstrar que a autora efetivamente não gozava de suas férias anuais, ficando o período de descanso restrito a uma mísera semana, além de algumas emendas de feriados, e, ainda assim, a obreira se mantinha disponível para sua equipe, continuando a realizar tarefas a distância, mesmo que de maneira incompleta, seja em relação aos funcionários da ré, seja em relação aos franqueados, desvirtuando, assim, os essenciais objetivos dos descansos anuais. Claro, portanto, que a autora efetivamente padeceu da cada vez mais famosa e recorrente entre aspas Síndrome de *Burnout*, assim conceituada como a doença "resultante do estresse crônico no local de trabalho que não foi gerenciado com sucesso". TRT da 2ª Região/SP. Processo número 1001272-67.2019.5. 02.07 12 (Recurso Ordinário). 12ª turma. Relator Flavio Laet.

Verifica-se, portanto, que os Tribunais em 2021 já reconheciam a doença como ocupacional.

---

(12) MINAS GERAIS. TRT3. RO: 00110126220175030048MG0011012-62.2017.5.03.0048. Disponível em: <https://trt-3.jusbrasil.com.br/jurisprudencia/1176511243/recurso-ordinario-trabalhista-ro-110126220175030048-mg-0011012-6220175030048>. Acesso em: 13 maio 2022.

(13) SÃO PAULO. Processo 1001272-67. 2019.5.02.07 12 TRTSP (RO). Disponível em: <https://trt- 2.jusbrasil.com.br/jurisprudencia/1271733169/10012726720195020712-sp>. Acesso em: 13 maio 2022.

Pesquisas apontam o crescimento do adoecimento dos teletrabalhadores, dentre elas a realizada pela LHH, do Grupo Adecco[(14)], empresa suíça de recursos humanos que atua em 60 países. Os dados revelaram que 38% dos entrevistados afirmaram ter sofrido com a Síndrome de *Burnout* ao longo de 2021.

Os dados apontam também que 32% dos entrevistados informaram que a saúde mental piorou significativamente por conta do trabalho a distância — *home office*/teletrabalho. Na pesquisa foram ouvidas 15 mil pessoas, em diversos lugares do mundo.

Importante a ressalva de que a Síndrome de *Burnout* tem atingido principalmente os trabalhadores mais jovens, uma vez que a maior parte dos que sofrem com esse problema são os jovens das chamadas Geração Z e Geração Y.

Os números da pesquisa indicaram que o trabalho a distância, muitas vezes, eleva a carga laboral das pessoas, o que contribui para um cenário futuro preocupante. Entre os participantes, 40% afirmaram ter trabalhado mais do que antes da pandemia, enquanto 42% disseram ter desempenhado a mesma quantidade de tarefas.

Nesse sentido, segundo Melo[(15)], o equilíbrio da vida profissional e pessoal está se tornando um dos principais tópicos da sociedade. Com as novas tecnologias, essa fronteira está desaparecendo gradualmente. O autor aponta que:

> A atual média elevada diária de e-mails e mensagens instantâneas recebidos por um trabalhador lhe gastará várias horas do seu dia apenas gerenciando sua comunicação, o que acarreta uma *overdose* que penaliza a todos, uma avalanche informacional, em que os profissionais caíram na hiperconexão. [...]

Como visto, esse excesso traz consequências adversas e agravam a saúde física e emocional dos trabalhadores. Nessa direção, Feliciano[(16)] também apresenta pesquisas da Eurofound e da OIT, que:

> Revelam que trabalhar fora das instalações do empregador usando as TIC parece extrapolar o tempo normal de trabalho e que esse trabalho suplementar, em geral, não é pago. Os teletrabalhadores são mais propensos a trabalhar à noite e nos fins de semana do que os trabalhadores que trabalham nas dependências do empregador [...] Assim, o teletrabalho parece

(14) SÃO PAULO. *Home Office* influenciou Burnout entre os jovens. *Notícias da agência Sindical.* Disponível em: <https://www.agenciasindical.com.br/home-office-influenciou-burnout-entre-jovens/>. Acesso em: 13 maio 2022.

(15) MELO, Sandro N.; RODRIGUES, Karen R. A Leite. *Direito à desconexão do trabalho.* São Paulo: LTr digital, 2018.

(16) *Ibidem*, p. 1.081.

> afetar severamente a duração e a organização do tempo dos teletrabalhadores; e, ao excluí-los do regime legal de duração do trabalho e do controle de jornada, a Reforma Trabalhista de 2017 facilitou imensamente a intensificação dos tempos de trabalho, abrindo espaço para o avanço de doenças físicas (como lesões por esforços repetitivos, problemas posturais, *computer vision syndrome*, dores na coluna etc.) e transtornos mentais decorrentes do excesso de jornada (como *burnout*, ansiedade, *stress* etc.). [...]

Nesse contexto, com as consequências danosas apontadas neste estudo, tem-se que os teletrabalhadores estão adoecendo, em função de excesso dispensado em teletrabalho, sem limites em relação a duração e controle da jornada de trabalho.

Feitas essas breves considerações, em seguida serão analisadas tentativas de regulamentação para que sejam estabelecidos alguns limites para esse excesso.

2. Análises dos projetos de lei sobre o teletrabalho

No Congresso Nacional existem vários projetos de lei em andamento sobre o tema teletrabalho. No presente estudo, o recorte do objeto da pesquisa se fez em relação aos PLs ns. 4.044/20 e 5.581/20.

2.1. Trâmite Processual do Projeto de Lei/PL n. 4.044/2020

O PL n. 4.044 de 2020(17) foi apresentado em 3 de agosto ao Plenário do Senado Federal, de autoria do senador Fabiano Contarato do Partido REDE/Espírito Santo. O assunto do projeto pertence à área da Política Social, Trabalho e Emprego.

Referido PL altera o § 2º do art. 244 e acrescenta o § 7º ao art. 59 e os arts. 65-A, 72-A e 133-A do Decreto-lei n. 5.452, de 1º de maio de 1943 (CLT), para dispor sobre o direito à desconexão do trabalho nos períodos de folga, ou seja, propõe-se a regulamentar o teletrabalho quanto às regras da jornada de trabalho, períodos de descanso e férias.

No processo legislativo, a Casa iniciadora foi o Senado Federal, e desde 9 de agosto de 2021 o último local da tramitação do PL foi na Secretaria Legislativa do Senado Federal. Em continuidade, aguarda-se o prosseguimento na Câmara dos Deputados como Casa revisora e finalmente a sanção presidencial.

A justificativa do PL traz como referência o conceito de teletrabalho de Souto Maior(18) no sentido de que o direito à desconexão se refere ao direito de não trabalhar ou o de se desconectar do trabalho, ou ainda ao "não trabalho", o que não significa o de

(17) BRASIL. Congresso Nacional. Senado Federal. *Projeto de Lein. 4.044/20*. Disponível em: <https://www.congressonacional.leg.br/materias/materias-bicamerais/-/ver/pl-4044-2020>. Acesso em: 3 mar. 2022.

(18) *Ibidem, ob.cit.*

não trabalhar por completo, mas *o de trabalhar com limites* (grifo nosso), a fim de preservar a vida privada e a saúde do trabalhador.

Dito de outra forma, o direito à desconexão do trabalho evidencia o direito de fruição, pelo empregado, de seu tempo de folga, a fim de garantir seu direito à saúde, ao lazer e à vida privada, sendo assim um limite ao horário de trabalho.

Para justificar o PL e sua proposição, o senador Fabiano citou noticiário sobre doenças ocupacionais resultantes do excesso de trabalho, situação que considera agravada pela intensificação do teletrabalho durante a pandemia da Covid, e associou as jornadas excessivas ao impedimento ao acesso de mais pessoas ao mercado de trabalho.

O parlamentar apresenta no PL a necessidade da regulamentação da responsabilidade do empregador, com o intuito de prevenir os abusos decorrentes do avanço tecnológico. Trata- se, nesse sentido, da aplicação do "Princípio da Prevenção" de danos do Direito Ambiental na seara laboral.

Em continuação a esse raciocínio, Duarte(19) ensina que:

> Considerando os princípios aplicáveis ao direito ambiental do trabalho, principalmente em se tratando dos princípios da prevenção e da precaução, é esperado que o empregador adote todas as medidas possíveis para evitar o adoecimento do seu empregado. Não apenas por questões morais, tal dever configura até mesmo uma proteção ao patrão, o qual em alguns casos precisará apontar as medidas de proteção ao meio ambiente de trabalho adotadas como forma de se isentar da culpa pelo acidente e de eventual indenização.

Do texto acima, infere-se que os princípios do direito ambiental do trabalho podem ser aplicados, com a devida adaptação, ao meio ambiente do teletrabalhador, cujo conceito vem a seguir analisado, com o PL n. 5.581/2020.

2.2. Trâmite Processual do Projeto de Lei n. 5.581/20 e breve análise da Lei n. 14.442/22

O PL n. 5.581 de 2020(20) foi apresentado pelo deputado federal Rodrigo Agostinho do PSB/SP em 17.12.2020 para a Mesa Diretora da Câmara dos Deputados do Congresso Nacional e encontra-se apensado ao PL n. 3.915/2020.

---

(19) DUARTE, Renan F. Teletrabalho em Tempos de Pandemia: A Assincronia entre Trabalhador e Tecnologia como Ameaça à Saúde Mental In: FELICIANO, Guilherme G.; MELO, Raimundo Simão de (Orgs.). *Meio ambiente do Trabalho em tempos de pandemia.* Campinas: Lacier Editora, 2021. p. 309.

(20) BRASIL. Congresso Nacional. Câmara dos Deputados. *Projeto de Lei n. 5.581/20.* Disponível em: <https://www.camara.leg.br/proposicoesWeb/fichadetramitacao?idProposicao=2267606>. Acesso em: 25 abr. 2022.

O trâmite do processo legislativo começou e o último andamento consta de 10.3.2021, ele foi recebido na Comissão de Trabalho, de Administração e Serviço Público, em regime de tramitação prioritária, com proposta sujeita à apreciação do Plenário.

O assunto do PL se refere à área da Política Social, Trabalho e Emprego e propõe que se altere a CLT em vários dispositivos, bem como traz ao ordenamento jurídico brasileiro conceitos específicos, dentre eles o de meio ambiente do trabalho, previsto genericamente na Carta Magna, em seu art. 200, inciso VIII.

Nesse sentido, para o conceito e regulação do meio ambiente do trabalho, o PL apresenta o seguinte texto:

> Art. 2º Para os efeitos desta Lei, considera-se meio ambiente do trabalho o microssistema de condições, leis, influências e interações de ordem física, química, biológica ou psicológica que incidem sobre o homem no seu local de trabalho ou em razão de sua atividade laboral, esteja ou não submetido ao poder hierárquico de outrem, *inclusive em seu âmbito doméstico (*home office*)*. [Grifo nosso]

O PL especifica a regra geral prevista desde 1981, que trouxe o conceito de meio ambiente de forma genérica, na Lei n. 6.938 que trata da Política Nacional do Meio Ambiente.

No que se refere ao direito à desconexão, o PL aponta as providências a serem tomadas pelos empregadores, em relação aos teletrabalhadores:

> Art.4º No uso de seu poder regulamentar, os empregadores com mais de 50 (cinquenta) empregados instituirão, em prol dos respectivos teletrabalhadores, códigos de conduta ou regramentos equivalentes que promovam o meio ambiente do trabalho equilibrado, a sadia qualidade de vida no trabalho e a implementação das diretrizes elencadas no artigo anterior. § 1º Os códigos de conduta devem tratar, entre outros, dos seguintes aspectos: I – desconexão laboral e, quando aplicáveis, os limites dos arts. 59, *caput*, 66 e 67 do Decreto-lei n. 5.452, de 1º de maio de 1943 — Consolidação das Leis do Trabalho; II – possíveis repercussões negativas na saúde e segurança dos trabalhadores, observados os termos do artigo anterior; e III – conscientização para que as normas relativas aos incisos I e II sejam observadas pelos trabalhadores. § 2º A obrigação do *caput* deverá considerar, sempre que possível, o prévio diálogo com os trabalhadores.

Do texto, infere-se que o Poder Regulamentar do Empregador deverá organizar e disciplinar códigos de conduta ou regramento aos teletrabalhadores.

O deputado Rodrigo, autor do PL, contou com a coordenação de um grupo de especialistas e acadêmicos nas questões laborais a serem regulamentadas, quais sejam: Dr. Ricardo Calcini, Dr. Célio Neto, Dr. Guilherme Feliciano, Dra. Fernanda Perregil, Dr. Luís Otávio Camargo Filho, Dr. Patrick Maia Merisio, Dra. Cristiane Araújo, Dr. Carlos Eduardo Dantas, Dr. Leonardo Bello e Dra. Nádia Demoliner Lacerdaque.

A justificativa do PL também menciona a pandemia de Covid-19 e o novo comportamento "forçado" aos brasileiros de trabalharem em seus domicílios, bem como mostra que as empresas também tiveram que se adaptar à nova realidade, sem regulamentação específica quanto às suas obrigações e responsabilidades. A justificativa também invoca os princípios gerais do meio ambiente, preconizados desde a primeira Conferência Internacional sobre o meio ambiente de 1972, na Conferência de 1992 Rio+20 e reiterados pela Agenda 21 para o Desenvolvimento econômico e social para o século XXI.

Nesse diapasão, o PL apresenta as obrigações dos empregadores com a tomada de providências para a prevenção de danos e proteção do teletrabalhador para:

> [...] I – prevenção de danos, em especial pela adoção de medidas técnicas de neutralização ou redução dos riscos inerentes à atividade econômica desenvolvida e ao respectivo meio ambiente de trabalho, sejam eles físicos, químicos, biológicos, psíquicos ou ergonômicos; II – proteção contra a degradação do meio ambiente de trabalho, inclusive no âmbito doméstico (*home office*), assim entendido o desequilíbrio decorrente de interações de ordem física, química, biológica ou psicológica, no local de trabalho e no seu entorno, que criem riscos proibidos ou incrementem os riscos inerentes à atividade econômica desenvolvida; III – proteção bastante contra os efeitos deletérios de tensões resultantes das condições de fadiga, da duração excessiva, do ritmo, do controle, das pressões psicológicas ou dos modelos de gestão do trabalho humano; IV – adaptação do local de trabalho, inclusive no âmbito doméstico (*home office*), incluídas suas instalações, máquinas, métodos e ferramentas, às características e capacidades física e mental dos trabalhadores; V – divulgação idônea e suficiente de informações e documentos labor-ambientais de interesse da sociedade em geral, da categoria profissional em específico ou do trabalhador individualmente considerado [...].

O texto legislativo acima enumera minuciosa regulamentação, de questões urgentes a serem definidas e implementadas.

Como dito anteriormente, em 2 de setembro de 2022 foi sancionada com vetos a Lei n. 14.442 que trata do teletrabalho e altera regras do auxílio-alimentação. Ela teve origem na Medida Provisória 1.108/2022, aprovada pelo Senado Federal em 3 de agosto, sob relatoria do senador Flávio Bolsonaro (PL-RJ).

Referida lei foi publicada no *Diário Oficial da União* dia 5.9.2022 e disciplina o regime do teletrabalho (ou trabalho remoto) dos arts. 75-A ao 75 F, a seguir transcritos:

> Art. 75-A. Considera-se teletrabalho ou trabalho remoto a prestação de serviços fora das dependências do empregador, de maneira preponderante ou não, com a utilização de tecnologias de informação e de comunicação, que, por sua natureza, não configure trabalho externo. § 1º O comparecimento, ainda que de modo habitual, às dependências do empregador para a realização de atividades específicas que exijam a presença do empregado no estabelecimento não descaracteriza o regime de teletrabalho ou trabalho remoto. § 2º O empregado submetido ao regime de teletrabalho ou trabalho remoto poderá prestar serviços por jornada ou por produção ou tarefa. § 3º Na hipótese da prestação de serviços em regime de teletrabalho ou trabalho remoto por produção ou tarefa, não se aplicará o disposto no Capítulo II do Título II

desta Consolidação. § 4º O regime de teletrabalho ou trabalho remoto não se confunde nem se equipara à ocupação de operador de *telemarketing* ou de teleatendimento. § 5º O tempo de uso de equipamentos tecnológicos e de infraestrutura necessária, bem como de softwares, de ferramentas digitais ou de aplicações de internet utilizados para o teletrabalho, fora da jornada de trabalho normal do empregado não constitui tempo à disposição ou regime de prontidão ou de sobreaviso, exceto se houver previsão em acordo individual ou em acordo ou convenção coletiva de trabalho. § 6º Fica permitida a adoção do regime de teletrabalho ou trabalho remoto para estagiários e aprendizes. § 7º Aos empregados em regime de teletrabalho aplicam-se as disposições previstas na legislação local e nas convenções e nos acordos coletivos de trabalho relativas à base territorial do estabelecimento de lotação do empregado. § 8º Ao contrato de trabalho do empregado admitido no Brasil que optar pela realização de teletrabalho fora do território nacional aplica-se a legislação brasileira, excetuadas as disposições constantes da Lei n. 7.064, de 6 de dezembro de 1982, salvo disposição em contrário estipulada entre as partes. § 9º Acordo individual poderá dispor sobre os horários e os meios de comunicação entre empregado e empregador, desde que assegurados os repousos legais.

Art. 75-C. A prestação de serviços na modalidade de teletrabalho deverá constar expressamente do instrumento de contrato individual de trabalho. [...] 3º O empregador não será responsável pelas despesas resultantes do retorno ao trabalho presencial, na hipótese de o empregado optar pela realização do teletrabalho ou trabalho remoto fora da localidade prevista no contrato, salvo disposição em contrário estipulada entre as partes.

Art. 75-F. Os empregadores deverão dar prioridade aos empregados com deficiência e aos empregados com filhos ou criança sob guarda judicial até 4 (quatro) anos de idade na alocação em vagas para atividades que possam ser efetuadas por meio do teletrabalho ou trabalho remoto.

A recente lei sobre o teletrabalho disciplina que o acordo individual entre o empregador e o teletrabalhador poderá dispor sobre os limites da jornada e os meios de comunicação, desde que assegurados os repousos legais.

Foi lacunosa e omissa quanto à prevenção de danos e proteção ao teletrabalhador, quanto ao trabalho excessivo, bem como às questões de adaptação do seu meio-ambiente em *home office*, bem diferente da redação proposta pelo PL n. 5.581/20 visto anteriormente.

Por fim, nesse breve estudo, analisa-se o processo de regulamentação do direito à desconexão no parlamento europeu.

3. Trâmite processual de proposta legislativa para resolução do parlamento europeu sobre o direito à desconexão

O direito à desconexão na União Europeia/UE também é denominado de direito de desligar. Existe a tese de inseri-lo como um direito fundamental da nova organização do trabalho na nova era digital, ele é visto como um importante instrumento de política social ao nível da União Europeia, para assegurar a proteção dos direitos de todos os trabalhadores.

Nesse sentido, desde 19.12.2019 aconteceu um procedimento legislativo ordinário 2019/2181 (INL) no Parlamento Europeu e um projeto de relatório de iniciativa legislativa do deputado Alex Agius Saliba[(21)] foi aprovado sobre o direito de desconectar.

Em 4.12.2020 consta o relatório da Comissão do Emprego e dos Assuntos Sociais (A9-0246/2020), em que os deputados reconheceram que a digitalização trouxe muitos benefícios para empregadores e trabalhadores, porém, em contrapartida, também desvantagens que ocasionaram a confusão entre as fronteiras entre o trabalho e a vida privada.

Referido relatório cita os riscos associados ao uso crescente de ferramentas digitais para fins profissionais, o que trouxe maior carga de trabalho, com horas de trabalho mais longas ou imprevisíveis e uma cultura do sempre ligado.

Destaca-se, nesse relatório, a conclusão de que quanto maior o uso das ferramentas digitais maior a incidência de riscos psicossociais como ansiedade e *Burnout*.

Os deputados entenderam que em razão do crescimento do teletrabalho durante a pandemia se considere a urgência de adotar uma legislação vinculante para permitir que os trabalhadores europeus exerçam o seu direito de desconexão, pois não existe legislação específica em todos os Estados-Membros a esse respeito.

Com essa finalidade, eles recomendaram e apelaram à Comissão do Emprego dos Assuntos Sociais do Parlamento Europeu para que, dentre outras medidas: a) fosse apresentado um quadro legislativo com o objetivo de se estabelecerem requisitos mínimos para o trabalho remoto em toda a União Europeia, garantindo que o teletrabalho não afete as condições do emprego dos teletrabalhadores; que essa estrutura esclareça as condições de trabalho, o uso e a responsabilidade pelos equipamentos, bem como as ferramentas digitais existentes e novas, que haja garantias de que esse trabalho seja realizado de forma voluntária e que os direitos, carga de trabalho e grau de desempenho dos teletrabalhadores sejam equivalentes aos trabalhadores fora do teletrabalho; b) fosse proposta uma diretriz estabelecendo requisitos mínimos para garantir que os trabalhadores tivessem o direito de se desconectar das ferramentas digitais utilizados no trabalho fora do seu tempo de trabalho (inclusive durante períodos de descanso, feriado), sem enfrentar consequências adversas e por último; c) que fossem avaliados e abordados os riscos de não se proteger o direito de desconectar.

Das 28 justificativas para a proposição da Resolução do Parlamento Europeu, dentre elas, em apertada síntese, destacam-se algumas que se relacionam com a presente pesquisa: 1) A inexistência de legislação específica na União Europeia sobre o direito do trabalhador de desligar das ferramentas digitais, incluindo as tecnologias da informação

(21) BRUXELAS. Parlamento Europeu. *Procedimento: 2019/2181 (INL)*. Disponível em: <https://www.europarl.europa.eu/doceo/document/A-9-2020-0246_EN.html>. Acesso em: 12 maio 2022.

e da comunicação (TIC), para fins profissionais; 2) O uso excessivo de ferramentas digitais para fins profissionais deu origem a uma cultura do "sempre ligado", que pode ter efeitos prejudiciais em vários aspectos, dentre eles a ausência de limitação do tempo de trabalho e do equilíbrio entre a vida profissional e familiar, a segurança e saúde física e mental no trabalho e o bem- estar e 3) O uso das ferramentas digitais durante longos períodos pode ser a causa de uma redução da concentração, bem como uma sobrecarga cognitiva e emocional; considerando que as manipulações repetitivas e monótonas e a postura estática durante longos períodos de tempo podem causar tensões e lesões musculoesqueléticas.

Do trâmite processual legislativo mais recente no Parlamento Europeu com a data de 21.1.2021, consta que foi aprovada uma Resolução[22], que contém recomendações à Comissão, sobre o direito a desligar.

4. Conclusões

O uso do teletrabalho se intensificou com a crise sanitária de 2019, que trouxe a obrigatoriedade de isolamento social. Conclui-se que essa mudança de comportamento social trouxe um uso excessivo da tecnologia, decorrente da cultura do sempre estar conectado, o que resultou no aumento de doenças relacionadas à saúde mental dos teletrabalhadores, dentre elas a síndrome de *Burnout,* principalmente entre os teletrabalhadores jovens.

A problemática que envolveu essa pesquisa foi a de que o trâmite processual legislativo das regulamentações, objeto desse estudo, sobre o direito à desconexão aos teletrabalhadores apresentaram datas e procedimentos diferentes, bem como justificativas que se assemelham no que se refere à necessidade de se estabelecerem limites ao uso excessivo da tecnologia para fins profissionais dos teletrabalhadores. Os instrumentos normativos demonstraram que o meio ambiente do teletrabalhador necessita de regulamentação específica, com a definição de obrigações e responsabilidades do empregador, o respeito à prevenção de danos e a necessidade de se imporem limites à cultura do estar sempre ligado.

Conclui-se que os objetivos geral e específico do presente estudo foram alcançados, na medida em que foi realizada a análise comparativa das três regulamentações: os dois projetos de lei e a proposta de resolução, de Casas legisladoras distintas, a saber: O Senado Federal brasileiro, a Câmara dos Deputados do Brasil e o Parlamento Europeu.

A conclusão a que se chegou nesse breve estudo foi a de que a definição de limites ao excesso de conectividade dos teletrabalhadores trazidos nos textos normativos analisados apresentava-se como uma forma de se mitigarem os efeitos adversos à saúde dos

---

(22) BRUXELAS. Parlamento Europeu. *Resolução sobre o direito a desligar.* Disponível em: <https://www.europarl.europa.eu/doceo/document/TA-9-2021-0021_PT.html#title1>. Acesso em: 12 maio 2022.

teletrabalhadores. Também se conclui que a recente Lei n. 14.442/22 sobre o teletrabalho não especificou limites, nem disciplinou medidas para a prevenção de danos ao meio ambiente laboral e proteção quanto à situação de adoecimento dos teletrabalhadores, como constou no PL n. 5.581/20, uma vez que o teletrabalho tende a continuar a ser usado e implementado no mundo laboral.

Referências

BRASIL. Congresso Nacional. Senado Federal. *Projeto de Lei n. 4.044/20.* Disponível em: <https://www.congressonacional.leg.br/materias/materias-bicamerais/-/ver/pl-4044-2020>. Acesso em: 3 mar. 22.

______. Congresso Nacional. Câmara dos Deputados. *Projeto de Lei n. 5581/20.* Disponível em: <https://www.camara.leg.br/proposicoesWeb/fichadetramitacao?idProposicao=2267606>. Acesso em: 25 abr. 2022.

______. Congresso Nacional. *Lei n. 14.442/22 (Teletrabalho).* Disponível em: <https://normas.leg.br/?urn=urn:lex:br:federal:lei:2022-09-02;14442>. Acesso em: 23 set. 2022.

______. *Decreto-lei n. 5.452/43 (CLT).* Disponível em: <http://www.planalto.gov.br/ccivil_03/decreto-lei/del5452.htm>. Acesso em: 25 abr. 2022.

BRUXELAS. Parlamento Europeu. *Resolução sobre o direito a desligar.* Disponível em: <https://www.europarl.europa.eu/doceo/document/TA-9-2021-0021_PT.html#title1>. Acesso em: 12 maio 2022.

______. Parlamento Europeu. *Procedimento: 2019/2181 (INL).* Disponível em: <https://www.europarl.europa.eu/doceo/document/A-9-2020-0246_EN.html>. Acesso em: 12 maio 2022.

DUARTE, Renan F. Teletrabalho em Tempos de Pandemia: A Assincronia entre Trabalhador e Tecnologia como Ameaça à Saúde Mental. In: FELICIANO, Guilherme G.; MELO, Raimundo Simão de (Orgs.). *Meio ambiente do Trabalho em tempos de pandemia.* Campinas: Lacier Editora, 2021. p. 309.

FASANELLA, Nicoli. Síndrome de *Burnout* já é classificada como doença ocupacional. Disponível em: <https://j.pucsp.br/noticia/sindrome-de-burnout-ja-e-classificada-como-doenca-ocupacional#>. Acesso em: 13 maio 2022.

FELICIANO, Guilherme G.; PASCOALETO, Olívia Q.F. Teletrabalho, Saúde e Segurança do Trabalho e Regulamentação Estatal: Pandemia, Aprendizados e Perspectivas Futuras. *Revista Jurídica Luso-brasileira*, ano 7, n. 5, 2021, p. 1.073-1.104. Disponível em: <https://www.cidp.pt/revistas/rjlb/2021/5/2021_05_1073_1104.pdf>. Acesso em: 13 maio 2022.

HAN, Byung-Chul. *Sociedade do Cansaço.* Petrópolis: Vozes, 2020. p. 27.

INSTITUTO DE PESQUISA ECONÔMICA APLICADA/IPEA. Carta de Conjuntura 47/2020. Disponível em: <http://reposit orio.ipea.gov.br/bitstream/11058/10152/16/CC_47_nt_potencial_de_teletrabalho.PDF>. Acesso em: 19 abr. 2022.

MELO, Sandro N.; RODRIGUES, Karen R. A Leite. *Direito à desconexão do trabalho.* São Paulo: LTr Digital, 2018.

MINAS GERAIS. Tribunal Regional do Trabalho da 3ª Região. *RO: 00110126220175030048 MG 0011012-62.2017.5.03.0048*, relator: des. Antônio Gomes de Vasconcelos, data de julgamento: 4.3.2021. Disponível em: <https://trt- 3.jusbrasil.com.br/jurisprudencia/1176511243/recurso-ordinario-trabalhista-ro-110126220175030048-mg-0011012-6220175030048>. Acesso em: 13 maio 2022.

ORGANIZAÇÃO INTERNACIONAL DO TRABALHO/OIT. *Trabalho em domicílio*. 2021. Disponível em: <https://www.ilo.org/brasilia/noticias/WCMS_766231/lang--pt/index.htm>. Acesso em: 22 abr. 2022.

______. *Definición y medición del trabajo a distancia, el teletrabajo, el trabajo a domicilio y el trabajo basado en el domicilio*. 2020. Disponível em: <https://www.ilo.org/wcmsp5/groups/public/---dgreports/--- stat/documents/publication/wcms_758333.pdf?_x_tr_sl=en&_x_tr_tl=pt&_x_tr_hl=pt- BR&_x_tr_pto=sc>. Acesso em: 25 abr. 2022.

ORGANIZAÇÃO PAN-AMERICANA DA SAÚDE/OPAS. *CID: Burnout* é um fenômeno ocupacional. Disponível em: <https://www.paho.org/pt/noticias/28-5-2019-cid-burnout-e-um-fenomeno-ocupacional>. Acesso em: 13 maio 22.

SÃO PAULO. *Home Office* influenciou *Burnout* entre os jovens. *Notícias da agência Sindical*. Disponível em: <https://www.agenciasindical.com.br/home-office-influenciou-burnout-entre-jovens/>. Acesso em: 13 maio 2022.

______. *Processo 1001272-67. 2019.5.02.07 12 TRTSP (RO)*. Disponível em: <https://trt-2.jusbrasil.com.br/jurisprudencia/1271733169/10012726720195020712-sp>. Acesso em: 13 maio 2022.

SOUTO MAIOR, Jorge L. Do direito à desconexão do trabalho. *Revista do Tribunal Regional do Trabalho da 15ª Região*, Campinas, n. 23 de 2003. Disponível em: <http://trt15.gov.br/escola_da_magistratura/Rev23Art17.pdf:. Acesso em: 25 abr. 2022.

Teletrabalho: Horas Extras e Direito à Desconexão

Camila Mazza da Silva

Introdução

O presente trabalho iniciar-se-á com uma breve contextualização acerca do teletrabalho. Assim, traçando-se uma linha do tempo, tem-se que no ano de 2017 as entidades europeias começaram a se preocupar com a qualidade de vida dos empregados, inclusive daqueles em teletrabalho. Para tanto, elaboraram um relatório denominado *Work-life balance and flexible working arrangements in the European Union*, na qual a entidade *Eurofound*(1), ligada à União Europeia, fez uma análise das condições do trabalho naquele continente com o objetivo de contribuir com os países para a busca de um melhor equilíbrio entre o trabalho dos indivíduos e sua vida particular, abordando, inclusive, a porcentagem de teletrabalho em vários países, sendo a Itália o país com menor porcentagem.

Em tal relatório constaram informações de que à época ainda havia países nos quais os trabalhadores que realizavam teletrabalho estavam aquém das nações em que tal modalidade estava mais consolidada. Por exemplo, enquanto na Dinamarca existiam cerca de 8% de teletrabalhadores regulares, chegando-se ao patamar próximo a 40%, se somados os teletrabalhadores ocasionais mais os chamados com alta mobilidade, ou seja, aqueles sem lugar fixo para trabalhar, no Reino Unido esse número estava próximo de 27%, se somadas as três categorias que exibem alta porcentagem de trabalhadores laborando de forma remota. Outros países, como Portugal, estavam pouco acima de 10%, somando-se as três categorias, e, a própria Itália, que se apresentava em último no *ranking*, somando nas três categorias não mais que 7% de teletrabalhadores, possuíam baixas taxas de trabalho a distância.

(1) "The European Foundation for the Improvement of Living and Working Conditions (Eurofound) is a tripartite European Union Agency, whose role is to provide knowledge in the area of social, employment and work-related policies. Eurofound was established in 1975 by Council Regulation (EEC) No. 1365/75 to contribute to the planning and design of better living and working conditions in Europe." Eurofound (2017), Work–life balance and flexible working arrangements in the European Union, Eurofound, Dublin.

Foi então que a Itália, perante a situação em que se encontrava em relação aos demais países, e, com o intuito de fomentar tal sistema de trabalho e diminuir a distância com as demais nações europeias, em maio de 2017 editou a Lei n. 81[(2)], que veio para regularizar o *lavoro agile*[(3)]. Embora contemporânea com a Lei n. 13.467, de 13 de julho de 2017, a qual veio para reformar a CLT, a lei italiana trouxe conceitos que demonstraram maior amadurecimento e preocupações em resguardar direitos caros ao trabalhador, como o direito ao lazer e à privacidade, além de efetivamente buscar o equilíbrio entre trabalho e vida, os quais fazem parte das próprias diretivas da União Europeia.

No primeiro parágrafo do art. 18, a Lei n. 81 mostrou uma maior preocupação em trazer à baila um conceito mais amplo, a partir de uma visão de maior competitividade, com a previsão de um baixo custo da produção e/ou maior eficiência no trabalho realizado, bem como a possibilidade de conciliação entre tempo de trabalho e tempo de vida social, o que faz parte das diretivas da União Europeia.

Por outro lado, o legislador brasileiro, ao tentar copiar o modelo europeu, não previu essa questão, que seria o equilíbrio entre vida social e vida familiar de um lado, e, o trabalho desempenhado pelo empregado de outro, em uma visão estritamente objetiva. Com isso, verifica-se que a lei italiana seria marcada por uma visão subjetivista e social, o que Souto Maior denominou de direito à desconexão do trabalho.

No mesmo sentido, tem-se a legislação francesa, salientando-se que a França foi o primeiro país europeu a integrar o direito à desconexão ao seu ordenamento jurídico, inicialmente consagrado por jurisprudências e acordos coletivos[(4)], privilegiando o diálogo social para a implementação de tal direito.

Aqui, mister destacar que a *Cour de cassation*[(5)] há cerca de 20 anos vinha tratando sobre o tema, ao mencionar que o empregado não é obrigado a trabalhar em sua residência, tampouco é obrigado a instalar ferramentas para tanto[(6)]. Na sequência, em 2004, a *Cour de cassation* decidiu que não seria considerada causa de demissão por falta grave o fato de o empregado não estar disponível e ser contatado pelo seu celular fora do horário de trabalho, pois lhe é garantido o direito à desconexão, separando o que é território e intimidade do empregado, do seu ambiente laboral — "[...] portas do domicílio do empregado, território de intimidade e de vida privada"[(7)].

---

(2) Lei n. 22, de maio de 2017, n. 81. Medidas para a proteção do trabalho autônomo não empresarial e medidas visando favorecer a articulação flexível nos tempos e lugares do trabalho subordinado.

(3) Trabalho a distância.

(4) Principalmente, *les accords d'entreprise*.

(5) Equivalente ao Tribunal Superior do Trabalho.

(6) *Cass. soc. 2 octobre 2001, 99-42.727, Bulletin 2001*, V, n. 292, p. 234.

(7) *La subordination s'arrête avec la suspension du contrat de travail et a fortiori aux portes du domicile, territoire de 'l'intimité de la vie privée' qui n'est pas un lieu comme un autre*. No mesmo sentido: A. SUPIOT, *Travail, droit et technique*. Dr. Soc, 2002.13.

Salienta-se que o propósito do direito francês é resguardar o direito à desconexão e garantir a preservação do direito à saúde, repouso, lazer e vida privada do trabalhador, de modo que as jornadas máximas de labor sejam respeitadas e seja garantido um período mínimo de repouso.

No Brasil, os doutrinadores conceituam o direito à desconexão como sendo o direito do empregado de poder se desligar efetivamente do trabalho. De não estar conectados aos meios telemáticos de comunicação, ou até mesmo, à disposição do empregador em seus períodos de descanso. Seria o direito de não trabalhar, uma forma de o indivíduo poder exercer seu papel no âmbito doméstico, ter amizades, estudar, ter recreação, tempo para viver além do trabalho.

Assim, feitas as breves ponderações acima, mira-se para o direito à desconexão ao empregado em teletrabalho, figura regularmente instituída no ordenamento pátrio através da denominada lei da "reforma trabalhista" — Lei n. 13.467, de 13 de julho de 2017, que passou a prever a figura do teletrabalho nos arts. 75-A a 75-E e, posteriormente, por intermédio da Lei n. 14.442, de 2 de setembro de 2022.

Nesse recorte, também passar-se-á em revista nos tópicos seguintes a questão das horas extras no teletrabalho, além de algumas ponderações quanto ao direito de desconexão para aqueles teletrabalhadores pagos por tarefa e por produção, bem como para aqueles que fazem uso de equipamentos tecnológicos fora do horário de trabalho, aos quais o legislador não previu como sendo tempo à disposição ou regime de prontidão, tudo nos termos da inclusão do texto da Lei n. 14.442, de 2 de setembro de 2022.

1. Teletrabalho e das horas extras

O teletrabalho, regulamentado pela Lei n. 13.467, de 13 de julho de 2017, e, posteriormente, pela Medida Provisória 1.108-A, de 2022, que deu ensejo à Lei n. 14.442, de 2 de setembro de 2022, vinha sendo executado nas grandes cidades brasileiras em decorrência das facilidades de o empregado desenvolver o seu trabalho em seu domicílio, em centros de tecnologia de informação, viagens, dentre outros, evitando grandes engarrafamentos, tempo de deslocamentos, proporcionando, inclusive, maior convívio familiar.

Introduzido pelo art. 75-B da Lei n. 14.442/2022, tem-se que o teletrabalho ou trabalho remoto pode ser configurado como sendo aquele realizado fora das dependências do empregador, de modo preponderante ou não, afastando o então disposto no art. 75 -B da Lei n. 13.467/2017, que conceituava o teletrabalho como sendo aquele realizado de forma preponderante fora das dependências do empregador. Assim, pelo novo diploma, tem-se que: "Considera-se teletrabalho ou trabalho remoto a prestação de serviços fora das dependências do empregador, de maneira preponderante ou não, com a utilização de tecnologias de informação e de comunicação, que, por sua natureza, não configure trabalho externo".

A previsão legal para o teletrabalho está disposta no art. 6º da Consolidação das Leis do Trabalho (CLT), afastando as distinções entre o trabalho realizado no estabelecimento do empregador, o executado no domicílio do empregado e aquele realizado a distância, desde que presentes os pressupostos da relação de emprego. O parágrafo único do referido artigo, introduzido em 2011, estabelece que "os meios telemáticos e informatizados de comando, controle e supervisão se equiparam, para fins de subordinação jurídica, aos meios pessoais e diretos de comando, controle e supervisão do trabalho alheio".

A reforma trabalhista (Lei n. 13.467/2017) introduziu um novo capítulo na CLT dedicado ao tema, que é o Capítulo II-A, "Do Teletrabalho", com os arts. 75-A a 75-E. Todavia, referido artigo teve sua redação modificada pela Medida Provisória n. 1.108-A, de 2022, que deu ensejo à Lei n. 14.442/2022, alterando o art. 75, *caput,* e acrescentando neste os §§ 1º a 9º, e item F, bem como incluindo o § 3º no art. 75-C.

Dentre as disposições específicas da lei, ressalta-se que a modalidade de teletrabalho deve constar expressamente no contrato individual de trabalho.

Destaca-se que o empregado contratado para trabalhar de forma presencial pode alterar seu regime para o teletrabalho, com a condição de que as partes estejam devidamente acordadas e que seja registrado aditivo contratual. O inverso também é possível, ou seja, o empregador pode requerer o trabalho presencial, desde que garantido o prazo mínimo de transição de 15 dias.

O teletrabalho seria uma derivação da figura do trabalho em domicílio, tanto que o art. 6º da Lei n. 12.551/2011 equiparou o trabalho executado em domicílio do empregado ao realizado a distância, sendo que seu parágrafo único dispõe que os "meios telemáticos e informatizados de comando, controle e supervisão se equiparam, para fins de subordinação jurídica, aos meios pessoais e diretos de comando, controle e supervisão do trabalho alheio"[(8)].

O teletrabalho requer para a sua configuração a existência de dois pressupostos caracterizadores e cumulativos, quais sejam: que o trabalho seja realizado longe da sede patronal, o que não implicaria ser necessariamente no domicílio ou na residência do empregado, o que nesse ponto, distinguir-se-ia do trabalho realizado em domicílio, bem como a utilização de tecnologias atuais de informação e comunicação[(9)].

A principal vantagem para o empregado seria uma maior flexibilidade ou melhor mobilidade de sua jornada. Ao passo que as principais desvantagens seriam o isolamento do trabalhador, que tem a sua interação com os demais colegas coibida, ausência de carreira e possibilidade de promoções, bem como menor proteção sindical e administrativa,

(8) DIAS, Carlos Eduardo Oliveira *et al. Comentários à lei da reforma trabalhista:* dogmática, visão crítica e interpretação constitucional. São Paulo: LTr, 2018.

(9) *Idem.*

além da propensão de possíveis conflitos que possam vir a surgir no âmbito familiar em decorrência entre a confusão entre o tempo livre e o tempo de trabalho[10].

De outra banda, há quem defenda as benesses do regime de teletrabalho. Nesse sentido[11], as vantagens são inúmeras, notadamente do ponto de vista do meio ambiente e a economia que seria realizada pelo fato de o trabalhador não precisar se deslocar até o ambiente tradicional de trabalho para desempenhar suas funções habituais, o que totalizaria horas de crédito, que poderiam ser utilizadas no lazer ou em qualquer outra atividade.

Pontua-se, ainda, que a empresa, gastando menos em infraestrutura, poderia investir mais no empregado, que por sua vez ganharia em satisfação, e, por consequência, a produtividade aumentaria, retornando o investimento aplicado pela empresa na satisfação pessoal do trabalhador, sendo uma grande alternativa aos portadores de necessidades especiais, que não necessitariam se deslocar até o emprego.

Em contrapartida, há o isolamento do empregado, que se vê privado do convívio com demais colegas e com a empresa, e para tanto, propõe como alternativa encontros e confraternizações, bem como alternâncias na prestação de serviços, sendo um mês sob a modalidade de teletrabalho e outro, sob o regime presencial, na sede da empresa, devendo assegurar-se ao empregado, inclusive, a garantia de fortalecimento dos sindicatos[12].

Nesse sentido, cumpre salientar que o próprio TST, por meio da Resolução Administrativa 1.970, de 20 de março de 2018, que regulamentou o teletrabalho no âmbito do Tribunal Superior do Trabalho, no art. 3º, § 4º, dispôs expressamente sobre a necessidade de convívio social e laboral, a cooperação, integração e a participação do servidor em teletrabalho, inclusive, o portador de deficiência, de modo que o seu tempo livre não seja embaraçado.

Todavia, a questão que segue é com relação ao controle de jornada e as horas extras, visto que o estabelecimento de um controle de jornada pelo empregador, se acaso instituído, induziria a uma descaracterização do regime, pois se a jornada de trabalho for supervisionada pelo empregador, a denominada coluna vertebral de referida modalidade, qual seja, a autonomia organizacional do trabalhador, estaria quebrada[13].

É nesse ponto polêmico que se passa a argumentar.

---

(10) DIAS, Carlos Eduardo Oliveira. *et al. Comentários à lei da reforma trabalhista:* dogmática, visão crítica e interpretação constitucional. São Paulo: LTr, 2018.

(11) PRETTI, Gleibe. *Teletrabalho na prática:* coleção principais temas do contrato de trabalho. São Paulo: LTr, 2018.

(12) *Idem.*

(13) DIAS, Carlos Eduardo Oliveira *et al. Comentários à lei da reforma trabalhista:* dogmática, visão crítica e interpretação constitucional. São Paulo: LTr, 2018.

Assim, se para a caracterização do teletrabalho é necessária a utilização de meios telemáticos de comunicação, a problemática que surge seria em torno da necessidade de desvincular qualquer controle de jornada desses meios modernos que propiciam a comunicação em tempo real e *full time*. Isso porque o trabalhador faz *login* e *log off*, recebe e- mails, conversa pelas redes sociais, faz uso de celulares, *tablets*, computadores, ou seja, tem que permanecer conectado ao empregador, recebendo ordens e cumprindo metas ou tarefas, o que acaba por via indireta permitindo um controle de jornada.

A Lei n. 14.442/2022 trouxe algumas respostas para tais indagações, mas também deixou brechas para alguns questionamentos, consoante disposto no art. 75-B, §§ 2º, 3º, 5º e 9º.

Nesse ponto, mister destacar importante aspecto, que é a distinção entre trabalho externo e teletrabalho, sendo este último excluído da proteção legal de controle de jornada na exceção disposta no art. 62, III, da CLT.

Desse modo, pela Lei n. 14.442/2022 o legislador mitigou os efeitos do disposto na Lei n. 13.467/2017 por intermédio dos §§ 2º e 3º do art. 75-B, ao conceituar, em primeiro lugar, que o empregado submetido ao teletrabalho poderá prestar serviços tanto por jornada, quanto por produção ou por tarefa. E, em segundo lugar, ao prever, no § 3º, que no trabalho prestado em regime de teletrabalho ou trabalho remoto, seja ela por produção ou por tarefa, não haveria a previsão de aplicação do disposto no Capítulo II, do Título II, da CLT, excetuando expressamente a previsão legal de jornada de trabalho e pagamento das horas de sobrelabor para esses trabalhadores.

Nesse cenário, destaca-se ainda o disposto nos §§ 5º e 9º da Lei n. 14.442/2022. Isso porque no § 5º o legislador igualmente não previu o pagamento de horas extras, pois não considerou como sendo tempo à disposição ou regime de prontidão ou sobreaviso, para os empregados que fazem uso de equipamentos tecnológicos e de infraestrutura como *softwares*, ferramentas digitais ou aplicações de internet utilizados para o teletrabalho, fora da jornada de trabalho normal do empregado, salvo se previsto em acordo individual ou acordo ou convenção coletiva de trabalho.

> § 5º O tempo de uso de equipamentos tecnológicos e de infraestrutura necessária, bem como de *softwares*, de ferramentas digitais ou de aplicações de internet utilizados para o teletrabalho, fora da jornada de trabalho normal do empregado não constitui tempo à disposição ou regime de prontidão ou de sobreaviso, exceto se houver previsão em acordo individual ou em acordo ou convenção coletiva de trabalho.

Aqui é importante fazer uma ressalva, dado que o mesmo meio telemático de comunicação que outrora é utilizado para o teletrabalho, se ligado fora do horário de expediente, não caracterizaria tempo à disposição ou regime de prontidão. Todavia, indaga-se sobre a possibilidade de se assegurar que esse empregado não esteja de fato em tempo à disposição, trabalhando em jornada extraordinária.

Cumpre salientar que o próprio TST, por meio da Resolução Administrativa n. 1.970, de 20 de março de 2018, que regulamentou o teletrabalho no âmbito do Tribunal Superior do Trabalho, no art. 9º, incisos I, IV, V, VIII, estatuiu como sendo deveres do servidor participante de teletrabalho, dentre outros: o de cumprir, no mínimo, as metas de desempenho estabelecidas; manter telefones de contatos permanentemente atualizados e ativos; consultar diariamente sua caixa postal individual de correio eletrônico institucional; respeitar o horário de realização do teletrabalho no período das 6 às 22 horas, conforme responsabilidade constante do termo de adesão.

Aqui, para-se para uma reflexão, pois das nuances de tal referência normativa observa-se a preocupação do legislador em delimitar a jornada de trabalho, que deverá respeitar o período das 6 às 22 horas, de mencionar que o servidor deverá manter os telefones de contatos permanentemente atualizados e ativos, e ao mesmo tempo, no art. 3º, § 4º, há a disposição de que o servidor tenha o direito à sua vida privada preservada, dentre outros.

Porém, a questão que permanece é a de que como o servidor irá conciliar esses dois pontos, em função de que a jornada de trabalho agora não mais será estabelecida pelo empregador, e sim, pelo crivo do empregado, no horário que melhor lhe convier, desde que cumpra suas metas e obedeça ao lapso temporal das 6 às 22 horas. Tudo isso de modo a conciliar o direito ao tempo livre e convívio familiar e social, com uma possiblidade de flexibilidade enorme de tempo de trabalho sem que isso afete a saúde do trabalhador.

Sobre tal questionamento, entende-se ser de suma importância o estabelecimento de um marco temporal de início e término da jornada de trabalho, pois na medida que se impõe um limite em que se deverá iniciar e terminar o trabalho, o empregado pode ter o direito à desconexão garantido. Todavia, se não há esse marco temporal, se o empregado continua com os seus telefones de contatos ativos e ligados, e-mails sendo constantemente atualizados, dentre outros meios de comunicação em tempo real, verifica-se que os dois âmbitos da vida acabam se confundindo, violando referido direito.

Portanto, essa é uma linha tênue que separa a modalidade de teletrabalho como sendo um benefício ao empregado ou de um regime de servidão ao trabalho.

Nas palavras de Barberino(14), [...] o mesmo afirma que a informática permite saber se o indivíduo está acordado ou não, permite saber exatamente qual é a intensidade de toques que o indivíduo está dando naquele computador e que intervalos de toques

(14) BARBERINO, Marcus. Reforma trabalhista — teletrabalho. *TV Anamatra*, ago. 2017. Disponível em: <https://youtu.be/DwsWT8SNa9Y>. Acesso em: 25 jul. 2022.

se faz isso ao longo do dia, e que não haveria mais controle do que isso. Temos então meios de controles, que se incidirem no contrato de trabalho nos permitirão dizer que o teletrabalho é não aferível, mas dado que a empresa aferiu, ou dado que havia os instrumentos de aferibildade, estaremos diante de um regime de controle de jornada.[...] (informação verbal).

Entende-se, nesse caso, dado que o servidor não poderia trabalhar *off line* e que deveria permanecer conectado, que estar-se-ia diante do sistema de controle de jornada de trabalho e, portanto, apto a ensejar o pagamento de horas extras e demais consectários legais se acaso o labor ultrapassar a 8ª diária e 44 semanal, o que afastaria o disposto no art. 75-B, § 5º da Lei n. 14.442/2022.

No mais, necessário fazer-se outra ponderação, agora com relação ao disposto no art. 75-B, § 9º, visto que o legislador expressou que o acordo individual poderá dispor sobre o horário e a forma de comunicação entre empregado e empregador, ficando assegurados os repousos legais. Ou seja, ainda que de modo não expresso, previu a necessidade de desconexão do empregado, assim: "§ 9º Acordo individual poderá dispor sobre os horários e os meios de comunicação entre empregado e empregador, desde que assegurados os repousos legais".

Diante de tal disposição normativa, observa-se que quando o legislador quis excepcionar, ele assim o fez de maneira expressa. E, se no art. 75-B, § 9º não há disposição expressa de que os trabalhadores pagos por tarefa ou por produção não se amoldariam a esse dispositivo, conclui-se que a eles é aplicável referido artigo, ou seja, podem comunicar-se com seu empregador, respeitando-se os períodos de repousos legais, o que implicaria que sua jornada de trabalho poderia ser delimitada, e, consequentemente, podendo ser-lhes aplicado o regime de controle de jornada previsto na CLT.

Dessa maneira, verifica-se que o legislador deixou lacunas que dão margem a interpretações contrárias ao texto legal, o que mitigaria os efeitos das normas acima apontadas e poderia ensejar o direito a possíveis horas extras aos trabalhadores pagos por tarefa ou por produção, bem como aqueles que utilizam os meios tecnológicos de informação fora de sua jornada de trabalho.

2. Direito à desconexão

Quando nos referimos ao regime de teletrabalho e a consequente ausência de controle de jornada, importante trazer à baila o direito à desconexão e as consequências ao teletrabalhador quando tem esse direito violado, uma vez que este não se desconecta do trabalho e tem a sua vida privada afetada em decorrência disso.

Nesse aspecto, direito à desconexão, segundo Souto Maior, não seria no sentido de não trabalhar completamente, mas sim, no aspecto de trabalhar menos, preservando-se a vida privada e a saúde do trabalhador, sendo esse um aspecto essencial, qual seja, o de se desligar concretamente do trabalho, isso por conta do mundo moderno, que é baseado no uso de tecnologias e pelo atendimento das exigências de consumo[15].

Portanto, o direito a "se desligar, concretamente, do trabalho" seria a essência do direito à desconexão.

Ainda, Souto Maior menciona que o uso de tecnologias revela duas contradições, a saber: a primeira seria a preocupação com o não trabalho em um mundo em que a grande aflição é o desemprego, e, a segunda, no fato de que a tecnologia proporcionaria ao homem uma quase infinita possibilidade de permanecer informado e atualizado, mas que, em contrapartida, tenderia a escravizá-lo.

Não seria crível pensarmos em direito à desconexão antes da chamada era digital, pois até então, com exceção do empregado que laborava em domicílio, o trabalhador necessitava estar presente fisicamente nas dependências do empregador para vender a sua força de trabalho, fato que com as atuais tecnologias da comunicação não é mais um requisito essencial[16].

O direito à desconexão, além de proporcionar uma limitação de jornada, objetivaria a não permanência do trabalhador à disposição do empregador 24 horas por dia, o que seria possível com a utilização dos atuais meios de comunicação.

Seria o direito de o empregado, fora de sua jornada de trabalho, poder dedicar-se às suas atividades pessoais, familiares, outras de seu interesse e não relacionadas ao trabalho, de estar livre de preocupações e de não ser interrompido nos períodos de intervalo e de férias.

Como princípios basilares do direito à desconexão, tem-se, dentre outros, os princípios tutelares da segurança e saúde do trabalhador.

A Convenção n. 155 da OIT, ratificada pelo Brasil, art. 3º, *"e"*, prescreve o termo "saúde" como sendo algo ligado à proteção da integridade física do trabalhador e higiene do trabalho, como sendo uma forma de controle dos agentes prejudiciais do ambiente laboral, visando à manutenção da saúde em sentido amplo. Portanto, perfeitamente aplicáveis tais princípios ao direito à desconexão, principalmente quando a hiperconexão representar riscos à higidez física e mental do empregado[17].

---

(15) DIAS, Carlos Eduardo Oliveira *et al. Comentários à lei da reforma trabalhista:* dogmática, visão crítica e interpretação constitucional. São Paulo: LTr, 2018.

(16) *Idem.*

(17) DIAS, Carlos Eduardo Oliveira *et al. Comentários à lei da reforma trabalhista:* dogmática, visão crítica e interpretação constitucional. São Paulo: LTr, 2018.

Nesse diapasão, há que se retomar o disposto no tópico anterior quanto ao art. 75-B, § 5º, da Lei n. 14.442/2022, que dispõe que o tempo de uso dos equipamentos tecnológicos e de infraestrutura, bem como *softwares*, de ferramentas digitais ou de aplicações de internet, que são utilizados dentro de uma jornada normal de trabalho, se acaso empregados fora dela não constituiria tempo à disposição ou regime de prontidão ou de sobreaviso, exceto previsão em acordo individual ou normal coletiva.

Isso porque, com a possibilidade de controle de jornada, nasce a discussão em torno do direito à desconexão, com o objetivo de se efetivar ao trabalhador o direito à vida privada (art. 5º, X, CF), ao descanso semanal, lazer (art. 6º, *caput,* CF), férias, intervalo intrajornada e interjornada.

Porém, questiona-se como poderia ser realizado um controle e, ao mesmo tempo, fosse resguardado o direito à desconexão, sendo que a legislação é expressa no sentido de que os empregados sujeitos a teletrabalho, seja por produção, ou por tarefa, não seriam abrangidos pelo controle de jornada.

Outro ponto seria o tempo à disposição ou sobreaviso daqueles que se enquadram no disposto no § 5º do art. 75-B. Esse talvez seja o enfoque crucial a que o legislador não se atentou, ao não observar que os próprios meios telemáticos, que caracterizam o teletrabalho, ao mesmo tempo que podem escravizar o trabalhador ao não impor limites à prestação de serviços, por outro lado, poderiam servir de controle de jornada de trabalho, boicotando-se o próprio sistema legal.

Importante observar, nesse aspecto, que ao excluir-se o trabalhador do sistema de jornada, este se transformaria em um refém do empregador, ficando à sua disposição para além da jornada normal de trabalho, permitindo uma invasão de sua esfera privada, o que ultrapassaria o próprio poder diretivo e ainda violaria a garantia constitucional de duração do trabalho prevista no art. 7º, XIII, da CF[(18)].

Assim, ao mesmo tempo que a literalidade da lei é exclusiva, a mesma, ainda que não tenha a intenção, acaba sendo inclusiva, deixando uma brecha para o controle de jornada e a possibilidade de recebimento de horas extras e demais consectários legais daí decorrentes, tendo em vista que nos dias atuais todos os meios telemáticos de comunicação possuem formas de averiguar o momento de acesso nas plataformas, saídas, envio de mensagens, dentre outros.

Então, o desafio que surge é em torno da necessidade de garantir que o empregado tenha a sua saúde respeitada, permitindo-se desconectar do poder diretivo do empregador, sem que esteja ocorrendo uma mitigação de direitos.

---

(18) BETIATTO, Ricardo. Teletrabalho: a reforma trabalhista em contraponto com as perspectivas europeia e italiana. *Revista eletrônica do Tribunal Regional do Trabalho da 9ª Região*, Curitiba, PR, v. 7, n. 62, p. 46- 56, set./out. 2017. Disponível em: <https://juslaboris.tst.jus.br/handle/20.500.12178/116282>. Acesso em: 24 jun. 2022.

O direito à desconexão para além de uma questão de saúde do trabalhador estaria relacionado à qualidade de vida tanto fora do trabalho, quanto no trabalho, e do trabalho(19).

O direito à desconexão surgiu com o fito de que o descanso fosse tutelado como um bem jurídico humano e fundamental, de modo que o direito à saúde, ao repouso, ao lazer e o respeito à vida privada fossem garantidos(20).

Na França, saúde e ao repouso são direitos enunciados pelo *Conseil constitutionnel* francês, tendo por base a interpretação da alínea 11 do Preâmbulo da Constituição de 1946, sendo a proteção à vida privada um direito fundamental à *valeur constitutionnelle*(21), compreendendo a proteção da intimidade da vida familiar do trabalhador(22).

O direito à desconexão na França encontra-se previsto no artigo L. 2242-17, 7º do Código de Trabalho(23), preceituando que as negociações feitas anualmente sobre igualdade profissional entre homens e mulheres e qualidade de vida no ambiente de trabalho abordarão o direito à desconexão e a implementação pela empresa de dispositivos que possam regular a utilização de ferramentas digitais, a fim de que sejam garantidos o cumprimento dos períodos de repouso, de férias, vida pessoal e familiar. Na falta de acordo entre as partes, o empregador tem o dever de elaborar um regulamento que estabelecerá os procedimentos que viabilizem o direito à desconexão a ser exercido e implementado junto aos empregados, com equipes de supervisão e de gestão, com ações que visem treinar e conscientizar a respeito do uso das tecnologias digitais(24).

Como exemplo ao direito à desconexão, alguns acordos coletivos franceses mencionam em bloqueio de acesso ao *e-mail* corporativo durante o tempo em que o trabalhador estiver em repouso; ativação de mensagens que sejam automáticas e que enviem a informação de ausência e reorientação de *e-mails*; mecanismo de programação de horário de envio de *e-mails*; configuração de *pop-ups* caso ocorram excessivas conexões

(19) LOISEAU, Grégoire. La déconnexion. Observations sur la régulation du travail dans le nouvel espace--temps des entreprises connectées. *Dr. Soc.*, 2017.

(20) MOLINA, André Araújo. Dano existencial por violação dos direitos fundamentais ao lazer e à desconexão do trabalhador. *Revista LTr:* legislação do trabalho, São Paulo, v. 81, n. 4, p. 465-477, abr. 2017.

(21) *Conseil constitutionnel n. 99-416 DC du 23 juillet 1999.*

(22) FAVOREAU, Louis *et al. Droit et libertés fondamentales*. 6. ed. Dalloz, 2012.

(23) Outros dispositivos do Código do Trabalho francês tratam, direta ou indiretamente, do direito à desconexão: Art. L. 1222-9 a L. 1222-11; Art. L. 3121-18, L. 3121-20; Art. L. 3131- 1, L. 3132-1, L. 3141-1; Art. L. 4121-1; L. 1121-1.

(24) Segunda Parte do Código do Trabalho — Relações coletivas de trabalho (Artigos L2111-1 a L2632-2) — Livro II: Negociação coletiva — Acordos e acordos coletivos de trabalho (Artigos L2211-1 a L2283-2) — Título IV: Domínios e periodicidade da negociação obrigatória (Artigos L2241-1 a L2243-2), Capítulo II: Negociação interna obrigatória (Artigos L2242-1 a L2242-21).

ou instalação de *software* que permita o registro remoto de conexão fora da jornada de trabalho[(25)].

No Brasil não há texto legal prevendo da maneira expressa o direito à desconexão[(26)]. Todavia, há uma construção jurisprudencial no sentido de que tal direito estaria previsto nos seguintes artigos da Constituição Federal[(27)]: art. 5º, V e X – direito à intimidade e à vida privada; arts. 6º e 195 — direito à saúde; art. 7º, XIII e XIV — limitação da jornada de trabalho; art. 7º, XV — repouso semanal; art. 227 — direito à convivência familiar, como também, o art. 1º, III, que preceitua sobre o princípio constitucional da dignidade da pessoa humana[(28)].

Ademais, há o Projeto de Lei n. 4.044, de 2020, de autoria do senador Fabiano Contarato (REDE/ES), o qual dispõe acerca do direito à desconexão do trabalho, preceituando a revogação do inciso III do art. 62 da CLT[(29)]. Referido projeto discorre em seu art. 1º sobre a definição de direito à desconexão. Assim: "[...] consiste na fruição, pelo empregado, de seu tempo de folga, a fim de garantir seu direito à saúde, ao lazer e à vida privada".

E, se acaso restar demonstrada a inobservância pelo empregador do direito à desconexão poderá dar ensejo a uma indenização, além do pagamento das horas extras, considerando o ilícito praticado, nos termos do art. 186 do Código Civil[(30)].

---

(25) *V. Accord de Groupe Air Bus, 2018. Accord de Groupe Total, 2019 e Accord Groupe Carrefour, 2017.*

(26) SOUTO MAIOR, Jorge Luiz. *Do direito à desconexão do trabalho*. 2003. Disponível em: <https://www.jorgesoutomaior.com/uploads/5/3/9/1/53916439/do_direito_%C3%A0_desconex%C3%A3o_do_trabalho.pdf>. Acesso em: 1º out. 2020.

(27) MOLINA, André Araújo. Dano existencial por violação dos direitos fundamentais ao lazer e à desconexão do trabalhador. *Revista LTr:* legislação do trabalho, São Paulo, v. 81, n. 4, p. 465-477, abr. 2017.

(28) LENZA, Pedro. *Direito constitucional esquematizado*. 19. ed. São Paulo: Saraiva, 2015.

(29) "Art. 65-A. As disposições deste Capítulo aplicam-se aos casos de teletrabalho, ainda que esta modalidade seja realizada de forma parcial, incluída qualquer comunicação entre empregador e empregado atinente ao trabalho e realizada através de ferramentas telemáticas. Art. 72-A. Durante os períodos de descanso de que trata esta Seção, o empregador não poderá acionar o empregado por meio de serviços de telefonia, mensageria, aplicações de *internet* ou qualquer outra ferramenta telemática, exceto em caso de necessidade imperiosa para fazer face a motivo de força maior ou caso fortuito, atender à realização de serviços inadiáveis ou cuja inexecução possa acarretar prejuízo manifesto, hipótese em que serão aplicadas as disposições relativas à hora extraordinária. § 1º A ausência de resposta do empregado à comunicação feita pelo empregador durante os períodos de descanso não será considerada falta funcional. § 2º As exceções previstas no *caput* deste artigo deverão ser previstas em acordo coletivo ou convenção coletiva. Art. 133-A. Durante o gozo das férias, o empregado será excluído dos grupos de trabalho do empregador existentes nos serviços de mensageria e excluirá de seu aparelho eletrônico privado todas as aplicações de *internet* exclusivas do trabalho, sem prejuízo da obrigação de o empregador reter os aparelhos eletrônicos portáteis exclusivos do trabalho. § 1o. O empregador poderá adicionar o empregado aos grupos de trabalho e o empregado reinstalará as aplicações de *internet* somente após o período de gozo das férias. § 2º As disposições deste artigo abarcarão outras ferramentas tecnológicas que tiverem o mesmo fim e que vierem a ser criadas. Art. 3º Fica revogado o inciso III do art. 62 do Decreto-lei n. 5.452, de 1º de maio de 1943."

(30) MARTINS, Adalberto. O direito à desconexão no teletrabalho. *Revista de Direito do Trabalho*, São Paulo, v. 45, n. 202, p. 201-221, jun. 2019. Disponível em: <https://hdl.handle.net/20.500.12178/165082>. Acesso em: 2 out. 2022.

Desse modo, ainda que em construção, observa-se que a legislação pátria caminha para regulamentação de tal direito, preocupando-se com os direitos da pessoa humana ligados ao teletrabalhador, conforme preceituado pela própria Constituição Federal, mesmo que de maneira não expressa, e pelo Projeto de Lei n. 4.044, de 2020.

3. Conclusões

Portanto, com base no exposto, conclui-se que ao teletrabalhador pago por tarefa ou por produção o legislador foi expresso ao não preceituar o pagamento de horas extras a esses trabalhadores, ainda que possam ter seu direito à desconexão violado.

Todavia, há uma brecha na Lei n. 14.442, de 2 de setembro de 2022, no art. 75-B, § 9º, pois nesse artigo não há disposição expressa de que os trabalhadores pagos por tarefa ou por produção não se amoldariam a esse dispositivo, uma vez que o acordo individual poderá dispor sobre os horários e os meios de comunicação entre empregado e empregador, de modo que os repousos legais sejam assegurados.

Assim, conclui-se que aos teletrabalhadores pagos por tarefa ou por produção lhes é aplicável referido artigo, ou seja, podem comunicar-se com seu empregador, respeitando-se os períodos de repousos legais, o que implicaria que sua jornada de trabalho poderia ser delimitada, e, consequentemente, poderia ser-lhes aplicado o regime de controle de jornada previsto na CLT.

Quanto ao art. 75-B, § 5º da Lei n. 14.442/2022, conclui-se que o direito à desconexão se torna primordial, porque que se logado aos meios telemáticos de comunicação, ainda que fora do horário normal de trabalho, poder-se-á estar diante de um tempo à disposição ou de prontidão, mesmo que não previsto em acordo individual ou convenção coletiva de trabalho.

Por fim, tem-se que o direito à desconexão, para além de uma questão de saúde do trabalhador, estaria relacionado à qualidade de vida tanto fora do trabalho, quanto no trabalho, e do trabalho, e que seu objetivo é que o descanso seja tutelado como um bem jurídico humano e fundamental, de modo que o direito à saúde (física e mental), ao repouso, ao lazer e o respeito à vida privada sejam garantidos.

Referências

BARBERINO, Marcus. Reforma trabalhista — teletrabalho. *TV Anamatra*, ago. 2017. Disponível em: <https://youtu.be/DwsWT8SNa9Y>. Acesso em: 25 jul. 2022.

BETIATTO, Ricardo. Teletrabalho: a reforma trabalhista em contraponto com as perspectivas europeia e italiana. *Revista eletrônica do Tribunal Regional do Trabalho da 9ª Região*, Curitiba, PR, v. 7, n. 62, p. 46-56, set./out. 2017. Disponível em: <https://juslaboris.tst.jus.br/handle/20.500.12178/116282>. Acesso em: 24 jun. 2022.

BRASIL. *Constituição Federal*. Brasília: Senado Federal, 1988. Disponível em: <http://www.planalto.gov.br/ccivil_03/constituicao/constituicaocompilado.htm>. Acesso em: 8 ago. 2022.

______. Decreto-lei n. 5.452 de 1 de maio de 1943. In: *Diário Oficial da República Federativa do Brasil*, Brasília, DF, 1º maio 1943.Disponível em: <https://www.planalto.gov.br/ccivil_03/decreto-lei/del5452.htm>. Acesso em: 15 ago. 2022.

______. *Lei n. 10.406, de 10 de janeiro de 2002.* Diário Oficial da República Federativa do Brasil, Brasília, DF, 10 jan. 2022. Disponível em: <https://www.planalto.gov.br/ccivil_03/leis/2002/l10406compilada.htm>. Acesso em: 15 jun. 2022.

______. *Lei n. 13.467, de 13 de julho de 2017.* Diário Oficial da República Federativa do Brasil, Brasília, DF, 13 jul. 2017. Disponível em: <https://www.planalto.gov.br/ccivil_03/_ato2015-2018/2017/lei/l13467.htm>. Acesso em: 5 maio 2022.

______. *Lei n. 14.442, de 2 de setembro de 2022.* Diário Oficial da República Federativa do Brasil, Brasília, DF, 2 set. 2022. Disponível em: <https://in.gov.br/en/web/dou/-/lei-n-14.442-de-2-de-setembro-de-2022-427260638>. Acesso em: 3 set. 2022.

______. Tribunal Superior do Trabalho. *Resolução Administrativa n. 1970, de 20 de março de 2018.* Diário Eletrônico da Justiça do Trabalho, Brasília, DF, n. 2440, 22 mar. 2018. Caderno Judiciário do Tribunal Superior do Trabalho, p. 71. Disponível em: <juslaboris.tst.jus.br/handle/20.500.12178/128169>. Acesso em: 22 set. 2022.

DIAS, Carlos Eduardo Oliveira *et al. Comentários* à *lei da reforma trabalhista:* dogmática, visão crítica e interpretação constitucional. São Paulo: LTr, 2018.

FAVOREAU, Louis *e al. Droit et libertés fondamentales.* 6. ed. Dalloz, 2012.

GAURIAU, Rosane. Teletrabalho em tempos de Covid-19: um estudo comparado franco-brasileiro. *Revista do Tribunal Regional do Trabalho da 10ª Região*, v. 24, n. 1, p. 219- 230, 19 ago. 2020.

HARFF, Rafael Neves. Direito à desconexão: estudo comparado do direito brasileiro com o direito francês. *Revista eletrônica:* acórdãos, sentenças, ementas, artigos e informações, Porto Alegre, RS, v. 13, n. 205, p. 53-74, jul. 2017. Disponível em: <https://juslaboris.tst.jus.br/handle/20.500.12178/110510>. Acesso em: 25 ago. 2022.

LEGGE. 22 maggio 2017, n. 81. Disponível em: <https://www.gazzettaufficiale.it/eli/id/2017/06/13/17G00096/sg>. Acesso em: 15 jul. 2022.

LENZA, Pedro. *Direito constitucional esquematizado.* 19. ed. São Paulo: Saraiva, 2015.

LOISEAU, Grégoire. La déconnexion. Observations sur la régulation du travail dans le nouvel espace-temps des entreprises connectées. *Dr. Soc.*, 2017.

MARTINS, Adalberto. O direito à desconexão no teletrabalho. *Revista de Direito do Trabalho*, São Paulo, v. 45, n. 202, p. 201-221, jun. 2019. Disponível em: <https://hdl.handle.net/20.500.12178/165082>. Acesso em: 2 out. 2022.

MOLINA, André Araújo. Dano existencial por violação dos direitos fundamentais ao lazer e à desconexão do trabalhador. *Revista LTr:* legislação do trabalho, São Paulo, v. 81, n. 4, p. 465-477, abr. 2017.

ORGANIZAÇÃO INTERNACIONAL DO TRABALHO. *Convenção n. 155.* Segurança e Saúde dos Trabalhadores. Disponível em: <https://www.ilo.org/brasilia/convencoes/WCMS_236163/lang--pt/index.htm>. Acesso em: 29 set. 2022.

PRETTI, Gleibe. *Teletrabalho na prática:* coleção principais temas do contrato de trabalho. São Paulo: LTr, 2018.

RAY, Jean-Emmanuel. Grande accélération et droit à la déconnexion. *Dr. Soc.*, 2016.

______. Naissance et avis de décès du droit à la déconnexion, le droit à la vie privée du xxie siècle. *Dr. Soc.*, 2002.

SOUTO MAIOR, Jorge Luiz. *Do direito à desconexão do trabalho.* 2003. Disponível em: <https://www.jorgesoutomaior.com/uploads/5/3/9/1/53916439/do_direito_%C3%A0_desconex%C3%A3o_do_trabalho.pdf>. Acesso em: 1º out. 2020.

Direito à Desconexão e à Saúde do Teletrabalhador

Natalia Cristina Budini Abud
Letícia da Cunha Sanches
Sérgio Augusto Pires dos Reis Madeira

Introdução

Além de revolucionar a indústria, a modernidade e os avanços tecnológicos também atualizaram a forma de os trabalhadores executarem suas atividades laborais e, consequentemente, flexibilizaram as formas de controle do trabalho dos empregados.

Embora exista, no ordenamento jurídico brasileiro, a regulamentação sobre a jornada de trabalho, bem como a garantia e proteção pela Constituição Federal dos direitos sociais fundamentais de acesso à saúde, trabalho e ao lazer, nem sempre esses são observados e exercidos pelo teletrabalhador.

O presente artigo observa a nítida violação dos referidos direitos sociais fundamentais assegurados, garantidos e protegidos pela Constituição Federal, em decorrência do exercício das atividades laborais em regime de teletrabalho, e a necessidade de preservar o princípio da dignidade humana como meio de conceder ao empregado o patamar mínimo civilizatório, em evidente conflito de normas.

Considerando a adoção do teletrabalho e a violação ao direito à desconexão, o trabalho invadiu o ambiente familiar e a vida pessoal dos trabalhadores, fazendo com que esses exerçam suas atividades em jornadas exaustivas, e estejam hiperconectados.

Nesse contexto, o presente estudo busca analisar a ergonomia e seus impactos na saúde mental e física dos teletrabalhadores, bem como a necessidade e a importância de assegurar que os trabalhadores exerçam seu direito à desconexão.

Por fim, este estudo utilizou como método de pesquisa científica a análise do direito dos teletrabalhadores sob a vigência das normas internacionais que regulamentam o direito do trabalho, como a Declaração Universal dos Direitos Humanos, a Convenção

Americana de Direitos Humanos, as Convenções da Organização Internacional do Trabalho e, no âmbito nacional, nos termos da Constituição Federal de 1988, os artigos da Consolidação das Leis do Trabalho, sob a ótica das alterações dos direitos laborais com o advento da Lei n. 13.467/2017 e o Código Civil Brasileiro.

1. Teletrabalho e saúde mental

Inicialmente, serão tratadas as implicações à saúde mental no contexto do teletrabalho, com ênfase na inobservância do direito à desconexão.

Registra-se, no entanto, que para a construção efetiva de proteção jurídica à saúde mental do teletrabalhador, necessário observarmos que a ideia de saúde física e saúde mental resultou na criação de distintas proteções, tornando a saúde física privilegiada frente à saúde mental, conforme Mary Jane P. Spink(1). Portanto, deve-se observar a integralidade do ser humano. No entanto, a divisão da saúde do teletrabalhador em física e mental somente ocorre para efeitos didáticos e melhor compreensão do objeto da presente pesquisa.

Tem-se que a saúde física está ligada diretamente às condições de trabalho (ergonomia) e a saúde mental está ligada à organização do trabalho(2).

Nesse sentido, com a expansão do projeto político neoliberal, no Brasil, a saúde da classe trabalhadora é colocada em risco constantemente, com base na lógica de maximização dos lucros e diminuição dos gastos. Por vezes, a própria pessoa é vista como insumo ou mero recurso, como afirma Luciano Veloso Baruki(3) e Vincent Gaulejac(4).

Justificando, assim, e sem exagero, a exortação de Alain Supiot que afirma que "na relação de trabalho, o trabalhador, ao contrário do empregador, não arrisca o património, arrisca a pele".

Tal lógica utiliza-se da cultura do desempenho para influenciar as relações de trabalho, contribuindo com o aumento dos casos de depressão, síndrome de *burnout*, ansiedade, síndrome do pânico, transtorno de estresse pós-traumático, tentativa de suicídio e, por vezes o suicídio, dentre outros.

---

(1) SPINK, Mary Jane P. *O psicólogo e a saúde mental.* Ressignificando a prática. Petrópolis: Vozes, s/d., p. 150.

(2) DEJOURS, Christophe. *Trabalho, tecnologia e organização:* Avaliação do trabalho submetido à prova do real. São Paulo: Blucher, 2008.

(3) BARUKI, Luciana Veloso. *Riscos psicossociais e saúde mental do trabalhador:* Por um regime jurídico preventivo. 2. ed. São Paulo: LTr, 2018. p. 52.

(4) GAULEJAC, Vincent. *Gestão como doença social:* ideologia, poder gerencialista e fragmentação social. Aparecida: Ideias & Letras, 2007. p. 203-209. Tradução de Ivo Storniolo.

Segundo Christophe Dejours[(5)], as patologias mentais são divididas em quatro grupos: a) as patologias de sobrecargas; b) as patologias pós-traumáticas; c) as patologias de assédio; d) depressões, tentativas de suicídio e suicídios.

Nesse primeiro momento, trataremos de forma específica sobre as patologias de sobrecargas relacionadas ao teletrabalho, principalmente no tocante à saúde mental, uma vez que a carga de trabalho excessiva e a falta da desconexão são a triste realidade dos teletrabalhadores, e causam impacto e inúmeros prejuízos na vida desses empregados.

Certo é que a sobrecarga está diretamente relacionada à jornada de trabalho excessiva e superior à capacidade dos trabalhadores. Dessa forma, os teletrabalhadores apresentam sintomas como fadiga excessiva, dores de cabeça, distúrbios do sono, sofrimento, frustração, irritabilidade, baixa autoestima, entre outros[(6)].

Fato é que de acordo com um levantamento realizado pelo Ministério Público do Trabalho (MPT) em 2020, houve um aumento significativo de denúncias de trabalho realizado em jornadas excessivas, o que corresponde com mais de 4.205%, quando as atividades laborais passaram a ser realizadas na modalidade do teletrabalho[(7)].

Do mesmo modo, convém observar que ao realizarem estudos específicos sobre o teletrabalho, os pesquisadores concluíram que os teletrabalhadores possuem uma carga de trabalho mais extensa e desgastante, com rotinas de trabalhos no período noturno e até finais de semana[(8)], o que, consequentemente, traz a sensação de disponibilidade constante para o trabalho, esvaziamento da distinção entre vida profissional e vida pessoal[(9)], dificuldade de desconexão e diminuição — ou até mesmo ausência — de intervalos para descanso[(10)].

---

(5) DEJOURS, Christophe. *Trabalho, tecnologia e organização:* Avaliação do trabalho submetido à prova do real. São Paulo: Blucher, 2008.

(6) LACERDA, Gustavo Marcel Filgueiras. *O Direito Do Trabalho e a Proteção à Saúde Mental da Pessoa Trabalhadora.* Curitiba: Editora CRV, 2020. v. 1. p. 207.

(7) CAMARGO, Marcelo. *Home office*: denúncias de excesso de trabalho aumentam em 4.205% em 2020. *Rede Brasil*, 2020. Disponível em: <https://www.redebrasilatual.com.br/trabalho/home-office-denuncias-excessos-trabalho-mpt/>. Acesso em: 18 out. 2022.

(8) EUROFOUND; OIT. *Working anytime, anywhere:* the effects on the world of work. 2017. Disponível em: <https://www.ilo.org/wcmsp5/groups/public/@dgreports/@dcomm/@publ/documents/publication/wcms_544138.pdf>. Acesso em: 2 abr. 2021

(9) FELICIANO, Guilherme Guimarães; PASQUALETO, Olívia de Quintana Figueiredo. Teletrabalho, Saúde e Segurança do Trabalho e Regulamentação Estatal: Pandemia, Aprendizados e Perspectivas Futuras. *Rev. Trib. Reg. Trab. 3ª Reg.*, Belo Horizonte, v. 66, n. 102, p. 107-127, 2020.

(10) OIT. *Teleworking during the Covid-19 pandemic and beyond*, 2020. Disponível em: <https://www.ilo.org/wcmsp5/groups/public/---ed_protect/---protrav/---travail/documents/instructionalmaterial/wcms_751232.pdf>. Acesso em: 18 out. 2022.

Mas, o fato é que conforme expõe Jorge Luiz Souto Maior(11), embora a tecnologia permita o exercício do trabalho em *home office,* tal modalidade se revela contraditória, haja vista a desconstrução dos limites entre esfera do trabalho e esfera do privado. Isso porque o trabalho passa a fazer parte do domicílio e invade a vida privada do teletrabalhador.

Embora a legislação obreira possua previsão expressa quanto aos limites à extensão da jornada de trabalho, conforme art. 58, da CLT, é necessário que sejam observadas quantas horas de trabalho são desempenhadas pelo trabalhador para além da extensão de sua jornada, bem como deve ser observada a intensidade do trabalho.

A inobservância dos limites da jornada e da intensidade do desenvolvimento das atividades laborais restam ainda mais evidentes quando analisamos os infoproletariados, que são trabalhadores que dependem da informática, bem como das máquinas digitais, de *smartphone* ou de qualquer outra modalidade de trabalho digital(12).

Nesse contexto, ao realizar estudo sobre o transtorno de ansiedade, o Instituto de Psiquiatria do Hospital das Clínicas da USP(13), concluiu que triplicaram os quadros de ansiedade relacionados à sobrecarga de trabalho. No mesmo sentido, em pesquisa realizada pela *Lee Hecht Harrison* (*LHH*) do Grupo Adecco, empresa suíça de Recursos Humanos(14), que reuniu 15 mil pessoas em diversos países, apontou que 32% dos entrevistados disseram ter uma piora "significativa" da saúde mental trabalhando de casa, com baixa na qualidade da saúde mental e que sofrem de problemas como estresse, insônia, alteração do hábito alimentar, ansiedade, entre outros quadros.

Somam-se a isso a falta da desconexão e o aumento excessivo do trabalho, o que resulta em estresse e sofrimento ao teletrabalhador. Para André Souza Pereira, o estresse "instala-se quando as tensões física, mental ou emocional excedem a capacidade física e social que o indivíduo mobiliza para a superação das resistências"(15).

---

(11) SOUTO MAIOR, Jorge Luiz. Direito à desconexão do trabalho. *Revista do Tribunal Regional do Trabalho da 15ª Região*, Campinas, n. 23, 2003. Disponível em: <http://www.jorgesoutomaior.com/uploads/5/3/9/1/53916439/do_direito_à_desconexão_do_trabalho.pdf>. Acesso em: 29 ago. 2022.

(12) ANTUNES, Ricardo. *O privilégio da servidão:* o novo proletariado de serviços na era digital. 2. ed. São Paulo: Boitempo, 2020.

(13) MACIEL, Islaine. Home office *compromete saúde mental do trabalhador.* 2021. Disponível em: <https://sites.usp.br/psicousp/home-office-compromete-saude-mental-do-trabalhador/>. Acesso em: 18 out. 2022.

(14) NEITZKE, Fabrizio. Síndrome de *Burnout*, mais comum no *home office*, pode levar a AVC e infarto. *CNN Brasil*, 2022. Disponível em: <https://www.cnnbrasil.com.br/saude/sindrome-de-burnout-mais-comum-no-home-office-pode-levar-a-avc-e-infarto/>. Acesso em: 18 out. 2022.

(15) PEREIRA, Andre Souza. *Meio ambiente do trabalho e o direito à saúde mental do trabalhador:* uma abordagem construtiva do meio ambiente do trabalho psicologicamente hígido a partir da relação entre os riscos psicossociais laborais e os transtornos mentais ocupacionais. São Paulo: LTr, 2019. p. 120-127.

O estado psicológico do estresse, quando associado às TICs, elemento essencial ao teletrabalho, é também denominado *tecnoestresse*[16], que é conceituado pelo psicólogo Craig Brod, como uma "doença moderna de adaptação causada pela inabilidade de lidar com a nova tecnologia do computador de uma maneira saudável".

Ocorre que o *tecnoestresse* tem como consequência empregados desmotivados, frustrados, desmoralizados, com possível prejuízo à produtividade e qualidade de vida dos teletrabalhadores[17].

Por outro lado, doenças neuronais, como esgotamento profissional, conhecido como Síndrome do *Burnout*, passou a ser a nova forma de definir o trabalho realizado no século XXI[18]. O gatilho mental que é potencializado e resulta no *Burnout* é a superexploração de uma sociedade em si mesma e que opta pela hipervalorização do desempenho e, visando o lucro, passa a deixar de lado e não dar importância à saúde mental.

Assim, a síndrome de *burnout*, de certa forma, pode ser considerada como o agravamento do estresse, que tem como principais sintomas o esgotamento profissional, como, por exemplo, a exaustão emocional, despersonalização (reação negativa ou de insensibilidade em relação ao público que deveria receber seus serviços), diminuição do envolvimento pessoal no trabalho[19].

Além disso, ainda é possível verificar sintomas como irritabilidade e alterações do humor, evoluindo para manifestações de agressividade, alteração do sono e perda do autocontrole emocional, dentre outros aspectos.

De forma objetiva e suscinta, o *burnout* pode ser considerado como o esgotamento que "rompe com o equilíbrio psicofisiológico do indivíduo, desafiando o uso de recursos extras de energia do organismo"[20].

Ademais, insta consignar que a pesquisa realizada pela LHH do Grupo Adecco aponta ainda que com o crescimento do trabalho remoto e/ou híbrido houve também um aumento de diagnóstico de trabalhadores com síndrome de *burnout* e, consequentemente, o deterioramento da saúde mental em 45% de trabalhadores, que fazem parte da

---

(16) PAULA, Raquel Teixeira Vianna de; CAPPELLOZZA, Alexandre. Relações do tecnoestresse e neuroticismo na síndrome de *Burnout*. *Organizações em contexto*, São Bernardo do Campo, ISSNe 1982-8756. vol. 17, n. 33, jan./jun. 2021. Disponível em: <https://www.mackenzie.br/fileadmin/ARQUIVOS/Public/6-pos-graduacao/upm-higienopolis/mestrado-doutorado/admin-desen-negocios/2022/5_Rela%C3%A7%C3%B5es_do_Tecnoestresse.pdf>. Acesso em: 1º jul. 2022.

(17) *Idem*.

(18) HAN, Byung-Chul. *Sociedade do Cansaço*. 2. ed. Petrópolis: Vozes, 2017, p. 6-21. Tradução de Enio Paulo Giachini.

(19) BARUKI, Luciana Veloso. *Riscos psicossociais e saúde mental do trabalhador:* por um regime jurídico preventivo. 2. ed. São Paulo: LTr, 2018. p. 52.

(20) PEREIRA, Andre Souza. *Meio ambiente do trabalho e o direito à saúde mental do trabalhador:* uma abordagem construtiva do meio ambiente do trabalho psicologicamente hígido a partir da relação entre os riscos psicossociais laborais e os transtornos mentais ocupacionais. São Paulo: LTr, 2019. p. 120-127.

geração da Geração Z (nascidos entre 1995 e 2010); 42% entre a Geração Y (ou *millennials*), nascidos entre 1983 e 1999; 35% entre a Geração X (1961 e 1982) e, por fim, em 27% entre os chamados *Baby Boomers* (1945 e 1960)[(21)].

Diante do aumento de trabalhadores em regime de teletrabalho no Brasil e no mundo, em 2022, a Organização Mundial da Saúde (OMS) reconheceu a síndrome de *burnout* como doença ocupacional e, portanto, como patologia decorrente do meio ambiente trabalho[(22)].

No entanto, diferentemente do que muitos trabalhadores e especialistas acreditam, o *burnout* não é a mais gravosa doença relacionada ao trabalho excessivo ou ao teletrabalho. A mais gravosa patologia é denominada como o fenômeno denominado como Karoshi.

A Karoshi possui como consequência a morte súbita do trabalhador e, isso ocorre em razão de labor em jornadas excessivas com enorme sobrecarga de trabalho[(23)].

Quanto ao excesso de trabalho, de acordo com Gustavo Carvalho Chehab[(24)], os limites podem ser:

> Os limites quantitativos de excesso de trabalho, do aspecto doentio dos processos de trabalho e dos fatores internos e externos que conduzem ao karoshi não são exatos, dependem da interação deles entre si, da intensidade e do tempo de exposição ao estresse e à fadiga e da capacidade fisiológica de resistência e adaptação de cada organismo à exaustão.

Nesse ponto, cumpre ressaltar que a proteção jurídica à saúde mental do trabalhador, em que pese ser um direito previsto no art. 23 da Declaração Universal de Direitos Humanos; no art. 5º, da Convenção Americana de Direitos Humanos; nas Convenções da Organização Internacional do Trabalho 155 e 190; além de ser protegida pela Constituição Federal da República de 1988, nos termos do art. 1º, inciso III, art. 5º incisos V e X, art. 7º, inciso XXII, CF/88; bem como pelo art. 223-C, da Consolidação das Leis do Trabalho; com previsão expressa nos arts. 186, 187, 927 e 944, do Código Civil Brasileiro; também possui fundamento no Ato Conjunto do Egrégio Tribunal Superior do Trabalho de n. 8.

---

(21) CORSINI, Iuri. *Home office* e trabalho híbrido desencadearam casos de burnout entre jovens, aponta estudo. *CNN Brasil*, 2022. Disponível em: <https://www.cnnbrasil.com.br/saude/home-office-e-trabalho-hibrido-desencadearam-casos-de-burnout-entre-jovens-aponta-estudo/>. Acesso em: 22 jul. 2022.

(22) VALENTE, Jonas. Síndrome de *Burnout* é reconhecida como fenômeno ocupacional pela OMS. *Agência Brasil*, 2022. Disponível em: <https://agenciabrasil.ebc.com.br/saude/noticia/2022-01/sindrome-de-burnout-e- reconhecida-como-fenomeno-ocupacional-pela-oms#>. Acesso em: 18 out. 2022.

(23) HAN, Byung-Chul. *Sociedade do Cansaço*. 2. ed. Petrópolis: Vozes, 2017. p. 6-21. Tradução de Enio Paulo Giachini.

(24) CHEHAB, Gustavo Carvalho. Karoshi: a morte súbita pelo excesso de trabalho. *Revista do Tribunal Superior do Trabalho*, São Paulo, 2013, v.79, n.3, p. 153-180.

No entanto, conforme entende Luciana Veloso Baruki(25), mesmo com todas essas regulamentações, os trabalhadores ainda estão desprotegidos, haja vista que tais normas ainda não são eficazes e eficientes para a proteção jurídica dos trabalhadores e para a garantia da dignidade da pessoa humana. A proteção jurídica ainda é ineficiente.

Dessa forma, se faz necessária e urgente a elaboração de normas mais eficazes e rigorosas para proteger e garantir o exercício do teletrabalho e da proteção à saúde do teletrabalhador, pois conforme assegura o disposto no inciso XXII do art. 7º, da Constituição Federal, é direito dos trabalhadores urbanos e rurais, além de outros que visem à melhoria de sua condição social, a "redução dos riscos inerentes ao trabalho, por meio de normas de saúde, higiene e segurança".

Portanto, ao desempenhar as atividades laborais em regime de teletrabalho, devem ser observadas as normas de saúde e segurança do trabalhador, e a garantia de que os teletrabalhadores terão acesso a um ambiente de trabalho digno e equilibrado.

2. Teletrabalho e saúde física

Corroborando com o exposto anteriormente, importante destacarmos que a saúde do teletrabalhador não deve ser analisada somente quanto à patologia da saúde mental, mas é necessário estudar a saúde física do empregado que desempenha suas atividades na modalidade do teletrabalho.

Para melhor compreensão do prejuízo físico suportado pelo teletrabalhador, se faz essencial estudarmos a ergonomia do teletrabalho.

A base conceitual legítima da ergonomia traz um olhar para problemas complexos, que apresentam uma metodologia cuidadosa de identificação de divergência entre o trabalho regulado e o trabalho real, resultando na compreensão e na transformação além dos aspectos físicos, cognitivos e, principalmente no tocante aos aspectos organizacionais.

Diferentemente do que muitos indivíduos imaginam, a ergonomia é uma ciência de grande complexidade, haja vista que não trata única e exclusivamente de aspectos físicos ou da postura dos trabalhadores. Pelo contrário, a ergonomia vai muito além disso, pois trata de todo o ambiente laboral.

Portanto, fazem-se necessários a análise e o estudo do impacto do teletrabalho na saúde física do teletrabalhador pela ótica da ergonomia, com intuito de proteger e preservar a saúde do trabalhador, assim como garantir que tenha qualidade de vida, mantendo a integralidade da saúde e da segurança no exercício do trabalho. Desse modo, consequentemente, será realizado com maestria e perfeição as atividades laborais.

---

(25) BARUKI, Luciana Veloso. *Riscos psicossociais e saúde mental do trabalhador:* Por um regime jurídico preventivo. 2. ed. São Paulo: LTr, 2018. p. 52.

Nesse sentido, evidentemente, não somente a saúde mental do teletrabalhador é prejudicada quando realizadas na modalidade do teletrabalhador, pois conforme exposto anteriormente e, conforme restará demonstrado, a saúde física também sofre desgastes em razão da inobservância da ergonomia e em razão da falta de fiscalização por parte do empregador.

Ocorre que do mesmo modo que o trabalho pode ser fonte de saúde para o trabalhador, pode ser realizado e resultar em fator de adoecimento dos trabalhadores(26). O fato é que quando o trabalhador possui desempenho positivo no exercício de suas atividades, a saúde é afetada de forma positiva. No entanto, quando o desempenho resulta de forma infrutífera, a saúde do trabalhador é afetada negativamente.

A sociedade contemporânea, assim como a modernização da indústria e a forma de realizar as atividades laborais, flexibilizou a realização da jornada de trabalho, bem como a execução do trabalho, permitindo que esse fosse realizado fora do ambiente do empregador.

Porém, diferentemente do que o legislador tentou fazer crer, com a regulamentação expressa do teletrabalho na lei consolidada, a flexibilização do trabalho não resultou apenas em consequências positivas. Na realidade, com a regulamentação do teletrabalho, surgiram inúmeros prejuízos e desvantagens que são impactados diretamente na saúde do trabalhador.

Nesse ponto, cumpre esclarecer que o dia a dia dos trabalhadores comprova o contrário, e demonstra expressamente que inexistem benefícios. A realidade é outra, pois diariamente são retirados direitos dos trabalhadores, bem como resta evidente o desmonte dos direitos laborais ao fazer com que esses sejam enquadrados de maneira a trazer e aumentar o lucro do empregador.

A suposta flexibilização do trabalho dos teletrabalhadores caminha em sentido contrário, uma vez que inexiste jornada laboral predefinida, tampouco existe espaço físico adequado para o desempenho das atividades habituais.

Nesse sentido, precisamos concordar com a ideia trazida por Ricardo Antunes(27), ao dizer que o teletrabalho não trouxe benefícios ao teletrabalhadores.

O teletrabalho aumentou significativamente o prejuízo na saúde e na vida dos trabalhadores, uma vez que resultou de forma evidente e significativa na perda da identidade coletiva, no isolamento social, e na realização de trabalho em dupla jornada, adoecimento, e nas gradativas retiradas e eliminações de proteções trabalhistas passaram a ser uma triste

(26) BARUKI, Luciana Veloso. *Riscos Psicossociais e saúde mental do trabalhador:* Por um regime jurídico preventivo. 2. ed. São Paulo: LTr, 2018.

(27) ANTUNES, Ricardo. *O privilégio da servidão:* o novo precariado de serviços na era digital. 2. ed. São Paulo: Boitempo, 2020.

realidade na era e no desenvolvimento digital do trabalho(28). Todavia, cumpre destacar que o adoecimento do trabalhador não se iniciou na era digital.

A era digital e a modernização do trabalho fizeram com que as lesões laborais fossem intensificadas e tivessem um aumento significativo. Dessa forma, resta evidente e necessária a análise do exercício do teletrabalho, com intuito de proteger a saúde dos trabalhadores(29).

Ora, é evidente que existem algumas vantagens na utilização e na realização das atividades laborais por meio do teletrabalho, no entanto, essa modalidade também revela a existência de problemas para a saúde dos trabalhadores, o que faz necessário evitar e ser fiscalizado pelo empregador.

Um estudo realizado e publicado pela *European Journal Of Environmentt and Public Health*(30) comprovou os malefícios causados na saúde dos teletrabalhadores, resultantes de má postura, da realização de movimentos repetitivos e de longas e ininterruptas jornadas de trabalho, sem a observância de intervalos e, consequentemente, causando distúrbios osteomusculares.

Ademais, o referido estudo ainda demonstrou e constatou que o teletrabalho possui relação direta com o aumento do sedentarismo, bem como com o agravamento de doenças crônicas, tais como diabetes, doenças cardiovasculares, obesidade e hipertensão. Do mesmo modo, o trabalho em longas jornadas em frente a telas de computadores resultaram na deterioração da saúde ocular, como por exemplo, a doença do olho seco e a fadiga ocular.

O excesso e o desgaste do labor em jornadas excessivas, bem como a falta de fiscalização do ambiente de trabalho do teletrabalhador e o descumprimento da obediência e observância da ergonomia, impactam diretamente no surgimento de dores nas costas e na coluna, causadas principalmente pela postura incorreta(31).

---

(28) ANTUNES, Ricardo. *O privilégio da servidão:* o novo precariado de serviços na era digital. 2. ed. São Paulo: Boitempo, 2020.

(29) FERREIRA, Vanessa Rocha; AGUILERA, Raissa Maria Fernandez Nascimento. Os impactos do teletrabalho na saúde do trabalhador e o direito à desconexão laboral, 2021. *Revista do Direito do Trabalho e Meio Ambiente do Trabalho*. Disponível em: <https://www.indexlaw.org/index.php/revistadtmat/article/view/7564>. Acesso em: 1º de out. 2022.

(30) BUOMPRISCO, Giuseppe; RICCI, Serafino; PERRI, Roberto; DE SIO, Simone. Health and telework: new challenges after Covid-19 pandemic. *European Journal of Environmente and Public Health*, v. 5, 2021. Disponível em: <https://www.ejeph.com/article/health-and-telework-new-challenges-after-Covid-19-pandemic9705>. Acesso em: 13 out. 2022.

(31) GRUPO OCUPACIONAL. *Principais Doenças Ocupacionais no* Home Office, 2022. Disponível em: <https://www.ocupacional.com.br/ocupacional/2022/02/11/principais-doencas-ocupacionais-no-home-office/>. Acesso em: 10 out. 2022.

Cumpre ainda destacar o aumento de casos de lesão por esforço repetitivo (LER) e no crescimento de distúrbios osteomusculares relacionados ao trabalho (DORT), doenças como hérnias vertebrais, varizes, tromboses e o agravamento de doenças cardiovasculares.

Ademais, insta consignar ainda que o excesso de trabalho na modalidade do teletrabalho resulta em um aumento significativo de dores nas costas e pescoço, perda de sono e em dores de cabeça(32).

O fato é que os efeitos negativos causados pelo teletrabalho são ainda maiores quando não há fiscalização do espaço físico do trabalho realizado fora do estabelecimento do empregador, haja vista a inexistência e a inobservância da ergonomia, da disposição dos móveis, da falta de iluminação adequada e da falta de realização dos intervalos para descanso.

Demais disso, cumpre observar ainda que além das doenças físicas, o trabalho em jornada extraordinária resulta ainda em estresse do teletrabalhador, que por sua vez, não está ligado apenas aos riscos psicossociais, mas é uma das principais consequências do impacto na saúde física ou mental do teletrabalhador.(33)

3. Teletrabalho e direito à desconexão

O trabalhador conectado aos meios tecnológicos, trabalhando a distância, cria com o seu empregador uma relação de completa sujeição. Estado que não se restringe somente a trabalhar, como também a permanecer conectado a qualquer momento em que for acionado pelo empregador.

É nessa baila que verificamos como o trabalhador parece estar mais ligado ao trabalho quando está a distância do que quando se encontra presente na empresa.

Quando o trabalhador desempenha suas atividades sob o regime do teletrabalho, além de ficar mais tempo disponível por ser acionado a qualquer momento, também permanece mais acessível ao trabalho.

Em razão dessa excessiva conectividade do teletrabalhador é que podem surgir os problemas já explanados, e que estão relacionados com a prejudicialidade da saúde mental e física do teletrabalhador.

---

(32) BUOMPRISCO, Giuseppe; RICCI, Serafino; PERRI, Roberto; DE SIO, Simone. Health and telework: new challenges after Covid-19 pandemic. *European Journal of Environmente and Public Health*, v. 5, 2021. Disponível em: <https://www.ejeph.com/article/health-and-telework-new-challenges-after-Covid-19-pandemic9705. Acesso em: 13 out. 2022.

(33) OLIVEIRA, Camila de. Estresse no trabalho leva mais de 1 milhão de brasileiros a receber auxílio-doença. Maioria das empresas não sabe lidar com problemas psicológicos dos funcionários. *R7 Notícias*, 2011. Disponível em: <http://noticias.r7.com/educacao/noticias/estresse-no-trabalho-leva-mais-de-1-milhao-de-brasileiros-areceberem-auxiliodoenca-20170419.html?question=2#quiz>. Acesso em: 10 out. 2022.

Para os autores Eduardo de Souza Xavier e Fernando Augusto Melo Colussi(34), essa conexão, que faz parte da vida cotidiana, pode muitas vezes borrar os limites entre o tempo dedicado à jornada de trabalho e ao descanso. Exemplo recorrente de tal situação é o caso das comunicações constantes entre empregador e empregado nos períodos destinados ao descanso — sejam os intervalos intra ou entre jornadas, repouso semanal remunerado ou mesmo as férias.

Como forma de evitar que o trabalhador permaneça conectado ao trabalho, seja em excessiva prestação de serviço ou mesmo pela simples confusão criada em razão do trabalho se misturar com a sua vida privada, citamos o direito à desconexão.

É nesse contexto que Eduardo de Souza Xavier e Fernando Augusto Melo Colussi(35) ressaltam que surge a discussão em torno do direito à desconexão, tema que se fundamenta principalmente na limitação constitucional da jornada de trabalho, verificada no art. 7º, XIII, da Carta Magna. No mesmo sentido, a Constituição Federal estabeleceu como direito dos trabalhadores o repouso semanal e as férias anuais — art. 7º, incisos XV e XVII —, direitos que, lidos em consonância com a regulação da jornada de trabalho e das férias previstas na Consolidação das Leis do Trabalho — Capítulos II e IV —, demonstram que a limitação do tempo dedicado ao trabalho é de fundamental importância para que o empregado usufrua dos períodos de descanso.

Veja-se, ainda, que o lazer é um direito social fundamental destacado pela Constituição no mesmo nível que o trabalho, não existindo hierarquia entre os dois e, portanto, ambos devem coexistir harmoniosamente para que o trabalhador tenha uma existência digna.

Apesar de o direito à desconexão ser previsto e assegurado de forma expressa na Constituição Federal de 1988 como um direito fundamental, para o autor Ingo Wolfgang Sarlet(36), os direitos fundamentais estão insertos em uma concepção materialmente aberta, a qual permite uma interpretação ampliativa. Nesse sentido, desde que os critérios de importância e conteúdo possam ser identificados em um direito que não esteja expresso no catálogo constitucional, não se verifica nenhum entrave ao reconhecimento do direito à desconexão como um direito fundamental.

Amauri Mascaro Nascimento(37) afirma que a limitação da jornada possui como fundamento a necessidade do lazer, direito restrito a uma pequena parcela na Antiguidade

---

(34) XAVIER, Eduardo de Souza; COLUSSI, Fernando Augusto Melo. O direito à desconexão diante das novas tecnologias da informação. *4º Congresso Internacional de Direito e Contemporaneidade*, ed. 2017. ISSN 2238-9121.

(35) *Idem.*

(36) SARLET, Ingo Wolfgang. *A eficácia dos direitos fundamentais:* uma teoria geral dos direitos fundamentais na perspectiva constitucional. Porto Alegre: Livraria do Advogado, 2015. p. 93.

(37) NASCIMENTO, Amauri Mascaro. *Curso de direito do trabalho*. 22. ed. São Paulo: Saraiva, 2007.

e que foi tomando consistência a partir da Idade Moderna, ganhando dimensão universal à limitação da jornada em oito horas, com a assinatura do Tratado de Versalhes, em 1919.

Além disso, a Declaração Universal dos Direitos Humanos proclamada em 1948 prevê em seu artigo XXIV que "todo homem tem direito a repouso e lazer, inclusive a limitação razoável das horas de trabalho e férias remuneradas periódicas".

Jorge Luiz Souto Maior(38), ao tratar do tema do direito à desconexão no Brasil, destaca que as novas tecnologias operam uma espécie de escravização do homem ao trabalho e o direito à desconexão emerge como forma de garantir a saúde e a vida privada do trabalhador.

Desse modo, a preservação da saúde física e mental do teletrabalhador estaria perpetrada no direito de o trabalhador se desconectar, preservando seus direitos, inclusive quanto à dignidade da pessoa humana. Para Eduardo de Souza Xavier e Fernando Augusto Melo Colussi(39), sob tal perspectiva, seria necessário que todos os trabalhadores tivessem uma completa desconexão do trabalho, uma vez finda a jornada diária, para a preservação dos aspectos sociais, culturais, religiosos, familiares e, enfim, privados de sua vida.

Salomão Resedá(40) caminha no mesmo sentido, e enfatiza que o direito à desconexão existe como forma de assegurar o repouso do trabalhador diante das novas exigências em um mundo permeado pelas novas tecnologias.

Por outro lado, Adalberto Martins e Felipe Marinho Amaral(41) asseguram que não obstante a preocupação constante com a jornada de trabalho, os meios telemáticos e a tecnologia ingressaram nas relações de trabalho, alterando-as de forma significativa. Assim, atualmente os empregados recebem constantes mensagens eletrônicas, e-mails e relatórios por meio de sistemas, de modo que se torna mais difícil separar o tempo à disposição do empregador e o tempo de descanso.

Os autores percebem que o direito à desconexão é algo importante ao trabalhador e que deve estar dissociado da tecnologia ou dos meios telemáticos, fazendo-se necessária essa separação entre vida privada e profissional, que estaria separada entre horas de produção laboral e horas de descanso.

---

(38) SOUTO MAIOR, Jorge Luiz. Direito à desconexão do trabalho. *Revista do Tribunal Regional do Trabalho da 15ª Região*, Campinas, n. 23, 2003. Disponível em: <https://www.jorgesoutomaior.com/uploads/5/3/9/1/53916439/do_direito_%C3%A0_desconex%C3%A3o_do_trabalho..pdf>. Acesso em: 29 ago. 2022.

(39) XAVIER, Eduardo de Souza; COLUSSI, Fernando Augusto Melo. O direito à desconexão diante das novas tecnologias da informação. *4º Congresso Internacional de Direito e Contemporaneidade*, ed. 2017. ISSN 2238-9121.

(40) RESEDÁ, Salomão. O direito à desconexão: uma realidade no teletrabalho. *Revista Ltr*, São Paulo, v. 7, n. 71, 2007, p. 820-829

(41) MARTINS, Adalberto; AMARAL, Felipe Marinho. O direito à desconexão no trabalho. *Revista dos Tribunais Online*, v. 202, p. 201-221, 2019.

Nesse sentido, o direito à desconexão é fundamental a toda pessoa trabalhadora, o que é defendido também por Daniela Favilla Vaz Almeida e Lorena de Mello Rezende Colnago(42):

> É inerente a todo e qualquer empregado o direito de se desconectar, de se desligar do ambiente de trabalho, a fim de melhor interagir com a família, com amigos, ou mesmo consigo próprio – momentos de estímulo cerebral distintos das tarefas rotineiras do trabalho, o que irá proporcionar maior disposição ao empregado, além do aumento de sua criatividade, melhora do humor, maior concentração no retorno ao trabalho, dentre outros benefícios que serão revertidos em favor do próprio empregador.

O afastamento biológico e mental das atividades laborais proporciona ao empregado o descanso salutar para a compensação do desgaste físico e psíquico gerado pelo trabalho, proporcionando sua revigoração, o que também propicia tempo de fruição de convivência familiar e períodos de lazer, considerando sua natureza humano-social.(43) Daniela Favilla Almeida e Lorena de Mello Rezende Colnago salientam que o Poder Judiciário, atento à problemática, vem firmando jurisprudência no sentido de reconhecer que o trabalho em jornadas extensivas, no qual o empregado é impedido de se desconectar de seu ambiente de trabalho, é muito mais do que um mero caso de pagamento de horas extras e, sim, a ocorrência de dano existencial na vida do empregado.(44)

Assim, para as referidas autoras, a violação aos limites da duração do trabalho, quando sistemática e extenuante, afeta o ser humano como cidadão e ser social, em seus projetos de vida. E para coibir essa prática degradante surge na doutrina pátria o chamado dano existencial. O dano existencial, espécie do dano extrapatrimonial, distingue-se do dano moral na medida em que atinge um aspecto público do indivíduo, ou seja, sua relação com outros seres, com o mundo social, enquanto o dano moral consiste na lesão ao patrimônio imaterial interno da pessoa.(45)

Não deixar que o empregado se desconecte do trabalho pode produzir o dano existencial, além de levá-lo a um prejuízo físico e psíquico por permanecer constantemente ligado ao trabalho.

---

(42) ALMEIDA, Daniela Favilla Vaz; COLNAGO, Lorena de Mello Rezende. O teletrabalho, o direito à desconexão do ambiente de trabalho e os possíveis meios de inibição da prática. *Revista de direito do trabalho*, v. 169, p. 113-126. maio/jun. 2016.

(43) HOBBES, Thomas. *Leviatã ou matéria, forma e poder de um estado eclesiástico e civil*. Primeira Parte: do homem. ns. 13 e 14. São Paulo: Martin Claret, 2007.

(44) ALMEIDA, Daniela Favilla Vaz; COLNAGO, Lorena de Mello Rezende. O teletrabalho, o direito à desconexão do ambiente de trabalho e os possíveis meios de inibição da prática. *Revista de direito do trabalho*, v. 169, p. 113-126, maio/jun. 2016.

(45) *Idem*.

Como lembra Daniela Favilla Almeida e Lorena de Mello Rezende Colnago[46], impedir o empregado de se desconectar do ambiente de trabalho telemático caracteriza a ocorrência de dano existencial, porquanto a conduta do empregador compromete a liberdade de escolha do empregado, frustrando projetos de vida pessoal, na medida em que não lhe sobra tempo para outras atividades, que não o trabalho, causando-lhe doenças mentais, por vezes irreversíveis.

Diante do que foi explicitado, indagamos se não bastaria apenas desligar os meios eletrônicos para poder se desconectar do trabalho. Algo simples e fácil que evitaria que o teletrabalhador continuasse conectado ao seu empregador enquanto faz uso da tecnologia. Eduardo de Souza Xavier e Fernando Augusto Melo Colussi[47] trazem a legislação francesa no que tange ao direito à desconexão nas relações de emprego. Conhecida como *Loi Travail*, a polêmica legislação reformou diversos dispositivos do *Code du Travail* francês, dando mais reconhecimento às novas modalidades de trabalho ao tratar de temas como negociação coletiva, jornada de trabalho, emprego temporário, saúde e segurança do trabalho e, de forma inédita, direito à desconexão.

Os referidos autores aduzem que a *Loi Travail* não propõe uma regulação propriamente dita do direito à desconexão e tampouco define tal conceito. Pelo contrário, tão somente oferece possibilidade de realizar negociação coletiva sobre o tema ou da elaboração de estatutos de empresa, de acordo com as necessidades específicas e alguns poucos critérios legais. Tais critérios destacam as empresas que possuem mais de cinquenta empregados, as quais deverão necessariamente inserir na negociação coletiva o tema do direito à desconexão.[48]

Para as empresas com número de empregados abaixo do critério legal, deverá ser estabelecido pelo empregador uma espécie de estatuto, o qual definirá as modalidades do exercício do direito à desconexão e que deverá ser divulgado junto aos empregados por todos os meios disponíveis. Em ambos os casos, portanto, necessariamente haverá uma discussão sobre o direito à desconexão, de forma a definir quais os mecanismos mais adequados à realidade de cada empresa.[49]

Assim, caberá ao empregador definir as formas como serão utilizadas as ferramentas digitais para proteger o tempo de repouso, as férias e garantir o respeito ao equilíbrio entre vida profissional e familiar.

---

(46) ALMEIDA, Daniela Favilla Vaz; COLNAGO, Lorena de Mello Rezende. O teletrabalho, o direito à desconexão do ambiente de trabalho e os possíveis meios de inibição da prática. *Revista de direito do trabalho*, v. 169, p. 113-126, maio/jun. 2016.

(47) XAVIER, Eduardo de Souza; COLUSSI, Fernando Augusto Melo. O direito à desconexão diante das novas tecnologias da informação. *4º Congresso Internacional de Direito e Contemporaneidade*, ed. 2017. ISSN 2238-9121

(48) *Idem.*

(49) *Idem.*

Eduardo de Souza Xavier e Fernando Augusto Melo Colussi[50] mostram que na referida Convenção Coletiva, constam diversas ações e propostas para o exercício efetivo do direito individual à desconexão, dentre as quais destacam-se: a ausência de obrigatoriedade de responder e-mails fora do horário de trabalho, que poderá ser especificada em respostas automáticas; não responder imediatamente a uma mensagem enviada; favorecer as comunicações diretas, ou seja, não mediadas pelas tecnologias; realizar comunicações de forma respeitosa e inteligível, copiando nos e-mails somente quem necessário; alertar o superior sempre que tais medidas forem extrapoladas; e, por fim, a realização de ações de acompanhamento, formação e sensibilização dos empregados e gestores quanto à adequada utilização das ferramentas digitais. Como se observa, trata-se de regras de boas práticas, que não estabelecem critérios objetivos sobre o que é certo ou errado em termos de utilização de novas tecnologias no trabalho.

Portanto, além da possibilidade de uma Convenção Coletiva ou Estatuto para demonstrar quando desconectar, os referidos diplomas também demonstrariam práticas e medidas de como aplicar as diferentes formas de interromper a atividade laboral para se desconectar do trabalho, já que a nova Lei n. 14.442, de 2 de setembro de 2022, que veio para disciplinar o trabalho do teletrabalhador, nada diz a respeito do direito à desconexão.

4. Conclusões

Observamos que o trabalhador parece estar mais ligado ao trabalho quando está a distância do que quando está presente no estabelecimento. Quando o trabalhador está sob o regime do teletrabalho, ele não só fica mais disponível por ser acionado a qualquer momento como também permanece mais acessível ao trabalho.

Em razão dessa excessiva conectividade do teletrabalhador é que podem surgir os problemas que estão relacionados com a prejudicialidade da saúde física e mental do teletrabalhador.

Como forma de evitar que o trabalhador permaneça conectado ao trabalho, seja em excessiva prestação de serviço ou mesmo pela simples confusão criada em razão de o trabalho se misturar com a sua vida privada, citamos o direito à desconexão.

Apesar de o direito à desconexão não estar disposto expressamente na Constituição Federal de 1988 como um direito fundamental, entendeu-se que os direitos fundamentais estão insertos em uma concepção materialmente aberta, a qual permite uma interpretação ampliativa.

(50) XAVIER, Eduardo de Souza; COLUSSI, Fernando Augusto Melo. O direito à desconexão diante das novas tecnologias da informação. *4º Congresso Internacional de Direito e Contemporaneidade*, ed. 2017. ISSN 2238-9121.

Dessa forma, o direito à desconexão vem como forma de assegurar o repouso do trabalhador, porém atualmente os empregados recebem constantes mensagens eletrônicas, *e-mails* e relatórios por meio de sistemas, de modo que se torna mais difícil separar o tempo à disposição do empregador e o tempo de descanso.

Sendo assim, entendeu-se que é inerente a todo e qualquer empregado o direito de se desconectar, de se desligar do ambiente de trabalho, a fim de melhor interagir com a família, com amigos, ou mesmo consigo próprio — momentos de estímulo cerebral distintos das tarefas rotineiras do trabalho, o que irá proporcionar maior disposição ao empregado, além do aumento de sua criatividade, melhora do humor, maior concentração no retorno ao trabalho, dentre outros benefícios que serão revertidos em favor do próprio empregador.

A falta de desconexão com a realização de jornadas extensivas, no qual o empregado é impedido de se desconectar de seu ambiente de trabalho, é muito mais do que um mero caso de pagamento de horas extras e, sim, a ocorrência de dano existencial na vida do empregado.

Loi Travail, a polêmica legislação, reformou diversos dispositivos do *Code du Travail* francês, dando mais reconhecimento às novas modalidades de trabalho ao tratar de temas como negociação coletiva, jornada de trabalho, emprego temporário, saúde e segurança do trabalho e, de forma inédita, direito à desconexão, veio como uma forma prática para tirar o empregado de seu estado de conectividade.

Assim, buscando alcançar uma redução dos riscos inerentes ao trabalho, por meio de normas de saúde, higiene e segurança, caberá uma definição tripartite, empregados, empregadores e Estado, sobre as formas de utilização e adaptação das ferramentas digitais e as novas morfologias do trabalho. Assegurando, portanto, equilíbrio entre vida privada e profissional.

Referências

ALMEIDA, Daniela Favilla Vaz; COLNAGO, Lorena de Mello Rezende. O teletrabalho, o direito à desconexão do ambiente de trabalho e os possíveis meios de inibição da prática. *Revista de Direito do Trabalho*, v. 169, maio/jun. 2016.

ANTUNES, Ricardo. *O privilégio da servidão:* o novo proletariado de serviços na era digital. 2. ed. São Paulo: Boitempo, 2020.

BARUKI, Luciana Veloso. *Riscos psicossociais e saúde mental do trabalhador:* por um regime jurídico preventivo. 2. ed. São Paulo: LTr, 2018.

BUOMPRISCO, Giuseppe; RICCI, Serafino; PERRI, Roberto; DE SIO, Simone. Health and telework: new challenges after Covid-19 pandemic. *European Journal of Environmente and Public Health*, v. 5, 2021. Disponível em: <https://www.ejeph.com/article/health-and-telework-new-challenges-after-Covid-19- pandemic9705>. Acesso em: 13 out. 2022.

CAMARGO, Marcelo. *Home office*: denúncias de excesso de trabalho aumentam em 4.205% em 2020. *Rede Brasil*, 2021. Disponível em: <https://www.redebrasilatual.com.br/trabalho/home-office-denuncias-excessos-trabalho- mpt/>. Acesso em: 18 out. 2022.

CHEHAB, Gustavo Carvalho. Karoshi: a morte súbita pelo excesso de trabalho. *Revista do Tribunal Superior do Trabalho*. São Paulo, v. 79, n. 3, 2013.

CORSINI, Iuri. *Home office* e trabalho híbrido desencadearam casos de *Burnout* entre jovens, aponta estudo. *CNN Brasil*, 2022. Disponível em: <https://www.cnnbrasil.com.br/saude/home-office-e-trabalho-hibrido-desencadearam-casos-de-burnout-entre-jovens-aponta-estudo/>. Acesso em: 22 jul. 2022.

DEJOURS, Christophe. *Trabalho, tecnologia e organização:* Avaliação do trabalho submetido à prova do real. São Paulo: Blucher, 2008.

EUROFOUND; OIT. *Working anytime, anywhere:* the effects on the world of work, 2017. Disponível em: <https://www.ilo.org/wcmsp5/groups/public/@dgreports/@dcomm/@publ/documents/pu blication/wcms_544138.pdf>. Acesso em: 2 abr. 2021.

FELICIANO, Guilherme Guimarães; PASQUALETO, Olívia de Quintana Figueiredo. Teletrabalho, Saúde e Segurança do Trabalho e Regulamentação Estatal: Pandemia, Aprendizados e Perspectivas Futuras. *Rev. Trib. Reg. Trab. 3ª Reg.*, Belo Horizonte, v. 66, n. 102, 2020.

FERREIRA, Vanessa Rocha; AGUILERA, Raissa Maria Fernandez Nascimento. Os impactos do teletrabalho na saúde do trabalhador e o direito à desconexão laboral, 2021. *Revista do Direito do Trabalho e Meio Ambiente do Trabalho.* Disponível em: <https://www.indexlaw.org/index.php/revistadtmat/article/view/7564>. Acesso em: 1º out. 2022.

GAULEJAC, Vincent. *Gestão como doença social:* ideologia, poder gerencialista e fragmentação social. Aparecida: Ideias & Letras, 2007. Tradução de Ivo Storniolo.

GRUPO OCUPACIONAL. *Principais Doenças Ocupacionais no* Home Office, 2022. Disponível em: <https://www.ocupacional.com.br/ocupacional/2022/02/11/principais-doencas-ocupacionais-no-home-office/>. Acesso em: 10 out. 2022.

HAN, Byung-Chul. *Sociedade do Cansaço*. 2. ed. Petrópolis: Vozes, 2017. Tradução de Enio Paulo Giachini.

HOBBES, Thomas. *Leviatã ou matéria, forma e poder de um estado eclesiástico e civil.* Primeira Parte: do homem. n. 13 e 14. São Paulo: Martin Claret, 2007.

LACERDA, Gustavo Marcel Filgueiras. *O Direito do Trabalho e a proteção à saúde mental da pessoa trabalhadora.* Curitiba: Editora CRV, 2020. v. 1.

MACIEL, Islaine. *Home office* compromete saúde mental do trabalhador, 2021. Disponível em: <https://sites.usp.br/psicousp/home-office-compromete-saude-mental-do- trabalhador/>. Acesso em: 18 out. 2022.

MARTINS, Adalberto; AMARAL, Felipe Marinho. O direito à desconexão no trabalho. *Revista dos Tribunais Online*, v. 202, 2019.

NASCIMENTO, Amauri Mascaro. *Curso de direito do trabalho*. 22. ed. São Paulo: Saraiva, 2007.

NEITZKE, Fabrizio. Síndrome de *Burnout*, mais comum no *home office*, pode levar a AVC e infarto. *CNN Brasil*, 2022. Disponível em: <https://www.cnnbrasil.com.br/saude/sindrome-de-burnout-mais-comum-no-home-office-pode-levar-a-avc-e-infarto/>. Acesso em: 18 out. 2022.

OIT. *Teleworking during the Covid-19 pandemic and beyond*, 2020. Disponível em: <https://www.ilo.org/wcmsp5/groups/public/---ed_protect/---protrav/---travail/documents/instructionalmaterial/wcms_751232.pdf>. Acesso em: 18 out. 2022.

OLIVEIRA, Camila de. Estresse no trabalho leva mais de 1 milhão de brasileiros a receber auxílio-doença. Maioria das empresas não sabe lidar com problemas psicológicos dos funcionários. *R7 Notícias*, 2011. Disponível em: <http://noticias.r7.com/educacao/noticias/estresse-no-trabalho-leva-mais-de-1-milhao-de-brasileiros-areceberem-auxiliodoenca-20170419.html?question=2#quiz>. Acesso em: 10 out. 2022.

PAULA, Raquel Teixeira Vianna de; CAPPELLOZZA, Alexandre. Relações do tecnoestresse e neuroticismo na síndrome de *Burnout*. *Organizações em contexto*, São Bernardo do Campo, ISSNe 1982-8756, vol. 17, n. 33, jan./jun. 2021. Disponível em: <https://www.mackenzie.br/fileadmin/ARQUIVOS/Public/6-pos-graduacao/upm-higienopolis/mestrado-doutorado/admin-desen-negocios/2022/5_Rela%C3%A7%C3%B5es_do_Tecnoestresse.pdf>. Acesso em: 1º jul. 2022.

PEREIRA, Andre Souza. *Meio ambiente do trabalho e o direito à saúde mental do trabalhador:* uma abordagem construtiva do meio ambiente do trabalho psicologicamente hígido a partir da relação entre os riscos psicossociais laborais e os transtornos mentais ocupacionais. São Paulo: LTr, 2019.

RESEDÁ, Salomão. O direito à desconexão: uma realidade no teletrabalho. *Revista Ltr*, São Paulo, v. 7, n. 71, 2007.

SARLET, Ingo Wolfgang. *A eficácia dos direitos fundamentais:* uma teoria geral dos direitos fundamentais na perspectiva constitucional. Porto Alegre: Livraria do Advogado, 2015.

SOUTO MAIOR, Jorge Luiz. Direito à desconexão do trabalho. *Revista do Tribunal Regional do Trabalho da 15ª Região*, Campinas, n. 23, 2003. Disponível em: <http://www.jorgesoutomaior.com/uploads/5/3/9/1/53916439/do_direito_à_desconexão_do_trabalho.pdf>. Acesso em: 29 ago. 2022.

SPINK, Mary Jane P. *O psicólogo e a saúde mental.* Ressignificando a prática. Petrópolis: Vozes, s/d.

VALENTE, Jonas. Síndrome de Burnout é reconhecida como fenômeno ocupacional pela OMS, 2022. Disponível em: <https://agenciabrasil.ebc.com.br/saude/noticia/2022- 01/sindrome-de-burnout-e-reconhecida-como-fenomeno-ocupacional-pela-oms#>. Acesso em: 18 out. 2022.

XAVIER, Eduardo de Souza; COLUSSI, Fernando Augusto Melo. O direito à desconexão diante das novas tecnologias da informação. *4º Congresso Internacional de Direito e Contemporaneidade*, ed. 2017. ISSN 2238-9121.

O Quarto do Desespero e o Labirinto que Aprisiona[1]

Viviane Vidigal

Introdução

Ao caminhar pelas ruas de Paris, Colette Guillaumin[2] parou para observar a cena de um homem, em situação de rua, dando susto em transeuntes que por ali passavam e logo depois caindo na gargalhada. A socióloga francesa constatou que aquele homem aparentemente transtornado, só fazia isso com mulheres. As pessoas sabem quais corpos podem receber as "brincadeiras" e sabem em quem não se pode tocar.

A violência de gênero presenciada nas ruas de Paris é reproduzida nas ruas dos municípios do Brasil. A quantidade de mulheres vítimas de violência no ano de 2020, durante a pandemia, pode ter sido reduzida levemente em comparação com os anos de 2017 e 2019, no entanto, o perfil da violência mudou: a queda no número geral foi devida a uma diminuição da violência nas ruas. Por outro lado, a vitimização das mulheres dentro de casa aumentou.

O isolamento social decorrente da necessidade de evitar a propagação do coronavírus levou para o trabalho a distância um contingente ainda não claramente contabilizado de trabalhadores(as). Antes da pandemia, o IBGE anunciara, em 2018, um total de 3,8 milhões de pessoas trabalhando "no domicílio de residência". Na semana de 21 a 27 de junho de 2020, já no contexto da PNAD-Covid-19, o IBGE estimou em 8,6 milhões o número de brasileiros que "trabalhavam remotamente"[3]. Não há dúvida, portanto,

---

(1) O texto apresentado neste artigo parte das reflexões elaboradas por Viviane Vidigal e Maíra Morato. VIDIGAL, V.; MORATO, M. De brancas a coloridas, as paredes do labirinto: gênero, pandemia e *home office*, 2022. Disponível em: <https://direitodotrabalhocritico.com/2022/01/18/de-brancas-a-coloridas-as-paredes-do-labirinto-genero-pandemia-e-home-office1/>.

(2) GUILLAUMIN, Colette. *Sexe, Race et Pratique du pouvoi*, l'idée de Nature. Paris: Côté-femmes, 1992. 241 p.

(3) Não se descura que existem diferenças conceituais entre trabalho remoto, teletrabalho e *home office*. A este despeito, tal debate não é central ao recorte que se propõe o texto. Para se aprofundar no assunto indicamos ao leitor o artigo: KROST, Oscar. *Teletrabalho, Covid-19 e a Medida Provisória n. 927/20:* Reduzindo distância entre meios e fins.

de que a pandemia evidenciou, pelo menos em parte, as potencialidades das atividades laborais exercidas remotamente, mas quais são as tensões que as envolvem?

Este capítulo tem como escopo apresentar alguns debates centrais acerca do trabalho contemporâneo. Trata-se da temática do *home office*. Abordar-se-ão questões de repercussão mais amplas em torno de um modelo de expediente que vinha sendo adotado de maneira lenta e difusa, mas que tem a possibilidade de espraiamento quando vier "o novo normal", isto é, com o fim, ou pelo menos o arrefecimento, da ação do SARS-CoV-2.(4)

O contexto é o pandêmico, a análise recai sobre o *home office*, o recorte é o de gênero e a perspectiva é o trabalho das mulheres, em especial as que são mães. A partir do conceito do labirinto de cristal, sustentamos que a casa se tornou um labirinto, onde se encontram obstáculos, dada a divisão sexual do trabalho na sociedade patriarcal, e suas consequências que ficaram ainda mais visíveis e agudizadas com a pandemia.

1. O labirinto de cristal

O conceito de labirinto de cristal utilizado neste artigo foi o de Betina Stefanello Lima(5), cunhado em sua pesquisa de mestrado sobre a carreira científica de mulheres na física. O labirinto de cristal indica que "os obstáculos encontrados pelas mulheres, simplesmente por pertencerem à categoria "mulher", estão dispostos ao longo de sua trajetória"(6). A presença dos obstáculos apresenta suas consequências, tais como: desistência de uma determinada carreira, sua lenta ascensão e estagnação em um dado patamar profissional, por causa dos diversos desafios e armadilhas dispostos no labirinto. Assim, as contribuições da autora presentes na metáfora do labirinto são o entendimento de que os obstáculos estão presentes ao longo de toda a trajetória profissional feminina e não somente em um determinado patamar, bem como a concepção de que as barreiras e armadilhas do labirinto não estão somente associadas à ascensão na carreira, mas também ao ritmo do ganho de reconhecimento de atuação.(7)

Vidigal e Morato(8) propõem ao(à) leitor(a) recorrer à memória e relembrar algum episódio que presenciou ou ouviu falar sobre algum prêmio, alguma promoção, algum

(4) MORATO, Maíra; VIDIGAL, Viviane. ENTRE AS PAREDES COLORIDAS DO LABIRINTO: GÊNERO, PANDEMIA E HOME OFFICE. In: *Anais do Encontro Nacional da ABET:* crises e horizontes do trabalho a partir da periferia. Anais. Uberlândia (MG) Universidade Federal de Uberlândia, 2021. Disponível em: <https//www.even3.com.br/anais/abet_trabalho2021/349635-ENTRE-AS-PAREDES-COLORIDAS-DO-LABIRINTO--GENERO-PANDEMIA-E-HOME-OFFICE>.

(5) LIMA, Betina Stefanello. O labirinto de cristal: as trajetórias das cientistas na Física. *Revista Estudos Feministas*, 21(3): 883-903, set./dez. 2013.

(6) *Idem.*

(7) *Idem.*

(8) VIDIGAL, V.; MORATO, M. *De brancas a coloridas, as paredes do labirinto:* gênero, pandemia e *home office*, 2022. Disponível em: <https://direitodotrabalhocritico.com/2022/01/18/de-brancas-a-coloridas-as-paredes-do-labirinto-genero- pandemia-e-home-office1/>.

cargo, alguma vaga, algum concurso, alguma publicação, em que foi selecionado o candidato homem, enquanto a voz da narradora de sua cabeça sussurrava "ela era muito melhor...". Nas articulações patriarcais, machistas e misóginas que nos organizam, a mulher, para se destacar no mercado de trabalho, precisa ser extraordinária em relação ao homem médio. As mulheres trabalhadoras (que não soltam fogos pelos olhos e não voam) são postas à margem, na invisibilidade, nas sombras e no ostracismo, para que seu trabalho seja apropriado e divulgado por aqueles com capital simbólico, para que, enfim, o pacto narcísico masculino possa aplaudir seus semelhantes.

Apesar de sua concretude, os obstáculos do labirinto também são transparentes como um cristal e podem passar despercebidos, já que suas armadilhas são construídas na massa cultural[9] e social. As mulheres são obrigadas a suportar esses obstáculos do labirinto de cristal, invisíveis a olho nu, pois "escapam à formalidade da lei e encontram poucas formas de resistência, uma vez que sua naturalização não facilita a sua percepção"[10]. Dentre os vários obstáculos enfrentados pelas mulheres em suas carreiras pode-se citar a maior responsabilidade pelo trabalho reprodutivo, o que as leva a abandonar estudos ou carreiras, ou mesmo se inserir de forma insatisfatória no mercado e com menor tempo disponível às atividades. Junto a isso, estão submetidas ao discurso da meritocracia como elemento para o desenvolvimento profissional, o qual "desgeneriza" as experiências, de forma a não reconhecer ou minimizar os problemas relacionados ao gênero[11].

Para as mulheres negras, o labirinto de cristal é ainda mais estreito e tortuoso[12]. O "dispositivo de racialidade"[13] age no labirinto para invisibilizar mulheres negras e até mesmo os obstáculos que elas enfrentam diariamente, deixando cair sobre elas o peso pela não ascensão na hierarquia social[14]. As mulheres negras no mercado de trabalho ainda têm que lidar com as "Imagens de Controle"[15] que servem para aprisioná-las

---

(9) LIMA, Betina Stefanello. O labirinto de cristal: as trajetórias das cientistas na Física. *Revista Estudos Feministas*, 21(3): 883-903, set./dez. 2013.

(10) *Idem.*

(11) MORATO, Maíra; VIDIGAL, Viviane. ENTRE AS PAREDES COLORIDAS DO LABIRINTO: GÊNERO, PANDEMIA E *HOME OFFICE*. In: *Anais do Encontro Nacional da ABET:* Crises e horizontes do trabalho a partir da periferia. Anais. Uberlândia(MG) Universidade Federal de Uberlândia, 2021. Disponível em: <https//www.even3.com.br/anais/abet_trabalho2021/349635-ENTRE-AS-PAREDES-COLORIDAS-DO-LABIRINTO--GENERO-PANDEMIA-E-HOME-OFFICE>.

(12) VIDIGAL, Viviane; ALBUQUERQUE, Fabiane. Intersecções no labirinto do feminino aos feminismos no âmbito do trabalho. *Revista da Faculdade Mineira de Direito*, v. 24, n. 47, Belo Horizonte, 2021.

(13) CARNEIRO, Sueli. *A Construção do Outro como Não Ser como fundamento do Ser*. 2005. Tese. (Doutorado em Filosofia). Universidade de São Paulo, São Paulo, 2005.

(14) VIDIGAL, Viviane; ALBUQUERQUE, Fabiane. Intersecções no labirinto do feminino aos feminismos no âmbito do trabalho. *Revista da Faculdade Mineira de Direito*, v. 24, n. 47, Belo Horizonte, 2021.

(15) COLLINS, Patricia Hill. *Black Feminist Thought:* knowledge, consciousness and the politics of empowerment: Nova York: Routledge, 2009.

em lugares reais ou simbólicos. Essas objetificam corpos negros e influenciam todas as formas de relações, mas, sobretudo, são utilizadas para justificar a posição de cada sujeito na estrutura de poder, no caso das mulheres negras, naquele lugar da margem e da servidão[16]. Encontrando-se inseridas em atividades mais precárias, ocupando a maior parte dos trabalhos manuais e domésticos, mal pagos e desprotegidos socialmente, se inserindo no chamado "matriarcado da miséria"[17] por ter sua história marcada pela exclusão social e discriminação.[18]

Vidigal e Morato[19] destacam o conceito de labirinto de cristal porque o texto se propõe uma análise para além do teto de vidro[20] sobre suas cabeças, o patriarcado[21], mas os desafios que as mulheres enfrentam diariamente, as barreiras e obstáculos que encontram no âmbito laboral ao longo de toda trajetória profissional, e que no atual contexto, são reproduzidos dentro de suas casas. A seguir demonstraremos como os obstáculos desse labirinto se constroem, justamente, com base em papéis sociais que são construídos e definidos para o sexo masculino e feminino.

2. A divisão sexo-racial do trabalho

A divisão sexual do trabalho é a forma, modulada histórica e socialmente, de divisão do trabalho decorrente das relações sociais entre os sexos. Tem como características a designação prioritária dos homens à esfera produtiva e das mulheres à esfera reprodutiva e, simultaneamente, a apropriação pelos homens das funções com maior valor social adicionado. Tendo dois princípios organizadores: "o princípio de separação (existem trabalhos de homens e trabalhos de mulheres) e o princípio hierárquico (um trabalho de homem "vale" mais que um trabalho de mulher)"[22].

(16) VIDIGAL, Viviane; ALBUQUERQUE, Fabiane. Intersecções no labirinto do feminino aos feminismos no âmbito do trabalho. *Revista da Faculdade Mineira de Direito*, v. 24, n. 47, Belo Horizonte, 2021.

(17) Expressão citada por Sueli Carneiro (2011, p. 121) e cunhada pelo poeta negro Arnaldo Xavier.

(18) CARNEIRO, Sueli. *Racismo, sexismo e desigualdade no Brasil*. São Paulo: Selo Negro, 2011.

(19) VIDIGAL, V.; MORATO, M. De brancas a coloridas, as paredes do labirinto: gênero, pandemia e *home office*, 2022. Disponível em: <https://direitodotrabalhocritico.com/2022/01/18/de-brancas-a-coloridas-as-paredes-do-labirinto-genero- pandemia-e-home-office1/>.

(20) O teto de vidro é um conceito bem conhecido na área dos estudos de gênero e feministas e tem sido utilizado como metáfora para representar o obstáculo invisível, porém concreto, que impede as mulheres de chegarem a determinadas posições de prestígio nas profissões (VIDIGAL; ALBUQUERQUE, 2021).

(21) VIDIGAL, Viviane; ALBUQUERQUE, Fabiane. "Intersecções no labirinto do feminino aos feminismos no âmbito do trabalho". *Revista da Faculdade Mineira de Direito*, v. 24, n. 47. Belo Horizonte, 2021.

(22) HIRATA, Helena; KERGOAT, Danièle. Novas configurações da divisão sexual do trabalho. *Cad. Pesqui.*, São Paulo, v. 37, n. 132, p. 595-609, dez. 2007. Disponível em: <http://www.scielo.br/scielo.php?script=sci_arttext&pid=S0100->.

A emergência do conceito da divisão sexual do trabalho teve um papel muito importante para questionar o que era a definição clássica de trabalho. Problematizando que o debate de classe não explicava e não dava conta do conjunto da realidade do trabalho. As feministas que discutiram a divisão sexual do trabalho estavam no campo do marxismo e eram prevalentemente brancas, transcurando assim, o aspecto constitutivo da divisão social do trabalho: a raça(23). Isso porque a divisão sexual do trabalho produz e se reproduz através do gênero em conjunto com classe e raça. Sendo que os constrangimentos sociais, culturais e materiais se apresentam de forma diferente para as mulheres a depender da cor de sua pele e de sua classe social, sendo que a generalização da condição somente baseada no gênero pode vir a ocultar as diferentes formas de opressão.

A par das diferenças e dos privilégios distribuídos de forma diversa entre as mulheres, em um primeiro momento, a divisão sexual do trabalho traz a aparência de haver uma destinação dos homens ao trabalho chamado produtivo e uma destinação prioritária das mulheres ao trabalho reprodutivo. Mas o que se viu foi que as mulheres estão simultaneamente nas duas esferas: no trabalho produtivo e no trabalho reprodutivo. Portanto, a divisão sexual do trabalho não se restringe ao plano dicotômico de separação entre trabalho produtivo e reprodutivo, ela se repõe, também, na própria esfera produtiva com mulheres ocupando tradicionalmente nichos específicos do mercado de trabalho, os chamados por Bruschini e Lombardi(24) de "guetos" ocupacionais femininos.

A forma de desenvolvimento capitalista produziu historicamente uma vida cotidiana em que o tempo social que conta, ou seja, o tempo de trabalho que tem valor, é aquele empregado na produção de mercadoria, gerador de mais-valia. O trabalho produtivo das mulheres ainda se manifesta como um prolongamento de atividades do trabalho reprodutivo, sendo subjugado sob a perspectiva da proteção jurídica laboral e do binômio tempo-valor(25). A velha máxima capitalista de que "tempo é dinheiro" não se aplica ao universo feminino, pois "para as mulheres, tempo não tem sido dinheiro"(26). O trabalho reprodutivo exercido por elas é dissociado da ideia de valor e de tempo de trabalho, transformado em outras coisas, seja em "afeto, em mágica, em amor, em obrigação, naturalização, em candura, em instinto, em destino, em mil expectativas e papéis sociais, morais e religiosos que tentam ocultar a força desses tempos e valores para a produção

(23) VIDIGAL, Viviane; ALBUQUERQUE, Fabiane. Intersecções no labirinto do feminino aos feminismos no âmbito do trabalho. *Revista da Faculdade Mineira de Direito*, v. 24, n. 47, Belo Horizonte, 2021.

(24) BRUSCHINI, C.; LOMBARDI, M.R. A bipolaridade do trabalho feminino no Brasil contemporâneo. *Cadernos de Pesquisa*, jul. 2000, n. 110, São Paulo, Fundação Carlos Chagas.

(25) VIDIGAL, Viviane; ALBUQUERQUE, Fabiane. Intersecções no labirinto do feminino aos feminismos no âmbito do trabalho. *Revista da Faculdade Mineira de Direito*, v. 24, n. 47, Belo Horizonte, 2021.

(26) PEREIRA, Flávia Souza Máximo; NICOLI, Pedro Augusto Gravatá. Os segredos epistêmicos do direito do trabalho. *Revista Brasileira de Políticas Públicas*, Brasília, v. 10, n. 2, p. 519-544, 2020.

e sustentação da vida e da economia"[27]. Trata-se de um trabalho travestido de amor, diário, gratuito e invisibilizado.

Além disso, o fato de o trabalho reprodutivo não ser remunerado acaba refletindo em um empobrecimento contínuo das mulheres e em sua inserção insatisfatória no mercado de trabalho produtivo[28], mantendo desigualdades salariais, de evolução na carreira e de outras ordens em relação aos homens[29], pois o trabalho não remunerado lhes retira tempo e energia para se dedicarem de forma igual, tempo esse que sequer existe para o cronômetro capitalista. Em um paradoxo cruel, exige-se das mulheres a perfeição, não basta que sejam boas no que fazem, medianas, é preciso que se esforcem muito mais do que homens para terem um mínimo de visibilidade. Mas a busca pela perfeição demanda tempo, e como manter essa busca se não se tem tempo? É a partir desse cenário que problematizaremos o trabalho produtivo e reprodutivo na pandemia, quando realizado no espaço doméstico[30].

3. As cores e as paredes

No começo da pandemia, Morato e Vidigal contam que as paredes do local de onde uma delas trabalhava, excepcionalmente de casa, enquanto seu filho estava na escola — eram brancas. Certo dia, ainda nos primeiro meses de isolamento social, enquanto trabalhava e prestava atenção a uma reunião realizada por videoconferência, seu filho pintou com canetinha hidrocor essa parede. Alguns minutos sem lhe dar atenção bastaram para a realização da obra de arte do pequeno pintor contemporâneo. O menino não foi repelido, e então, no dia seguinte, fez novamente. E assim, nos dias e meses que se seguiram. Enquanto o filho colorisse as paredes, a mãe poderia trabalhar[31].

A pandemia de Covid-19 veio acentuar e escancarar a desigualdade entre os gêneros no trabalho. Inúmeras pessoas foram levadas a realizar trabalho remoto, em suas residências, a fim de evitar o risco de contágio. Além disso, o fechamento de creches e escolas contribuiu com a alteração da rotina doméstica e acrescentou mais algumas

(27) PEREIRA, Flávia Souza Máximo; NICOLI, Pedro Augusto Gravatá. Os segredos epistêmicos do direito do trabalho. *Revista Brasileira de Políticas Públicas*, Brasília, v. 10, n. 2, p. 519-544, 2020.

(28) FEDERICI, Silvia. *Calibã e a bruxa:* mulheres, corpo e acumulação primitiva. São Paulo: Editora Elefante, 2017.

(29) PEREIRA, Flávia Souza Máximo; NICOLI, Pedro Augusto Gravatá. Os segredos epistêmicos do direito do trabalho. *Revista Brasileira de Políticas Públicas*, Brasília, v. 10, n. 2, p. 519-544, 2020.

(30) VIDIGAL, V.; MORATO, M. *De brancas a coloridas, as paredes do labirinto:* gênero, pandemia e *home office*, 2022. Disponível em: <https://direitodotrabalhocritico.com/2022/01/18/de-brancas-a-coloridas-as-paredes-do-labirinto-genero- pandemia-e-home-office1/>.

(31) MORATO, Maíra; VIDIGAL, Viviane. ENTRE AS PAREDES COLORIDAS DO LABIRINTO: GÊNERO, PANDEMIA E *HOME OFFICE*. In: *Anais do Encontro Nacional da ABET:* Crises e horizontes do trabalho a partir da periferia. Anais. Uberlândia(MG) Universidade Federal de Uberlândia, 2021. Disponível em: <https//www.even3.com.br/anais/abet_trabalho2021/349635-ENTRE-AS-PAREDES-COLORIDAS-DO-LABIRINTO--GENERO-PANDEMIA-E-HOME-OFFICE>.

atribuições às mulheres, que assumiram múltiplas jornadas. De acordo com Zanoni, Bezerra e Bridi:

> [...] faz-se necessário compreender como o trabalho remoto se configura em razão da assimetria entre os papéis sociais atribuídos a homens e mulheres e que ainda prevalecem bem demarcados na sociedade, apesar das mudanças culturais, politicas forcejadas pelas lutas sociais em torno da igualdade entre os sexos. [...] as relações de trabalho e atividades domésticas (não remuneradas) se sobrepõem, fazendo com que elas trabalhem mais, pois as tarefas domésticas permanecem distribuídas desigualmente entre homens e mulheres.[(32)]

Ao analisarmos os dados estatísticos quanto às horas trabalhadas, no trabalho produtivo (remunerado), as mulheres não ultrapassam os homens, mas se somarmos o trabalho reprodutivo (não remunerado), elas trabalham em média 7,5 horas a mais que os homens por semana, segundo estudo do Instituto de Pesquisa Econômica Aplicada (IPEA) com dados do IBGE[(33)]. Em decorrência da distribuição desigual do trabalho de cuidado, a produtividade do trabalho feminino não se equivale à produtividade performada por um homem, pois o tempo de qualidade que a mulher consegue se dedicar integralmente ao trabalho remunerado diminui.

Zanoni, Bezerra e Bridi analisam que "as mulheres, devido ao acúmulo de tarefas domésticas e de cuidado dos filhos, são mais interrompidas durante suas jornadas de trabalho e necessitam de mais dias para realizarem as mesmas atividades que seus colegas homens"[(34)]. Ainda de acordo com Lawson "as mulheres e meninas que assumem essa responsabilidade têm pouco tempo para si mesmas e, portanto, não conseguem satisfazer suas necessidades básicas ou participar de atividades sociais e políticas".[(35)]

Em relação às dificuldades enfrentadas no trabalho remoto, as diferentes percepções evidenciam recortes de gênero:

> Para as mulheres, apareceu com frequência expressiva, termos relacionados à dificuldade de concentração e às interrupções que sofrem durante a

---

(32) ZANONI, Alexandre Pilan; BEZERRA, Giovana Uehara; BRIDI, Maria Aparecida. *Banco de dados gênero:* O trabalho remoto e as condições das mulheres no contexto da pandemia Covid-19. Curitiba: GETS/UFPR; REMIR, 2020.

(33) Informação disponível em: <https://www.ipea.gov.br/portal/images/stories/PDFs/170306_retrato_das_desigualdades_de_genero_raca.pdf>. Acesso em: 05 abr. 2021.

(34) ZANONI, Alexandre Pilan; BEZERRA, Giovana Uehara; BRIDI, Maria Aparecida. *Banco de dados gênero:* O trabalho remoto e as condições das mulheres no contexto da pandemia Covid-19. Curitiba: GETS/UFPR; REMIR, 2020.

(35) LAWSON, Max; BUTT, Anam Parvez Butt; SAROSI, Rowan Harvey, Diana; COFFEY, Clare; PIAGET, Kim; THEKKUDAH, Julie. *Relatório Tempo de cuidar*. Oxfan Brasil, 2020.

atividade laboral em casa. Já para os homens, o termo "dificuldade" aparece conectado à questão de falta de contato com os colegas.(36)

Uma matéria da *Folha de S. Paulo*(37) intitulada "Crianças ganham mais tempo com as mães na quarentena", de maio de 2020, é interessante para observarmos como a maternidade em *home- office* está sendo documentada e retratada no contexto da pandemia. O referido texto poderia ter sido escrito pelos filhos das autoras e ter outro título: "Das maravilhas de ficar em casa". Pela perspectiva das crianças, com algodões doces e a pipoca, a matéria não faz perguntas fundamentais sobre a situação das mulheres que trabalham. Trata-se da romantização da quarentena como se fosse um sonho realizado para mães e crianças, demonstrando a realização do patriarcado: as mulheres confinadas de volta ao lar, ao seu lugar de origem, a domesticidade e a maternidade como a mais nobre, importante e mais que isso, única função que a mulher deve cumprir na sociedade. Dizemos que o texto é sobre a maternidade, não a paternidade, porque a matéria em nenhum momento cita a figura paterna. A palavra pai não aparece. Revelando-se um texto sobre as mulheres e a privatização do cuidado(38).

De acordo com estudo do IPEA(39), 40% dos lares brasileiros são chefiados por mulheres, sendo que, entre 2005 e 2015, o número de famílias compostas por mães solo subiu de 10,5 milhões para 11,6 milhões, segundo dados do IBGE (2017). Embora o trabalho de cuidado diga respeito a toda sociedade, tem sido realizado principalmente por mulheres, "sendo definido historicamente, como trabalho de mulher [...] lugar de mulher"(40) e estas são "responsáveis por mais de três quartos do cuidado não remunerado [...]. Mulheres e meninas ao redor do mundo dedicam 12,5 bilhões de horas, todos os dias, ao trabalho de cuidado não remunerado [...]"(41). O *care* remete-nos à questão de

---

(36) ZANONI, Alexandre Pilan; BEZERRA, Giovana Uehara; BRIDI, Maria Aparecida. *Banco de dados gênero:* O trabalho remoto e as condições das mulheres no contexto da pandemia Covid-19. Curitiba: GETS/UFPR; REMIR, 2020.

(37) Informação disponível em: <https://www1.folha.uol.com.br/cotidiano/2020/05/criancas-ganham-mais-tempo-com-as-maes-na-quarentena.shtml?tm_source=facebook&utm_medium=social&utm_campaign=compfb&fbclid=IwAR2zXUCBpfzRct5nwF_3OTsn5KqDbgUdNID2Z9PYwpRcg2m3rCMvwXFnvVg>. Acesso em: 15 abr. 2021.

(38) MORATO, Maíra; VIDIGAL, Viviane. ENTRE AS PAREDES COLORIDAS DO LABIRINTO: GÊNERO, PANDEMIA E *HOME OFFICE*. In: *Anais do Encontro Nacional da ABET:* Crises e horizontes do trabalho a partir da periferia. Anais. Uberlândia(MG) Universidade Federal de Uberlândia, 2021. Disponível em: <https//www.even3.com.br/anais/abet_trabalho2021/349635-ENTRE-AS-PAREDES-COLORIDAS-DO-LABIRINTO--GENERO-PANDEMIA-E-HOME-OFFICE>.

(39) Informação disponível em: <http://www.ipea.gov.br/retrato/indicadores_chefia_familia.html>. Acesso em: 15 abr. 2021.

(40) BIROLI, Flávia. *Gênero e Desigualdades:* os limites da democracia no Brasil. São Paulo: Boitempo, 2018. Livro Digital.

(41) LAWSON, Max; BUTT, Anam Parvez Butt; SAROSI, Rowan Harvey, Diana; COFFEY, Clare; PIAGET, Kim; THEKKUDAH, Julie. *Relatório Tempo de Cuidar*. Oxfan Brasil, 2020.

gênero à medida que essa atividade está profundamente naturalizada. As mulheres são responsabilizadas — e se responsabilizam — pela execução cotidiana e permanente do trabalho doméstico e de cuidados.

O papel da mulher na sociedade é ancorado na ideia de que esta é responsável pelos cuidados a serem dispensados à sua família, fundado na ideia do amor maternal[(42)]. Não se trata de um dom natural, um talento especial ou um fenômeno biológico para essas atribuições, sendo necessários muitos anos de "socialização e treinamento diários, realizados por uma mãe não remunerada, para preparar a mulher para esse papel"[(43)]. Há, sim, uma construção social que produz e reproduz, a partir de valores e convenções tradicionais de gênero, a associação entre mulheres e cuidado, ao mesmo tempo que desassocia dos homens essas mesmas habilidades[(44)].

A despeito de outros modelos de organização do trabalho terem surgido, tal como o paradigma da parceria, onde homens e mulheres seriam parceiros no desempenho das tarefas domésticas, tal modelo não teve o êxito desejado, pois a responsabilidade e administração das tarefas do lar ainda continuaram, em grande parte, a ser atribuição das mulheres.[(45)] Com o isolamento social, o homem foi para casa mas as tarefas domésticas não foram assumidas por eles.[(46)]

Os papéis sociais atribuídos à mãe e ao pai nos cuidados dos filhos ainda são bastante diferentes, pois "apenas" se espera da mãe uma entrega sem limites, uma completa doação de seu tempo e uma responsabilidade mental extra. Quando Milly Lamcombe[(47)] diz que "nasceu para ser pai" denuncia a disparidade de papéis sociais, pois enquanto o contrato da paternidade se fundamenta em articulações patriarcais que permitem um cuidado com pausas e até o descuido, o contrato da maternidade pressupõe uma dedicação plena e integral. Quantos homens não caracterizariam suas atividades domésticas como uma "ajuda" às suas companheiras?[(48)]

---

(42) FEDERICI, Silvia. *Calibã e a bruxa:* mulheres, corpo e acumulação primitiva. São Paulo: Editora Elefante, 2017.

(43) FEDERICI, Silvia. *O ponto zero da revolução:* trabalho doméstico, reprodução e luta feminista. São Paulo: Editora Elefante, 2019.

(44) VIDIGAL, Viviane; ALBUQUERQUE, Fabiane. Intersecções no labirinto do feminino aos feminismos no âmbito do trabalho. *Revista da Faculdade Mineira de Direito*, v. 24, n. 47, Belo Horizonte, 2021.

(45) HIRATA, Helena; KERGOAT, Danièle. Novas configurações da divisão sexual do trabalho. *Cad. Pesqui.*, São Paulo, v. 37, n. 132, p. 595-609, dez. 2007. Disponível em: <http://www.scielo.br/scielo.php?script=sci_arttext&pid=S0100>.

(46) MORATO, Maíra; VIDIGAL, Viviane. ENTRE AS PAREDES COLORIDAS DO LABIRINTO: GÊNERO, PANDEMIA E *HOME OFFICE*. In: *Anais do Encontro Nacional da ABET:* Crises e horizontes do trabalho a partir da periferia. Anais. Uberlândia(MG) Universidade Federal de Uberlândia, 2021. Disponível em: <https//www.even3.com.br/anais/abet_trabalho2021/349635-ENTRE-AS-PAREDES-COLORIDAS-DO-LABIRINTO--GENERO-PANDEMIA-E-HOME-OFFICE>.

(47) LAMCOMBE, MILLY. Eu nasci para ser pai. Reportagem publicada na *Revista Eletrônica TPM*, 13 dez. 2021. Disponível em: <https://revistatrip.uol.com.br/tpm/milly-lacombe-eu-nasci-para-ser-pai>. Acesso em: 4 jan. 2022.

(48) DAVIS, Ângela. *Mulheres, raça e classe.* São Paulo: Boitempo, 2016.

No contexto pandêmico, mulheres com filhos, além do próprio trabalho e da casa, se desdobram para cuidar e ajudá-los com aulas a distância. Afinal, para as mulheres, cuidar dos filhos não se resume a garantir a alimentação e higiene, cuidar inclui brincar, conversar, dar atenção etc. Para além da "carga mental"(49) que o trabalho doméstico e de cuidado naturalmente envolve, as pesquisas relevam que por não conseguir dar conta de tudo isso, a maioria das mães trabalhadoras começam a se sentir frustradas. As mães provavelmente não querem deixar o filho em frente às telas de TV, smartphone e computador o dia inteiro, ou deixá-los pintar as paredes da casa. No entanto, o contexto dificulta seguir as diretrizes médicas, que recomendam no máximo duas horas de tela para crianças, por exemplo. E disso, surge o sentimento de culpa. Se por um lado elas recebem palavras de apoio, para serem cientes que estão fazendo o melhor possível em uma situação atípica, por outro recebem a cobrança por produtividade que não se interrompe.(50)

4. Armadilhas no labirinto

As várias jornadas cumpridas pelas mulheres e sua situação de exaustão é romantizada ao se felicitar aquelas que aguentam tudo sem reclamar, relacionando essa imagem a aspectos positivos, a força, a mulheres-maravilhas, ao mesmo tempo que àquelas que recusam algumas dessas obrigações naturalizadas ou retiraram um tempo para si, são atribuídos aspectos negativos, como o egoísmo e a falta de amor à família. A sociedade também as julga e as pune quando não querem ter filhos. Intenta-se embutir o sentimento de culpa em quem escolhe não ter filhos, além de serem estigmatizadas por não cumprir o seu "destino". A liberdade de escolha feminina precisa ser tolhida e a maternidade é apresentada socialmente como compulsória. É negligenciado nas pautas o debate sobre a invisibilidade da pressão que sofrem para se tornarem mães e as consequências dela. A quem e ao que serve o imaginário social de que mulher só será completa se for mãe?(51)

A sociedade que julga a mulher que não quer ter filhos é a mesma que não dá empregos, oportunidades, promoções e proteção trabalhista e social as que têm filhos e ainda tece "elogios" àquela que "todas as manhãs deixa os sonhos na cama, acorda e põe sua roupa de viver"(52). O termo "mulher guerreira" é frequentemente usado para elogiar

---

(49) Monique Haicault (1984) traz à tona a dimensão emocional que o trabalho doméstico e de cuidado envolve, o qual pode ocasionar transtornos mentais, dado o seu nível de exigência e dedicação. Esse custo emocional, que se reflete também na dimensão material, é chamado de "carga mental" (VIDIGAL, 2021).

(50) MORATO, Maíra; VIDIGAL, Viviane. ENTRE AS PAREDES COLORIDAS DO LABIRINTO: GÊNERO, PANDEMIA E *HOME OFFICE*. In: *Anais do Encontro Nacional da ABET:* Crises e horizontes do trabalho a partir da periferia. Anais. Uberlândia(MG) Universidade Federal de Uberlândia, 2021. Disponível em: <https//www.even3.com.br/anais/abet_trabalho2021/349635-ENTRE-AS-PAREDES-COLORIDAS-DO-LABIRINTO--GENERO-PANDEMIA-E-HOME-OFFICE>.

(51) VIDIGAL, V.; MORATO, M. De brancas a coloridas, as paredes do labirinto: gênero, pandemia e *home office*, 2022. Disponível em: <https://direitodotrabalhocritico.com/2022/01/18/de-brancas-a-coloridas-as-paredes-do-labirinto-genero-pandemia-e-home-office1/>.

(52) LISPECTOR, Clarice. *A Hora da estrela*. Rio de Janeiro Editora Rocco, 1998

mulheres que se desdobram entre múltiplas jornadas. A guerreira que carrega sozinha as atividades que deveriam ser compartilhadas e protegidas pelo Estado. A normalização da sobrecarga da 'mulher guerreira' faz com que muitas mulheres desenvolvam o *burnout* e a ansiedade. Quanto desse cansaço é interessante para um sistema que se estrutura e usufrui dele? A manutenção das mulheres sobrecarregadas diz respeito à manutenção da estrutura social. Na sociedade capitalista, patriarcal e neoliberal a romantização da mulher guerreira não se dá à toa, é estratégia para que continue produzindo, acumulando jornadas. Portanto, a romantização oblitera uma análise social mais profunda, tratando-se de uma armadilha para a manutenção do *status quo*. São vistas como ameaça ao sistema aquelas que *rompem com as convenções sociais que aprisionam e não interpretam os papéis de gênero que as fazem reféns*[53].

5. O borramento das paredes

A tecnologia tem contribuído ainda mais para modificar nossa percepção de tempo e espaço, de outrora delimitação bem marcada daquilo que era o local de trabalho e daquele que era o espaço doméstico, percebido como o local de descanso e lazer. Em *The Time Bind: when work becomes home and home becomes work*, a socióloga norte-americana Arlie Hochschild[54], já deixava claro como as fronteiras entre a vida privada e o trabalho estão se tornando cada vez mais borradas, como o intitulado do livro *Quando o trabalho se torna casa e a casa se torna trabalho*.

No contexto da pandemia e do *home office*, as fronteiras do tempo de trabalho, de cuidado e de lazer se diluem, os aparelhos eletrônicos e as mídias sociais acompanham os sujeitos em todas as suas experiências, modificando a forma como o tempo de trabalho se apresenta[55]. E essa situação é exposta nas câmeras constantemente ligadas, nos microfones não mutados, nas interrupções dos filhos, nas birras e gritos diante das câmeras, na exposição da dinâmica familiar. Acumulando funções pelo fechamento das creches e das escolas, tornando-as professoras de todas as matérias, técnicas de informática, psicólogas. Estendendo as jornadas até altas horas da noite e finais de semana para que todos os trabalhos, visíveis e invisíveis, sejam realizados.

Portanto, da perspectiva das mães em *home office* compulsório, considerando a cartografia do trabalho brasileiro, correndo riscos para o sustento de sua família, elas continuam

(53) VIDIGAL, V.; MORATO, M. De brancas a coloridas, as paredes do labirinto: gênero, pandemia e *home office*, 2022. Disponível em: <https://direitodotrabalhocritico.com/2022/01/18/de-brancas-a-coloridas-as-paredes-do-labirinto-genero-pandemia-e-home-office1/>.

(54) HOCHSCHILD, Arlie. *The Time Bind: When Home Becomes Work and Work Becomes Home*. Nova York: Paperback, 2010.

(55) VIANA, Márcio Túlio; TEODORO, Maria Cecília Máximo; ANDRADE, Karin Bhering. From the factory to social networks: parallel and paradox between life at work and the private life. *Revista Jurídica Unicuritiba*. Curitiba, v. 4, n. 57, p. 165-190, out./dez. 2019.

sendo cobradas normalmente por produtividade. Tendo que manter jornadas duplas/triplas, realizadas em metros quadrados sem privacidade, sem uma separação entre sua vida pública e sua vida privada e entre tempo/espaço de trabalho e de lazer. Quando o trabalho invadiu o lar e o lar invadiu o trabalho, a casa tornou-se o labirinto, cheia de obstáculos, na qual a mulher não tem um tempo ou um quarto para chamar de seu(56).

Por fim, as mães que contavam com as escolas e as avós para tomarem conta dos filhos, agora, encontram escolas fechadas e os idosos pertencentes aos grupos de risco. A rede de apoio desfez seus laços e as mães se encontram em outro tipo de confinamento. *No labirinto da casa há um confinamento pelo isolamento de uma rede de apoio*(57).

6. A desconexão do labirinto que aprisiona

Diante desse quadro, essa configuração trabalhista nos faz refletir sobre a desconexão. Silva(58) comenta que o direito à desconexão representa uma possibilidade de não sujeitar o(a) trabalhador(a), fora do horário contratual de trabalho, a meios telemáticos de controle, incluindo ferramentas de acesso remoto como e-mail ou outros meios de comunicação.

O período de descanso é, conforme proposições de Testi(59), tipicamente a materialização do direito à desconexão. Assim sendo, há que se levar em conta que descanso é pausa no trabalho, que só poderá ser cumprida se ocorrer a desvinculação plena do trabalho. Desse modo, "ainda que o aparelho eletrônico não seja acionado concretamente, mas, sob a ameaça de sê-lo a qualquer instante, representa a negação plena do descanso"(60), assevera a autora reconhecendo tratar-se isso de uma tarefa árdua para o(a) trabalhador(a), por conta do receio de se perder o trabalho, uma condição que o(a) faz subjugar sua saúde ao aumentar sua carga de trabalho, comprometendo seus momentos de lazer, descanso e convívio familiar e social. Assim, "garantir um direito de se desconectar do trabalho para preservação da privacidade e da saúde se torna um desafio, impondo a inutilização de

---

(56) VIDIGAL, V.; MORATO, M. De brancas a coloridas, as paredes do labirinto: gênero, pandemia e *home office*, 2022.

(57) Disponível em: <https://direitodotrabalhocritico.com/2022/01/18/de-brancas-a-coloridas-as-paredes-do-labirinto-genero- pandemia-e-home-office1/>.

(58) SILVA, Denise da. *Teletrabalho:* uma análise do direito à desconexão. Monografa [Graduação em Ciências Jurídicas e Sociais]. Universidade de Passo Fundo, Soledade, 2019. Disponível em: <http://repositorio.upf.br/bitstream/riupf/pdf. Acesso em: 9 de maio de 2020. SILVA, Glauco Bresciani. "O Direito à desconexão e a dignidade humana". JusBrasil. Disponível em: <https://glaucobresciani.jusbrasil.com.br/artigos>. Acesso em: 9 maio 2020.

(59) TESTI, Amanda Eiras. O direito à desconexão do trabalho na era tecnológica: uma análise acerca dos desafios e consequências da não fruição do descanso. *Revista de Direito do Trabalho e Processo do Trabalho*, v. 1, n. 1, jan./jun. 2019. Disponível em: <http://www.portal.anchieta.br/revistas-e-livros/pdf>. Acesso em: 10 maio 2020.

(60) *Idem*.

ferramentas digitais para o labor fora do expediente de trabalho"[61]. Dessa forma, ainda estão para ser definidos os limites e regulações para que a classe trabalhadora possa se desconectar.

É preciso pensar no direito à desconexão, a partir de perspectiva de gênero, considerando a divisão sócio-racial do trabalho brasileira. Não adianta o Direito do Trabalho ter a igualdade de gênero apenas como retórica, se as leis estão baseadas em um sistema que, a priori, exclui as mulheres e que invisibiliza mulheres negras[62]. Não basta se desconectar do ambiente de trabalho produtivo, sendo preciso dar opção às mulheres de se desconectarem também do trabalho doméstico e de cuidados. A doutrina juslaboral brasileira necessita desenvolver projetos protetivos à luz dos feminismos plurais e incluir os femininos no sujeito epistêmico da norma trabalhista e social para que possa garantir *a desconexão do labirinto que aprisiona*[63].

7. O quarto do desespero

O isolamento social para o gênero feminino pode significar aprisionamento ao lado do seu abusador. Para mulheres e meninas, a casa é um espaço de violência e de afastamento da rede de proteção que, em certa medida, representa a sua ponte para a libertação.

Antes mesmo da deflagração da Covid-19, o Brasil já registrava um caso de violência doméstica a cada 2 minutos, resultando em 263 mil registros de lesão corporal dolosa em 2018. Já tínhamos, portanto, um problema premente, agora alavancado por todos os agravantes ligados ao isolamento social: as tensões domésticas, as preocupações financeiras, o afastamento da rede de proteção social, o confinamento com o agressor e o silêncio.

De qual silêncio e silêncio de quem estamos falando? A violência doméstica é subnotificada, menos de 40% das vítimas relatam as violências às autoridades. Desde a acumulação primitiva, os homens se calaram a respeito do massacre de mulheres que ocorriam em suas vilas e nas cidades, até porque se beneficiaram com a perda de poder das mulheres e a ideia de que não eram produtivas e não mereciam um salário[64].

(61) TESTI, Amanda Eiras. O direito à desconexão do trabalho na era tecnológica: uma análise acerca dos desafios e consequências da não fruição do descanso. *Revista de Direito do Trabalho e Processo do Trabalho*, v. 1, n. 1, jan./jun. 2019. Disponível em: <http://www.portal.anchieta.br/revistas-e-livros/pdf>. Acesso em: 10 maio 2020.

(62) Já de quando o Direito do Trabalho se estruturou, partiu de pressupostos sexistas e racistas, ao lembrarmos que na elaboração da Consolidação das Leis do Trabalho (CLT), foi decidido que as trabalhadoras domésticas não seriam incluídas, porque seriam uma categoria diferente que exercia uma tarefa "mais fácil" e nesse sentido, as negras sequer foram pensadas.

(63) VIDIGAL, V.; MORATO, M. De brancas a coloridas, as paredes do labirinto: gênero, pandemia e *home office*, 2022. Disponível em: <https://direitodotrabalhocritico.com/2022/01/18/de-brancas-a-coloridas-as-paredes-do-labirinto-genero-pandemia-e-home-office1/>.

(64) FEDERICI, Silvia. *Calibã e a bruxa*. Mulheres, corpo e acumulação primitiva. São Paulo: Editora Elefante, 2017. Trad. de Coletivo Sycorax.

O gênero feminino vitimado se cala por medo. Às que não se calam, são imputadas imagens de controle(65), que servem para aprisionar em lugares reais ou simbólicos, sendo colocadas como loucas, histéricas e raivosas. As imagens são utilizadas para justificar a posição de cada sujeito na estrutura de poder, no caso das mulheres, naquele lugar da margem, da servidão, da exploração e da opressão.

Aos gritos de socorro, somos violentadas. Objetificam nosso corpo e nos esvaziam de subjetividades como tática, desde a passagem do feudalismo para o capitalismo, lá atrás, na primeira acumulação primitiva(66). Gritos, que passam a sussurros. Ora queimadas, ora amordaçadas, somos caladas. Quando nos matam há um lapso no tempo. Entre o momento em que a violência acontece e o momento em que se começa a falar dela, há uma pausa. Um momento de mudez. Nesses momentos de pausa, chega-se a duvidar, o que será: o passado ou o futuro?(67)

É passado e presente de caça às bruxas vestindo novas roupagens, dentro do capitalismo cuja exploração e opressão do corpo feminino é inerente ao sistema, visto que, foi e permanece sendo necessária para implantação, conservação e existência da lógica do capital, ainda que conviva com a resistência feminina, consubstanciada em seus corpos e saberes(68). Estamos confinadas, ainda procurando as chaves para abrir a porta para um outro futuro.

8. A casa como laboratório do capital

Um dos questionamentos trazidos pela pandemia é: e se o *home office* virar uma solução definitiva? Segundo a empresa Siemens, a pandemia mostrou que o trabalho remoto é possível numa escala muito maior do que se pensava anteriormente, e inclusive oferece muitas vantagens. O conselho diretivo da Siemens adotou o chamado "Modelo de trabalho no novo normal", que deve tornar possível o trabalho independentemente da localização, numa escala muito maior. De acordo com esse documento, "O objetivo é que funcionários do mundo todo possam trabalhar de forma remota, em média, de dois a três dias por semana — sempre que isso fizer sentido e for viável", anunciou o grupo de tecnologia de Munique em meados de julho. "Associado a isso está um estilo diferente de gestão que se baseia em resultados, e não no trabalho presencial", completou o CEO da companhia, Roland Busch.

---

(65) Patrícia Hill Collins (2000), em "*Black Feminist Thought. Knowledge, consciousness and the politics of empowerment*", feminista e teórica negra estadunidense, quem elaborou o conceito, aquele que controla a definição de si e do outro, domina a sociedade. Essas imagens objetificam as pessoas negras e as esvaziam de suas subjetividades.

(66) FEDERICI, Silvia. *Calibã e a bruxa*. Mulheres, corpo e acumulação primitiva. São Paulo: Editora Elefante, 2017. Trad. de Coletivo Sycorax

(67) VIDIGAL, V. THE FUTURE IS FEMALE: Vozes de um amanhã. 2022. Disponível em: <https://direitodotrabalhocritico.com/2022/03/16/the-future-is-female-vozes-de-um-amanha/>

(68) FEDERICI, Silvia. *Calibã e a bruxa*. Mulheres, corpo e acumulação primitiva. São Paulo: Editora Elefante, 2017. Trad. de Coletivo Sycorax.

Antunes afirma que os bancos, que exercitam uma pragmática de enorme enxugamento há décadas, uma vez que têm se utilizado intensamente do arsenal digital, já devem estar fazendo os cálculos de quanto vão lucrar com a introdução do *home office* e do teletrabalho. O CEO da Petrobras somou-se ao coro ao dizer que a estatal pode "trabalhar com 50% das pessoas em casa" e assim "liberar vários prédios que custam muito". Desse modo, o capital está fazendo seus experimentos na pandemia — que tem sido um laboratório[(69)].

9. Conclusões

As mulheres, que já enfrentavam diversas situações que condicionavam seus descaminhos profissionais e acadêmicos, em especial pelo papel social de cuidados que lhes foi atribuído, foram expostas a novos desafios, tendo suas casas transformadas em labirintos, encontrando obstáculos à produtividade, com paredes borradas e incapazes de concretizar a separação entre tempos de trabalho e tempos de não trabalho e, ao mesmo tempo, impedindo a visualização clara dos tempos invisíveis de trabalho. Podendo a casa significar um espaço de violência, de aprisionamento ao lado de seus abusadores e de afastamento da rede de proteção. Nesse espaço e contexto, a trabalhadora não tem tempo ou espaço para si, tampouco um quarto para chamar de seu.

Por fim, há de se questionar se esse cenário irá se estender para o chamado "novo normal" e quais serão os novos caminhos a serem traçados pelas mulheres na busca pelo seu direito à desconexão e a busca pela divisão equitativa do trabalho de cuidados.

Enquanto houver cores as mulheres poderão trabalhar. Voltará a parede a ser branca quando a pandemia acabar? A marca da violência se apagará? Nesse laboratório, na alquimia capitalista, quem queimará?

Referências

ANTUNES, Ricardo. Trabalho uberizado e capitalismo virótico: entrevista com Ricardo Antunes. *Digilabour*, 2020. Disponível em: <https://digilabour.com.br/2020/06/14/trabalho-uberizado-e-capitalismo-virotico-entrevista-com-ricardo-antunes>. Acesso em: 20 out. 2020.

BIROLI, Flávia. *Gênero e Desigualdades:* os limites da democracia no Brasil. São Paulo: Boitempo, 2018. Livro Digital.

BRUSCHINI, C.; LOMBARDI, M. R. A bipolaridade do trabalho feminino no Brasil contemporâneo. *Cadernos de Pesquisa*, jul. 2000, n. 110, São Paulo, Fundação Carlos Chagas.

CARNEIRO, Sueli. *A Construção do Outro como Não Ser como fundamento do Ser*. 2005. Tese. (Doutorado em Filosofia). Universidade de São Paulo, São Paulo, 2005.

______. *Racismo, sexismo e desigualdade no Brasil.* São Paulo: Selo Negro, 2011.

(69) ANTUNES, Ricardo. Trabalho uberizado e capitalismo virótico: entrevista com Ricardo Antunes. *Digilabour*, 2020. Disponível em: <https://digilabour.com.br/2020/06/14/trabalho-uberizado-e-capitalismo-virotico-entrevista-com-ricardo-antunes>. Acesso em: 20 de out. de 2020.

COLLINS, Patricia Hill. *Black Feminist Thought:* knowledge, consciousness and the politics of empowerment. Nova York: Routledge, 2009.

DAVIS, Ângela. *Mulheres, raça e classe.* São Paulo: Boitempo, 2016.

DELGADO, Mauricio Godinho. *Capitalismo, trabalho e emprego:* entre o paradigma da destruição e os caminhos da reconstrução. São Paulo: LTr, 2017.

FEDERICI, Silvia. *Calibã e a bruxa:* mulheres, corpo e acumulação primitiva. São Paulo: Editora Elefante, 2017.

______. *O ponto zero da revolução:* trabalho doméstico, reprodução e luta feminista. São Paulo: Editora Elefante, 2019.

HAICAULT, Monique. La gestion ordinaire de la vie em deux. *Sociologie du Travail*, n. 3, Paris, 1984.

HIRATA, Helena. Globalização, trabalho e gênero. *R. Pol. Públ.*, v. 9, n. 1, p.111-128, jul./dez. 2005.

HIRATA, Helena; KERGOAT, Danièle. "Novas configurações da divisão sexual do trabalho". *Cad. Pesqui.*, São Paulo, v. 37, n. 132, p. 595-609, dez. 2007. Disponível em: <http://www.scielo.br/scielo.php?script=sci_arttext&pid=S0100- 15742007000300005&lng=en&nrm=iso>. Acesso em: 28 out. 2020.

<http://dx.doi.org/10.1590/S0100-15742007000300005>.

HOCHSCHILD, Arlie. *The Time Bind:* When Home Becomes Work and Work Becomes Home. Nova York: Paperback, 2010.

LAWSON, Max; BUTT, Anam Parvez Butt; SAROSI, Rowan Harvey, Diana; COFFEY, Clare; PIAGET, Kim; THEKKUDAH, Julie. *Relatório Tempo de Cuidar.* Oxfan Brasil, 2020.

LIMA, Betina Stefanello. O labirinto de cristal: as trajetórias das cientistas na Física. *Revista Estudos Feministas*, 21(3): 883-903, set./dez. 2013.

LISPECTOR, Clarice. *A Hora da estrela.* Rio de Janeiro: Editora Rocco, 1998.

MORATO, Maíra; VIDIGAL, Viviane. ENTRE AS PAREDES COLORIDAS DO LABIRINTO: GÊNERO, PANDEMIA E *HOME OFFICE*. In: *Anais do Encontro Nacional da ABET:* Crises e horizontes do trabalho a partir da periferia. Anais. Uberlândia (MG) Universidade Federal de Uberlândia, 2021. Disponível em: <https//www.even3.com.br/anais/abet_trabalho2021/349635-ENTRE-AS-PAREDES-COLORIDAS-DO-LABIRINTO--GENERO-PANDEMIA-E-HOME- OFFICE>.

MELO, Hildete Pereira de. *A vida das mulheres em tempo de pandemia!* Instituto Friedrich-Ebert-Stiftung (FES) Brasil. São Paulo, abril, 2020.

LAMCOMBE, MILLY. Eu nasci para ser pai. Reportagem publicada na *Revista Eletrônica TPM*, 13 dez. 2021. Disponível em: <https://revistatrip.uol.com.br/tpm/milly-lacombe-eu-nasci- para-ser-pai>. Acesso em: 4 jan. 2022.

PEREIRA, Flávia Souza Máximo; NICOLI, Pedro Augusto Gravatá. Os segredos epistêmicos do direito do trabalho. *Revista Brasileira de Políticas Públicas*, Brasília, v. 10, n. 2, p. 519-544, 2020.

SILVA, Denise da. *Teletrabalho:* uma análise do direito à desconexão. Monografa [Graduação em Ciências Jurídicas e Sociais]. Universidade de Passo Fundo, Soledade, 2019. Disponível em: <http://repositorio.upf.br/bitstream/riupf/pdf>. Acesso em: 09 maio 2020.

SILVA, Glauco Bresciani. O Direito à desconexão e a dignidade humana. *JusBrasil*. Disponível em: <https://glaucobresciani.jusbrasil.com.br/artigos>. Acesso em: 09 maio 2020.

SOUTO MAIOR, Jorge Luiz. Do Direito à Desconexão do Trabalho. Publicado em junho de 2003. Disponível em: <https://www.jorgesoutomaior.com/pdf>. Acesso em: 8 maio 2020.

TESTI, Amanda Eiras. O direito à desconexão do trabalho na era tecnológica: uma análise acerca dos desafios e consequências da não fruição do descanso. *Revista de Direito do Trabalho e Processo do Trabalho*, v. 1, n. 1, jan./jun. 2019. Disponível em: <http://www.portal.anchieta.br/revistas-e- livros/pdf>. Acesso em: 10 maio 2020.

VIANA, Márcio Túlio; TEODORO, Maria Cecília Máximo; ANDRADE, Karin Bhering. From the factory to social networks: parallel and paradox between life at work and the private life. *Revista Jurídica Unicuritiba.* Curitiba, v. 4, n. 57, p.165-190, out./dez. 2019.

VIDIGAL, V. A classe plataformizada tem dois sexos: trabalho, algoritmização e resistência. *Revista Jurídica Trabalho e Desenvolvimento Humano*, v. 4, 8 nov. 2021.

VIDIGAL, Viviane; ALBUQUERQUE, Fabiane. Intersecções no labirinto do feminino aos feminismos no âmbito do trabalho. *Revista da Faculdade Mineira de Direito*, v. 24, n. 47, Belo Horizonte, 2021.

______. THE FUTURE IS FEMALE: Vozes de um amanhã. 2022. Disponível em: <https://direitodotrabalhocritico.com/2022/03/16/the-future-is-female-vozes-de-um-amanha/>

______; MORATO, M. De brancas a coloridas, as paredes do labirinto: gênero, pandemia e *home office*, 2022. Disponível em: <https://direitodotrabalhocritico.com/2022/01/18/de-brancas-a-coloridas-as-paredes-do-labirinto-genero-pandemia-e-home-office1/>

ZANONI, Alexandre Pilan; BEZERRA, Giovana Uehara; BRIDI, Maria Aparecida. *Banco de dados gênero:* O trabalho remoto e as condições das mulheres no contexto da pandemia Covid-19. Curitiba: GETS/UFPR; REMIR, 2020.

Teletrabalho e Saúde Mental

Alícia Moraes Ribeiro de Loureiro

Introdução

Nietzsche diz que "quem tem um porquê suporta quase qualquer como". Há lógica na afirmação, porque ver sentido nas coisas nos permite levantar todas as manhãs e seguir em frente.

Entretanto, isso apenas será possível se cuidarmos de nossa saúde mental. Mediante esse cuidado, conseguimos fazer os ajustes necessários para lidar com as emoções, sejam positivas, sejam negativas. Quando olhamos para aquilo que nos incomoda internamente e ressignificamos experiências, curamo-nos. Isso é básico para um convívio social mais saudável com pouco ou nenhum conflito.

Apesar de o tema saúde mental ser invisibilizado, pois, em muitos contextos, inclusive no laboral, não é dada a sua devida importância, seu enfrentamento não é recente. Um dos marcos internacionais foi o ano de 1946, ano de criação da Organização Mundial de Saúde (OMS), a qual encampou a conceituação no intuito de referir saúde como um estado de bem- estar físico, mental e social. Ou seja, não basta que seus exames estejam todos normais, para que você seja considerado saudável. É importante levar em conta o aspecto subjetivo e a individualidade de cada um.

Para este artigo, optamos pela pesquisa bibliográfica e análise de pesquisas publicadas sobre a saúde mental em tempos de pandemia da Covid-19, com o recorte contextualizado no teletrabalho.

Pretendemos, neste breve texto, analisar a saúde mental do teletrabalhador e os impactos causados pela pandemia da Covid-19, bem como verificar se nossa legislação está em consonância com a abordagem integral da saúde proposta pela OMS.

Para tanto, iniciamos com os conceitos de teletrabalho e saúde mental para, em seguida, abordar os riscos psicossociais característicos do trabalho realizado através de meios telemáticos, com análise de pesquisas realizadas antes e ao longo da pandemia com relação à saúde mental dos teletrabalhadores, finalizando com a detida observação da legislação pertinente.

1. Conceito de teletrabalho

De modo geral, o teletrabalho consiste no trabalho executado a distância por meio das tecnologias de informação, o que permite a flexibilização do tempo (em tese) e do local do trabalho com redução de custos empresariais.

O teletrabalho caracteriza-se pela maior flexibilidade na forma como o trabalho é organizado. Seu movimento de expansão já vem sendo observado ao longo da última década, fato que não está alheio ao direito, apesar de ter ocorrido com um pouco de atraso, o que pode ser constado pela promulgação da Lei n. 12.551, de 15 de dezembro de 2011, que alterou o art. 6º da CLT, equiparando a subordinação jurídica de quem trabalha utilizando meios telemáticos e informatizados.

O conceito legal de teletrabalho no Brasil está insculpido no art. 75-B da Consolidação das Leis do Trabalho[1], artigo acrescentado pela chamada reforma trabalhista (Lei n. 13.467/2017), com a redação dada pela Lei n. 14.442/2022, que assim dispõe: "considera-se teletrabalho ou trabalho remoto a prestação de serviços fora das dependências do empregador, de maneira preponderante ou não, com a utilização de tecnologias de informação e de comunicação, que, por sua natureza, não se configure como trabalho externo".

Durante a pandemia da Covid-19, o teletrabalho foi adotado como solução para a continuidade do serviço de muitas empresas no período de isolamento, o que intensificou sobremaneira sua utilização.

2. Conceito de saúde mental

Conceituar saúde mental requer conhecimentos multidisciplinares que extrapolam o âmbito jurídico, mas que são fundamentais para a compreensão e enfrentamento do tema. É um tema multidisciplinar porque requer de nós o entendimento de áreas como psicologia, psicopatologias, riscos psicossociais e psicodinâmica do trabalho, para citar apenas alguns.

De acordo com a Organização Mundial de Saúde, a saúde é um estado de bem-estar que engloba os aspectos físico, mental e social, não consubstanciando apenas a ausência de enfermidades.

O aspecto mental, escopo deste artigo, desloca a caracterização da saúde para o campo subjetivo, tendo em vista que cada ser humano tem os próprios sentimentos, sensações, emoções e dificuldades.

O jurista André Sousa Pereira, tomando por base o conceito construído pela OMS, conceitua saúde mental como "a higidez psíquica e emocional da pessoa física, a

(1) BRASIL. *Consolidação das Leis do Trabalho, 1943*. Disponível em: <http://www.planalto.gov.br/ccivil_03/decreto-lei/del5452.htm>. Acesso em: 10 ago. 2022.

qual, para se consolidar, é interdependente da física e das determinantes e condicionantes sociais"(2). O doutrinador explica, ainda, que essa conceituação parte da psicologia *Gestalt*, a qual, no fim do século XIX, despontou ante os estudos de Max Wertheimer, Kurt Kofka e Wolfgang Köler, que consideraram os fenômenos psicológicos como "totalidades organizadas, articuladas e indivisíveis"(3).

3. Fatores e riscos psicossociais que envolvem o trabalho realizado através de meios telemáticos

A Organização Mundial de Saúde entende como fatores psicossociais os aspectos subjetivos que envolvem a interação entre o trabalhador e seu trabalho. Conforme essa interação se desenvolve, é possível observar mudanças no bem-estar desse trabalhador, bem como eventuais descompensações na sua saúde física e mental.

Em sua dissertação de mestrado, a doutrinadora Luciana Baruki, citando Liliana Guimarães, ensina que os fatores de riscos psicossociais no trabalho são "aquelas características do trabalho que funcionam como estressores, ou seja, implicam em grandes exigências no trabalho, combinadas com recursos insuficientes para o enfrentamento delas"(4).

Em cartilha intitulada "Gestão dos Riscos Psicossociais relacionados com o Trabalho durante a pandemia da Covid-19"(5), a Organização Internacional do Trabalho (OIT) aponta que as pessoas que trabalham a partir de casa estão expostas a riscos psicossociais específicos, entre os quais o isolamento, ausência de separação entre trabalho e família e aumento do risco de violência doméstica.

---

(2) *Meio Ambiente do Trabalho e o Direito à Saúde Mental do Trabalhador:* uma abordagem construtiva do meio ambiente do trabalho psicologicamente hígido a partir da relação entre os riscos psicossociais laborais e os transtornos mentais ocupacionais. São Paulo: LTr, 2019. p. 80.

(3) *Meio Ambiente do Trabalho e o Direito à Saúde Mental do Trabalhador:* uma abordagem construtiva do meio ambiente do trabalho psicologicamente hígido a partir da relação entre os riscos psicossociais laborais e os transtornos mentais ocupacionais. São Paulo: LTr, 2019. p. 80 *apud* MARANHÃO, Ney. *Poluição Labor-ambiental.* Abordagem conceitual da degradação das condições de trabalho, da organização do trabalho e das relações interpessoais travadas no contexto laborativo. Rio de Janeiro: Lumen Juris, 2017. p. 26.

(4) GUIMARÃES, Liliana A. M. Fatores Psicossociais de Risco no Trabalho. In: *Anais do 2º Congresso Internacional sobre Saúde Mental no Trabalho* — Artigos de Palestrantes. Goiânia, 2006. p. 99. Disponível em: <http://www.prt18.mpt.gov.br/eventos/2006/saude_mental/anais/artigos/Liliana_A.M.Guimaraes.pdf>. Acesso em: 15 out. 2010. In: BARUKI, Luciana Veloso Rocha Portolense. *Saúde Mental do Trabalhador:* a proteção normativa insuficiente como óbice para um regime jurídico preventivo dos riscos psicossociais. Dissertação de Mestrado, p. 29. Disponível em: <https://dspace.mackenzie.br/bitstream/handle/10899/23726/Luciana%20Veloso%20Rocha%20Portolese%20Bar uki.pdf?sequence=1&isAllowed=y>. Acesso em: 5 set. 2022.

(5) OIT. *Gestão dos Riscos Psicossociais relacionados com o Trabalho durante a pandemia da Covid-19.* Disponível em: <https://www.ilo.org/wcmsp5/groups/public/---europe/---ro-geneva/---ilo-lisbon/documents/publication/wcms_823075.pdf>. Acesso em: 5 set. 2022.

A OIT chama a atenção, ainda, para os riscos psicossociais intensificados pela pandemia da Covid-19, como medo de perder o emprego, cortes salariais, despedimento e redução de benefícios.

Todos esses fatores, combinados ou não, podem trazer consequências severas à saúde física e mental dos trabalhadores, razão pela qual precisam ser identificados e geridos adequadamente, a fim de evitar, ou pelo menos atenuar, sintomas subsequentes, como mau humor, baixa motivação, exaustão, ansiedade, depressão, *burnout* e pensamentos suicidas(6).

Notemos também que sintomas físicos poderão ser verificados, como problemas digestivos, alterações no apetite e no peso, reações dermatológicas, fadiga, doenças cardiovasculares, distúrbios musculoesqueléticos, cefaleias ou outras dores.

É preciso, ainda, estarmos atentos para as mudanças comportamentais do trabalhador em decorrência dos riscos psicossociais verificadas no aumento de consumo de tabaco, álcool ou drogas, como forma de ajustamento de sua psique (conjunto de atos e funções da mente).

O momento vivido durante a pandemia da Covid-19 requisitou que as pessoas ficassem mais em casa, acelerando o aumento da quantidade de teletrabalhadores, o que gerou estresse combinado com a solidão gerada pelo isolamento, fatores de risco psicossocial.

O estresse não pode ser considerado de forma isolada para caracterizar o risco psicossocial, pois outros fatores, como a capacidade de adaptação do ser humano, também devem ser levados em conta, tendo em vista que aquele se refere ao conjunto de reações que o organismo humano desenvolve, ao ser submetido à situação que exija esforço de adaptação.

Assim, o estresse é utilizado para caracterizar situações no trabalho que afetam a saúde das pessoas mediante mecanismos psicológicos e fisiológicos que envolvem a maneira pela qual o trabalho é desenvolvido, a carga e ritmo de trabalho, gestão e ambiente social.

Quanto aos meios telemáticos utilizados, Gustavo Abrahão dos Santos explica ser o computador um mediador entre a ação e o objeto de trabalho, pois vários profissionais utilizam- se dessa mediação, em especial, "o teletrabalho, os profissionais de análise e desenvolvimento de sistemas, e ainda, modernamente, operadores de checkout, operadores de *telemarketing*, bem como os profissionais advogados"(7) e profissionais de educação a distância.

---

(6) STANSFELD, Stephen e CANDY, Bridget. Psychosocial Work Environment and Mental Health — A Meta-Analytic Review. *Scandinavian Journal of Work, Environment & Health*, 32 (2006). p. 443–462.

(7) SANTOS, Gustavo Abrahão. *A Saúde Mental dos Teletrabalhadores que utilizam sistemas de tecnologia.* Disponível em: 20191204163935.pdf <unhttps://uniesp.edu.br/sites/_biblioteca/revistas/20191204163935.pdfiesp.edu.br>. Acesso em: 5 set. 2022.

Existe, certamente, nexo entre o uso excessivo de tecnologias e doenças ocupacionais psicossociais. Bruna de Sá Araújo destaca que

> o abuso da tecnologia traz consequências ao ser humano, como isolamento do convívio social pessoal — ainda que virtualmente possa estar socializado —, a diminuição na produtividade no trabalho, escola ou faculdade, trocas frequentes de emprego e abandono de atividades de lazer para navegar em redes sociais.(8)

É importante destacarmos, ainda, que é necessário aprofundar o debate sobre o direito à desconexão como medida de bem-estar mental do trabalhador, impedindo que o empregador contacte o empregado em qualquer dia ou horário fora da jornada de trabalho.

4. Impactos do teletrabalho na saúde mental dos teletrabalhadores antes da pandemia da Covid-19

Em artigo intitulado "A Epidemiologia do Teletrabalhador: impactos do teletrabalho na saúde mental", publicado nos *Cadernos de Psicologia Social do Trabalho* de 2012(9), muito antes, portanto, de a pandemia da Covid-19 ocorrer, foi feita uma pesquisa com 90 teletrabalhadores. A citada pesquisa teve caráter descritivo, quantitativo e de delineamento correlacional (*survey*).

O objetivo principal das pesquisadoras foi identificar os impactos psicológicos do teletrabalho na saúde mental dos teletrabalhadores, por intermédio de medições das relações do ser humano com a natureza, com a sociedade e consigo mesmo. Para tanto, foi utilizado o método Diagnóstico Integrado do Trabalho (DIT), que avalia os quadros psicopatológicos associados ao trabalho.

Interessantes resultados foram alcançados pelas pesquisadoras. As análises demonstraram a correlação existente entre o sentido do trabalho e a saúde mental do trabalhador, principalmente no que concerne ao desenvolvimento ou não de depressão. Entretanto, verificaram que "os teletrabalhadores pesquisados apresentaram uma apropriação mediana do sentido do trabalho e, também, não exibiram índices significativos de depressão"(10).

---

(8) ARAÚJO, Bruna de Sá. O vínculo entre o uso excessivo da tecnologia e as doenças ocupacionais psicossociais. *Revista Eletrônica TRT 9ª Região*, ano IX, n. 88, maio 2020. p. 68.

(9) FONSECA, Regina Lúcia de Almeida; PÉREZ-NEBRA, Amalia Raquel. *A epidemiologia do teletrabalhador: impactos do teletrabalho na saúde mental*. Disponível em: <http://pepsic.bvsalud.org/pdf/cpst/v15n2/v15n2a11.pdf>. Acesso em: 5 set. 2022.

(10) FONSECA, Regina Lúcia de Almeida; PÉREZ-NEBRA, Amalia Raquel. A epidemiologia do teletrabalhador: impactos do teletrabalho na saúde mental. *Cadernos de Psicologia Social do Trabalho*, 2012, v. 15, n. 2, p. 314. Disponível em: <http://pepsic.bvsalud.org/pdf/cpst/v15n2/v15n2a11.pdf>. Acesso em: 5 set. 2022.

Outro dado bastante interessante foi o fato de que as pesquisadoras identificaram, entre os teletrabalhadores pesquisados, uma melhora na saúde mental ou, pelo menos, uma não piora, estabelecendo relação entre o trabalho presencial e o sofrimento psíquico(11).

Ademais, as pesquisadoras destacaram que o trabalho pode ser, sim, fonte de sofrimento, mas os dados analisados trouxeram resultados inesperados e positivos no tocante à saúde mental do teletrabalhador, o que pode servir de norte para que gestores implementem ou ampliem o teletrabalho nas empresas e nas funções que permitem o trabalho remoto.

5. Impactos do teletrabalho na saúde mental dos teletrabalhadores durante a pandemia da Covid-19

No tópico anterior, verificamos o cenário pré-pandemia e nos deparamos com dados positivos sobre a saúde mental dos teletrabalhadores. Quanto ao período pandêmico, vamos analisar a pesquisa realizada pela Sociedade Brasileira de Teletrabalho e Teleatividades — SOBRATT — com os dados da PNAD Covid-19, bem como o diagnóstico sobre a saúde mental dos magistrados e servidores no contexto da pandemia da Covid-19 feito pelo Conselho Nacional de Justiça (CNJ).

Segundo informação extraída da pesquisa PNAD Covid-19 realizada pelo IBGE(12), em setembro de 2020, o Brasil contabilizava em torno de 7,9 milhões de teletrabalhadores.

Em dezembro do mesmo ano, a SOBRATT divulgou a Pesquisa *Home Office* Brasil 2020 feita em parceria com a SAP Consultoria em Recursos Humanos(13), da qual participaram 554 empresas e 1.465.255 trabalhadores, e do total dessas empresas 46% já utilizavam o teletrabalho de forma regular e 52% apenas adotaram o teletrabalho em razão da pandemia.

Entre as empresas que adotaram o teletrabalho apenas com a justificativa da pandemia, em 68% foi observado um resultado positivo, pois a adoção do regime de teletrabalho atendeu totalmente às expectativas, entretanto quase a metade (46%) relatou problemas de comunicação com os teletrabalhadores, e 29% não teve oportunidade de criar uma política para o teletrabalho.

Além disso, foi verificado que as principais dificuldades encontradas na implementação do teletrabalho foram as seguintes: experiência em fazer *home office* (54%), falta

(11) *Ibidem*, p. 316.

(12) IBGE — Instituto Brasileiro de Geografia e Estatística. *Pesquisa Nacional por Amostra de Domicílios* — PNAD Covid-19. Disponível em: <https://covid19.ibge.gov.br/pnad-covid/>. Acesso em: 18 ago. 2022.

(13) SOBRATT — Sociedade Brasileira de Teletrabalho e Teleatividades. *Pesquisa* Home Office *Brasil*, 2020. Disponível em :<https://sapconsultoria.com.br/pesquisa-home-office-brasil-2020/>. Acesso em: 5 set. 2022.

de equipamentos (35%), falta de políticas e procedimentos (34%), entorno familiar (28%), cultura da resistência (26%), falta de infraestrutura de TI para comunicação (24%), falta de treinamento (16%), resistência dos gestores (14%), apoio da alta direção (7%), entre outros (9%).

A Pesquisa *Home Office* Brasil 2020 não trouxe dados específicos sobre a saúde mental dos teletrabalhadores, mas, pela análise dos percentuais acima, é possível verificarmos uma vasta gama de fatores psicossociais que podem ter impactado diretamente a saúde mental das pessoas.

Por sua vez, o Conselho Nacional de Justiça (CNJ) realizou o diagnóstico sobre a saúde mental dos magistrados e servidores no contexto da pandemia da Covid-19[(14)]. Participaram desse painel 46.788 pessoas, entre as quais magistrados e servidores, dos quais 74,9% estavam em trabalho remoto.

Nessa pesquisa foram relatados os sintomas sentidos durante a pandemia que não eram sentidos antes dela, entre os quais alterações no sono, mudança de peso e apetite, sensação de cansaço ou sonolência durante o dia, dores musculares e físicas, dificuldade de concentração, dor de cabeça, pesadelos, taquicardia, mudança no ciclo menstrual e enjoo, sendo que o medo foi um dos sentimentos mais sentidos (49,9%), seguido de desânimo (35,5%), tristeza ou melancolia (26,6%), raiva e irritação (24,4%) e desconexão (19,9%).

Percebemos, portanto, pelas pesquisas descritas neste breve artigo, que o fator pandemia foi determinante na possível piora da saúde mental dos teletrabalhadores, apesar de que, na pesquisa feita pelo CNJ, foram relatados também sentimentos positivos, como gratidão (33,2%), vontade de ajudar (32,5%) e esperança (30%).

Psicólogos destacam que se faz necessário levar em conta que, "além do medo de contrair a doença, a Covid-19 tem provocado sensação de insegurança em todos os aspectos da vida, da perspectiva coletiva à individual, do funcionamento diário da sociedade às modificações nas relações interpessoais"[(15)] e que, com relação à saúde mental, "as sequelas de uma pandemia são maiores do que o número de mortes", tendo em vista o colapso do sistema de saúde, o esgotamento dos profissionais e o isolamento social, uma das principais medidas para o contingenciamento do vírus, que impacta diretamente a saúde mental das pessoas.

---

(14) CNJ — Conselho Nacional de Justiça. *Painel sobre a saúde mental de Magistrados e Servidores no contexto da pandemia da Covid-19.* Disponível em Painel sobre a saúde mental de Magistrados e Servidores no contexto da pandemia da Covid-19 (<cnj.jus.br>). Acesso em: 5 set. 2022.

(15) FARO, Andre e outros. Covid-19 e Saúde Mental: a emergência do cuidado. *Estudos de Psicologia*, Campinas, 2020. Disponível em: <https://www.scielo.br/j/estpsi/a/dkxZ6QwHRPhZLsR3z8m7hvF/?lang=pt#>.

6. Tratamento legislativo da saúde mental dos teletrabalhadores no Brasil

A saúde mental não é referenciada literalmente no art. 5º da Constituição Federal, mas isso não significa que o texto constitucional seja silente sobre a proteção da saúde dos trabalhadores.

Ao longo do texto constitucional, encontramos diversos artigos com a temática saúde, como o art. 6º, que trata a saúde como um direito social, e o art. 7º, XXII, que prevê a redução dos riscos inerentes ao trabalho por meio de normas de saúde, higiene e segurança. Não podemos olvidar do art. 194, que, ao dispor sobre a seguridade social, destaca que ela é "um conjunto de integrado de ações de iniciativa dos Poderes Públicos e da sociedade, destinadas a assegurar os direitos relativos à saúde, à previdência e à assistência social", e do art. 196, que dispõe que "a saúde é direito de todos e dever do Estado", como também do art. 200, II, da Carta Magna, que elenca como uma das atribuições do SUS executar as ações de vigilância sanitária e epidemiológica, bem como as de saúde do trabalhador.

Quanto à legislação infraconstitucional, a Lei Orgânica da Saúde (Lei n. 8.080/1990) traz, em seu art. 3.º, parágrafo único, o aspecto bem-estar mental como parte integrante da saúde.

O anexo II do Regulamento da Previdência Social (Decreto n. 3.048/1999) traz o nexo técnico epidemiológico previdenciário, o qual pode ser conceituado como o nexo existente entre o trabalho e o agravo experimentado pelo trabalhador. Entre alguns possíveis agravos, esse anexo ressalta o "transtorno mental orgânico ou sintomático não especificado" decorrente da inalação ou contato com algumas substâncias, como tolueno, hidrocarbonetos, manganês, mercúrio, sulfeto de carbono, entre outros.

A NR-17, em seu anexo II, que trata dos operadores de *telemarketing*, impõe que o treinamento desses trabalhadores deva incluir informações sobre os sintomas de adoecimento que estejam relacionados a suas atividades, principalmente os que envolvem o sistema osteomuscular, a saúde mental, as funções vocais, auditivas e acuidade visual dos trabalhadores.

Podemos encontrar referências sobre a saúde mental, ainda, em normas internacionais que foram incorporadas ao ordenamento jurídico brasileiro: o art. 12-1 do Pacto Internacional dos Direitos Econômicos, Sociais e Culturais de 1966 (Decreto n. 591/1992), que dispõe que "os Estados Partes do presente Pacto reconhecem o direito de toda pessoa de desfrutar o mais elevado nível possível de saúde física e mental"; a Convenção n. 155 da OIT, ratificada pelo Decreto n. 1.254/1994 e atualmente consolidada no Decreto n. 10.088/2019, Anexo LI, que traz o conceito integral de saúde proposto pela OMS, ao dispor, em seu art. 3º, "*e*", que "o termo "saúde", com relação ao trabalho, abrange não só a ausência de afecções ou de doenças, mas também os elementos físicos e mentais que afetam a saúde e estão diretamente relacionados com a segurança e a higiene no trabalho"; a Convenção n. 161 da OIT, atualmente consolidada no Decreto n. 10.088/2019, Anexo XLIII, que, em seu art. 1º, "*a*", prescreve "a adaptação do trabalho às capacidades dos trabalhadores, levando em conta seu estado de sanidade física e mental".

Percebe-se, pela leitura de todos os dispositivos normativos colacionados, que é necessário um esforço de pesquisa e hermenêutico para chegarmos à conclusão de que o ordenamento jurídico brasileiro não se olvidou do bem-estar mental do trabalhador.

Recentemente, houve uma tentativa de melhor regulamentação do teletrabalho com a Medida Provisória n. 1.108, que deu origem à Lei n. 14.442/2022, alterando alguns artigos da Consolidação das Leis do Trabalho sobre o tema. Entretanto, nenhum dispôs sobre a saúde mental do teletrabalhador de forma direta.

Por fim, ressalta-se que há o Projeto de Lei n. 5.581/2020, que dispõe sobre a regulamentação do teletrabalho realizado fora das dependências do empregador, o qual propõe, com mais detalhamento, normas sobre saúde e segurança dos teletrabalhadores, dispondo, em seu art. 3º, "ser de responsabilidade patronal implementar condições para o pleno bem-estar físico e psicossocial do teletrabalhador, vislumbrando a possibilidade, inclusive, de uma Norma Regulamentadora sobre o tema".

7. Conclusões

O direito à saúde é um direito personalíssimo, indiscutível e importantíssimo do ponto de vista constitucional e das normas internacionais.

A mudança na forma de organização do trabalho para a modalidade do teletrabalho traz impactos às dimensões de espaço e de tempo a que estávamos acostumados, e essas questões são fundamentais para a estruturação da vida, portanto requerem um olhar cuidadoso do empregador, do trabalhador e também do Estado, o qual poderia adotar uma legislação mais específica sobre a saúde mental do teletrabalhador.

Por outro lado, a diminuição das relações interpessoais, como ocorreu agora durante a pandemia, problemas na comunicação entre trabalhadores e empregadores, longas jornadas e a dependência tecnológica podem levar o trabalhador ao esgotamento da sua saúde mental, razão pela qual o Estado não pode ser tolerante com as consequências negativas do trabalho.

É bem verdade que o trabalho pode ser fonte de prazer, principalmente quando tem sentido e significado que impactam positivamente a saúde mental, como aponta a pesquisa de 2012 trazida neste artigo.

Todavia, a falta de tratamento e gerenciamento dos fatores psicossociais leva ao adoecimento mental dos teletrabalhadores, principalmente em meio a situações atípicas, como a que ocorreu recentemente em nível mundial, devido à pandemia da Covid-19.

Por isso, é importante mantermos a vigilância em saúde, a fim de evitar adoecimentos e agravos na saúde dos teletrabalhadores, inclusive em seu aspecto mental, impedindo a banalização do sofrimento alheio causado pelos fatores psicossociais nocivos ao ambiente laboral, em especial o teletrabalho.

Crises sanitárias, como a que vivenciamos recentemente, deveriam servir de alerta para a importância dos cuidados com a saúde mental, pois causam perturbações psicológicas e sociais na sociedade como um todo, prejudicando a capacidade de cada indivíduo em se ajustar psicologicamente de forma saudável.

Referências

ARAÚJO, Bruna de Sá. O vínculo entre o uso excessivo da tecnologia e as doenças ocupacionais psicossociais. *Revista Eletrônica TRT 9ª Região*, ano IX, n. 88, maio 2020. p. 66-72.

BARUKI, Luciana Veloso Rocha Portolese. *Saúde Mental do Trabalhador:* a proteção normativa insuficiente como óbice para um regime jurídico preventivo dos riscos psicossociais. (dissertação de mestrado). Universidade Presbiteriana Mackenzie. São Paulo, 2010. Disponível em: <https://dspace.mackenzie.br/bitstream/handle/10899/23726/Luciana%20Veloso%20Rocha%20Portolese%20Baruki.pdf?sequence=1&isAllowed=y>. Acesso em: 15 ago. 2022.

BRASIL. *Consolidação das Leis do Trabalho, 1943.* Disponível em: <http://www.planalto.gov.br/ccivil_03/decreto-lei/del5452.htm>. Acesso em: 10 ago. 2022.

______. *Constituição da República Federativa do Brasil, 1988.* Disponível em: <http://www.planalto.gov.br/ccivil_03/constituicao/constituicao.htm>. Acesso em: 10 ago. 2022.

CNJ — Conselho Nacional de Justiça. *Painel sobre a saúde mental de Magistrados e Servidores no contexto da pandemia da Covid-19.* Disponível em Painel sobre a saúde mental de Magistrados e Servidores no contexto da pandemia da Covid-19 (<cnj.jus.br>). Acesso em: 5 set. 2022.

FARO, Andre e outros. Covid-19 e Saúde Mental: a emergência do cuidado. *Estudos de Psicologia*, Campinas, 2020. Disponível em: <https://www.scielo.br/j/estpsi/a/dkxZ6QwHRPhZLsR3z8m7hvF/?lang=pt#>. Acesso em: 10 ago. 2022.

FELICIANO, Guilherme Guimarães; PASQUALETO, Olívia de Quintana Figueiredo. Teletrabalho e Saúde e Segurança do Trabalho e Regulamentação Estatal: Pandemia, Aprendizados e Perspectivas Futuras. *Revista TRT 3ª Região.* Disponível em: <https://as1.trt3.jus.br/bd-trt3/bitstream/handle/11103/70553/Revista%20TRT-3%2c%20v.%2066%2c%20n.%20102-107-127.pdf?sequence=1&isAllowed=y>. Acesso em: 15 ago. 2022.

FONSECA, Regina Lúcia de Almeida; PÉREZ-NEBRA, Amalia Raquel. A Epidemiologia do Teletrabalhador: Impactos do Teletrabalho na Saúde Mental. *Caderno de Psicologia Social do Trabalho*, 2012, v. 15, n. 2, p. 303-318. Disponível em: <http://pepsic.bvsalud.org/pdf/cpst/v15n2/v15n2a11.pdf>. Acesso em: 10 ago. 2022.

IBGE — Instituto Brasileiro de Geografia e Estatística. *Pesquisa Nacional por Amostra de Domicílios* — PNAD Covid-19. Disponível em: <https://covid19.ibge.gov.br/pnad-covid/>. Acesso em: 18 ago. 2022.

PEREIRA, André Souza. *Meio Ambiente do Trabalho e o Direito à Saúde Mental do Trabalhador:* uma abordagem construtiva do meio ambiente do trabalho psicologicamente hígido a partir da relação entre os riscos psicossociais laborais e os transtornos mentais ocupacionais. São Paulo: LTr, 2019.

ORGANIZAÇÃO INTERNACIONAL DO TRABALHO. *Gestão dos Riscos Psicossociais relacionados com o trabalho durante a pandemia da Covid-19*. Disponível em: <https://www.ilo.org/wcmsp5/groups/public/---europe/---ro-geneva/---ilo-lisbon/documents/publication/wcms_823075.pdf>. Acesso em: 5 set. 2022.

SANTOS, Gustavo Abrahão. *A Saúde Mental dos Teletrabalhadores que utilizam sistemas de tecnologia*. Disponível em: 20191204163935.pdf (<unhttps://uniesp.edu.br/sites/_biblioteca/revistas/20191204163935.pdfiesp.edu.br>). Acesso em: 10 ago. 2022.

SOBRATT — Sociedade Brasileira de Teletrabalho e Teleatividades. *Pesquisa* Home Office Brasil, 2020. Disponível em: <https://sapconsultoria.com.br/pesquisa-home-office-brasil-2020/>. Acesso em: 5 set. 2022.

STANSFELD, S.; Candy B. Psychosocial work environment and mental health: a meta-analytic review. *Scand J Work Environ Health*, dez. 2006 32(6):443-62. doi: 10.5271/sjweh.1050. PMID: 17173201. Disponível em: <https://pubmed.ncbi.nlm.nih.gov/17173201/>. Acesso em: 10 ago. 2022.

Teletrabalho e Fiscalização: Uma Nova Forma de Inspeção pelos Auditores-Fiscais do Trabalho

Christiane Moraes Cardoso

Daniela Bastos Moutinho e Silva

Thiago William Pereira Barcelos

Introdução

O teletrabalho está previsto na Consolidação das Leis do Trabalho (CLT) desde a sua redação original[(1)], em seu art. 6º. Da leitura de sua redação original[(2)] compreende-se que, desde o seu ingresso no ordenamento jurídico brasileiro, o trabalho realizado no domicílio do empregado não se distingue do trabalho realizado nas dependências do empregador.

Embora previsto desde 1943, o teletrabalho sofreu alterações legislativas apenas em 2011 e, mais recentemente, em 2017, pela Lei n. 13.467, a cognominada Reforma Trabalhista, incluindo na CLT o Capítulo II-A e consequentemente os arts. 75-A ao 75-F.

Apesar de a Lei n. 13.467 ter regulamentado o trabalho realizado fora das dependências do empregador, em resposta à progressiva popularização dessa forma de prestação de serviços, com a pandemia por Covid-19 essa modalidade precisou ser utilizada repentinamente por instituições e empresas que precisaram colocar seus empregados

---

(1) Redação original de 1943 do art. 6º da CLT: Não se distingue entre o trabalho realizado no estabelecimento do empregador e o executado no domicílio do empregado, desde que esteja caracterizada a relação de emprego.

(2) Através da Lei n. 12.551, de 15 de dezembro, foi incluída a redação do parágrafo único ao art. 6º da CLT, alterando também o seu *caput*, para introduzir na legislação o trabalho à distância e equipará-lo ao realizado nas dependências do empregador e no domicílio do empregado, com utilização, inclusive, de meios telemáticos e informatizados para tal.

em trabalho remoto, ainda que sem regras mais específicas sobre essa modalidade. De acordo com os dados da pesquisa realizada pelo IBGE Pnad Covid-19[3], o número de trabalhadores em trabalho remoto oscilou entre 8,914 milhões na semana de 31 de maio a 6 de junho de 2020 e 7,806 milhões entre 13 de setembro e 19 de setembro de 2020.

No entanto, se os momentos de crises da história serviram para acelerar as grandes transformações, a pandemia por Covid-19 foi um desses grandes marcos civilizatórios. O fato de a maior parte dos trabalhadores do mundo ter sido colocada em regime de trabalho a distância, mais precisamente na modalidade *home office*, levou os países a melhor regulamentar o teletrabalho e a repensar sobre a sua fiscalização.

Nessa linha de intelecção, o artigo busca refletir acerca da forma com que o governo poderia realizar a fiscalização do teletrabalho, em especial, pelo Ministério do Trabalho e Previdência, através de seus auditores fiscais do trabalho (AFT's), bem como mecanismos aptos a enfrentar os desafios da sociedade 4.0, salvaguardando, consoante os ditames da metanorma da proporcionalidade na maior medida do possível, direitos fundamentais como a liberdade, a intimidade e a livre-iniciativa.

1. Histórico e desenvolvimento da inspeção do trabalho no Brasil e no mundo

De acordo com o dicionário Aurélio da Língua Portuguesa, fiscalizar é o ato de "exercer fiscalização sobre", de "exercer o cargo ou as funções de fiscal" ou, ainda, de "vigiar, examinar, verificar"[4]. Conceito esse que não se distancia da sua definição jurídica, na qual a inspeção ou a fiscalização do trabalho é tida como uma instituição encarregada de garantir a efetiva aplicação da legislação trabalhista, que permite que o Estado desempenhe as suas funções fiscalizadoras[5] e garanta, assim, a prevalência do interesse social coletivo no cumprimento das normas trabalhistas de natureza cogente.[6]

Portanto, isso significa dizer que sem a inspeção e/ou fiscalização do trabalho, atividade desempenhada pelo Estado, não seria possível garantir a aplicação efetiva das normas trabalhistas. Nessa linha, a ausência de fiscalização levaria o Direito do Trabalho e todos os avanços sociais e coletivos conquistados pela sociedade a se dissolverem pelo tempo.

No que tange à origem da fiscalização, a literatura é divergente. Há alguns autores que destacam, nas sociedades mais antigas como a civilização babilônica, a existência de diversas regulamentações trabalhistas, inclusive aquelas que demonstravam preocupação

(3) Disponível em: <https://covid19.ibge.gov.br/pnad-covid/trabalho.php>. Acesso em: 8 out. 2022.

(4) FERREIRA, Aurélio Buarque de Holanda. *Míni Aurélio:* O dicionário da língua portuguesa.

(5) MACHADO, José Manoel. *A fiscalização do trabalho frente à flexibilização das normas trabalhistas.* Ano 10, n. 644, p. 8, 13 abr. 2005.

(6) MANNRICH, Nelson. *Inspeção do Trabalho, Op. cit.*, p. 61-70.

com o trabalhador e o ambiente de trabalho onde estava inserido. Por sua vez, outros autores veem o nascimento da fiscalização trabalhista no período conhecido por Idade Média, junto às corporações de artes e ofícios, com a existência de figuras que eram verdadeiros fiscais de produção, encarregados de fiscalizar o cumprimento desses estatutos.

Contudo, é só com o crescimento descontrolado de trabalhadores no meio urbano, provocado pela Revolução Industrial ocorrida na segunda metade do século XVIII na Europa, que exsurge a real preocupação de intervenção estatal para a elaboração de regras que buscavam proteger os trabalhadores saídos dos campos com destino às fábricas.

Esse momento histórico de expansão industrial para o mundo trouxe consigo a superexploração de mulheres de crianças, consideradas meias-forças, por serem menos fortes que homens para o trabalho braçal que exigia força bruta. A partir da utilização de máquinas, essa força de trabalho barata explorada à exaustão em meio a péssimas condições de trabalho verificadas nas fábricas foi acometida por severo comprometimento físico e biológico, com mortes e mutilações. Destarte, as primeiras normas a surgirem foram justamente para proteção dessa massa de trabalhadores, mesmo que essas não fossem amplamente respeitadas pelas empresas ao redor dos centros urbanos que se formavam. Esse é o contexto histórico da Peel's Act, majoritariamente considerada a primeira norma de Direito do Trabalho no mundo.

Por sua vez, a realidade do contexto brasileiro em muito se distinguia daquela vivida pela Europa e a América do Norte. Isso porque, durante a Primeira (1760 a 1850) e parte da Segunda Revolução Industrial (1850 a 1945), o Brasil era um país escravocrata, e o modelo escravagista de produção é incompatível com normas trabalhistas, uma vez que não considera trabalhadores como sujeitos de direito. Referido modelo somente foi abandonado após grande pressão internacional, em especial pelo crescimento intelectual, industrial e econômico de outras nações, que já possuíam trabalhadores assalariados e não poderiam competir no comércio internacional com produtos produzidos por escravos. Destarte, a fim de obter apoio político e financeiro internacional, senadores brasileiros aprovaram o fim da escravidão no Brasil em 13 de maio de 1888.

Em relação a esse contexto brasileiro, Bignami[7] nos ensina que:

> No momento em que a conjuntura político-econômica não mais sustentava um sistema monárquico, alguns setores da política nacional reverteram à ordem constitucional e tomaram o poder, dando início à era republicana. Parece que, com a finalidade de obter apoio político e financeiro internacional, o Brasil apressou-se em aprovar legislação compatível com os interesses estrangeiros.

(7) BIGNAMI, Renato. *A inspeção do trabalho no Brasil:* procedimentos especiais para a ação fiscal, *Op. cit.*, p. 26-31.

Essa realidade, tão distinta de boa parte do mundo, fez com que a fiscalização trabalhista brasileira seguisse os lentos passos de uma ideologia política insurgente conjuntamente com anseios republicanos então germinando pelo país. De maneira análoga, Costa[8] conclui que o Brasil efetivou essa prática em virtude da escassez de produtos industrializados durante a Primeira Guerra Mundial (1914 a 1918).

Bignami complementa, ainda, que, no Brasil, o surgimento da fiscalização do trabalho está ligado mais a questões internacionais do que necessariamente por conquistas das classes trabalhadoras, como aquelas que foram vivenciadas nos países europeus, já em plena segunda fase da Revolução Industrial.

Assim, aproximadamente dois anos após a Proclamação da República, em 17 de janeiro de 1891, os interesses políticos e econômicos de industrializar o país fizeram com que fosse publicado o Decreto Legislativo n. 1.313, que estabeleceu a obrigatoriedade da fiscalização de "[...] todos os estabelecimentos fabris em que trabalhassem menores". No entanto, diferentemente do esperado, o decreto nunca foi executado, porque seu objetivo era apenas demonstrar o comprometimento do Brasil com os regimentos internacionais de modo a atrair investimentos estrangeiros para o país.

Ainda seguindo esses lentos passos, aproximadamente três décadas depois, foi publicado o Decreto n. 3.550, em 16 de outubro de 1918, que criou o órgão administrativo denominado de Departamento Nacional do Trabalho, responsável, entre outras atividades, por "regulamentar e inspecionar o Patronato Agrícola". Em 1921, a fiscalização do trabalho passou a representar uma extensão do Ministério da Agricultura e Povoamento, mesmo que, à época de sua criação, fosse restrita somente ao Distrito Federal. Porém, com a Revolução de Outubro de 1930 e a ascensão de Vargas ao poder, nascia um novo contexto para as relações de trabalho no Brasil. A pressa pela industrialização do país em razão da escassez de produtos industrializados fez com que o Brasil efetivamente implementasse uma inspeção do trabalho.

Por conseguinte, para garantir o título de "pai dos pobres e mãe dos ricos", Vargas buscou criar uma legislação que fosse capaz de beneficiar o empregado, o empresário e ser bem-vista por outras nações. Tal se deu com vistas a manter boas relações de diplomacia internacional, trazer as inovações tecnológicas para o país e, ainda, conseguir agradar a todos. Para tanto, privilegiou demandas trabalhistas individuais em detrimento de soluções mais eficazes na seara coletiva.

Diante dessa pressão nacional e internacional, foi criada a Secretaria de Estado com a denominação de "Ministério do Trabalho, Indústria e Comércio", por meio do Decreto n. 19.433, de 26 de novembro de 1930. No ano seguinte, por meio do Decreto n. 19.671-A, foi organizado o Departamento Nacional do Trabalho, que tinha como

(8) COSTA, Cruz. *Pequena história da república*, *op. ciat.*, p. 78-79, 93-115.

objetivo "promover medidas de previdência social e melhorar as condições gerais do trabalho", subdividida nas seguintes seções: "organização, higiene, segurança e inspeção do trabalho" e "previdência social, patrocínio operário e actuariado".

Em pouco tempo de gestão do governo Vargas, a intervenção do Estado se deu de forma mais incisiva e inovadora com a efetiva fiscalização estatal para a inspeção das leis trabalhistas, criadas nas décadas de 1920, 1930 e 1940. As diversas legislações da época contribuíram para o surgimento do Decreto-lei n. 5.452, em 1º de maio de 1943, que aprovou a Consolidação dessas leis mais gerais em um único *codex*, a Consolidação das Leis do Trabalho, que trazia a normatização do processo de multas administrativas aplicadas pela Inspeção do Trabalho realizada por fiscais.

Por sua vez, em 9 de maio de 1944, fase final do governo de Vargas, foi publicado o Decreto-lei n. 6.479, que criou o quadro único do Ministério do Trabalho, Indústria e Comércio, com cargos para as carreiras de inspetor do trabalho, engenheiro do trabalho e para médico do trabalho.

Com a evolução do Direito do Trabalho no Brasil e o processo de industrialização, o Estado encontrou, na fiscalização, o instrumento mais eficaz para garantir o nivelamento das condições de trabalho e concorrência empresarial, bem como um patamar mínimo de dignidade para a massa de trabalhadores, superexplorada em situação degradante, sujeita a riscos multidimensionais. Destarte, a legislação trabalhista passou a desenvolver suas duas atividades principais: a jurisdicional e a administrativa.

1.1. Convenções e Recomendações da OIT sobre a Fiscalização do Trabalho

A Organização Internacional do Trabalho (OIT), agência multilateral da Organização das Nações Unidas (ONU), especializada em organizar e legislar sobre assuntos trabalhistas, trouxe, ainda sob o contexto pós-Primeira Guerra Mundial, inúmeros avanços no Direito do Trabalho em âmbito internacional. Desde a sua criação em 1919, a OIT já adotou 189 Convenções Internacionais de Trabalho e 205 recomendações(9) sobre inúmeras temáticas, entre elas, o emprego, proteção social, saúde e segurança no trabalho e diversas delas são aplicáveis à fiscalização do trabalho no teletrabalho.

Nesse passo, o Brasil ratificou a Convenção n. 81 em 1956, por meio do Decreto Legislativo n. 24, cuja efetiva regulamentação somente ocorreu com o Decreto n. 55.841, de 15 de março de 1965. Assim, passou a cumprir o antigo Regulamento da Inspeção do Trabalho, o chamado RIT, organizando o quadro de carreiras dos fiscais, médicos e dos engenheiros do trabalho, primeira vez descritos no Decreto-lei n. 6.479.

---

(9) OIT. *História da OIT*. Genebra, Suíça. Disponível em: <https://www.ilo.org/brasilia/conheca-a-oit/hist%C3%B3ria/lang--pt/index.htm#:~:text=Desde%20a%20sua%20cria%C3%A7%C3%A3o%20em,trabalho%2C%20trabalho%20m ar%C3%ADtimo%20etc>. Acesso em: 8 dez 2022.

Contudo, em 1971, sob um cenário repressivo ditatorial militar, o Brasil ofereceu uma denúncia à referida convenção alegando dificuldade no cumprimento dos arts. 6º e o § 2º e 11. Posteriormente, em 1987, o Brasil ratificou novamente a convenção e lhe aplicou efeito repristinatório.

Em 1988 a Constituição Cidadã, em seu art. 21, inciso XXIV, atribuiu à União a competência para organizar, manter e executar a inspeção do trabalho, seu *debut* constitucional. Com essa previsão, o Estado passou por um processo de reestruturação da fiscalização do trabalho.

Ao ratificar a Convenção n. 81 e atribuir à União, por meio do seu Ministério do Trabalho, a competência de fiscalização trabalhista, o Brasil passa a cumprir as diretrizes da referida convenção e passa a ter um sistema governamental destinado a fiscalizar o trabalho. Destarte, representado por seus inspetores, o Estado utiliza poder de polícia, oriundo de sua soberania, a fim de exigir cumprimento da legislação trabalhista pertinente.

Ainda, a Convenção n. 177 e a Recomendação n. 184[(10)], ambas da OIT, com o objetivo de conceder um trabalho digno aos trabalhadores em domicílio, buscam promover a igualdade de tratamento entre todos os trabalhadores, com o objetivo não declarado de promover a transformação do trabalho em domicílio em um trabalho digno. Desse modo, não há razão deontológica para a exclusão dos trabalhadores em domicílio ou desterritorializados, em *home office* ou teletrabalho, da proteção das normas laborais fiscalizadas pelo Estado.

Na prática, no entanto, em razão de diversas crises econômicas e políticas que o país estava mergulhado, os frequentes cortes no orçamento destinado à fiscalização do trabalho deixaram-na com recursos escassos e largo déficit de auditores, o que impacta sobremaneira na efetividade de sua atuação.

Noutro giro, o cenário pandêmico levou os trabalhadores e as empresas a se adaptarem e buscarem novas formas de trabalho a fim de respeitar normas de isolamento e distanciamento social. Nesse momento, a fiscalização do trabalho foi incluída no rol dos serviços classificados como essenciais, consoante Decreto n. 10.282[(11)], de 20 de março de 2020, editado durante o ápice da pandemia da Covid-19.

Apesar de pouco divulgado, foi através da atuação da fiscalização do trabalho[(12)] que empresas foram orientadas a respeitar as normas trabalhistas e os protocolos estabelecidos pelas autoridades sanitárias no período pandêmico. Logo, sua atuação foi imprescindível à manutenção da vida e saúde de milhões de brasileiros.

(10) Nenhuma delas foi ratificada pelo Brasil até o momento.

(11) Revogado pelo Decreto n. 11.077, de 20 de maio de 2022.

(12) NT SEI n. 14.127/2021 e Portaria Conjunta ME n. 20/2020.

Digno de nota, ainda, é o papel dos auditores fiscais do trabalho no combate ao trabalho análogo ao de escravo. Isso se deve à mudança de postura do país oriunda da solução amistosa perante a Comissão Interamericana de Direitos Humanos no rumoroso caso José Pereira[(13)], que culminou com o reconhecimento pelo país da persistência da escravidão, desencadeando uma série de alterações legislativas e implementação de políticas públicas para seu combate.

Assim, pode-se concluir que a inspeção do trabalho no Brasil busca o cumprimento das normas trabalhistas e, consequentemente, a proteção do trabalhador, ou seja a maior parte da população brasileira dependente da alienação de sua força de trabalho para subsistência própria e de sua família.

Ademais, também protege a livre-iniciativa de agentes nefastos que causam ruptura na livre concorrência por desrespeitar os limites impostos pelo pacto social, inflando lucros artificialmente e produzindo concorrência desleal.

2. Possíveis formas de ser realizada a inspeção do teletrabalho pelos auditores-fiscais do trabalho: analógica e digital

Se não existe distinção entre o trabalho realizado no estabelecimento do empregador e o realizado a distância pelo trabalhador, conforme preceitua o art. 6º da CLT[(14)], a mesma fiscalização que é realizada pelos auditores fiscais do trabalho no ambiente físico da empresa, poderia, em tese, ser feita onde o trabalhador esteja realizando o trabalho remoto ou em seu domicílio. Há de se buscarem para isso meios para compatibilizar a fiscalização e a proteção da intimidade do lar do trabalhador, contando com maturidade tecnológica, investimentos e pessoal suficiente para isso.

Ao analisar as possíveis propostas para a concretização desse dever estatal, é necessário, a priori, elastecer o conceito da própria fiscalização do trabalho para garantir o ambiente laboral equilibrado e saudável, ainda que realizado à distância, na residência do empregado ou de modo virtual.

Por conseguinte, diante do apanhado histórico previamente discorrido neste artigo, conclui-se que a fiscalização do trabalho no Brasil é basicamente realizada de forma analógica, por conta da estrutura do Estado moldado pelo *ethos* da sociedade industrial, que ainda tem a maior parte de suas atividades realizada de forma também analógica[(15)], ou seja, de forma presencial.

---

(13) Comissão Interamericana de Direitos Humanos. São José, Costa Rica. Disponível em: <https://cidh.oas.org/annualrep/2003port/brasil.11289.htm>. Acesso em: 8 dez. 2022.

(14) Art. 6º: Não se distingue entre o trabalho realizado no estabelecimento do empregador, o executado no domicílio do empregado e o realizado a distância, desde que estejam caracterizados os pressupostos da relação de emprego. Parágrafo único: Os meios telemáticos e informatizados de comando, controle e supervisão se equiparam, para fins de subordinação jurídica, aos meios pessoais e diretos de comando, controle e supervisão do trabalho alheio.

(15) CHAVES JÚNIOR, José Eduardo de Resende. *O Contrato Hiper Realidade e o Direito do Trabalho 4.0.*

Precisamente por isso, a ideia de fiscalização presencial realizada pelos auditores fiscais nos locais do trabalho, para verificação das condições de labor e dos documentos a ele relacionados, é necessário quando o trabalho é realizado no chão da fábrica, no escritório da firma, dentre outros. A fiscalização do trabalho possui tanto a função orientadora como repressiva(16) do Estado para coibir qualquer abuso de direitos, serve tanto para orientar as partes como para auxiliar no aprimoramento do sistema trabalhista, porém é uma superestrutura vocacionada em sua origem para a sociedade industrial, tanto que o art. 1º da Convenção n. 81 da OIT, datada de 1947, trata da fiscalização de estabelecimentos industriais.

No entanto, as relações de trabalho da indústria 4.0 exigirão novas posturas do Estado fiscalizador. Hodiernamente, segundo um estudo realizado pelo IPEA(17) no segundo trimestre de 2020, por conta das características de seu mercado de trabalho, o Brasil possui 22,7% de pessoas em potencial de teletrabalho, já que suas atividades poderiam ser realizadas nessa modalidade, o que corresponde a 20,8 milhões de brasileiros. Logo, verifica-se que o Brasil ainda é um país majoritariamente de trabalho analógico, ou seja, desenvolvido de forma presencial, razão pela qual não se cogita abandonar o modelo atual, mas apenas ampliá-lo para alcançar mais trabalhadores e espaços de trabalho.

Nessa linha de raciocínio, preceitua o Regulamento da Inspeção do Trabalho (RIT)(18), em seu art. 18, que os auditores fiscais do trabalho podem: verificar o cumprimento das disposições legais e regulamentares, inclusive as relacionadas à segurança e à saúde no trabalho, no âmbito das relações de trabalho e de emprego (inciso I); inspecionar os locais de trabalho, o funcionamento de máquinas e a utilização de equipamentos e instalações (inciso VIII); e ainda averiguar e analisar situações com risco potencial de gerar doenças ocupacionais e acidentes do trabalho, determinando as medidas preventivas necessárias (inciso IX).

Seguindo essa intelecção, com base ainda no art. 12 da Portaria MTP n. 547, de 22 de outubro de 2021, que disciplina a forma de atuação da inspeção do trabalho, a fiscalização pelos auditores fiscais pode ser de forma direta, indireta ou mista, sendo a forma indireta aquela que "envolve apenas análise documental, a partir de notificações aos empregadores, por via postal ou outro meio de comunicação institucional e a partir da análise de dados".

Sob a perspectiva dessa análise de dados, conclui-se que mesmo sendo uma forma de fiscalizar o trabalho bem distante das raízes originárias e, portanto, analógicas dessa inspeção, a legislação já permite aos fiscais receberem essas informações de modo eletrônico, ou seja, é o primeiro passo para uma fiscalização digital. É o salto que se propõe: a

---

(16) MANNRICH, *op cit.*, p. 1.309.

(17) Potencial de teletrabalho na pandemia: um retrato no Brasil e no mundo. p. 2. *Carta de Conjuntura*, n. 47, publicado em: 3 jun. 2020.

(18) Decreto n. 4.552, de 27 de dezembro de 2002.

transformação da fiscalização de analógica para digital, de forma direta, quando o laboro se desenvolve precipuamente em meios digitais.

Se o *ethos* social está mudando de analógico para digital, é certo que a fiscalização pode e deve acompanhar a nova forma de organização do trabalho, em especial o realizado a distância, intermediado por tecnologias de informação e comunicação (TICs) que superaram a sociedade industrial. São exemplos os trabalhos desterritorializados e regulados por algoritmos. Nesses casos, a fiscalização orientada por dados é a forma direta de garantir o cumprimento da legislação do trabalho, inclusive o meio ambiente de trabalho equilibrado e saudável. Nesses casos, o acesso ao ambiente virtual é fiscalização direta, uma vez que aquele é parte do ambiente em que ocorre a prestação de serviços. A outra parte é o *coworking*, a residência do trabalhador, a cafeteria, a biblioteca, o carro, dentre outras possíveis localidades que tem aptidão para acolher a massa de trabalhadores desterritorializados.

Ao forçar empregadores e trabalhadores a se adaptarem repentinamente e sem regulamentação adequada a essa nova modalidade de trabalho, a pandemia da Covid-19 provou ao mercado o que alguns pesquisadores, como Daniel Bell (1976) e Manuel Castells (1999) já vêm antecipando há alguns anos: que o teletrabalho pode ser entendido como fruto da era da "sociedade da informação"(19) ou da "sociedade em rede"(20), decorrente da relação da sociedade com a tecnologia.

O importante é frisar que na sociedade da informação e comunicação são os dados a nova *commodity*, fonte de imenso valor e que para Chaves Júnior é extremamente valiosa(21):

> Não há mais especificidade de dados sensíveis; na era do Big Data, todos os dados são sensíveis, biopolíticos. Até a opção reiterada por um sabor de pizza comprada via plataforma eletrônica passa a ser informação estratégica. Informação é poder; megadados capturados em rede são escrutinados e transformados em megapoderes.

E é com base no *big data* que este artigo propõe que seja feita a fiscalização do teletrabalho. O *big data* envolve dados multivariados e de elevada dimensão, geralmente criados em tempo real e que apresentam um crescimento exponencial na medida em que são alimentados pelos usuários e transformados em informações úteis pela inteligência artificial.

---

(19) BELL, Daniel. *The coming of post industrial society: a venture in social forecasting*, Op. cit., p. 578-579.

(20) *Direito do Trabalho 4.0:* Controle e Alienidade como operadores conceituais para a identificação da relação de emprego no contexto dos aplicativos de trabalho, *Op. cit.*, p. 37.

(21) *Idem.*

Para os órgãos de controle e regulação é necessário que primeiro seja compreendida a diferença entre a dicotomia do trabalho analógico e o trabalho digital, para se compreender as formas possíveis de sua fiscalização. Enquanto a economia baseada nos átomos, a exemplo das *commodities*, é limitada e sofre escassez, a economia dos *bits* é infinita e assim é regida pela lei da abundância, que assevera que quanto mais dados se tem, mais dados são gerados. Um exemplo é o *Google*.

Trazer para a realidade da fiscalização do trabalho a possibilidade de se realizarem as inspeções das relações havidas entre empregadores e seus empregos por meio de *big data* não seria inovação apenas da área trabalhista, uma vez que outros órgãos públicos já as utilizam, a exemplo da Procuradoria-Geral da Fazenda Nacional (PGFN), o Departamento Nacional de Infraestrutura e Transportes (DNIT), a Secretaria do Tesouro Nacional (STN), a Secretaria da Receita Federal (SRF) e o Ministério do Planejamento, que receberam grandes investimentos para focar na arquitetura do "Lago de Dados" (*Data Lake*) e na formação dos empregados do Serpro para controlar tais informações[(22)].

O Ministério do Trabalho e Previdência já vem desde 2017 construindo um centro de gestão de informação com dados dos empregadores e trabalhadores contidos nas mais diversas bases de dados governamentais, como Receita Federal (faturamento das empresas, pagamentos a terceiros, comunicações de transporte etc.), INSS (comunicações de acidentes de trabalho, relação de benefícios concedidos etc.), Caixa, eSocial, Rais, Caged e Seguro-Desemprego. O eSocial, por exemplo, desde janeiro de 2018 está em vigor e vem ajudando os auditores fiscais na fiscalização eletrônica das empresas.

A criação e interligação de um grande banco de dados poderia permitir à Secretaria de Inspeção do Trabalho lidar com imensos conjuntos de dados e, assim, garantir a extração e análise das informações laborais. Já quanto à fase de fiscalização, a partir da ordem administrativa para inspecionar determinado empregador, o auditor-fiscal do trabalho poderá ter acesso a todos os dados do empregador, a fim de verificar indícios de irregularidades. Utilizando estatísticas e linguagem algorítmica, a auditoria fiscal do trabalho poderia avaliar a abrangência das ações nas relações empregador/empregado para evitar fraudes nessas relações. Se o auditor não tem um espaço físico para verificar quantas pessoas prestam serviços com subordinação, pessoalidade, habitualidade e onerosidade para aquele empregador, deverá adentrar os espaços virtuais para tal verificação.

Utilizar a inteligência artificial e *big data* para digitalizar as informações sobre as relações de trabalho passa a ser uma alternativa para a inspeção da realidade experimentada não só pelos trabalhadores analógicos, mas em especial pelos trabalhadores que passaram a realizar suas atividades na modalidade de teletrabalho, a distância ou em *home office*, sem precisar discutir se a necessidade de uma eventual fiscalização presencial dos auditores fiscais do trabalho na residência do trabalhador não estaria relativizando

(22) Informação disponível no *Relatório de Administração 2015* da SERPRO.

seu direito fundamental à intimidade, ou ainda se não se estaria confundindo conceitos de estabelecimento do empregador, onde o empregador tem gerência e responsabilidade, com local de prestação dos serviços, que no caso do trabalho remoto pode ser uma lanchonete ou um *coworking* e no caso do *home office* passa a ser um local privado e familiar de seu empregado.

Nesse diapasão, os caminhos futuros que este artigo vislumbra é que a sociedade no pós-contratualismo tecnológico ou na era dos contratos hiper-realidade, do professor Pepe Chaves[(23)], caminhe para um maior amadurecimento tecnológico para enfrentar questões envolvendo o trabalho que passará a ser cada vez mais realizado no formato digital com a necessidade de uma fiscalização mais preparada, de forma também digital, através do uso regulado e ético das *big data* e da inteligência artificial.

3. Conclusões

É um fato bastante relevante a mudança do ambiente de trabalho para a casa do trabalhador ou para outros estabelecimentos onde o empregador possa alegar não ter gerência sobre a forma com que o trabalho é desenvolvido. Alegando até o cumprimento do art. 75-E da CLT, que lhe obriga a instruir de maneira expressa e ostensiva os trabalhadores sobre doenças e acidentes de trabalho, com destaque especial aos riscos ergonômicos e de queda no ambiente de trabalho remoto, já que não tem controle sobre os espaços.

Por outro lado, é cristalino o interesse público vertido na fiscalização dessas relações de trabalho, inclusive para verificação de eventuais fraudes, tanto nas contratações como na própria realização do trabalho, com jornadas extensivas e exaustivas, e gerenciamento por estresse, por meio de assédio moral organizacional seja pela imposição de metas inexequíveis ou pela intensa fiscalização de quantidade de cliques por minuto. Destarte, impõe-se a expansão do conceito de ambiente de trabalho para fora das dependências da empresa, arrastando consigo todo o arcabouço normativo historicamente construído para responsabilização do tomador de serviços, que dirige a prestação do trabalho e detém controle sobre o modelo produtivo.

Por essas razões que o uso de inteligência artificial[(24)] com *big data* interligados com outros órgãos governamentais poderia fazer surgir uma malha informacional a serviço da fiscalização trabalhista, a qual, por sua vez, poderia garantir direitos aos trabalhadores e ainda detectar fraudes e sonegação, identificando irregularidades, adoecimento de trabalhadores, tudo através de cruzamento de dados em alta velocidade.

Nesse ínterim, destaca-se a importante lição do professor Lawrence Lessig: *Code is Law*, ao destacar a necessidade de se ter acesso ao código-fonte. Isso porque se código é lei,

(23) Como é carinhosamente conhecido o professor José Eduardo Resende Chaves Júnior.

(24) Portaria GM n. 4.617, de 6 de abril de 2021.

então quando as empresas detentoras dos códigos-fonte impõem condutas e sanções a trabalhadores pelo seu descumprimento, estão atuando com soberania se esse arcabouço se der à margem da atuação do Estado.

Se de um lado a fiscalização do trabalho não requer acesso e de outro a Justiça do Trabalho sistematicamente o nega a quem requer, tal conjunto normativo fica fora do controle estatal, permitindo o esvaziamento de sua própria soberania. Isso porque soberania nada mais é do que o poder de impor condutas aos súditos, bem como sanções pelo seu descumprimento e que deveria ser monopólio do Estado. Destarte, as políticas que são *encoded* nos algoritmos empresariais devem ser submetidas à fiscalização, para verificar sua compatibilidade com o arcabouço normativo. Frise-se que segredos empresariais não são oponíveis ao poder-dever de fiscalização do Estado desde o alvorecer da sociedade industrial e a máxima permanece válida na era da sociedade informacional.

Dessa maneira, esse artigo sugere que seja aplicado no Brasil o *e-Discovery* da *Rule 26* do Código de Processo Federal norte-americano, que obriga todas as empresas norte-americanas, que atuem dentro ou fora dos Estados Unidos, a apresentarem todos os dados e todos os sistemas que dizem respeito à matéria posta em juízo. Esse dever de apresentar informações é chamado na legislação norte-americana de *Duty to Disclose*, no sentido de apresentar, de tornar público, o que abrange inclusive materiais e informações guardados eletronicamente.

Foi a partir dessa regra que uma ONG norte-americana conseguiu comprovar que 85% dos motoristas do aplicativo UBER de Nova Iorque recebiam menos que o salário-mínimo, depois de deduzidas todas as despesas, e que 42% do tempo trabalhado não era remunerado[(25)]. Isso só foi descoberto através de perícias computacionais realizadas após a entrega do código- fonte pela UBER em juízo em atendimento à *Rule 26*.

Por fim, é preciso analisar a possibilidade de se incorporar o *e-Discovery* da *Rule 26* no Brasil. Isso se mostra possível tanto por meio do art. 8º da CLT, por ser fonte de direito comparado, quanto pela Lei n. 11.419, de 19 de dezembro de 2006, que, em seu art. 13 dispõe que o magistrado poderá determinar que sejam realizados por meio eletrônico a exibição e o envio de dados e de documentos necessários à instrução do processo. Referido dispositivo foi amparado ainda pelo art. 440 do CPC de 2015, que permite a apreciação pelo juiz do valor probante do documento eletrônico não convertido, sendo assegurado às partes o acesso ao seu teor.

Ao terem acesso aos dados da empresa, aos códigos-fontes e em especial à política com que os algoritmos utilizados são alimentados, os auditores fiscais do trabalho poderão analisar as sequências de instruções computáveis[(26)], imputadas às máquinas para

---

(25) Motoristas de Uber terão "salário mínimo" em Nova York. Publicado em 5 de dezembro de 2021 na *Revista Exame*.

(26) FRAZÃO, Ana. *Dados, estatísticas e algoritmos*. Perspectiva e riscos da sua crescente utilização.

verificar se existem irregularidades nas programações de origem desses algoritmos, por mais que possam aprender e aprimorar sozinhos sua própria estrutura.

A fiscalização do teletrabalho pode ser, então, indireta, através do recebimento de documentos digitalizados e de informações declaradas pelas empresas, mantendo o formato analógico de se inspecionarem as relações de trabalho, mas também pode ser mais ousada e aproveitar as vantagens de uma era baseada no capitalismo de vigilância, de Shoshana Zuboff.

Desta maneira a fiscalização do trabalho poderia utilizar as *big data* para pesquisar mais intrinsecamente fraudes e irregularidades, cruzando dados e analisando digitalmente as informações em busca da real primazia da realidade de uma sociedade em que dados podem ser capturados, não para manipulação de massas, mas para o avanço saudável da humanidade e de um meio ambiente equilibrado de trabalho, sob pena do desmonte da legislação social protetiva pela absoluta ausência de trabalhadores, já que as empresas seriam meras intersecções de serviço e consumo.

Com isso, pode-se concluir que a fiscalização do trabalho não deve se limitar, tão somente, às margens dos espaços físicos das empresas, mas também ao local utilizado pelo empregado, seja um escritório compartilhado *wework,* seja sua residência. O auditor fiscal do trabalho poderia, assim, utilizar de uma malha informacional capaz de realmente inspecionar as empresas e as relações de trabalho, valendo-se da inteligência artificial e das *big data* interligadas a outros órgãos governamentais. Com isso, os direitos dos trabalhadores restariam garantidos, as fraudes detectadas, as sonegações reduzidas e o país preparado para, de forma mais célere, alcançar a verdadeira posição de Estado Democrático de Direito.

Referências

BELL, D. *The coming of post industrial society: a venture in social forecasting*. NovaYork: Basic Books, 1973.

BIGNAMI, Renato. *A inspeção do trabalho no Brasil:* procedimentos especiais para a ação fiscal. São Paulo: LTr, 2007.

BRASIL. *Constituição da República Federativa do Brasil de 1988*. Disponível em: <http://www.planalto.gov.br/ccivil_03/constituicao/constituicao.htm>. Acesso em: 8 out. 2022.

______. *Decreto-lei n. 5.452, de 1º de maio de 1943*. Aprova a Consolidação das Leis do Trabalho. Disponível em: <http://www.planalto.gov.br/ccivil_03/decreto-lei/del5452.htm>. Acesso em: 5 set. 2022.

______. *Decreto-lei n. 6.479, de 9 de maio de 1944*. Cria carreiras no Quadro Único do Ministério do Trabalho, Indústria e Comércio, e dá outras providências. Disponível em: <https://www2.camara.leg.br/legin/fed/declei/1940-1949/decreto-lei-6479-9-maio-1944- 451867-publicacaooriginal-1-pe.html>. Acesso em: 8 out. 2022.

______. *Decreto n. 1.313, de 17 de janeiro de 1891.* Disponível em: <https://www2.camara.leg.br/legin/fed/decret/1824-1899/decreto-1313-17-janeiro-1891-498588-publicacaooriginal-1-pe.html>. Acesso em: 8 out. 2022.

______. *Decreto n. 3.550, de 16 de outubro de 1918.* Autoriza o Presidente da Republica a reorganizar, sem augmento de despezas, a Directoria do Serviço de Povoamento dando-lhe a denominação de Departamento Nacional do Trabalho. Disponível em: <https://www2.camara.leg.br/legin/fed/decret/1910-1919/decreto-3550-16-outubro-1918-572535-publicacaooriginal-95679-pl.html>. Acesso em: 21 ago. 2022.

______. *Decreto n. 4.552, de 27 de dezembro de 2002.* Aprova o Regulamento da Inspeção do Trabalho. Disponível em: <http://www.planalto.gov.br/ccivil_03/decreto/2002/d4552.htm>. Acesso em: 17 ago. 2022.

______. *Decreto 19.433, de 26 de novembro de 1930.* Cria uma Secretaria de Estado com a denominação de Ministério do Trabalho, Indústria e Comércio. Disponível em: <https://www2.camara.leg.br/legin/fed/decret/1930-1939/decreto-19433-26-novembro-1930-517354-publicacaooriginal-1-pe.html#:~:text=DECRETA%3A,Com%C3%A9rcio%2C%20sem%20aumento%20de%20despesa>. Acesso em: 08 out. 2022.

______. *Decreto n. 55.841, de 15 de março de 1965.* Aprova a Regulamentação da Inspeção do Trabalho. Disponível em: <https://www2.camara.leg.br/legin/fed/decret/1960-1969/decreto-55841-15-marco-1965-396342-publicacaooriginal-1-pe.html>. Acesso em: 13 set. 2022.

______. *Lei n. 11.419, de 19 de dezembro de 2006.* Dispõe sobre a informatização do processo judicial; altera a Lei n. 5.869, de 11 de janeiro de 1973 e dá outras providências. Disponível em: <http://www.planalto.gov.br/ccivil_03/_ato2004-2006/2006/lei/l11419.htm>. Acesso em: 7 out. 2022.

______. *Lei n. 13.105, de 16 de março de 2015.* Código de Processo Civil. Disponível em: <http://www.planalto.gov.br/ccivil_03/_ato2015-2018/2015/lei/l13105.htm>. Acesso em: 6 out. 2022.

______. *Portaria GM n. 4.617, de 6 de abril de 2021.* Institui a Estratégia Brasileira de Inteligência Artificial e seus eixos temáticos. Disponível em: <https://www.in.gov.br/en/web/dou/-/portaria-gm-n-4.617-de-6-de-abril-de-2021-312911562>. Acesso em: 8 out. 2022.

______. *Relatório de Administração 2015.* SERPRO. Disponível em: <https://www.serpro.gov.br/links-fixos-superiores/acesso-a-informacao/lei-de-acesso-a-informacao/auditorias/2015/reladm2015-24mar2016.pdf/view>. Acesso em: 8 out. 2022.

CASTELLS, Manuel. *A sociedade em rede.* v. 1. São Paulo: Paz e Terra, 1999. Traduzido por Roneide Venâncio Majer e Klauss Brandini Gerhardt.

CHAVES JÚNIOR, José Eduardo de Resende. O Contrato Hiper Realidade e o Direito do Trabalho 4.0. Publicado em: 10 jun. 2020. Disponível em: <https://trab21blog.wordpress.com/2020/06/10/contrato-hiper-realidade-e-direito-do-trabalho-4-0-jose-eduardo-de-resende-chaves-junior/>. Acesso em: 8 out. 2022.

______. Direito do Trabalho 4.0: Controle e Alienidade como operadores conceituais para a identificação da relação de emprego no contexto dos aplicativos de trabalho. *Revista do Tribunal Regional do Trabalho da 2ª Região*, São Paulo, n. 22, p. 36-51, 2019.

ESTADOS UNIDOS DA AMÉRICA. Rule 26. Duty to Disclose; General Provisions Governing Discovery. *e-Discovery*. Disponível em: <https://www.law.cornell.edu/rules/frcp/rule_26#rule_26_a_1_B>. Acesso em: 8 out. 2022.

FERREIRA, Aurélio Buarque de Holanda. *Míni Aurélio:* O dicionário da língua portuguesa. 6.ed. Curitiba: Editora Positivo, 2004.

FRAZÃO, Ana. Dados, estatísticas e algoritmos. Perspectiva e riscos da sua crescente utilização. *Jota.* Publicado em: 28 jun. 2017. Disponível em: <https://www.jota.info/opiniao-e-analise/colunas/constituicao-empresa-e-mercado/dados-estatisticas-e-algoritmos-28062017>. Acesso em: 9 de out. 2022.

GUSMÃO, Gustavo. Motoristas de Uber terão 'salário mínimo' em Nova York. *Revista Exame.* Publicado em: 5 dez. 2021. Disponível em: <https://exame.abril.com.br/tecnologia/motoristas-de-uber-terao-salario-minimo-em-nova-york/amp/>. Acesso em: 8 out. 2022.

HARARI, Yuval Noah. *Sapiens.* Uma breve história da humanidade. Porto Alegre: L&PM Editores, 2015. Tradução de Janaína Marcoantonio.

IBGE — INSTITUTO BRASILEIRO DE GEOGRAFIA E ESTATÍSTICA. *Desocupação, renda, afastamentos, trabalho remoto e outros efeitos da pandemia no trabalho.* Rio de Janeiro: IBGE PNAD, 2020. Disponível em: <https://covid19.ibge.gov.br/pnad-covid/trabalho.php>. Acesso em: 8 out. 2022.

IPEA — INSTITUTO DE PESQUISA ECONÔMICA AVANÇADA. Potencial de teletrabalho na pandemia: um retrato no Brasil e no mundo. *Carta de Conjuntura*, n. 47, p. 2, 2º Trimestre de 2020. Disponível em: <https://www.ipea.gov.br/cartadeconjuntura/index.php/2020/06/potencial-de-teletrabalho-na-pandemia-um-retrato-no-brasil-e-no-mundo/>. Acesso em: 04 ago. 2022.

LESSIG, Lawrence. *Code and other laws in cyberspace.* Nova York: Basic Books, 1999.

MACHADO, José Manoel. A fiscalização do trabalho frente à flexibilização das normas trabalhistas. *Revista Jus Navigandi*, Teresina, ano 10, n. 644, 13 abr. 2005. Disponível em: <https://jus.com.br/artigos/6599/a-fiscalizacao-do-trabalho-frente-a-flexibilizacao-das-normas-trabalhistas>. Acesso em: 8 out. 2022.

MANNRICH, Nelson. *Inspeção do Trabalho.* São Paulo: LTr, 1991.

NASCIMENTO, Amauri Mascaro. *Curso de Direito do Trabalho.* 11. ed. São Paulo: Saraiva, 1995.

OIT — ORGANIZAÇÃO INTERNACIONAL DO TRABALHO. *A História da OIT.* Disponível em: <https://www.ilo.org/brasilia/conheca-a-oit/hist%C3%B3ria/lang--pt/index.htm#:~:text=Desde%20a%20sua%20cria%C3%A7%C3%A3o%20em,trabalho%2C%20trabalho%20mar%C3%ADtimo%20etc>. Acesso em: 20 jun.2022.

OIT — ORGANIZAÇÃO INTERNACIONAL DO TRABALHO. *Convenção n. 81:* Inspeção do Trabalho na Indústria e no Comércio. Ratificada novamente pelo Brasil em 11 dez. 1987 através do Decreto n. 95.461, revogado pelo Decreto n. 10.088, de 5 nov. 2019. Disponível em: <https://www.ilo.org/brasilia/convencoes/WCMS_235131/lang--pt/index.htm>. Acesso em: 24 jun. 2022.

ZUBOFF. Shoshana. *The Age of Surveillance Capitalism: The Fight for a Human Future at the New Frontier of Power.* Nova York: PublicAffairs, 2019.

Meio Ambiente Digital e sua Incidência na Responsabilidade Civil, no Acidente e nas Doenças de Teletrabalho

Stéphanie da Costa Val Moura Dabien

Introdução

O que é meio ambiente digital, virtual ou telemático de trabalho? Está ele inserido no sistema ou *Gestalt* do meio ambiente constitucionalmente protegido? Há a responsabilização civil e/ou previdenciária pelos acidentes e doenças em teletrabalho? Quais os principais acidentes e doenças de teletrabalho? Quais os principais danos extrapatrimoniais em âmbito telemático?

O presente artigo destina-se a responder esses e outros questionamentos, sem a pretensão de esgotar o tema, sendo que primeiramente irá conceituar o meio ambiente digital, virtual ou telemático de trabalho, e, posteriormente discutir e desvendar se há a responsabilidade na seara previdenciária e civil, e se há, e quais, os danos extrapatrimoniais, decorrentes dos acidentes e doenças provenientes dessa forma de relação de trabalho.

1. Meio ambiente digital, telemático ou virtual

O meio ambiente digital, telemático, ou virtual está inserido no meio ambiente cultural (art. 216 da CR/88), sendo a síntese perfeita das outras dimensões do meio ambiente, uma vez que tem o condão de as moldar. Não é por acaso que hoje usamos expressões como: *deletar*, *viralizar* etc. É o meio ambiente *digital* moldando as outras dimensões do meio ambiente. Assim, o meio ambiente digital se conecta com meio ambiente natural, e com o meio ambiente artificial, por meio das máquinas, as quais, hoje com a Revolução 4.0 são máquinas "inteligentes" e nas quais as pessoas trabalham no plano tridimensional, sendo mais teletrabalhadores que trabalhadores presenciais.

Logo, a definição de meio ambiente digital, segundo Feliciano[1], seria a partir da definição do art. 3º da Lei n. 6.938/91:

> subsistema de leis, condições, influências e interações de natureza digital em que se dá a geração, o armazenamento, o controle, a divulgação, a manipulação e o compartilhamento de dados, impactando a saúde psicofisiológica da pessoa humana trabalhadora.[2]

Tal conceito vai ao encontro de todo o exposto e ainda deve ser completado pelo conceito do art. 3º, alínea *"c"*, da Convenção n. 155 da Organização Internacional do Trabalho (OIT), ratificada pelo Brasil: "a expressão local de trabalho abarca todos os lugares onde os trabalhadores devem permanecer ou onde têm de comparecer e que estejam sob o controle, direto ou indireto, do empregador".

É dizer, o meio ambiente de trabalho deve se adequar ao trabalhador e não o inverso; cumprindo ao empregador dar informações e instruções sobre riscos, e preveni-los, com estudos sobre tal assunto a fim de fomentar o previsto nas alíneas *"a"*, *"b"* e *"c"* do art. 12 da Convenção n. 155 da OIT.

Cumpre ainda destacar que o meio ambiente telelaboral é também composto por aspectos materiais e imateriais. Ou seja, por ambiente material compreende-se o espaço físico onde o trabalho é executado, tais como o domicílio do trabalhador, *shoppings*, cafeterias (como no caso de nômades digitais), telecentros (no caso do *coworking*) etc., ao passo que ambiente *imaterial* seria o cyberespaço, em que se executa o labor, consubstanciado em ambiente simulado — virtual, consistente em transações, relacionamentos e no próprio intelecto laboral utilizado para o contato com o empregador. É dizer, o ambiente imaterial é um mundo que está em toda a parte e, ao mesmo tempo, em lugar nenhum, local em que o físico humano não alcança.

Há também as diretrizes internacionais do meio ambiente digital, como a liberdade, privacidade e direitos humanos, os quais devem ser assegurados; a governança cooperativa, um direito de quarta dimensão, sendo que esse direito deve ser assegurado, principalmente, aos trabalhadores de plataforma e/ou *crowdworking*; direito à transparência algorítmica, uma vez que OIT já apontou a necessidade de que o programa ao qual o trabalhador se submeta seja compreensível pelo homem médio; o acesso ao meio ambiente digital deve ser universal, ou seja, a todos, indistintamente — a todas as classes sociais; diversidade de valores no meio ambiente digital — sem censura, com neutralidade; inovação — o meio ambiente digital por definição é cambiante; criminalização penal das

(1) FELICIANO, G. Responsabilidade civil por acidente de trabalho (abordagem labor-ambiental). In: MANUS, P.; GITELMAN, S. (Orgs.). *Enciclopédia Jurídica da PUCSP*. tomo VI: direito do trabalho e processo do trabalho. São Paulo: Pontifícia Universidade Católica de São Paulo, 2020. p. 2.

(2) *Idem*.

pessoas no meio ambiente digital e não do meio —, pois a criminalização do meio leva à censura e à mínima condição regulatória — ser democrático não quer dizer que não tenha que ter mínimos regulatórios.

Por fim, ainda há os direitos fundamentais básicos do meio ambiente digital, que se perfazem em: proteção em face da automação, esculpida no art. 7º, XXVII da CR/88, o qual preleciona proteção contra os efeitos maléficos da automação e não qualquer automação, ou avanço tecnológico. Assim, há que se realizar a automação de acordo com valores da CR/88, o que até hoje não foi concretizado; o direto à intimidade, privacidade e proteção de dados dos trabalhadores; o direito ao esquecimento no ambiente digital, sendo que a LGPD trata do assunto e há um lapso temporal para tanto. E por fim a direito à desconexão, pois a vida pessoal e a vida digital laboral se confundem nos tempos líquidos(3). O fato de o teletrabalhador não ter direito a jornada controlada mostra cabalmente como a sua vida pessoal e seu trabalho se confundem (art. 62, III da CLT aletrado pela Lei n. 14.442/22).

Entretanto, a verdade é que o tempo passa, a história se repete, os personagens são os mesmos, o conteúdo é idêntico, e somente a nomenclatura é nova, ou seja(4), até o final do século XIX no Brasil éramos escravos; no século XX, "empregados"; no final do século XX e início do século XXI, "colaboradores", pejotizados, terceirizados (3ª revolução industrial) época em que a solidariedade dá lugar à competitividade e, mais recentemente, "empreendedores de si ou nós mesmos" na 4ª revolução industrial, com a Cyberização (quando se altera até mesmo a ontologia do Direito do Trabalho), a algoritimizacao, a inteligência artificial, a robotização, as criptomoedas, os chips, a discriminação genética, a nanotecnologia etc.

Entretanto, cumpre esclarecer que todas as revoluções se referem a um só sistema: o capitalismo, e que o este é "um sistema de controle do organismo social"(5) ou da sociedade.

> Trata-se de uma estrutura totalizadora de controle do metabolismo social, um processo modelizante da sociedade, manipuladora da consciência que se apodera dos sonhos, dos valores, dos desejos e da própria comunicação para manutenção de seu poderio. É o que vemos ocorrer com as Big Techs e grandes conglomerados.

---

(3) BAUMAN, Zygmunt. *Modernidade líquida.* Rio de Janeiro: Zahar, 2001. p. 121.

(4) ROCHA, Cláudio Jannotti; PORTO, Lorena Vasconcelos; ALVARENGA, Rúbia Zanotelli de. As Revoluções Industriais e o Meio Ambiente do Trabalho: reflexões, análises, comparações e os fundamentos do Direito do Trabalho. In: ROCHA, Cláudio Jannotti; PORTO, Lorena Vasconcelos (Coords.). *O Mundo do Trabalho e a 4ª Revolução Industrial.* São Paulo: Tirant lo Blanch, 2020.

(5) ALVES, Giovanni. *Trabalho e subjetividade:* o espírito do toyotismo na era do capitalismo manipulatório. São Paulo: Boitempo, 2011.

Assim, o capitalismo se concretiza em um sistema de "ebulição permanente, de transformações internas que o fazem um sistema dinâmico, mutável, que se adapta às contingências históricas"[(6)].

Chama-se tal processo de dinâmica da absorção da crítica, manipulação constante e reinvenção do capitalismo[(7)], pois ele se apodera da crítica estética do período anterior (revolução industrial anterior) e apresenta-se tanto como um meio de acesso à autorrealização por intermédio do engajamento no capitalismo "reinventado", quanto como via de libertação do próprio capitalismo no período ou revolução industrial anterior, naquilo que ele teria de opressor, em suas realizações anteriores.

Assim, ele atrai atores que até então se sentiam oprimidos no antigo período, oferecendo-lhe novas formas de libertação que dissimulam, na verdade, nada mais, nada menos, que novas formas de opressão. Pode-se dizer que capitalismo atrai pelos novos tipos de controle, mas que essas novas formas de opressão vão se revelando, progressivamente e tornando-se alvo da crítica social de tal modo que o capitalismo é levado a transformar novamente seu modo de funcionamento para oferecer uma nova falsa libertação, e, inicia-se outro ciclo, e ele permanece se reinventando.

Essas alças de atração do capitalismo criam ciclos; revoluções de períodos de "libertação" do capitalismo pelo capitalismo, mantendo o sistema sempre atual.

Dessa feita, ao longo dos tempos, e a todo tempo, verifica-se a articulação de novas roupagens jurídicas para a exploração da mais-valia, a saber: a terceirização, parassubordinação, a pejotização, o Uber, a plataformização, a cyberização, o teletrabalho, o intermitente etc., de modo a escapar da área de abrangência do Direito do Trabalho.

Todavia, a questão central sempre foi a subordinação/dependência jurídica do ser humano em face ao seu trabalho, essa exploração do ser humano pelos proprietários dos meios de produção permanece essencialmente a mesma, apenas a denominação é que se altera.

Isso porque o art. 3º da CLT não estabelece apenas a subordinação, como elemento fático-jurídico para a caracterização da relação de emprego, mas, sim à dependência econômica, a qual abrange a subordinação jurídica.

Dessa feita, para se evitarem as fraudes (art. 9º da CLT c/c com art. 9º da Recomendação n. 198 da OIT) ou rotas de fuga da relação de emprego, deve-se utilizar a dependência ao lado da subordinação (como características alternativas, um ou outro) que se somam e se complementam para o mesmo fim; a relação de emprego.

O raciocínio *contrario sensu* criaria três categorias: a de empregadores, empregados

---

(6) MELHADO, Reginaldo. *Metamorfoses do capital e do trabalho*. Relações de poder, reforma do judiciário e competência da justiça laboral. São Paulo: LTr, 2006. p. 29.

(7) BOLTANSKI, Luc; CHIAPELLO, Ève. *O Novo Espírito do Capitalismo*. São Paulo: Martins Fontes, 2009. p. 50.

e subempregados, aprofundando a segregação e estratificação, ou seja, a precarização das relações de trabalho. Essa miscigenação empregatícia das mais diversas formas de relação de emprego traz uma poluição socioambiental que acarreta verdadeira insegurança ao empregado, e quem antes pedia e lutava para não ser explorado, hoje roga: me explore, pois, preciso de trabalho.

É famosa a tônica da liberdade, muito utilizada no teletrabalho e no capitalismo de vigilância líquida(8) ou na sociedade da informação ou em rede, na qual se diz "trabalhe a hora que você quiser", como preleciona citado art. 62, III, da CLT aletrado pela Lei n. 14.442/22, ou "trabalhe sem controle de jornada" ou "você é livre, dono do seu tempo, dono de si mesmo, empreendedor de si mesmo".

É a tônica do empreendedorismo do capitalismo neoliberal, da síndrome do patrão(9), da modernidade líquida, dos tempos líquidos de Bauman(10). Essa tônica inaugurada nos anos de 2015 através de fraudes e terceirizações, agora é sedimentada com essas novas formas de trabalho precarizadas legalmente, pois se antes o Direito do Trabalho era corroído pelas fraudes, agora na 4ª Revolução Industrial ele é desnaturado legalmente, com o colaborador cedendo lugar ao empreendedor de si mesmo.

Assim, arraigando ainda mais uma nova morfologia do trabalho e uma nova relação entre vida e tempo de trabalho, com a confusão da relação tempo presente com a relação tempo futuro, e com a ascensão das incertezas pessoais e a política do medo do desemprego, tendo em vista as novas formas de contração flexível, isso faz com que haja uma nova forma de troca de metabolismo entre o homem e outros homens (relações sociais de trabalho e sociabilidade) e do homem com ele mesmo (a sua autoestima e sua autorreferência).

Essa nova morfologia social do trabalho caracteriza-se pela quebra dos coletivos de trabalho — com sindicatos fracos e quebra do sentido de pertencimento do trabalhador com seus pares e com seu meio ambiente de trabalho, uma vez que cada vez mais, com o trabalho telemático e categorizado, o trabalhador se isola.

O que ocorre, inevitavelmente, é a mercantilização do trabalho humano, com a redução do trabalho vivo e transformação do trabalhador e da sua força de trabalho em mera mercadoria descartável. Assim, o trabalhador passa a ser reificado, pois ele pode ser facilmente substituído, já que como ele passa a fazer intermináveis horas extras, como se uma máquina fosse, por medo de se tornar desnecessário no teletrabalho, o adoecimento deixa de ser um infortúnio, como deveria ser, passando a ser quase uma certeza, o que o torna um trabalhador com prazo de validade aos olhos do mercado capitalista.

---

(8) BAUMAN, Zygmunt. *Vigilância líquida*. Rio de Janeiro: Zahar, 2014.

(9) TEODORO, Maria Cecilia Máximo. A síndrome do patrão. *Blog Migalhas*, 2017. Disponível em: <https://www.migalhas.com.br/depeso/258217/a-sindrome-de-patrao>. Acesso em: 24 abr. 2022.

(10) BAUMAN, Zygmunt. *Modernidade líquida*. Rio de Janeiro: Zahar, 2001. p. 121.

Assim, nos moldes dessa vida reificada, na qual o trabalhador não tem tempo para sua vida pessoal, ele acaba não tendo tempo para o desenvolvimento do seu senso crítico, ou crescimento pessoal, pois ele se encontra completamente absorvido pela jornada exaustiva de trabalho, sendo o trabalho mero meio de sobrevivência, e não de sobrevivência digna.

Toda essa vida reduzida ocorre para que o ser humano não perceba esse processo, pois o capitalismo imprime a vida reduzida, objetificada com muitas horas extras e sem intervalos, propositalmente, para poder capturar a subjetividade do trabalhador. Assim, o trabalhador não tem tempo para desenvolver seu senso crítico, e acaba absorvendo a lógica do mercado, da empresa e do consumo neoliberal, e dessa forma o capitalismo de vigilância transforma esse trabalhador não em um cidadão crítico pensante, mas em um consumidor acrítico do sistema vigente.

Dessa forma, há um estranhamento do objeto produzido por ele, com ele mesmo, pois não há realização do homem com o trabalho produzido. Assim, o capitalismo, ao mesmo tempo acha uma solução e acha um problema, pois o ser humano começa a estranhar o seu ofício, surgindo as doenças ocupacionais, como transtornos psicossomáticos etc.

Todavia, preleciona o art.1º da Constituição da OIT: o trabalho não é mercadoria, e segundo o inciso III do art. 1º da CF/88; a dignidade da pessoa humana, e o valor social do trabalho são fundamentos do Estado Democrático de Direito, ou seja, são o fim que deve ser perquirido pelo Estado.

Dessa feita, como preleciona Kant[(11)], o homem não é um meio, mas um fim em si mesmo, desse modo, toda forma de instrumentalização ou objetificação do homem vai frontalmente contra o centro axiológico normativo da Carta Maior, clamando pela inconstitucionalidade do inciso III do art. 62 da CLT aletrado pela Lei n. 14.442/22, em face do inciso XIII do art. 7º; dos arts. 6º e 196 da CF/88, artigos que são a dimensão objetiva do direito fundamental à limitação de jornada, uma vez que a decisão do Poder Constituinte foi o de conceder, a todo empregado, uma limitação de jornada imperativa, considerando que tecnicamente essa limitação é condição mínima para o usufruto de uma saúde física e mental. A exclusão, em sentido abstrato, desconsidera o texto constitucional e vai na contramão dessa premissa do poder constituinte, violando, pois, o dever de conformação do Poder Legislativo a esse postulado.

Ademais, fere frontalmente a isonomia dos teletrabalhadores com os trabalhadores externos (art. 6º da CLT), por serem tão passíveis de controle de jornada quanto os externos, uma vez que o argumento de que a casa é asilo inviolável não impede os meios telemáticos de fiscalização do teletrabalho, já que os meios telemáticos são preferíveis aos meios físicos de fiscalização.

---

(11) KANT, Immanuel. *Fundamentação da metafísica dos costumes*. Lisboa: Edições 70, 1986. p. 67-68.

Por fim, cumpre asseverar que ainda que o STF diga que o inciso III do art. 62 da CLT, aletrado pela Lei n. 14.442/22, seja constitucional, e que os teletrabalhadores não tenham direito a horas extras, eles ainda terão direito à desconexão, que difere do pagamento puro e simples das horas extras. Assim, ferido o direito à desconexão, e gerando aos teletrabalhadores as doenças psicossomáticas e/ou físicas (ocupacionais), terão os mesmos direitos aos consectários legais, ou seja, a responsabilização pelos danos materiais e extrapatrimoniais, principalmente o dano moral e existencial.

2. Responsabilidade previdenciária, subjetiva e objetiva

Um dos grandes questionamentos, com impacto direto na seara da responsabilidade civil é a possibilidade ou não de se considerar como acidente de trabalho, por exemplo, o simples tropeção, no caminho do escritório, dentro de casa.

Para responder a esse questionamento de ordem prática, dentre outros, os quais, esse artigo se propõe, é preciso primeiro diferenciar a responsabilidade civil subjetiva da responsabilidade objetiva e, da responsabilidade objetiva agravada, sendo essa última adotada no âmbito previdenciário.

A responsabilidade previdenciária adotou a teoria do risco integral ou teoria objetiva agravada — ou seja, responsabilidade civil objetiva que exige apenas nexo de causalidade e dano, sem se levar em consideração nenhuma das excludentes de responsabilidade (força maior, caso fortuito, e provocadas pela vítima; culpa exclusiva da vítima ou fato de terceiro) sendo que a responsabilidade objetiva se aplica também aos danos ao meio ambiente de trabalho, aos danos nucleares e biológicos.

Isso porque o bem jurídico protegido pela Previdência Social é a infortunística, que tem caráter marcadamente social, no qual há, como o próprio nome já diz; a socialização dos riscos, uma vez que, se toda sociedade é beneficiada pelo trabalho, logo deve amparar o trabalhador no momento do infortúnio. Assim sendo, basta que o acidente tenha vínculo ao trabalho, ainda que indireto, para que haja nexo causal, e, assim, haja a cobertura dos benefícios securitários. Nesse sentido a sociedade, por intermédio do Instituto Nacional do Seguro Social (INSS), amparará as vítimas e seus familiares ou dependentes para conceder-lhes prestações alimentares para uma sobrevivência digna, através do Seguro Acidente do Trabalho(12).

Todavia, apesar de chamar Seguro Acidente do Trabalho (SAT), essa parcela não tem natureza de seguro, propriamente dito, uma vez que só concede um benefício estrito de natureza previdenciária e alimentar ao empegado acidentado, garantindo sua sobrevivência e de seus dependentes. Cumpre asseverar que a sua reformulação não contemplou indenização alguma, nem reparação de prejuízo sofrido, especialmente depois que a infortunística foi encampada pela Previdência Social (art. 1º da Lei n. 5.316/67).

---

(12) OLIVEIRA, Sebastião. *Indenizações por acidente de trabalho ou doença ocupacional*. São Paulo: JusPodivm, 2021.

Dessa feita, como a responsabilidade objetiva agravada foi acolhida pela legislação previdenciária, e se trata de um seguro social, e não indenizatório, os danos materiais, moral, à imagem e existencial sequer foram citados pela legislação, o que torna o acidentado vítima de um real prejuízo, não contemplado pela legislação previdenciária.

Desse modo, não se recolhe, a rigor, Seguro de Acidente do Trabalho, mas uma parcela adicional para financiar benefícios previdenciários concedidos pelo INSS decorrentes dos infortúnios do trabalho (Seguridade Social).

Há, ainda, o fator acidentário de prevenção (FAP) (art.10 da Lei n. 10.666/03), sendo que o FAP e o SAT são critérios que, juntamente com os demais elementos probatórios, reforçam a convicção do juiz de que a atividade do empregador é de risco e por isso sua responsabilidade deve ser objetiva, o que está de acordo com a Súmula n. 351 do STJ.

Cumpre esclarecer, nesse diapasão, que se o trabalhador tem a configuração pelo INSS da doença ocupacional ou acidente de trabalho, essa presunção não vincula o juízo trabalhista para termos de responsabilidade civil, mas gera uma presunção relativa a favor do obreiro. Tal presunção deverá ser desconstituída pelo empregador no juízo trabalhista, com provas em sentido contrário. Assim, opera-se a inversão do ônus probatório em favor do obreiro, no juízo trabalhista, pois uma vez que o empregador não consiga se desincumbir do seu ônus, o acidente ou doença são configurados para fins de reparação civil. Todavia, a doutrina e a jurisprudência sempre se digladiaram entre a adoção da responsabilidade civil objetiva e da responsabilidade civil subjetiva nos acidentes de trabalho, e, por conseguinte, nas doenças ocupacionais, uma vez que essas segundas são equiparadas aos acidentes de trabalho, para fins jurídicos.

Assim, cumpre diferenciar as duas correntes, sucintamente. Primeiramente, na responsabilidade civil subjetiva, o ponto de partida é o dano, ou seja, o acidente ou doença ocupacional, com comprovação de culpa do empregador mesmo que leve ou levíssima (incúria quanto às normas de saúde, higiene e segurança do trabalho; atos nocivos, inseguros, que propiciem o dano), pois o acidente ou doença proveniente do risco normal da atividade, segundo essa corrente, não geram o dever de indenizar.

Cumpre ressaltar que na reparação da responsabilidade civil subjetiva, se não houver a caracterização dos três pressupostos conjunta e concomitantemente (dano, doença ou acidente, nexo de causalidade do evento com o trabalho e culpa), não há a caracterização da responsabilidade civil subjetiva, restando à vítima, apenas, o seguro de acidente do trabalho (SAT). Já na responsabilidade civil objetiva tem como requisitos necessários para sua caracterização, apenas, o dano e o nexo de causalidade deste com a atividade desempenhada em benefício do empregador, ou seja, há indenização se houver dano, independentemente de culpa do empregador. Entretanto, a mera exposição a risco da atividade não gera o dever de indenizar, mas somente o dever de se pagarem os adicionais de insalubridade ou periculosidade, todavia para deferimento da indenização, é imprescindível a constatação de algum dano, ainda que sem a comprovação da culpa patronal.

Todavia, o texto legal, quando diz "quando a atividade normalmente desenvolvida pelo autor do dano" deixa claro que a indenização não ocorre pelo comportamento do sujeito, ou seja, não há análise da culpa, mas indaga-se: a partir de qual grau da atividade do empregador passa a vítima a ter direito a indenização. Tal questionamento foi respondido pelo Tema n. 932 do STF, o qual prelecionou em seu julgado que seria quando a atividade desenvolvida pelo autor do dano causasse à pessoa determinada um ônus maior do que aos demais membros da coletividade. Cumpre ainda asseverar que, de acordo com Oliveira[(13)], acima desse risco genérico que afeta indistintamente toda a coletividade, de certa forma inerente à vida atual, outros riscos específicos ocorrem pelo exercício de determinadas atividades, dentro da concepção da teoria do risco criado. Assim, se o trabalhador estiver submetido a uma exposição acima do risco médio da coletividade em geral, caberá o deferimento da indenização, porquanto foi o exercício naquela atividade que criou o risco adicional naquele ofício.

Ultimamente, entretanto, tem-se observado uma tendência de flexibilização dos pressupostos da responsabilidade civil no acidente de trabalho com propósito de aumentar a proteção à vítima do dano injusto, com vistas a permitir a efetivação do princípio da reparação integral. Isso, pois, não é mais possível, em alguns casos, à luz dos princípios constitucionais, exigir da vítima a prova cabal e absoluta da relação de causalidade, sob pena de a prova ser considerada diabólica.

Dessa feita, apesar de ainda majoritária a responsabilidade civil subjetiva, e de ser a objetiva somente aplicada em atividades de risco, há uma forte tendência de acordo com doutrina majoritária de que em pouco tempo os pressupostos da responsabilidade civil nos acidentes de trabalho sejam flexibilizados, em razão da sua natureza e das sérias repercussões dos danos sofridos pelas vítimas, pela família e por toda a sociedade[(14)].

Aliás, é nesse sentido que surge o Nexo Técnico Epidemiológico (NTEP), essa técnica reforça sobremaneira a inversão do ônus da prova em face do acidentado, pois incorpora a figura do nexo causal epidemiológico, de acordo com dados estatísticos de doenças ocupacionais de determinadas empresas, catalogadas pelo INSS, a partir dos benefícios efetivamente concedidos, quando então ocorrerá a presunção de que o adoecimento foi causado pelo exercício do trabalho.

Obviamente, trata-se de uma presunção relativa; que não vincula o juízo trabalhista na condenação a reparação civil. Todavia, se não contestado pelo empregador, presume-se como atendido o pressuposto de nexo causal para fins de reparação civil.

---

(13) OLIVEIRA, Sebastião. *Indenizações por acidente de trabalho ou doença ocupacional.* São Paulo: JusPodivm, 2021.

(14) *Ibidem*, p. 165.

Assim, na divisão tradicional do ônus da prova prevista no inciso I do art. 373 do CPC/2015, cabe ao autor demonstrar o fato constitutivo do seu direito. Na seara trabalhista do Processo do Trabalho, nem sempre o reclamante consegue se desincumbir satisfatoriamente do seu ônus, porquanto é a reclamada quem possui maior aptidão ou dispõe dos meios de prova.

Mesmo que se argumente que caberia a distribuição dinâmica no Processo do Trabalho, incumbiria ao autor provar os fatos constitutivos — dano — e ao réu fatos impeditivos, modificativos ou extintivos. Consequentemente, bastaria ao acidentado a prova do dano sofrido; e se o empregador não comprovar nenhuma das excludentes de responsabilidade civil, defere-se a indenização(15).

Assim, verifica- se que cresce a tendência de inversão ou modificação (distribuição dinâmica) do ônus da prova em favor da vítima, presumindo a culpa do empregador no acidente de trabalho, salvo prova convincente em sentido contrário.

Diante dessa realidade, em diversas ocasiões tem-se adotado a inversão do ônus da prova em favor do empregado *e.g.*: Súmulas ns. 16, 212 e 338, do TST.

Sem dúvida, todos os eventos que impulsionaram o desenvolvimento da culpa presumida também estão presentes nas questões que envolvem o acidente de trabalho, pois como já dito, principalmente nesse caso, é notória a dificuldade da vítima de fazer a prova. Assim, se o acidente ou doença ocorreu no trabalho e a atividade é de risco, ou há FAP e/ou NTEP, ainda que em teletrabalho, desde que fiscalizável, há uma tendência natural de se presumir a culpa do empregador, pela consideração do que ordinariamente acontece.

Dessa maneira, a técnica da inversão do ônus da prova, que foi bastante impulsionada pelo CDC, tende a ganhar cada vez mais acolhida nas ações indenizatórias de acidente de trabalho, mormente após a mudança do art. 818 da CLT com a reforma trabalhista de 2017.

No entanto, não podemos deixar de ressaltar que, atualmente, o fundamento para indenizações decorrentes do acidente de trabalho ainda oscila entre a responsabilidade subjetiva e a objetiva, conforme explicado anteriormente, com divergências doutrinárias e jurisprudenciais.

Entretanto, entre essas duas teorias, fica claro que há um caminho mais razoável, qual seja, a culpa presumida com a consequente inversão do ônus da prova, como bem elucida Oliveira:

> entre o rigor excessivo do ônus da prova que sobrecarrega a vítima, na teoria subjetiva, e o deferimento da reparação tão somente pelo risco da atividade,

(15) OLIVEIRA, Sebastião. *Indenizações por acidente de trabalho ou doença ocupacional*. São Paulo: JusPodivm, 2021. p. 276-277.

> há um passo intermediário ou ponto de transição que é a culpa presumida do empregador. Sem se desprender da sua responsabilidade de índole subm jetiva, inverte-se o ônus da prova em favor da vítima, cabendo ao empregador, se for o caso, demonstrar que ocorreu algum fato que possa obstar a pretensão do autor. *A presunção da culpa do empregador poderá representar um ponto de_consenso* possível *ou trégua entre os defensores da responsabilidade objetiva e os adeptos da responsabilidade civil subjetiva.*(16)

A inversão do ônus da prova provoca no réu essa obrigação de produzir prova em sentido contrário à do autor, demonstrando, assim, que o direito não socorre ao autor.

Tal sistemática se mostra mais razoável à medida que impõe a produção da prova à parte que realmente tem capacidade, respeitando e realizando, assim, uma maior equidade e senso de justiça na caminhada processual.

3. Acidente de teletrabalho

Primeiramente, para fins previdenciários, se o acidente ocorreu durante a jornada de trabalho ou a doença tem nexo com ela, será considerado acidente de trabalho ou doença ocupacional, pois a lei previdenciária adotou a teoria objetiva agravada, e, assim sendo, por analogia, não há diferenciação entre o teletrabalhador, e o externo com fiscalização, logo, ambos estão cobertos pela infortunística.

Assim, partindo do pressuposto que o ambiente de teletrabalho, seja ele o *home office*, *coworking* , ou os nômades digitais, são fiscalizados por meios telemáticos pelo empregador, e que uma vez que o trabalhador impeça a fiscalização telemática, ele atrai para si a responsabilidade civil subjetiva do acidente de trabalho, há os seguintes tipos de acidente de teletrabalho em que se pode haver a inversão do ônus da prova ou distribuição dinâmica do ônus, sendo que quem tem a melhor aptidão para produzia-la é o empregador. Isso porque, é ele quem detém o controle dos meios telemáticos da organização do trabalho, e o dever de fiscalizá-lo, somente se desincumbindo desse dever/ônus diante da total impossibilidade de fiscalização do teletrabalhador.

Assim, o acidente típico de teletrabalho é evento certo, súbito, determinado, fato que provoca lesão (*e.g.* choque elétrico por computador — ou tropeço a caminho do escritório no *home office*) e que supostamente exigiria a comprovação do dolo o culpa do empregado (art. 7º, XVIII da CR/88 c/c 186 do CC/02) todavia, com a divisão dinâmica do ônus da prova ou, ainda, com a melhor aptidão do ônus da prova (art. 818 da CLT c/c 373 do CPC/15) ou ainda com a inversão do ônus da prova, o ônus será do empregador,

(16) OLIVEIRA, Sebastião. *Indenizações por acidente de trabalho ou doença ocupacional*. São Paulo: JusPodivm, 2021. p. 275.

que é quem tem as melhores condições de fazer essa prova, ainda que em ambiente telemático, pois é quem fiscaliza o ambiente de teletrabalho e quem detém a organização do teletrabalho para fins de responsabilidade civil.

No caso do teletrabalho realizado em estações de *coworking* ou similares, se o empregador não fiscaliza o meio ambiente de trabalho e/ou descumpre as normas de saúde, higiene e segurança do trabalho (art. 157 da CLT) de igual forma que em ambiente presencial, ele será responsável pelos danos pessoais causados ao teletrabalhador.

Nas doenças ocupacionais (gênero) que são: um estado patológico ou mórbido, ou seja, perturbação da saúde do trabalhador, que vai se instalando insidiosamente e se manifesta internamente com tendência ao agravamento, podendo ser de duas subespécies:

> a) *Doença profissional* — aquela peculiar de determinada atividade ou profissão, também chamada de doença profissional típica, ou tecnopatia ou ergopatia, tem presunção *juris et de jure,* ou seja, presunção absoluta de nexo causal com atividade laboral, bastando-se comprovar a prestação do serviço na atividade e acometimento da doença profissional. Sinteticamente, pode-se afirmar que doença profissional é aquela típica de determinada profissão *e.g.*: Silicose (sílica), Covid-19 para profissionais da saúde ou que tenham atividade de risco na área da saúde.
>
> b) *Doença do trabalho, mesopatia ou doença profissional atípica* — apesar de ter origem na atividade do trabalhador também, não está vinculada a esta ou àquela profissão. Seu aparecimento decorre da forma como o trabalho é prestado ou das condições específicas do ambiente de trabalho. Assim, o grupo das LER/DORT aborda doenças do trabalho que podem acometer quaisquer ofícios, a não ser que haja NTEP (art. 21-1 da Lei n. 8.213/91), o qual já foi explicado, e/ou o FAP (art. 22, II da Lei n. 8.212/91) que é a mensuração do risco da atividade do empregador pelo Fator Acidentário Previdenciário, no qual a atividade da empresa é mensurada com base no seu potencial de risco. Esse pode ser considerado leve, médio ou grave, de acordo com o risco criado por aquela empresa, ou seja, de acordo com a sinistralidade específica daquela empresa, e se pode medir o risco inerente, com base no potencial de risco da atividade da empresa. Dessa feita, se o FAP daquela empresa estiver acima da média da respectiva atividade econômica das demais empresas, e/ou houver o NTEP, caracterizando como de risco a atividade também dessa empresa, há uma presunção de culpa ou de responsabilidade do empregador pela doença de trabalho ou mesopatia, uma vez que é ele quem tem melhores condições de produzir a prova, mesmo em ambiente telemático.

E ainda que não haja FAP ou NTEP, como o empregador detém o controle e organização da atividade produtiva, ainda que se analise pelo viés da responsabilidade subjetiva, é possível a distribuição dinâmica do ônus da prova (art. 373 do NCPC c/c art. 818 da CLT) ou inversão do ônus da prova.

Há inclusive julgado do TRT-3 (MG) que pode ser usado de forma análoga ao teletrabalho, sobre o dever de fiscalização do empregador, que quando se omite, atrai para si a responsabilidade, pelo surgimento da doença profissional.

Há inúmeros casos análogos que têm NTEP, presunção de doença ocupacional, e que podem ser utilizados como exemplos aplicáveis ao teletrabalho, dentre os mais comuns está o digitador, pois a atividade de digitação é praticamente inerente a quase todo teletrabalhador.

Cumpre asseverar que o principal ou maior fato gerador do acidente de teletrabalho no caso de doença do trabalho ou mesopatia, é assédio moral, também chamado de teleassédio moral, ou assédio moral organizacional virtual (*streaming*), o qual decorre das horas extras ou imposição de conectividade pelo empregador ao empregado, ou ainda, as metas impossíveis de serem cumpridas, gerando assim as doenças de trabalho ou mesopatia (acidente atípico) ou doença profissional atípica.

Assim, sobrevindo reclamação trabalhista em que se postule indenização por dano extrapatrimonial, em face de acidente de trabalho atípico (doença ocupacional), a realização da perícia para a constatação do nexo de causalidade dar-se-á de modo qualitativo, sujeita a prova em contrário quanto às condições qualitativamente previstas ou declaradas pelo autor na petição inicial, ou seja, com a inversão do ônus da prova ou a distribuição dinâmica do ônus.

Dessa feita, as empresas com boas práticas devem ser incentivadas com a diminuição do percentual do FAP e a descaracterização do NTEP, o que as levará, por conseguinte, a não serem acionadas na Justiça, não tendo, principalmente, pretensões de reparação extrapatrimonial.

Já as que não as têm, devem ter seu FAP elevado e o NTEP caracterizado. Além disso, ter a indenização em valor condizente ao dano causado de forma a inibir que o ilícito se repita, pois a vida, e o dano nunca mais voltarão ao *status quo ante*, ou seja serão restituídos na integralidade, por mais vultosa que a indenização seja, pois os prejuízos, por mais que pareçam individuais, com a Covid-19, podemos claramente perceber que a saúde de um inexoravelmente prejudica a todos. Isso porque, não só a empresa arca com as despesas através da sua responsabilidade civil, ou o trabalhador sofre com consequências incalculáveis do dano, mas também, o Estado e a sociedade arcam com as despesas, através do SAT, SUS, entre demais benefícios previdenciários, o quais são custeados pela sociedade civil, em grande parte por meios dos impostos.

4. Danos extrapatrimoniais em teletrabalho

A decorrência jurídica do acidente de trabalho ou doença ocupacional deságua nos danos patrimoniais ou extrapatrimoniais, sendo que no caso do teletrabalho, os extrapatrimoniais são os mais corriqueiros.

Cumpre asseverar que o dano extrapatrimonial se subdivide em: moral, material, existencial e estético.

Assim, é nevrálgico diferenciar o dano moral e existencial, uma vez que esse tem a maior incidência no teletrabalho e nos seus correlatos.

O dano moral, de maneira resumida, se perfaz no sentir de outro modo, sendo de natureza emotiva, de sentido, de dor, humilhação, no sentido amplo e imediato.

Há que se ter em mente que o acidente e doença ocupacional não são eventos imprevisíveis, são somente incertos quanto ao quando, a depender da política incrementa pelas empresas.

Desse modo, no teletrabalho, temos a grande incidência do dano existencial, o qual foi primeiramente tutelado no acidente de trabalho na CLT (art. 223-B), sendo esse realmente um avanço da reforma trabalhista. O dano existencial caracteriza-se por ser uma obrigação de fazer de outro modo, é uma reviravolta forçada na agenda do indivíduo, um impedimento; um modo de agir em sentido amplo; um não mais poder fazer frustrante; a reprogramação dos projetos de vida, do lazer, do esporte, das aspirações, e que se caracteriza, principalmente pelo aspecto duradouro.

Nessa seara, indaga-se o motivo de ser o dano existencial tão presente no teletrabalho e nas modalidades conexas, e a resposta é relativamente simples: o abuso da imposição conectiva (horas extras ou metas impossíveis de se cumprir em uma jornada legal) dá ensejo ao dano existencial. Uma vez que a imposição de conectividade afeta suas relações existenciais, seus projetos de vida, e, assim, todas as suas relações são diretamente afetadas, pois gera-se a já citada vida reduzida do teletrabalhador.

O dano existencial em acidente de trabalho ou doença ocupacional é, *in re ipsa*, pois ninguém precisa comprovar que teve de reprogramar a sua vida para fazer fisioterapia, que teve de refazer seus planos de vida, pois agora não mexe mais a mão, ou tem movimentos reduzidos ou não caminha mais como antes, ou ainda não pode mais viajar caminhando ou dirigir um carro, ou não pode usar um salto alto; ninguém precisa comprovar que em razão de uma deficiência precisa de auxílio para tomar banho ou outras necessidades vitais, que antes fazia independentemente de ajuda, uma vez que o sofrimento é natural do ilícito, e hoje ele é lei, não é mais doutrina (art. 223-B da CLT).

Assim, é como preleciona o brocardo "tudo o que direito tutela, o dano vulnera".

Por fim, o conceito resumido de dano existencial, segundo o professor Sebastião Geraldo Oliveira, é: "Quando a vítima não pode fazer mais o que antes fazia, fará diferente o que habitualmente fazia, fará doravante o que nunca fazia, será auxiliada a fazer o que antes sozinha fazia"(17).

---

(17) OLIVEIRA, Sebastião. *Indenizações por acidente de trabalho ou doença ocupacional*. São Paulo: JusPodivm, 2021. p. 353.

5. Conclusões

Com a quarta revolução tecnológica, o que vemos é justamente a volta da exploração dissimulada, mas legalmente revestida de outros eufemismos como: colaborador, Uber, pessoa jurídica , *home office*, teletrabalhador, dono de si mesmo ltda., empreender de si mesmo etc. Enfim, o capitalismo se tornou mestre em manipular mentes, e assim, é complexo muitas vezes dizer ao manipulado pelo sistema, e detentor de direitos trabalhistas, que eles os possuem, uma vez que sequer têm consciência de que estão sendo manipulados, e da importância dos direitos futuramente perdidos, uma vez que esse está seduzido pela retórica falaciosa do empreendedor de si mesmo e do lucro vultoso imaginário imediato.

O direito do trabalho sempre foi bipolar, protegendo o sistema vigente, qual seja, o capitalismo, e ao mesmo tempo o trabalhador, todavia chegamos a um momento em que essa bipolaridade consagradora da suposta paz social (a qual muitos não enxergam) colapsou, e tornou o Direito do Trabalho muito mais patrimonialista do que social. É preciso, portanto, repensar o Direito do Trabalho, para abarcar também os invisíveis à sua normatividade estrita, e principalmente para estender os direitos trabalhistas às novas formas de dependência econômica ou subordinação, como a intensamente vivida pelos teletrabalhadores, os quais estão extremamente conectados, e com uma hipersubordinação.

Assim, necessário é que haja uma repersonalização do Direito do Trabalho, para que passe não a excluir de sua proteção essas novas formas precárias ou análogas com menos direitos, mas pelo contrário, que alargue sua proteção aos que mais necessitam dela, perfazendo assim o seu fim, ou o seu verdadeiro caráter; sua fisiologia ou sua genética social.

É premente refletir que, apesar de ser a inversão do ônus da prova ou a distribuição dinâmica, caminhos, teoricamente, a serem seguidos pela jurisprudência nos acidentes de trabalho, e o quais já são grandes avanços diante dos retrocessos vividos, é substancial destacar que a doutrina majoritária já se inclina no caminho da responsabilidade sem culpa ou objetiva, nos casos da reparação civil do acidente de trabalho, sendo esse um caminho ainda mais audacioso, porém que demandará grande resistência.

Assim, é urgente arrazoar com vagar a motivação de tal movimento e, se ponderarmos que a responsabilidade civil sem culpa já é aplicada pela nossa CR/88 em danos nucleares, e também nos danos causados ao meio ambiente (§ 3º do art. 225 da CR/88), sendo que, como já mencionado, o meio ambiente cultural (digital) inclui o meio ambiente de trabalho, e que por conseguinte lógico, qualquer dano causado ao meio ambiente pelo empregador, será um dano ao meio ambiente de trabalho, e portanto, os empregados ali inseridos devem ser ressarcidos, independentemente de dolo ou culpa do empregador (art. 200, VIII da CR/88 c/c art. 14 da Lei n. 6.938/81).

Dessa forma, curioso é constatar que o direito ambiental tem mais receptividade na sociedade e nos meios jurídicos, quando comparado à proteção jurídica da saúde do trabalhador. O seu prestígio é tamanho que quase ninguém questiona, ou ninguém defende, a sua flexibilização, como vem ocorrendo com o direito à saúde do trabalhador[18].

Não que se queira a flexibilização da responsabilidade ambiental, mas a título de consideração, é importante tentar entender essa motivação. E a explicação provável para essa diversidade de tratamento é que o direito ambiental leva ao risco de exclusão do direito de sobrevivência de todos, ou seja, é um risco coletivo, um suicídio coletivo. Enquanto o direito à saúde, em um primeiro olhar, ao menos, só compromete a categoria dos trabalhadores, pois é um suicídio lento e individual. Afinal, o adicional de insalubridade, periculosidade ou penosidade e os acidentes e doenças ocupacionais são nada mais, nada menos, que a precificação ou a compensação da vida, de uma vida individualmente considerada, ou de algumas poucas vidas, as quais não afetam a toda a comunidade, isso quando os adicionais e as indenizações são pagos, de maneira condizente ao risco ou ao ilícito perpetrado.

Cumpre ressaltar, entretanto que essa suposta dicotomia de tratamento entre direito à saúde do trabalhador e direito ambiental do trabalho, perpetrada em leis, MPs e na Reforma Trabalhista, é, além de errônea, de consequências catastróficas, e além de tudo inconstitucional. Isso porque o princípio da valorização do trabalho humano — constante do *caput* do art. 170 da Constituição — denota que a ordem econômica estabelece a primazia do trabalho humano sobre o capital e os demais valores da economia de mercado. Disso resulta que a atividade estatal deve ser orientada à proteção de tal prioridade e à promoção, em um sentido amplo, dos valores sociais do trabalho e a função social da propriedade.

O art. 1º, III, c/c art. 225 e o art. 7º, XXII, c/c os arts. 193 e 170 da CF, consagram que o termo "desenvolvimento sustável à luz do meio ambiente" significa uma relação jurídica ambiental de pessoas humanas com sadia qualidade de vida, ou seja, com *saúde*. Assim, a saúde é um bem jurídico ambiental, e dessa forma, a atividade econômica não pode ser exercida em desacordo com os princípios do meio ambiente (natural, cultural, incluído aí o digital, o artístico e o laboral).

Assim fica claro, apesar de não ser o senso comum, que as matérias de saúde e meio ambiente do trabalho, ainda que digital, são na verdade uma só, ou caminham conjuntamente em uma estrita simbiose, pois toda matéria ambiental envolve saúde e desenvolvimento sustentável, uma vez que o meio ambiente sustentável é, como dito, o respeito às normas de saúde como a jornada diária, o direito à desconexão e o respeito à organização sindical, para assim perfazer uma sadia qualidade de vida e logo um meio

(18) OLIVEIRA, Sebastião. *Indenizações por acidente de trabalho ou doença ocupacional*. São Paulo: JusPodivm, 2021. p. 127.

ambiente adequado e saudável, que significa a referida sadia qualidade vida para as presentes e futuras gerações. Portanto, imperioso que as duas matérias caminhem juntas, conforme preleciona a interpretação sistemática, principiológica fundamental constitucional.

Por fim, resta claro que se o capitalismo se transformou, se flexibilizou e elasteceu, então é preciso, frise-se, que a proteção do Direito do Trabalho também se elasteca em uma interpretação sistemática e constitucional do próprio texto celetista e da própria CR/88, em defesa do meio ambiente, conjuntamente com a defesa da saúde e segurança do trabalhador, pois como bem disse o ministro Vieira de Mello(19) em recente Simpósio "*A defesa do texto da CR/88 não é idealismo, mas muito antes pelo contrário*, é impedir que a barbárie se instale".

Referências

ALVES, Giovanni. *Trabalho e subjetividade:* o espírito do toyotismo na era do capitalismo manipulatório. São Paulo: Boitempo, 2011.

BAUMAN, Zygmunt. *Modernidade líquida*. Rio de Janeiro: Zahar, 2001.

______. *Vigilância líquida.* Rio de Janeiro: Zahar, 2014.

BOLTANSKI, Luc; CHIAPELLO, Ève. *O Novo Espírito do Capitalismo*. São Paulo: Martins Fontes, 2009.

BRASIL. *Constituição da República Federativa do Brasil de 1988*. Brasília, DF: Presidência da República. Disponível em: <http://www.planalto.gov.br/ccivil_03/constituicao/constitui-cao.htm>. Acesso em: 25 abr. 2022.

______. *Decreto-lei n. 5.452, de 1º de maio de 1943*. Aprova a Consolidação das Leis do Trabalho. Disponível em: <http://www.planalto.gov.br/ccivil_03/decreto-lei/del5452.htm>. Acesso em: 30 out. 2022.

FELICIANO, G. Responsabilidade civil por acidente de trabalho (abordagem labor-ambiental). In: MANUS, P.; GITELMAN, S. (Orgs.). *Enciclopédia Jurídica da PUCSP.* tomo VI: direito do trabalho e processo do trabalho. São Paulo: Pontifícia Universidade Católica de São Paulo, 2020.

KANT, Immanuel. *Fundamentação da metafísica dos costumes*. Lisboa: Edições 70, 1986.

MELHADO, Reginaldo. *Metamorfoses do capital e do trabalho*. Relações de poder, reforma do judiciário e competência da justiça laboral. São Paulo: LTr, 2006.

MELLO, Vieira de. Desafios da tutela do trabalho no contexto da pandemia: desconstitucionalização, despublicização e desproteção. Youtube, 5 de março de 2021. Disponível em: <https://www.youtube.com/watch?v=no8JHedQ5N4&list=LL&index=78&t=2s>.

OIT. *Convenção n. 155, 1981*. Convenção sobre Segurança e Saúde dos Trabalhadores e o Meio Ambiente de Trabalho. Disponível em: <http://www.oitbrasil.org.br/node/504>. Acesso em: 25 abr. 2022.

(19) MELLO, Vieira de. Desafios da tutela do trabalho no contexto da pandemia: desconstitucionalização, despublicização e desproteção. *Youtube*, 5 mar. 2021. Disponível em: <https://www.you-tube.com/watch?v=no-8JHedQ5N4&list=LL&index=78&t=2s>.

OLIVEIRA, Sebastião. *Indenizações por acidente de trabalho ou doença ocupacional.* São Paulo: JusPodivm, 2021.

ROCHA, Cláudio Jannotti; PORTO, Lorena Vasconcelos; ALVARENGA, Rúbia Zanotelli de. As Revoluções Industriais e o Meio Ambiente do Trabalho: reflexões, análises, comparações e os fundamentos do Direito do Trabalho. In: ROCHA, Cláudio Jannotti; PORTO, Lorena Vasconcelos (Coords.). *O Mundo do Trabalho e a 4ª Revolução Industrial.* São Paulo: Tirant lo Blanch, 2020.

TEODORO, Maria Cecilia Máximo. A síndrome do patrão. *Blog Migalhas*, 2017. Disponível em: <https://www.migalhas.com.br/depeso/258217/a-sindrome-de-patrao>. Acesso em: 24 abr. 2022.

Violência Doméstica e Familiar no Mundo do Trabalho — O Teletrabalho e outras Medidas Alternativas para Mitigação

Fernanda Ap. G. Perregil

Luanda Pires

1. Introdução

As discriminações baseadas em gênero e raça advêm de processos históricos que subsistem como batalhas a serem vencidas ainda na modernidade. Assim, é importante que seja analisada a existência dessa herança histórica de dominação e ojeriza em relação às mulheres, que desencadeia em uma sobreposição de violências advindas do processo colonizador.

A construção do conceito de gênero, ferramenta para implementação da colonização e do capitalismo, estrutura as relações sociais e explica as desigualdades advindas do sucesso desses processos. A título de exemplificação, relatório emitido pela ONU Mulheres[1] considerou que, fora de uma zona de guerra, a América Latina é a região mais letal do mundo para as mulheres. Indicando, ainda, que no Brasil três mulheres são assassinadas por dia por questões unicamente ligadas ao gênero, sendo que, na América Latina, nove são vítimas de feminicídio diariamente.

Estudo publicado pela revista *The Lancet*[2] em 16 de fevereiro de 2022, intitulado de "Estimativas de prevalência global, regional e nacional de violência física ou sexual, ou ambas, de parceiros contra as mulheres", reconheceu que a violência doméstica e familiar

(1) ONU. *Campanha da ONU Mulheres*. Disponível em: <http://www.onumulheres.org.br/wpcontent/uploads/2017/12/DEL_COMPROMISO_A_LA_ACCION_ESP.pdf>. Acesso em: 13 jan. 2023.

(2) Revista *The Lancet*. Pesquisa sobre estimativas de violência contra as mulheres no ambiente familiar. Disponível em: <https://www.thelancet.com/article/S0140-6736(21)02664-7/fulltext>. Acesso em: 13 jan. 2023.

contra as mulheres é um problema global e de saúde pública que desencadeia diversos efeitos, de curto e longo prazo, para as mulheres e seus filhos.

Desenvolvido com estimativas globais(3), regionais e nacionais, baseando-se em dados do Banco de Dados Global da OMS sobre a prevalência de violência contra as mulheres, o documento absorveu 366 estudos elegíveis, abrangendo respostas de dois milhões de mulheres, de 161 países, cobrindo 90% da população global de mulheres e meninas (acima de 15 anos), revelou os seguintes dados:

- 27% das mulheres, entre 15 e 49 anos, já experimentou algum tipo de violência doméstica;
- Os índices de violência foram maiores na América Latina, Oceania e na África Central Subsaariana, sendo que a Ásia Central (18%) e Europa Central (16%) foram as regiões com as menores estimativas;
- Países de alta renda apresentaram menores prevalências de violências cometidas por parceiros ao longo da vida.

Esses resultados reiteram o fato de que Estados e iniciativa privada precisam aumentar o investimento na área, buscando maior comprometimento com a Agenda 2030 da Organização das Nações Unidas (ONU) para o Desenvolvimento Sustentável, que tem dentre suas metas (5.2), a eliminação da violência contra mulher.

No mesmo sentido, partindo de uma perspectiva geral e ampla, o quadro da violência em nível nacional é preocupante. Dados captados pelo Disque 100, canal de atendimento da Ouvidoria Nacional de Direitos Humanos, indicaram que 55% das denúncias recebidas em 2019 tinham como vítimas crianças e adolescentes — demonstrando um aumento de 14% em relação ao ano anterior. Ainda, de acordo com a Ouvidoria, negligência (39%), violência psicológica (23%), física (17%), patrimonial (8%), sexual (6%) e institucional (5%) representam quase que a totalidade dos casos(4).

Além disso, diversos estudos apontam que pessoas LGBTQIAP+ estão mais expostas à violência doméstica e familiar, que é manifestada desde alienação parental (quebra de vínculos familiares), violências físicas, evasão escolar, até dificuldade de inclusão e manutenção no mercado de trabalho.

A partir disso, podemos entender o quanto os ambientes corporativos são atravessados pelos efeitos dessas desigualdades e violências baseadas no gênero (e claro, raça e classe), uma vez que sempre foram espaços de predominância de valores cisgêneros, heterossexuais, masculinos, garantindo *status* social e mantendo um padrão hegemônico.

---

(3) Revista *The Lancet*. Pesquisa sobre estimativas de violência contra as mulheres no ambiente familiar. Disponível em: <https://www.thelancet.com/article/S0140-6736(21)02664-7/fulltext>. Acesso em: 13 jan. 2023.

(4) BRASIL. *Relatório de atendimento do Disque 100*. Disponível em: <https://www.gov.br/mdh/pt- br/assuntos/noticias/2020-2/maio/Disque100Relatorio.pdf>. Acesso em: 13 jan. 2023.

Contudo, o mundo do trabalho tem passado por grandes mudanças, obrigando as organizações a se questionarem sobre culturas discriminatórias, uma vez que geram diversas consequências no mercado de trabalho, e exigindo que assumam um compromisso no combate a essas violências.

Por isso, é urgente analisar os reflexos dessas violências de gênero e como a manutenção de culturas sexistas tem papel fundante na eternização dos padrões hegemônicos das sociedades colonizadas, repercutindo na forma de estruturação das sociedades na atualidade(5). Para que, a partir de então, possamos entender que a divisão hierárquica e sexual do trabalho (separação entre trabalho produtivo e reprodutivo) reflete no comportamento social de homens e mulheres, reforçando os seus papeis sociais pré-determinados e pré-fixados pela cultura patriarcal.

Ademais, no Brasil, especificamente no campo das relações de trabalho, poucas são as alternativas para as pessoas vítimas de violência doméstica e familiar, já que os seus direitos se limitam à manutenção do vínculo trabalhista e, quando necessário, o afastamento do local de trabalho, por até seis meses, conforme o art. 9º, inciso II da Lei n. 11.340/2006 (Lei Maria da Penha).

Assim, o presente artigo propõe um debate acerca dos efeitos da violência doméstica e familiar na vida profissional da mulher, com enfoque no papel das empresas em absorverem os objetivos e as agendas internacionais sobre o assunto, buscando o enfrentamento de todas as formas de violência, além de trazer medidas propositivas voltadas às necessidades das pessoas vítimas de violência doméstica, a fim de impulsionar alternativas que permitam a sensibilização dos atores sociais. Tudo para que a vítima seja respaldada por um sistema jurídico mais efetivo e menos paliativo.

1.2. Os direitos fundamentais do trabalho

No aspecto formal, os direitos fundamentais são inerentes à condição humana, entendidos como indisponíveis; indeclináveis; imprescritíveis; e irrenunciáveis; e são assegurados pela Constituição Federal de 1988.

De acordo com os ensinamentos de Vidal Serrano Nunes Júnior, direitos fundamentais podem ser entendidos como:

> O sistema aberto de princípios e regras que, ora conferindo direitos subjetivos a seus destinatários, ora conformando a forma de ser e de atuar do Estado que os reconhece, tem por objetivo a proteção do ser humano em suas diversas dimensões, a saber: em sua liberdade (direitos e garantias

(5) PIRES, Luanda; PERREGIL, Fernanda. *A Advocacia e os Direitos Humanos das Mulheres*. Disponível em: <https://www.fenalaw.com.br/fenalawlab/a-advocacia-e-os-direitos-humanos-das-mulheres/>. Acesso em: 13 jan. 2023.

individuais), em suas necessidades (direitos sociais, econômicos e culturais) e em relação à sua preservação (solidariedade).[6]

A Carta Magna brasileira foi absolutamente inovadora ao consagrar o princípio da dignidade da pessoa humana, elevando-o como um princípio próprio, considerando-o como um dos fundamentos para o Estado Democrático de Direito que, convergindo com direitos humanos e garantias fundamentais, forma o rol de princípios estruturantes do Sistema Jurídico Nacional.

Dessa forma, a eficácia vertical dos direitos fundamentais, inserida no âmbito da relação entre Estado e indivíduo, apesar de ser uma relação de poder acentuada e verticalizada, é também considerada como forma de efetivação de direitos e garantias fundamentais que alicerçam o Estado Democrático de Direito. Cumprindo com seu dever constitucional, por meio da criação e implementação de políticas públicas afirmativas.

Mas, além da eficácia vertical, surgiu na Alemanha, ganhando plena expansão pela Europa e América Latina, a teoria da eficácia horizontal dos direitos fundamentais como forma de envolvimento dos particulares na responsabilidade de proteger e promover a efetivação dos direitos fundamentais.

Dessa maneira, o campo das relações de trabalho, a eficácia horizontal torna-se crucial para a preservação dos direitos fundamentais do trabalho, principalmente, em se tratando de relações de poder que são assimétricas e construídas com base no poder — diretivo, disciplinar e regulador, por exemplo —, presentes nos contratos empregatícios, conforme tratado nos arts. 2º e 3º da CLT.

Na construção doutrinária, o professor Sergio Gamonal menciona a existência de uma eficácia diagonal dos direitos fundamentais, que tem como finalidade precípua irradiar a aplicação dos princípios da proporcionalidade e da igualdade substancial, dentro dos direitos fundamentais, na desbalanceada relação de trabalho[7]:

> Na eficácia diagonal dos direitos fundamentais no contrato de trabalho a racionalidade acerca do objeto se vincula com o fim perseguido pelo contrato de trabalho enquanto prestação de serviço sob subordinação que, afinal, não pode alterar direitos fundamentais de uma das partes pelo único objetivo econômico do contrato ou da atividade empresarial.
>
> A livre iniciativa econômica e o direito de propriedade não podem desprezar outros direitos básicos dos trabalhadores em uma sociedade democrática,

(6) NUNES JUNIOR, Vidal Serrano. *A cidadania social na Constituição de 1988* — Estratégias de Positivação e Exigibilidade Judicial dos Direitos Sociais. São Paulo: Editora Verbatim, 2009. p. 15.

(7) GAMONAL, Sergio. *Cidadania na empresa e eficácia diagonal dos direitos fundamentais.* São Paulo: LTr, 2011. p. 33.

> exceto em casos muito excepcionais e sempre que se cumpram os requisitos que expusemos nas linhas anteriores.

Isso porque, o direito potestativo e o poder de direção desequilibram a relação empregatícia, retirando essa relação de uma eficácia horizontal e colocando-a em um panorama diagonal dentro dos direitos fundamentais entre os particulares. Não apenas por poderes econômicos, vale ressaltar, mas também jurídicos.

2.1. O direito à igualdade e o princípio da não discriminação, como direitos fundamentais do trabalho da mulher

Com o passar do tempo, o debate em torno dos direitos das mulheres ganhou força internacionalmente e, em 1945, a Organização das Nações Unidas (ONU)[(8)] assinou o primeiro acordo internacional em defesa dos princípios de igualdade entre homens e mulheres. Reconheceu ainda, por meio da Declaração sobre a Eliminação da Violência contra as Mulheres em 1993, que a violência contra a mulher tem como base as relações de poder que historicamente criaram culturas misóginas.

A divisão sexual binária do trabalho faz com que as mulheres sofram diariamente para manterem-se nesses espaços. Práticas naturalizadas em nossa sociedade, como a cultura do assédio, cotidianamente "dizem" a elas — e a todas aquelas pessoas que não performam os padrões socialmente construídos como masculinos — que espaços de trabalhos remunerados, valorizados, que fogem do papel reprodutivo e de cuidadora da própria família, não lhes pertencem.

O patriarcado define que os homens são superiores às mulheres e sua ferramenta de opressão é a relação desigual de poder, que enfatiza o privilégio masculino em todas as camadas sociais, inclusive no mundo do trabalho. Porém, ainda que estejamos partindo da perspectiva de gênero[(9)], as dificuldades enfrentadas no mercado de trabalho não são as mesmas para todas as mulheres. Fato muito bem explicado por meio da teoria feminista negra, que ampliou essas fronteiras, trazendo a necessária análise interseccional entre raça, gênero e classe.

O ativismo e o pensamento de mulheres negras sobre a existência dessa tríade já vinham de longa data, como indica a trajetória de Sojourner Truth[(10)]. A partir da década de 1960, porém, elas passam a afirmar a necessidade de falar em um feminismo negro, rompendo com o conceito de "mulher universal".

---

(8) ONU. *Carta das Nações Unidas*. Disponível em: <https://brasil.un.org/pt-br/91220-carta-das-nacoes-unidas>. Acesso em: 13 jan. 2023.

(9) BEAUVOIR, Simone de. *O segundo sexo*. v. 2. A experiência vivida. Rio de Janeiro: Nova Fronteira, 2016.

(10) TRUTH, Sojourner. *Narrative of Sojourner Truth:* A Northern Slave (ilustrado), brochura, 2021.

Em 1984, Bell Hooks publicou nos EUA seu livro *Teoria do Feminismo*(11), contrapondo-se às muitas teorias feministas criadas por mulheres brancas privilegiadas, que falavam a partir do centro, adotando um ponto de vista que raramente inclui a vivência daquelas que viviam à margem, como bem salientado pela autora:

> A teoria feminista do centro é limitada, pois carece de análises que promovam a ampliação e acolhimento da pluralidade de vivências. Paralelamente a esse cenário político teórico do feminismo estadunidense, o movimento de mulheres negras no Brasil dava corpo às suas ações pela mobilização e participação de ativistas negras. Nessa época, foi organizada uma agenda de mulheres negras e fizeram da autodefinição o lastro para a construção de nossa autonomia política. O movimento colocou a raça em evidência, revelando o racismo como determinante no processo de opressão, discriminação e exclusão das mulheres negras.
>
> Em relação ao movimento feminista, estava reconhecida a sua importância como teoria e prática das lutas e conquistas das mulheres, porém as contradições e ambiguidades das feministas brancas no enfrentamento ao racismo sempre foram muitas, dificultando a formação de alianças mais estreitas, sem falar das teorias que nos causavam estranhamento por não incluírem nossas trajetórias contra o racismo patriarcal.

No Brasil, importantíssimo destacar a filósofa e ativista Sueli Carneiro(12), que trata de um feminismo que tem como eixo articulador principal o racismo e seu impacto nas relações de gênero:

> Ao politizar as desigualdades de gênero, o feminismo transforma as mulheres em novos sujeitos políticos. Essa condição faz com esses sujeitos assumam, a partir do lugar em que estão inseridos, diversos olhares que desencadeiam processos particulares subjacentes na luta de cada grupo particular. Ou seja, grupos de mulheres indígenas e grupos de mulheres negras, por exemplo, possuem demandas específicas que, essencialmente, não podem ser tratadas, exclusivamente, sob a rubrica da questão de gênero se esta não levar em conta as especificidades que definem o ser mulher neste e naquele caso. Essas óticas particulares vêm exigindo, paulatinamente, práticas igualmente diversas que ampliem a concepção e o protagonismo feminista na sociedade brasileira, salvaguardando as especificidades.

---

(11) HOOKS, Bell. *Teoria Feminista* — Da Margem ao Centro. São Paulo: Perspectiva, 2019. Coleção Palavras Negras, p. 200-222.

(12) CARNEIRO, Sueli. *Mulheres em Movimento, Estudos Avançados*. 17 (49), Ano 2003. Disponível em: <https://www.scielo.br/j/ea/a/Zs869RQTMGGDj586JD7nr6k/?format=pdf&lang=pt>. Acesso em: 13 jan. 2023.

> Isso é o que determina o fato de o combate ao racismo ser uma prioridade política para as mulheres negras, assertiva já enfatizada por Lélia Gonzalez, "a tomada de consciência da opressão ocorre, antes de tudo, pelo racial".

Feitos esses recortes, evidente é a sobreposição de opressões e violências que atravessam as "mulheridades". Diante disso, a história e os avanços em torno da igualdade entre os gêneros estão marcados pelo reconhecimento de direitos, combate ao racismo e busca pela equidade.

3. Estudos dos impactos da violência doméstica e familiar no mundo do trabalho

O atual cenário brasileiro demonstra não apenas um aumento da violência contra a mulher no país, como também a necessidade de que as empresas adotem uma postura ativa no enfrentamento a essas violências, não só porque isso as atinge de alguma forma, mas porque a iniciativa privada tem o dever de assegurar a eficácia dos direitos fundamentais em suas relações jurídicas, principalmente às partes envolvidas em sua atividade empresarial, aqui representada por suas colaboradoras.

Conforme já citado, diversos estudos demonstram que para contenção dos efeitos sofridos pelas pessoas vítimas de violência doméstica e familiar, apenas a suspensão do contrato de trabalho ou o afastamento das atividades profissionais, são medidas insuficientes, apesar de necessárias, emergindo, assim, a necessidade de tomadas de medidas restauradoras e intercaladas, que possibilitem com que essas pessoas reconstruam sua vida.

De acordo com o II Relatório da PCSVDFMulher(13), "Violência doméstica e seu Impacto no Mercado de Trabalho e na Produtividade das Mulheres", vários são os impactos dessa violência na vida das mulheres, inclusive com efeitos diretos em suas relações profissionais, que perpassam por questões relativas à queda na produtividade até sequelas advindas de *stress* pós-traumático, como demonstrado no quadro apresentado no relatório:

---

(13) INSTITUTO MAURO BORGES DE ESTATÍSTICAS E ESTUDOS SOCIOECONÔMICOS. *II Relatório da PCSVDFMulher2*. Violência Doméstica e seu Impacto no Mercado de Trabalho e na Produtividade das Mulheres. Disponível em: <https://www.imb.go.gov.br/files/docs/publicacoes/seminarios/Apresentacao_PCSVDF-MULHER_IMB_Goias_2019.pdf>. Acesso em: 13 jan. 2023.

Violência Doméstica e seu Impacto no Mercado de Trabalho e na Produtividade das Mulheres - PCSVDF*Mulher* I

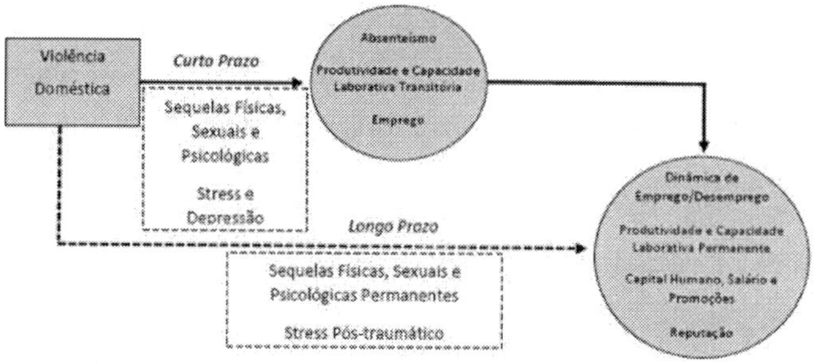

Figure 9: A Relação entre Violência Doméstica e Mercado de Trabalho

Fato é que a violência doméstica impacta a vida da mulher em curtos e longos prazos. No curto prazo pode deixar sequelas físicas, sexuais e psicológicas, provocando estresse e depressão, com efeitos no rendimento e rotina de trabalho, envolvendo o absenteísmo, aumento de faltas, queda de produtividade e o comprometimento da capacidade laboral transitória.

No longo prazo, pode fazer com que as sequelas físicas, sexuais e psicológicas se tornem permanentes, gerando efeitos no trabalho como perda ou redução da capacidade laboral, dificuldade no progresso ou até na interrupção da carreira da pessoa trabalhadora, elevando, sobremaneira, a possibilidade de essas vítimas permanecerem no ciclo de violência. Muito embora seja inegável o papel fundamental do trabalho no suporte e apoio às vítimas de violência doméstica e familiar, é importante salientar que é muito comum que essas pessoas deixem seus empregos por medo de serem perseguidas ou assassinadas por seus agressores durante o percurso do trabalho.

Estudo, intitulado de "Violência Doméstica e trabalho: percepções de mulheres assistidas em um Centro de Atendimento à Mulher"(14), conduzido pelo Departamento de Direitos Humanos, Saúde e Diversidade Cultural da Fundação Oswaldo Cruz (Fiocruz), elaborado pelas autoras Jasmin Gladys Echeverria, Maria Helena Barros de Oliveira e Regina Maria de Carvalho Erthal, foram analisadas as relações das mulheres em situação de violência doméstica e o trabalho.

Com metodologia de abordagem qualitativa, realizada por meio de levantamento bibliográfico, pesquisa de campo, utilização de observação participante, levantamento documental e entrevistas individuais, a partir das percepções de mulheres agredidas por

(14) ECHEVERRIA, Jasmin Gladys; OLIVEIRA, Maria Helena Barros; ERTHAL, Regina Maria de Carvalho. Violência Doméstica e trabalho: percepções de mulheres assistidas em um Centro de Atendimento à Mulher. *SAÚDE DEBATE*, Rio de Janeiro, v. 41, n. especial, jun. 2017, p. 13-24.

seus companheiros ou ex-parceiros atendidas em um Centro de Atendimento à Mulher no estado do Rio de Janeiro, concluiu-se "que a violência doméstica afeta o rendimento e rotina de trabalho dessas mulheres. Entretanto, o trabalho também é visto como uma saída da situação de violência a qual estão submetidas".

Por meio das narrativas trazidas pelas entrevistadas, observa-se que o ciclo de violência vivenciado por essas mulheres é indissociável do cotidiano de trabalho:

> Observa-se que é difícil a separação do que essas mulheres vivenciaram com seus companheiros, do cotidiano de trabalho, pois o ser humano leva consigo todas as suas experiências, satisfações, frustrações, alegrias e tristezas, que podem ser motivadores de determinados comportamentos diante de uma situação vivida. Infere-se que é complicado para uma mulher que se encontra nessa situação trabalhar sem pensar nos seus problemas e o quanto eles podem afetar o rendimento laboral delas. (...)
>
> O estresse e a tristeza mais uma vez aparecem como consequências de uma rotina que foi alterada devido ao histórico de violência doméstica que sofriam com seus parceiros. O controle que a maioria das entrevistadas apontou sofrer pelos seus companheiros aparece como uma das formas de violência doméstica relatadas, podendo indicar posse pelas suas companheiras por meio do poder que desejam exercer sobre elas. Esse controle pode ser considerado uma das formas de relação de poder no qual o homem tenta impor a sua vontade no relacionamento, considerando a mulher como uma aquisição sua (...)
>
> Os relatos nas entrevistas apontaram que a maioria sustentava suas casas e tomava a iniciativa para resolver os problemas, porém sentiam-se sozinhas e cansadas diante da ausência de colaboração dos companheiros, tanto em relação à ajuda financeira como violento, o que pode resultar em anos de sofrimento ao lado do agressor. Além disso, a falta de informação de agredidas e também de empresas em como proceder diante de uma situação de violência doméstica é ainda presente, o que faz com que esse sofrimento para a mulher só se estenda, podendo chegar a casos extremos, como a morte.

Por tudo isso, é importante que o empregador proporcione um ambiente seguro e acolhedor para suas colaboradoras, aplicando o princípio do pertencimento e promovendo uma relação de confiança entre empregada e empregador que envolva tratativas de assuntos sensíveis sem reflexos negativos para a relação de trabalho, eliminando o estigma que ainda envolve esse tipo de violência.

Atrelado a isso, práticas ESG têm impulsionado as empresas a adotarem boas práticas voltadas ao combate à violência contra as mulheres, inseridas no eixo social, fazendo com que estejam empenhadas em oferecer um meio ambiente de trabalho saudável e digno para todas as pessoas colaboradoras, além de se envolverem ativamente na solução de problemáticas sociais.

Contudo, o primeiro passo a ser dado nessa direção é entender que as consequências da violência doméstica e familiar afetam as atividades laborais, logo, o meio ambiente de trabalho, interferindo no planejamento empresarial. Motivo pelo qual é necessário que medidas alternativas sejam pensadas pela gestão para que seja rompido o ciclo de violência e a vítima protegida.

É importante que o trabalho tenha uma função motivacional e estrutural na recuperação dessa pessoa, garantindo que o direito ao trabalho também seja uma possibilidade de enfrentamento a essa violência. Com base nisso, a supracitada pesquisa aponta que "a inércia da empresa em apoiar sua funcionária diante da situação que ela estava vivenciando só fez com que esta se sentisse mais desamparada e ameaçada em perder seu emprego", demonstrando a falta de um sistema jurídico adequado, não apenas que estimule as empresas a estarem preparadas para situações como essas, mas que as coloque como parte na mitigação de todas as consequências negativas.

4. Convenção n. 190 da OIT e Recomendação complementar n. 206: Reconhecimento dos efeitos da violência doméstica no mundo do trabalho

Baseando-se na aplicação do princípio da isonomia, buscando fortalecer as bases de uma sociedade democrática, os tratados internacionais têm preconizado por ambientes inclusivos e diversos. No que tange ao mundo do trabalho, as Convenções da Organização Internacional do Trabalho (OIT) têm exercido papel fundante no combate às discriminações.

No dia 21 de junho de 2019, a Conferência Internacional do Trabalho adotou a Declaração do Centenário da OIT para o Futuro do Trabalho, com a aprovação da Convenção(15) 190, e da Recomendação(16) complementar 206, sobre a eliminação da violência e do assédio no mundo do trabalho, além de abordarem os mecanismos de prevenção e combate dessas violências — tudo, em linha com a Agenda 2030 da Organização das Nações Unidas (ONU).

(15) OIT. Organização Internacional do Trabalho. *Convenção n. 190*. Genebra: ILO, 2019. Disponível em: <https://www.ilo.org/brasilia/publicacoes/WCMS_760224/lang--pt/index.htm>. Acesso em: 13 jan. 2023.

(16) OIT. Organização Internacional do Trabalho. *Recomendação n. 206*. Genebra: ILO, 2019. Disponível em: <https://www.ilo.org/wcmsp5/groups/public/---europe/---ro-geneva/---ilo->. Acesso em: 13 jan. 2023.

A Convenção n. 190 da OIT fornece a primeira definição internacional de violência e assédio no mundo do trabalho, incluindo violência de gênero e assédio. Além disso, busca a proteção de todas as pessoas no mundo do trabalho, independentemente do tipo contratual. Assim, prevendo deveres ou responsabilidades de um empregador, em todos os setores, sejam públicos ou privados, na economia formal e na informal, em áreas urbanas ou rurais, todas as pessoas trabalhadoras estão respaldadas, inclusive os trabalhadores e trabalhadores em formação, como os estagiários e aprendizes.

O Brasil ainda não ratificou essa Convenção, mas por se tratar de temática que envolve os direitos humanos do trabalho, existe uma movimentação das instituições nacionais para que a ratificação ocorra. De acordo com o art. 10 da Convenção n. 190, da OIT, especificamente na letra "f", cada membro que a ratifique deverá tomar medidas adequadas para:

> (a) acompanhar e aplicar a legislação e os regulamentos nacionais relativos à violência e ao assédio no mundo do trabalho;
>
> (b) garantir o fácil acesso às vias de recurso adequadas e eficazes, a mecanismos e procedimentos seguros, justos e eficazes de resolução de conflitos em casos de violência e assédio no mundo do trabalho, tais como:
>
> > (i) procedimentos de apresentação de queixa e investigação, bem como, quando apropriado, mecanismos de resolução de conflitos no local de trabalho;
> >
> > mecanismos de resolução de conflitos externos ao local de trabalho;
> >
> > tribunais ou jurisdições;
> >
> > (iv) proteção contra a vitimização ou retaliação contra os queixosos, as vítimas, as testemunhas e denunciantes; e
> >
> > (v) medidas de apoio jurídico, social, médico e administrativo para os queixosos e para as vítimas;
>
> (c) proteger a privacidade e a confidencialidade dos indivíduos envolvidos, na medida do possível e se for apropriado, e garantir que os requisitos de privacidade e confidencialidade não sejam utilizados indevidamente;
>
> (d) prever sanções, quando apropriado, em casos de violência e assédio no mundo do trabalho;
>
> (e) prever que as vítimas de violência e assédio com base no género no mundo do trabalho tenham acesso efetivo a mecanismos seguros e eficazes de resolução de queixas e conflitos, em questões de género, ao apoio, aos serviços e reparações;
>
> (f) reconhecer os efeitos da violência doméstica e, na medida do possível, mitigar o seu impacto no mundo do trabalho;

A Convenção n. 190 da OIT propõe medidas específicas sob um cenário de causas subjacentes, estereótipos de gênero, relações de poder desiguais, discriminação múltipla. Sendo que essas são consideradas essenciais para eliminar a violência e o assédio no mundo do trabalho, levando em conta os fatores de risco, setores econômicos mais suscetíveis de exposição, riscos psicossociais na gestão da saúde e da segurança do trabalho, incluindo a perspectiva da violência e do assédio com base no gênero.

A referida Convenção reforça e legitima a necessidade de proteção aos trabalhadores e trabalhadoras, e outras pessoas de um ou mais grupos vulneráveis ou em situações de vulnerabilidade que sejam desproporcionalmente afetadas pela violência e pelo assédio no mundo do trabalho, apelando para a adoção de leis, regulamentos e políticas que garantam o seu direito à igualdade e não discriminação (art. 5º, C. 190).

Desse modo, um importante avanço trazido é o reconhecimento dos efeitos da violência doméstica e familiar no mundo do trabalho, principalmente no que se refere à adoção de medidas, por parte da organização empregadora, para a mitigação dos impactos. Sugerindo para tanto, adoção de medidas específicas que possam conceder licenças para as vítimas, modalidades de trabalhos flexíveis, proteção temporária contra a dispensa, inclusão da violência doméstica e familiar na avaliação de risco e sensibilização dos seus efeitos.

Na medida em que a Convenção reconhece a relação entre a violência doméstica e o mundo do trabalho, reitera a necessidade de que a iniciativa privada e o poder público adotem políticas integradas de proteção às vítimas para que os efeitos dessa violência no mundo do Trabalho sejam contidos, possibilitando que essa pessoa possa dar continuidade a sua carreira profissional, assegurando o seu posto de trabalho e obtendo apoio necessário da empresa/empregadora para superar o momento delicado.

A Recomendação n. 206 indica algumas dessas medidas, que podem necessitar do desenvolvimento de legislação específica, como é o caso de licenças para as vítimas de violência doméstica, já previstas na Lei Maria da Penha por meio da garantia de suspensão do contrato de trabalho. Contudo, a Convenção e a Recomendação da OIT vão além e propõem medidas alternativas específicas que buscam oferecer modalidades de trabalhos flexíveis, proteção temporária de dispensa e maior sensibilização.

Nessa perspectiva, o teletrabalho torna-se uma possibilidade para algumas vítimas, já que se trata de um regime de prestação de serviços preponderantemente fora das dependências do empregador, com a utilização de tecnologias de informação e de comunicação que, por sua natureza, não se constituam como trabalho externo. A par disso, quando compatível com as atividades profissionais, mas principalmente, quando a pessoa vítima estiver sob as medidas protetivas do art. 29, da Lei Maria da Penha, e já houver ultrapassado o período de afastamento do trabalho de seis meses indicado no art. 9º, seria de grande valia que as pessoas vítimas também pudessem optar por esse regime de trabalho.

5. O teletrabalho e a Lei Maria da Penha

Desde muito tempo, o sistema imposto na construção das sociedades atua como ferramenta de opressão à mulher, impedindo sua atuação no campo social, retirando toda a sua visibilidade e diminuindo a sua capacidade de individualização, fazendo com que, por muito tempo, fosse dependente financeiramente do trabalho do homem.

Entretanto, após muita luta desempenhada pelos movimentos feminista e de mulheres ao redor do mundo, dispositivos focados no combate e prevenção dessas violências foram desenvolvidos, como é o caso da Lei n. 11.340 de 2006, conhecida como Lei Maria da Penha. A referida normativa brasileira propõe-se a criar mecanismos para coibir e prevenir a violência doméstica e familiar contra a mulher conforme o seu art. 1º:

Esta Lei cria mecanismos para coibir e prevenir a violência doméstica e familiar contra a mulher, nos termos do § 8º do art. 226 da Constituição Federal, da Convenção sobre a Eliminação de Todas as Formas de Violência contra a Mulher, da Convenção Interamericana para Prevenir, Punir e Erradicar a Violência contra a Mulher e de outros tratados internacionais ratificados pela República Federativa do Brasil; dispõe sobre a criação dos Juizados de Violência Doméstica e Familiar contra a Mulher; e estabelece medidas de assistência e proteção às mulheres em situação de violência doméstica e familiar.

No que tange à relação de trabalho, a Lei Maria da Penha busca proteger os direitos da vítima buscando a manutenção do contrato e, quando necessário, o afastamento do local de trabalho pelo período de seis meses (art. 9º, § 2º, II, da Lei Maria da Penha). Apesar da importância desse dispositivo ao proteger a integridade da vítima, a legislação nacional ainda carece de um aprofundamento legislativo que seja capaz de mitigar outros efeitos e impactos dessa violência dentro das relações de trabalho.

À vista disso, tem-se que a legislação laboral também não se ocupou em prever medidas ou outras garantias para a vítima, em estado de extrema vulnerabilidade, na esfera de sua vida profissional, surgindo a questão: será que o afastamento do trabalho é medida suficiente para que a pessoa vítima consiga se recuperar e dar continuidade à sua vida, principalmente no aspecto profissional? As análises e os estudos anteriores demonstram que NÃO.

Todos os impactos e efeitos da violência doméstica e familiar na relação de trabalho tornam indiscutível a necessidade de existência de outras medidas alternativas, não ficando somente a cargo do poder público a obrigação em promover políticas públicas, mas também à iniciativa privada, mediante políticas privadas que promovam o bem-estar e o cuidado com a saúde das pessoas colaboradoras.

Todavia, esses temas ainda se mostram confusos no sistema legal brasileiro, desaguando em discussões jurídicas, como foi o caso da divergência jurisprudencial que existia sobre a natureza do afastamento e do pagamento durante o período de seis meses de suspensão do contrato de trabalho[17]. Contudo, é necessário que nos inspiremos no direito comparado para que solucionemos tais questões. A legislação laboral espanhola, por exemplo, na Lei Orgânica 1/2004[18] de 28 de dezembro, trata de "Medidas de Protección Integral contra la Violência de Género", propondo uma regulamentação específica de direitos trabalhistas e de seguridade social para pessoas vítimas de violência no âmbito familiar e de convivência, inclusive com especificidades contratuais favoráveis no momento do retorno ao trabalho.

A legislação laboral portuguesa[19] também estabelece medidas adicionais que vão além da suspensão do contrato de trabalho. O art. 195 do Código de Trabalho prevê, mediante o compartilhamento de responsabilidades entre Estado e iniciativa privada, o acolhimento e suporte à vítima, oferecendo como alternativa principal a transferência do local de trabalho; ainda, assegurando que a vítima possa laborar em regime de teletrabalho, imputado como uma obrigação do empregador e não uma mera faculdade.

Verifica-se que a iniciativa privada vem sendo trazida para a centralidade dos debates sobre o combate à violência contra a mulher e a desigualdade de gênero, muito em decorrência do fortalecimento de reflexões sobre o propósito de uma empresa e a construção de relações sustentáveis atentas aos problemas sociais, no formato de um "capitalismo sustentável".

6. Atividade legislativa no Brasil

Por fim, é importante destacar a existência do Projeto de Lei n. 5.581/2020, do deputado Rodrigo Agostinho, que inclusive contou com a participação na fase do anteprojeto de uma das autoras[20] deste artigo na Seção de Tutelas especiais (Seção IV). Dessa maneira, em capítulo específico, os arts. 20 e seguintes da proposição preveem a possibilidade de concessão de medidas alternativas à pessoa vítima de violência doméstica e familiar, focando na alteração do regime de trabalho presencial para o regime de teletrabalho, sem que isso acarrete qualquer ônus para a pessoa colaboradora.

O referido projeto de lei faz referência às medidas protetivas concedidas com fulcro no art. 23, da Lei n. 11.340/2006 e, buscando potencializar as medidas alternativas para as vítimas, além das já existentes até o momento, demonstra total compatibilidade com a legislação vigente.

(17) STJ. *REsp n. 1.757.775*. Rel. Ministro Rogrio Schietti Cruz, Sexta Turma, julgado em 20.8.2019, *DJe* 2.9.2019.

(18) ESPANHA. *Lei Orgânica 1/2004, de 28 de dezembro*. Disponível em: <https://www.boe.es/buscar/act.php?id=BOE-A-2004-21760>. Acesso em: 13 jan. 2023.

(19) PORTUGAL. Código do Trabalho — CT. *Lei n. 7/2009*. Em vigor. Diário da República n. 30/2009, Série I de 2009-02-12. Disponível em: <https://dre.pt/dre/legislacao-consolidada/lei/2009-34546475>. Acesso em: 26 jan. 2023.

(20) Coautora: Fernanda Ap. G. Perregil, do "Anteprojeto do Projeto de Lei n. 5.581/2020", do deputado Rodrigo Agostinho.

7. Conclusões

Conforme se vê, a violência doméstica e familiar é um problema social, que envolve direitos humanos e saúde pública. Portanto, seu combate e prevenção carecem de ações integradas entre poder público, iniciativa privada e sociedade civil, uma vez que, além de estudar os seus impactos, é importante considerar a possibilidade de desenvolvimento de medidas que visem amparar e proteger a vítima, inclusive no mundo do trabalho.

Muito embora o aprimoramento de normativas legais seja necessário para que os direitos da vítima sejam ampliados e a lei se aproxime do seu destinatário(a), é essencial a identificação de realidades concretas e a promoção do bem-estar de pessoas que sofreram ou sofrem esse tipo de violência, e necessitam retomar a sua vida, em prol da dignidade e justiça social, sendo, também, responsabilidade de quem emprega.

Assim, resta evidente a necessidade de que as empresas empregadoras, de maneira integrada com o poder público, tornem-se atrizes e atores principais nesse cenário e desenvolvam medidas no contexto privado que garantam o acolhimento e a proteção da fonte de renda dessa pessoa, para que ela tenha condições de sair do ciclo de violência de maneira eficaz.

Referências

BEAUVOIR, Simone de. *O segundo sexo*. v. 2. – A experiência vivida. Rio de Janeiro: Nova Fronteira, 2016.

BRASIL. *Relatório de atendimento do Disque 100*. Disponível em: <https://www.gov.br/mdh/pt-br/assuntos/noticias/2020-2/maio/Disque100Relatorio.pdf>. Acesso em: 13 jan. 2023.

CARNEIRO, Sueli. *Mulheres em Movimento, Estudos Avançados*. 17 (49), ano 2003. Disponível em: <https://www.scielo.br/j/ea/a/Zs869RQTMGGDj586JD7nr6k/?format=pdf&lang=pt>. Acesso em: 13 jan. 2023.

ECHEVERRIA, Jasmin Gladys; OLIVEIRA, Maria Helena Barros; ERTHAL, Regina Maria de Carvalho. Violência Doméstica e trabalho: percepções de mulheres assistidas em um Centro de Atendimento à Mulher. *SAÚDE DEBATE*, Rio de Janeiro, v. 41, n. especial, jun. 2017.

ESPANHA. *Lei Orgânica 1/2004, de 28 de dezembro*. Disponível em: <https://www.boe.es/buscar/act.php?id=BOE-A-2004-21760>. Acesso em: 13 jan. 2023.

GAMONAL, Sergio. *Cidadania na empresa e eficácia diagonal dos direitos fundamentais*. São Paulo: LTr, 2011.

HOOKS, Bell. *Teoria Feminista* — Da Margem ao Centro. São Paulo: Perspectiva. Coleção Palavras Negras, 2019.

INSTITUTO MAURO BORGES de Estatísticas e Estudos Socioeconômicos. *II Relatório da PCSVDFMulher1*. Violência Doméstica e seu Impacto no Mercado de Trabalho e na Produtividade das Mulheres. Disponível em: <https://www.imb.go.gov.br/files/docs/publicacoes/seminarios/Apresentacao_PCSVDF- MULHER_IMB_Goias_2019.pdf>. Acesso em: 13 jan. 2023.

NUNES JUNIOR, Vidal Serrano. *A cidadania social na Constituição de 1988* – Estratégias de Positivação e Exigibilidade Judicial dos Direitos Sociais. São Paulo: Editora Verbatim, 2009. p. 15.

OIT. Organização Internacional do Trabalho. *Convenção n. 190*. Genebra: ILO, 2019. Disponível em: <https://www.ilo.org/brasilia/publicacoes/WCMS_760224/lang--pt/index.htm>. Acesso em: 13 jan. 2023.

______. Organização Internacional do Trabalho. *Recomendação n. 206*. Genebra: ILO, 2019. Disponível em: <https://www.ilo.org/wcmsp5/groups/public/---europe/---ro-geneva/---ilo->. Acesso em: 13 jan. 2023.

ONU. *Campanha da ONU Mulheres*. Disponível em: <http://www.onumulheres.org.br/wpcontent/uploads/2017/12/DEL_COMPROMISO_A_LA_ACCION_ESP.pdf>. Acesso em: 13 jan. 2023.

_____. *Carta das Nações Unidas*. Disponível em: <https://brasil.un.org/pt-br/91220-carta-das-nacoes-unidas>. Acesso em: 13 jan. 2023.

PIRES, Luanda; PERREGIL, Fernanda. *A Advocacia e os Direitos Humanos das Mulheres*. Disponível em: <https://www.fenalaw.com.br/fenalawlab/a-advocacia-e-os-direitos-humanos-das-mulheres/>. Acesso em: 13 jan. 2023.

PORTUGAL. Código do Trabalho — CT. *Lei n. 7/2009*. Em vigor. Diário da República n. 30/2009, Série I de 2009-02-12. Disponível em: <https://dre.pt/dre/legislacao-consolidada/lei/2009-34546475>. Acesso em: 26 jan. 2023.

REVISTA *The Lancet*. Pesquisa sobre estimativas de violência contra as mulheres no ambiente familiar. Disponível em: <https://www.thelancet.com/article/S0140-6736(21)02664-7/fulltext>. Acesso em: 13 jan. 2023.

STJ. *REsp n. 1.757.775*. Rel. Ministro Rogrio Schietti Cruz, Sexta Turma, julgado em 20.8.2019, *DJe* 2.9.2019.

TRUTH, Sojourner. *Narrative of Sojourner Truth:* A Northern Slave (ilustrado) brochura, 2021.

Lei n. 14.437/2022: A Alteração do Contrato de Trabalho Presencial para *Home Office* e o Direito de Recusa da Empregada Vítima de Violência Doméstica

Dione Almeida

Sarah Hakim

Introdução

A pandemia da Covid-19 fez com que muitos trabalhadores permanecessem em casa, seja por integrar o grupo de risco, seja em razão do desemprego ou pela necessidade de exercer suas atividades laborais de forma não presencial. Conciliar as atividades laborais com as atividades domésticas demandou desproporcionalmente às empregadas, resultado de uma sociedade que mantém a discriminação de gênero e a divisão sexual do trabalho, conservando os estereótipos, mantendo-as em condições de desigualdade nas relações de trabalho, perpetuando as violências de gênero, dentre elas a violência doméstica, cujo número aumentou durante a pandemia da Covid-19, comprovando que a permanência dessas mulheres em casa agravou a sua situação de risco.

A Lei n. 14.437, de 15 de agosto de 2022, permite ao empregador "alterar o regime de trabalho presencial para teletrabalho ou trabalho remoto, independentemente da existência de acordos individuais ou coletivos", independentemente da concordância do empregado, inclusive dispensando "o registro prévio da alteração no contrato individual de trabalho", para tanto, basta "que notifique o empregado com antecedência de, no mínimo, 48 (quarenta e oito) horas, por escrito ou por meio eletrônico"(1).

(1) Art. 3º O empregador poderá, a seu critério, durante o prazo previsto no ato do Ministério do Trabalho e Previdência de que trata o art. 2º desta Lei, alterar o regime de trabalho presencial para teletrabalho ou

A redação do referido artigo não traz nenhum comando legal, expresso, que permita à empregada opor resistência ao poder diretivo do empregador que, ao alterar o contrato de trabalho presencial para *home office*, por exemplo, aumenta o risco de violência doméstica. A ausência de disposição normativa nesse sentido denota o desprezo pela situação da empregada vítima de violência doméstica, pelo seu direito ao trabalho decente, majorando os riscos de violência doméstica e feminicídio.

1. A lei de teletrabalho como agravante dos riscos à segurança e saúde da empregada vítima de violência doméstica

Em primeiro de fevereiro de 1984, o Brasil ratificou a Convenção sobre a Eliminação de Todas as Formas de Discriminação Contra as Mulheres(2), que tem como foco a igualdade de gênero, mas que não trata da violência doméstica, especificamente, levando que, em 1992, fosse editada a Recomendação Geral n. 19: Violência contra as Mulheres, do Comitê para a Eliminação da Discriminação contra as Mulheres, da Organização das Nações Unidas (CEDAW/ONU), que traz o conceito de "violência contra mulheres", enfatizando que tal violência é baseada no gênero[(3)]. Aqui a expressão "violência de gênero contra as mulheres" é usada como um termo mais preciso, que torna explícitas as causas que se baseiam no gênero e os impactos da violência, fortalecendo a compreensão dessa violência como um problema social, requerendo respostas abrangentes, para além de eventos específicos, agressores individuais e vítimas/sobreviventes.

Em 4 de junho de 1994, o Brasil adotou a Convenção Interamericana para Prevenir, Punir e Erradicar a Violência contra a Mulher (Convenção de Belém do Pará), sendo que, para seus efeitos, "entender-se-á por violência contra a mulher qualquer ato ou conduta baseada no gênero, que cause morte, dano ou sofrimento físico, sexual ou psicológico à mulher, tanto na esfera pública como na esfera privada"[(4)]. A violência contra a mulher inclui a violência física, sexual e psicológica e, para fins de delimitarmos

---

trabalho remoto, além de determinar o retorno ao regime de trabalho presencial, independentemente da existência de acordos individuais ou coletivos, dispensado o registro prévio da alteração no contrato individual de trabalho. § 1º Para fins do disposto nesta Lei, considera-se teletrabalho ou trabalho remoto a definição constante do *art. 75-B da Consolidação das Leis do Trabalho,* aprovada pelo Decreto-lei n. 5.452, de 1º de maio de 1943.

§ 2º A alteração de que trata o *caput* deste artigo será notificada ao empregado com antecedência de, no mínimo, 48 (quarenta e oito) horas, por escrito ou por meio eletrônico.(...)

(2) ONU. *CONVENÇÃO CEDAW*. Disponível em: <http://www.planalto.gov.br/ccivil_03/decreto/2002/d4377.htm> . Acesso em: 5 out. 2022.

(3) ONU. *CONVENÇÃO CEDAW.* Disponível em: <https://www.google.com/url?sa=t&rct=j&q=&esrc=s&source=web&cd=&cad=rja&uact=8&ved=2ahUKEwizmOST57D8AhUopZUCHZn3B3AQFnoECA0QAQ&url=https%3A%2F%2Fwww.onumulheres.org.br%2Fwpcontent%2Fuploads%2F2013%2F03%2Fconvencao_cedaw1.pdf&usg=AOvVaw0Kl800aUVl_RgRE5Z7oN0->. Acesso em: 5 out. 2022.

(4) Art. 1º Para os efeitos desta Convenção, entender-se-á por violência contra a mulher qualquer ato ou conduta baseada no gênero, que cause morte, dano ou sofrimento físico, sexual ou psicológico à mulher, tanto na esfera pública como na esfera privada.

o presente artigo, transcorremos somente a alínea *"a"* que dispõe: "a) ocorrida no âmbito da família ou unidade doméstica ou em qualquer relação interpessoal, quer o agressor compartilhe, tenha compartilhado ou não a sua residência, incluindo-se, entre outras turmas, o estupro, maus-tratos e abuso sexual".

Entende-se por violência doméstica "qualquer ação ou omissão baseada no gênero que lhe cause morte, lesão, sofrimento físico, sexual ou psicológico e dano moral ou patrimonial, que ocorra no âmbito da unidade doméstica, da família ou em qualquer relação íntima de afeto"(5). E foi se alicerçando no dispositivo legal supramencionado que a Lei n. 11.340/2006, denominada Lei Maria da Penha, definiu a violência doméstica e familiar contra a mulher "qualquer ação ou omissão baseada no gênero que lhe cause morte, lesão, sofrimento físico, sexual ou psicológico e dano moral ou patrimonial" no âmbito da unidade doméstica ou da família e "em qualquer relação íntima de afeto, na qual o agressor conviva ou tenha convivido com a ofendida, independentemente de coabitação"(6).

Em que pese o compromisso com o fim da violência de gênero, assumido ao longo de quase trinta anos, gênero tem sido obstáculo de efetividade de direitos fundamentais como saúde e segurança. Em fevereiro de 2019, a Pesquisa Violência contra as Mulheres do Fórum Brasileiro de Segurança Pública mostrou que não existe lugar seguro para as mulheres e que a maioria dos casos de agressão aconteceu no ambiente doméstico. Segundo essa pesquisa, 76% das agressões são cometidas por homens conhecidos (namorado, cônjuge, companheiro, vizinho ou ex), sendo certo que 52% das vítimas não pediram ajuda da família nem das autoridades policiais(7).

---

(5) ZEDES, Carolina Marzola Hirata. A competência territorial no processo do trabalho e a mulher em situação de violência doméstica ou familiar. In: ARAUJO, Adriane Reis de; LOPES, Andrea Lino; GUGEL, Maria Aparecida; COELHO, Renata (Orgs.). *Direitos Humanos no Trabalho pela Perspectiva da Mulher.* Belo Horizonte: RTM, 2019. p. 439.

(6) Art. 5º Para os efeitos desta Lei, configura violência doméstica e familiar contra a mulher qualquer ação ou omissão baseada no gênero que lhe cause morte, lesão, sofrimento físico, sexual ou psicológico e dano moral ou patrimonial:

I – no âmbito da unidade doméstica, compreendida como o espaço de convívio permanente de pessoas, com ou sem vínculo familiar, inclusive as esporadicamente agregadas;

II – no âmbito da família, compreendida como a comunidade formada por indivíduos que são ou se consideram aparentados, unidos por laços naturais, por afinidade ou por vontade expressa;

III – em qualquer relação íntima de afeto, na qual o agressor conviva ou tenha convivido com a ofendida, independentemente de coabitação.

Parágrafo único. As relações pessoais enunciadas neste artigo independem de orientação sexual.

Art. 6º A violência doméstica e familiar contra a mulher constitui uma das formas de violação dos direitos humanos. Disponível em: <http://www.planalto.gov.br/ccivil_03/_ato2004-2006/2006/lei/l11340.htm>. Acesso em: 5 out. 2022.

(7) Bem Paraná. *Pesquisa Violência contra as Mulheres do Fórum Brasileiro de Segurança Pública.* Disponível em: <https://www.bemparana.com.br/noticia/nao-ha-local-seguro-para-mulheres-ambiente-domestico-e-o-mais-perigoso>. Acesso em: 5 out. 2022.

Se a casa é o lugar menos seguro para as mulheres brasileiras, é certo que uma jornada de 8 horas diárias na modalidade presencial, pode reduzir em no mínimo 33% a violência doméstica, considerando-se apenas o lapso de tempo em que estará fora do agressor. É por essa razão que a Lei n. 14.437/2022 merece crítica, já que retira da empregada o direito de oposição à alteração unilateral da modalidade contratada, potencializando riscos e mantendo subterrâneas questões que merecerem enfrentamento.

O local de trabalho, o convívio com colegas e o próprio trajeto residência-trabalho--residência são, não raro, os meios e oportunidades das mulheres compartilharem suas vicissitudes, formarem uma rede de apoio direta ou indireta, externarem sua realidade e, inclusive, evitarem a normalização de uma situação de assédio ou violência através de uma vivência diversa. Mas, ainda mais, podem ser o único caminho para a denúncia.

Importante destacar que a Lei Maria da Penha, Lei n. 1.340/2006, que tem como objetivo o enfrentamento da violência doméstica familiar e contra a mulher, é fruto legislativo da condenação do Estado Brasileiro junto à Comissão Interamericana de Direitos Humanos da Organização dos Estados Americanos, em razão da negligência, omissão e tolerância daquele em face da violência contra a mulher no âmbito familiar. A partir daí cria-se mecanismos para salvaguardar a vítima, dentre os quais, a imposição do afastamento cautelar da vítima e de seus familiares, bem como a manutenção do vínculo trabalhista, por até seis meses, quando necessário que a vítima se afaste do seu local de trabalho(8), a finalidade é proteger a mulher em situação de violência doméstica e familiar(9).

---

(8) Art. 9º A assistência à mulher em situação de violência doméstica e familiar será prestada de forma articulada e conforme os princípios e as diretrizes previstos na Lei Orgânica da Assistência Social, no Sistema Único de Saúde, no Sistema Único de Segurança Pública, entre outras normas e políticas públicas de proteção, e emergencialmente quando for o caso.

(...)

§ 2º O juiz assegurará à mulher em situação de violência doméstica e familiar, para preservar sua integridade física e psicológica:

(...)

II – manutenção do vínculo trabalhista, quando necessário o afastamento do local de trabalho, por até seis meses.

(9) "Primeiramente, fixe-se que a norma em questão tem por escopo a proteção da mulher em situação de violência doméstica e familiar. A ideia é a de que, em determinadas circunstâncias, torna-se absolutamente necessário o afastamento da vítima, ainda que temporário, do local no qual exerce atividade profissional. Ocorre, por exemplo, nos casos em que a agredida e o agressor prestam serviços no mesmo local, ou naqueles em que a mulher, no percurso para o trabalho ou em seu retorno, expõe-se, fisicamente, à pessoa do agressor. Ou seja, o que se busca, com a medida prevista, é dificultar ou impedir o contato do agressor com a agredida, excluindo ou minimizando o risco que esse contato pode trazer à integridade física e psicológica da mulher". LOPES, Andrea Lino. "Reflexões sobre as repercussões da lei Maria da Penha nas Relações de Trabalho". *In*: ARAUJO, Adriane Reis de, LOPES, Andrea Lino, GUGEL, Maria Aparecida e COELHO, Renata (org.). *Direitos Humanos no Trabalho pela Perspectiva da Mulher*. Belo Horizonte: RTM, 2019. p. 431.

A Lei n. 14.437/2022 não só é dissonante aos objetivos e compromissos desses instrumentos normativos ratificados e editados pelo Brasil, desprezando o fato de que as violências contra mulheres acontecem, majoritariamente, no ambiente doméstico e familiar, ela desconsidera que o número de violência doméstica é uma crescente que foi agravada durante o período em que as mulheres permaneceram isoladas em suas casas, em razão da pandemia da Covid-19, o que é facilmente constatado nos parágrafos seguintes.

Em 2017 houve 4.539 homicídios de mulheres, retratando um aumento de 6,1% em relação ao ano anterior, sendo que, dentre esses, 1.133 foram registrados como feminicídios. Ao que se refere à violência doméstica, foram registrados 221.238 casos de lesão corporal dolosa enquadrados na Lei Maria da Penha em 2017, ou seja, 606 casos por dia[(10)]. Já no ano de 2018 foram contabilizados 263.067 casos de lesão corporal dolosa, configurada violência doméstica, o que representa 1 registro a cada 2 minutos. Também foram registrados 1.206 casos de feminicídios no Brasil em 2018, representando um crescimento de 11,3% com relação a 2017, sendo certo que, desse total, 61% das mulheres eram negras e em 88,8% dos casos o autor foi companheiro ou ex-companheiro[(11)].

No ano de 2019, os dados oficiais apontam: uma agressão física a cada dois minutos, sendo registrados 266.310 casos de lesão corporal em decorrência de violência doméstica, significando o crescimento de 5,2%. O número de feminicídios cresceu 7,1%, totalizando 1.326 vítimas.

Durante a pandemia, temos os anos de 2020 e 2021, que nos revelam o quanto é gritante a vulnerabilidade de gênero e raça no Brasil.

No primeiro semestre de 2020, durante a pandemia, foram reduzidos os registros nas delegacias de violência contra a mulher, e aumentaram em 3,8% os acionamentos da PM em casos de violência doméstica, totalizando 147.379 registros no período. Quanto ao feminicídio, a mesma pesquisa aponta 648 vítimas, ou seja, um aumento de 1,9% em relação ao mesmo período de 2019 e que "58,9% dos feminicídios têm como local de ocorrência uma residência e que, em 89,9% dos casos o autor do crime é um companheiro ou ex-companheiro da vítima"[(12)].

---

(10) Agência Patrícia Galvão. *Anuário Brasileiro de Segurança Pública 2017.* Disponível em: <https://dossies.agenciapatriciagalvao.org.br/dados-e-fontes/pesquisa/12o-anuario-brasileiro-de-seguranca-publica-fbsp-2017/>. Acesso em: 27 ago. 2022.

(11) Agência Patrícia Galvão. *Anuário Brasileiro de Segurança Pública 2018*. Disponível em: <https://dossies.agenciapatriciagalvao.org.br/dados-e-fontes/pesquisa/13o-anuario-brasileiro-de-seguranca-publica-fbsp-2019/>. Acesso em: 27 ago. 2022.

(12) Agência Patrícia Galvão. Anuário Brasileiro de Segurança Pública 2020. Disponível em: <https://dossies.agenciapatriciagalvao.org.br/dados-e-fontes/pesquisa/14-anuario-brasileiro-de-seguranca-publica-fbsp-2020/>. Acesso em: 27 ago. 2022.

Ao final de 2020, os resultados foram: 1.350 registros de casos de feminicídios no país, isto é, um crescimento de 0,7% com relação a 2019, sendo que desse total, 74,7% das vítimas tinham entre 18 e 44 anos, 61,8% das mulheres eram negras e 81,5% foram mortas pelos companheiros ou ex-companheiros(13).

No ano de 2021, foram registrados 27.362 atendimentos de violência doméstica nos 16 equipamentos da Prefeitura de São Paulo e, de acordo com o site G1, o número de atendimento de casos de violência contra a mulher realizados pela Prefeitura de São Paulo até agosto do ano de 2022 cresceu 27,9% em comparação com o mesmo período de 2021, totalizando 35.004 atendimentos nos 16 equipamentos especializados em proteção à mulher(14). O 16º Anuário Brasileiro de Segurança Pública (FBSP 2022) mostra 230.861 agressões por violência doméstica, um aumento de 0,6%, 597.623 ameaças (3,3% a mais), 619.353 chamadas ao 190, isto é, aumento de 4%, e a concessão de 370.209 Medidas Protetivas de Urgência, o que significa um crescimento de 13,6%. Foram registrados 1.341 casos de feminicídio, dentre esses, 68,7% das vítimas tinham entre 18 a 44 anos, 65,6% morreram dentro de casa e 62% eram negras. Os autores dos feminicídios em 81,7% dos casos foram o companheiro ou ex-companheiro(15).

Não descartamos que esse aumento também seja fruto do desemprego das mulheres, 593 mil postos de trabalho perdidos eram ocupados por mulheres, o que representa 71,9% do total e um aumento de 2,9% no ano de 2020(16) mas que também se dá ao aumento do número de trabalho não presencial desde o início da pandemia da Covid-19, sendo certo que, por uma razão ou por outra, essas vítimas estavam em casa e que o *home office* contribuiu para esse resultado.

Pelos dados supramencionados, percebe-se que a violência de gênero foi agravada pela pandemia da Covid-19, sobretudo ou em grande parte, pelo elastecimento do tempo de permanência da mulher em casa. Nesta esteira, ao facultar ao empregador a alteração unilateral do contrato, deixando ao seu alvedrio a modalidade, rebaixa a trabalhadora em direitos e potencializa o que se deveria combater.

Não se trata de um efeito colateral, como se poderia aventar, na medida em que é imperioso que a alteração legislativa se compatibilize com o arcabouço jurídico e os

---

(13) Agência Patrícia Galvão. *Anuário Brasileiro de Segurança Pública 2021*. Disponível em: <https://dossies.agenciapatriciagalvao.org.br/dados-e-fontes/pesquisa/anuario-brasileiro-de-seguranca-publica-fbsp-2021/>. Acesso em: 27 ago. 2022.

(14) G1. *Violência Câmeras de Segurança da Prefeitura de São Paulo*. Disponível em: <https://g1.globo.com/sp/sao-paulo/noticia/2022/10/12/prefeitura-de-sp-registra-alta-de-27percent-deem-atendimentos-de-casos-de-violencia-contra-mulheres-neste-ano-na- comparacao-com-2021.ghtml>. Acesso em: 13 out. 2022.

(15) Agência Patrícia Galvão. *Anuário Brasileiro de Segurança Pública 2022*. Disponível em: <https://dossies.agenciapatriciagalvao.org.br/dados-e-fontes/pesquisa/16o-anuario-brasileiro-de-seguranca-publica-fbsp-2022/>. Acesso em: 27 ago. 2022.

(16) Poder 360. *Economia*. Disponível em: <https://www.poder360.com.br/economia/mulheres-perderam-mais-empregos-na-pandemia-diz-ibge/. Acesso em: 14 out. 2022.

princípios fundamentais existentes, dentro os quais, o do trabalho seguro, da intangibilidade das condições contratadas, da função social do empregador, tantos outros.

Se a lei, por um lado, contempla medidas alternativas para enfrentamento das consequências sociais e econômicas de estado de calamidade pública em âmbito nacional ou em âmbito estadual, distrital ou municipal reconhecido pelo Poder Executivo Federal, por outro, contribui para o agravamento da violência doméstica, como fez a pandemia da Covid-19.

Ademais, esta via, a do *home office* em substituição ao presencial, que teve seu lugar no momento pandêmico, não encontra mais justificativa e aplicação sem que perpasse por uma via de discussão mais ampla que necessariamente deverá atentar para a violência doméstica.

É sabido que a violência de gênero é agravada por fatores culturais econômicos, ideológicos, tecnológicos, políticos, religiosos, sociais e ambientais, conforme dispõe o parágrafo 14 da Recomendação Geral n. 35 sobre violência de gênero contra as mulheres, que atualizou a Recomendação Geral n. 18 sobre violência contra mulheres(17).

A Lei n. 14.437/2022 desconsidera as condições especialíssimas das mulheres em situação de violência doméstica e o fato de que o enfrentamento da violência de gênero exige um conjunto articulado de ações da União, estados, Distrito Federal, municípios, assim como de ações não governamentais.

Ao retirar o direito de opção pelo teletrabalho ou trabalho remoto das empregadas, reduz a proteção dos mecanismos para coibir a violência criados pela Lei "Maria da Penha", indo em sentido contrário ao que determina a Convenção Interamericana para Prevenir, Punir e Erradicar a Violência contra a Mulher (Convenção de Belém do Pará) que impõe o dever de criar um arcabouço jurídico de prevenção, punição e erradicação

---

(17) "A violência de gênero afeta as mulheres ao longo de seu ciclo de vida e, consequentemente, as referências às mulheres neste documento incluem as meninas. Essa violência assume múltiplas formas, incluindo atos ou omissões destinados ou susceptíveis de causar ou resultar em morte, dano ou sofrimento físico, sexual, psicológico ou econômico para as mulheres, ameaças de tais atos, assédio, coerção e privação arbitrária de liberdade. A violência de gênero contra as mulheres é afetada e, muitas vezes, agravada por fatores culturais, econômicos, ideológicos, tecnológicos, políticos, religiosos, sociais e ambientais, como evidenciado, entre outros, nos contextos de deslocamento, migração, globalização crescente das atividades econômicas, incluindo a cadeias globais de abastecimento, indústria extrativista e *offshoring*, militarização, ocupação estrangeira, conflito armado, extremismo violento e terrorismo. A violência de gênero contra as mulheres também é afetada por crises políticas, econômicas e sociais, agitação civil, emergências humanitárias, desastres naturais, destruição ou degradação de recursos naturais. Práticas prejudiciais e crimes contra as mulheres defensoras dos direitos humanos, políticas, ativistas ou jornalistas também são formas de violência de gênero contra as mulheres afetadas por fatores culturais, ideológicos e políticos." Disponível em: <https://www.google.com/url?sa=t&rct=j&q=&esrc=s&source=web&cd=&cad=rja&uact=8&ved=2ahUKEwi6wl3Dlbb8AhXlAN-QKHXYyB6QQFnoECA0QAQ&url=https%3A%2F%2Fwww.cnj.jus.br%2Fwp-content%2Fuploads%2F2019%-2F09%2F769f84bb4f9230f283050b7673aeb063.pdf&usg=AOvV aw26ihAxQC7qvCtSww6y6gqs>. Acesso em: 15 nov. 2022.

da violência contra a mulher e de estabelecer procedimentos jurídicos justos e eficazes para a mulher sujeitada a violência[(18)].

2. O art. 3º da Lei n. 14.437/2022 como obstáculo de efetividade do direito fundamental ao trabalho decente

De acordo com o conceito adotado pela OIT, "trabalho decente é aquele realizado em condições de igualdade, liberdade, segurança e dignidade humana, sendo condição fundamental para a superação da pobreza, a redução das desigualdades sociais, a garantia da governabilidade democrática e o desenvolvimento sustentável".

O trabalho decente está consagrado como um dos fundamentos do Estado Democrático de Direito, o art. 1º da CF traz os valores sociais do trabalho como um dos seus fundamentos[(19)]. Ainda que de forma implícita, sua garantia/seu direito está entre os objetivos fundamentais da República Federativa do Brasil, uma vez que o art. 3º da Constituição vigente apresenta como um dos objetivos a promoção do bem de todos, sem preconceitos de origem, raça, sexo, cor, idade e quaisquer outras formas de discriminação[(20)]. Sua fundamentalidade é inquestionável, já que assegurado no Título II da Constituição Federal da República vigente[(21)].

A vítima de violência doméstica, como empregada, tem direito ao trabalho decente,

---

(18) Art. 7. (...)

c) incorporar na sua legislação interna normas penais, civis, administrativas e de outra natureza, que sejam necessárias para prevenir, punir e erradicar a violência contra a mulher, bem como adotar as medidas administrativas adequadas que forem aplicáveis;

(...)

f) estabelecer procedimentos jurídicos justos e eficazes para a mulher sujeitada a violência, inclusive, entre outros, medidas de proteção, juízo oportuno e efetivo acesso a tais processos;" Disponível em: <https://www.ilo.org/brasilia/convencoes/WCMS_236240/lang--pt/index.htm>. Acesso em: 20 dez. 2022.

(19) Art. 1º A República Federativa do Brasil, formada pela união indissolúvel dos Estados e Municípios e do Distrito Federal, constitui-se em Estado Democrático de Direito e tem como fundamentos:

I – a soberania;

II – a cidadania

III – a dignidade da pessoa humana;

IV – *os valores sociais do trabalho* e da livre-iniciativa;

V – o pluralismo político.

(20) Art. 3º Constituem objetivos fundamentais da República Federativa do Brasil:

I – construir uma sociedade livre, justa e solidária;

II – garantir o desenvolvimento nacional;

III – erradicar a pobreza e a marginalização e reduzir as desigualdades sociais e regionais;

IV – promover o bem de todos, sem preconceitos de origem, raça, sexo, cor, idade e quaisquer outras formas de discriminação.

(21) FONSECA, Maria Hemília. *Direito ao trabalho* um direito fundamental no ordenamento jurídico brasileiro. São Paulo: LTr, 2016. p. 106.

que é sinônimo de trabalho digno e inerente à sua dignidade da pessoa humana(22), que completa a vida e sua dignidade do trabalhador como um todo(23), não sendo somente o meio de sobrevivência, mas sendo vinculada à ideia de dignidade humana, daí a valoração do trabalho como forma de realização pessoal(24).

É dever do Estado garantir a concretude do trabalho em condições dignas, sem discriminação e com segurança(25), inclusive no período em que se precise adotar medidas trabalhistas alternativas e Programa Emergencial de Manutenção do Emprego e da Renda, para enfrentamento das consequências sociais e econômicas do estado de calamidade pública em âmbito nacional ou em âmbito estadual, distrital ou municipal reconhecido pelo Poder Executivo Federal, como é o caso da Lei n. 14.437/2022.

Trabalho decente tem que ser, necessariamente, saudável. O home office agrava o risco à saúde da empregada que é vítima de violência doméstica, porque aumenta o tempo de acesso do agressor à vítima, contrariando o dever de ofertar postos de trabalho seguros e saudáveis. Sobre segurança e saúde, mencionamos a Convenção n. 155 da OIT, ratificada aos 29 de setembro de 1994, que definiu que "o termo 'saúde', com relação ao trabalho, abrange não só a ausência de afecções ou de doenças, mas também os elementos físicos e mentais que afetam a saúde e estão diretamente relacionados com a segurança e a higiene no trabalho"(26). Ainda sobre saúde destacamos a Convenção n. 161 da OIT, ratificada aos 18 de maio de 1990, que representou um passo em direção à efetivação do direito ao trabalho decente, ao designar Serviços de Saúde, um serviço investido de funções preventivas de modo que favoreça e viabilize uma "saúde física e mental" condigna em relação ao trabalho, bem como "a adaptação do trabalho às capacidades dos trabalhadores, levando em conta seu estado de sanidade física e mental"(27).

---

(22) AZEVEDO NETO, Platon Teixeira de. *O trabalho decente como um direito humano*. São Paulo: LTr, 2016. p. 23.

(23) AZEVEDO NETO, Platon Teixeira de. Ob. cit., p. 19.

(24) FONSECA, Maria Hemília. *Direito ao trabalho:* um direito fundamental no ordenamento jurídico brasileiro. São Paulo: LTr, 2016. p. 106.

(25) AZEVEDO NETO, Platon Teixeira de. *O trabalho decente como um direito humano*. São Paulo: LTr, 2015. p. 22.

(26) Art. 3º (...)

e) o termo "saúde", com relação ao trabalho, abrange não só a ausência de afecções ou de doenças, mas também os elementos físicos e mentais que afetam a saúde e estão diretamente relacionados com a segurança e a higiene no trabalho. Disponível em: <http://www.planalto.gov.br/ccivil_03/decreto/1990-1994/D1254.htm>. Acesso em: 2 jan. 2020.

(27) Art. 1º Para os fins da presente Convenção:

a) a expressão 'Serviços de Saúde no Trabalho' designa um serviço investido de funções essencialmente preventivas e encarregado de aconselhar o empregador, os trabalhadores e seusrepresentantes na empresa em apreço, sobre:

I) os requisitos necessários para estabelecer e manter um ambiente de trabalho seguro e salubre, de molde a favorecer uma saúde física e mental ótima em relação com o trabalho;

II) a adaptação do trabalho às capacidades dos trabalhadores, levando em conta seu estado de sanidade física e mental;

Da breve análise dos instrumentos normativos acima mencionados, ressaltamos a necessidade de uma análise apurada quanto à inconstitucionalidade e inconvencionalidade do art. 3º da Lei n. 14.437/2022. E, mais, destacamos o grande distanciamento entre o texto dessas Convenções, o texto constitucional e a realidade social, a dificuldade em consubstanciar um rol de direitos sociais e fundamentais que é agravada pela inexistência de políticas públicas eficientes e de preparo dos grupos políticos, dificultando a concretização do Estado Democrático de Direito, já que são os direitos e garantias fundamentais que o substancializam nas suas diversas dimensões, inclusive na de Estado Social e Democrático[(28)]. Superar esse distanciamento nos impõe muitos desafios, dentre eles uma educação de qualidade e implementação de políticas estruturais e de planejamento[(29)], políticas públicas sérias e comprometidas com o valor social do trabalho, o que não é o caso da Lei n. 14.437/2022, isso porque a efetivação dos direitos sociais requer um amadurecimento das políticas econômicas do país, planejamento nacional de longo prazo, melhor formação dos políticos e do cidadão consciente de seus direitos e apto a atuar no seu meio com o poder de modificar as bases estruturais que sustentam a coletividade[(30)].

Ao redigir a Lei n. 14.437/2022, o Estado Brasileiro não só deixou de garantir a efetividade do direito ao trabalho decente para as empregadas vítimas de violência doméstica, mais que isso, se esquivou de exercer o seu papel de agente de transformação social, de fazer o possível para cumprir o seu dever de transformação[(31)], ou seja, aqui o de transformar o *status* dessas empregadas.

A Constituição da República de 1988 estabeleceu um Estado Democrático de Direito designado a garantir a efetiva realização dos valores supremos da sociedade, isto é, os direitos individuais, a liberdade, a segurança, o bem-estar, o desenvolvimento, a igualdade e a justiça, conforme determina o seu Preâmbulo[(32)]. Conceder ao empregador

---

(28) SARLET, Ingo Wolfgang; MARIONI, Luiz Guilherme; MITIDIERO, Daniel. *Curso de Direito Constitucional.* 11. ed., rev. e atual. São Paulo: Saraiva, 2022. p. 283.

(29) COSTA, Lucas Sales da. *Constitucionalismo, Direitos Sociais e Atuação do Poder Judiciário.* Brasília: Gazeta Jurídica, 2016. p. 136.

(30) SOUTO MAIOR, Jorge Luiz. *O Direito do Trabalho como Instrumento de Justiça Social.* São Paulo: LTr, 2000. p. 154.

(31) "Mais do que ser uma instância que protege liberdades negativas como no constitucionalismo liberal, mais do que uma instância que garante acesso a direitos sociais, o Estado atualmente aparece como um ator que deve fazer o possível para transformar o *status* de grupos vulneráveis". In: MOREIRA, Adilson José. *Tratado de Direito Antidiscriminatório.* São Paulo: Contracorrente, 2020. p. 93.

(32) Nós, representantes do povo brasileiro, reunidos em Assembleia Nacional Constituinte para instituir um Estado Democrático, destinado a assegurar o exercício dos direitos sociais e individuais, a liberdade, a segurança, o bem-estar, o desenvolvimento, a igualdade e a justiça como valores supremos de uma sociedade fraterna, pluralista e sem preconceitos, fundada na harmonia social e comprometida, na ordem interna e internacional, com a solução pacífica das controvérsias, promulgamos, sob a proteção de Deus, a seguinte CONSTITUIÇÃO DA REPÚBLICA FEDERATIVA DO BRASIL.

o direito de alterar o regime de trabalho presencial para teletrabalho ou trabalho remoto, além de determinar o retorno ao regime de trabalho presencial, independentemente da existência de acordos individuais ou coletivos, sem trazer nenhuma ressalva protegendo a empregada vítima de violência doméstica, é incompatível com o nosso projeto de democracia e com o princípio da igualdade, que incentiva que a mulher vítima de violência doméstica receba um tratamento justo em todas as esferas, inclusive, no contrato de trabalho, tratamento simétrico e justo que lhe deve ser dispensado tanto por parte do Estado quanto dos particulares, para que assim se evite uma situação de desvantagem(33).

A literal aplicação do art. 3º, com a inobservância das individualidades de gênero e violência de gênero, impede a justiça social, que é o fim do direito e que é praticada com o propósito de promover a dignidade da pessoa humana do trabalhador e efetivar os direitos humanos sociais, devendo ser empreendida nas relações sociais, num universo democrático, no qual a pessoa humana não pode ser o meio, mas o fim para atingir a satisfação de todos, o que prescinde de uma democracia em sentido pleno(34), que é indissociável da concepção de inclusão social, política e institucional, da qual é titular todo cidadão, independentemente de suas individualidades(35). Justiça social prescinde de respeito às individualidades de cada empregado, inclusive quando se precisa superar as consequências sociais e econômicas de uma pandemia.

Sendo todos nós responsáveis pela construção da democracia, que prescinde de proteção de todos e que requer uma atenção especial para os grupos minorizados, não podemos perder de vista o "sentido" do próprio ordenamento jurídico e da razão de o Estado existir. Daí a necessidade de se pensar na proteção da empregada vítima de violência doméstica e quais os meios para protegê-la dos impactos maléficos de uma redação de legislação que ignora as suas individualidades e sua própria existência, razão das seguintes considerações sobre o direito de recusa consagrado no art. 483 da CLT.

3. Os deveres do empregador e o direito de recusa da empregada vítima de violência doméstica

Àprimeira vista, parece que o maior desafio, no que concerne à resistência da empregada, é a ausência de ressalva ao art. 3º da Lei n. 14.437/2022, que é claro ao deixar ao critério do empregador a escolha em alterar o contrato de trabalho presencial em telepresencial, e vice-versa. Desafio superado ao observarmos que é direito fundamental do empregado o trabalho seguro e sem violência, que a maioria das violências de gênero ocorre no ambiente doméstico e familiar, sendo dever do Estado combater as violências

(33) MOREIRA, Adilson José. *Tratado de Direito Antidiscriminatório*. São Paulo: Contracorrente, 2020. p. 96.

(34) PINTO, Airton Pereira. *Direito do Trabalho, direitos Humanos Sociais e a Constituição Federal*. São Paulo: LTr, 2006. p. 93.

(35) DELGADO, Mauricio Godinho; DELGADO, Gabriela Neves. *Constituição da República e Direitos Fundamentais*. Dignidade da Pessoa Humana, Justiça Social e de Direito do Trabalho. 4. ed. São Paulo: LTr, 2017. p. 95.

contra a mulher em todos os seus aspectos, inclusive aqueles relacionados ao trabalho, independentemente de sua modalidade — o empregador tem o dever de ofertar trabalho decente.

O direito ao trabalho decente pode ser notado em várias normas infraconstitucionais, dentre elas nas legislações sobre trabalhadores com deficiência física ou psíquica, formação e readaptação profissional, políticas de retorno de imigrantes, inclusive na própria Lei Maria da Penha, que prevê a possibilidade de manutenção do vínculo trabalhista, por até seis meses, quando for necessário que a vítima se afaste do seu local de trabalho. No contexto individual se insere no princípio da liberdade de empresa, que está ligado ao campo da autonomia privada, que existe uma liberdade de iniciativa econômica e liberdade de contratação, porém, essa liberdade não é ilimitada e seu exercício deve ser regulamentado, já que seus efeitos refletem diretamente em terceiros, que também possuem bens e direitos a serem respeitados(36).

A interpretação e aplicação dos direitos e deveres das partes nas relações de trabalho devem estar vinculadas ao princípio da solidariedade como antecedente lógico da imputação da responsabilidade, lembrando a possibilidade de grande incidência do princípio da solidariedade nas demandas sociais que envolvem grupos vulnerabilizados, como é o caso de gênero e identidade de gênero e raça, demandas nas quais a liberdade não é o suficiente para solucionar os dilemas das diferenças sociais e culturais, devendo o contrato de trabalho ser compreendido e guiado pelo princípio da solidariedade, exigindo das partes envolvidas o reconhecimento do dever de solidariedade e cooperação, bem como diálogo que incentive a melhoria das condições sociais(37).

O princípio da solidariedade ou da corresponsabilização é instrumento de materialização dos fins e valores sociais proclamados na Constituição da República Federativa do Brasil de 1988, que, intervencionista e social, consagrou como primeiro objetivo fundamental a construção de uma sociedade livre, justa e solidária (art. 3º, I)(38), preceituando uma igualdade substancial cuja efetivação é de responsabilidade do Estado e a toda a sociedade, que deve estar irmanada e consciente de sua responsabilidade na construção da sociedade democrática(39), não sendo diferente para a efetividade do direito ao trabalho decente e das garantias de igualdade substantiva e de justiça social, toda a sociedade civil é corresponsável pela garantia dos direitos sociais(40). Seu objetivo é proteger a vida

---

(36) FONSECA, Maria Hemília. *Direito ao trabalho:* um direito fundamental no ordenamento jurídico brasileiro. São Paulo: LTr, 2016. p.148-149.

(37) TUPINAMBÁ, Carolina. *Danos Extrapatrimoniais decorrentes das relações de trabalho*. São Paulo; LTr, 2018. p. 23.

(38) Art. 3º Constituem objetivos fundamentais da República Federativa do Brasil (...) I – construir uma sociedade livre, justa e solidária.

(39) SARMENTO, Daniel. *Direitos Fundamentais e Relações Privadas*. Rio de Janeiro: Lumen Juris, 2004. p. 279.

(40) Art. 194. A seguridade social compreende um conjunto integrado de ações de iniciativa dos Poderes Públicos e da sociedade, destinados a assegurar os direitos relativos à saúde, à previdência e à assistencial social.

e a saúde para a atual geração e também para as futuras gerações, sendo certo que a CR de 1988 positivou a solidariedade como instrumento de igualdade substancial diversas vezes, dentre elas ao tratar da pessoa com deficiência, que integra o grupo de pessoas vulneráveis e merece uma proteção especial para que sua dignidade humana seja efetivada, e ao o proibir qualquer discriminação salarial e no critério admissional do trabalhador nessa condição (art. 7º, XXXI).

A solidariedade não implica a proteção excessiva da empregada vítima de violência doméstica, e a violação dos direitos do empregador, que possui um papel social e que visa à maior lucratividade[41]. Trata-se de uma solidariedade como valor constitucional, capaz de concretizar uma sociedade democrática, na qual os direitos personalíssimos do empregado são efetivados.

O legislativo descumpriu o dever de solidariedade, deixando de fazer da Lei n. 14.437/2022 um instrumento normativo que assegurasse uma sociedade livre, justa e igualitária, com reais condições de igualdade e de efetividade de direitos fundamentais como trabalho decente, saúde e vida. O dever de solidariedade é de todos os Poderes e, também, se estende à relação de trabalho, na qual todos devem cooperar para um ambiente saudável, livre de lesões físicas e psíquicas aos contratantes.

O empregador tem o dever de solidariedade em todo o contrato de trabalho e o fato de o art. 3º dispor que fica ao seu critério "alterar o contrato de trabalho presencial para teletrabalho ou trabalho remoto, além de determinar o retorno ao regime de trabalho presencial", não lhe exime do dever de solidariedade para com a empregada vítima de violência doméstica que entender que a alteração do contrato de trabalho agrava os riscos à sua saúde, segurança, integridade física e psicológica, logo, essa empregada, manifestando a necessidade de não alteração do contrato de trabalho, o empregador não mais possui o direito de alterá-lo, sob pena de abuso de direito, já que desatender às necessidades dessa empregada desrespeitaria os princípios gerais e os princípios fundamentais consagrados na CR, dentre eles: a dignidade da pessoa humana, os valores sociais do trabalho e da livre-iniciativa (no art. 1º, III e IV), a construção de uma sociedade livre, justa e solidária,

---

Art. 205. A educação, direito de todos e dever do Estado e da família, será promovida e incentivada com a colaboração da sociedade, visando ao pleno desenvolvimento da pessoa, seu preparo para o exercício da cidadania e sua qualificação para o trabalho.

Art. 227. É dever da família, da sociedade e do Estado assegurar à criança, ao adolescente e ao jovem, com absoluta prioridade, o direito à vida, à saúde, à alimentação, à educação, ao lazer, à profissionalização, à cultura, à dignidade, ao respeito, à liberdade e à convivência familiar e comunitária, além de colocá-los a salvo de toda forma de negligência, discriminação, exploração, violência, crueldade e opressão.

Art. 230. A família, a sociedade e o Estado têm o dever de amparar as pessoas idosas, assegurando sua participação na comunidade, defendendo sua dignidade e bem-estar e garantindo-lhes o direito à vida.

(41) TUPINAMBÁ, Carolina. *Danos Extrapatrimoniais decorrentes das relações de trabalho*. São Paulo; LTr, 2018. p. 23.

a promoção do bem de todos, sem preconceitos de origem, raça, sexo, cor, idade e quaisquer outras formas de discriminação (no art. 3º, I, II, III e IV), a independência nacional e a prevalência dos direitos humanos (art. 4º, I e II).

O art. 493 da Consolidação das Leis Trabalhistas garante ao empregado o direito de considerar rescindido o contrato de trabalho, e de requerer indenização quando "correr perigo manifesto de mal considerável"(42), restando inquestionável que a insistência do empregador em colocar ou manter a empregada vítima de violência doméstica em *home office*, contra sua vontade, configura a justa causa descrita no referido inciso. Assegura, ainda, o direito de recusa quando o empregador não cumprir as obrigações do contrato(43), o dever de ofertar postos de trabalho seguros e saudáveis, de agir com eticidade e solidariedade durante o contrato de trabalho são indubitáveis, assim como ser inquestionável que a alteração do trabalho presencial para modalidades que aumentem o tempo de convívio ou facilite o acesso do agressor à vítima implica a majoração dos riscos à integridade física e psicológica da empregada vítima de violência doméstica.

4. Conclusões

A violência de gênero é uma realidade que precisa ser enfrentada com seriedade pelo Brasil. Os dados são alarmantes e requerem políticas públicas de enfrentamento e planejamento, para que seja possível a efetividade de direitos fundamentais e sociais. Não desprezamos as consequências da pandemia da Covid-19 na economia do país nem a indispensabilidade de amenizá-las, porém todas as medidas adotadas para a redução desses problemas não podem perder de vista o problema da violência de gênero, que é estrutural e secular. A estatística de violência mostra que as mulheres foram as mais afetadas pela pandemia da Covid-19, e não é razoável, legítimo e legal que sejam, também, as mais oneradas pelas medidas de enfrentamento das consequências dessa pandemia, como é o que ocorrerá se o art. 3º, da Lei n. 14.437/2022, for aplicado sem ressalvas.

Já há comando normativo que limita o poder diretivo do empregado, inclusive no que se refere aos benefícios do art. 3º da lei de Teletrabalho aludido, o direito de recusa da empregada vítima de violência doméstica em ter o seu contrato de trabalho presencial alterado para telepresencial ou remoto está amparado pelo art. 485, *"c"* e *"d"* da CLT e toda a demanda judicial que versar sobre essa situação fática deverá ser enfrentada na Justiça do Trabalho, que continua exercendo seu papel fundante no Estado Democrático de Direito, garantindo o exercício da cidadania, segurança jurídica e equilíbrio social. Não podemos nos limitar em garantir à empregada vítima de violência doméstica o seu direito de recusar a alteração do trabalho presencial para *home office*, isso lhe é garantido

(42) Art. 483 – O empregado poderá considerar rescindido o contrato e pleitear a devida indenização quando: *c)* correr perigo manifesto de mal considerável;

(43) *d)* não cumprir o empregador as obrigações do contrato;

pelo nosso ordenamento jurídico, mais que isso, é urgente a necessidade de não medirmos esforços para efetivar a igualdade de gênero nas relações de trabalho e em outros espaços, e para isso é imprescindível que repensemos o nosso papel como sociedade.

Referências

AZEVEDO NETO, Platon Teixeira de. *O trabalho decente como um direito humano*. São Paulo: LTr, 2015.

COSTA, Lucas Sales da. *Constitucionalismo, Direitos Sociais e Atuação do Poder Judiciário*. Brasília: Gazeta Jurídica, 2016.

DELGADO, Mauricio Godinho; DELGADO, Gabriela Neves. *Constituição da República e Direitos Fundamentais*. Dignidade da Pessoa Humana, Justiça Social e de Direito do Trabalho. 4. ed. São Paulo: LTr, 2017.

FONSECA, Maria Hemília. *Direito ao trabalho:* um direito fundamental no ordenamento jurídico brasileiro. São Paulo: LTr, 2016.

LOPES, Andrea Lino. Reflexões sobre as repercussões da lei Maria da Penha nas Relações de Trabalho. In: ARAUJO, Adriane Reis de; LOPES, Andrea Lino; GUGEL, Maria Aparecida; COELHO, Renata (Orgs.). *Direitos Humanos no Trabalho pela Perspectiva da Mulher*. Belo Horizonte: RTM, 2019.

MOREIRA, Adilson José. *Tratado de Direito Antidiscriminatório*. São Paulo: Contracorrente, 2020.

PINTO, Airton Pereira. *Direito do Trabalho, direitos humanos sociais e a Constituição Federal*. São Paulo: LTr, 2006.

SARLET, Ingo Wolfgang; MARIONI, Luiz Guilherme; MITIDIERO, Daniel. *Curso de Direito Constitucional*. 11. ed., rev. e atual. São Paulo: Saraiva, 2022.

SARMENTO, Daniel. *Direitos Fundamentais e Relações Privadas*. Rio de Janeiro: Lumen Juris, 2004.

SOUTO MAIOR, Jorge Luiz. *O Direito do Trabalho como Instrumento de Justiça Social*. São Paulo: LTr, 2000.

TUPINAMBÁ, Carolina. *Danos Extrapatrimoniais decorrentes das relações de trabalho*. São Paulo: LTr, 2018.

ZEDES, Carolina Marzola Hirata. A competência Territorial no processo do Trabalho e a Mulher em Situação de Violência Doméstica ou Familiar in Direitos Humanos no Trabalho pela Perspectiva da Mulher. In: ARAUJO, Adriane Reis de; LOPES, Andrea Lino; GUGEL, Maria Aparecida; COELHO, Renata (Orgs.). *Direitos Humanos no Trabalho pela Perspectiva da Mulher*. Belo Horizonte: RTM, 2019.

Teletrabalho no Serviço Público Brasileiro: Direito de Desconexão e Decreto n. 11.072/2022

Maria Luiza Alves Alcântara

Introdução

O desenvolvimento tecnológico e científico iniciado no século XX provocou uma profunda mudança nas instituições e relações sociais. Nesse sentido, houve significativas alterações no mundo do trabalho, com o surgimento de novas modalidades de trabalho, tal como o teletrabalho.

A administração pública é regida pelo princípio da eficiência, assim deve-se buscar a eficácia da atuação pública pelo melhor caminho possível, ou seja, a atuação pública deve ocorrer pelo meio mais célere e econômico para cumprir suas atribuições legais, desde que respeitados os princípios do Direito Administrativo.

Nota-se que há o imperativo de buscar a melhoria contínua nos projetos, processos e procedimentos do setor público. Nesse cenário, a tecnologia tem potencial para aprimorar o trabalho e proporcionar melhores resultados aos cidadãos brasileiros.

Contudo a inserção da tecnologia nos processos e projetos públicos não tem seu impacto restrito ao cliente cidadão e à eficiência administrativa, também impacta na atuação profissional dos servidores públicos. A pandemia de Covid-19, somada ao princípio da continuidade, trouxe o teletrabalho em ampla escala para o serviço público brasileiro. Durante a pandemia de Covid-19 houve aumento significativo na quantidade de pessoas inseridas no teletrabalho, estima-se que aproximadamente vinte e três milhões de pessoas transitaram para o teletrabalho no Caribe e na América Latina[1].

---

(1) INTERNATIONAL LABOUR ORGANIZATION, 2021. *At least 23 million people have transitioned to teleworking in Latin America and the Caribbean*. Geneva: International Labour Organization, 2021. Disponível em: <https://www.ilo.org/caribbean/newsroom/WCMS_811296/lang--en/index.htm>. Acesso em: 10 jun. 2022.

Nesse contexto, foi expedido o Decreto 11.072/2022[(2)] no âmbito da administração federal. Esse decreto, como será mais bem detalhado a seguir, representa uma tendência na regulamentação do teletrabalho no serviço público brasileiro. Nesse sentido, é importante considerar a percepção dos agentes públicos sobre essa tendência, principalmente com relação ao direito de desconexão, para o qual também é pertinente a comparação com normas de outros países.

Este estudo tem como objetivo analisar as principais tendências de teletrabalho no serviço público brasileiro sob a perspectiva dos servidores com relação aos principais pontos do Decreto 11.072, para tanto foi realizada uma pesquisa qualitativa descritiva. Ademais, o direito de desconexão será analisado com maior profundidade por meio da metodologia de direito comparado, uma vez que a Organização Mundial de Saúde e a Organização Internacional do Trabalho[3] enfatizam os riscos de doenças psicológicas no teletrabalho.

1. Teletrabalho no serviço público e Decreto n. 11.072/2022

Apesar de recente, o teletrabalho apresenta diversos benefícios e já foi alvo de inúmeros estudos. De acordo com Costa[(3)], o teletrabalho consiste no deslocamento do trabalho para alcançar o trabalhador por intermédio da tecnologia da informação.

O teletrabalho consubstancia uma relação de benefício mútuo para empregados e empregadores, já que permite maior economia para os empregadores e a harmonização da vida pessoal e profissional dos trabalhadores[(4)]. Além disso, Silva considera o teletrabalho como estratégia de sobrevivência para as empresas públicas[(5)]. Por esses fatores, dentre outros, o teletrabalho tende a ganhar maior projeção no cenário global.

Entretanto há carência de normas abrangentes para regulamentar o teletrabalho no serviço público brasileiro, isso está relacionado com a autonomia administrativa conferida pela Constituição Federal aos Poderes Judiciário, Legislativo e Executivo e aos

---

(2) BRASIL. *Decreto n. 11.072, de 17 de maio de 2022*. Dispõe sobre o Programa de Gestão e Desempenho — PGD da administração pública federal direta, autárquica e fundacional. Diário Oficial da República Federativa do Brasil. 2022. Disponível em: <https://www.in.gov.br/en/web/dou/-/decreto-n-11.072-de-17-de-maio-de-2022- 401056788>. Acesso em: 10 jun. de 2022.

(3) WORLD HEALTH ORGANIZATION; INTERNATIONAL LABOUR ORGANIZATION. *Healthy and safe telework:* technical brief. World Health Organization. Geneva, 2021. Disponível em: <https://www.who.int/publications/i/item/9789240040977>. Acesso em: 10 jun. 2022.

COSTA, Greicy Mara França Queiroz da. A Influência das Tecnologias da Informação e Comunicação nas Mutações do Trabalho — O Teletrabalho. In: *XXIV Congresso Brasileiro 15 da Comunicação*, Mato Grosso do Sul, Setembro, 2001. São Paulo, Intercom/Porticom: Intercom.

(4) MESSENGER, Jon; ADDATI, Laura. The strong case for working remotely. *International Labour Organization*, 2013. Disponível em: <https://www.ilo.org/global/about- theilo/newsroom/news/WCMS_208067/lang--en/index.htm>. Acesso em: 20 ago. 2022.

(5) SILVA, Gabriella Di Felício Ferreira da. Perspectivas sobre o teletrabalho no contexto da administração pública brasileira: um anteprojeto. 2014, 88 f. *Revista Bras. Planej. Desenv.*, Curitiba, v. 11, n. 02, p. 476-492, maio/ago. 2022. Dissertação (Mestrado), Escola Brasileira de Administração Pública, Fundação Getúlio Vargas.

entes federativos, mas também com o recente surgimento dessa modalidade de trabalho. A carência de normatização unificada sobre o trabalho remoto no serviço público estimulou que cada órgão criasse suas próprias normas a fim de obter segurança jurídica[6].

No âmbito da administração pública brasileira inexiste uma norma única e aplicável para todos os órgãos e entidades. Todavia é possível verificar tendências na gestão de pessoas no setor público, lançadas, em sua maioria, pela administração pública federal. Nesse cenário, o Decreto n. 11.072/2022 representa uma tendência para a administração em esfera nacional, tal como a Lei n. 8.112/90 representou uma tendência para a elaboração dos estatutos dos servidores civis de estados e de municípios.

O referido decreto regulamenta o Programa de Gestão e Desempenho e possui disposições sobre o teletrabalho que podem ser aplicadas aos agentes públicos civis da administração pública federal direta, das autarquias e das fundações públicas federais, conforme o seu art. 2º[7]. Estão contemplados os servidores efetivos, em comissão, contratados temporários, empregados públicos e estagiários, os quais devem estar em exercício nos órgãos e entidades supracitados.

Nota-se que cada órgão, não menor que uma Secretaria, e cada entidade poderá instituir o Programa de Gestão e Desempenho na sua esfera (art. 4º, Decreto n. 11.072)[8],

---

(6) FILARDI, Fernando; CASTRO, Rachel Mercedes P. de; ZANINI, Marco Tulio Fundão. Vantagens e desvantagens do teletrabalho na administração pública: análise das experiências do Serpro e da Receita Federal. *Cadernos EBAPE*. BR, v. 18, n.1, p. 28- 46, jan. 2020.

(7) *Idem*.

Art. 2º Este Decreto aplica-se à administração pública federal direta, autárquica e fundacional, integrante do Sistema de Pessoal Civil da Administração Federal — Sipec e do Sistema de Organização e Inovação Institucional do Governo Federal — Siorg.

§ 1º Este Decreto aplica-se aos seguintes agentes públicos:

I – servidores públicos ocupantes de cargo efetivo;

II – servidores públicos ocupantes de cargo em comissão;

III – empregados públicos em exercício na administração pública federal direta, autárquica e fundacional;

IV – contratados por tempo determinado, nos termos do disposto na Lei n. 8.745, de 9 de dezembro de 1993;

V – estagiários, observado o disposto na Lei n. 11.788, de 25 de setembro de 2008.

(8) *Idem*.

Art. 4º A instituição do PGD se dará no âmbito de cada autarquia, fundação pública ou unidade da administração direta de nível não inferior ao de Secretaria ou equivalente, por meio de portaria da autoridade máxima, vedada a delegação, e preverá, no mínimo:

I – os tipos de atividades que poderão ser incluídas no PGD;

II – o quantitativo de vagas;

III – as vedações à participação, se houver;

IV – o eventual nível de produtividade adicional exigido para o teletrabalho;

V – o conteúdo do termo de ciência e responsabilidade a ser firmado entre o participante e a sua chefia imediata; e

VI – a antecedência mínima nas convocações para o agente público comparecer à sua unidade.

§ 1º No âmbito dos Gabinetes dos Ministros de Estado, a competência de que trata o *caput* será exercida pelo Chefe de Gabinete.

além disso cada servidor que tiver interesse no programa terá que firmar um termo de ciência e responsabilidade individual com a administração (inciso I, art. 9º, Decreto n. 11.072)(9). Nesse cenário, é indispensável padronizar os termos de ciência e responsabilidade a fim de ofertar um tratamento isonômico aos servidores de um mesmo órgão ou entidade, devendo ser respeitada a especificidade de cada serviço.

As regras particulares para o teletrabalho no novo programa de gestão encontram previsão no art. 9º do decreto(10). Nota-se influência da Consolidação das Leis do Trabalho

---

§ 2º A instituição do PGD não poderá implicar dano à manutenção da capacidade plena de atendimento ao público interno e externo.

§ 3º Serão divulgados em sítio eletrônico oficial do órgão ou da entidade:

I - o ato a que se refere o *caput*; e

II - os resultados obtidos com o PGD.

§ 4º A instituição do PGD exigirá a adoção de sistema informatizado de acompanhamento e controle que permita o monitoramento eficaz do trabalho efetivamente desenvolvido pelo agente público.

§ 5º Os órgãos e as entidades disponibilizarão ao órgão central do Sipec e ao órgão central do Siorg as informações referentes aos respectivos PGD e a seus resultados.

§ 6º A disponibilização de que trata o § 5o será realizada conforme as normas do órgão central do Sipec e do órgão central do Siorg.

§ 7º Caberá às autoridades de que trata o *caput* do art. 3º assegurar o cumprimento do disposto nos § 4º e § 5º deste artigo.

Art. 5º A instituição e a manutenção do PGD ocorrerão no interesse da administração e não constituirão direito do agente público.

(9) *Idem.*

Art. 9º O teletrabalho:

– dependerá de acordo mútuo entre o agente público e a administração, registrado no termo de ciência e responsabilidade;

(10) *Idem.*

Art. 9º O teletrabalho:

I - dependerá de acordo mútuo entre o agente público e a administração, registrado no termo de ciência e responsabilidade;

II - poderá ocorrer em regime de execução integral ou parcial;

III - ficará condicionado à compatibilidade com as atividades a serem desenvolvidas pelo agente público e à ausência de prejuízo para a administração;

IV - terá a estrutura necessária, física e tecnológica, providenciada e custeada pelo agente público; e

V - exigirá que o agente público permaneça disponível para contato, no período definido pela chefia imediata e observado o horário de funcionamento do órgão ou da entidade, por todos os meios de comunicação.

§ 1º A alteração da modalidade presencial para teletrabalho para os contratados por tempo determinado de que trata o inciso IV do § 1º do art. 2º será registrada em aditivo contratual, observado o disposto na Lei n. 8.745, de 1993.

§ 2º A alteração da modalidade presencial para teletrabalho para os estagiários de que trata o inciso V do § 1º do art. 2º ocorrerá por meio da celebração de acordo entre a instituição de ensino, a parte concedente, o estagiário e, exceto se este for emancipado ou tiver dezoito anos de idade ou mais, o seu representante ou assistente legal.

§ 3º A alteração de que trata o § 2º deverá constar do termo de compromisso de estágio e ser compatível com as atividades escolares ou acadêmicas exercidas pelo estagiário.

nas disposições sobre teletrabalho no setor público no que tange à possibilidade de atribuir ao trabalhador o custeio da infraestrutura necessária, bem como, no que se refere ao retorno para o trabalho presencial por opção do empregado ou determinação do empregador (art. 10, Decreto n. 11.022)(11), enquanto a adesão ao teletrabalho depende da vontade de ambas as partes.

No novo programa de gestão e produtividade onerar o trabalhador com o custeio e responsabilidade da estrutura necessária ao desempenho das atividades é obrigatório nos termos do inciso IV do art. 9º, o que já cria uma relação desigual com relação aos trabalhadores inseridos na modalidade presencial. A finalidade desse dispositivo seria obter economia para a administração pública, entretanto na prática configura um conjunto de riscos digitais e ergonômicos que serão arcados pelo Estado.

Isso porque muitos servidores não têm conhecimentos suficientes de segurança digital para contratar um prestador de serviços adequado para oferecer suporte tecnológico. Deve-se destacar que, independentemente de a administração impor o ônus financeiro e técnico ao servidor, se houver vazamento de dados pessoais sensíveis, definidos no inciso II, art. 5º, da Lei Geral de Proteção de Dados(12), a administração terá responsabilidade

---

§ 4º Na hipótese de empregados de empresas públicas ou de sociedades de economia mista em exercício na administração pública federal direta, autárquica e fundacional, a alteração da modalidade presencial para teletrabalho dependerá de autorização da entidade de origem, sem prejuízo dos demais requisitos deste Decreto.

§ 5º O disposto no inciso IV do *caput* constará expressamente do termo de ciência e responsabilidade.

§ 6 Para fins do disposto no inciso V do *caput*, o agente público deverá informar e manter atualizado número de telefone, fixo ou móvel, de livre divulgação tanto dentro do órgão ou da entidade quanto para o público externo que necessitar contatá-lo.

§ 7º A opção pelo teletrabalho não poderá implicar aumento de despesa para a administração pública federal.

(11) *Idem.*

Art. 10. O participante do PGD na modalidade teletrabalho deverá retornar, no prazo de trinta dias, à atividade presencial no órgão ou na entidade de exercício:

I – se for excluído da modalidade teletrabalho ou do PGD; ou

II – se o PGD for suspenso ou revogado.

§ 1º Na hipótese prevista no inciso II do *caput*, o prazo poderá ser reduzido mediante apresentação de justificativa das autoridades referidas no art. 4º.

§ 2º O participante do PGD na modalidade teletrabalho poderá retornar ao trabalho presencial, independentemente do interesse da administração, a qualquer momento.

§ 3º Na hipótese prevista no § 2º, o órgão ou a entidade poderá requerer a comunicação do retorno ao trabalho com antecedência mínima de trinta dias.

§ 4º O participante do PGD manterá a execução das atividades estabelecidas por sua chefia imediata até o retorno efetivo à atividade presencial.

(12) BRASIL. *Lei n. 13.709, de 14 de agosto de 2018*. Lei Geral de Proteção de Dados Pessoais (LGPD). Brasília, DF: Presidência da República. Disponível em: <https://www.planalto.gov.br/ccivil_03/_ato2015- 2018/2018/lei/l13709.htm>. Acesso em: 15 jun. 2022.

Art. 5º Para os fins desta Lei, considera-se:

(...)

civil objetiva(13) e muitas vezes, a depender do caso concreto, não terá sucesso de eventual ação de regresso, devido à inexistência de culpa subjetiva do servidor.

Ademais, há riscos ergonômicos, já que grande parte dos servidores, além de não possuir conhecimento técnico para escolher os equipamentos adequados, também pode optar por uma estrutura precária, porquanto terá que arcar sozinho com todos os custos. Os riscos ergonômicos consubstanciam um fator importante, visto o potencial de isso resultar doenças ergonômicas em médio e longo prazo, as quais por sua vez geram afastamento dos servidores para tratamento de saúde e em alguns casos mais graves a aposentadoria por invalidez.

Em última análise, impor aos servidores a responsabilidade por providenciar e custear a integralidade da estrutura necessária para o teletrabalho representa uma economia momentânea que gerará prejuízo significativo no médio e longo prazo. O mínimo necessário seria a oferta de suporte técnico para mitigar tais prejuízos.

Outrossim, é cabível analisar demais pontos relevantes do decreto. Um desses pontos é a possibilidade de substituição de controle de assiduidade e pontualidade por entrega de metas (§ 1º, art. 3º, Decreto n. 11.072)(14), bem como a possibilidade de exigência de produtividade adicional dos servidores inseridos no *home office* (inciso IV, art. 4º, Decreto n. 11.072)(15). Esses pontos podem ser aplicáveis tanto ao trabalho presencial quanto ao teletrabalho e levantam discussões sobre a saúde mental no trabalho e eventual pressão abusiva por produtividade, respectivamente.

Com relação à substituição de controle de assiduidade e pontualidade por entrega de metas há pontos relevantes que devem ser considerados. A priori, cabe analisar que para obter bons resultados com essa substituição é necessário o estabelecimento de metas justas tanto para a administração, tanto para os servidores, pois somente dessa forma seria possível preservar a saúde dos trabalhadores ao mesmo tempo que é preservada a eficiência administrativa. Para estabelecer as metas cabe analisar a entrega dos servidores do órgão em durante o horário de expediente controlado por assiduidade e pontualidade,

---

II – dado pessoal sensível: dado pessoal sobre origem racial ou étnica, convicção religiosa, opinião política, filiação a sindicato ou a organização de caráter religioso, filosófico ou político, dado referente à saúde ou à vida sexual, dado genético ou biométrico, quando vinculado a uma pessoa natural.

(13) DI PIETRO, Maria Sylvia Zanella. *Direito Administrativo*. 9. ed. São Paulo: Atlas, 1998.

(14) *Ibidem* [3]

Art. 3º [...] § 1º A substituição dos controles de assiduidade e de pontualidade dos participantes do PGD por controle de entregas e resultados, independentemente da modalidade adotada, observará o disposto nos atos de que trata o art. 16.

(15) *Idem*

Art. 4º A instituição do PGD se dará no âmbito de cada autarquia, fundação pública ou unidade da administração direta de nível não inferior ao de Secretaria ou equivalente, por meio de portaria da autoridade máxima, vedada a delegação, e preverá, no mínimo: (...)

IV – o eventual nível de produtividade adicional exigido para o teletrabalho;

respeitadas as especificidades de cada setor é possível obter um parâmetro adequado para a fixação de metas. Além disso, é interessante que a administração ofereça cursos sobre gestão e saúde no trabalho aos servidores que aderirem a essa forma de trabalho, com o objetivo de resguardar a saúde mental dos agentes públicos e oferecer resultados de qualidade aos clientes cidadãos.

Já com relação à exigência de produtividade adicional dos servidores em teletrabalho, é pertinente considerar que isso, por si só, já traz diferenças entre os "teletrabalhadores" e os trabalhadores presenciais. Contudo, é necessário uma análise no âmbito de cada órgão e entidade para verificar se essa diferença é plausível e adequada ou não. Porquanto, a depender das circunstâncias concretas, pode ser que os servidores presenciais tenham que executar funções diversas daqueles inseridos em teletrabalho.

Apesar de diversos estudos brasileiros que analisaram o direito de desconexão(16)(17)(18) não houve previsão expressa de direito de desconexão no Decreto n. 11.072/2022, entretanto pode-se considerar a existência de previsão tácita no inciso V do art. 9º(19).

2. Metodologia

Por meio de uma pesquisa descritiva de natureza qualitativa, este estudo teve como objetivo compreender a percepção dos servidores públicos com relação à atual tendência do teletrabalho no serviço público. O valor social de uma norma é fundamento das ciências sociais aplicadas, uma vez que estrutura um pilar da Teoria Tridimensional do Direito descrita por Miguel Reale(20). Segundo Prodanov e Freitas(21), a pesquisa descritiva é definida como aquela em que o pesquisador registra e descreve os fatos observados, sem neles interferir, e que tem como objetivos caracterizar determinada população ou fenômeno, ou estabelecer relações entre variáveis utilizando de instrumentos padronizados para coleta de dados como questionários.

---

(16) SOUTO MAIOR, Jorge Luiz. Do direito à desconexão do trabalho. *Revista do Direito Trabalhista*, Brasília, v. 10, n. 9, p. 12-18, 2003.

(17) RESEDÁ, Salomão. O direito à desconexão: uma realidade no teletrabalho. *Revista LTR*, São Paulo, v. 7, n. 71, p. 820-829, 2007.

(18) SCALZILLI, Roberta. O direito à desconexão: uma análise crítica do instituto do teletrabalho brasileiro frente ao dano existencial como consequência da jornada excessiva de trabalho em tempos de pandemia. *Revista do Tribunal Regional do Trabalho da 3ª Região*, Belo Horizonte, edição especial, t. II, p. 643-664, jul. 2020.

(19) *Idem.*

Art. 9º O teletrabalho: (...)

V – exigirá que o agente público permaneça disponível para contato, no período definido pela chefia imediata e observado o horário de funcionamento do órgão ou da entidade, por todos os meios de comunicação.

(20) REALE, Miguel. *Teoria tridimensional do direito*. 5. ed. São Paulo: Saraiva, 1994. p. 23.

"(...) são múltiplas as teorias que põem em relevo a natureza tridimensional da experiência jurídica, nela discriminando três 'elementos', 'fatores' ou 'momentos' (a diversidade dos termos já denota as diferenças de concepção), usualmente indicados com as palavras *fato*, *valor* e *norma*."

(21) PRODANOV, Cleber Cristiano; FREITAS, Ernani Cesar de. *Metodologia do trabalho científico:* métodos e técnicas da pesquisa e do trabalho acadêmico. 2. ed. Editora Feevale, 2013.

De acordo com Gerhardt e Silveira(22), as pesquisas qualitativas são indicadas para compreender em profundidade aspectos da vida real, e a fim de compreender a dinâmica das relações sociais inquantificáveis. Esta pesquisa busca realizar a análise do conteúdo e dar significado aos resultados do fenômeno estudado, não utilizando de tratamento estatístico conforme convencionado por Prodanov e Freitas(23).

A pesquisa qualitativa foi desenvolvida em 7 etapas, conforme demonstrado na Figura 1.

Figura 1: Abordagem metodológica da pesquisa.

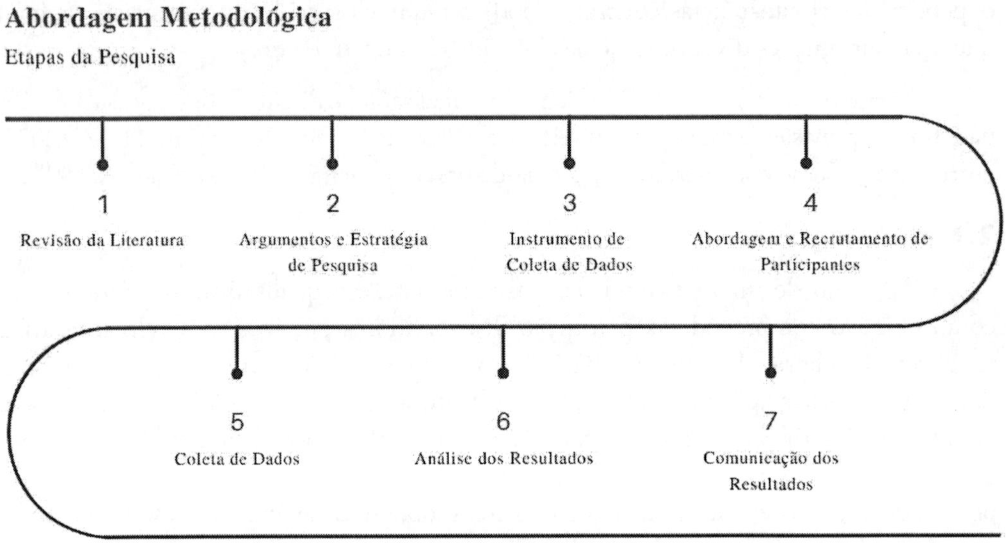

Fonte: Autora, 2022.

Na etapa 1, foi realizada a revisão da literatura com análise de artigos e publicações científicas e jurídicas e documentos de relevância nacional e internacional. Na etapa 2, foram definidos os argumentos e procedimentos da pesquisa. Na etapa 3 foi desenvolvido o instrumento de coleta de dados, um questionário composto de 4 questões objetivas e 4 subjetivas.

Na etapa 4 foi realizada a abordagem e recrutamento dos participantes, o convite aos participantes foi enviado a 83 servidores públicos da região norte do Paraná, realizado via aplicativo de mensagem *WhatsApp*. Na etapa 5 foram coletados os dados junto aos participantes, a participação foi voluntária e anônima, através da plataforma Google Formulário. Na etapa 6 foram analisados os resultados pelos conteúdos. Na etapa 7 foi realizada a comunicação dos resultados com o desenvolvimento deste artigo. Dessa forma, a Figura 1 sintetiza a abordagem adotada na pesquisa qualitativa.

(22) GERHARDT, Tatiana Engel; SILVEIRA, Denise Tolfo. *Métodos de pesquisa*. Plageder, 2009.

(23) *Idem*.

Além disso, como instrumento para o aprofundamento no direito de desconexão no serviço público, foi utilizada a comparação de direitos. A fim de possibilitar a comparação da tendência de regulamentação do teletrabalho no Brasil foi escolhido um país escandinavo que participasse da União Europeia e que tivesse feito uma normatização recente do tema, com a finalidade de possibilitar a compreensão das influências do *Accord-cadre européen sur la numérisation dans le monde du travail* sobre o teletrabalho do serviço público europeu e suas diferenças com o atual panorama brasileiro. O Direito Comparado, de acordo com Carlos Ferreira de Almeida (1988), consubstancia uma ciência(24). Ademais, Carvalho (2008) corrobora ao afirmar que é possível contemplar o sentido de método no Direito Comparado(25). Dessa forma, buscou-se a contemplação de diversa perspectiva sobre a desconexão do trabalho no mundo digital.

3. Percepção dos servidores públicos

Participaram da pesquisa, respondendo o questionário, doze por cento dos convidados, todos agentes públicos que atuam na região do norte do Paraná. Cabe destacar que todos os participantes já tiveram experiência de atuação profissional no setor público com teletrabalho e com o trabalho presencial.

Entre os respondentes, a maioria, setenta por cento, consideram oportuno a substituição de assiduidade e de pontualidade por alcance de metas, porque enxergam nisso a oportunidade de trabalhar em horários flexíveis e de maior produtividade individual a fim de obter uma jornada de trabalho menor. Para vinte por cento dos participantes é indiferente, e dez por cento dos participantes consideraram inoportuno. Vale ressaltar que nos três grupos houve relatos de insegurança quanto à possibilidade da exigência de produtividade abusiva e de aumento na jornada de trabalho.

Com relação à exigência de produtividade adicional dos servidores em teletrabalho a maioria dos respondentes, oitenta por cento, afirmaram justa se o objetivo for a aferição com relação à produtividade dos servidores da modalidade presencial, porquanto relataram gastar parcela significativa do tempo no atendimento ao público quando prestavam serviços presencialmente. Enquanto vinte por cento afirmaram ser péssima tal exigência, por a considerarem injusta para aferir os trabalhos que desempenhavam. Ainda sobre a produtividade adicional para o teletrabalho houve respondentes de ambas as opiniões que manifestaram preocupação com eventual pressão por produtividade.

---

(24) ALMEIDA, Carlos Ferreira de. *Introdução ao direito comparado*. 2. ed. Coimbra: Almedina, 1998.

(25) CARVALHO, Welinton. Direito comparado: Método ou ciência. *Revista de informação legislativa*, v. 45, n. 1.180, p. 139-145, p. 142, 2008.

Na medida em que se vislumbra o conceito de método, de ciência e de autonomia, não se pode querer restringir o Direito Comparado à mera qualificação instrumental. Vai ele muito além, posto possuir um objeto determinado, um método específico e prevalente, princípios organizados na literatura jurídica em vários países do mundo e, finalmente, detém autonomia didática."

Com relação à imposição do custo da integralidade da estrutura necessária (física e tecnológica) para a realização das atividades na modalidade de teletrabalho ser atribuída exclusivamente aos servidores setenta por cento dos respondentes consideraram péssimo ou ruim. Esses servidores defendem que o ônus de oferecer infraestrutura é da instituição e não do trabalhador, avaliando essa exigência como injusta e indevida.

Por fim, com relação à dificuldade de desconexão, os respondentes foram unânimes em afirmar que tiveram dificuldades em desconectar-se durante períodos de teletrabalho e que essa dificuldade acarretava estresse significativo. Também houve relatos de servidores que, após um período, adaptaram-se para preservar a saúde mental no teletrabalho por intermédio de estratégias de desconexão, tal como desligar o aparelho celular e manter um usuário separado do computador para atividades profissionais.

A atual tendência do teletrabalho na administração pública brasileira carece de direito significativo que vise proteger a saúde ou condições de trabalho dos servidores. As normas de regulamentação, em sua maioria, têm como finalidade tutelar o benefício da própria administração. Isso é amenizado pela garantia de estabilidade que se aplica a grande parte dos servidores estatutários e lhes confere maior segurança para não serem obrigados a dispor de seus direitos.

Os servidores públicos percebem o teletrabalho como uma oportunidade de harmonizar sua atuação profissional com a vida particular. Ademais, grande parte deles demonstrou positividade com a possibilidade de gerenciar seu trabalho com maior autonomia para adaptar a prestação de serviços com as suas características individuais, desde que não acarrete prejuízo com aumento da jornada de trabalho ou pressão abusiva por produtividade.

Acerca do custeio da infraestrutura foi praticamente unânime a discordância e a indignação com a proposta de os trabalhadores arcarem única e exclusivamente com a infraestrutura necessária para o teletrabalho. Nesse sentido, a previsão do inciso IV, art. 9º do Decreto n. 11.072, além de oferecer riscos ergonômicos e riscos para a segurança de dados dos cidadãos, uma vez que os servidores possuem imperícia para providenciar tal infraestrutura, também trouxe críticas dos servidores que consideram injusto o ônus do trabalhador com o custeio financeiro da estrutura indispensável para o trabalho.

4. Direito de desconexão no serviço público: Bélgica e Brasil

No Brasil, a Lei n. 8.112, de 1990, trata sobre o regime jurídico dos servidores públicos cívis federais[26]. Nessa legislação é possível encontrar disposições que limitam

---

(26) BRASIL. *Lei n. 8.112, 11 de dezembro de 1990.* Dispõe sobre o regime jurídico dos servidores públicos civis da União, das autarquias e das fundações públicas federais. *In: Diário Oficial da República Federativa do Brasil*, Brasília, DF, 19 abr. 1991. Disponível em: <https://www.planalto.gov.br/ccivil_03/leis/l8112cons.htm>. Acesso em: 3 jul. 2022.

a exigência de prestação de serviços extraordinários para suprir circunstâncias excepcionais e temporárias, sendo a limitação de duas horas diárias (art. 74, Lei n. 8.112/90), da qual se pode considerar que existe limite intransponível de horas de trabalho, inclusive para os agentes públicos em *home office*. Entretanto, não existe na legislação brasileira norma unificada acerca do teletrabalho no serviço público que abranja todos os entes e órgãos públicos, isso devido à autonomia dos entes federativos alicerçada no art. 18 da Constituição Federal[(27)].

Não há previsão unificada do direito de desconexão no exercício do teletrabalho dentro do serviço público brasileiro. Todavia há previsão tácita que abrange o Poder Executivo federal direto, autárquico e fundacional no inciso V art. 5º do Decreto n. 11.082/2022[(28)]. Se o trabalhador tem a obrigação de manter-se disponível para contato com o público interno e externo em um período específico, despreende-se que está desobrigado de fazê-lo no período não contemplado como obrigatório. A garantia de estabilidade conferida pela Constituição Federal (art. 41, *caput*)[(29)] aos servidores públicos efetivos facilita para esse grupo o usufruto do direito de desconexão por iniciativa própria, entretanto essa facilidade não está disponível para todos os agentes públicos, a exemplo dos cargos em comissão.

Na Bélgica, o serviço público é regulamentado pelo Decreto Real de 2 de outubro de 1937, o qual exerce a função de estatuto dos agentes do estado[(30)]. Com base no compromisso do governo belga de implantar o *Accord-cadre européen sur la numérisation dans le monde du travail* de junho de 2020, bem como, com base na conclusão que o uso de tecnologia fora do horário de trabalho poderia ser uma fonte de estresse, foi inserido o art. 7-bis no estatuto dos agentes do Estado da Bélgica.

Já existia no ordenamento jurídico belga o Decreto de 22 de novembro de 2006, que estabelecia no § 1º do art. 6º que os funcionários públicos federais em regime de teletrabalho possuíam os mesmos direitos daqueles atuantes de forma presencial nas dependências da administração: "Art. 6º (...) § 1. Durante teletrabalho ou trabalho de

(27) BRASIL. *Constituição Federal*. Brasília: Senado Federal, 1988. Disponível em: <http://www.planalto.gov.br/ccivil_03/constituicao/constituicaocompilado.htm>. Acesso em: 15 jun. 2022

(28) *Idem*.

Art. 9º O teletrabalho: [...]

V – exigirá que o agente público permaneça disponível para contato, no período definido pela chefia imediata e observado o horário de funcionamento do órgão ou da entidade, por todos os meios de comunicação.

(29) *Idem*.

"Art. 41. São estáveis após três anos de efetivo exercício os servidores nomeados para cargo de provimento efetivo em virtude de concurso público."

(30) BÉLGICA. *Decreto Real, de 2 de outubro de 1937*. Estatuto dos agentes do Estado. Bruxelas, 1937. Disponível em: <https://fedweb.belgium.be/fr/reglementation/19371002_ar_statut>. Acesso em: 20 jun. 2022.

escritório satélite, o teletrabalhador ou trabalhador de escritório satélite mantém os mesmos direitos e obrigações que durante as horas trabalhadas nas instalações do empregador"[31].

Entretanto, o país considerou de tamanha relevância o direito de desconexão que optou por estabelecer uma previsão expressa no sistema jurídico. Nesse sentido, foi inserido o art. 7-bis, o qual iniciou sua vigência a partir de 1º de fevereiro de 2022 e tem como objetivo estabelecer, de forma clara e expressa, o direito de desconexão dos servidores públicos da Bélgica, vedando, como regra geral, o encaminhamento de comunicações por meios digitais relativas ao trabalho fora do horário de expediente. Há a exceção na hipótese de casos excepcionais e imprevistos que não podem esperar até o próximo horário de expediente, nesses casos a legislação belga admite que sejam encaminhadas comunicações profissionais.

É relevante analisar as disposições do art. 7-bis do Decreto Real de 2 de outubro de 1937 para compreender o atual panorama do direito de desconexão:

> Art. 7-bis
>
> § 1.- O servidor público só pode ser contactado fora do horário normal de trabalho por motivos excepcionais e imprevistos que impliquem providências que não podem esperar até ao próximo período de trabalho ou se o servidor estiver afecto a um serviço de guarda. Por "tempo normal de trabalho" entende-se todos os períodos durante os quais o funcionário do Estado está à disposição do seu empregador. O funcionário do Estado não pode sofrer nenhum prejuízo se não atender o telefone ou ler mensagens relacionadas com o trabalho fora do seu horário normal de trabalho.
>
> § 2.- A fim de assegurar o cumprimento dos períodos de descanso, férias anuais e outras licenças dos funcionários do Estado e para preservar o equilíbrio entre o trabalho e a vida privada, o presidente do conselho de administração ou o secretário- geral organiza a consulta no conselho consultivo competente em intervalos regulares sobre o desligamento do trabalho e o uso de meios digitais de comunicação. O conselho do conselheiro de prevenção pode ser solicitado. Esta consulta ocorre pelo menos uma vez por ano.
>
> § 3.- Este artigo também se aplica ao pessoal contratado por contrato de trabalho.[32]

---

(31) BÉLGICA. *Decreto Real, de 22 de novembro de 2006*. Relativo ao teletrabalho e ao trabalho em escritório satélite no âmbito da função pública da administração federal. Bruxelas, 2006. Disponível em: <https://etaamb.openjustice.be/fr/arrete-royal-du-22-novembre-2006_n2006002152.html>. Acesso em: 15 jun. 2022. "Art. 6. § 1. Pendant le télétravail ou le travail en bureau satellite, le télétravailleur ou le travailleur en bureau satellite conserve les mêmes droits et obligations que pendant les heures prestées dans les locaux de l'employeur".

(32) *Idem.*

Art. 7-bis

§ 1.- L'agent de l'Etat ne peut être contacté en dehors du temps de travail normal que pour des raisons exceptionnelles et imprévues nécessitant une action qui ne peut attendre la prochaine période de travail ou si l'agent de l'Etat est désigné à un service de garde. Par "temps de travail normal", on entend toutes les périodes pendant lesquelles l'agent de l'Etat est à la disposition de son employeur. L'agent de l'Etat ne peut subir aucun préjudice s'il ne répond pas au téléphone ou ne lit pas de messages liés au travail en dehors de son temps de travail normal.

Nota-se a previsão de vedação de prejuízo aos trabalhadores que não aceitarem ligações telefônicas ou responderem mensagens fora do seu horário normal de trabalho. Além disso, foi criado um sistema para fiscalizar se o direito de desconexão está sendo respeitado dentro das instituições públicas. Ou seja, mais do que positivar um direito, criou-se uma garantia com a finalidade de dar eficácia ao direito de desconexão.

5. Conclusões

Resta evidente que o Decreto n. 11.072/2022 não confere aos servidores em teletrabalho os mesmos direitos que aos trabalhadores presenciais. Essa falta de equiparação, de uma forma geral, se refletiu em valoração negativa da norma por parte dos agentes públicos, principalmente com relação à oneração do trabalhador com os custos para o desenvolvimento do trabalho.

Ademais, no que se refere à desconexão no serviço público o sistema normativo belga, ao se fundamentar na tendência da Europa Ocidental, consubstanciou proteção à saúde dos trabalhadores, além de equiparar os direitos dos trabalhadores das modalidades presencial e de teletrabalho. No Brasil, entretanto há lacuna de previsão do direito de desconexão em norma de significativa abrangência no âmbito nacional, apesar de ser um fato de impacto para todos os servidores que participaram da pesquisa.

Nesse sentido, nota-se a necessidade de normas de proteção dos teletrabalhadores brasileiros do setor público, com ênfase na saúde mental e ergonômica, para evitar que essa modalidade se torne uma forma de precarização do trabalho contemporânco.

Referências

ALMEIDA, Carlos Ferreira de. *Introdução ao direito comparado*. 2. ed. Coimbra: Almedina, 1998.

BÉLGICA. *Decreto Real, de 22 de novembro de 2006*. Relativo ao teletrabalho e ao trabalho em escritório satélite no âmbito da função pública da administração federal. Bruxelas, 2006. Disponível em: <https://etaamb.openjustice.be/fr/arrete-royal-du-22-novembre-2006_n2006002152.html>. Acesso em: 15 jun. 2022.

______. *Decreto Real, de 2 de outubro de 1937*. Estatuto dos agentes do Estado. Bruxelas, 1937. Disponível em: <https://fedweb.belgium.be/fr/reglementation/19371002_ar_statut>. Acesso em: 20 jun. 2022.

BRASIL. *Constituição Federal*. Brasília: Senado Federal, 1988. Disponível em: <http://www.planalto.gov.br/ccivil_03/constituicao/constituicaocompilado.htm>. Acesso em: 15 jun. 2022.

§ 2.- En vue d'assurer le respect des temps de repos, des vacances annuelles et des autres congés des agents de l'Etat et de préserver l'équilibre entre le travail et la vie privée, le président du comité de direction ou le secrétaire général organise une concertation au sein du comité de concertation compétent à des intervalles réguliers au sujet de la déconnexion du travail et de l'utilisation des moyens de communication numériques. L'avis du conseiller en prévention peut être demandé. Cette concertation a lieu au moins une fois par an.

§ 3.- Le présent article est également applicable au personnel engagé par contrat de travail.

______. *Decreto n. 11.072, de 17 de maio de 2022.* Dispõe sobre o Programa de Gestão e Desempenho — PGD da administração pública federal direta, autárquica e fundacional. Diário Oficial da União. 2022. Disponível em: <https://www.in.gov.br/en/web/dou/-/decreto-n-11.072-de-17-de-maio-de-2022-401056788>. Acesso em: 10 jun. de 2022.

______. *Lei n. 13.709, de 14 de agosto de 2018.* Lei Geral de Proteção de Dados Pessoais (LGPD). Brasília, DF: Presidência da República. Disponível em: <https://www.planalto.gov.br/ccivil_03/_ato2015-2018/2018/lei/l13709.htm>. Acesso em: 15 jun. 2022.

______. *Lei n. 8.112, 11 de dezembro de 1990.* Dispõe sobre o regime jurídico dos servidores públicos civis da União, das autarquias e das fundações públicas federais. Diário Oficial da União, Brasília, DF, 19 abr. 1991. Disponível em: <https://www.planalto.gov.br/ccivil_03/leis/l8112cons.htm>. Acesso em: 3 jul. 2022.

CARVALHO, Welinton. Direito comparado: Método ou ciência. *Revista de informação legislativa*, v. 45, n. 1.180, p. 139-145, 2008.

COSTA, Greicy Mara França Queiroz da. A Influência das Tecnologias da Informação e Comunicação nas Mutações do Trabalho — O Teletrabalho. *XXIV Congresso Brasileiro 15 da Comunicação*, Mato Grosso do Sul, Setembro, 2001. São Paulo, Intercom/Porticom: Intercom.

DI PIETRO, Maria Sylvia Zanella. *Direito Administrativo*. 9. ed. São Paulo: Atlas, 1998.

FILARDI, Fernando; CASTRO, Rachel Mercedes P. De; ZANINI, Marco Tulio Fundão. Vantagens e desvantagens do teletrabalho na administração pública: análise das experiências do Serpro e da Receita Federal. *Cadernos EBAPE.BR*, v. 18, n. 1, p. 28-46, jan. 2020.

GERHARDT, Tatiana Engel; SILVEIRA, Denise Tolfo. *Métodos de pesquisa*. Plageder, 2009.

INTERNATIONAL LABOUR ORGANIZATION, 2021. *At least 23 million people have transitioned to teleworking in Latin America and the Caribbean.* Geneva: International Labour Organization; 2021. Disponível em: <https://www.ilo.org/caribbean/newsroom/WCMS_811296/lang--en/index.htm>. Acesso em: 10 jun. 2022.

MESSENGER, Jon; ADDATI, Laura. The strong case for working remotely. *International Labour Organization*. 2013. Disponível em: <https://www.ilo.org/global/about-theilo/newsroom/news/WCMS_208067/lang--en/index.htm>. Acesso em: 20 ago. 2022.

PRODANOV, Cleber Cristiano; DE FREITAS, Ernani Cesar. *Metodologia do trabalho científico:* métodos e técnicas da pesquisa e do trabalho acadêmico. 2. ed. Editora Feevale, 2013.

REALE, Miguel. *Teoria tridimensional do direito*. 5. ed. São Paulo: Saraiva, 1994.

RESEDÁ, Salomão. O direito à desconexão: uma realidade no teletrabalho. *Revista LTr*, São Paulo, v. 7, n. 71, p. 820-829, 2007.

SCALZILLI, Roberta. 2020. O direito à desconexão: uma análise crítica do instituto do teletrabalho brasileiro frente ao dano existencial como consequência da jornada excessiva de trabalho em tempos de pandemia. *Revista do Tribunal Regional do Trabalho da 3ª Região*, Belo Horizonte, edição especial, t. II, p. 643-664, jul. 2020.

SILVA, Gabriella Di Felício Ferreira da. Perspectivas sobre o teletrabalho no contexto da administração pública brasileira: um anteprojeto. 2014, 88 f. *Revista Bras. Planej. Desenv.*, Curitiba, v. 11, n. 02, p. 476-492, maio/ago. 2022. Dissertação (Mestrado), Escola Brasileira de Administração Pública, Fundação Getúlio Vargas.

SOUTO MAIOR, Jorge Luiz. Do direito à desconexão do trabalho. *Revista do Direito Trabalhista*, Brasília, v. 10, n. 9, p. 12-18, 2003.

WORLD HEALTH ORGANIZATION; INTERNATIONAL LABOUR ORGANIZATION. Healthy and safe telework: technical brief. World Health Organization. Geneva, 2021. Disponível em: <https://www.who.int/publications/i/item/9789240040977>. Acesso em: 10 jun. 2022.

Teletrabalho no Serviço Público e no Poder Judiciário. Implantação, Desenvolvimento, Efetividade e Futuro

Ana Paula Rocha e Silva

Daniela Cristina Crepaldi

Introdução

A velocidade, a amplitude e a profundidade das transformações decorrentes das inovações tecnológicas e do seu uso têm gerado impacto sistêmico nas relações sociais, notadamente na forma de trabalhar.

O trabalho realizado a distância com o uso das tecnologias da informação e comunicação, o teletrabalho, representa uma das mudanças de paradigmas nas relações de trabalho.

Na esteira do que vem ocorrendo no âmbito privado, o teletrabalho vinha sendo incorporado paulatinamente na administração pública, inclusive no Poder Judiciário.

Com a pandemia da Covid-19 o teletrabalho passou a ser adotado de forma massiva no serviço público, apresentando desafios e novas perspectivas para o futuro.

À vista disso, como objetivo geral, a pesquisa se propõe a realizar um panorama geral sobre o teletrabalho no serviço público, inclusive com enfoque no Poder Judiciário. Como objetivos específicos do presente estudo, a pesquisa se propõe a: i) apresentar um panorama geral do teletrabalho na administração pública, ii) apresentar um panorama do teletrabalho no Poder Judiciário, iii) analisar as perspectivas para o futuro do teletrabalho na administração pública, incluindo aspectos relevantes implementados no Poder Judiciário.

Para tanto, será utilizado o método dedutivo e as técnicas de pesquisa bibliográfica e documental[(1)]. Por meio das técnicas de pesquisas utilizadas, verificou-se que estudos científicos sobre o teletrabalho no âmbito da administração pública, precipuamente do Poder Judiciário, ainda são escassos.

A fim de alcançar os objetivos propostos o estudo será dividido em três partes, inicialmente será apresentado um panorama geral do teletrabalho na administração pública, seguido pela análise do teletrabalho no Poder Judiciário e considerações sobre as perspectivas do teletrabalho para o futuro – a seguir.

1. Teletrabalho na administração pública. Histórico. Implantação. Casos pioneiros

O objetivo deste capítulo é apresentar um panorama geral do teletrabalho na administração pública.

O teletrabalho no serviço público sempre foi objeto de restrição, em decorrência da cultura implementada acerca da impossibilidade de desenvolvimento de atividades fora do estabelecimento da administração pública, partindo-se do princípio de que o servidor não trabalharia em tais circunstâncias.

Ocorre que o pensamento em questão é ultrapassado, diante do avanço tecnológico e da aferição de produtividade por meios eletrônicos. Ademais, a pandemia do Covid-19 alavancou o trabalho na modalidade, apresentando índices extremamente positivos e satisfatórios ao Estado, conforme veremos adiante.

Um resumo histórico do desenvolvimento do teletrabalho na administração pública brasileira é de grande valia, facilitando a compreensão quanto ao desenvolvimento do labor na modalidade.

O marco do desenvolvimento do teletrabalho no Brasil ocorreu em 2005, com a implementação de projeto piloto da modalidade no Serviço Federal de Processamento de Dados[(2)], a maior empresa pública de prestação de serviços em tecnologia da informação.

No primeiro edital expedido pelo SERPRO, 18 trabalhadores aderiram ao cumprimento de jornadas em suas próprias residências, aumentando-se para 50 no segundo edital, em 2007, e para 140 no ano de 2012.

Com a pandemia do Covid-19, em abril de 2020, todos os trabalhadores passaram a atuar em teletrabalho, salvo aqueles com funções relacionadas aos serviços chamados

(1) LAKATOS, Eva Maria. *Fundamentos de metodologia científica*. 8. ed., 4. reimpr. São Paulo: Atlas, 2020.

(2) SERPRO. *SERPRO terá cerca de 140 trabalhadores*. Disponível em: <https://www.serpro.gov.br/menu/noticias/noticias-antigas/serpro-tera-cerca-de-140-teletrabalhadores>. Acesso em: 10 out. 2021.

de "missão crítica" e segurança da informação, relacionados aos sistemas de tecnologia da informação estruturantes do governo federal(3).

As regras do teletrabalho no SERPRO sempre foram implementadas por editais, com adoção de medidas significativas, tais como a realização de vistoria técnica na residência do trabalhador para a verificação das condições ergonômicas, fornecimento de equipamentos, conectividade e ramais telefônicos, além de fixação dos limites de controle das atividades pela chefia(4).

Segundo entrevista disponibilizada no próprio endereço eletrônico do SERPRO, aspectos positivos são relacionados por trabalhadores e gestores, tais como: melhoria da mobilidade urbana; redução da emissão de gases poluentes; redução de custos em empresa; aumento da retenção de funcionários; aumento da produtividade e melhoria da qualidade de vida dos trabalhadores(5).

Na linha de pioneirismo, pode-se citar, ainda, o teletrabalho no Tribunal de Contas da União (TCU), implementado no ano de 2009, por meio da Portaria-TCU n. 139, de 9 de março de 2009, complementada pela Portaria-TCU n. 99, de 5 de abril de 2010. A medida fora extremamente positiva, resultando no acréscimo do art. 28-A pela Lei n. 12.776/12 à Lei n. 10.356/01, que dispõe sobre o quadro de pessoal e plano de carreira.

O referido dispositivo legal é expresso ao permitir ao TCU, em observância ao princípio constitucional da eficiência, o cumprimento da jornada de trabalho fora de suas dependências, no interesse do serviço, para atividades compatíveis e mensuráveis por indicadores, desde que inexista prejuízo à administração pública e ao atendimento ao público.

A adoção da modalidade de teletrabalho no TCU não foi realizada de forma tão pacífica. Em investigação iniciada pela Procuradoria da República do Distrito Federal, em agosto de 2010, indicou-se a prática de irregularidades, diante da violação dos princípios da moralidade e isonomia, já que segundo a Procuradoria, criou-se uma classe restrita de servidores beneficiados. Após esclarecimentos, o inquérito civil público foi arquivado(6).

---

(3) SERPRO. *Conselho Fiscal. Ata da 4ª Reunião Ordinária de 30 de Abril de 2020*. Disponível em: <https://www.transparencia.serpro.gov.br/acesso-a-informacao/atas-de-reuniao/atas-2020/cf-ata-reuniaoordinaria-30-04-2020-final.pdf>. Acesso em: 10 out. 2021.

(4) SERPRO. *Benefícios do Teletrabalho para o aprimoramento dos processos das áreas*. Disponível em: <http://intra.serpro.gov.br/tema/artigos-opinioes/beneficios-do-teletrabalho-para-o-aprimoramento-dos-processos-das-areas>. Acesso em: 10 out. 2021.

(5) *Idem*.

(6) PROCURADORIA-GERAL DA REPÚBLICA. "MPF/DF aprova teletrabalho no Tribunal de Contas da União". Disponível em: <https://pgr.jusbrasil.com.br/noticias/147672038/mpf-df-aprova-teletrabalho-no-tribunal- de-contas-da-uniao>. Acesso em: 12 nov. 2021.

O teletrabalho no TCU ocorre nas hipóteses em que o cumprimento da jornada pelo servidor pode ser realizado fora das dependências, de forma remota, com a utilização de recursos tecnológicos, tendo como objetivos, nos termos do art. 5º da Portaria n. 101, de 8 de março de 2019: i) promover a cultura orientada a resultados, com foco no incremento da eficiência e da efetividade dos serviços prestados à sociedade; ii) contribuir para a motivação e o comprometimento dos servidores com os objetivos da Instituição; iii) ampliar a possibilidade de trabalho para servidores com dificuldades de deslocamento para as dependências do TCU; iv) propiciar melhoria da qualidade de vida dos servidores; e, v) colaborar com as metas de sustentabilidade do Programa de Logística Sustentável do TCU (PLS), instituído pela Resolução-TCU n, 268, de 4 de março de 2015, mediante estímulo ao uso racional de recursos e à redução da emissão de poluentes em decorrência da menor mobilidade urbana.

A portaria supracitada menciona que as atividades passíveis de teletrabalho são as que possuam prazo de execução mensurável e compatibilidade com a modalidade.

É evidente a existência de metas e controle das atividades, tanto que recentemente foi publicada na imprensa uma reportagem dispondo sobre a possibilidade de demissão de um auditor do TCU por descumprimento de metas de trabalho(7).

Segundo a reportagem, o auditor federal terá faltas correspondentes a três meses de trabalho descontadas na folha de pagamento por inassiduidade, em razão da ausência de labor, devendo ser demitido.

Outros órgãos também implementaram o teletrabalho de forma pioneira, podendo-se citar o Tribunal Superior do Trabalho (2012), Receita Federal do Brasil (2012), Governo do Estado de São Paulo (2017), Controladoria-Geral da União (2015) e a Advocacia-Geral da União (2016).

A implementação na Controladoria-Geral da União tornou-se uma das mais exemplares, sendo analisada no próximo tópico de forma específica.

1.1. Programa de gestão de demandas. Projeto piloto. Controladoria Geral da União. Caso de sucesso

Em 2015 a Controladoria-Geral da União (CGU) implementou o Programa de Gestão de Demandas (PGD), por meio da Portaria n. 1.242, de 15 de maio de 2015, fixando metas de trabalho aos servidores, seja para a realização de atividade específica, conjunto de atividades ou projetos.

(7) CORREIO BRAZILIENSE. "Auditor do TCU pode ser demitido por descumprir metas de teletrabalho na pandemia". Disponível em: <https://blogs.correiobraziliense.com.br/cbpoder/auditor-do-tcu-pode-ser-demitido-por-descumprir-metas-de-teletrabalho-na-pandemia/>. Acesso em: 10 nov. 2021.

Trata-se de programa semelhante aos anteriormente adotados por outros órgãos, como o Tribunal de Contas e a Receita Federal, visando ao aprimoramento da gestão de pessoas e à melhoria da qualidade de vida dos servidores, considerando os avanços tecnológicos.

A ideia é conscientizar os servidores e a própria administração pública da importância dos resultados, independentemente da existência de um controle de ponto.

A tarefa com certeza não é fácil, diante do preconceito existente quanto à adoção de critérios diversos de controle de produtividade na administração pública.

De forma geral, no subconsciente da população ainda prevalece a orientação de que o servidor público é aquele que cumpre o seu horário de trabalho, exercendo atividades repetitivas, sem maiores ambições e comprometimento.

Observe-se que o PGD não se confunde com o teletrabalho. O referido PGD é gênero, enquanto o teletrabalho é espécie, também denominado como PDG continuado. No entanto, a maior parte dos servidores em PGD exerce o teletrabalho.

A auditora federal de finanças e controle da CGU, Priscila Diniz, ao mencionar as principais dificuldades na implementação do PGD continuado por teletrabalho, esclareceu que o aspecto cultural do desenvolvimento de teletrabalho é um empecilho, pois, via de regra, os gestores partiam do princípio de que o empregado estaria em sua residência sem laborar.

No mais, prevalece uma preocupação com o direito adquirido, já que alguns servidores laboram em qualquer lugar, não precisando mais fixar residência na própria localidade do órgão gestor[(8)].

Ainda, segundo a auditora, em 2017, a CGU realizou pesquisa com os servidores, que indicaram algumas dificuldades no teletrabalho, como um ambiente residencial inadequado, conciliação com as atividades dos filhos e falta de estrutura.

A adoção de PGD continuado ou teletrabalho importa em vantagens para a administração e servidores. Para a administração há patente aumento de produtividade, otimização do espaço físico, redução de custos com manutenção, energia, água, dentre outros, enquanto os servidores podem conciliar a vida profissional com a particular. Por exemplo, o servidor que precisava apresentar atestado para acompanhar um pai idoso ou o filho em tratamento, não mais necessita, bastando a mera organização do tempo. Trata-se de ganho recíproco.

De uma maneira geral, os órgãos públicos enfrentam uma escassez de servidores, principalmente em decorrência de aposentadorias implementadas com a reforma da

(8) CFAPLAY. *Teletrabalho no setor público:* a experiência da CGUcom Priscila Diniz. Disponível em: <https://www.youtube.com/watch?v=Bkn7fQfPkdg>. Acesso em: 10 out. 2021.

previdência. Muitos servidores públicos aposentaram sem a ocorrência de substituição da mão de obra.

Com a adoção do PGD, principalmente em teletrabalho, aumenta-se a produtividade, sendo um auxílio na questão relativa à reposição de funcionários públicos. Para se ter uma ideia, em um ano, a CGU obteve um ganho do equivalente a 43 servidores, gerando uma economia anual de 8 milhões ao órgão público[(9)].

No ano de 2018 houve um grande impulsionamento do programa com a edição da Portaria n. 747, de 16 de março de 2018, que implementou um sistema de gestão do programa e atualização das tabelas de atividades e política institucional. Em 2019, fora instituído o PGD-Projetos, por meio da Portaria n. 2.246, de 5 de julho de 2019.

A indicação de tabela de atividades é extremamente importante, pois o órgão analisa a função desenvolvida pelo servidor e suas tarefas, distribuindo a produtividade de acordo com o viável ao homem médio. Se o servidor público laborar em menos horas ou mais não haverá diferença, o importante é a entrega do trabalho e o resultado. A referida tabela é revisada a cada 6 meses.

De outro ponto o servidor é submetido ao acompanhamento periódico para a apresentação de resultados parciais e finais, em atendimento aos prazos e requisitos pactuados, com manutenção de acesso constante por telefone, e-mail e demais ferramentas de comunicação.

A unidade supervisora será a responsável pela avaliação, implementação e cobrança de resultados, acompanhando a produtividade do servidor.

No primeiro trimestre do programa aproximadamente 150 servidores participaram do projeto. Já no quarto trimestre de 2018 o número superou 1.800, totalizando 90% do total dos servidores da CGU[(10)].

O Programa de Gestão de Demandas da CGU foi o vencedor do Concurso Inovação Escola Nacional de Administração Pública, entidade vinculada ao Ministério da Economia do Brasil, no ano de 2019.

De forma clara o projeto de demandas, inclusive com o teletrabalho, é a opção que veio para ficar, porém, ainda há que se desenvolverem os mecanismos de avaliação de desempenho, a distribuição de tarefas, os métodos de custeio de despesas dos servidores em seus postos de teletrabalho, a sociabilidade do servidor, a integração das atividades institucionais e a possibilidade de fixação da forma de trabalho nos editais dos concursos.

---

(9) CFAPLAY. *Op. cit.*, p. 6, nota 10.

(10) GOVERNO FEDERAL. *Programa de Gestão de Demandas*. Disponível em: <https://www.gov.br/cgu/pt- br/acesso-a-informacao/governanca/programa-de-gestao-de-demandas>. Acesso em: 12 out. 2021.

1.2. Impactos da pandemia de Covid-19 no Serviço Público

A pandemia de Covid-19 impactou de forma avassaladora o trabalho no serviço público. Segundo balanço da Secretaria de Gestão e Desempenho de Pessoal, do Ministério da Economia, 95% dos servidores da rede federal de educação e 49% dos servidores dos demais órgãos passaram a desenvolver atividades em teletrabalho no ano de 2020, demonstrando-se a possibilidade de permanência em tais circunstâncias, sem o comprometimento da prestação efetiva de serviços(11).

O governo federal editou a Instrução Normativa 65, de 30 de julho de 2020, e a Portaria n. 334, de 2 de outubro de 2020, estabelecendo orientações, critérios e procedimentos gerais a serem observados pelos órgãos e entidades integrantes do Sistema de Pessoal Civil da Administração Federal — SIPEC relativos à implementação de Programa de Gestão.

A fim de estabelecer as novas regras de teletrabalho, salientou a existência de quatro grandes objetivos: i) potencializar a produtividade; ii) acompanhar as mudanças e inovações; iii) garantir o bom atendimento da população; e, iv) utilizar de maneira mais eficiente os recursos.

Diante da possibilidade de continuidade do teletrabalho, fixaram-se mudanças para a adoção da modalidade, com a simplificação do fluxo de implementação, a ampliação de participantes, abarcando-se servidores efetivos, em cargo de comissão, empregados públicos e contratados temporários, além de concessão de autonomia aos gestores para eventuais vedações ao exercício.

De forma clara, e em razão dos modelos pilotos anteriormente adotados, como da CGU e do TCU, o foco principal é no resultado, com o acompanhamento e controle das atividades, incluindo a utilização de metas específicas e seleção dos participantes de acordo com critérios técnicos.

De acordo com o relatório governamental, os órgãos interessados no sistema devem fixar normas de procedimentos gerais, divulgar os critérios de adesão, selecionar os participantes e acompanhar a execução.

A divulgação dos resultados e a transparência é fundamental, justamente para a população ter ciência do andamento das atividades.

O *home office* é extremamente positivo aos cofres do poder público. Com a pandemia do coronavírus, o governo federal economizou cerca de R$ 1,02 bilhão com a implementação da modalidade de teletrabalho.

---

(11) GOVERNO FEDERAL. *Novas Regras de Teletrabalho na Administração Pública Federal*. Disponível em: <https://www.gov.br/servidor/pt-br/assuntos/programa-de-gestao/arquivos/apresentacao-teletrabalho.pdf>. Acesso em: 12 out. 2021.

A diminuição do custo decorreu da suspensão do pagamento de diárias, passagens, despesas com locomoção, além da redução de consumo com água, energia elétrica e esgoto.

De acordo com reportagem denominada *home office* no serviço público gerou economia de R$ 1 bilhão em 5 meses, diz governo federal", a redução operou-se de acordo com os seguintes itens: i) Diária, Passagens e Despesas com Locomoção: R$ 471,25 milhões; ii) Serviços de Energia Elétrica: R$ 255,54 milhões; iii) Serviços de Cópias e Reproduções de Documentos: R$ 9,732 milhões; iv) Serviços de Comunicação em Geral: R$ 89,565 milhões; v) Serviços de Água e Esgoto: R$ 32,942 milhões; e,vi) Auxílios para os Servidores: R$ 161 milhões[(12)].

O grande desafio atual e futuro da administração pública será o de implementar regras adequadas às novas modalidades de trabalho, seja por teletrabalho, *home office* ou gestão de demandas, tendo em vista o quadro irreversível que foi instituído com a pandemia. Os modelos até então observados e aqui relatados ainda são embrionários, havendo plena necessidade de pesquisas e desenvolvimento.

Em obra elaborada por Tiago Alves[(13)], o autor afirma que o futuro do trabalho é híbrido, salientando que a vida remota veio para ficar, sendo a flexibilidade conquistada medida irreversível.

O maior desafio é alcançar o equilíbrio entre o trabalho remoto e as conexões sociais, havendo, para tanto, uma necessidade de mentalidade de líderes e gestores(14).

2. Teletrabalho no poder judiciário. Implantação

Na esteira das transformações no mundo do trabalho, assim como da administração pública em sentido amplo, o Poder Judiciário não se manteve alheio aos avanços tecnológicos.

Há quase duas décadas observam-se reconfigurações no modo e nas relações de trabalho no Poder Judiciário mediante a incorporação das tecnologias de informação e comunicação, a digitalização e a inovação, em busca de maior eficiência na prestação de serviços públicos.

A implantação do teletrabalho no Poder Judiciário representa medida inovadora alinhada à modernização da gestão pública pautada no incremento da produtividade,

---

(12) G1 GLOBO. *Home office* no Serviço Público gerou economia de 1 bilhão em cinco meses, diz governo federal. Disponível em: <https://g1.globo.com/economia/noticia/2020/09/25/home-office-no-servico-publico-gerou-economia-de-r-1-bilhao-em-5-meses-diz-governo.ghtml>. Acesso em: 12 out. 2021.

(13) ALVES, Tiago. *Nem home* nem *office*. O futuro do trabalho é híbrido. Como mudanças nas organizações convergem para um novo modelo de trabalho com os escritórios do futuro. São Paulo: Editora Gente, 2022.

(14) ALVES, Tiago. *Op. cit.*, p. 9, nota 15.

da eficiência, da eficácia e da efetividade dos serviços públicos[15]. Assim como na desburocratização dos serviços judiciários, na ampliação do acesso à justiça, na celeridade dos atos processuais. Para Pereira[16] a implantação do teletrabalho no Poder Judiciário também se apresenta como iniciativa contra a morosidade, dada a primazia à eficiência e legalidade na entrega dos serviços.

A incorporação do teletrabalho no âmbito do Poder Judiciário foi possível após o processo de informatização do processo judicial eletrônico advindo com Lei n. 11.419, de 19 de dezembro de 2006, que possibilitou "o uso do meio eletrônico na tramitação de processos judiciais, comunicação de atos e transmissão de peças processuais", assim como a certificação dos referidos atos por assinatura eletrônica[17].

O Conselho Superior da Justiça do Trabalho (CSJT), em decorrência dos avanços advindos pela implantação do Processo Judicial Eletrônico (Pje) no âmbito da Justiça do Trabalho, procedeu à regulamentação do teletrabalho inicialmente a título experimental pela Resolução n. 109, de 29 de junho de 2012.

O teletrabalho experimental no âmbito do CSJT, pautou-se no princípio da eficiência, na promoção da motivação e no comprometimento dos servidores, na produtividade, na otimização do tempo de trabalho e na melhoria das condições de vida dos servidores públicos.

A experiência supracitada foi exitosa, o que redundou na implantação do teletrabalho no âmbito do Tribunal Superior do Trabalho (TST), por meio da Resolução n. 1.144, de 1º de fevereiro de 2012 e na promulgação da Resolução n. 151, de 29 de maio de 2015 do CSJT que instituiu a modalidade de teletrabalho nas práticas institucionais do Judiciário Trabalhista, de primeiro e segundo graus.

Na mesma toada, considerando a experiência bem-sucedida de incorporação do teletrabalho por outros órgãos do Poder Judiciário — como no CSJT em 2009, no TST em 2012, no Tribunal Regional Federal da 4ª Região (TRF 4) em 2013, Tribunal Regional Federal da 2ª Região (TRF 2) em 2014, o Conselho Nacional de Justiça (CNJ) regulamentou o teletrabalho no âmbito do Poder Judiciário por meio da Resolução n. 227, de 15 de junho de 2016.

Na medida em que a incorporação do teletrabalho foi ocorrendo nos tribunais, apresentando vantagens e desvantagens, alguns órgãos do Poder Judiciário formularam ações para melhor estruturação, regulamentação e aprimoramento do teletrabalho, assim como para garantia da melhoria da qualidade de vida para os servidores.

---

(15) GUERRA, M. H. T. da S. *et al.* Teletrabalho Estruturado na Administração Pública: A Experiência do Tribunal Regional do Trabalho da 8ª Região. *Revista de Administração, Sociedade e Inovação*, v. 6, n. 3, 2020, p. 99.

(16) PEREIRA, Á. C. *Subjetividade e Teletrabalho no Âmbito do Poder Judiciário.* Universidade Tecnológica Federal do Paraná. Programa de Pós-Graduação em Tecnologia e Sociedade, 2020. p. 21.

(17) BRASIL. CONSELHO NACIONAL DE JUSTIÇA. *Resolução n. 227, de 15 de junho de 2016.* Disponível em: <https://atos.cnj.jus.br/files/compilado131054202103036O3f8ade0b8f9.pdf>. Acesso em: 1º abr. 2021.

Exemplo disso foi o que ocorreu no Tribunal Regional do Trabalho da 8ª Região (TRT 8), onde a incorporação do teletrabalho se iniciou em 2011. Com o incremento do teletrabalho no órgão, foram realizadas pesquisas internas de avaliação do clima organizacional, com foco na contribuição que tal modalidade de trabalho poderia oferecer para o alcance da visão de futuro do Tribunal. Verificou-se que o teletrabalho poderia ser uma ferramenta importante para a manutenção da produtividade e dos resultados associada ao comprometimento dos servidores ao clima organizacional, estimulando a retenção de talentos e a redução de rotatividade(18).

A partir disso o TRT 8 criou o projeto "Teletrabalho Estruturado", com o objetivo de estruturar o teletrabalho no âmbito do Tribunal por meio do fomento de boas práticas de gestão, melhoria do clima da organização e aprimoramento dos resultados institucionais. A base sobre a qual se amparou o projeto consistiu na liderança comprometida e capacitada, processos de trabalho bem definidos, na gestão e controle da produtividade, na transparência da distribuição das atividades entre os servidores, na comunicação e na socialização(19).

Ações de sensibilização e de capacitação interdisciplinar (psicológica, gerencial e de tecnologia) de gestores e servidores foram adotadas pelo TRT 8, assim como aprofundamento de estudos sobre o teletrabalho e a capacitação "para que o teletrabalho pudesse atender os anseios de todos, sendo concebido de modo estruturado e mitigando os riscos relacionados a sua utilização sem o devido planejamento"(20). Por fim, foram identificados resultados positivos tanto para o Tribunal, quanto para os trabalhadores, que revelaram o potencial promissor da adoção do teletrabalho de forma estruturada pelos Tribunais(21).

Cita-se, ainda, a experiência do Tribunal de Justiça do Amapá no qual se verificou por meio de um estudo empírico um alto coeficiente no nível de satisfação entre teletrabalho e qualidade de vida entre os servidores(22). Assim como as experiências do Tribunal de Justiça de Santa Catarina e do Tribunal de Justiça do Amazonas, nos quais se verificou empiricamente um aumento da qualidade de vida dos teletrabalhadores e impactos positivos para os respectivos órgãos(23).

---

(18) GUERRA, M. H. T. da S. *et al. Op. cit.*, p. 10, nota 17.

(19) GUERRA, M. H. T. da S. *et al. Op. cit.*, p. 10, nota 17, p. 108.

(20) *Ibidem*, p. 104.

(21) *Ibidem*, p. 109.

(22) PEREIRA, L. J.; OLIVEIRA, A. C.; SILVA, L. P. da; MENDONÇA, C. M. C. de. Teletrabalho e qualidade de vida: estudo de caso do Poder Judiciário em um estado do norte do Brasil. *Revista Gestão e Desenvolvimento*, v. 8, n.1, jan./abr. 2021, p. 222-245.

(23) LIMA, M. S. B. *O teletrabalho no Poder Judiciário brasileiro:* Ganhos para tribunais e sociedade? As experiências de Santa Catarina e Amazonas. Dissertação apresentada à Escola Brasileira de Administração Pública e de Empresas. Fundação Getúlio Vargas. Rio de Janeiro. 2018

Contudo, a implementação estruturada do teletrabalho no âmbito do Poder Judiciário, como se demonstrou no caso do TRT 8, não se apresenta na maioria dos órgãos do Judiciário nacional. De modo que o teletrabalho, antes da decretação da pandemia de Covid-19, vinha apresentando grandes desafios por parte da administração e dos servidores, que refletiam na baixa adesão à referida modalidade de trabalho

2.1. Principais aspectos formais do teletrabalho no Poder Judiciário: análise da Resolução n. 227/2016 do CNJ

O teletrabalho, no âmbito do Poder Judiciário é definido como a "modalidade de trabalho realizada de forma remota, com a utilização de recursos tecnológicos"(24).

A incorporação da referida modalidade de trabalho no Poder Judiciário e sua respectiva regulamentação se pautou no princípio da eficiência(25), na necessidade de aprimoramento da gestão de pessoas, no avanço tecnológico e na implantação do PJE, nas vantagens e benefícios diretos e indiretos para o Poder Judiciário como administração, para os servidores e para a sociedade, na Lei n. 12.551/2011 que equiparou os efeitos jurídicos da subordinação exercida por meios telemáticos e informatizados à exercida por meios pessoais e diretos(26).

A adoção do regime de teletrabalho no âmbito do Poder Judiciário é facultativa, restrita às atividades em que seja possível a mensuração por metas de desempenho ou resultado e a critério da administração(27).

A realização do teletrabalho, portanto, não é um direito ou dever do servidor, mas faculdade conferida a critério de cada órgão do Poder Judiciário(28) segundo diretrizes e condições estabelecidas em resoluções nacionais ou internas de cada órgão. Há autorização expressa para a realização do teletrabalho pelos servidores do Poder Judiciário no exterior, condicionado ao interesse da administração(29).

A indicação de servidores para o teletrabalho é feita pelos gestores de cada unidade em observância ao perfil e competências de cada um para o desempenho dessa modalidade de trabalho(30).

As atividades prioritárias ao desempenho de atribuições no regime de teletrabalho são as que "demandem maior esforço individual e menor interação com outros servidores,

(24) BRASIL. CONSELHO NACIONAL DE JUSTIÇA. *Op. cit.*, p. 10, nota 19.

(25) BRASIL. *Constituição da República Federativa do Brasil de 1988*. Disponível em: <https://www.planalto.gov.br/ccivil_03/constituicao/constituicao.htm>. Acesso em: 1º abr. 2021.

(26) BRASIL. CONSELHO NACIONAL DE JUSTIÇA. p. 10, nota 19.

(27) *Idem*.

(28) *Idem*.

(29) *Idem*.

(30) *Idem*.

tais como: elaboração de minutas de decisões, de pareceres e de relatórios, entre outras"[31].

Todo o processo de indicação, verificação de competências e habilidades, apresentação de plano formal de trabalho e a estipulação de metas de desempenho no âmbito da unidade depende de aprovação prévia da Presidência de cada órgão[32].

Cumpre salientar que a estipulação de metas de desempenho superiores aos servidores que estejam em regime de teletrabalho em relação à dos demais que exerçam as mesmas atividades nas dependências do órgão, nos termos da Resolução n. 227/2016 do CNJ, é objeto de crítica na literatura sobre o tema por implicar tratamento desigual entre os servidores públicos[33].

Dentre as condições para a realização do teletrabalho no Poder Judiciário, destacam-se as seguintes vedações aos servidores que: i) estejam no primeiro ano do estágio probatório; ii) apresentem contraindicação por motivo de saúde, constatadas em perícia médica; iii) tenham sofrido penalidade disciplinar nos dois anos anteriores à indicação[34]. Por outro lado, terão prioridade para a realização do teletrabalho os servidores: i) com deficiência; ii) que tenham filhos, cônjuge ou dependentes com deficiência; iii) gestantes e lactantes; iv) que demonstrem comprometimento e habilidades de autogerenciamento do tempo e de organização; v) estejam gozando de licença para acompanhamento do cônjuge[35].

Os objetivos do teletrabalho no âmbito do Poder Judiciário foram elencados no art. 4º da Resolução n. 227/2016 do CNJ, quais sejam: i) o aumento da produtividade e da qualidade de trabalho dos servidores; ii) a promoção de mecanismos para atração, motivação e comprometimento dos(as) servidores(as) com os objetivos da instituição; iii) a economia de tempo e redução de custo de deslocamento até o local de trabalho pelos servidores; iv) a melhoria de programas socioambientais por parte da administração; v) a inclusão no trabalho de pessoas com dificuldade de deslocamento; vi) o aumento da qualidade de vida dos servidores; vii) a promoção da cultura orientada a resultados, o foco no incremento da eficiência e da efetividade dos serviços prestados à sociedade; viii) o respeito a diversidade das pessoas que atuam no Judiciário; ix) a concepção e implementação de mecanismos de avaliação e alocação de recursos da administração considerando a multiplicidade das tarefas, de produção e condições de trabalho[36].

---

(31) BRASIL. CONSELHO NACIONAL DE JUSTIÇA. p. 10, nota 19.

(32) *Idem.*

(33) CHRISTOFOLI, D. P.; FINCATO, D. P. O teletrabalho na Justiça do Trabalho da 4ª Região e o princípio da sustentabilidade. *Revista Brasileira de Direitos Fundamentais & Justiça*, v. 10, n. 34, p. 269–293, 2016.

(34) BRASIL. CONSELHO NACIONAL DE JUSTIÇA. p. 10, nota 19.

(35) *Idem.*

(36) *Idem.*

O quantitativo de servidores em teletrabalho e as atribuições que poderão ser desenvolvidas nessa modalidade de trabalho serão aprovados por cada órgão do Judiciário, facultando-se o revezamento entre as pessoas interessadas em atuar na referida modalidade de trabalho — permitindo o funcionamento pleno dos setores de trabalho(37).

Não há previsão de pagamento de horas extras, de benefício de auxílio transporte, de adoção de banco de horas, de fornecimento ou pagamento de ajuda de custa para aquisição de bens para estrutura física, mobiliário, equipamentos e serviços para a prestação do teletrabalho(38).

Por outro lado, o cumprimento das metas deverá ser equivalente à jornada de trabalho regulamentar, de modo a não "obstruir o convívio social e laboral, a cooperação, a integração e a participação do servidor em regime de teletrabalho, incluída a pessoa com deficiência, nem embaraçar o direito ao tempo livre"(39).

A vivência da cultura organizacional, a capacitação e o aperfeiçoamento mediante o comparecimento à unidade são recomendados aos servidores em teletrabalho integral dos órgãos do Poder Judiciário(40). Tal recomendação visa minimizar efeitos negativos do teletrabalho para os servidores, como o isolamento social, a sensação de não pertencimento ao órgão e invisibilidade — o que pode levar a riscos psicossociais e dificuldades de promoção ou mobilidade na carreira(41).

Salienta-se, ainda, a previsão de acompanhamento e capacitação de gestores e servidores envolvidos no teletrabalho por Comissão de Gestão de Teletrabalho instituída em cada órgão do Judiciário(42). Tal situação corrobora para a melhoria do meio ambiente do trabalho no teletrabalho, em consonância com a saúde e segurança do meio ambiente do trabalho em cada órgão do judiciário(43).

Em recente alteração(44) regulamentou-se, em âmbito nacional, a criação da Equipe de Trabalho Remoto, "mediante a constituição de grupos de trabalho ou forças tarefas especializadas para o desenvolvimento de teses jurídicas, soluções teóricas, pesquisas empíricas e estudos de questões complexas".

---

(37) *Idem.*

(38) BRASIL. CONSELHO NACIONAL DE JUSTIÇA. p. 10, nota 19.

(39) *Idem.*

(40) *Idem.*

(41) FILARDI, F.; CASTRO, R. M. P. DE; ZANINI, M. T. F. Vantagens e desvantagens do teletrabalho na administração pública: análise das experiências do Serpro e da Receita Federal. *Cadernos EBAPE.BR*, v. 18, n. 1, p. 28-46, 2020.

(42) BRASIL. CONSELHO NACIONAL DE JUSTIÇA. p. 10, nota 19.13.

(43) GUERRA, M. H. T. DA S. *et al. Op. cit.*, p. 10, nota 17.

(44) BRASIL. CONSELHO NACIONAL DE JUSTIÇA. *Resolução n. 375, de 03 de março de 2021*. Disponível em: <https://atos.cnj.jus.br/atos/detalhar/3761>. Acesso em: 19 mar. 2022.

Segundo Fonseca e Silva[45] a criação de Equipes de Trabalho Remoto alinha-se à visão sistêmica do desenvolvimento tecnológico decorrente da 4ª Revolução Industrial que impacta de forma rápida, ampla, profunda as relações de trabalho gerando transformações que demandem o esforço conjunto dos *stakeholders* (governos, empresas, universidades e sociedade civil) no estudo, na pesquisa e na compreensão dessas transformações também no sistema de justiça, os seus impactos e desafios.

O desligamento do regime de teletrabalho pelo servidor pode ocorrer a qualquer momento, mediante solicitação pessoal ou cancelamento justificado do gestor da unidade[46]. Ao passo que a suspensão do teletrabalho, temporária ou definitiva, decorrerá de descumprimentos dos deveres dos servidores previstos no art. 9ª, da Resolução n. 227/2016 do CNJ, como: não cumprimento da meta de desempenho, não preservação do sigilo dos dados acessados de forma remota, deixar de apresentar os resultados dos trabalhos desenvolvidos, entre outros.

A partir da regulamentação nacional do teletrabalho pelo CNJ[47], diversos tribunais do país passaram a regulamentar no âmbito da instituição os aspectos internos de incorporação e formalização da referida modalidade de trabalho com foco na estruturação do teletrabalho.

Contudo, com a pandemia de Covid-19, as regulamentações supracitadas foram substituídas por medidas de natureza emergencial, com vistas à adoção do teletrabalho como medida emergencial de solução para a crise sanitária instaurada — como se verá no tópico seguinte.

2.2. Teletrabalho no Poder Judiciário e a pandemia de Covid-19

Com a decretação da pandemia em 11.3.2020 pela Organização Mundial de Saúde[48] e a recomendação de medidas de distanciamento social para contenção da disseminação do vírus Sars-CoV-2 e prevenção da contaminação pela doença Covid-19, a implantação do teletrabalho pelo Poder Judiciário passou a ser obrigatória e massiva para todos os órgãos em âmbito nacional.

---

(45) FONSECA, M.H.; SILVA, A. P. R. e. Teletrabalho: inovações na Resolução n. 227/2016 do Conselho Nacional de Justiça e desafios na implantação no âmbito do Poder Judiciário brasileiro. In: *Acesso à justiça:* política judiciária, gestão e administração da justiça II [Recurso eletrônico *on-line*. CONPEDI, 2021, p. 33 Disponível em: <http://site.conpedi.org.br/publicacoes/276gsltp/0k44c2my/q8E0U465uC8oS65f.pdf>. Acesso em: 19 mar. 2022.

(46) BRASIL. CONSELHO NACIONAL DE JUSTIÇA. p. 10, nota 19.

(47) *Idem*.

(48) OPAS BRASIL. *OMS afirma que Covid-19 é agora caracterizada como pandemia.* 11 mar. 2020. Disponível em: <https://www.paho.org/pt/news/11-3-2020-who-characterizes-covid-19-pandemic>. Acesso em: 16 mar. 2022.

O teletrabalho, então, retomou o papel de modalidade de trabalho resolutivo de crise, como ocorreu na década de 1970, quando se apresentou como medida de economia, redução de custos e continuidade da prestação de serviços ante a crise energética(49).

Na crise sanitária de Covid-19 no âmbito do Poder Judiciário, o teletrabalho passou a ser denominado "Plantão Extraordinário" pelo CNJ(50), permitindo-se a realização do trabalho remoto por todos os servidores (inclusive magistrados), para a realização de audiências por videoconferências, julgamentos por meio eletrônico, com vista à continuidade da prestação dos serviços jurisdicionais e acesso à justiça(51).

Em pesquisa realizada pelo CNJ(52) sobre os impactos da pandemia nos processos de trabalhos dos tribunais, fora constatado que antes da decretação da pandemia, apenas 5% dos integrantes do Poder Judiciário atuavam em teletrabalho. Ao passo que após a pandemia 79% dos servidores respondentes passaram a atuar em trabalho remoto, somando-se 84% da força de trabalho do Poder Judiciário.

O CNJ(53) observou uma adaptação pelos tribunais aos impactos da pandemia de Covid-19, assim como a suficiência dos atos normativos e regulamentares do Poder Judiciário no respectivo período.

Contudo, foram sugeridas medidas pelos tribunais quanto no tocante à estruturação do teletrabalho, como o aperfeiçoamento e a compatibilização de normativas voltadas às atividades de teletrabalho e trabalho remoto, a revisão de normativas em que se percebe inviabilidade de cumprimento em razão da pandemia, auxílios financeiros e de equipamentos para a área da Tecnologia da Informação, dentre outras(54).

Soma-se a isso a constatação pelos tribunais do país acerca da redução dos custos com infraestrutura e equipamentos, a redução do consumo de papéis, energia elétrica, água e demais bens e serviços disponibilizados(55), em consonância com a política de contribuição para a melhoria de programas socioambientais por parte do Judiciário

---

(49) SIERRA BENÍTEZ, E. M. *El contenido de la relación laboral em el teletrabajo*, 2011. p. 29.

(50) BRASIL. CONSELHO NACIONAL DE JUSTIÇA. *Resolução n. 397, de 1º de junho de 2021*. Disponível em: <https://atos.cnj.jus.br/files/compilado1557382021061160c387f295bb5.pdf>. Acesso em: 19 mar. 2022.

(51) LIMA, A. S.; RAMOS NETO, N. P. Gestão Judicial da Pandemia Covid-19: O trabalho remoto como regra de funcionamento do Poder Judiciário. *Revista de Política Judiciária, Gestão e Administração da Justiça*. Encontro Virtual. V. 6, n. 2, jul./dez. 2020, p. 22-40.

(52) BRASIL. CONSELHO NACIONAL DE JUSTIÇA. *Avaliação dos impactos da pandemia causada pela covid-19 nos processos de trabalho dos tribunais*. Brasília: CNJ, 2020. Disponível em: <https://www.cnj.jus.br/wp-content/uploads/2020/08/Impactos-Covid_V3_19082020.pdf>. Acesso em: 4 abr. 2021.

(53) *Idem*.

(54) *Idem*.

(55) LIMA, A. S.; RAMOS NETO, N. P. Gestão Judicial da Pandemia COVID-19: O trabalho remoto como regra de funcionamento do Poder Judiciário. *Revista de Política Judiciária, Gestão e Administração da Justiça*. Encontro Virtual. V. 6, n. 2, jul./dez. 2020, p. 22-40.

nacional e incorporação do teletrabalho[56]. Tema bastante ventilado no noticiário administrativo dos tribunais, por exemplo na Agência do CNJ de notícias mediante simples busca ao banco de dados com a palavra-chave "teletrabalho".

Na percepção dos servidores, a adoção massiva e obrigatória do teletrabalho não foi positiva, principalmente no período inicial de adaptação[57]. Para Pandini e Pereira[58], o equilíbrio entre o trabalho e a vida pessoal e familiar se apresentou como o maior desafio no teletrabalho, associado ao isolamento social.

A necessidade de readequação das estruturas físicas nos espaços residenciais para a implementação do posto de trabalho, a conciliação de papéis no âmbito das residências — precipuamente por pessoas que exercem responsabilidade de cuidados de crianças, idosos, pessoas doentes, pessoas com deficiência —, o distanciamento social e familiar, a delimitação das fronteiras entre o tempo de trabalho e do tempo livre, assim como na comunicação virtual, entre outros, representam desafios para os servidores públicos no teletrabalho.

Contudo, pesquisas empíricas realizadas no respectivo período em órgãos do Poder Judiciário concluíram que superado o período de adaptação, a percepção dos servidores quanto ao teletrabalho foi evidenciada pelos aspectos positivos em detrimento dos negativos[59].

A flexibilidade, o aumento da produtividade, o maior convívio familiar, a redução de tempo com deslocamento, a redução do estresse, o aumento do tempo livre, a autonomia na organização da rotina e trabalho, a economia com alimentação, vestuário e transporte, a otimização do tempo foram alguns dos aspectos positivos evidenciados pelos servidores, que denotam a melhoria da qualidade de vida a partir da realização do teletrabalho[60].

Diante do arrefecimento da pandemia de Covid-19 e a relativização de medidas de distanciamento social pelas unidades da federação e municípios, o CNJ estabeleceu medidas para retomada dos serviços presenciais no âmbito do Poder Judiciário.

A partir da experiência dos tribunais no teletrabalho massivo e obrigatório por parte de seus servidores, foram verificadas oportunidades e desafios que têm ocasionado transformações regulamentares e práticas no âmbito de cada órgão.

---

(56) BRASIL. CONSELHO NACIONAL DE JUSTIÇA, p. 10, nota 19.

(57) BACCILI, S.; CRUZ, N. J. T. da. Virtualização do trabalho durante a Pandemia do COVID-19: avaliação da experiência dos servidores de uma Instituição Federal de Ensino Superior. *Navus*, Florianópolis, v. 11, jan./dez. 2021, p. 1-15.

(58) PANDINI, L. S.; PEREIRA, E. S. O teletrabalho no contexto de pandemia de COVID-19: A percepção de servidores públicos do judiciário brasileiro e MPU. *Caderno de Administração*, v. 28, jul./dez. 2020, p. 55.

(59) BACCILI, S.; CRUZ, N. J. T. *Op. cit.*, nota 59.

(60) SANTOS, A. L. T. DOS; REIS, A. DA C. O Serviço Público e o Teletrabalho na Administração Pública Federal Brasileira em Tempos de Covid-19. *Revista FSA*, v. 18, n. 3, p. 29-48, 2021.

Fonseca e Silva(61) citam as alterações ocorridas na Resolução n. 227/2016 do CNJ, notadamente a revogação de artigos que vedavam a realização do trabalho remoto para pessoas que exerciam cargo de gestão e chefia, a possibilidade do teletrabalho parcial e a criação de equipes de trabalho remoto.

No tópico seguinte, serão analisadas as perspectivas do teletrabalho para o futuro no âmbito do Poder Judiciário, notadamente no contexto pós-pandemia de Covid-19.

3. Perspectivas de teletrabalho no serviço público, especificamente no poder judiciário

O teletrabalho emergencial no serviço público, inclusive no Poder Judiciário, ocasionou desafios e oportunidades para os órgãos jurisdicionais, para os servidores e para a sociedade em geral.

A partir disso, as instituições públicas têm implementado medidas normativas e práticas para estruturação do teletrabalho, de modo a reduzir os riscos e potencializar os ganhos, mantendo-se a possibilidade do teletrabalho integral e parcial concomitantemente ao presencial.

Verifica-se, portanto, uma tendência ao trabalho híbrido no âmbito da administração pública, dada a irreversibilidade dos benefícios do trabalho remoto, como a flexibilidade(62).

No âmbito do Poder Judiciário, a manutenção e a ampliação do uso das tecnologias de informação e comunicação com fulcro na modernização e desburocratização, possivelmente incrementará o teletrabalho integral e o parcial (híbrido). Notadamente ante aos impactos positivos do teletrabalho verificado pelo CNJ para os tribunais do país e para a sociedade.

Soma-se a isso o Programa da Justiça 4.0 apresentada pelo ministro Luiz Fux, no seu projeto de gestão para o biênio 2020/2022, denominado "5 Eixos da Justiça"(63). A maior inovação advinda do citado programa consiste na implantação do "Juízo 100% Digital" com foco na eficiência, na celeridade, na produtividade, na transparência, na economicidade, na governança, na modernização do Judiciário, na inovação tecnológica e acesso à justiça digital — que se valerá, dentre outros fatores, do trabalho remoto (de magistrados e servidores) para a sua viabilização e efetivação.

(61) FONSECA, M. H.; SILVA, A. P. R. e. *Op. cit.*, p. 15, nota 47.

(62) *Idem.*

(63) BRASIL. CONSELHO NACIONAL DE JUSTIÇA. *5 Eixos da Justiça* — Projeto da Gestão do Ministro Luiz Fux. 22 set. 2020. Gestão 2020/2022. Disponível em: <https://www.cnj.jus.br/wp- content/uploads/2020/09/5-Eixos-da-Justi%C3%A7a-Ministro-Luiz-Fux-22.09.2020.pdf>. Acesso em: 2 abr. 2021.

Antunes e Fischer[(64)] destacam algumas áreas-chave de enfrentamento e resolução para os desafios do teletrabalho a serem enfrentados pelo CNJ concernentes a privacidade; segurança e saúde organizacional (equipamentos, estresse e saúde mental); compensação de custos para o desenvolvimento do teletrabalho ou auxílio/ajuda de custo para aquisição de bens e serviços; capacitação completa das pessoas que atuam ou estão envolvidas com o trabalho remoto; acidente de trabalho e questões formais relacionadas ao tema; vistoria dos locais de trabalho para verificação do atendimento às normas de saúde, segurança e proteção no ambiente de trabalho.

A questão da elevação da produtividade de servidores em teletrabalho em relação aos que desempenham as mesmas atividades nas dependências dos órgãos é fator que merece revisão por parte do Judiciário nacional por instituir situação de desigualdade[(65)]. Não apenas, mas, também o aumento da carga e da jornada de trabalho, que pode interferir no tempo livre de servidores e na tentativa de equilíbrio entre trabalho, família e vida pessoal.

Na Resolução n. 227/2016 do CNJ há previsão de que o teletrabalho não deverá "obstruir o convívio social e laboral", tampouco "embaraçar o direito ao tempo livre". Sem, contudo, apontar medidas para a sua efetivação, notadamente ante a contradição expressa de obrigatoriedade de produtividade superior.

Fonseca e Silva[(66)] salientam que o enfrentamento dos temas supracitados é imprescindível para o cumprimento do objetivo de conciliação da vida profissional com a pessoal e familiar, de melhoria da qualidade de vida dos servidores e de garantia ao direito à desconexão do trabalho.

Destaca-se, ainda, a relevância da implementação de projetos de regulamentação e estruturação do teletrabalho à semelhança do que ocorreu no TCU e no TRT 8 — citados anteriormente —, mediante estudos aprofundados por equipe interdisciplinar, realização de pesquisas internas para verificação de pontos positivos e negativos da adoção do teletrabalho, a fim de pautar ações práticas efetivas alinhadas ao trabalho decente, seguro e sadio no âmbito da administração pública e do Poder Judiciário.

4. Conclusões

Com a incorporação das tecnologias de informação e comunicação no âmbito da administração pública, alinhada à noção de eficiência, produtividade, modernização, inovação e desburocratização do serviço público, o teletrabalho vem sendo incorporado às práticas institucionais dos órgãos públicos do país.

(64) ANTUNES, E. D.; FISCHER, F. M. A justiça não pode parar?! Os impactos da Covid-19 na trajetória da política de teletrabalho do Judiciário Federal. *Revista Brasileira de Saúde Ocupacional*, v. 45, p. 1-12, 2020.

(65) FONSECA, M. H.; SILVA, A. P. R. e. *Op. cit.*, p. 15, nota 47.

(66) *Idem.*

A pandemia da Covid-19 acelerou o processo de implementação do teletrabalho na administração pública, notadamente no Poder Judiciário, ante a sua obrigatoriedade com fulcro na contenção da disseminação do vírus e prevenção da saúde dos profissionais. Desafios e oportunidades foram observados tanto para a administração pública, quanto para servidores e sociedade em geral.

O incremento do teletrabalho nos órgãos públicos, seja integral ou parcial, apresenta- se como perspectiva pós-pandemia. Assim como a necessidade de estruturação, regulamentação e revisão de processos normativos, administrativos e de pessoal para a efetivação de condições decentes, seguras, sadias e protetivas no desempenho do teletrabalho. O presente estudo, portanto, contribui para a ampliação do conhecimento sobre a implementação do teletrabalho no serviço público e para a análise crítica acerca dos desafios futuros da implementação estruturada dessa modalidade de trabalho, de modo a evidenciar a melhoria do meio ambiente de trabalho de servidores públicos atrelada à modernização, eficiência e desburocratização da administração pública.

Referências

ALVES, TIAGO. Nem home *nem* Office. O futuro do Trabalho é híbrido. Como mudanças nas organizações convergem para um novo modelo de trabalho com os escritórios do futuro. São Paulo: Editora Gente, 2022.

ANTUNES, E. D.; FISCHER, F. M. A justiça não pode parar?! Os impactos da Covid-19 na trajetória da política de teletrabalho do Judiciário Federal. *Revista Brasileira de Saúde Ocupacional*, v. 45, p. 1-12, 2020.

BACCILI, S.; CRUZ, N. J. T. da. Virtualização do trabalho durante a Pandemia do Covid-19: avaliação da experiência dos servidores de uma Instituição Federal de Ensino Superior. *Navus*. Florianópolis, v. 11. jan./dez. 2021, p. 1-15.

BRASIL. CONSELHO NACIONAL DE JUSTIÇA. *Avaliação dos impactos da pandemia causada pela covid-19 nos processos de trabalho dos tribunais*. Brasília: CNJ, 2020. Disponível em: <https://www.cnj.jus.br/wp-content/uploads/2020/08/Impactos-Covid_V3_19082020.pdf>. Acesso em: 4 abr 2021.

_____. CONSELHO NACIONAL DE JUSTIÇA. *5 Eixos da Justiça* — Projeto da Gestão do Ministro Luiz Fux. 22 set. 2020. Gestão 2020/2022. Disponível em: <https://www.cnj.jus.br/wp-content/uploads/2020/09/5-Eixos-da-Justi%C3%A7a-Ministro-Luiz-Fux-22.09.2020.pdf>. Acesso em: 2 abr. 2021.

_____. CONSELHO NACIONAL DE JUSTIÇA. *Resolução n. 227, de 15 de junho de 2016*. Disponível em: <https://atos.cnj.jus.br/files/compilado13105420210303603f8ade0b8f9.pdf>. Acesso em: 1º abr. 2021.

_____. CONSELHO NACIONAL DE JUSTIÇA. *Resolução n. 313, de 19 de março de 2020*. Disponível em: <https://atos.cnj.jus.br/files/compilado162516202005065eb2e4ec55d06.pdf>. Acesso em: 19 mar 2022.

_____. CONSELHO NACIONAL DE JUSTIÇA. *Resolução n. 397, de 1º de junho de 2021.* Disponível em: <https://atos.cnj.jus.br/files/compilado1557382021061160c387f295bb5.pdf>. Acesso em: 19 mar. 2022.

_____. CONSELHO NACIONAL DE JUSTIÇA. *Resolução n. 375, de 03 de março de 2021.* Disponível emhttps://atos.cnj.jus.br/atos/detalhar/3761. Acesso em: 19 mar. 2022.

_____. CONSELHO SUPERIOR DA JUSTIÇA DO TRABALHO. *Resolução n. 109, de 29 de junho de 2012.* Disponível em: <https://hdl.handle.net/20.500.12178/25000>. Acesso em: 2 abr. 2021.

_____. CONSELHO SUPERIOR DA JUSTIÇA DO TRABALHO. *Resolução n. 151, de 29 de maio de 2015.* Disponível em: <https://hdl.handle.net/20.500.12178/63630>. Acesso em: 2 abr. 2021.

_____. TRIBUNAL SUPERIOR DO TRABALHO. *Resolução Administrativa n. 1.499, de 1º de fevereiro de 2012.* Disponível em: <https://www.tst.jus.br/documents/10157/3695914/RESOLU%C3%87%C3%83O+ADMINISTRATIVA+N%C2%BA%201499+-+TST+-+DJe+3-2-2012?version=1.0>. Acesso em: 18 mar. 2022.

CHRISTOFOLI, D. P.; FINCATO, D. P. O teletrabalho na Justiça do Trabalho da 4ª Região e o princípio da sustentabilidade. *Revista Brasileira de Direitos Fundamentais & Justiça*, v. 10, n. 34, p. 269-293, 2016.

CORREIO BRASILIENSE. *Auditor do TCU pode ser demitido por descumprir metas de teletrabalho na pandemia.* 28 mar 2021. Disponível em: <https://blogs.correiobraziliense.com.br/cbpoder/auditor-do-tcu-pode-ser-demitido-por-descumprir-metas-de-teletrabalho-na-pandemia/>. Acesso em: 10 nov. 2021.

FILARDI, F.; CASTRO, R. M. P. DE; ZANINI, M. T. F. Vantagens e desvantagens do teletrabalho na administração pública: análise das experiências do Serpro e da Receita Federal. *Cadernos EBAPE.BR*, v. 18, n. 1, p. 28-46, 2020.

FONSECA, M. H.; SILVA, A. P. R. e. Teletrabalho: inovações na Resolução n. 227/2016 do Conselho Nacional de Justiça e desafios na implantação no âmbito do Poder Judiciário brasileiro. In. *Acesso à justiça: política judiciária, gestão e administração da justiça II* [Recurso eletrônico *on-line*], CONPEDI, 2021, p. 26-42. Disponível em: <http://site.conpedi.org.br/publicacoes/276gsltp/0k44c2my/q8E0U465uC8oS65f.pdf>. Acesso em: 19 mar. 2022.

GLOBO. Home Office *no Serviço Público gerou economia de 1 bilhão em cinco meses, diz governo federal.* 25 set. 2020. Disponível em: <https://g1.globo.com/economia/noticia/2020/09/25/home-office-no-servico-publico-gerou-economia-de-r-1-bilhao-em-5-meses-diz-governo.ghtml>. Acesso em: 12 out. 2021.

GUERRA, M. H. T. da S. *et al.* Teletrabalho Estruturado na Administração Pública:: A Experiência do Tribunal Regional do Trabalho da 8ª Região. *Revista de Administração, Sociedade e Inovação*, v. 6, n. 3, p. 98-116, 2020.

LIMA, A. S.; RAMOS NETO, N. P. Gestão Judicial da Pandemia Covid-19: O trabalho remoto como regra de funcionamento do Poder Judiciário. *Revista de Política Judiciária, Gestão e Administração da Justiça*, Encontro Virtual. V. 6, n. 2, jul./dez. 2020, p. 22-40.

LIMA, M. S. B. *O teletrabalho no Poder Judiciário Brasileiro: Ganhos para tribunais e sociedade?* As experiências de Santa Catarina e Amazonas. Dissertação apresentada à Escola Brasileira de Administração Pública e de Empresas. Rio de Janeiro: Fundação Getúlio Vargas, 2018.

MPF/DF aprova teletrabalho no Tribunal de Contas da União. PROCURADORIA-GERAL DA REPÚBLICA. 13 de maio de 2012. Disponível em: <https://pgr.jusbrasil.com.br/noticias/147672038/mpf-df-aprova-teletrabalho-no-tribunal-de-contas-da-uniao>. Acesso em: 12 nov. 2021.

Novas Regras de Teletrabalho na Administração Pública Federal. GOVERNO FEDERAL. Julho de 2020. Disponível em: <https://www.gov.br/servidor/pt-br/assuntos/programa-de-gestao/arquivos/apresentacao-teletrabalho.pdf>. Acesso em: 12 out. 2021.

OPAS BRASIL. *OMS afirma que Covid-19 é agora caracterizada como pandemia.* 11 mar. 2020. Disponível em: <https://www.paho.org/pt/news/11-3-2020-who-characterizes-covid-19-pandemic>. Acesso em: 16 mar. 2022.

PANDINI, L. S.; PEREIRA, E. S. O teletrabalho no contexto de pandemia de Covid-19: A percepção de servidores públicos do judiciário brasileiro e MPU. *Caderno de Administração*, v. 28, jul./dez. 2020, p. 55.

PEREIRA, L. J.; OLIVEIRA, A. C.; SILVA, L. P. da; MENDONÇA, C. M. C. de. Teletrabalho e qualidade de vida: estudo de caso do Poder Judiciário em um estado do norte do Brasil. *Revista Gestão e Desenvolvimento*, v. 8, n. 1, jan./abr. 2021, p. 222-245. Disponível em: <https://doi.org/10.25112/rgd.v18i1.2283>.

PEREIRA, Á. C. *Subjetividade e Teletrabalho no Âmbito do Poder Judiciário.* Universidade Tecnológica Federal do Paraná. Programa de Pós-Graduação em Tecnologia e Sociedade, 2020.

Programa de Gestão de Demandas. GOVERNO FEDERAL. 16 de março de 2018. Disponível em: <https://www.gov.br/cgu/pt-br/acesso-a-informacao/governanca/programa-de- gestao-de-demandas>. Acesso em: 12 out. 2021.

ROCHA, C. T. M. DA; AMADOR, F. S. O teletrabalho: conceituação e questões para análise. *Cadernos EBAPE.BR*, v. 16, n. 1, p. 152-162, 2018.

SERPRO. Conselho Fiscal. *Ata da 4ª Reunião Ordinária de 30 de abril de 2020.* Disponível em: <https://www.transparencia.serpro.gov.br/acesso-a-informacao/atas-de-reuniao/atas-2020/cf-ata-reuniao_ordinaria-30-04-2020-final.pdf>. Acesso em: 10 out. 2021.

SERPRO. *Benefícios do Teletrabalho para o aprimoramento dos processos das áreas.* Disponível em: <http://intra.serpro.gov.br/tema/artigos-opinioes/beneficios-do-teletrabalho-para-o-aprimoramento-dos-processos-das-areas>. Acesso em: 10 out. 2021.

SERPRO. *SERPRO terá cerca de 140 trabalhadores.* 25 out. 2012. Disponível em: <https://www.serpro.gov.br/menu/noticias/noticias-antigas/serpro-tera-cerca-de-140-teletrabalhadores>. Acesso em: 10 out. 2021.

SIERRA BENÍTEZ, E. M. *El contenido de la relación laboral en el teletrabajo.* 2011.

Teletrabalho no setor público: a experiência da CGU, com Priscila Diniz. *CFA PLAY.* 19 fev. 2020. Disponível em: <https://www.youtube.com/watch?v=Bkn7fQfPkdg>. Acesso em: 10 out. 2021.

O Teletrabalho e os Trabalhadores Idosos e/ou com Deficiência. Ferramenta de Inclusão ou Exclusão?

Paula Bueno Ravena

Introdução

O Direito é uma ciência social que tem como objetivo regular as relações humanas, viabilizando a convivência harmônica e pacífica em sociedade. É, em simples palavras, uma ciência que busca: (1) identificar focos de conflitos e injustiças, (2) criar normas que evitem ou que regularizem situações inadequadas e garantam a paz social e, ao fim, (3) garantir o cumprimento de referidas normas.

Assim, é importante observar o papel do operador do direito. Em um primeiro momento, ao exercer uma função preventiva, este deve atentar-se às dinâmicas sociais e à possibilidade de surgimento de situações que demandem correção. Nem sempre — ou melhor, dificilmente — é possível prever os reflexos futuros de situações fáticas quase inexistentes. Por isso, a atuação preventiva também é essencial na fase em que se identifica, ainda em pequena escala, condutas contrárias ao norte tecido pela base do ordenamento jurídico.

Caso as inadequações não se solucionem naturalmente (por um processo de autoconscientização, pela extinção das relações ou pela autotutela, por exemplo), é necessária a atuação jurídica com um viés repressivo (segundo momento), normatizando as situações indesejadas e adotando as sanções legais adequadas aptas a corrigi-las (observando-se, evidentemente, os critérios da proporcionalidade e da razoabilidade).

É nesse contexto que o instituto do teletrabalho deve ser analisado.

Será que essa nova dinâmica social garante melhores condições de vida a todos os trabalhadores, facilitando a plena fruição de direito social garantido pelo art. 6º da Constituição Federal, ou caracteriza-se como um meio de discriminação, isolamento e redução de custos para o empregador? Os trabalhadores idosos e os trabalhadores com deficiência são favorecidos ou prejudicados pela sistemática do teletrabalho?

Essas são as perguntas que se pretende responder ao final.

1. Função social do direito do trabalho — Histórico e origens

O Direito do Trabalho surgiu desprendido das bases clássicas delineadas pela primeira dimensão de direitos humanos, pautadas pelos ideais liberais. Não por outro motivo, apesar de ter nascido vinculado ao direito civil, em pouco tempo tornou-se uma ciência autônoma e influenciou toda a ordem jurídica mundial.

Passemos, brevemente, a entender esse contexto.

Os abusos cometidos pelos Estados absolutistas — que agiam com total desrespeito aos direitos individuais, especialmente, a propriedade, a liberdade e a igualdade — levaram ao declínio dessa forma de governo, com a surgimento do Estado Liberal. O novo modelo de governo (produto de revoluções não pacíficas) foi direcionado pelos anseios sociais por liberdade.

O Direito Civil surgiu nesse contexto histórico e, por esse motivo, teve como norte orientativo a proteção da liberdade pessoal individual em face do Estado. Contudo, não se pode olvidar que, apesar de tratar-se de direito de segunda dimensão, o direito à igualdade também possui posição de destaque na ciência civilista. Em um primeiro momento, parecia suficiente a interpretação do direito à igualdade em seu aspecto formal: positivação do reconhecimento e sua aplicação *erga omnes*. Ocorre que o crescimento da desigualdade social exigiu uma evolução interpretativa do conceito.

O sistema capitalista — movido pelas bases do liberalismo — criou um modelo de exploração "do homem pelo homem", por meio do qual os detentores de capital e dos meios de produção passaram a alocar "força de trabalho humano" para o exercício da atividade empresarial organizada (CC, art. 960)[(1)]. A busca pela redução de custos e pelo aumento da competitividade trouxe como consequência a precarização das relações de trabalho com exigência de jornadas extenuantes, pagamento de remunerações irrisórias, inserção de crianças no mercado de trabalho, existência de condições inseguras etc.

Não por outro motivo, a necessidade de um outro olhar — mais protetivo em relação ao trabalhador hipossuficiente — passou a ser notada, dando ensejo a diversos fatos históricos e instrumentos importantes, a exemplo: (1) da edição da Encíclica

(1) Considera-se empresário quem exerce profissionalmente atividade econômica organizada para a produção ou a circulação de bens ou de serviços.

Rerum Novarum, pela Igreja Católica, em 1891 (Papa Leão XIII); (2) da fundação da Organização Internacional do Trabalho (OIT), em 1919, por ocasião da assinatura do Tratado de Versalhes, responsável pela celebração da paz após a Primeira Guerra Mundial e (3) da inclusão de direitos sociais e trabalhistas nas Constituições Mexicana de 1917 e de Weimar (Alemanha) de 1919.

Nascia, com o Direito do Trabalho, a noção da necessidade de ressignificação do conceito de igualdade. A interpretação formal estabelecida em um momento inicial — pautada em um conceito abstencionista estatal — já não era suficiente. A desigualdade social experimentada em decorrência da condição de hipossuficiência de trabalhadores que dependiam da venda de sua força de trabalho à classe detentora do poder econômico, demandava uma atuação positiva do Estado.

Para que o direito à igualdade fosse efetivamente usufruído seria necessário buscar-se o sentido material de igualdade, o qual, conforme definição de Aristóteles, consiste em tratar os iguais, igualmente, e os desiguais, de forma desigual, na medida de sua desigualdade. Então, como reconhecer os desiguais? Qual tratamento diferenciado é justificado? Qual diferenciação é aceitável?

A resposta a essas indagações demandava, sem dúvida, uma atuação estatal positiva, posicionando-se acerca dos temas e garantindo a busca pela igualdade material.

O Direito do Trabalho tem, portanto, origem histórica decorrente da luta de classes e busca por melhores condições de vida e de trabalho pela classe desfavorecida. Tem como finalidade reconhecer a condição de hipossuficiência do trabalhador e garantir sua proteção jurídica em razão da existência de uma desigualdade fática.

O Direito do Trabalho é protetor, em sua essência!

1.1. Proteção de trabalhadores vulneráveis

Conforme tecido em linhas passadas, o Direito do Trabalho é um direito protetivo por natureza. Sua função é amparada pela ordem constitucional brasileira, ressaltando-se os princípios da dignidade da pessoa humana, da valorização do trabalho e da função social da propriedade (CF, arts. 1º, III e IV, 3º, I, III e IV, 5º, XXIII, 6º, 7º, 170, *caput*, III e VIII e 173, § 1º, I).

Em âmbito internacional, existe farto arcabouço jurídico direcionado à proteção do trabalhador, destacando-se, em especial: a Declaração Universal de Direitos Humanos (DUDH), arts. XXIII a XXV; o Pacto Internacional sobre Direitos Econômicos, Sociais e Culturais (PIDESC), arts. 6º a 8º; o Pacto de San Jose da Costa Rica, arts. 6º e 26; o Protocolo de San Salvador, arts. 6º a 8º, e as Convenções e Recomendações da OIT.

Internamente, a legislação laboral é farta e minuciosa, garantindo a devida regulação das relações de trabalho e observando seu norte diretivo: o princípio tuitivo.

Pois bem. Se a proteção do trabalhador em situação de hipossuficiência é objeto central desse ramo especializado, com muito mais razão, a proteção do trabalhador vulnerável[(2)] é tema de central importância. Por diversos motivos, alguns trabalhadores encontram-se mais expostos a situações de exploração e discriminação, cabendo ao Estado, e especialmente ao operador do direito, identificar situações de vulnerabilidade e adotar medidas para garantir a proteção daqueles.

Esse é o cenário vivenciado por trabalhadores idosos e/ou com deficiência. Considerando que, diante da dinâmica adotada pelo sistema capitalista de produção, as empresas buscam maior produtividade de seus empregados, com a finalidade de maximizar lucros e aumentar sua competitividade, trabalhadores que, ainda que potencialmente, possam apresentar um menor desempenho, acabam sendo vítimas de discriminação (inclusive pré-contratual) e exploração, sujeitando-se a condições extremamente precárias de trabalho, com a finalidade de garantir sua fonte de sustento.

Tal fato não pode ser admitido, considerando que o trabalho não é apenas o meio de sustento do trabalhador, mas também uma forma de dignificação (CF, art. 1º, III; DUDH, art. XXIII; PIDESC, art. 7º; Protocolo de San Salvador, art. 6º) e inclusão. Não por outro motivo, o item I, "a", da Declaração de Filadélfia – Relativa aos Fins e Objetivos da Organização Internacional do Trabalho — reafirma, dentre seus princípios, que "o trabalho não é uma mercadoria"[(3)].

Dessa forma, considerando que este núcleo de pesquisa (Núcleo Trabalho Além do Direito do Trabalho — NTADT) dedica seus estudos às situações de maior vulnerabilidade de trabalhadores, o objeto da presente análise possui especial importância.

2. O teletrabalho

2.1. Breves considerações

Não se pretende, por meio deste estudo, aprofundar-se sobre o instituto do teletrabalho. Esta obra é composta de diversos artigos que tratam do tema de maneira

(2) [...] trata-se do estado daquele que pode ter um ponto fraco, que pode ser "ferido" ou é vítima facilmente (MIRAGEM, 2016). *Apud* FELICIANO, Guilherme Guimarães; CAVALCANTE, Sandra Regina; ABUD, Natalia Cristina Budini; VARGAS, Daniella Aparecida Molina. "Youtubers Mirins: do Glamour Virtual aos Dilemas Reais". In: FELICIANO, Guilherme Guimarães; PASQUALETO, Olívia de Quintana Figueiredo; RIBEIRO, Claudirene Andrade. *O trabalho além do direito do trabalho:* dimensões da clandestinidade jurídico-laboral. Leme: Mizuno, 2022. p. 41.

(3) A Conferência Geral da Organização Internacional do Trabalho, reunida em Filadélfia em sua vigésima sexta sessão, adota, aos dez de maio de mil novecentos e quarenta e quatro, a presente Declaração, quanto aos fins e objetivos da Organização Internacional do Trabalho e aos princípios que devem inspirar a política dos seus Membros.

A Conferência reafirma os princípios fundamentais sobre os quais repousa a Organização, principalmente os seguintes:

O trabalho não é uma mercadoria; [...]

completa e minudente, de modo que o objetivo da pesquisa foi analisar se o teletrabalho se mostra como um meio eficaz de inclusão do trabalhador idoso e/ou com deficiência, ou, pelo contrário, é responsável pela precarização das suas condições de trabalho.

2.2. O teletrabalho e a pandemia

O teletrabalho tornou-se objeto de longas discussões jurídicas após sua inclusão expressa no texto da CLT, por meio da Lei n. 13.467/17 (arts. 75-A a 75-E). Diante da sintética normatização, diversos debates foram travados sobre o instituto com a finalidade de suprir lacunas legais capazes de gerar verdadeira insegurança jurídica.

Para fins de posicionamento pessoal, esta autora reconheceu como teletrabalho o trabalho exercido nos seguintes moldes(4):

> c) Para a conceituação do teletrabalho, devem ser observados os seguintes requisitos e premissas fáticas e jurídicas:
>
> c.1) É essencial a utilização de tecnologia de informação e comunicação, mas basta que se verifique no controle ou prestação de contas do labor do empregado, sendo desnecessário o uso na atividade em si mesma.
>
> c.2) A natureza da atividade propriamente dita, portanto, mostra-se irrelevante para a configuração do teletrabalho, o qual pode verificar-se tanto em atividade intelectual, quanto manual, indistintamente.
>
> c.3) Não pode ser o caso de trabalho externo, isto é, deve haver a possibilidade de a atividade ser executada dentro ou fora das dependências do empregador, conforme o art. 2º do Acordo Quadro Europeu sobre Teletrabalho.
>
> c.4) O trabalho fora das dependências do empregador deve ser preponderante, o que corresponde a mais de 50% da jornada mensal. Cumulativamente, o comparecimento presencial somente pode ocorrer eventualmente ou para atividades que exijam a presença física do obreiro.

Em um cenário de legislação ainda incipiente e de profunda divergência doutrinária e jurisprudencial, o teletrabalho assumiu um papel de destaque no ano de 2020, tornando-se uma ferramenta essencial de combate à pandemia de Covid-19, conferindo proteção aos trabalhadores e viabilizando a continuidade da atividade econômica. Em um curto lapso temporal o teletrabalho tornou-se regra no exercício da atividade laboral — em razão da adoção de medidas de isolamento e distanciamento social —, garantindo menor exposição dos trabalhadores aos riscos de contágio.

---

(4) FACCIOLI, Pedro Henrique Godinho; RAVENA, Paula Bueno. O trabalho à distância (teletrabalho e *home office*) em tempos de pandemia. In: SCHIAVI, Mauro (Org.). *O Direito do Trabalho em Tempos de Coronavírus*. Campinas: Lacier Editora, 2020. p. 140-141.

Como consequência da situação excepcional vivenciada, as normas jurídicas passaram a prever o teletrabalho como uma das principais ferramentas utilizadas de enfrentamento à pandemia. A Medida Provisória 927/2020 previu-o expressamente (arts. 3º, I, 4º e 5º) em consonância com as diretrizes traçadas pela Lei n. 13.979/20. Nesse sentido, lecionam os ilustres professores Janete Aparecida Deste e Fábio Luiz Pacheco[5]:

> No período inicial da pandemia, o teletrabalho foi percebido como uma das primeiras medidas a impulsionar o isolamento físico e social que se fez necessário, e, ao mesmo tempo, sem deixar que as atividades econômicas fossem paralisadas por inteiro. [...]
>
> E, em razão da urgência provocada pela alta disseminação do coronavírus, o teletrabalho, a partir do início da pandemia, ao contrário do disposto no art. 75-C da CLT, apresentou- se como medida *unilateralmente* determinada pelo empregador — o que permite a compreensão de que houve a revogação, em parte, das regras da CLT quanto ao teletrabalho, durante a vigência da MP n. 927.

O tema mostra-se objeto de atuais e profundas discussões, conforme se observa pela publicação de Medida Provisória n. 1.108/2022, convertida na Lei n. 14.442/22, a qual, por meio de seu art. 6º, alterou dispositivos da CLT, sendo relevante para os fins do presente estudo a redação dada ao art. 75-F da CLT:

> Art. 75-F. *Os empregadores deverão dar prioridade aos empregados com deficiência* e aos empregados com filhos ou criança sob guarda judicial até 4 (quatro) anos de idade na alocação em vagas para atividades que possam ser efetuadas por meio do teletrabalho ou trabalho remoto. (Grifou-se)

Referido dispositivo demanda atenção por conferir prioridade da concessão de teletrabalho ao empregado com deficiência. Seria este um meio de proteção ou de exclusão?

2.3. A função social do teletrabalho

O teletrabalho é uma realidade social e não uma construção jurídica. As novas roupagens das relações sociais, a evolução tecnológica (que viabiliza o labor em localidade diversa do estabelecimento empresarial), o trânsito caótico em grandes centros urbanos, dentre outros fatores, são fatos que fizeram com que o teletrabalho se tornasse uma opção viável — e muitas vezes benéfica — tanto ao empregado, quanto ao empregador.

No Brasil, como já tratado, a legislação mostrava-se em lento processo evolutivo (e, na verdade, ainda se mostra). Em âmbito internacional, o teletrabalho é objeto de tratamento jurídico mais detalhado, como se observa, por exemplo, pela existência do

---

(5) PACHECO, Fábio Luiz; DESTE, Janete Aparecida. *O teletrabalho na legislação brasileira e sua multidisciplinaridade*: aspectos teóricos e práticos. Leme: Mizuno, 2021. p. 97.

"Acordo Quadro Europeu sobre Teletrabalho"[(6)], da Convenção n. 177 da OIT (não ratificada pelo Brasil), da Recomendação n. 184 da OIT, do Código do Trabalho Francês[(7)] (que trata de assuntos importantes, como o direito à desconexão, por exemplo), do Código do Trabalho Português (Subsecção V)[(8)], da Diretiva da Comunidade Econômica Europeia (91/533)[(9)] e do Estatuto dos Trabalhadores da Espanha.

Ocorre que a implementação do teletrabalho no Brasil foi acelerada em razão da pandemia, razão pela qual diversos aspectos tornaram-se objeto de discussão, dentre eles, sua função social.

Não se pode negar que, se analisado sob determinado prisma, o teletrabalho oferece diversos benefícios, como, por exemplo, pela maior flexibilidade de horários, pela desnecessidade de deslocamento, e pela possibilidade de compatibilização da vida profissional com a vida familiar. Entretanto, apesar dos pontos benéficos ressaltados, essa nova modalidade demanda atenção em razão de diversos aspectos silenciosamente prejudiciais que podem culminar com verdadeiro retrocesso social, a saber: (a) o enfraquecimento da consciência de classe; (b) o isolamento social dos trabalhadores; (c) a redução de oportunidades de progressão na carreira; (d) a dificuldade de fiscalização do meio ambiente laboral; (e) a exposição a longas jornadas; (f) o prejuízo ao direito à desconexão, dentre tantos outros aspectos.

Dessa forma, para que o teletrabalho possa se revelar como uma modalidade equilibrada, deve ser capaz de garantir ao mesmo tempo o atendimento das necessidades dos trabalhadores e do cumprimento da função social da propriedade (CF, arts. 5º, XXIII; 170, III; 173, § 1º, I). Observadas referidas considerações, mostra-se relevante o objeto do presente estudo, qual seja, analisar se a contratação de trabalhadores idosos e trabalhadores com deficiência figura como um meio de inclusão ou exclusão desses trabalhadores.

3. Função antidiscriminatória do direito do trabalho

3.1. Igualdade

Como tratado em linhas passadas, o direito à igualdade representa um anseio básico em um estado democrático de direito. Representa, pois, um dos maiores ideais de justiça, perseguido pelas sociedades contemporâneas.

Não por outro motivo, o direito à igualdade e à não discriminação nas relações de trabalho encontra farto amparo na ordem jurídica interna, destacando-se as previsões

(6) "ACORDO QUADRO EUROPEU SOBRE TELETRABALHO". Disponível em: <https://www.uned.ac.cr/viplan/images/acuerdo-marco-europeo-sobre-teletrabajo.pdf>. Acesso em: 21 jun. 2020.

(7) FRANÇA. *Código do Trabalho Francês*. Disponível em: <https://www.legifrance.gouv.fr/affichCode.do;-jsessionid=844BD9841C6E3D30C2568C08AE93A0C7.tplgfr27s1?cidTexte=LEGITEXT000006072050&date-Texte=20200621>. Acesso em: 27 jun. 2020.

(8) PORTUGAL. *Código do Trabalho Português*. Disponível em: <https://dre.pt/dre/legislacao-consolidada/lei/2009-34546475>. Acesso em: 12 dez. 2022.

(9) UNIÃO EUROPEIA. *Diretiva da Comunidade Econômica Europeia*. Disponível em: https://eur- lex.europa.eu/legal-content/PT/TXT/?uri=CELEX:31991L0533>. Acesso em: 25 mar. 2022.

constantes nos arts. 5º, *caput*, I, VIII, XLI, XLII, 7º, VI, XIII, XIV, XX, XXII, XXX, XXXI, XXXII e 12, § 2º, 127, 227 da Constituição Federal; arts. 3º, parágrafo único, 5º, 373-A e 461 da Consolidação das Leis do Trabalho e a Lei n. 9.029/95. Em âmbito internacional, ressalta-se o teor da Declaração Universal dos Direitos Humanos (arts. 1º e 7º); o Pacto Internacional de Direitos Civis e Políticos (art. 26); o Pacto Internacional de Direitos Econômicos Sociais e Culturais (art. 24); o Protocolo de San Salvador (art. 3º), a Proclamação de Teerã, e as Convenções Fundamentais da Organização Internacional do Trabalho — OIT sobre o tema (100 e 111).

É nesse cenário que o direito à não discriminação encontra lugar de destaque na seara juslaboral. O direito ao trabalho corresponde a um direito fundamental, assegurado pelo art. 6º da CF e intimamente relacionado com o princípio republicano da dignidade da pessoa humana (CF, art. 1º, III).

É, também, por meio do trabalho que o ser humano se dignifica, garante seu sustento e de sua família, relaciona-se socialmente, estabelece sua identidade e se insere na sociedade. Sendo assim, negar o direito ao trabalho por meio de injustificável distinção é negar ao ser humano o direito à sua dignidade e à sua identidade.

A Convenção n. 111 da OIT, que trata do tema em matéria de emprego e ocupação(10), considera, em breve síntese, discriminação toda forma de injusta distinção, inclusão ou preferência capaz de alterar a igualdade de oportunidades ou tratamento em matéria laboral. Referido diploma, por caracterizar-se com uma *core obligation*, deve ser observado por todos os membros da OIT, independentemente de ratificação, nos termos do item "2", "d", da Declaração sobre os Princípios e Direitos Fundamentais no Trabalho, da OIT, de 1998(11).

3.2. Trabalhadores idosos

3.2.1. Conceitos, princípios e diretrizes

No Brasil, o reconhecimento da condição de pessoa idosa decorre da observância de critério objetivo e cronológico, qual seja, idade igual ou superior a 60 anos(12). Tal fato

(10) Art. 1º-1. Para os fins da presente convenção o termo "discriminação" compreende:

a) toda distinção, exclusão ou preferência fundada na raça, cor, sexo, religião, opinião política, ascendência nacional ou origem social, que tenha por efeito destruir ou alterar a igualdade de oportunidade ou de tratamento em matéria de emprego ou profissão;

b) qualquer outra distinção, exclusão ou preferência que tenha por efeito destruir ou alterar a igualdade de oportunidades ou tratamento em matéria de emprego ou profissão que poderá ser especificada pelo Membro interessado depois de consultadas as organizações representativas de empregadores e trabalhadores, quando estas existam, e outros organismos adequados.

(11) 2. Declara que todos os Membros, ainda que não tenham ratificado as convenções aludidas, têm um compromisso derivado do fato de pertencer à Organização de respeitar, promover e tornar realidade, de boa fé e de conformidade com a Constituição, os princípios relativos aos direitos fundamentais que são objeto dessas convenções, isto é: [...] d) a eliminação da discriminação em matéria de emprego e ocupação.

(12) Lei n. 10.741/03, Art. 1º É instituído o Estatuto da Pessoa Idosa, destinado a regular os direitos assegurados às pessoas com idade igual ou superior a 60 (sessenta) anos.

assegura um olhar protetivo diferenciado, exigindo do Estado, da sociedade e da família posturas aptas a garantir o bem-estar e a plenitude de uma geração que já prestou (e ainda há de prestar, se esta for a sua vontade) sua contribuição à construção de um país mais próspero.

A proteção ao idoso encontra fundamento constitucional em diversas passagens do texto da Carta Maior, destacando-se o teor do art. 230[(13)], que estabelece o dever de propiciar-lhe a possibilidade de participação na comunidade, defendendo sua dignidade e seu bem-estar. Como já tratado oportunamente, a inserção no ambiente laboral é uma das formas de se garantir a plena integração social do ser humano, prestigiando-se, em última análise, sua dignificação.

Referida proteção não decorre unicamente da condição de vulnerabilidade das pessoas idosas, mas também em respeito à contribuição social que elas prestaram a toda a sociedade, com seu esforço, com seu trabalho, com a criação de seus filhos e com sua história e sua luta. Sendo assim, os princípios da proteção integral, da prioridade absoluta, da independência, da participação, da assistência, da realização pessoal e da dignidade devem direcionar a atuação, em todos os âmbitos, das políticas a estas direcionadas.

Por essa razão, os mesmos princípios e diretrizes devem ser assegurados e observados com cautela no meio ambiente laboral, considerando que a exigência de alta produtividade pode impactar diretamente as relações de trabalho envolvendo trabalhadores idosos. O operador do direito deve estar atento para garantir a proteção necessária e a concretude do direito material ao trabalho.

3.2.2. *Legislação*

Diversos diplomas jurídicos tratam do tema da proteção do trabalhador idoso, ainda que de maneira indireta. Considerando a inviabilidade de indicar todos os dispositivos no presente estudo, busca-se pontuar algumas previsões legais relevantes e tecer breves comentários, com o intuito de enriquecer o debate.

A Constituição Federal, ao assegurar o direito constitucional ao trabalho, proíbe a diferença de salários em razão de idade[(14)] e assegura a integração ao mercado de trabalho (art. 203, I e III). A Lei n. 10.741/03, conhecida como estatuto da pessoa idosa, fixa os princípios fundamentais da proteção integral e da prioridade absoluta (arts. 2º e 3º), assegura o direito ao trabalho (art. 3º) e traça diretrizes, dentre elas: (a) proibição da discriminação; (b) previsão de incentivos; (c) garantia ao desenvolvimento profissional desses trabalhadores (arts. 26/28) e (d) criminalização de condutas discriminatórias ou aptas a acarretar prejuízo à saúde do trabalhador idoso (arts. 99 e 100).

(13) Art. 230. A família, a sociedade e o Estado têm o dever de amparar as pessoas idosas, assegurando sua participação na comunidade, defendendo sua dignidade e bem-estar e garantindo-lhes o direito à vida.

(14) Art. 7º, XXX – proibição de diferença de salários, de exercício de funções e de critério de admissão por motivo de sexo, idade, cor ou estado civil;

Na seara internacional, a Declaração de Princípios das Nações Unidas para Pessoas Idosas (Resolução n. 46/91 da Assembleia-Geral das Nações Unidas, de 16 de dezembro de 1991), declara o compromisso global de observância dos princípios da independência, participação, assistência, realização pessoal e dignidade. A Convenção Interamericana sobre a Proteção dos Direitos Humanos dos Idosos prevê, dentre outros, os direitos: (a) ao reconhecimento e pleno gozo de direitos (art. 1º); (b) à valorização, dignidade, não discriminação, integração, inclusão plena, autorrealização (art. 3) e (c) ao trabalho digno e decente em igualdade de oportunidades, livre de discriminação e em condições adequadas às suas necessidades e características (art. 18).

No âmbito da OIT, a Recomendação n. 162 trata dos "Trabalhadores de Idade" e estabelece diretrizes para garantia de não discriminação e garantia de igualdade de oportunidades, atribuindo deveres estatais aptos a assegurar o direito material, a exemplo da necessidade de promulgação de leis e promoção de programas governamentais (art. 3º, "c"), adaptação das disposições legislativas (art. 6º) e criação de uma política nacional de melhoria das condições e meio ambiente de trabalho (art. 11).

Como se observa da análise legislativa, são pilares básicos de proteção do trabalhador idoso os seguintes direitos: (a) inserção no mercado de trabalho; (b) não discriminação; (c) inclusão social da pessoa idosa. Tecidas essas ponderações, o próximo subtópico buscará refletir sobre a indagação anteriormente formulada, qual seja: será o teletrabalho, um meio de inclusão ou exclusão dos trabalhadores idosos?

3.2.3. Análise fática

Para responder o questionamento elaborado (será o teletrabalho um meio de inclusão ou exclusão do trabalhador idoso) é necessário que seja realizada uma análise casuística sobre as condições de vida e de labor do trabalhador envolvido. A esta autora, não parece existir resposta única e objetiva.

Sem dúvidas, em um contexto pandêmico, o teletrabalho teve uma função fundamental na manutenção dos vínculos de emprego, especialmente em relação aos trabalhadores vulneráveis — dentre os quais, incluem-se os trabalhadores idosos. Não por outro motivo, diversas Notas Técnicas expedidas pelo Ministério Público do Trabalho identificaram a necessidade de proteção das pessoas idosas, com a recomendação de manutenção das atividades em teletrabalho (a exemplo da Nota Técnica Conjunta 3/2020 — PGT, Coordigualdade, Codemat e Conap)[(15)].

Entretanto, em um cenário de retorno à normalidade, deve-se considerar que o trabalho da pessoa idosa não se limita à garantia de subsistência. Tem, em verdade, a função fundamental de manter a integração social desta e garantir a plenitude do gozo de seus direitos básicos.

---

(15) BRASIL. Ministério Público do Trabalho. *Nota Técnica Conjunta 03/2020*. Disponível em: <https://mpt.mp.br/pgt/noticias/nota-tecnica-03-coronavirus-coordigualdade-codemat-conap.pdf>. Acesso em: 21 abr. 2022.

Por esse motivo, eventual obrigatoriedade de alocação desses trabalhadores em teletrabalho poderá acarretar isolamento social, dificuldade de interação, inviabilidade de acesso a melhores condições de trabalho (a exemplo de promoções), dificuldade de adaptação com novas tecnologias, e, em última análise, acarretar seu adoecimento. Por outro lado, o teletrabalho também poderá compatibilizar a melhor convivência familiar, reduzir tempo e/ou dificuldade de deslocamento e ainda garantir a manutenção da renda.

Dessa forma, o que se deve analisar é a conduta empresarial, respondendo-se às seguintes perguntas: (a) a concessão do teletrabalho depende da anuência das partes ou corresponde a uma exigência empresarial? (b) o teletrabalho é ofertado a todas as classes de trabalhadores ou é direcionada apenas a trabalhadores de maior faixa etária? (c) pessoas em teletrabalho têm acesso às promoções? (d) qual a consequência da rejeição da proposta de teletrabalho pelo trabalhador? (e) em caso de impossibilidade de adaptação, trabalhadores idosos podem retornar ao trabalho presencial? (f) existe oferta de qualificação adequada para trabalhadores idosos adaptarem-se às novas tecnologias? (g) existe política empresarial adequada para exigência de cumprimento de metas por trabalhadores idosos com dificuldade de adaptação às novas tecnologias? (h) existe política de acompanhamento e apoio para pessoas idosas com dificuldade de adaptação?

As respostas a esses (e outros) questionamentos, acrescidas da análise casuística, serão capazes de demonstrar se o instituto do teletrabalho está sendo benéfico ou prejudicial para o trabalhador idoso.

3.3. Trabalhadores com deficiência

3.3.1. Conceitos, princípios e diretrizes

Pessoa com deficiência é "aquela que tem impedimento de longo prazo de natureza física, mental, intelectual ou sensorial, o qual, em interação com uma ou mais barreiras, pode obstruir sua participação plena e efetiva na sociedade em igualdade de condições com as demais pessoas"(16). Considerando o princípio da igualdade material, é dever de todos assegurar a plena integração da pessoa com deficiência à sociedade, garantindo-lhe a plena acessibilidade, observando-se o direito à não discriminação, e os princípios da prioridade e da proteção.

A proteção — em todos os sentidos — da pessoa com deficiência está intimamente relacionada com o grau de desenvolvimento de uma sociedade. Para que o ideal básico de justiça seja alcançado, é necessário que, a toda pessoa seja garantida igualdade de oportunidades — igualdade essa analisada sob a definição de Aristóteles.

Dessa forma, não se pode admitir que barreiras de quaisquer espécies(17), superáveis sob diversos aspectos (garantia de acessibilidade, utilização de desenho universal e

(16) Lei n. 13.146/2015, art. 1º.

(17) Lei n. 13.146/2015, art. 3º, IV.

de tecnologia assistiva), sejam capazes de inviabilizar o pleno desenvolvimento de todos os seres humanos.

É nessa perspectiva que os direitos da pessoa com deficiência são pautados pelos princípios do respeito pela dignidade humana, da autonomia individual, da não discriminação, da plena e efetiva participação e inclusão na sociedade, do respeito pela diferença, da igualdade de oportunidades, da acessibilidade, do respeito pelo desenvolvimento das capacidades e da preservação da identidade(18). Referidos princípios encontram posição de centralidade no cenário mundial, tendo sido positivados por tratado internacional internalizado(19) pelo ordenamento jurídico brasileiro sob o rito previsto no art. 5º, § 3º, da Constituição Federal, que lhe confere *status* de emenda constitucional.

A defesa dos direitos da pessoa com deficiência ocupa lugar de destaque na ordem jurídica e corresponde a direito humano e fundamental, cujo nobre propósito é assegurar a todos a plenitude de vida e a universalização das oportunidades de acesso a direitos em todos os aspectos da vida pessoal e profissional.

Retomando discussões já tratadas, referidas garantias são essenciais quando envolvem as relações de trabalho. Para muitos, é por meio do trabalho que o ser humano encontra seu lugar de dignificação, de identificação e de socialização. Em um contexto socioeconômico em que a busca por extrema produtividade direciona a atuação empresarial, a existência de barreiras pode dificultar o acesso (ou mesmo a manutenção) de trabalhadores com deficiência ao mercado de trabalho.

Não se pode olvidar que a função social da empresa é princípio constitucional (inclusive da ordem econômica), nos termos dos arts. 5º, XXIII, 170, III e 173, § 1º, I da Constituição Federal. Dessa forma, o rompimento de referidas barreiras – com a adoção de todas as medidas necessárias para tanto – é dever empresarial, devendo-se facilitar a livre escolha de trabalho(20) aos trabalhadores com deficiência.

3.3.2. Legislação

Assim como no tópico relativo ao trabalhador idoso, não se pretende — e nem seria viável — exaurir a legislação aplicável ao trabalhador com deficiência. Como mencionado, a centralidade do tema garantiu que a proteção tenha sido observada em diversos diplomas legais (a exemplo do art. 93 da Lei n. 8.213/91 — reserva de vagas nas empresas para trabalhadores com deficiência ou reabilitados — e do art. 5º, § 2º, o da Lei n. 8.112/1990 — reserva de vagas em concursos públicos), de modo que, a proposta para o presente é pontuar algumas normas de relevância e utilidade.

(18) Convenção sobre os Direitos da Pessoa com Deficiência de 2007.

(19) Decreto n. 6.949/2009.

(20) Declaração Universal de Direitos Humanos, art. XXIII.

A Constituição Federal, em diversas passagens, preocupa-se com a proteção da pessoa com deficiência (arts. 23, II e 24, XIV — competência; 37, VIII — reserva de vagas em concursos públicos —; 100, § 2º — preferência no pagamento de precatórios), conferindo *status* constitucional ao direito à não discriminação no trabalho (art. 7º, XXXI), à devida integração, habilitação e profissionalização (arts. 203, III e IV; 208, III; 227, II) e à adaptação adequada (arts. 227, § 2º e 244). Rememora-se que, diante da importância do tema, dois tratados internacionais foram internalizados ao ordenamento jurídico brasileiro, com *status* de emenda constitucional(21), quais sejam, a Convenção de Nova York e seu Protocolo Facultativo (Decreto n. 6.949/09) e o Tratado de Marraqueche (Decreto n. 9.522/18).

Em âmbito internacional, a Convenção n. 159 da OIT ressalta a necessidade de atuação estatal positiva na elaboração e manutenção de política nacional de reabilitação profissional e emprego para pessoas com deficiência, a qual deve ter por pilar central o princípio da igualdade de oportunidades (art. 4º). No mesmo sentido, a Recomendação n. 168 da OIT atribui ao Estado papel proativo (item 11), ao recomendar, dentre outras ações, a adoção de ajuda governamental e isenção de impostos para contratação desses trabalhadores.

Ainda analisando fontes do direito internacional, merecem destaque: (a) o art. III, "1", "a", da Convenção Interamericana para Eliminação de Todas as Formas de Discriminação contra as Pessoas Portadoras de Deficiência — Convenção de Guatemala de 1999 — que assegura o direito à plena integração da pessoa com deficiência à sociedade, recomendando medidas governamentais para eliminação de discriminação no emprego e (b) a Convenção sobre Direito das Pessoas com Deficiência de 2007, que prevê: (b.1) em seu art. 3º, os princípios centrais supramencionados; (b.2) no art. 26, o direito à habilitação e à reabilitação e (b.3) no art. 27, o direito ao trabalho e emprego em ambiente aberto, acessível e inclusivo (item 1, *caput*), com igualdade de remuneração e oportunidades (alínea "b") e possibilidade de ascensão profissional (alínea "e").

Da mesma forma, a ordem jurídica interna prevê amplo rol protetivo, cujas bases principiológicas e diretrizes encontram respaldo no estatuto da pessoa com deficiência (Lei n. 13.146/15), que trata especificamente do direito ao trabalho, à habilitação e à reabilitação (arts. 34/38) — centrados na ideia de inclusão, igualdade de oportunidades e garantia de acesso e permanência. Em complemento, destaca-se a importância da Lei n. 7.853/89, que dispõe sobre o apoio às pessoas com deficiência e sua integração social — a qual, inclusive criminaliza a negativa de acesso a trabalho à pessoa com deficiência (art. 8º, III) — e das Leis ns. 12.764/2012 e 14.126/2021 que classificam, respectivamente, o autismo e a visão monocular como deficiência, para todos os fins. Por fim, não

(21) § 3º Os tratados e convenções internacionais sobre direitos humanos que forem aprovados, em cada Casa do Congresso Nacional, em dois turnos, por três quintos dos votos dos respectivos membros, serão equivalentes às emendas constitucionais.

se pode deixar de citar as previsões constantes na CLT que estabelecem garantias de: (a) manutenção no emprego do trabalhador aprendiz deficiente (art. 428, §§ 3º e 5º); manutenção de nível remuneratório (art. 461, § 4º) e não discriminação (art. 611-B, XXII).

Como se observa, é possível verificar a amplitude de temas tratados, todos eles direcionados à garantia de inclusão, não discriminação e igualdade de oportunidades aos trabalhadores com deficiência. Dessa forma, ao prever prioridade de trabalho remoto ou teletrabalho aos trabalhadores com deficiência, o art. 75-E tem a função de assegurar verdadeiro avanço ao direito desses trabalhadores, jamais um retrocesso.

3.3.3. Análise fática

Como discutido acima, não se desconsidera a importância do teletrabalho para garantia de emprego de trabalhadores com deficiência durante o período da pandemia. Tal orientação, inclusive, foi adotada pela Organização Internacional do Trabalho[22] e pelo próprio Ministério Público do Trabalho, por meio da Nota Técnica Conjunta 7/2020 da PGT/Coordigualdade[23]. Ressalte-se que o *Parquet*, na fundamentação de referido instrumento, destacou pesquisa realizada pelo IBGE no ano de 2019, a qual apurou que a quase totalidade de trabalhadores com deficiência do município de São Paulo e de sua região metropolitana utilizava o transporte público coletivo para deslocamento. Duas conclusões importantes devem ser extraídas de referida afirmação: (a) a primeira delas — que não é objeto da presente discussão — é a necessidade de reavaliação da efetividade das normas jurídicas que garantem o direito à igualdade de oportunidades (inclusive de promoção e acesso a altos cargos) e (b) a segunda, que a necessidade de realização do teletrabalho durante o período decorreu, em regra, do alto risco de contaminação pela exposição no uso do transporte coletivo.

Nesse novo cenário, ultrapassado o período de excepcionalidade, pergunta-se: seria o teletrabalho uma forma de inclusão ou exclusão do trabalhador com deficiência?

Não são raras as oportunidades em que servidores públicos — em sentido amplo — requerem (judicial ou administrativamente) autorização para realização de teletrabalho em razão de deficiência própria, ou de seus filhos ou dependentes. Diante de tal realidade, em uma primeira análise, a resposta poderia parecer simples, reconhecendo-se a existência de evidente benefício, em razão da procura pela modalidade.

A resposta não é tão simples quanto possa parecer.

Existem trabalhadores com deficiência que preferem o teletrabalho em razão de dificuldade de locomoção ou de ausência de adequação e acessibilidade. Outros empregados preferem o teletrabalho por motivos pessoais, a exemplo da maior facilidade de

---

(22) OIT. *Cinco pontos-chave para a inclusão de pessoas com deficiência na resposta à Covid-19*. Disponível em: <https://www.ilo.org/brasilia/noticias/WCMS_741621/lang--pt/index.htm>. Acesso em: 11 out. 2022.

(23) BRASIL. Ministério Público do Trabalho. *Nota Técnica Conjunta 07/2020*. Disponível em: <https://mpt.mp.br/pgt/noticias/nota-tecnica-pgt-coordigualdade-28-p3-1.pdf>. Acesso em: 5 maio 2022.

compatibilização da vida pessoal com a vida profissional, ampliação da possibilidade de convívio familiar e realização de outras tarefas diárias.

No segundo caso, é válida e produtiva a concessão do trabalho à distância, mas, na primeira hipótese, o teletrabalho mostra-se como um instrumento prejudicial. Isso porque, como já tratado, o trabalho caracteriza-se como um meio de integração do indivíduo, permitindo o elastecimento de suas relações sociais, de interação, desenvolvimento pessoal, formação de identidade e dignificação. A ausência de tais fatores pode resultar no isolamento pessoal, dificultar a participação e interação social e prejudicar o desenvolvimento das capacidades do trabalhador.

E mais. É possível que, aos trabalhadores em regime de teletrabalho, não sejam oportunizadas as mesmas possibilidades de ascensão e qualificação profissional, gerando neles frustração e adoecimento.

Observe-se que a dificuldade de acesso não pode (e não deve) ser fator capaz de desestimular o trabalhador com deficiência de comparecer presencialmente ao labor, sendo dever empresarial adotar todas as medidas adequadas (realização de adaptações razoáveis, utilização de tecnologia assistiva, desenho universal e remoção de todas as barreiras) aptas a garantir o seu bem-estar. No mais, ressalta-se que também é dever estatal promover a adoção de todas as políticas públicas aptas a garantir plena mobilidade (inclusive por meio de transporte público), assegurando autonomia às pessoas com deficiência.

A pessoa com deficiência jamais pode ter sua autonomia restringida em razão de exterioridades capazes de limitar sua vontade. Ultrapassadas todas as barreiras, a decisão do trabalhador com deficiência deve ser pautada exclusivamente por questões de preferência pessoal. Somente nessa situação o exercício do teletrabalho pode ser considerado um avanço.

Somente a título de reforço, mostra-se relevante a referência à decisão proferida pela 7ª turma do C. TST (RR – 1076.13.2012.5.02.0049, Relator Ministro Cláudio Mascarenhas Brandão, publicado no DEJT em 3.5.2019), que reconheceu a existência de sutil e indireta discriminação pela alocação de trabalhadores com deficiência em um setor específico da empresa. Justificou que tal fato restringe o dever de realização de adaptações razoáveis, limita a possibilidade de acesso e livre escolha dos trabalhadores, não garantindo um meio ambiente laboral aberto, inclusivo e acessível.

Como se observa, a análise da inclusão é casuística e demanda respostas aos questionamentos feitos no tópico 3.2.3 do presente estudo.

4. Conclusões

O teletrabalho caracteriza-se como uma nova modalidade de labor, sendo sua utilização potencializada pelo desenvolvimento de novas tecnologias de comunicação e pela dificuldade natural de deslocamento de trabalhadores, especialmente em grandes centros urbanos. A preferência pelo trabalho presencial ou a distância depende de fatores individuais relativos à dinâmica pessoal e familiar de cada um dos empregados.

A dificuldade de adaptação às novas tecnologias, o isolamento social e a restrição de acesso às oportunidades de progressão da carreira podem mostrar-se como aspectos negativos do teletrabalho. Sob outra ótica, a desnecessidade de deslocamento, a flexibilidade de horários e a possibilidade de melhor compatibilização da vida profissional com a vida pessoal podem representar fatores relevantes, capazes de tornar a modalidade atrativa aos trabalhadores.

O presente estudo buscou refletir sobre essa nova modalidade e sua repercussão para trabalhadores idosos e/ou deficientes, analisando-se, especialmente, se esta nova dinâmica será capaz de garantir a inclusão ou a exclusão destes no mundo do trabalho. A metodologia utilizada demandou a pesquisa de legislação, atos normativos, jurisprudência e casos concretos como forma de alcançar um resultado alinhado às bases principiológicas protetivas direcionadas às classes objeto de análise.

Considerando que são diretrizes basilares da ordem jurídica brasileira a proteção, a inclusão, a autonomia e a não discriminação das pessoas idosas e das pessoas com deficiência, concluiu-se pela necessidade de análise casuística para verificação da positividade da implementação do teletrabalho aos contratos envolvendo referidos trabalhadores. Somente em caso de plena liberdade de escolha e autonomia, o teletrabalho pode ser considerado um instrumento de inclusão dos trabalhadores idosos ou deficientes.

Em caso de imposição empresarial (como meio de redução de custos ou mera facilitação da administração de suas atividades) ou de opção decorrente de fatores externos que prejudiquem a plena integração desses trabalhadores à sociedade e ao local de trabalho, o teletrabalho deve ser reconhecido como um meio de exclusão que não pode ser admitido, sob pena de incompatibilidade com a ordem jurídica vigente.

Nesse contexto, as respostas às seguintes perguntas se revelam aptas a direcionar a interpretação, podendo variar conforme o caso concreto, observados os argumentos acima desenvolvidos: (a) a concessão do teletrabalho depende da anuência das partes ou corresponde a uma exigência empresarial? (b) o teletrabalho é ofertado a todas as classes de trabalhadores ou é direcionada apenas a trabalhadores de maior faixa etária, deficientes ou reabilitados? (c) pessoas em teletrabalho tem acesso às promoções? (d) qual a consequência da rejeição da proposta de teletrabalho pelo trabalhador? (e) em caso de impossibilidade de adaptação, trabalhadores idosos, reabilitados ou com deficiência podem retornar ao trabalho presencial? (f) existe oferta de qualificação adequada para trabalhadores idosos, reabilitados ou com deficiência adequarem-se às novas tecnologias? (g) existe política empresarial adequada para exigência de cumprimento de metas por trabalhadores idosos, reabilitados ou com deficiência, com dificuldade de adaptação às novas tecnologias? (h) existe política de acompanhamento e apoio para pessoas idosas, reabilitadas ou com deficiência com dificuldade de adaptação?

Respondidos os questionamentos supramencionados em cada situação e interpretada a liberdade do trabalhador na escolha da modalidade de trabalho que se mostre mais adequada à sua realidade pessoal, será possível alcançar a resposta final pretendida. Havendo melhoria das condições laborais e de vida desses trabalhadores o direito trabalho terá cumprido seu papel, com a proteção do trabalhador hipossuficiente. Em caso contrário, necessária atuação com o intuito de alinhar o teletrabalho aos ditames da ordem jurídica.

Referências

ACORDO QUADRO EUROPEU SOBRE TELETRABALHO. Disponível em: <https://www.uned.ac.cr/viplan/images/acuerdo-marco-europeo-sobre-teletrabajo.pdf>. Acesso em: 21 jun. 2020.

BRASIL. *Constituição Federal, de 05 de outubro de 1988*. Brasília. Disponível em: <http://www.planalto.gov.br/ccivil_03/constituicao/constituicao.htm>. Acesso em: 20 mar. 2022.

______. *Decreto-lei n. 5.452, de 1º de maio de 1943*. Consolidação das Leis do Trabalho. Rio de Janeiro, 1943. Disponível em: <http://www.planalto.gov.br/ccivil_03/decreto- lei/del5452.htm>. Acesso em: 10 abr. 2022.

______. *Lei n. 10.406. de 10 de janeiro de 2002*. Brasília. Disponível em: <http://www.planalto.gov.br/ccivil_03/leis/2002/l10406compilada.htm>. Acesso em: 19 mar. 2022.

______. *Lei n. 10.741, de 10 de outubro de 2003*. Brasília. Disponível em: <http://www.planalto.gov.br/ccivil_03/leis/2003/L10.741compilado.htm>. Acesso em: 10 abr. 2022.

______. *Lei n. 13.146, de 06 de julho de 2015*. Brasília. Disponível em: <http://www.planalto.gov.br/ccivil_03/_ato2015-2018/2015/lei/l13146.htm>. Acesso em: 27 abr. 2022.

______. *Lei n. 13.979, de 06 de fevereiro de 2020*. Brasília. Disponível em: <http://www.planalto.gov.br/ccivil_03/_Ato2019-2022/2020/Lei/L13979.htm>. Acesso em: 22 mar. 2022.

______. *Medida Provisória n. 927, de 22 de março de 2020*. Brasília. Disponível em: <http://www.planalto.gov.br/ccivil_03/_ato2019-2022/2020/Mpv/mpv927.htm>. Acesso em: 23 mar. 2022.

______. Ministério Público do Trabalho. *Nota Técnica Conjunta n. 03/2020*. Disponível em: <https://mpt.mp.br/pgt/noticias/nota-tecnica-03-coronavirus-coordigualdade-codemat-conap.pdf>. Acesso em: 21 abr. 2022.

______. Ministério Público do Trabalho. *Nota Técnica Conjunta n. 07/2020*. Disponível em: <https://mpt.mp.br/pgt/noticias/nota-tecnica-pgt-coordigualdade-28-p3-1.pdf>. Acesso em: 5 maio 2022.

FABRE. Luiz Carlos Michele (Org). *Vademecum Direito Internacional do Trabalho*. 2. ed. São Paulo: Método Gestalt, 2018.

FACCIOLI, Pedro Henrique Godinho; RAVENA, Paula Bueno. *Direito do Trabalho na Jurisprudência do TST* — Comentários sobre temas atuais e polêmicos. Salvador: JusPodivm, 2019.

_____. O trabalho à distância (teletrabalho e *home office*) em tempos de pandemia. In: SCHIAVI, Mauro. *O Direito do Trabalho em Tempos de Coronavírus*. Campinas: Lacier Editora 2020.

FELICIANO, Guilherme Guimarães; PASQUALETO, Olívia de Quintana Figueiredo; RIBEIRO, Claudirene Andrade. *O trabalho além do direito do trabalho:* dimensões da clandestinidade jurídico-laboral. Leme: Mizuno, 2022.

FRANÇA. *Código do Trabalho Francês. Disponível em:* <https://www.legifrance.gouv.fr/affichCode.do;jsessionid=844BD9841C6E3D30C2568C08AE93A0C7.tplgfr27s_1?cidTexte=LEGITEXT000006072050&dateTexte=20200621. Acesso em 27.6.2020.

OIT. *Cinco pontos-chave para a inclusão de pessoas com deficiência na resposta à Covid-19.* Disponível em: <https://www.ilo.org/brasilia/noticias/WCMS_741621/lang--pt/index.htm>. Acesso em: 11 out. 2022.

PACHECO, Fábio Luiz; DESTE, Janete Aparecida. *O teletrabalho na legislação brasileira e sua multidisciplinaridade:* aspectos teóricos e práticos. Leme: Mizuno, 2021.

PORTUGAL. *Código do Trabalho Português.* Disponível em: <https://dre.pt/dre/legislacao-consolidada/lei/2009-34546475>. Acesso em: 12 dez. 2022.

RODRIGUES JR., Edson Beas (Org.). *Convenções da OIT e outros Instrumentos de Direito Internacional Público e Privado relevantes ao Direito do Trabalho.* 4. ed., ampl. São Paulo: LTr, 2019.

UNIÃO EUROPEIA. *Diretiva da Comunidade Econômica Europeia.* Disponível em: <https://eur-lex.europa.eu/legal-content/PT/TXT/?uri=CELEX:31991L0533>. Acesso em: 25 mar. 2022.

Teletrabalho e Negociação Coletiva

Ivani Contini Bramante
Simone Bramante

Introdução

Com o advento da *era digital* e da economia global, novas oportunidades se abrem no mercado de trabalho por conta das novas formas de trabalho, dentre elas o *teletrabalho*. Graças à utilização iterativa de equipamentos da informática e da rede de telecomunicações, denominada de *telemática*, o indivíduo pode realizar as suas atividades profissionais a distância, inclusive transfronteiras, ou na própria residência.

Gbezo[1] observa que o desenvolvimento do *teletrabalho* responde a motivos de ordem estratégica organizativa produtiva, porque atende à finalidade de trabalho em tempo real com as filiais ou grupos de empresas internacionais, a qualquer hora do dia ou da noite. O teletrabalho também evita que trabalhadores, altamente qualificados, passem para o concorrente e, assim, fornece ao trabalhador a opção de trabalhar em boas condições em casa, com terminais de computadores adequados.

Essa modalidade de trabalho traz vantagens para a política estatal de combate ao desemprego, mas exige uma política de qualificação e requalificação profissional nas hipóteses de *desemprego estrutural* causado pelo *analfabetismo digital*; promove a inserção do portador de deficiência no mercado de trabalho; fomenta o desenvolvimento econômico das regiões desfavorecidas, com redução das desigualdades regionais etc.

Para a sociedade, importa a economia de energia e combustíveis; redução do congestionamento do trânsito, da poluição, de acidentes de trânsito e de trabalho, dos preços de aluguéis nos centros urbanos; racionalização do uso dos edifícios, desenvolvimento dos bairros e cidades etc.

Para o trabalhador, traz vantagens na forma como a prestação de serviços se desenvolve, na redução do tempo gasto com deslocamento entre outros benefícios e desvantagens de ordem psicossociais.

(1) GBEZO, Bernard E. *Otro modo de trabajar:* la revolución del teletrabajo, p. 5.

Durante a pandemia da Covid-19, possibilitou o teletrabalho a manutenção de diversas atividades e, por consequência, de empregos. Por tais motivos, fundamental não apenas a regulação estatal da matéria, mas a atuação sindical como meio de atender às peculiaridades das categorias envolvidas, precipuamente após a decisão proferida pelo STF, no Recurso Extraordinário n. 1.112.633, que gerou a edição do Tema n. 1.046 de repercussão geral.

1. Etimologia e origem do *home office* e teletrabalho

A expressão teletrabalho contém dois termos: *tele*, que vem do grego e significa longe, distância, e trabalho, que significa uma atividade profissional. *Home office* é uma forma de relação de trabalho na qual o trabalhador atua a distância em trabalho remoto ou em domicílio. Denomina-se teletrabalho o trabalho a distância com a utilização das ferramentas da telecomunicação e da informática, conhecida por telemática.

Inicialmente denominado de *telecommuting*, posteriormente, chamado de *telework*, a paternidade do teletrabalho é atribuída a Jack Nilles, funcionário da NASA, que em 1971 lançou a ideia de inverter a clássica relação entre o local de trabalho e o trabalhador, em resposta à indagação que lhe foi feita: vocês conseguem enviar o Homem à Lua por que não ajudam a resolver esse maldito problema de trânsito? Por que não arranjam uma forma do pessoal ficar em casa a trabalhar em vez de se meter nesses engarrafamentos para chegar ao local de trabalho? Daí a ideia de trazer o trabalho para junto do trabalhador, ao invés de levar o trabalhador ao local trabalho na empresa. A partir de 1980 Gil Gordon, um dos consultores internacionais em teletrabalho, iniciou as suas atividades de consultoria na área, autor de vários livros, um deles intitulado *Teleworking Explained*(2).

Em outros idiomas, temos: *telework* ou *e-work* (inglês), *telelavoro* (italiano), *teletrabajo* ou *teledesplazamiento*(3) (espanhol), *telearbeit* ou *fenarbeit* (alemão), *telependulaire*(4) (francês), *networking* (trabalho em rede), *remote working* (trabalho a distância), *flexible working* (trabalho flexível), *home working*, *home office* (trabalho em casa). Aquele que exerce o teletrabalho é chamado de trabalhador digital ou teletrabalhador (*telearbeiter* em alemão) e o tomador ou empregador é chamado de teleempregador ou teletomador.

Dentre outras ferramentas que possam surgir, são considerados maquinismos telemáticos: o computador em rede, o *modem*, o *telefax*, o *e-mail*, o *notebook*, o *netbook tablet*, o *smartphone*, *o cloud computing* (que permite o acesso a bancos de dados virtuais), o *logmein* (controle remoto do computador acessado por meio de celular e *tablet*) e o

(2) GRAY, M.; HODSON, N.; GORDON, Gil. *Telework explained*. Nova York: J. Wiley & Sons, 1993. Ver HODSON. *The economics of teleworking*. Londres: British Telecon, 1992.

(3) RODRÍGUEZ, Ricardo Escudero. Teletrabajo. In Descentralización productiva y nuevas formas organizativas del trabajo. *X Congreso Nacional de Derecho del Trabajo y de la Seguridad Social*, Madri: Ministério de Trabajo y Asuntos Sociales. Série Relaciones Laborales, n.28, 1999.

(4) FERNÁNDEZ, Antonio Barrero. *Teletrabalho*. Lisboa: Editorial Estampa, p. 21.

icloud (todo conteúdo do computador pode ser colocado em banco de dados virtual no computador-mãe da Apple e que pode ser acessado de qualquer lugar, de qualquer computador ou telefone celular). O *logmein* e *icloud* permitem o controle pelo empregador dos acessos e horários de trabalho, de modo que resta dispensada a presencialidade do trabalhador no ambiente físico de trabalho, sem prejuízo do controle e da fiscalização dos serviços prestados.

O teletrabalho evoluiu e disseminou, e o progresso na área é tão veloz que se torna difícil qualquer acompanhamento das várias combinações das ferramentas digitais, da telemática, da Inteligência Artificial, com base na física quântica e a criação da internet, do algoritmo e da *Interactive TV*[(5)].

2. Teletrabalho: aspectos sociais e econômicos

Várias são as vantagens e desvantagens do teletrabalho: (i) para a política estatal permite o combate ao desemprego, mas exige uma política de qualificação e requalificação profissional, máxime nas hipóteses de desemprego estrutural causado pelo analfabetismo digital; promove a inserção do portador de deficiência no mercado de trabalho; fomenta o desenvolvimento econômico das regiões desfavorecidas, com redução das desigualdades regionais etc.; (ii) para a sociedade importa economia de energia e combustíveis, redução do congestionamento do trânsito, da poluição, de acidentes de trânsito e de trabalho, dos preços de aluguéis nos centros urbanos, racionalização do uso dos edifícios, desenvolvimento dos bairros e cidades etc.; (iii) para o trabalhador traz vantagens e desvantagens de ordem psicossociais, tais como a desnecessidade de deslocamentos para o local de trabalho, a simultaneidade de empregos, a inexigibilidade de pessoalidade estrita, o aumento da produtividade e renda; o favorecimento dos cuidados com filhos. De outro, registrem-se, o riscos da perda da privacidade; a intensificação do tempo de trabalho, a redução do tempo de descanso, dispersão no trabalho com queda na produtividade, a impossibilidade de controle rígido do horário de trabalho e da produtividade, o isolamento do trabalhador em sua residência, que pode afetar o seu desenvolvimento profissional; desconforto de fazer da residência o *locus* concomitante do trabalho que invade o descanso e do convívio familiar; e as novas doenças profissionais denominadas de tecnoestresses; (iv) para as empresas, significa oportunidade para uma economia emergente, porque se trata de uma forma de organização produtiva e de trabalho flexível, dotada de racionalidade econômica, compatível com o necessário e atual dinamismo empresarial e desenvolvimento técnico; reduz custos de infraestrutura e em geral; mão de obra flexível e polivalente; aumento da produtividade; transferência de parcela dos riscos da atividade; alternativa para situações emergenciais. As desvantagens radicam nos riscos da descentralização produtiva e da estruturação telemática, e outros de várias ordens.

---

(5) FERNÁNDEZ, Antonio Barrero. *Teletrabalho*. Lisboa: Editorial Estampa, 1999. p. 91-92.

3. Teletrabalho: aspectos jurídicos de direito individual e coletivo

O teletrabalho ensancha várias questões de ordem jurídica acerca da subordinação jurídica e sua a nova concepção e renovação dos seus indícios de subordinação, a partir das novas formas de supervisão telemáticas do trabalho. Fala-se hoje da telessubordinação, teledireção, subordinação digital, virtual, por algoritmo, para fins de identificação da relação de emprego cujas atividades empregam o uso das ferramentas telemáticas que apresentam dúplice função: é a um só tempo instrumentos de trabalho de controle e fiscalização do trabalhado pelo empregador. Ainda, o controle e fiscalização no teletrabalho pode abarcar não só a realização das tarefas ou produtividade, mas também a voz, a imagem e a conduta do trabalhador, e até mesmo os intervalos destinados para respirar. Logo, mediante os meios da *tecnoinformática* o comando, controle e supervisão do trabalho podem ser muito mais penetrantes e invasivos da privacidade, porque total e em tempo real, 24 horas por dia.

Outra questão diz respeito ao controle de jornada e o respectivo descanso, denominado de direito à desconexão(6) máxime dos profissionais em conexão mista (*online* e *offline*). De um lado, o horário pode ser medido a partir do momento em que trabalhador promove o *login* à rede ou, ao sistema corporativo utilizado para realizar suas tarefas. De outro, há dificuldade de controle e contabilização do tempo de trabalho *offline*, a exemplo nas hipóteses de trabalhadores que desenvolvem software. Ainda, a questão das horas de prontidão ou sobreaviso (teledisposição) de empregados que exerçam cargos de confiança, e que receberem e-mails ou mensagens pelo celular corporativo ou que são requisitados por qualquer outro meio telemático, para desempenhar tarefas fora da jornada de trabalho, os direitos e deveres do teletrabalhador e do empregador etc.

O teletrabalho traz impactos no direito coletivo, pois: (i) fagocita e expulsa da empresa certos serviços e atividades realizáveis por trabalhadores internos, que passam a ser feitas por colaboradores externos e dispersos, pois admite trabalho informal, temporário, terceirizado, de cooperativa, em domicílio, nômade, móvel, estagiários, aprendiz etc. e, assim, contribui para a difusão de situações irregulares, marginal, clandestinas, subterrâneas, expoente da economia submersa ou subterrânea; (ii) provoca a fragmentação e pulverização do coletivo de trabalhadores e o isolamento do indivíduo: potencializa os riscos de desrespeito aos direitos da personalidade, às liberdades individuais, aos direitos relativos ao trabalho, à saúde e à segurança no trabalho e seu sistema de garantias; (iii) o teletrabalhador pode ficar à margem do controle e fiscalização estatal, pois não há dados estatísticos do número de teletrabalhadores e suas vinculações, e ainda surgem as questões de jurisdição estatal. Por conseguinte, ficam de fora da legislação local protetiva e da

(6) ALMEIDA, Almiro Eduardo; SEVERO. Valdete Souto. *Direito à desconexão nas relações sociais de trabalho*. São Paulo: LTr, 2014.

proteção do direito de associação e sindical e das normas coletivas negociadas. Moya[7] adverte que o teletrabalho favorece a dispersão e o isolamento, minam sobremaneira as possibilidades de organização e atividade representativa dos trabalhadores, até o ponto de que em certas ocasiões não chegue sequer a constituir-se.

4. Evolução legislativa do teletrabalho

No plano internacional, temos as normativas da Organização internacional do Trabalho, a Convenção n. 177 e a Recomendação n. 184 que promovem a igualdade de tratamento entre trabalhadores em domicílio e outros assalariados e a Convenção n. 129 (inspeção do trabalho no domicílio), aplicáveis ao *home office* e ao teletrabalho. Apenas 10 Estados-membros da OIT ratificaram a Convenção n. 177 e poucos têm uma política abrangente sobre trabalho em domicílio.

O Acordo-Quadro Europeu[8] sobre teletrabalho de 2002 remete à legislação interna de cada país e à negociação coletiva. Na Europa não há diretiva específica sobre teletrabalho e são aplicáveis as diretivas gerais. A Diretiva UE 2003/88 traz regras de segurança e saúde dos trabalhadores, e o tempo de trabalho de 48 horas por semana. A Diretiva Conselho Comunidade Europeia/89/391 traz regra geral sobre o local de trabalho e se aplica aos teletrabalhadores. A Diretiva UE 2019/1152 trata das condições de trabalho transparentes e previsíveis, e comanda os padrões de local e de tempo de trabalho, logo se aplica à proteção dos teletrabalhadores. A Diretiva UE 2019/1158 que traz regras de equilíbrio entre trabalho e vida, a que têm direito os pais e os encarregados de educação, também se aplica ao teletrabalho, porquanto é uma das modalidades de trabalho flexíveis.

O teletrabalho em França é regulado pela lei e a negociação coletiva. O artigo L.2242-8 do Código de Trabalho francês foi alterado pela Lei n. 2016-1088, de 8 de agosto de 2016. A Lei el Khomri, em vigor a partir do dia 1º de janeiro de 2017 exige a negociação coletiva anual obrigatória. O Código de Trabalho francês foi modificado pela Lei n. 2018-771, de 5 de setembro de 2018 e pela Lei n. 2021-1774, de 24 de dezembro de 2021, que prevê a adoção da negociação coletiva para as condições de teletrabalho. Há um acordo nacional interprofissional de teletrabalho[9] entre todas as organizações de empregadores e de empregados do país que vem sendo prorrogado.

O teletrabalho em Portugal é regulado por lei e por negociação coletiva. Registre-se o pioneirismo da Lei n. 7, de 12 de fevereiro de 2009; ainda o Código do Trabalho insere nos arts. 165 a 171, regras sobre direito coletivo. A Lei n. 83/2021 estabelece que o empregador pode definir, por regulamento interno, e com observância do Regulamento

(7) *Ob. cit.*, p. 92.

(8) European Framework Agreement

(9) l'ani de 2005

Geral sobre a Proteção de Dados, aprovado pelo Regulamento (UE) 2016/679 do Parlamento Europeu e do Conselho, de 27 de abril de 2016, em quais atividades e condições o teletrabalho será realizado na empresa.

O teletrabalho encontra regulação na Espanha, quer no âmbito individual, quer no coletivo, na Lei do Estatuto do Trabalhador, Decreto Legislativo 2/2015 e a Lei n. 10/2021, de 9 de julho de 2021. Os acordos ou convenções coletivas de trabalho podem estabelecer, tendo em atenção a especificidade da atividade, os conteúdos adicionais do contrato de trabalho a distância e quaisquer outras questões que se julguem necessárias a regular.

A Alemanha segue o Acordo Europeu sobre teletrabalho de 2002, o *European Framework Agreement*, pelo qual o teletrabalho é regulado por negociação coletiva guarda-chuva, e os critérios são fornecidos pelos órgãos públicos denominados Conselhos de Trabalho. Em 2016, o Ministério do Trabalho publicou *Weißbuch Arbeiten 4.0* e estabeleceu uma diretriz para equilibrar as necessidades de flexibilidade de empresas e trabalhadores e a saúde e segurança no trabalho. O documento considerou a desnecessidade de novas medidas legislativas sobre o teletrabalho, em virtude de um consenso dos parceiros sociais de que a melhor forma de abordar as especificidades é por meio da negociação coletiva. A Portaria (BMAS) obrigou os empregadores a permitir que seus funcionários trabalhassem em casa durante a pandemia da Covid-19 até 30 de junho de 2021.

A Itália aplica o art. 35 da Constituição que protege o trabalho em domicílio, bem como a legislação e a negociação coletiva para regular o teletrabalho. A Itália segue o Acordo Europeu sobre teletrabalho de 2002[(10)]. Uma Lei do Senado da Itália, a 2233-B99, trouxe a previsão do contrato de trabalho do agregado (autônomo) para facilitar a articulação flexível em horários e locais de emprego subordinado. A Lei italiana 81/2017[(11)] atualizou a legislação para abarcar qualquer trabalho de jornada e local flexível, e ainda traz regras de conciliação da vida profissional e familiar, a fim de aumentar a competitividade da empresa e a relação de confiança entre trabalhador e empregador. Na Itália, o regime negocial de teletrabalho vem na Lei de Bassanini, de 16 de junho de 1998, 191, no Código do Trabalho, arts. 233 a 243 da Lei n. 99/2003, aditado pela Lei n. 120/2015, arts. 165 a 171; no Decreto-lei n. 2-A/2020 (Covid-19). A Direção-Geral do Emprego e das Relações de Trabalho criou a Divisão de Promoção do Diálogo Social e divulga todas as normas coletivas[(12)].

O teletrabalho na Argentina é regulado por lei e por negociação coletiva. A *Ley* 27555/2020 introduz o direito à desconexão, sendo a primeira lei no mundo com previsão de sanções, e assegura a todos os direitos coletivos[(13)].

---

(10) *European Framework Agrément*.

(11) *Smart Working* ou Trabalho Ágil ou Trabalho Inteligente.

(12) Contratação coletiva e relações bilaterais entre parceiros sociais.

(13) Arts. 12 e 13.

No Chile, a Lei n. 21.220/2020 regula o trabalho a distância e obriga o empregador a informar o teletrabalhador por escrito da existência ou não de sindicatos legalmente constituídos na empresa. O teletrabalhador tem direito ao acesso às instalações da empresa e pode participar nas atividades coletivas que desenvolva, sendo da responsabilidade do empregador os custos com a mudança de trabalhadores.

5. Brasil: regulação do teletrabalho

No Brasil, o teletrabalho vem regulado na lei e complementado por negociação coletiva, embora por conta da reforma legislativa[14] os sindicatos passem por uma crise de sobrevivência financeira e de representatividade, potencializada pelas novas tecnologias que imprimem novas formas de organização de trabalho. A Lei n. 12.551/2011, deu nova redação ao art. 6º, da CLT, para proteger o trabalho em domicílio independentemente das ferramentas de trabalho utilizadas, inclusive telemáticas. O art. 83 da CLT assegura o salário mínimo ao trabalhador em domicílio. O regime de teletrabalho foi atualizado nos arts. 75-A *usque* 75-E, da CLT, inserido pela Lei n. 13.467/2017.

Considera-se teletrabalho a prestação de serviços preponderantemente fora das dependências do empregador, com a utilização de tecnologias de informação e de comunicação que, por sua natureza, não se constituam como trabalho externo[15]. A prestação de serviços na modalidade de teletrabalho deverá constar expressamente do contrato individual de trabalho. O teletrabalho pode ser inicial ou ulterior em conversão do trabalho presencial em remoto e vice-versa, ou misto, parte presencial e parte de modo remoto[16]. O comparecimento às dependências do empregador para a realização de atividades específicas não descaracteriza o regime de teletrabalho. A responsabilidade pela aquisição, manutenção ou fornecimento dos equipamentos tecnológicos e da infraestrutura necessária, bem como ao reembolso de despesas arcadas pelo empregado, serão previstas em contrato escrito, e não integram a remuneração do empregado[17]. O empregador deverá instruir os empregados quanto às precauções a tomar a fim de evitar doenças e acidentes de trabalho; e o empregado deverá assinar termo de responsabilidade comprometendo-se a seguir as instruções fornecidas pelo empregador[18].

Registrem-se as principais mudanças do teletrabalho trazidas pela MP 1.108/2022, convertida na Lei n. 14.442/2022, que alterou a CLT:

1. O teletrabalho exige contrato escrito, e foi equiparado a trabalho remoto[19];
2. Não se exige prestação de trabalho preponderantemente fora das dependências do empregador;

(14) Lei n. 13.467/2017.

(15) Art. 75-B, CLT.

(16) Art. 75-C, § 1º e § 2º, CLT.

(17) Art. 75-D e parágrafo único, CLT.

(18) Art. 75-E, da CLT.

(19) Arts. 75-B e 75-C da CLT.

3. Na duração do trabalho, fica dispensado do controle de jornada o teletrabalho em serviço por produção ou tarefa; cabe controle de jornada no teletrabalho por unidade de tempo, hora, dia, mês;

4. O comparecimento às dependências da empresa, ainda que habitual, não descaracteriza teletrabalho(20);

5. O teletrabalho não se confunde e nem se equipara ao *telemarketing* ou de teleatendimento(21);

6. Não constitui tempo à disposição, regime de prontidão ou de sobreaviso, o tempo de uso de internet, equipamentos tecnológicos, de softwares, de ferramentas digitais, fora da jornada de trabalho normal, salvo acordo individual ou negociação coletiva(22);

7. Aplicação ao teletrabalho para estagiários e aprendizes(23);

8. Aplicação das convenções e acordos coletivos de trabalho relativas à base territorial do estabelecimento de lotação do empregado em teletrabalho(24);

9. Aplicação da legislação brasileira ao empregado admitido no Brasil, que optar pela realização de teletrabalho fora do território nacional, salvo casos da Lei n. 7.064/1982 e disposição em contrário estipulada entre as partes(25);

10. O empregador não será responsável pelas despesas resultantes do retorno ao trabalho presencial, na hipótese de o empregado optar pela realização do teletrabalho fora da localidade prevista no contrato, salvo estipulação contrária entre as partes;

11. Direito à desconexão com previsão em acordo individual sobre os horários e os meios de comunicação entre empregado e empregador, desde que assegurados os repousos legais(26); e

12. Na alocação em vagas de teletrabalho, os empregadores deverão conferir prioridade aos empregados com deficiência, ou com filhos ou criança sob guarda judicial até quatro anos de idade.

No mais, à míngua de uma pauta legal, a negociação coletiva fundada em novos paradigmas, pode estabelecer os umbrais quantitativos que sirvam para identificar o raio

(20) Art. 75-B, § 1º, da CLT, antigo parágrafo único.

(21) Art. 75-B, § 4º, da CLT.

(22) Art. 75-B, § 5º, da CLT.

(23) Art. 75-B, § 6º, da CLT.

(24) Art. 75-B, § 7º, da CLT.

(25) Art. 75-B, § 8º, da CLT.

(26) Art. 75-B, § 9º, da CLT.

de ação de proteção do trabalhador, máxime no contexto das novas tecnologias e da crise econômica e ou da pandemia[27].

Ainda, as conclusões da jurisprudência também exercem papel importante nos contornos do trabalho em domicílio ou a distância e da distinção entre habitualidade e ocasionalidade, critérios de identificação da subordinação jurídica etc.[28].

6. Teletrabalho e negociação coletiva no Brasil

O art. 8º, inciso III, da Carta Federal dispõe que cabe aos sindicatos a defesa dos direitos e interesses coletivos ou individuais da categoria, inclusive em questões judiciais ou administrativas. A Carta Federal de 1988 traz o princípio do caráter progressista da proteção ao trabalho, ao mencionar no art. 7º, *caput* que são direitos dos trabalhadores, além de outros que visem à melhoria da condição social, e acolhe aqueles criados por acordos e convenções coletivas de trabalho[29]. Destarte, os sindicatos exercem um papel importante em prol dos trabalhadores representados, na criação de direito novo, na fase preventiva e repressiva, na seara extrajudicial e judicial, no combate ao trabalho não decente e à violência no local de trabalho, nela incluída o assédio moral, assédio comunicacional e assédio sexual. Os instrumentos de criação de direito novo vêm retratado na negociação coletiva e nos acordos e convenções coletivas de trabalho, uma vez positivado o princípio da interveniência sindical na normatização coletiva, pelo qual é obrigatória a participação dos sindicatos nas negociações coletivas de trabalho[30]. Os instrumentos de defesa preventivos são: a conciliação, a mediação e a arbitragem[31], bem como a atuação nas comissões de conciliação prévia.

Os instrumentos repressivos são as ações individuais na função de assistência jurídica, as ações coletivas de dissidio coletivo para fixação de cláusulas e condições de Trabalho[32], as ações coletivas e ação civil pública na defesa de direitos lesados[33]. De seu turno a Lei n. 7.347/1985, da ação civil pública, que trata das ações de responsabilidade por danos morais e patrimoniais causados a qualquer interesse difuso e coletivo[34], confere legitimidade às associações que, concomitantemente: a) estejam constituídas há pelo menos um ano nos termos da lei civil; b) incluam, entre suas finalidades institucionais, a proteção ao patrimônio público e social, ao meio ambiente, ao consumidor, à ordem

(27) BRAMANTE, Ivani Contini. Novos paradigmas do direito coletivo do trabalho. *Revista do Tribunal Superior do Trabalho*, São Paulo, v. 86, n. 4, p. 158-166, out./dez. 2020.

(28) Teletrabalho — o trabalho de onde você estiver, 2020. Disponível em: <*https://www.tst.jus.br/teletrabalho*>.

(29) Inciso XXVI

(30) Art. 8º, IV, CF/1988 e art. 7º, XXVI, CF/1988.

(31) Art. 114, § 1º, CF/1988.

(32) Art. 114, CF/1988 e art. 856, CLT.

(33) Art. 8º, III, CF/1988 e Lei n. 7.347/1985.

(34) Art. 1º, IV.

econômica, à livre concorrência, aos direitos de grupos raciais, étnicos ou religiosos ou ao patrimônio artístico, estético, histórico, turístico e paisagístico.

No Brasil, a negociação é complementar aos temas legais. Os principais temas, objeto de negociação coletiva no Brasil, revelam as cláusulas de *home office* com o seguinte conteúdo: (a) regime de *home office* temporário em tempos da pandemia ou como modalidade permanente; (b) regime de teletrabalho, trabalho remoto ou trabalho a distância para estagiários e aprendizes (c) definição de normas relacionadas a aquisição, manutenção e fornecimento de equipamentos tecnológicos e da infraestrutura; regime de comodato e pagamento por serviços de infraestrutura, que não caracterizarão verba de natureza salarial; (d) à concessão auxílios, de reembolso de despesas arcadas pelo empregado, ajuda de custo mensal e ou proporcional, bem como os custos adicionais, para viabilizar o cumprimento das atividades laborativas (internet, telefonia, energia elétrica etc.); (e) período da jornada normal de trabalho computado como tempo de trabalho à disposição do empregador, programas de comunicação fora da jornada de trabalho normal, tempo de uso de aplicativos e programas de comunicação fora da jornada de trabalho normal do empregado como tempo não a disposição, regime de prontidão ou de sobreaviso, direito à desconexão; (f) Dispensa, suspensão e ou manutenção do pagamento do vale-transporte e vale-refeição, ou reembolso dos valores gastos, nos dias em que o empregado se desloca até a empresa, ou nos períodos de revezamento, paralisações temporárias das atividades, férias, férias coletivas ou compensando banco de horas. Da listagem acima, um dos temas mais candentes diz respeito ao direito à desconexão[(35)].

No Brasil, máxime nos anos de 2020 a 2022, e diante da pandemia de Covid-19, houve expansão da modalidade de trabalho *home office* como forma de garantir o isolamento social e evitar a disseminação do novo coronavírus. Algumas medidas de *home office* foram autorizadas por normas governamentais que flexibilizaram as disposições legais existentes. Outras medidas de *home office* foram implantadas pelo empresariado, por negociação individual ou coletiva.

O Departamento Intersindical de Estatística e Estudos Socioeconômicos (Dieese) comparou o número de instrumentos coletivos sobre o *home office*: no ano de 2019 (pré-Covid) apurou-se 1,2%; no ano de 2020 foram 13,7% das negociações com cláusulas de *home office* por setor, sendo serviços (17,5%); comércio (16,3%); na indústria (9,7%). Entre nós, um exemplo de cobertura da insuficiência legislativa do teletrabalho, cite-se o Acordo Coletivo de Trabalho aditivo firmado entre a Confederação Nacional dos Trabalhadores do Ramo Financeiro (Contraf) e o Banco Bradesco S/A, na qual nota-se uma

(35) *Nota Técnica 255/2021*. Disponível em: <www.dieese.org.br>. Ministério da Economia, Mediador Elaboração: DIEESE Nota: Foram considerados os instrumentos coletivos de trabalho registrados no Mediador entre janeiro e dezembro de cada ano, a fim de evitar que fossem contabilizadas, em 2019, negociações concluídas após o início da pandemia.

regulamentação minuciosa do teletrabalho, com específica previsão de controle de jornada e descansos, ajuda de custo, concessão de instrumentos de trabalho telemáticos em comodato, e normas sobre a promoção da saúde física e mental de seus trabalhadores[(36)].

7. Teletrabalho: organização internacional do trabalho ressalta a importância da intervenção sindical negocial

A Organização Internacional do Trabalho anota que a importância atual e futura do teletrabalho, que foi utilizado como mecanismo de garantia da continuidade de certas atividades econômicas e da relação de trabalho durante a pandemia Covid-19, e indica a negociação coletiva como instrumento válido para regular as condições de trabalho *home office*. O diretor da OIT proclamou que:

> O teletrabalho ajudou a amortecer os impactos negativos da crise nos mercados de trabalho, contribuindo para a preservação de milhões de empregos. Após a recuperação, certamente continuará a ser uma opção e a gerar novas oportunidades, embora esteja claro que ainda é necessário responder os desafios tanto para os trabalhadores como para as empresas que tiveram que implementá-lo rapidamente.

Portanto, justifica-se a intensificação de uma atuação sindical na representação e negociação, na regulação das velhas e das novas pautas de direito do trabalho, diante das novas tecnologias.[(37)]

7.1. Teletrabalho como alternativa válida na crise Covid-19

A Organização Internacional do Trabalho constata o aumento do número de trabalhadores em *home office* devido à pandemia de Covid-19. Ainda, em países de renda baixa e média praticamente todos os trabalhadores em domicílio (90%) trabalham em condição de informalidade, enfrentam maiores riscos para a saúde e segurança e têm menos acesso à formação do que outros trabalhadores, e ganham em média 13% menos no Reino Unido; 22% menos nos Estados Unidos da América; 25% menos na África do Sul e cerca de 50% na Argentina, na Índia e no México.

O relatório da OIT *Working from Home: From invisibility do decent work*[(38)] mostra que: (i) as pessoas que trabalham em *home office* não têm o mesmo nível de proteção social, de sindicalização ou de cobertura por um acordo coletivo; (ii) antes da crise da

(36) Disponível em: <https://spbancarios.com.br/sites/default/files/arquivo_destaque/act_teletrabalho_bradesco.docx.pdf>. Acesso em: 10 mar. 2022.

(37) FELICIANO, Guilherme Guimarães; PASQUALETO, Olívia de Quintana Figueiredo. Teletrabalho, saúde e segurança do trabalho e regulamentação estatal: pandemia, aprendizados e perspectivas futuras. Disponível em: <https://www.cidp.pt/revistas/rjlb/2021/5/2021_05_1073_1104.pdf>. (Ano 7 (2021), n. 5, p. 1.073-1.104.

(38) O trabalho em domicílio: da invisibilidade ao trabalho decente. Trad. livre.

Covid-19, havia cerca de 260 milhões de pessoas que trabalhavam em domicílio no mundo, ou seja 7,9% do emprego global; sendo 56% mulheres, cerca de 147 milhões; (iii) recomenda ações concretas para tornar o trabalho em domicílio visível e protegido, mediante condições de trabalho e salários justos, com mitigação dos riscos psicossociais; garantia do direito à desconexão e limites entre o trabalho e a vida privada.

7.2. A negociação coletiva como instrumento de regulação do teletrabalho

A Organização Internacional do Trabalho registra que o crescimento do trabalho *home office* é exponencial e tende a continuar nos próximos anos, que enseja a urgência da abordagem e soluções diante da regulamentação insuficiente e não conformidade. Ainda, aponta que uma solução válida radica no complemento da proteção do *home office* e do teletrabalho, potencializadas pelas novas tecnologias, via atuação sindical e por negociação coletiva, como forma de cobertura dos vários déficits do trabalho decente, e com foco nas seguintes diretrizes: (i) atualizar ou preparar uma política de teletrabalho e de regresso ao trabalho com base na experiência com o plano inicial para a Covid-19; (ii) é essencial envolver o pessoal e seus representantes na análise das lições aprendidas referente à fase da pandemia no que diz respeito à forma como a gestão para o teletrabalho; (iii) É necessário envolver os parceiros sociais na implementação do teletrabalho, Convenção n. 154/OIT, sobre negociação coletiva, de 1981 e incrementar as pautas de negociação coletiva, máxime em matéria de informação e consulta, segurança do local de trabalho e proteção dos vulneráveis e do gênero.

7.3. Novas pautas de negociação coletiva: desafios e aspectos relevantes do teletrabalho

O documento OIT/Nota Técnica/6/6/2021 — Desafios e oportunidades do teletrabalho na América Latina e no Caribe — revela que no segundo trimestre de 2020, cerca de 23 milhões de pessoas passaram para o teletrabalho na região. O relatório destaca que "os trabalhadores informais, autônomos, jovens, com menor qualificação e com baixos rendimentos, que experimentaram as maiores perdas de empregos e nas horas trabalhadas, principalmente no primeiro semestre de 2020" tiveram muito menos acesso ao teletrabalho. Outro documento, OIT/Nota Técnica/6/7/2021 mostra que antes da pandemia cerca de 3% de trabalhadores executavam suas tarefas em casa; durante a pandemia até junho/2021, nos países da região onde há dados disponíveis, entre 20% e 30% das pessoas assalariadas passaram a trabalhar em casa.

O relatório aborda os desafios e aspectos relevantes do teletrabalho: princípio da voluntariedade e acordo entre as partes; organização e horário de trabalho; segurança e saúde no trabalho; equipamentos e itens de trabalho; proteção do direito à privacidade dos trabalhadores; a dimensão de gênero; o papel dos atores sociais, a relação de trabalho e cumprimento da legislação. A Organização Internacional do Trabalho sugere:

> (i) O uso da tecnologia e da Inteligência Artificial a favor do sindicalismo, na defesa da categoria, e para operacionalizar o direito a informação, consulta e negociação coletiva e diálogo coletivo[39];
>
> (ii) A sindicalização dos trabalhadores informais digitais (teletrabalho e trabalho em plataformas digitais). Dados divulgados em junho de 2019, indicam que a sindicalização dos trabalhadores da economia informal pode impulsionar a renovação do movimento sindical, mediante a atuação firme de realização de negociação coletiva a fim de proteger os direitos laborais do teletrabalho e trabalho em plataformas digitais. E preciso fortalecer a voz coletiva e influenciar nas políticas sociais e econômicas[40];
>
> (iii) a cidadania laboral transnacional: o trabalho digital transfronteiriço, em âmbito mundial, exige dissociação entre o conceito de cidadania e o de soberania dos Estados-Nações e revisão da atuação das organizações sindicais no espaço e no tempo;
>
> (iv) Deve ser assegurado o direito de consulta: com foco na segurança do trabalho, máxime no contexto da Covid-19, e na perspectiva de gênero, de acordo com a Convenção da OIT n. 155, sobre segurança e saúde dos trabalhadores, de 1981;
>
> (v) Inclusão nas orientações para a tomada de decisão de temas sobre a proteção de grupos vulneráveis da população ativa e na perspectiva de gênero e mulheres: que suportam de forma desproporcional as responsabilidades ao nível dos cuidados, bem como as grávidas, que são particularmente vulneráveis, de acordo com Convenção n. 183 da OIT, sobre proteção da maternidade;
>
> (vi) Pautas sobre os imperativos das novas tecnologias, de novas competências humanas, de qualificação e requalificação profissional: a Organização Internacional do Trabalho estima que até 2022, cerca de 54% de todos os trabalhadores necessitarão de reabilitação, qualificação, requalificação para melhoria significativa de suas habilidades e competências, bem como a atenção aos detalhes, resiliência,

(39) OIT. El futuro sindical depende de la organización de la economía informal. *ACTRAV INFO*, Genebra, 20 mar. 2022. Disponível em: <https://www.ilo.org/actrav/media- center/pr/WCMS_711227/lang--es/index.htm>. Acesso em: 20 mar. 2022. OIT. La mayor parte del empleo mundial procede de las pequeñas empresas y los trabajadores independientes, concluye un nuevo informe de la OIT. *OIT Notícias*, Genebra, 10 out. 2019b. Disponível em: <https://www.ilo.org/global/about- the-ilo/newsroom/news/WCMS_723414/lang--es/index.htm>. Acesso em: 20 mar. 2022.

(40) *Idem.*

flexibilidade e resolução de problemas complexos, inteligência emocional, liderança e influência social;[41]

(vii) Negociação coletiva para proteção dos direitos de personalidade e combate à violência e assédio moral e digital denominados *gaslighting*, *manterrupting*, *mansplaing*, *bropriating* e as novas modalidades de *bullying* digital e por algorítmo denominado de *cyberbullying* e *cyberstalking*. Por tais razões, a Organização Internacional do Trabalho editou a Convenção n. 190 e a Recomendação n. 206. No Brasil, a Lei n. 13.185/2015 instituiu o programa de combate à intimidação sistemática, *bullying*, e ainda a violência no local de trabalho passa a ser crime de perseguição, nos termos da Lei n. 14.132/21 e crime de violência psicológica conforme Lei n. 14.188/21, e a Organização Mundial da Saúde reconheceu a Síndrome de *Burnout* como doença do trabalho.

Em suma, como se vê, as transformações do Direito do Trabalho impactam e exigem transformações do direito sindical e seus fundamentos e atuação representativa e negocial[42].

8. Conclusões

Posto legislado o tema teletrabalho, muitas questões escapam da proteção social. A regulamentação estatal do teletrabalho, em regra, é insuficiente e potencializa o debate na senda da necessidade de complemento normativo via negociação coletiva, nos temas: (i) a igualdade de tratamento do trabalho em domicílio e externo em cotejo com o trabalhador comum, para evitar a discriminação e desigualdades de tratamento com relação aos demais trabalhadores da empresa; (ii) as garantias de direitos trabalhistas sociais; (iii) os direitos de personalidade, nas vertentes do direito à intimidade e a vida privada do trabalhador e a violência no ambiente de trabalho; (iv) os requisitos formais do contrato de *teletrabalho*; (v) o local da prestação de serviços; (vi) as modalidades de *teletrabalho*; (v) a jornada e a aplicação da regulamentação do tempo-trabalho, bem como o direitos ao descanso e à desconexão; (vi) a remuneração; (vi) os instrumentos de trabalho utilizados e os respectivos gastos; (vii) a figura do empregador e tomador/fornecedor e a responsabilidade subsidiaria/solidária; (viii) o poder diretivo, a nova subordinação jurídica e os problemas específicos sobre os limites do exercício do poder diretivo, de controle, de vigilância e disciplinar empresarial, que em alguns casos pode chegar a invadir a vida privada do trabalhador; (ix) a proteção legal da seguridade social (previdenciário e acidentário), tais como, a saúde, a proteção à maternidade, a idade mínima de admissão no

(41) WORLD ECONOMIC FORUM. *The future of job report*. Genebra: World Economic Forum, 2018. Disponível em: <https://www.weforum.org/report s/the-future-of-jobs-report-2018>. Acesso em: 20 mar. 2022.

(42) BRAMANTE, Ivani Contini. Novos paradigmas do direito coletivo do trabalho. *Revista do Tribunal Superior do Trabalho*, São Paulo, v. 86, n. 4, p. 158-166, out./dez. 2020.

trabalho, direito à segurança, medicina e higiene do trabalho, os problemas sobre intervenção e o acesso da inspeção e fiscalização do trabalho; (x) o direito do *teletrabalhador* de organização sindical e negociação coletiva e, os impedimentos práticos do exercício dos direitos de representação coletiva e de grave; o direito na participação na empresa e outras formas participativas.

Daí, a necessidade de uma nova reflexão acerca do tema e o estímulo ao debate no pensamento jurídico, para evitar o risco de uma proteção social insuficiente. Mister se faz, assim, uma revisão, revaloração e redefinição da dogmática do Direito do Trabalho, uma *(re)*análise dos fundamentos do poder diretivo e as considerações sobre a subordinação jurídica a distância (telessubordinação) e o exercício do poder diretivo a distância (teledireção) para caracterização do contrato de teletrabalho. Ainda, outras questões são importantes, relacionadas com o desenvolvimento do tema, tais como o giro jurisprudencial fundada na interpretação visando à inclusão social e à igualdade de tratamento entre trabalhador interno e externo, pela aplicação: da força principiológica da Convenção n. 177 e da Recomendação n. 184 sobre o trabalho em domicílio, e da Convenção n. 129 sobre a inspeção do trabalho no domicilio, ambas da OIT, *ex vi* do art. 5º, § 2º, CF; dos princípios e direitos constitucionais; da legislação previdenciária existente aos trabalhadores em domicílio conforme art. 201, CF; do art. 3º; art. 6º, art. 75-A a 75-E e art. 83, da CLT com redação dada pela Lei n. 12.551/2011 e Lei n. 13.457/2017.

Dentre os desafios das entidades sindicais no Brasil temos a missão de compatibilizar a competitividade das empresas com uma regulamentação que limite a insegurança e a desigualdade, de integração social e desenvolvimento econômico sustentável, em cumprimento à Agenda 2030 da ONU. Assim, é mister privilegiar a valorização da negociação coletiva, nos termos do arts. 7º, *caput* e inciso XXVI e art. 8º, III e VI, CF/1988, focada no incremento da tutela sindical em todos os níveis, inclusive dos trabalhadores informais, aprendizes e estagiários; máxime a representação no local de trabalho, com poder de consulta, informação, participação e negociação com novos conteúdos de cidadania transnacional, direitos de personalidade, perspectiva de gênero, ainda para servir de canal de denúncia da discriminação e violência no ambiente de trabalho.

Conclui-se, pois, que na ordem jurídica brasileira o sindicato é uma instituição importante ao regime democrático. Isso porque vocacionado não só a fazer cumprir os preceitos normativos e principiológicos mas, precipuamente, por assegurar voz e voto e o poder normativo aos trabalhadores, na fixação das suas próprias condições de trabalho, para criar um direito novo, um direito das desigualdades, diante das peculiaridades de cada categoria. Eis aqui a missão nobre sindical: imprimir o caráter progressista ao Direito do Trabalho e o fomento da inclusão social.

Referências

ALMEIDA, Almiro Eduardo; SEVERO. Valdete Souto. *Direito à desconexão nas relações sociais de trabalho.* São Paulo: LTr, 2014.

ARANDA, Javier Thibault. *El teletrabajo. Análisis jurídico-laboral.* Madri: Consejo Económico y Social, Colécion Estudios, n. 88, 2001.

BRAMANTE, Ivani Contini. Teletrabalho: uma nova forma flexível de trabalho. Tese de Doutorado. PUC – SÃO PAULO, 2003.

______. Teletrabalho de representação comercial: novos paradigmas da autonomia e da subordinação. Representação Comercial e Distribuição. *Estudos em homenagem ao Prof. Rubens Requião.* São Paulo: Saraiva, 2006.

______. Teletrabalho: teledireção, telessubordinação e teledisposição. *Revista LTr: legislação do trabalho.* São Paulo, v. 76, n. 4, p. 391-412, abr. 2012.

______. Novos paradigmas do direito coletivo do trabalho. *Revista do Tribunal Superior do Trabalho.* Brasília, v. 86, n. 4, p. 158-166, out./dez. 2020.

______.Unicidade Sindical: Entrave à Liberdade Sindical: Perspectiva após a Emenda Constitucional no 45/2004. *Aspectos Polêmicos e Atuais do Direito do Trabalho — Homenagem ao Professor Renato Rua de Almeida,* São Paulo: LTr, 2007.

______. Proteção à gestante e pandemia: salário-maternidade risco ambiental: Covid-19. *Revista LTr: Legislação do Trabalho.* São Paulo, v. 84, n. 11, p. 1.380-1.390, nov. 2020.

______. Proteção à gestante e pandemia: salário-maternidade. Risco ambiental. Covid-19. In: BRAMANTE, Adriane; SIMONATO, Priscilla (Coords.). *Direito Previdenciário das mulheres.* Curitiba: Juruá, 2021. p. 61.

FELICIANO, Guilherme Guimarães; PASQUALETO, Olívia de Quintana Figueiredo. Teletrabalho, saúde e segurança do trabalho e regulamentação estatal: pandemia, aprendizados e perspectivas futuras. (Ano 7 (2021), n. 5, p. 1.073-1.104). Disponível em: <https://www.cidp.pt/revistas/rjlb/2021/5/2021_05_1073_1104.pdf>.

FERNÁNDEZ, Antonio Barrero. *Teletrabalho.* Lisboa: Editorial Estampa, 1999.

FLOREZ, L. Martin. Outsourcing y teletrabajo: consideraciones jurídico-laborales sobre nuevos sistemas de organización de trabajo. *REDT,* n. 71, 1995.

GBEZO, Bernard E. Outro modo de trabajar: la revolución del trabajo. *Revista da Organização Internacional do Trabalho,* n. 14. Genebra: OIT, 1995.

OLIVEIRA NETO, Célio Pereira. Quais os principais desafios para o teletrabalho pós Covid-19?. Disponível em: <http//www.jota.info/opiniao-e-analise/artigos/quais-os-principais-desafios- para-o-teletrabalho-pos-covid-19-03072020>.

KUGELMASS, Joel. *Telecommuting:* a manager's guide to flexible work arrangements. Nova York: Lexington Books, 1995.

MADERA, Maria. L'atipicità del raporto di telelavoro. *Revista Lavoro e Previdenza Oggi,* Milão, ano XXVI, mar. 1999.

MELO, Sandro Nahmias; LEITE. Karen Rosendo de Almeida. *Direito à desconexão do trabalho.* São Paulo: LTr, 2021.

MOYA, Rosário Gallardo. *El viejo e el nuevo trabajo a domicilio* — de la máquina de hilar al ordenador. Madri: Ibidem Edições, 1998.

NILLES, Jack. *Fazendo do teletrabalho uma realidade*. São Paulo: Futura, 1997. Trad. Eduardo Pereira Ferreira.

PACHECO, Fábio Luiz; DESTE, Janete Aparecida. *Teletrabalho na Legislação Brasileira e sua Multidisciplinaridade:* Aspectos Teóricos e Práticos. Leme: Editora Mizuno, 2021.

PASSARELLI, Guiseppe Santoro. Flessibilità e raporti di lavoro. In: PASSARELLI, Guiseppe Santoro (Org.). *Fessibilità e diritto del lavoro*. Turim: Giappichelli, 1997.

PIZZI, Paolo. Il telelavoro nella contrattazione collettiva. *In*: PASSARELLI, Guiseppe Santoro (Org.). *Fessibilità e diritto del lavoro*. Turim: Giappichelli, 1997.

SUPIOT, Alain. *Transformation du travail et devenir du droit du travail en Europe*. Flammarion, 1999.

TAVARAYAMA, Rodrigo; FREITAS, Regina Célia Marques; MARTINS, José Roberto. A Sociedade da Informação: possibilidades e desafios. *Nucleus*, [s.l.], v. 9, n. 1, p. 253-261, 30 abr. 2012. Fundação Educational de Ituverava.

WORLD ECONOMIC FORUM. The future of job report. Genebra: *World Economic Forum*, 2018. Disponível em: <https://www.weforum.org/report s/the-future-of-jobs- report-2018>.

ORGANIZAÇÃO INTERNACIONAL DO TRABALHO. El futuro sindical depende de la organización de la economía informal. *ACTRAV INFO*, Genebra, 20.3.2022. Disponível em: <https://www.ilo.org/actrav/media- center/pr/WCMS_711227/lang--es/index.htm>.

______. La mayor parte del empleo mundial procede de las pequeñas empresas y los trabajadores independientes, concluye un nuevo informe de la OIT. *OIT Notícias*, Genebra, 10 out. 2019b. Disponível em: <https://www.ilo.org/global/about- the-ilo/newsroom/news/WCMS_723414/lang--es/index.htm>.

TST. *TST lança matéria educativa do teletrabalho:* Teletrabalho — o trabalho de onde você estiver, 2020. Disponível em: <https://www.tst.jus.br>.

Teletrabalho Transnacional

Michel Borges da Silva

Introdução

O teletrabalho transnacional surge com o avanço global tecnológico, movido por períodos vividos pela sociedade. O processo disruptivo do modelo tradicional de trabalho está sendo implementado através de novos modelos de comunicação entre os povos de um modo geral.

Com o entrelace empresarial atrelado aos órgãos protetivos do Direito do Trabalho, surgiram estudos aprofundados sobre a temática transnacional do teletrabalhador, procurando por meio dos princípios norteadores de tais premissas, uma melhor regulação harmônica do teletrabalho.

Dessa forma, o presente capítulo trará estudos dos principais órgãos internacionais de proteção do teletrabalho, atrelado às constituições de cada país, respeitando-se o marco soberano de cada nação. A ideia central está subordinada ao estudo dos principais pontos transnacionais sobre o regramento que envolve o teletrabalhador como um todo, mostrando-se preocupantes as normas de caráter uníssono sobre o tema, sem que isso cause prejuízos intercontinentais sobre os povos e nações.

De modo geral, saber como interligar as nações é ponto focal para a proteção do teletrabalhador, que precisa saber como invocar seus direitos em caso de conflitos e problemas diversos. Assim sendo, o capítulo mostrará pontos importantes de regulação única para referida modalidade de trabalho iminente.

1. Conceito — Teletrabalho transnacional

O teletrabalho transnacional é uma mistura das revoluções industriais com o aprimoramento do sistema global de internet. Os Estados Unidos da América, por meio de seu departamento de defesa e agência de projetos e pesquisas avançadas, criou, em 1969, a primeira rede de computadores denominada ARPANET(1), inicialmente para que os

(1) WIKIPÉDIA. "ARPANET". Disponível em: <https://pt.wikipedia.org/wiki/ARPANET>. Acesso em: 10 out. 2022.

militares tivessem maior segurança na transmissão de dados sigilosos, ou seja, iniciaram-se os estudos e transmissões de dados, denominados NCP[(2)] e TCP/IP[(3)].

Sedimentado após a Guerra Fria, e preocupado com os avanços da União Soviética, os EUA, juntamente com a Inglaterra, começaram a investir em transmissão de dados e comunicação a distância, aprimorando cada vez mais os sistemas de dados. Criou-se, então, a expressão Sociedade da Informação, muito bem delimitada por Tadao Takahashi[(4)]:

> A sociedade da informação não é um modismo. Representa uma profunda mudança na organização da sociedade e da economia, havendo quem a considere um novo paradigma técnico-econômico. É um fenômeno global, com elevado potencial transformador das atividades sociais e econômicas, uma vez que a estrutura e a dinâmica dessas atividades inevitavelmente serão, em alguma medida, afetadas pela infraestrutura de informações disponível. É também acentuada sua dimensão político-econômica, decorrente da contribuição da infraestrutura de informações para que as regiões sejam mais ou menos atraentes em relação aos negócios e empreendimentos. Sua importância assemelha-se à de uma boa estrada de rodagem para o sucesso econômico das localidades. Tem ainda marcante dimensão social, em virtude do seu elevado potencial de promover a integração, ao reduzir as distâncias entre pessoas e aumentar o seu nível de informação. Não é livre de riscos, entretanto.

Após as revoluções industriais e longos investimentos em tecnologia de defesa militar, e ainda com o advento da sociedade da informação, o mundo passa a testar novas tendências de trabalhos a distância, conectando os diversos polos mundiais em prol do crescimento econômico global, criando-se, dessa forma, o teletrabalho, introduzindo a forma transnacional como modo de realização do trabalho executado a distância entre as fronteiras dos países. Célio Pereira Oliveira Neto[(5)] define teletrabalho transnacional de forma bem clara e objetiva:

> [...] Alguns países perceberam grandes oportunidades com a virtualização do trabalho, do que a Estônia é exemplo, assim como Barbados — ilha situada no Caribe — que logo ao início da pandemia já lançou o programa

(2) *Network Control Protocol*, em português, Protocolo de Controle de Rede.

(3) *Transmission Control Protocol/Internet Protocol*, em português, Protocolo de Controle de Transmissão/ Protocolo de Internet.

(4) TAKAHASHI, Tadao. *Sociedade da informação no Brasil:* livro verde. Brasília: Ministério da Ciência e Tecnologia, 2000. p. 5.

(5) OLIVEIRA NETO, Célio Pereira. *Trabalho em ambiente virtual:* causas, efeitos e conformação. 2. ed., rev., atual. e ampl. São Paulo: LTr, 2022. p.182.

> Barbados *Welcome Stamp*, que permite a concessão de visto para morar na paradisíaca ilha do Caribe durante um ano, trabalhando para empresas de qualquer lugar do mundo de forma remota. Com o crescimento dos números da pandemia, outras nações seguiram o modelo de Barbados, do que é exemplo Bermudas e Ilhas Cayman (ambas no Caribe), além da Geórgia e outras iniciativas para nômades digitais, tais como o programa do México e Espanha (este último visto de autônomo). Deve-se compreender por teletrabalho transacional aquele prestado de forma descentralizada, portanto, fora do local padrão, a partir de país diverso do qual se situa o tomador dos serviços, cujo resultado é entregue por meio da telemática (comunicação mais informação e/ou informática). Adotando o mesmo raciocínio, teletrabalho transregional: aquele que é prestado de forma descentralizada, portanto, fora do local padrão, a partir de região diversa da que se situa o tomador dos serviços, cujo resultado é entregue por meio da telemática (comunicação mais informação e/ou informática). Para delimitação do tema, a análise se dará exclusivamente com base nas relações de telessubordinação, independente da modalidade (*anywhere office*, *home office*, misto, nômade ou outra classificação).

O mesmo autor traz indicação expressa dos impactos da quarta revolução industrial rumo à nova sociedade: "A Quarta Revolução Industrial tem um potencial muito mais violento do que as anteriores de mudar o rumo da sociedade, das coisas, das relações e do próprio sentido da vida, a começar pela diminuição dos postos de trabalho, ao menos no que se refere às atividades que exigem pouca qualificação"[(6)].

Estudos internacionais, veiculados na ampliação do trabalho a distância, criam as chamadas *Big Datas*[(7)], consistente em ampliar a rede e armazenamento de dados em plataformas cada vez menores, permitindo fluxo de informações de forma aumentada e ampliada entre empresas e trabalhadores.

A mencionada expressão *Big Data* pode ser demarcada por meio de cinco conceitos, denominados, segundo alguns centros de estudos renomados, como os cinco V's: (i) – volume; (ii) – velocidade; (iii) – variedade; (iv) – veracidade e (v) – valor, conceituados pelo blog de ciência *Oper Data*[(8)] de forma detalhada.

---

(6) *Ibidem*, p. 35.

(7) STATPLACE. *Blockchain, Big Data* e *IoL*: o que você precisa saber. Disponível em: <https://operdata.com.br/blog/blockchain-big-data-e-iot-o-que-voce-precisa-saber/>. Acesso em: 10 out. 2022.

(8) Volume: O conceito de volume no *big data* é melhor evidenciado pelos fatos do cotidiano: diariamente, o volume de troca de e-mails, transações bancárias, interações em redes sociais, registro de chamadas e tráfego de dados em linhas telefônicas. Velocidade: Velocidade é a taxa mais rápida na qual os dados são recebidos e talvez administrados. Normalmente, a velocidade mais alta dos dados é transmitida diretamente para a memória, em vez de ser gravada no disco. Alguns produtos inteligentes habilitados para internet operam em

Com todo o aspecto acelerado do sistema de dados e sociedade da informação, o teletrabalho transnacional ganhou força e amplitude, porém é alvo constante de regulação transnacional entre os países, tendo a Organização Internacional do Trabalho (OIT) papel fundamental e centralizador de toda operação internacional sobre o tema, sempre com o intuito de evitar conflitos e diminuir impactos intercontinentais dos trabalhadores sujeitos ao teletrabalho transnacional.

Dessa forma, Francisco de Assis Babosa Junior[(9)] traz preocupação ao sistema regulamentar único internacional, buscando interpretar as diversas formas de conexão entre os povos e nações, indicando estudos aprimorados de como criar o entrelace transnacional, sem que isso cause tumulto diplomático entre os países, descrevendo a problemática da seguinte forma:

> [...] Em face da Narrada Realidade Atual, a superada crise regulatória do direito do trabalho internacional passa necessariamente pela adoção de novos focos legislativos, constatando o legislador que há hoje uma saturação do contrato de trabalho por sua incapacidade para abarcar todas as situações possíveis no trabalho.
>
> A Cibernética e as novas maneiras de mourejo (Como o teletrabalho transnacional) inerentes à sociedade da informação demandam regulamentação correta e específica, a qual não pode ser demasiadamente rígida e atrelada a paradigmas forjados sob outra realidade do mundo do trabalho.

Compreendidos o conceito e as principais preocupações contemporâneas do teletrabalho, realizadas de forma internacional, surgem várias problemáticas sobre o teletrabalho transnacional, tais como falta de dados essenciais sobre quem realmente são os trabalhadores, onde estão a espécie do vínculo de trabalho, a jornada de trabalho realizada, entre outras. Essas incertezas prejudicam a atuação dos entes que defendem os trabalhadores, pois estes, na maioria das vezes, não têm as informações necessárias para o embasamento de suas ações.

De outro lado, o trabalho feito fora da empresa tem por resultado o isolamento do empregado, e isso faz com que este seja afastado física e mentalmente da área coletiva que cria um sindicato. Essa questão acaba por criar dificuldades para o órgão de classe ter

---

tempo real ou quase em tempo real e exigem avaliação e ação em tempo real. Variedade: Refere-se aos vários tipos de dados disponíveis. Tipos de dados tradicionais foram estruturados e se adequam perfeitamente a um banco de dados relacional. Com o aumento de *big data*, os dados vêm em novos tipos de dados não estruturados. Veracidade: Será que pode estar faltando alguma coisa nos dados? Os dados são "limpos" e precisos? Eles realmente têm algo a oferecer? Valor: O Valor está no topo da pirâmide de *big data*. Isso se refere à capacidade de transformar um tsunami de dados em negócios (*Ibid.*).

(9) BARBOSA JUNIOR, Francisco de Assis. *Teletrabalho transnacional*: normatização e jurisdição. São Paulo: LTr, 2020. p.130.

a proximidade do teletrabalhador para realizar reuniões e atividades coletivas, pois pode ser que o sindicato nem saiba da existência do teletrabalhador.

Havendo atualmente essa capacidade de deslocação das empresas na economia pós-fordista, tal prejuízo aparece ainda mais quando a empresa contrata empregados virtuais, salienta-se quando não é necessário o deslocamento físico para que possa contratar trabalhadores de outros países.

Diante disso, o mercado internacional de teletrabalhadores possui empregados no mundo inteiro, e por conta da modalidade de exercer o labor de qualquer lugar, não precisando se deslocar para efetivar a mão de obra, esse tipo de trabalho enfrenta dificuldades relacionadas à atuação dos sindicatos locais e regionais, pelo fato de não existir o contato direto deste para com a grande parte dos obreiros, havendo, assim, um obstáculo para a formação de acordo a respeito dos direitos que devem ser defendidos pelos trabalhadores.

2. Regramento internacional unificado sobre o teletrabalho transnacional

A despeito da preocupação internacional de harmonização entre as normas que regulamentam o direito do trabalho transnacional, a União Europeia, em 1951, firmou, através dos seus países-membros, o chamado Tratado de Paris(10), no qual delimitou regras com a preocupação de aproximação das legislações entre os países, normas estas de suma importância para o entendimento de como as relações diplomáticas sobre o direito do trabalho seriam geridas.

A influência da harmonização e do regramento único está predominante nos arts. 68 e 69(11) do referido tratado, que tratou claramente da unificação e harmonização das normas sobre direitos dos trabalhadores das diversas empresas e principalmente das indústrias.

A ideia era, naquele momento, cuidar das condições do meio ambiente dos profissionais de todas as categorias, e transcender as limitações das relações fronteiriças internacionais com ênfase nas relações mundiais.

---

(10) FRANÇA: Parlamento Europeu. *Tratado de Paris*. Disponível em: <https://www.europarl.europa.eu/about- parliament/pt/in-the-past/the-parliament-and-the-treaties/treaty-of-paris>. Acesso em: 10 out. 2022. Alemanha (Ocidental), França, Itália, Países do BENELUX (Bélgica, Países Baixos e Luxemburgo).

(11) FRANÇA – Art. 68: Métodos de definição de salários e benefícios, regimes de segurança social em uso nos vários Estados-Membros não são afetados, no que diz respeito às indústrias de carvão e auxiliá-lo, por meio da aplicação deste Tratado, nos termos sujeito às seguintes disposições.

Art. 69: Os Estados membros comprometem-se a eliminar qualquer restrição, com base na nacionalidade, para emprego nas indústrias de carvão e aço, no que diz respeito aos trabalhadores nacionais de um dos Estados-Membros de qualificação confirmada nas profissões de carvão e aço, sujeito a limitações decorrentes de necessidades básicas de saúde e ordem pública.

Outros tratados internacionais, tais como o Ato Único Europeu (1986), Tratado de Maastrich (1992), Tratado de Amsterdã (1997), Tratado de Nice (2001) e Tratado de Lisboa (2007), contribuíram para a evolução dos regramentos que envolvem os teletrabalhadores transnacionais, especialmente os direitos sociais mínimos dos teletrabalhadores(12).

Dessa forma, a evolução, atrelada ao sistema informatizado e estudos sobre os direitos sociais intercontinentais desaguaram na criação da categoria dos teletrabalhadores, categoria esta que demanda urgentemente um regramento unificado harmônico que respeite as leis e costumes dos países em que o trabalhador reside e a sede das empresas onde estão constituídas.

Os diversos problemas existentes envolvem diretamente os teletrabalhadores e sua proteção perante os locais em que eles residem e/ou prestam seus serviços. Dentro da pactuação transnacional, poderão ser negociadas as condições próprias para o trabalho realizado a distância, feito através da tecnologia, quais sejam: remuneração mínima, limitação de jornada, períodos de descanso, forma de exercer direitos coletivos e formação profissional.

Ainda, a referida pactuação harmônica transnacional poderia abordar sobre obrigações das empresas e suas especificidades nos contratos de trabalho, coletando-se dados e estatísticas sobre a problemática internacional sobre aplicação do direito no local da prestação de serviços, local da sede da empresa contratante e até mesmo em outro local pactuado entre as partes. Há uma diretiva na União Europeia relacionada à transparência de dados quando for usada mão de obra estrangeira nos territórios dos Estados-membros, e isso é semelhante ao uso do trabalho dos teletrabalhadores transnacionais.

Diversos parâmetros existentes servem de base e podem ser utilizados para a confecção da normatização única, por exemplo, os dispostos no acordo europeu sobre o teletrabalho, na Convenção n. 177 da OIT, na Recomendação n. 198 da OIT, nas diretrizes da OCDE para empresas multinacionais, no Tratado de Lisboa, nas legislações locais de países como Portugal e Brasil.

Não obstante, a Lei n. 13.467/2017 introduziu a temática do Teletrabalho no Capítulo II-A na CLT, mas não fez menção explicitamente sobre os teletrabalhadores transnacionais, o que levou, por intermédio da grave doença mundial (Covid-19), os diversos países que integram a OIT a se unirem em reuniões para tratar sobre o teletrabalhador.

Dessa forma, por meio do Parlasul(13), Parlamento do Mercosul, do qual o Brasil faz parte, convocou-se uma reunião de urgência, em 20 de abril de 2020, com o fito

(12) BARBOSA JUNIOR, Francisco de Assis. *Teletrabalho transnacional:* normatização e jurisdição. São Paulo: LTr, 2020. p.130

(13) MERCOSUL. "Comissão de Trabalho do PARLASUL propões medidas para proteção dos empregos nos países do MERCOSUL frente a crise da Pandemia da Covid-19". Disponível em: <https://www.parlamentomercosur.org/innovaportal/v/17936/2/parlasur/comiss%C3%A3o-de-trabalho-do-parlasul-prop%C3%B5e-medidas-para-protec%C3%A3o-dos-empregos-nos-paises-do-mercosul-frente-a-crise-da-pandemia-da-Covid-19.html>. Acesso em: 10 out. 2022.

de debater sobre a problemática instaurada sobre os teletrabalhadores transnacionais e trabalhos gerais em tempos de crises. Referida reunião reforçou a obrigatoriedade de os países membros tomarem medidas urgentes internas para garantir a segurança laboral dos seus trabalhadores, e naquela ocasião, o teletrabalhador transnacional.

Muito embora o Brasil editasse, em 22 de março de 2020, a MP n. 927 (BRASIL, 2020), flexibilizando o trabalho em ambiente empresarial para o ambiente virtual (art. 4º, § 1º)[(14)], deixou de dispor sobre as garantias sociais de tais teletrabalhadores, pois o inciso III do art. 62 da CLT, introduzido pela Lei n. 13.467 de 2017, nada dizia sobre o regramento preciso da categoria. Após a reunião do Parlasul, em abril de 2020, o Brasil começou a estudar a categoria dos teletrabalhadores transnacionais, sendo pressionado pela OIT e demais recomendações internacionais sobre o assunto.

Em outubro de 2021, a OIT editou recomendação/nota informativa[(15)] sobre os teletrabalhadores transnacionais, e dentre as recomendações, os países deveriam aplicar harmonização legislativa sobre os temas: (i) – direitos e obrigações igualitárias entre trabalhadores comuns e teletrabalhadores; (ii) – limitação da jornada de trabalho não superior a 8 (oito) horas diárias; (iii) – direito à desconexão digital; (iv) – horários flexíveis adaptados aos trabalhadores que possuem familiares menores, deficientes, idosos ou com alguma questão de hipossuficiência comprovada; (v) – transferências dos trabalhadores para telepresencial; (v) – condições mínimas de trabalho remoto; (vi) – custeio da operação realizada na residência do trabalhador; (viii) – treinamentos específicos sobre sistemas a distância; (ix) – mesmos direitos coletivos garantidos e representantes sindicais fortalecidos; (x) – garantias sobre saúde e segurança do trabalho; (xi) – direito sobre sua privacidade.

Ainda na ânsia da padronização única e diante da nova realidade virtual, o Papa Francisco, em 4 de outubro de 2020, publicou a encíclica *Fratelli Tutti*[(16)], incluindo, nos

(14) Art. 4º Durante o estado de calamidade pública a que se refere o art. 1º, o empregador poderá, a seu critério, alterar o regime de trabalho presencial para o teletrabalho, o trabalho remoto ou outro tipo de trabalho a distância e determinar o retorno ao regime de trabalho presencial, independentemente da existência de acordos individuais ou coletivos, dispensado o registro prévio da alteração no contrato individual de trabalho.
§ 1º Para fins do disposto nesta Medida Provisória, considera-se teletrabalho, trabalho remoto ou trabalho a distância, a prestação de serviços preponderantes ou totalmente fora das dependências do empregador, com a utilização de tecnologias da informação e comunicação que, por sua natureza, não configurem trabalho externo, aplicável o disposto no inciso III do *caput* do art. 62 da Consolidação das Leis do Trabalho, aprovada pelo Decreto-lei n. 5.452, de 1943.

(15) OIT. Organización Internacional del Trabajo. *Nota Informativa: Lineamientos para la regulación del trabajo a distancia y el teletrabajo*. Disponível em: <https://www.ilo.org/wcmsp5/groups/public/---americas/---ro-lima/---sro- santiago/documents/publication/wcms_825183.pdf>. Acesso em: 10 out. 2022.

(16) VATICANO. "Carta Encíclica. *Fratelli Tutti* do Santo Padre Francisco Sobre a Fraternidade e a amizade social". Disponível em: <https://www.vatican.va/content/francesco/pt/encyclicals/documents/papa-francesco_20201003_enciclica-fratelli-tutti.html>. Acesso em: 16 jun. 2022.

arts. 7º e 8º(17), importante reflexão sobre a unificação e harmonia dos povos civilizados, priorizando as novas formas de conexões com a importância de não perdermos o espírito humano.

Dessa forma, a pandemia da Covid-19 acelerou as nações a buscarem um denominador comum sobre os direitos aplicados à categoria dos teletrabalhadores, regramentos únicos padronizados que garantirão melhores condições fundamentais à referida categoria. Porém para que isso se concretize, é necessário estudos aprofundados sobre os diversos modelos governamentais existentes entre os países que partilham dos lucros empresariais e laborais entre si.

3. Teletrabalho e interconstitucionalidade

Ainda para que se compreenda ao que se refere a padronização internacional das regras dos teletrabalhadores, necessário se faz explicitar sobre a teoria da interconstitucionalidade, que estuda as relações interconstitucionais de concorrência, convergência, justaposição e conflitos de diversas constituições e poderes constituintes no mesmo espaço político(18).

A interconstitucionalidade possui preliminares fundamentais e de ordem hierárquica. Para introduzir a teoria da interconstitucionalidade, Canotilho aduz que basta refletir a respeito de uma ordem jurídica medieval, com acúmulo de direitos em único espaço jurídico, respeitando-se a sobreposição de ordens jurídicas e sua hierarquia, como, por exemplo: Articulação da Constituição Federal de cada país, atrelada às constituições estaduais nas confederações e federações estatais.

---

(17) VATICANO. 7. Além disso, quando estava a redigir esta carta, irrompeu de forma inesperada a pandemia da Covid-19 que deixou a descoberto as nossas falsas seguranças. Por cima das várias respostas que deram os diferentes países, ficou evidente a incapacidade de agir em conjunto. Apesar de estarmos superconectados, verificou-se uma fragmentação que tornou mais difícil resolver os problemas que nos afetam a todos. Se alguém pensa que se tratava apenas de fazer funcionar melhor o que já fazíamos, ou que a única lição a tirar é que devemos melhorar os sistemas e regras já existentes, está a negar a realidade. 8. Desejo ardentemente que, neste tempo que nos cabe viver, reconhecendo a dignidade de cada pessoa humana, possamos fazer renascer, entre todos, um anseio mundial de fraternidade. Entre todos: "Aqui está um ótimo segredo para sonhar e tornar a nossa vida uma bela aventura. Ninguém pode enfrentar a vida isoladamente [...]; precisamos duma comunidade que nos apoie, que nos auxilie e dentro da qual nos ajudemos mutuamente a olhar em frente. Como é importante sonhar juntos! [...] Sozinho, corres o risco de ter miragens, vendo aquilo que não existe; é juntos que se constroem os sonhos". [6] Sonhemos como uma única humanidade, como caminhantes da mesma carne humana, como filhos desta mesma terra que nos alberga a todos, cada qual com a riqueza da sua fé ou das suas convicções, cada qual com a própria voz, mas todos irmãos.

(18) CANOTILHO, J. J. Gomes. *"Brancosos" e interconstitucionalidade*: itinenários dos discursos sobre a historicidade constitucional, 2. ed. Coimbra: Almedina, 2006. p. 265.

O precursor do referido regramento e sobreposição de normas intercontinentais é a União Europeia, já que desde antigamente se volta aos estudos sobre:

> (i) existência de uma rede de constituições de estados soberanos; (ii) turbulência produzida na organização constitucional dos estados soberanos pelas organizações políticas supranacionais; (iii) recombinação das dimensões constitucionais clássicas através de sistemas organizativos de natureza superior; (iv) articulação da coerência constitucional estatal com a diversidade de constituições inseridas na rede interconstitucional; (v) criação de esquemas jurídico-políticos caracterizados por um grau suficiente de confiança condicionada entre essas constituições e a constituição revelada pela organização política de grandeza superior.[19]

A teoria da interconstitucionalidade passa, dessa forma, pelo difícil problema da articulação entre constituições e da asserção de poderes constituintes com fontes e legitimidades variadas. Através disso, pretende-se que exista a percepção da fenomenologia jurídica e política de constelações ou formações políticas, com início em um entendimento propício ao pluralismo de ordenamentos e normas.

Ainda, o referido autor, traz alguns elementos que compõem a problemática da interconstitucionalidade, citando alguns, que segundo ele, são essenciais para se chegar a um denominador comum do regramento único, são eles: (i) – autodescrição; (ii) – texto interorganizativo; (iii) – interculturalidade; (iv) – interparadigmaticidade constituinte; (v) – intersemioticidade.

Segundo esses elementos, seria possível chegar à produção de um texto com o qual e por meio do qual uma determinada organização se identifica, constituições dos Estados não terão seu fim, mas apenas se adaptarão para serem inseridas no contexto interconstitucional, como, por exemplo, as convenções internacionais internalizadas por cada país-membro, sempre atrelado às características culturais de cada povo e nação.

Os textos constitucionais preservam a autorreferência dos sistemas nacionais e simultaneamente se reinserem na rede interorganizativa para garantirem o respeito das identidades nacionais. Com isso, tem-se, por correto, afirmar que autodescrições constitucionais são autoobservações literalmente fixas.

4. Teletrabalho e constitucionalismo internacional

É comum a referência à movimentação do mundo dos Estados para o mundo das constelações pós-nacionais. O pós-estadual e pós-nacional aparecerem como símbolo

(19) *Ibidem*, p. 267.

dos tempos globais. Diante disso, o Estado Constitucional aparece, atualmente, confrontado com o direito constitucional internacional. As constituições dos Estados supranacionalizaram-se ou internacionalizaram-se. Isso significa que os Estados se agruparam em comunidades políticas supranacionais, ou em sistemas políticos internacionais globalmente conhecidos. Os problemas do Estado e da Constituição só conseguirão reconhecimento político e jurídico se forem incorporados no direito constitucional internacional[(20)].

No direito internacional, os autores fazem referência ao avanço da constitucionalização dos direitos internacionais, e identificam um conteúdo jurídico-constitucional no direito das organizações internacionais, nos pactos e convenções que dizem respeito aos direitos humanos e no direito econômico internacional. Os limites entre direito constitucional e internacional teriam se afunilado e, dessa forma, atualmente, é possível falar juntamente de direito constitucional internacional e direito internacional constitucional.

Existe uma questão constitucional no contexto do constitucionalismo global que, se comparada a questões dos movimentos constitucionais dos séculos XVIII, XIX e XX, se restringirá à problemática da regulação de outras atividades sociais ligadas à digitalização, privatização e rede global.

Resta saber como poderemos contornar essa problemática central da regulação global das normas protetivas, especialmente aos teletrabalhadores transnacionais.

A resposta para a questão central poderá, segundo Canotilho[(21)], ser resolvida com alguns estudos, tais como: a transferência do paradigma constitucional nacional, a ideia de Constituição sem Estado em nível global, a Constituição global dos direitos fundamentais, a rede de constituições sociais globais.

Introduzindo as resoluções para a problemática, segundo Canotilho[(22)], a principal crítica que há em relação às posições filosóficas e teóricas é a de que aquelas apontam para grandes fantasmagorias normativas que não levam em conta as diferenças estruturais entre uma sociedade/comunidade estatal e uma sociedade/comunidade internacional e, acima de tudo, no que tange à organização coletiva, a ambiguidade que há em relação às tomadas de decisões, à organização de interesses e à formação democrática da vontade.

Tem-se que os sujeitos internacionais do processo de constitucionalização global seriam as organizações internacionais, as uniões internacionais de trabalhadores, as organizações não governamentais, entre outros. E, ainda, o indivíduo iria ganhar estatuto de sujeito internacional na constituição mundial como sujeito titular de direitos fundamentais e humanos.

---

(20) CANOTILHO, J. J. Gomes. *"Brancosos" e interconstitucionalidade:* itinenários dos discursos sobre a historicidade constitucional, 2. ed. Coimbra: Almedina, 2006, p. 265.

(21) *Idem.*

(22) *Idem.*

Referidas normativas constitucionais internacionais não poderiam existir sem que os direitos fundamentais e humanos fossem a base da criação dos direitos globais, tendo por consequência a imposição de deveres. Os direitos importariam diante das instâncias políticas bem como dos centros de poder econômico.

Ainda nessa linha, Canotilho[23] defende que os subsistemas sociais-internacionais adotem formas de regular que são parecidas com a de uma Constituição. Como, por exemplo, constituição do sistema de saúde, constituição da Internet, entre outras maneiras de equalizar e padronizar os sistemas constitucionais existentes nos países democráticos.

5. Teletrabalho transnacional e reflexos sobre a legislação interna — MP n. 1.108 e Lei n. 14.442/2022

As recomendações e diretrizes do Parlasul[24], em abril de 2020, atreladas às medidas urgentes indicadas pelo Brasil para a flexibilização dos direitos dos teletrabalhadores, em geral, fizeram com que o Brasil aprimorasse sua legislação sobre a categoria dos teletrabalhadores e transnacionais.

Não obstante a existência das Medidas Provisórias 927 e 936 terem tratado sobre os teletrabalhadores de modo geral, a MP 1.108, de 25 de março de 2022, convertida em Lei n. 14.442 de 2 de setembro de 2022, introduziu importantes mudanças sobre os teletrabalhadores, alterando-se de forma significativa o regramento transnacional de referida categoria.

As principais mudanças que afetaram o teletrabalho transnacional foram intro-

---

(23) *Idem.*

(24) MERCOSUL. *Comissão de Trabalho do PARLASUL propões medidas para proteção dos empregos nos países do MERCOSUL frente à crise da Pandemia da Covid-19.* Disponível em: <https://www.parlamentomercosur.org/innovaportal/v/17936/2/parlasur/comiss%C3%A3o-de-trabalho-do-parlasul-prop%C3%B5e-medidas-para-protec%C3%A3o-dos-empregos-nos-paises-do-mercosul-frente-a-crise-da-pandemia-da-Covid-19.html>. Acesso em: 10 out. 2022. A Comissão de Trabalho, Políticas de Emprego, Seguridade Social e Economia Social do Parlamento do MERCOSUL:

1. Insta os parlamentos nacionais dos países do MERCOSUL a agirem em coordenação com os governos e a apresentarem propostas ou a facilitarem a implementação de medidas de proteção ao emprego com vistas a manter empregos já existentes e garantir o pleno exercício dos direitos, evitando ações que possam resultar em precarização das relações e de vínculos de trabalho já estabelecidos;

2. Insta os parlamentos nacionais dos países do MERCOSUL a agirem em coordenação com os governos e a apresentarem propostas ou facilitarem a implementação de medidas extras de proteção à saúde dos trabalhadores de serviços essenciais que continuam realizando suas atividades garantindo a saúde dos trabalhadores e de suas famílias;

Sugere e incentiva os parlamentos nacionais a agirem em coordenação com os governos e a apresentarem propostas ou facilitarem a implementação de medidas de proteção social para trabalhadores informais, trabalhadores da economia social e solidária e desempregados, sobretudo aos jovens, às mulheres e às pessoas idosas, com vistas a garantir o pleno exercício de direitos fundamentais como alimentação, acesso à saúde e moradia, combinados com outras medidas relacionadas à garantia de acesso a bens públicos e comuns, como água, eletricidade e gás, entre outras medidas.

duzidas pelos §§ 7º e 8º do art.75-B[25] da referida MP/Lei, incluída no texto de lei da CLT.

Apesar da Lei n. 7.064/1982 — Lei dos Expatriados — dispor de regras mínimas e garantias aos trabalhadores contratados ou transferidos para prestar serviços no exterior, a nova lei mencionada fez questão de incluir o § 7º ao art. 75-B da CLT, fazendo parecer que o teletrabalhador transnacional seria uma categoria nova desvinculada das regras da expatriação, trazendo, dessa forma, perigosos precedentes nos direitos sociais.

A aplicação da legislação local relativa à base territorial do estabelecimento empresarial, em que o teletrabalhador transnacional esteja lotado, nos parece desvirtuada dos estudos e regramento único sobre os teletrabalhadores, permitindo-se, dessa forma, que um teletrabalhador contratado a distância, por empresa estrangeira, que possua sua base territorial em outro país, se utilize da mão de obra interna, e subtraia desse teletrabalhador brasileiro os direitos e garantias mínimas da nossa legislação nacional.

A alteração supramencionada pode ser considerada lesiva à Convenção n. 177 da OIT, ratificada pelo Brasil, pois referida convenção tratou do trabalho prestado em domicílio, conferindo garantias e fiscalizações nas relações laborais sobre referidas categorias.

Da mesma forma, o poder de pactuação entre o empregador e o empregado teletrabalhador, conferido pela parte final do § 8º, poderá confrontar os princípios mínimos de proteção do trabalhador hipossuficiente que, muitas das vezes, é compelido a aceitar condições não ideais incluídas nos contratos de trabalho.

A flexibilização dos teletrabalhadores transnacionais brasileiros se mostra, perigosa e sem estudos preliminares sobre os impactos que isso poderá causar na categoria do futuro, pois o teletrabalho é cada vez mais presente nas ralações trabalhistas mundiais, necessitando aprofundamento necessário jurisprudencial local para a segurança jurídica das relações.

A problemática existente é no sentido das reclamações de tais contratos, ou seja, das exclusões dos direitos fundamentais irrenunciáveis dos teletrabalhadores transnacionais brasileiros, o que poderá levar à precarização das relações de trabalho no âmbito interno.

---

(25) Art. 75-B. Considera-se teletrabalho ou trabalho remoto a prestação de serviços fora das dependências do empregador, de maneira preponderante ou não, com a utilização de tecnologias de informação e de comunicação, que, por sua natureza, não configure trabalho externo (...).

§ 7º Aos empregados em regime de teletrabalho aplicam-se as disposições previstas na legislação local e nas convenções e nos acordos coletivos de trabalho relativas à base territorial do estabelecimento de lotação do empregado.

§ 8º Ao contrato de trabalho do empregado admitido no Brasil que optar pela realização de teletrabalho fora do território nacional aplica-se a legislação brasileira, excetuadas as disposições constantes da Lei n. 7.064, de 6 de dezembro de 1982, salvo disposição em contrário estipulada entre as partes.

A título de exemplo e precedentes de como resolver a problemática que será ainda instaurada no âmbito brasileiro, podemos citar o julgamento do processo C – 445/03[26]. O Tribunal de Justiça da União Europeia mencionou a existência de medidas sociais nos países onde estão sediadas as empresas, assim como a imposição de respeito dessas pelo país que recebe a mão de obra. Tais medidas podem derivar da legislação do Estado-membro como de um acordo de cooperação feito entre a Comissão Europeia e o Estado terceiro.

O contexto dessa decisão, acima citada, vincula-se à existência de normas em Luxemburgo, que objetivam a proteção dos trabalhadores, mas que foram interpretadas como sendo muito restritivas e opostas a algumas diretrizes da União Europeia. Tal lógica pode ser utilizada no caso da regulamentação pactuada do teletrabalho transnacional.

Uma pactuação do teletrabalho transnacional não deve se basear apenas na linha usada pelo Poder Judiciário, que usa a Jurisprudência de Interesses, que é apenas para a proteção dos trabalhadores. Antes disso, deve ser feita a aplicação da justiça no caso concreto, sendo certo que deve ser justa para as empresas também.

Logo, se as empresas de um modo geral se conscientizarem sobre as normas nacionais que regulam o teletrabalhador, teremos mais facilidade na implementação das novas regras internacionais sobre o tema, evitando-se dessa forma as desigualdades de tratamentos de um país em confronto com outro.

6. Conclusões

É preciso olhar atentamente para os teletrabalhadores transnacionais, que não podem ser divorciados das garantias mínimas dos direitos sociais fundamentais, constituídos ao longo de muitos anos de lutas.

Imperioso, sim, estudarmos os impactos de cada legislação sobre o assunto, bem como implementar medidas que se adaptem ao regramento único divulgado por órgãos internacionais de controle, evitando-se, dessa forma, grandes impactos na vida do teletrabalhador transnacional.

O olhar cuidadoso sobre os direitos sociais deve caminhar ao lado das novas tendências tecnológicas e laborais, aprimorando-se, no que for necessário, as relações trabalhistas modernas. Modernidade não deve ser causa para barramento da evolução legislativa mundial, mas deve sim ser adaptada às novas tendências laborativas protetivas, garantindo-se, dessa forma, a união dos povos em prol da dignidade social humana.

Em conclusão, o teletrabalho transnacional deverá ser fonte primordial de estudos em universidades ao redor do mundo, com o aprofundamento dos impactos diplomáticos

---

(26) BRASIL. *Acórdão do Tribunal de Justiça (Primeira Secção)*. Disponível em: <https://eur-lex.europa.eu/legal-content/PT/TXT/PDF/?uri=CELEX:62003CJ0445&from=ES>. Acesso em: 13 out. 2022.

de cada país e com o fortalecimento dos órgãos concentrados que poderão editar regras harmônicas e seguras, compondo nova categoria de trabalho.

Referências

BARBOSA JUNIOR, Francisco de Assis. *Teletrabalho transnacional:* normatização e jurisdição. São Paulo: LTr, 2020.

BRASIL. *Medida Provisória n. 927, de 22 de Março de 2020.* Disponível em: <https://www.in.gov.br/en/web/dou/-/medida-provisoria-n-927-de-22-de-marco-de-2020-249098775>. Acesso em: 10 out. 2022.

CANOTILHO, J. J. Gomes. *"Brancosos" e interconstitucionalidade*: itinenários dos discursos sobre a historicidade constitucional, 2. ed. Coimbra: Almedina, 2006.

EUROPA. Comissão das Comunidades Europeias. *Acórdão do Tribunal de Justiça (Primeira Secção).* Disponível em: <https://eur-lex.europa.eu/legal-content/PT/TXT/PDF/?uri=CELEX:-62003CJ0445&from=ES>. Acesso em: 13 out. 2022.

FRANÇA. Parlamento Europeu. *Tratado de Paris.* Disponível em: <https://www.europarl.europa.eu/about-parliament/pt/in-the-past/the-parliament-and-the-treaties/treaty-of-paris>. Acesso em: 10 out. 2022.

MERCOSUL. *Comissão de Trabalho do PARLASUL propões medidas para proteção dos empregos nos países do MERCOSUL frente à crise da Pandemia da Covid-19.* Disponível em: <https://www.parlamentomercosur.org/innovaportal/v/17936/2/parlasur/comiss%C3%A3o-de-trabalho-do-parlasul-prop%C3%B5e-medidas-para-protec%C3%A3o-dos-empregos-nos-paises-do-mercosul-frente-a-crise-da-pandemia-da-Covid-19.html>. Acesso em: 10 out. 2022.

OIT. Organización Internacional del Trabajo. Nota Informativa: Lineamientos para la regulación del trabajo a distancia y el teletrabajo. Disponível em: <https://www.ilo.org/wcmsp5/groups/public/---americas/---ro-lima/---sro-santiago/documents/publication/wcms_825183.pdf>. Acesso em: 10 out. 2022.

OLIVEIRA NETO, Célio Pereira. *Trabalho em ambiente virtual:* causas, efeitos e conformação, 2. ed. rev., atual. e ampl. São Paulo: LTr, 2022.

STATPLACE. *Blockchain*, *Big Data* e *IoL*: o que você precisa saber. Disponível em: <https://operdata.com.br/blog/blockchain-big-data-e-iot-o-que-voce-precisa-saber/>. Acesso em: 10 out. 2022.

TAKAHASHI, Tadao. *Sociedade da informação no Brasil:* livro verde. Brasília: Ministério da Ciência e Tecnologia, 2000.

VATICANO. "Carta Encíclica. *Fratelli Tutti* do Santo Padre Francisco Sobre a Fraternidade e a amizade social". Disponível em: <https://www.vatican.va/content/francesco/pt/encyclicals/documents/papa- francesco_20201003_enciclica-fratelli-tutti.html>. Acesso em: 16 jun. 2022.

WIKIPÉDIA. *ARPANET.* Disponível em: <https://pt.wikipedia.org/wiki/ARPANET>. Acesso em: 10 out. 2022.

Trabalhadores Extraterritoriais. Legislação Nacional

Fabiana Polano Zaparolli

Introdução

O presente trabalho tem por objetivo o estudo da legislação adotada para os teletrabalhadores extraterritoriais e o conflito de leis trabalhistas no espaço, a partir de pesquisa investigativa com base na legislação, doutrina e jurisprudência.

A conexão entre os países com a circulação de trabalhadores tem se tornado cada vez mais efetiva com o avanço da tecnologia, gerando problemas relacionados à autonomia e legislação própria de cada Estado soberano.

Considerando que a prestação de serviços no estrangeiro ou para um país estrangeiro envolve questões para além da ordem nacional, surgem diversos questionamentos acerca de qual lei é aplicável.

O contrato de trabalho que extrapola a soberania de um único Estado envolve diversos elementos, chamados pelo direito internacional de elementos de conexão, como a vinculação com o país de origem ou o país da prestação de serviço, o país em que localizada a empresa, entre outros, os quais atraem a incidência de normas de mais de um sistema jurídico, gerando, inevitavelmente um conflito de leis no espaço.

Diante desse conflito de leis no espaço, é necessária a adoção de um critério jurídico que determine qual lei será aplicada ao caso concreto.

O trabalho passará pela análise das normas nacionais internas, normas de direito internacional privado do País, doutrina e jurisprudência, que designarão a legislação aplicável à causa com conexão internacional.

1. Regulamentação no âmbito do direito interno

1.1. Consolidação das leis do trabalho (CLT)

O teletrabalho e o teletrabalho transnacional foram objeto de discussão nos termos do Projeto de Lei n. 4.505/08[1], que propôs regulamentar o trabalho a distância,

(1) Câmara dos Deputados. *Projeto de Lei n. 4.505, de 2008*. Regulamento, trabalho a distância. Conceito e disciplina as relações de trabalho e dá outras providências. Disponível em: <https://www.camara.leg.br/proposicoesWeb/fichadetramitacao?idProposicao=420890>. Acesso em: 10 jun. 2022.

conceituar e disciplinar as relações de teletrabalho e outras providências, estando pendente de deliberação do recurso na mesa diretora da Câmara dos Deputados. O projeto busca a definição de ambos os institutos mediante o estabelecimento de critérios objetivos.

No caso do teletrabalho, o projeto adota um critério quantitativo de cota superior a 40% do tempo de trabalho em um ou mais lugares diversos do local de trabalho regular. Para o trabalho transnacional, a intenção do legislador é de definir a legislação aplicável estabelecendo para tanto o critério da lei do local da prestação de serviços, salvo convenção contratual em sentido contrário (critério da autonomia da vontade).

Fato é que esses institutos contam com regulamentações recentes no ordenamento jurídico nacional. O teletrabalho aparece previsto no art. 6º da CLT, que menciona não existir diferenças entre o trabalho realizado no estabelecimento do empregador e o realizado no domicílio do empregado ou a distância, desde que os pressupostos da relação de emprego estejam caracterizados.

Posteriormente, ainda que de forma precária, a Reforma Trabalhista, Lei n. 13.467/17, passou a regulamentar o teletrabalho no Brasil com a inserção dos arts. 75-A a 75-E na CLT. A definição de teletrabalho foi estabelecida no art. 75-B, tendo como critério diferenciador para esse tipo de ocupação, a preponderância da prestação de serviços fora das dependências do empregador, com o uso das tecnologias de informação e comunicação, sem fazer nenhuma menção ao teletrabalho transnacional.

Recentemente o assunto voltou a ser tema de nova regulamentação com a edição da MP n. 1.108/22. Segundo a respectiva Exposição de Motivos, 5/2022[(2)], a medida é exclusivamente voltada a tratar de temas de Direito do Trabalho, tendo como fundamentos a modernização das relações trabalhistas e o estabelecimento de maior clareza conceitual para o instituto e segurança jurídica, em complemento às inovações já elaboradas pela Reforma Trabalhista.

A MP n. 1.108/22 entrou em vigor na data da sua publicação, 28 de março de 2.022, restando convertida na Lei n. 14.442/22 em 2 de setembro de 2022. Esses instrumentos normativos alteraram diversos dispositivos da CLT.

Em relação ao teletrabalho, o conceito introduzido pela Lei n. 13.467/17 foi modificado. Antes, a definição de teletrabalho se dava pela realização do labor preponderantemente fora das dependências do empregador. Posteriormente, o teletrabalho passou a ocorrer fora das dependências da empresa, de forma preponderante ou não. O modo

---

(2) Câmara dos Deputados. Estudos Legislativos. *Nota descritiva da Medida Provisória n. 1.108, de 2022.* Dos consultores legislativos Ângelo Azevedo Queiroz e David Ribeiro de Oliveira Júnior. Disponível em: <https://www2.camara.leg.br/atividade-legislativa/estudos-e-notas-tecnicas/notas-descritivas-sobre-medidas-provisorias/2022/nota-descritiva-da-medida-provisoria-no-1108-de-2022-dos-consultores-legislativos-angelo-azevedo-queiroz-e-davi-ribeiro-de-oliveira-junior>. Acesso em: 4 jun. 2022.

"preponderantemente fora das dependências da empresa" deixou de ser exigido, permitindo que o teletrabalho aconteça com o comparecimento do empregado nas dependências da empresa ou fora dela, independentemente de qual modo preponderar.

No âmbito específico do teletrabalho transnacional, foi inserido o § 8º no art. 75-B da CLT passando a regulamentar a situação dos teletrabalhadores admitidos no Brasil, que optarem pela realização do teletrabalho em outro país, fora das situações previstas na Lei n. 7.064/82(3).

O dispositivo nos leva a concluir que esses empregados poderão ser contratados por empregadores nacionais diversos dos previstos naquela lei, por empresas não multinacionais e até mesmo por empresas estrangeiras, desde que contratados no País, de modo que sobre eles incidirá a legislação brasileira, salvo qualquer outra ajustada entre as partes (critério da autonomia).

O critério da autonomia da vontade confere às partes plena liberdade de escolha para que definam a legislação aplicável ao seu contrato de trabalho. Esse critério está entre os previstos na Convenção de Roma, não aplicada ao Brasil, também na Convenção do México, assinada pelo Brasil, mas até hoje não ratificada(4).

Até a edição da MP, posteriormente convertida em lei, o tratamento normativo dispensado aos trabalhadores extraterritoriais e teletrabalhadores transnacionais era o previsto em leis nacionais, nas regras vigentes de Direito Internacional Privado, como veremos adiante, e nas jurisprudências dos nossos tribunais.

1.2. Regulamentação prevista na Lei n. 7.064/82

A Lei n. 7.064/82, regulamentada pelo Decreto n. 89.339/1984, dispõe sobre a situação de trabalhadores contratados no Brasil ou transferidos para prestar serviços no exterior. Em sua redação original, era destinada apenas aos contratados ou transferidos por empresas prestadoras de serviços de engenharia, inclusive consultoria, projetos e obras, montagens, gerenciamento e congêneres.

Após o advento da Lei n. 11.962/09, o alcance foi ampliado para qualquer trabalhador contratado no Brasil ou transferido para prestar serviços no exterior.

A Lei n. 7.064/82 foi a primeira a optar pela aplicação da norma mais favorável para os casos de empregados transferidos para o exterior. Esse critério não é aplicado a todo e qualquer trabalhador contratado no Brasil. Atualmente, a lei abrange praticamente

---

(3) *Lei n. 7.064, de 6 de dezembro de 1982*. Dispõe sobre a situação dos trabalhadores contratados ou transferidos para prestar serviços no exterior. Disponível em: <http://www.planalto.gov.br/ccivil_03/leis/l7064.htm>. Acesso em: 20 jun. 2022.

(4) CEZARIO, Priscila Freire da Silva. Caracterização do teletrabalho no ordenamento pátrio e aplicação da norma no teletrabalho transnacional e no teletrabalho transregional. *Rev. TST*. São Paulo, vol. 85, n. 4, out./dez. 2019. Disponível em: <https://juslaboris.tst.jus.br/bitstream/handle/20.500.12178/167993/2019_cezario_priscila_caracteriza cao_teletrabalho.pdf?sequence=1&isAllowed=y>. Acesso em: 1º jun. 2021.

três categorias de empregados: a) os transferidos para o exterior, que anteriormente executavam o trabalho no território brasileiro; b) os cedidos à empresa sediada no estrangeiro, mas mantido o vínculo com o empregador brasileiro; c) o contratado por empresa sediada no Brasil para laborar em outro país.[5]

Para os casos em que o empregado é contratado diretamente por empresa estrangeira para trabalhar no exterior, o art. 14 prevê o critério da territorialidade, assegurando ao trabalhador os direitos conferidos no Capítulo III que trata da contratação por empresa estrangeira.

O critério da norma mais favorável vem descrito no art. 3º, II, e diz respeito à aplicação da norma mais favorável ao caso concreto, considerando o conjunto de normas em relação a cada matéria. Críticos entendem que esse critério não seria a melhor opção por tratar de um critério subjetivo que acaba por promover a insegurança jurídica.

Fato é que a situação dos teletrabalhadores é inovadora, e, por essa razão, há quem defenda a análise sob outra perspectiva, com a formação de um novo ordenamento vindo da soma de dois ou mais vigentes em países diversos.[6]

A doutrina trabalhista nos informa que, antes da sociedade industrial capitalista, as relações laborais empregatícias jamais foram objetos de teoria e normatização. Atualmente, as questões laborais são enfrentadas e as relações empregatícias protegidas da arbitrariedade em decorrência dos estudos do Direito do Trabalho, que se tornou um ramo autônomo do Direito, com princípios, regras e diretrizes próprios[7].

O Direito do Trabalho regulamenta os interesses do mundo capitalista, perante a aquisição de força laboral, para que patamares civilizatórios mínimos sejam observados e garantam dignidade ao trabalhador com a aplicação dos princípios, direitos fundamentais e estruturas normativas[8].

No Brasil, por muito tempo, a jurisprudência se posicionou pela aplicação do Direito do Trabalho nacional às relações laborais vivenciadas no espaço externo ao território brasileiro (Estados estrangeiros). Esse direito era o adequado a reger o conflito de normas no espaço, em decorrência do critério geral da territorialidade ou *lex loci executionis*, reconhecido expressamente na Convenção de Havana de 1928, ratificada pelo Brasil, a ser tratada adiante[9].

---

(5) CASSAR, Vólia Bomfim. *Direito do Trabalho*. 14. ed. São Paulo: Método, 2017.

(6) BARBOSA JUNIOR, Francisco de Assis. *Teletrabalho transnacional:* Normatização e Jurisprudência. São Paulo: LTr, 2020.

(7) DELGADO, Mauricio Godinho. *Curso de Direito do Trabalho*, 18. ed. São Paulo: LTr, 2019.

(8) BARBOSA JUNIOR, Francisco de Assis. *Teletrabalho transnacional*: Normatização e Jurisprudência. São Paulo: LTr, 2020.

(9) DELGADO, Mauricio Godinho. *Curso de Direito do Trabalho*, 18. ed. São Paulo: LTr, 2019.

A jurisprudência, pautada no critério da territorialidade, passou a ser o entendimento dominante, sendo elevada à categoria de Súmula n. 207 do TST no ano de 1985, cancelada décadas depois, em 2012, apesar de ter perdido força antes mesmo do seu cancelamento. A sua incidência restou atenuada pela aplicação do critério da norma mais favorável, previsto na Lei n. 7.064/82, para os empregados de qualquer setor, desde que tivessem trabalhado no Brasil e posteriormente transferidos ao exterior(10).

Para as contratações diretas destinadas à prestação de serviço no exterior, os julgados consideravam válido o critério da territorialidade. Isso se deu em função de que grande parte do vínculo empregatício no exterior derivava de remoção e não de contratação exclusiva para o trabalho externo(11).

O critério da norma mais favorável decorre do princípio da proteção. Ele pressupõe a existência de um eventual conflito de normas aplicável a um mesmo trabalhador e direciona o operador do direito a adotar a mais favorável dispensando a aplicação do critério de hierarquia(12).

A doutrina apresenta três teorias para atender o critério da norma mais favorável:

a) teoria atomista (tomista, da soma, acumulação ou cumulação);

b) teoria do conglobamento (em bloco ou do conjunto);

c) teoria intermediária (por instituto, orgânica, eclética ou conglobamento mitigado)(13).

A teoria atomista propõe a união em um único ordenamento jurídico de todos os textos das leis comparadas e artigos, selecionando apenas as vantagens destinadas ao trabalhador, onerando bastante o empregador. É a teoria mais criticada por não atingir o sentido exato da norma(14).

A teoria do conglobamento permite a adoção de uma única lei mais favorável, considerando-a em sua integralidade ou no seu conjunto, devendo o intérprete optar entre a lei nacional ou a estrangeira. Esse critério apresenta vantagem por respeitar a unidade contratual e congruência e desvantagem pela dificuldade de examinar a legislação estrangeira. A teoria permite uma análise profunda entre as normas, devendo o intérprete optar pela mais benéfica, considerado o seu conjunto(15).

---

(10) *Idem.*

(11) *Idem.*

(12) CASSAR, Vólia Bomfim. *Direito do Trabalho.* 14. ed. São Paulo: Método, 2017.

(13) *Idem.*

(14) *Idem.*

(15) *Idem.*

A teoria intermediária permite ao intérprete desconsiderar a totalidade de uma lei e optar por institutos jurídicos mais benéficos ao trabalhador previstos em uma lei em detrimento dos mesmos institutos previstos em outra lei, menos benéficos. É a posição mais adotada pela doutrina.

2. Conflito de normas no espaço

O Direito de um Estado incide sobre as relações desenvolvidas dentro do seu território, ou seja, as normas de sua própria ordem jurídica(16). A regra geral decorre do princípio da territorialidade.

No ordenamento pátrio brasileiro, o Direito do Trabalho nacional é aplicado às relações empregatícias e conexas, além de outras relações laborais tipificadas em lei que ocorram dentro do território brasileiro. Sendo o contrato de trabalho formalizado dentro dos limites territoriais brasileiros, sobre ele incidirá a ordem jurídica pátria em decorrência do princípio da soberania e o critério da territorialidade(17).

No entanto, é possível que em certos casos haja dúvida quanto à incidência da norma nacional ou estrangeira devido à existência de alguma conexão internacional. É também possível que atos, fatos ou relações jurídicas ocorridas dentro de um espaço geográfico pertencente a um Estado apresentem vínculos maiores com outro Estado(18).

Esses vínculos envolvem diversos elementos, chamados pelo direito internacional de elementos de conexão, como: vinculação com o país de origem (lei do Estado da nacionalidade da parte); com o país de prestação de serviço (lei do lugar onde se desenvolve a relação jurídica); com o país em que localizada a empresa (norma do lugar em que a obrigação foi contraída); dentre outros, os quais atraem a incidência de normas de mais de um sistema jurídico, gerando, inevitavelmente, um conflito de leis no espaço(19).

Diante do conflito de leis no espaço, é necessária a adoção de um critério jurídico que determine qual lei será aplicada ao caso concreto. O critério jurídico é objeto do Direito Internacional que regula o conflito de normas no espaço.

A norma a ser aplicada nesses casos poderá ser nacional ou estrangeira, podendo inclusive levar à aplicação de uma norma estrangeira em outro Estado. A definição da norma dependerá dos elementos de conexão apresentados nessas relações, que indicarão

(16) PORTELA, Paulo Henrique Gonçalves. *Direito Internacional Público e Privado*. 9. ed. Salvador: JusPodivm, 2017.

(17) DELGADO, Mauricio Godinho. *Curso de Direito do Trabalho*. 18. ed. São Paulo: LTr, 2019.

(18) PORTELA, Paulo Henrique Gonçalves. *Direito Internacional Público e Privado*. 9. ed. Salvador: JusPodivm, 2017.

(19) *Idem*.

o preceito normativo a incidir no caso específico, elementos esses contidos nas normas de direito internacional privado[(20)].

O Brasil conta com normas internas e normas de Direito Internacional Privado internalizadas. É signatário de diversos tratados internacionais vigentes que estabelecem critérios a serem observados. A MP n. 1.108/22, convertida na Lei n. 14.442/22, ao inovar no direito laboral estabelecendo o critério da autonomia das partes, quando assim ajustado, ou o critério da lei brasileira na falta de ajuste, para os teletrabalhadores transnacionais, entrou em conflito com as normas já existentes previstas em tratados ratificados pelo País.

3. Regulamentação no direito internacional privado

3.1. Código de Direito Internacional (Código de Bustamante/Convenção de Havana) e a Medida Provisória n. 1.108/22, convertida na Lei n. 14.442/22

No âmbito do Direito Internacional Privado, o Brasil ratificou a Convenção de Havana (Código de Bustamante). A norma foi promulgada no Brasil pelo Decreto n. 18.871, de 13 de agosto de 1929, consagrando o princípio da *lex loci executionis* (lei do local da execução dos serviços) e prevê de forma expressa no art. 198 que a legislação a ser aplicada a acidentes do trabalho e proteção social do trabalhador é a lei territorial[(21)].

O princípio da *lex loci executionis* não contraria a norma descrita no art. 9º da Lei de Introdução às Normas do Direito Brasileiro (Decreto Lei n. 4.657/42), que adota o critério *locus regit actum* (lei do local da elaboração do ato), que é destinado aos contratos civis relacionados a direitos patrimoniais disponíveis e não aos contratos que envolvem relações sociais[(22)].

Há quem entenda que algumas das regras previstas no Código de Bustamante estão inadequadas para atender às novas relações laborais, como a prevista no art. 198, necessitando ao menos de uma nova interpretação. Atualmente há dificuldades na definição do local do teletrabalho transnacional, pois poderia ser o local da moradia do empregador, o local onde o trabalho ganha a sua forma, ou ainda, a sede da empresa contratante[(23)].

---

(20) *Idem.*

(21) PORTELA, Paulo Henrique Gonçalves. *Direito Internacional Público e Privado*. 9. ed. Salvador: JusPodivm, 2017.

(22) CASSAR, Vólia Bomfim. *Direito do Trabalho*.14. ed. São Paulo: Método, 2017.

(23) BARBOSA JUNIOR, Francisco de Assis. *Teletrabalho transnacional:* Normatização e Jurisprudência. São Paulo: LTr, 2020.

O fato de o teletrabalho se desenvolver com o uso de instrumentos informáticos e telemáticos dificulta a caracterização do local de prestação de serviços, e por essa razão seria conveniente estabelecer uma definição para o referido local. O teletrabalho não ocorre em um local físico, mas num ciberespaço, o que justificaria uma possível superação do critério da territorialidade[(24)].

Alguns autores entendem que a teoria do Direito do Trabalho está firmada num modelo antecedente à quarta revolução digital, de modo que não consegue regular as novas relações de trabalho, e essa falta de sintonia fica ainda mais evidente no caso de teletrabalho transnacional[(25)].

É muito comum que empresas localizadas em determinado país contratem serviços de teletrabalho de empregado localizado em outro país. Dessa forma, a realização do trabalho ocorre num local e o resultado é entregue a outro, gerando insegurança jurídica na relação de trabalho[(26)].

No Brasil, a recente MP n. 1.108/22, convertida na Lei n. 14.442/22, ao estabelecer alguma segurança jurídica quanto à legislação aplicável ao teletrabalhador transacional, determinando a prevalência do critério da autonomia da vontade das partes, se ajustado, ou a lei brasileira, na ausência de ajuste, executadas as disposições da Lei n. 7.064/82, entrou em conflito com o critério da territorialidade previsto no Código de Bustamante. Além disso, a norma contraria a própria Constituição Federal, que assegura aos trabalhadores outros direitos que visam à melhoria de sua condição social e à vedação do Retrocesso Social (art. 7º, CF), bem como o próprio Direito do Trabalho, que preconiza pela aplicação do princípio da norma mais favorável ao trabalhador.

O critério da autonomia da vontade adotado pelo legislador deve ser visto com muita cautela, especialmente no âmbito das relações laborais, cujas partes contratantes encontram-se numa relação assimétrica. De um lado está o empregador, parte hipersuficiente da relação jurídica, do outro, o empregado, parte hipossuficiente e vulnerável perante seu empregador, seja por uma perspectiva financeira, intelectual ou até mesmo de submissão perante o contrato de trabalho que está na iminência de ser ajustado.

É preciso também levar em consideração a divisão internacional do trabalho assentada nas relações entre os países hegemônicos e os de economia subjacente, como é o caso do Brasil, a fim de que as condições laborais não sejam enfraquecidas, o trabalho

---

(24) BITENCOURT, Manoela de. *A definição do local da prestação dos serviços no teletrabalho como um meio de efetividade dos direitos humanos laborais*. Disponível em: <http://www.publicadireito.com.br/artigos/?cod=433f3eb6c5b7bd3f>. Acesso em: 1º set. 2021.

(25) BARBOSA JUNIOR, Francisco de Assis. *Teletrabalho transnacional:* Normatização e Jurisprudência. São Paulo: LTr, 2020.

(26) SIERRA BENÍTEZ, Esperanza Macarena. *El contenido de la relación laboral en el teletrabajo*. Sevilha: Junta de Andalucía, 2011.

precarizado ou mercantilizado e o valor da dignidade da pessoa humana subvertido em prol do poder econômico.

A normatização ou estruturação de padrões de conduta e comportamento não são objeto do estudo da Sociologia, mas o conhecimento acerca desses padrões e comportamentos é fundamental para a construção de regras sobre licitude ou ilicitude[(27)].

Assim, é possível inferir que os operadores do direito, ao criarem as regras de conduta, devem observar os padrões e comportamentos da sociedade. Diante de um contexto de globalização, supercapitalismo, flexibilização, desregulamentação de normas e intensa precarização do trabalho, conferir o critério da autonomia às partes favorece o supercapitalismo e a parte hipersuficiente da relação empregatícia, que irá impor, na maioria das vezes, senão, sempre, a lei menos benéfica.

Existe uma discussão acerca da existência de um supercapitalismo dominado pelas grandes potências em busca de poder e riqueza mundial, que gera competição entre os blocos, de um lado as grandes potências e do outro a periferia. Esse sistema acarreta o aumento do desemprego, desigualdade social e submissão de nações aos países ricos. Nesse contexto, o teletrabalho passa a ser objeto de debate político em nível global, numa tentativa de conciliar interesses nacionais e internacionais mediante o estabelecimento de um regramento único para uma distribuição de renda mais justa[(28)].

No Brasil, a Constituição Federal prevê em seu art. 5º, § 2º que os direitos e garantias oriundos de tratados internacionais do qual o Brasil faça parte, não serão objeto de exclusão, devendo ser observados e aplicados na ordem interna.

Quanto à observância e aplicação dos tratados internacionais, o STF proferiu decisão nos REs 466.343 e 349.703, firmando entendimento de que os tratados internacionais de direitos humanos possuem status de norma supralegal, abaixo da Constituição Federal e acima da lei infraconstitucional, salvo os casos específicos aprovados pelo quórum especial do art. 5º, § 3º[(29)] que possuem status constitucional.

Em que pese a previsão legal da medida provisória constar na seção denominada "Do Processo Legislativo" da Constituição Federal, ela não é lei em sentido estrito, apenas possui força de lei, pois serve para regulamentar situações de relevância e urgência[(30)].

No caso do teletrabalhador transnacional, apesar da dificuldade quanto à definição do lugar da execução dos serviços há expressa previsão legal no Código do Bustamante,

---

(27) REALE, Miguel. *Lições preliminares de direito*. 27. ed. São Paulo: Saraiva, 2002.

(28) SIERRA BENÍTEZ, Esperanza Macarena. *El contenido de la relación laboral en el teletrabajo*. Sevilha: Junta de Andalucía, 2011.

(29) LENZA, Pedro. *Direito Constitucional esquematizado*. 24. ed. São Paulo: Saraiva Educação, 2020.

(30) *Idem*.

não havendo relevância e urgência que justifique a edição da MP, de forma que é possível, a princípio, falar em inconstitucionalidade formal, por ausência dos requisitos exigidos para a sua elaboração.

Em relação à Lei n. 14.442/22, é possível falar em inconstitucionalidade material por violar artigo da Constituição Federal (art. 7º, *caput*), bem como o princípio da vedação ao retrocesso, além da própria inconvencionalidade por violar regras e diretrizes previstas em tratados internacionais vigentes (controle de convencionalidade).

O compromisso assumido pelo Brasil na ordem internacional está vigente e deve ser observado. O tratado internacional poderá ser extinto por vontade das partes, de uma só parte (denúncia) ou em decorrência da alteração dos fatos que motivaram sua celebração. A princípio, o descumprimento não é causa para a extinção do tratado, mas poderá gerar sanções. Em casos de violação substancial pelo signatário, a outra parte poderá pedir a suspensão ou extinção do compromisso[31].

A Convenção de Havana/Código de Bustamante ainda dispõe sobre a nacionalidade dos navios e das aeronaves. Prevê expressamente no art. 274 que a nacionalidade dos navios é dada pela comprovação da patente de navegação e certificação do registro, sendo a bandeira um sinal distintivo aparente.

Mais adiante, o texto ainda prevê outros dois dispositivos, art. 279 e art. 281, referentes ao conflito de normas no espaço voltado especificamente às obrigações dos tripulantes de navios e armadores. As obrigações são regidas pelas leis do local da matrícula da embarcação (Lei do Pavilhão ou da Bandeira).

As embarcações podem passar muito tempo em alto-mar, além de normalmente não se fixarem em um só país ou território e as aeronaves também podem percorrer vários países. Portanto, a aplicação da lei do local da execução dos serviços estaria comprometida. A corrente doutrinária majoritária entende que o local da contratação ou a nacionalidade dos empregados não têm relevância para fins de aplicação do direito material laboral porque a lei determinante será a do país da bandeira, matrícula ou pavilhão. Não seria possível aplicar aos tripulantes leis trabalhistas diversas, cada uma de um país diferente[32].

As relações empregatícias marítimas submetem-se a regra própria. Na prática, normalmente, a Lei do Pavilhão do navio costuma coincidir com o país de domicílio do armador/empregador[33].

---

(31) PORTELA, Paulo Henrique Gonçalves. *Direito Internacional Público e Privado*. 9. ed. Salvador: JusPodivm, 2017.

(32) CASSAR, Vólia Bomfim. *Direito do Trabalho*. 14. ed. São Paulo: Método, 2017.

(33) DELGADO, Mauricio Godinho. *Curso de Direito do Trabalho*. 18. ed. São Paulo: LTr, 2019.

3.2. Convenção das Nações Unidas sobre o Direito do Mar

O Brasil é signatário da Convenção das Nações Unidas sobre o Direito do Mar (Convenção de Montego Bay), ratificada pelo Decreto n. 4.361/02 e promulgada pelo Decreto n. 99.165 de 12 de março de 1.990.

A Convenção também adotou o critério da lei do local do país onde a embarcação está matriculada (Lei do Pavilhão ou da Bandeira). O art. 91 prevê que a nacionalidade do navio corresponde à nacionalidade da bandeira que lhe é autorizada hastear, devendo para tanto, existir um vínculo substancial entre o navio e o Estado.

O texto ainda estabelece no art. 94 uma gama de deveres do Estado de bandeira, dentre os quais o exercício da jurisdição conforme o seu direito interno sobre todo o navio que arvore a sua bandeira, bem como sobre o capitão, oficiais e tripulação, para questões administrativas, técnicas e sociais relacionadas com o navio.

Os navios devem navegar sob a bandeira de um só Estado, salvo em casos excepcionais estabelecidos na própria convenção ou em tratados. Sobre as atividades desenvolvidas em alto-mar recairá a jurisdição desse Estado[(34)].

Em determinados casos, a Lei do Pavilhão ou da Bandeira, prevista tanto na Convenção das Nações Unidas sobre o Direito do Mar como no Código de Bustamante, poderá ser afastada.

Regra geral, o trabalho executado em embarcações deve respeitar a lei do país cuja bandeira ou pavilhão representa, exceto nos casos de bandeira de favor[(35)].

Os casos de bandeira de favor são casos de fraude. O país onde está matriculada a embarcação não possui nenhuma relação com quem a explora, usando a bandeira apenas de favor. Não há vínculo substancial entre o Estado e o navio. O registro do navio em determinado local serve apenas para burlar e fraudar direitos, pois a empresa exploradora da embarcação pertence à nacionalidade diversa da do registro.

Entende a corrente majoritária que nesses casos prevalecerá a lei do país do domicílio da pessoa (física ou jurídica) que explora o navio porque a relação empregatícia se estabelece entre o trabalhador e quem explora a embarcação e não com o seu dono[(36)].

A doutrina ainda aponta para outro critério, o princípio jurídico do centro de gravidade, conhecido no direito norte-americano como *most significant relationship*, que serviu de inspiração para a Convenção de Roma (Convenção Europeia). O princípio afasta as regras de direito internacional privado, de forma excepcional, quando observadas

(34) PORTELA, Paulo Henrique Gonçalves. *Direito Internacional Público e Privado*. 9. ed. Salvador: JusPodivm, 2017.

(35) CASSAR, Vólia Bomfim. *Direito do Trabalho*. 14. ed. São Paulo: Método, 2017.

(36) *Idem*.

as circunstâncias do caso concreto, verifica que a causa tem conexão ou vínculos mais estreitos com outro direito, sendo este o direito material a ser aplicado ao caso(37).

Embora o Brasil não tenha ratificado a Convenção do México, que também prevê o critério dos vínculos mais estreitos quando ineficaz o critério da autonomia das partes (art. 9º), há jurisprudências considerando que o trabalho transnacional produz efeitos em diversos países ao mesmo tempo, e o centro da gravidade é o país que mais recebe a irradiação desses efeitos(38).

A Convenção de Roma de 1980 é um importante referencial teórico, apesar de o Brasil não fazer parte. Além de prever outros critérios, também prevê o critério da conexão mais estreita. A lei aplicável ao contrato de trabalho dependerá da mobilidade do contrato. Apresentando o contrato conexão mais estreita com lei local diversa de onde o empregado presta seus serviços habitualmente, será aquela a lei aplicável, porque o conjunto das circunstâncias apontaram para esse local(39).

O princípio em questão é de grande valia e corresponde a uma forma justa e equilibrada de enfrentar essas consequências que são nocivas à sociedade. No caso dos marítimos, o art. 91 da Convenção das Nações Unidas sobre o Direito do Mar é enfático ao exigir vínculo substancial entre o Estado e o navio, para que não haja desvirtuamento da norma. Os armadores, ao matricular suas embarcações em países com legislações trabalhista, fiscal e securitária mais precárias, acabam se afastando da previsão normativa para angariar maiores lucros e competitividade.

Esse fato também ocorre com empresas não marítimas quando realocam atividades de suas cadeias produtivas nesses mesmos países. Aqui é preciso analisar as leis internas e as normas internacionais ratificadas pelo país e verificar o critério adotado, se o da autonomia, territorialidade, vínculos mais estreitos, ou outros.

No trabalho *offshore* internacional, as empresas conseguem realocar atividades da sua cadeia produtiva em centros de teletrabalho fixados em países de baixo custo salarial, com legislações trabalhista e securitária precárias, comparadas às do país de origem. Essa

(37) CEZARIO, Priscila Freire da Silva. Caracterização do teletrabalho no ordenamento pátrio e aplicação da norma no teletrabalho transnacional e no teletrabalho transregional. *Rev. TST*, São Paulo, vol. 85, n. 4, out./dez. 2019. Disponível em: <https://juslaboris.tst.jus.br/bitstream/handle/20.500.12178/167993/2019_cezario_priscila_caracteriza cao_teletrabalho.pdf?sequence=1&isAllowed=y>. Acesso em: 1º jun. 2021.

(38) TRT 9. *RO 37206-2015-004-09-00-6, 4ª Turma*. Acórdão de decisão que aplicou o princípio jurídico do Centro da Gravidade. Relatora: Rosemarie Diedrichs Pimpão. Publicado no *DEJT* em: 26.5.2017.

TRT 9. *RO 16511-2015-016-09-00-4, 7ª Turma*. Acórdão de decisão que afastou a Lei do Pavilhão por existir relação mais estreita com outra ordem jurídica. Relator: Altino Pedrozo dos Santos. Publicado no *DEJT* em: 59.2017.

(39) CEZARIO, Priscila Freire da Silva. Caracterização do teletrabalho no ordenamento pátrio e aplicação da norma no teletrabalho transnacional e no teletrabalho transregional. *Rev. TST*. São Paulo, vol. 85, n. 4, out./dez. 2019. Disponível em: <https://juslaboris.tst.jus.br/bitstream/handle/20.500.12178/167993/2019_cezario_priscila_caracteriza cao_teletrabalho.pdf?sequence=1&isAllowed=y>. Acesso em: 1º jun. 2021.

manobra gera altos lucros às empresas, consequências de economia subterrânea[40] além do *dumping* social[41].

3.3. Convenção sobre o Trabalho Marítimo — Convenção n. 186 da OIT

O mais recente tratado internacional da OIT ratificado pelo Brasil foi a Convenção sobre o Trabalho Marítimo — CTM (Convenção n. 186 da OIT), promulgada pelo Decreto n. 10.671/21. A convenção foi criada com o objetivo de reunir em documento único todas as normas atualizadas possíveis das convenções e recomendações internacionais sobre o trabalho marítimo e mais princípios fundamentais relacionados a outras convenções[42].

A convenção também adota em seu art. V, item 2, o critério da Lei do Pavilhão, estabelecendo que a regência de deveres e obrigações se dá conforme a legislação do país cuja bandeira o navio tenha hasteado.

A convenção prevê alguns direitos inferiores aos previstos na lei brasileira interna, como a jornada laboral de 14 horas diárias até 72 horas semanais (norma 2.3, 5, i e ii), o adicional de horas extras de no mínimo 25% (Diretriz B2.2.2 1, c), a ausência de previsão para o adicional noturno e aviso prévio não inferior a 30 dias.

No entanto, as diretrizes do Tratado Constitutivo da OIT e as do Direito do Trabalho são voltadas à prevalência das normas e condições mais benéficas para o trabalhador, pois é preciso sempre promover melhores condições sociais aos trabalhadores. As normas da OIT buscam atingir a adesão da maior parte possível dos países, e, ao fixarem padrões mínimos laborais, permitem que a respectiva implementação não seja um obstáculo intransponível, considerando que cada nação se encontra em determinado estágio de desenvolvimento[43].

As nações vivem em diferentes estágios de desenvolvimento, cada uma no seu tempo e por essa razão, a globalização não deve ser vista como um processo homogêneo que uniformizaria todas as sociedades. A sociedade globalizada não ocorre de maneira uniforme porque o processo de desenvolvimento social não é contínuo[44].

---

(40) A economia subterrânea é a produção de bens e serviços não reportada ao governo deliberadamente, com o objetivo de sonegar impostos, evadir contribuições para a seguridade social, driblar o cumprimento de leis e regulamentações trabalhistas e evitar custos decorrentes da observância às normas aplicáveis a cada atividade. Disponível em: <https://portal.fgv.br/noticias/economia-subterranea-causa-rombo-r-1-trilhao-ao-pais>. Acesso em: 26 jun. 2021.

(41) SIERRA BENÍTEZ, Esperanza Macarena. *El contenido de la relación laboral en el teletrabajo*. Sevilha: Junta de Andalucía, 2011.

(42) Organização Internacional do Trabalho. *Convenção sobre Trabalho Marítimo*. Disponível em: <https://www.ilo.org/brasilia/convencoes/WCMS_242714/lang--pt/index.htm>. Acesso em: 26 jun. 2022.

(43) Organização Internacional do Trabalho. *Normas Internacionais de Trabalho*. Disponível em: <https://www.ilo.org/brasilia/temas/normas/lang--pt/index.htm>. Acesso em: 26 jun. 2022.

(44) SILVA RODRIGUES, Ana Maria; CAMILO DE OLIVEIRA, Cristina M. V.; VIEIRA DE FREITAS, Maria Cristina. "Globalização, cultura e sociedade da informação". *Perspectivas em ciência da informação*, Belo Horizonte, v. 6, n. 1, p. 97-105, jan./jun.2001. Disponível em: <http://portaldeperiodicos.eci.ufmg.br/index.php/pci/article/view/439/249>. Acesso 21 jun. 21.

3.4. Constituição da Organização Internacional do Trabalho (OIT)

A Constituição da OIT ou Declaração de Filadélfia de 1944 foi ratificada pelo Brasil que, inclusive, é um dos seus membros fundadores, tendo ratificado 96 convenções internacionais do trabalho[(45)].

A convenção adota, nos termos do seu art. 19, item 8, o critério da norma mais favorável. Sob a ótica do dispositivo, qualquer outra convenção ou recomendação pela Conferência que venha a ser adotada ou ratificada por qualquer membro não poderá afetar normas outras que propiciem condições mais favoráveis aos trabalhadores.

O artigo consagra o princípio da norma mais favorável previsto no Direito do Trabalho. O critério da norma mais favorável está também presente no art. 7º da CF, nos princípios específicos do Direito do Trabalho, na Lei n. 7.064/82, bem como no próprio Tratado Constitutivo da OIT.

Para a OIT, a paz mundial e duradoura está ligada diretamente à justiça social. Condições indignas de trabalho acarretam privações, miséria e descontentamento, comprometendo a harmonia universal e criando entraves às outras nações para que melhorem as condições de seus trabalhadores.

O compromisso assumido pelo Brasil perante a OIT existe desde o Tratado Constitutivo de 1919 e, nesse sentido, os países-membros e signatários, ao elaborarem suas normas, deverão sempre preconizar pela elevação das condições sociais e laborais dos seus trabalhadores, optando e estabelecendo normas e condições mais favoráveis.

4. Conclusões

A análise dos critérios adotados pelo Brasil em suas normas de direito interno e de direito internacional é fundamental para dirimir o conflito de leis no espaço enfrentado pelos trabalhadores extraterritoriais.

O Brasil adota o critério da norma mais favorável para os trabalhadores contratados e transferidos para o exterior (Lei n. 7.064/82) e como regra geral o critério da territorialidade, pois é no local da prestação de serviços que a relação laboral se desenvolve. O avanço da globalização e da tecnologia rompeu barreiras geográficas trazendo dificuldades na caracterização do lugar da execução dos serviços e dúvidas sobre qual norma seria aplicável.

Em casos de abusos envolvendo a Lei da Bandeira, a jurisprudência brasileira tem se inclinado pela aplicação do critério dos vínculos mais estreitos.

(45) Organização Internacional do Trabalho. *Constituição OIT e Declaração de Filadélfia*. Disponível em: <https://www.ilo.org/brasilia/conheca-a-oit/WCMS_336957/lang--pt/index.htm>. Acesso em: 26 jun. 2022.

A MP n. 1.108/22, convertida na Lei n. 14.442/22, ao tentar modernizar e trazer alguma segurança jurídica para certos casos de teletrabalho transnacional, entrou em conflito com norma internacional ratificada, a Constituição Federal e o próprio Direito do Trabalho, além de criar situação desfavorável ao trabalhador, permitindo que o empregador imponha a norma menos vantajosa ao empregado pelo critério da autonomia.

Não podemos olvidar que a proteção do trabalhador é objeto do Direito do Trabalho, e as mudanças sociais e econômicas não podem justificar a precarização de direitos laborais, sob pena do comprometimento da paz mundial que está assentada na justiça social.

Entre as normas do Direito do Trabalho não há hierarquia, pois é um sistema dinâmico, cuja norma fundamental é a norma mais favorável ao trabalhador. Assim, a dificuldade da definição do local da execução do trabalho deverá ser suprida pela aplicação da norma mais favorável, que por ser uma norma fundamental trabalhista, é capaz de nivelar a relação entre empregado e empregador, conferir melhores condições ao empregado, além de combater o *dumping* social e a economia subterrânea.

Referências

BRASIL. Câmara dos Deputados. Estudos Legislativos. *Nota descritiva da Medida Provisória n. 1.108 de 2022*. Dos consultores legislativos Ângelo Azevedo Queiroz e David Ribeiro de Oliveira Júnior. Disponível em: <https://www2.camara.leg.br/atividade-legislativa/estudos-e-notas-tecnicas/notas- descritivas-sobre-medidas-provisorias/2022/nota-descritiva-da-medida-provisoria-no-1108-de-2022-dos-consultores-legislativos-angelo-azevedo-queiroz-e-davi-ribeiro-de- oliveira-junior>. Acesso em: 4 jun. 2022.

______. Câmara dos Deputados. *Projeto de Lei n. 4.505, de 2008*. Regulamento, trabalho a distância. Conceito e disciplina as relações de trabalho e dá outras providências. Disponível em: <https://www.camara.leg.br/proposicoesWeb/fichadetramitacao?idProposicao=420890> Acesso em: 10 jun. 2022.

______. *Constituição da República Federativa do Brasil de 1988*. Brasília: Senado Federal, 1988. Disponível em: <http://www.planalto.gov.br/ccivil_03/constituicao/constituicao.htm>. Acesso em: 19 jun. 2022.

______. *Decreto-lei n. 5.452 de 1º de maio de 1943*. Aprova a Consolidação das Leis do Trabalho. Diário Oficial da República Federativa do Brasil. Rio de Janeiro, RJ, 1º maio 1943. Disponível em: <http://www.planalto.gov.br/ccivil_03/decreto-lei/del5452.htm>. Acesso em: 10 jun. 2022.

______. *Decreto n. 10.671, de 9 de abril de 2021*. Promulga o texto da Convenção sobre o Trabalho Marítimo, CTM. 2006, firmado em Genebra, em 07 fev. 2006. Diário Oficial da República Federativa do Brasil, Brasília, DF, 9 abr. 2021. Disponível em: <https://www.planalto.gov.br/ccivil_03/_ato2019-2022/2021/decreto/d10671.htm>. Acesso em: 20 jun. 2022.

______. *Decreto n. 18.871, de 13 agosto de 1929*. Promulga Convenção de Direito Internacional Privado de Havana. Diário Oficial da República Federativa do Brasil, Rio de Janeiro, RJ, 13 ago. 1929. Disponível em: <https://www2.camara.leg.br/legin/fed/decret/1920-1929/decreto-18871-13-agosto-1929-549000-publicacaooriginal-64246-pe.html>. Acesso em: 10 jun. 2022.

______. *Decreto n. 99.165, de 12 março de 1990.* Promulga a Convenção das Nações Unidas sobre o Direito do Mar. Diário Oficial da República Federativa do Brasil, Brasília, DF, 12 mar. 1990. Disponível em: <https://www2.camara.leg.br/legin/fed/decret/1990/decreto-99165-12-marco-1990- 328535-publicacaooriginal-1-pe.html>. Acesso em: 20 jun. 2022.

______. *Lei n. 4.657, de 4 de setembro de 1942.* Institui a Lei de Introdução às normas do Direito Brasileiro. Diário Oficial da República Federativa do Brasil, Rio de Janeiro, RJ, 4 set. 1942. Disponível em: <http://www.planalto.gov.br/ccivil_03/decreto-lei/del4657compilado.htm>. Acesso em: 20 jun. 2022.

______. *Lei n. 7.064, de 6 de dezembro de 1982.* Dispõe sobre a situação dos trabalhadores contratados ou transferidos para prestar serviços no exterior. Diário Oficial da República Federativa do Brasil, Brasília, DF, 6 dez. 1982. Disponível em: <http://www.planalto.gov.br/ccivil_03/leis/l7064.htm>. Acesso em: 20 jun. 2022.

______. *Medida Provisória 1.108 de 2002.* Diário Oficial da República Federativa do Brasil, Brasília, DF, 25 mar. 2022. Disponível em: <https://www.planalto.gov.br/ccivil_03/_ato2019-2022/2022/mpv/mpv1108.htm#:~:text=mpv1108&text=Disp%C3%B5e%20sobre%20o%20pagamento%20de,Lei%20n%C2%BA%205.452%2C%20de%201943>. Acesso em: 18 jun. 2022.

______. Tribunal Regional do Trabalho da 9ª Região. Acórdão de decisão que aplicou o princípio jurídico do Centro da Gravidade. *RO 37206-2015-004-09-00-6*. 4ª Turma. Relatora: Rosemarie Diedrichs Pimpão. Publicado no *DEJT* em: 26.5.2017. Disponível em: <https://www.trt9.jus.br/basesjuridicas/jurisprudencia.xhtml>. Acesso em: 25 jun. 2022.

______. Tribunal Regional do Trabalho da 9ª Região. Acórdão de decisão que afastou a Lei do Pavilhão por existir relação mais estreita com outra ordem jurídica. *RO 16511-2015-016-09-00-4*. 7ª Turma. Relator: Altino Pedrozo dos Santos. Publicado no *DEJT* em: 5.9.2017. Disponível em: <https://www.trt9.jus.br/basesjuridicas/jurisprudencia.xhtml>. Acesso em: 25 jun. 2022.

______. Tribunal Superior do Trabalho. *Súmula n. 207*. Disponível em: <https://www3.tst.jus.br/jurisprudencia/Sumulas_com_indice/Sumulas_Ind_201_250.ht ml#SUM-207>. Acesso em: 22 jun. 2022.

BARBOSA JUNIOR, Francisco de Assis. *Teletrabalho transnacional:* Normatização e Jurisprudência. São Paulo: LTr, 2020.

BITENCOURT, Manoela de. *A definição do local da prestação dos serviços no teletrabalho como um meio de efetividade dos direitos humanos laborais*. Disponível em: <http://www.publicadireito.com.br/artigos/?cod=433f3eb6c5b7bd3f>. Acesso em: 1º set. 2021.

CASSAR, Vólia Bomfim. *Direito do Trabalho*. 14. ed. São Paulo: Método, 2017.

CEZARIO, Priscila Freire da Silva. Caracterização do teletrabalho no ordenamento pátrio e aplicação da norma no teletrabalho transnacional e no teletrabalho transregional. *Rev. TST*, São Paulo, vol. 85, n. 4, out./dez. 2019. Disponível em:<https://juslaboris.tst.jus.br/bitstream/handle/20.500.12178/167993/2019_cezario_priscila_caracterizacao_teletrabalho.pdf?sequence=1&isAllowed=y>. Acesso em 1º jun. 2021.

CONSTITUIÇÃO DA ORGANIZAÇÃO INTERNACIONAL DO TRABALHO (OIT) e seu anexo (Declaração de Filadélfia). Disponível em: <https://www.ilo.org/wcmsp5/groups/public/---americas/---ro-lima/---ilo-brasilia/documents/genericdocument/wcms_336957.pdf>. Acesso em: 27 jun. 2022.

CONVENÇÃO DE ROMA. 19 jun. de 1980. *Convenção sobre a lei aplicável às obrigações contratuais*. Disponível em: <https://eur-lex.europa.eu/legal-content/PT/TXT/HTML/?uri=-CELEX:41998A0126(02)>. Acesso em 26 jun. 2022.

CONVENÇÃO DO MÉXICO. 17 mar. 1994. *Convenção Interamericana sobre Direito Aplicável aos Contratos Internacionais*. Disponível em: <http://www.oas.org/juridico/portuguese/treaties/b-56.htm>. Acesso em: 26 jun. 2022.

DELGADO, Mauricio Godinho. *Curso de Direito do Trabalho*. 18. ed. São Paulo: LTr, 2019.

LENZA, Pedro. *Direito Constitucional esquematizado*. 24. ed. São Paulo: Saraiva Educação, 2020.

PORTELA, Paulo Henrique Gonçalves. *Direito Internacional Público e Privado*. 9. ed. Salvador: JusPodivm, 2017.

REALE, Miguel. *Lições preliminares de direito*. 27. ed. São Paulo: Saraiva, 2002.

SIERRA BENÍTEZ, Esperanza Macarena. *El contenido de la relación laboral en el teletrabajo*. Sevilha: Junta de Andalucía, 2011.

SILVA RODRIGUES, Ana Maria; CAMILO DE OLIVEIRA, Cristina M. V.; VIEIRA DE FREITAS, Maria Cristina. Globalização, cultura e sociedade da informação. *Perspectivas em ciência da informação*, Belo Horizonte, v. 6, n. 1, p. 97-105, jan./jun. 2001. Disponível em: <http://portaldeperiodicos.eci.ufmg.br/index.php/pci/article/view/439/249>. Acesso em: 21 jun. 2021.

O Teletrabalho na Perspectiva Transnacional e na Cena da União Europeia

Carolina Santos

Introdução

Nos dias atuais, onde a presença física se fez substituir pelos meios telemáticos, há que se ter em mente a necessidade de adaptação do ordenamento jurídico para tutelar a classe dos trabalhadores, que estão inseridos nessa nova dinâmica da vida virtual, bem como orientar o empregador para suas responsabilidades e meios de direção da atividade laborativa dentro dos limites da lei e em observância dos direitos fundamentais do trabalhador.

Na legislação da União Europeia (UE), primou-se por concatenar os princípios basilares (art. 2º do TUE)(1) e valores da União dispostos, maiormente, na Carta dos Direitos Fundamentais da União Europeia, que passou a ter caráter vinculativo, por força do Tratado de Lisboa, art. 6º, viabilizando o *ius cogens*, ou seja, dando caráter impositivo aos preceitos fundamentais ali expressos na aplicação do direito na União Europeia, e determinando, de tal via, sua observância e integração em toda legislação da União e nacional dos Estados-membros.

> O *Ius Cogens* Internacional, embora essencialmente determinado por critérios materiais, é ainda excessivamente marcado por considerações abstratas e mesmos formais... que são apreciadas à luz de juízos puramente valorativos, tendo em conta o caso concreto.
>
> [...] o art. 53 das Convenções de Viena de 1969 e 1986 estabelece que o *Ius Cogens* compreende normas *"from wish no derogation is permitted"*...

(1) Tratado da União Europeia. *Jornal Oficial da União Europeia*. Publicação de 7 jun. 2016. C 202/17. Disponível em: <https://eur-lex.europa.eu/resource.html?uri=cellar:9e8d52e1-2c70-11e6-b497-01aa75ed71a1.0019.01/DOC_2&format=PDF>.

> se pode, e deve, aplicar esta disposição a outros atos jurídicos em sentido estrito dos Estados ou outras entidades. Nesta matéria, tem de se entender por atos jurídicos atos cujo autor pretende produzir efeitos jurídicos e não puros atos materiais.[2]

De modo que pode ser claramente identificado o viés supranacional de proteção do indivíduo em toda normatização que envolve o teletrabalho na União Europeia.[3]

Diversos estudos analíticos foram realizados na cena da União Europeia a fim de propiciar a construção legislativa adequada ao devido amparo do trabalhador. Tendo em vista a conceituação técnica jurídica quanto aos conceitos inerentes ao teletrabalho, bem como para estabelecer os padrões, segundo os *standards* de direito internacional de tutela do trabalhador, nessa nova dinâmica pós-pandêmica.[4]

> A realidade europeia de antes da pandemia evidencia um menor peso relativo do teletrabalho comparativamente com os EUA e com o Japão — menos de metade. Por outro lado, a pandemia acelerou o teletrabalho, passando este a ser insubstituível no combate sanitário. Isto significa que empresas, trabalhadores e sociedade estão confrontados com enormes desafios. Obviamente haverá muitas lições a retirar desta pandemia, permitindo potenciar as oportunidades e eliminar os riscos associados ao teletrabalho.[5]

Em 2002, a União Europeia estabeleceu a primeira normatização específica quanto ao teletrabalho. Definindo as bases jurídicas a serem implementadas pelos Estados-membros para a aplicação equânime do direito no contexto da União.

Segundo o Acordo sobre Teletrabalho de 2002[6], teletrabalho é uma forma de organizar e ou realizar o trabalho utilizando a tecnologia da informação. Tanto no contexto de um contrato, ou da relação de trabalho, onde a prestação, que também pode ser realizada nas instalações do empregador, ocorre significativamente fora dessas instalações em um local estabelecido.

---

(2) BAPTISTA, Eduardo Correia. *Direito Internacional Público*. vol. II – Sujeitos e Responsabilidades. Lisboa: Editora AAFDL, 2015. p. 626.

(3) "um reforço da proteção dos direitos fundamenteis ao nível da União Europeia, o qual se enquadra num movimento mais vasto que visa atribuir ao ser humano um papel central no âmbito da União Europeia". In: MARTINS, Ana Maria Guerra. *Manual de Direito da União Europeia*. 2. ed. Coimbra: Almedina, 2017. p. 55-56.

(4) Para um maior aprofundamento estatístico e evolutivo quanto à regulamentação do teletrabalho na União Europeia e nos Estados-membros, o estudo da Agência Europeia para Saúde e Segurança no Trabalho: "Regulating telework in a post-Covid-19 Europe". Disponível em: <https://osha.europa.eu/sites/default/files/2021-11/Telework_%20post_COVID.pdf>. Acesso em: out. 2022.

(5) Parecer C 220/01. "Parecer do Comité Económico e Social Europeu sobre: Desafios do teletrabalho: organização do tempo de trabalho, equilíbrio entre vida profissional e pessoal e direito a desligar-se". Comitê Econômico e Social Europeu. *Jornal Oficial da União Europeia*. Publicado em 9.6.2021. Disponível em: <https://eur-lex.europa.eu/legal-content/PT/TXT/HTML/?uri=OJ:C:2021:220:FULL&from=EN>.

(6) "Framework Agreement on Telework". Conselho Europeu. Disponível em: <https://resourcecentre.etuc.org/sites/default/files/2020-09/Telework%202002_Framework%20Agreement%20-%20EN.pdf>. Acesso em: out. 2022.

O art. 153 do Tratado sobre o Funcionamento da União Europeia concede à União Europeia autoridade para adotar diretivas em matéria de saúde e segurança no trabalho.

O Acordo sobre o Teletrabalho de 2002, com o seu âmbito de aplicação alargado, e outras diretivas que versam sobre aspetos específicos da saúde e segurança no trabalho, constituem os fundamentos da legislação europeia nesse domínio.

Ao transporem as diretivas da UE para o direito interno, os Estados-membros são livres para adotar normas mais exigentes de proteção dos trabalhadores. Por conseguinte, as prescrições legislativas em matéria de saúde e segurança no trabalho podem variar entre os Estados-membros(7). Devido à acentuação do teletrabalho pela pandemia vivenciada, surgiram inúmeras controvérsias quanto à conceituação e delimitação da modalidade na União Europeia, de modo que o Comitê Econômico e Social Europeu, em 9 de junho de 2021, publicou um parecer visando esclarecer e caracterizar os elementos centrais inerentes ao teletrabalho, haja vista os efeitos de direito que incorrem dessa delimitação, e buscando uma melhor harmonização normativa dentre os Estados-membros no novo contexto.

Nesse sentido, conforme o Parecer C 220/2021, do Comitê Econômico Social Europeu, tem-se a seguinte definição de teletrabalho na União Europeia:

> O CESE usa a expressão teletrabalho quando os trabalhadores exercem atividade profissional remotamente, fora das instalações da empresa e utilizam as Tecnologias Informatizadas de Comunicação. O local onde o trabalho é prestado e o uso das TIC são, pois, dois dos aspetos nucleares do teletrabalho. O CESE reconhece que existem várias formas de realizar o teletrabalho, dependendo das legislações e práticas nacionais existentes.(8)

Em tempo, na esfera internacional, o teletrabalho é classificado pela Organização Internacional do Trabalho (OIT) como a atividade desempenhada remotamente, no domicílio ou outra localidade, com uso de tecnologia telemática para seu desenvolvimento (art. 1º, da Convenção n. 177 da OIT)(9), o qual pode ser controlado e supervisionado por tais meios telemáticos pelo empregador.

---

(7) "Sondagens de opinião Pan-europeias sobre Segurança e Saúde no Trabalho". Agência Europeia para a Saúde e Segurança no Trabalho. Disponível em: <https://osha.europa.eu/pt/safety-and-health-legislation/european- directives>. Acesso em: out. 2022.

(8) Parecer C220/01. "Parecer do Comité Económico e Social Europeu sobre: Desafios do teletrabalho: organização do tempo de trabalho, equilíbrio entre vida profissional e pessoal e direito a desligar-se". Comitê Econômico e Social Europeu. *Jornal Oficial da União Europeia*. Publicado em 9.6.2021. Disponível em: <https://eur-lex.europa.eu/legal-content/PT/TXT/HTML/?uri=OJ:C:2021:220:FULL&from=EN>.

(9) Convenção n. 177 da OIT. "Article 1 For the purposes of this Convention: a) the term homework means work carried out by a person, to be referred to as a homeworker, (i) in his or her home or in other premises of his or her choice, other than the workplace of the employer. (ii) for remuneration (iii) which results in a product or

Ainda de acordo com a C.177 da OIT, para a configuração do teletrabalho há de ser exercido de forma não ocasional, e sim como meio ajustado entre as partes contratualmente para a realização do trabalho.

1. Direito comparado do teletrabalhador transnacional

Numa suscinta ilustração das similaridades da legislação internacional comparada ao direito brasileiro, o art. 75-B da CLT (com as alterações introduzidas pela Lei n. 14.442/22) determina que:

> Considera-se teletrabalho ou trabalho remoto a prestação de serviços fora das dependências do empregador, de maneira preponderante ou não, com a utilização de tecnologias de informação e de comunicação, que, por sua natureza, não configure trabalho externo. Ressaltando a alteração no § 1º, cujo comparecimento, ainda que de modo habitual, às dependências do empregador para a realização de atividades específicas que exijam a presença do empregado no estabelecimento não descaracteriza o regime de teletrabalho ou trabalho remoto(10).

De modo geral, importa ressaltar que as características elementares do teletrabalho (trabalho remoto, realizado com uso de tecnologia informatizada, por meios telemáticos, mas que também poderia ser realizado dentro da empresa, e que se estabelece por meio de contrato de trabalho) estão presentes tanto na legislação internacional, ora analisada, quanto na legislação pátria.

Assim como na legislação internacional, o direito brasileiro consagra os direitos fundamentais do trabalhador em regime de teletrabalho da mesma forma que aos demais trabalhadores. "Os direitos são os mesmos do trabalhador normal. Ou seja, vai ter direito a carteira assinada, férias, 13º salário e depósitos de FGTS", explica o ministro Agra Belmonte, do Tribunal Superior do Trabalho(11).

---

service as specified by the employer, irrespective of who provides the equipment, materials or other inputs used, *unless this person has the degree of autonomy and of economic independence necessary to be considered an independent worker under national laws, regulations, or court decisions.* (b) persons with employee status do not become homeworkers within the meaning of this Convention simply by occasionally performing their work as employees at home, rather than at their usual workplaces. (c) the term employer means a person, natural or legal, who, either directly or through an intermediary, whether or not intermediaries are provided for in national legislation, gives out homework in pursuance of his or her business activity."

(10) Lei n. 14.442, de 2 de dezembro de 2022. Dispõe sobre o pagamento de auxílio-alimentação ao empregado e altera a Lei n. 6.321, de 14 de abril de 1976, e a Consolidação das Leis do Trabalho, aprovada pelo Decreto-lei n. 5.452, de 1º de maio de 1943. Disponível em: <https://www.in.gov.br/en/web/dou/-/lei-n-14.442-de-2-de-setembro- de-2022-427260638>.

(11) "Especial Teletrabalho". Notícias do TST. Artigo disponível em: <https://www.google.com/url?sa=t&rct=j&q=&esrc=s&source=web&cd=&ved=2ahUKEwilyunanej6AhVU0oUKHY6qDMEQFnoECA0QAQ&url=https%3A%2F%2Fwww.tst.jus.br%2Fnoticias%2F-%2Fasset_publisher%2F89Dk%2Fcontent%2Fid%2F26091754%2Fpop_up&usg=AOvVaw3H6POMkYimKdJTSG Zonof6>. Acesso em: set. 2022.

Nessa vertente, o art. 4º do Acordo sobre o Teletrabalho de 2002 determina que em relação às condições de emprego os teletrabalhadores se beneficiam dos mesmos direitos, garantidos pela legislação aplicável e convenções coletivas, que os trabalhadores equiparados nas instalações do empregador.

Destaca-se ainda a similaridade das legislações internacionais e brasileira quanto à necessidade do prévio ajuste entre as partes para que o exercício do labor se dê nessa modalidade (art. 75-C da Lei n. 14.442/22), em observância ao princípio da formalidade do ato jurídico, maiormente, por dispor sobre modalidade de trabalho que excepciona a regra.

Na União Europeia, a necessidade da formalização se dá nos termos do art. 3º do Acordo sobre o Teletrabalho de 2002[(12)] e da Diretiva 91/53/EEC[(13)], deixando clara a necessidade da manifestação de livre vontade do empregado em anuir com tal forma de prestação do trabalho, e devendo ter previsão expressa no contrato individual de trabalho.

Ademais, a possibilidade de reversão da forma de teletrabalho para o trabalho exercido, exclusivamente, nas instalações da empresa, também deve constar no contrato de trabalho ou em acordo coletivo da categoria.

De tal modo, a anuência entre as partes se trata de formalidade legalmente estabelecida para o regular exercício do teletrabalho, não obstante, no caso concreto, tal requisito legal possa ser mitigado pelo princípio da primazia da realidade dos fatos, que impera nas relações de trabalho face à hipossuficiência do trabalhador, na grande maioria dos casos.

Há ainda, tanto na legislação da União quanto na legislação brasileira, a previsão de prioridade de opção pela realização do teletrabalho quando se tratar de empregado em condições específicas determinadas por lei. Como nos casos de empregados portadores de deficiência e aos empregados com filhos ou criança sob guarda judicial até quatro anos de idade (art. 75-F da Lei n. 14.442/22), denotando o aspecto legal de proteção social em consonância com os *standards* internacionais do trabalho digno.

Outra tipicidade contratual do teletrabalho é a possibilidade de mobilidade na realização do trabalho, viabilizando uma nova espécie de trabalhadores, nomeadamente os "nômades digitais".

---

(12) "*Framework Agreement on Telework* Acordo sobre o Teletrabalho de 2002". Conselho Europeu. Disponível em: <https://resourcecentre.etuc.org/sites/default/files/2020-09/Telework%202002_Framework%20Agreement%20-%20EN.pdf>. Acesso em: out. 2022.

(13) Diretiva do Conselho (91/533/CEE), de 14 de outubro de 1991. "Relativa à obrigação de a entidade patronal informar o trabalhador sobre as condições aplicáveis ao contrato ou à relação de trabalho". Disponível em: <https://eur-lex.europa.eu/legal-content/PT/TXT/PDF/?uri=CELEX:31991L0533&from=EN>. Acesso em: out. 2022.

Nesse sentido, a Lei n. 14.442/22 determina a aplicação da legislação brasileira quando de contratos de trabalho cujo empregado seja admitido no Brasil e opte pela realização do teletrabalho fora do território nacional, nos termos do art. 75-B, § 8º.

Em atenção ao princípio da reciprocidade, diante dessa nova espécie de trabalhador "nômade digital", diversos países têm se mobilizado para viabilizar a circulação transfronteiriça desses trabalhadores.

No Brasil, o Conselho Nacional de Imigração, do Ministério da Justiça e Segurança Pública, regulamentou a concessão de visto temporário e autorização de residência a estrangeiro que pretenda ir ao Brasil para realizar trabalho remoto e que tenha vínculo empregatício com empregador estrangeiro, sem vínculo empregatício no Brasil, e fazendo uso de tecnologias da informação (art. 1º , § 1º, da Resolução CNIG MJSP n. 45, de 9.9.2021)[(14)]. A medida, publicada no dia 24.1.2022 no *Diário Oficial da União*, estabeleceu prazo inicial de um ano de residência, que poderá ser renovado por igual período.

> Para o secretário nacional de Justiça e presidente do colegiado, José Vicente Santini, a regulamentação atende tendência mundial. A remuneração dos nômades digitais é de origem externa, e os recursos trazidos por esses imigrantes movimentam a economia nacional. Esse é um passo importante para que o Brasil promova um dos modelos mais modernos de trabalho[(15)].

Na União Europeia, diversos Estados-membros já oferecem visto de "nômade digital" para aqueles trabalhadores que comprovem renda e empregabilidade em outro país, desde que não pertencente aos membros da União (caso de outro tipo de visto). Viabilizando a regularidade de moradia nesses países por um período maior que o visto de turismo permite, e com renovação de permanência facilitada, uma vez comprovados os requisitos de subsistência e vínculo empregatício estrangeiro[(16)].

Os nômades digitais bem refletem a era digital vivenciada num ambiente transfronteiriço. Do mesmo modo que propiciam outro fenômeno jurídico que vem trazendo

---

(14) RESOLUÇÃO CNIG MJSP N. 45, de 9 de setembro de 2021. "Dispõe sobre a concessão de visto temporário e de autorização de residência para imigrante, sem vínculo empregatício no Brasil, cuja atividade profissional possa ser realizada de forma remota, denominado 'nômade digital'". *Diário Oficial da União*. Publicado em 24.1.2022. Disponível em: <https://www.in.gov.br/en/web/dou/-/resolucao-cnig-mjsp-n-45-de-9-de-setembro-de-2021- 375554693>. Acesso em: out. 2022.

(15) FELCZAC, Claudia. "Ministério regulamenta visto temporário de nômades digitais no Brasil. Autorização de residência também foi regulamentada". Agência Brasil. Brasília, 24.1.2022 Disponível em: <https://agenciabrasil.ebc.com.br/geral/noticia/2022-01/ministerio-regulamenta-visto-temporario-de-nomades-digitais-no-brasil>. Acesso em: out. 2022.

(16) Para maior aprofundamento conferir em: "Vistos para Nômades Digitais em países da UE". Sistema Europeu de Informações e Autorização de Viagem. Disponível em: <https://www.etiasvisa.com/br/noticias/nomades-digitais- ue>. Acesso em: out. 2022.

à baila a atividade jurisprudencial em todo o mundo, qual seja, a necessidade de aplicação dos conceitos de direito transnacional. Isso requer a análise minuciosa de questões como jurisdição, direito comparado, tratados internacionais de direito e convenções internacionais incidentes quando das relações de teletrabalho.

2. Aplicação do direito transnacional

Assim sendo, a ordem de direito supranacional que alcança o trabalhador, independentemente de sua localização geográfica, já que muitas das vezes dinâmica e volátil nessa modalidade de teletrabalho, impõe a análise do direito comparado, juntamente com os *standards* internacionais de direito, para o devido provimento jurisdicional.

Uma vez que o trabalhador nessa modalidade não se mantém, muitas das vezes, estabelecido em uma jurisdição específica, a aplicação do direito, tanto na esfera judicial quanto extrajudicialmente, a elaboração do contrato de trabalho, fiscalização e execução do trabalho são agora objetos de análise jurídica numa visão macro do direito.

Podendo ser necessária a análise técnica quanto à aplicação de diversos sistemas de direito incidentes, sendo possível a determinação pelo viés do princípio da lei mais benéfica ao trabalhador, ou ainda pela designação contratual prévia do direito aplicável, e sanando o conflito de aplicação de normas quando, por exemplo, da formalização da relação de trabalho em uma localidade, a prestação em outra(s) e o término em outra.

Nesse momento requer-se uma atenção especial aos conceitos de direitos fundamentais transnacionais, quais sendo aqueles advindos da legislação internacional, sob o enfoque ainda dos direitos constitucionais supranacionais, como forma de harmonizar a aplicação da lei, em fatos jurídicos originados e efetivados em ordens jurídicas diferentes, segundo os fundamentos basilares comuns a todos os Estados de Direito.

Nesse sentido, Colin Bamford, reafirma a necessidade da aplicação dos princípios de direito e a dedicação aos estudos do direito internacional privado para que, integrado sistemicamente à legislação nacional, seja dada a devida aplicação do direito.

> For Lawyers, one of the most complex consequences of globalization is that for many transactions the draftsman must assume that any future problems might occur, or be litigated, in a foreign jurisdiction. Private international law, once considered the preserve of the more academically minded practitioners, has become a central focus for all lawyers.[17]

(17) "Para os advogados, uma das consequências mais complexas da globalização é que, para muitas transações, o relator deve assumir que quaisquer problemas futuros podem ocorrer ou ser litigados em uma jurisdição estrangeira. O direito internacional privado, outrora considerado exclusivo dos praticantes de mentalidade mais acadêmica, tornou-se um foco central para todos os advogados." (Tradução livre do trecho citado). BAMFORD, Colin. *Principles of Internacional Financial Law*. 2. ed. Oxford: University Press, 2015. p. 3.

É mister a busca pela correlação lógica e equilibrada com os *standards* de direito internacional, uma vez que a dinâmica da prestação de serviços no teletrabalho pode se dar em ambientes de jurisdições diversas. Fato é que a constituição do direito e a materialização do efeito jurídico decorrente podem se dar simultaneamente em ordenamentos jurídicos distintos, impondo a análise minuciosa, pelos operadores do direito, das regras fundamentais de competência, dos acordos bilaterais de direito internacional, convenções internacionais aplicáveis e direito comparado para a devida proteção do teletrabalhador[(18)].

3. Da fundamentação e integração de normas de direito internacional na aplicação do direito nacional na União Europeia

A União Europeia é fundada axialmente nos valores sociais e na proteção dos direitos fundamentais do indivíduo, forte nos arts. 1º-A e 2º do Tratado de Lisboa[(19)] e art. 3º do Tratado da União Europeia[(20)]. Nesse diapasão, tem ressaltado a necessidade de se resguardar os interesses maiores em pauta quando do estabelecimento das regras de tutela do teletrabalhador.

No mesmo sentido, a Carta dos Direitos Fundamentais da União Europeia, proclamada pelo Conselho Europeu, em 7 de dezembro de 2000, dispõe que "[...] para o efeito, é necessário, conferindo-lhes maior visibilidade por meio de uma Carta, reforçar

---

(18) "Diante de fatos de direitos que ocorrem cada vez mais numa esfera transnacional, e muitas das vezes simultaneamente em diversas jurisdições, Colin Bamford reafirma a necessidade da aplicação dos princípios de direito e a dedicação aos estudos do direito internacional privado para que integrado sistemicamente à legislação nacional seja dada a devida aplicação do direito. *"For Lawyers, one of the most complex consequences of globalization is that for many transactions the draftsman must assume that any future problems might occur, or be litigated, in a foreign jurisdiction. Private international law, once considered the preserve of the more academically minded practitioners, has become a central focus for all lawyers"*. In: BAMFORD, Colin. *Principles of International Financial Law*. 2. ed. Oxford: University Press, 2015. p. 3.

(19) "Tratado de Lisboa". *Jornal Oficial da União Europeia*. Publicação de 17 de dezembro de 2007. C 306. Disponível em: <https://eur-lex.europa.eu/legal-content/PT/TXT/PDF/?uri=OJ:C:2007:306:FULL&from=PT>.

(20) "Art. 3º (ex-art. 2º TUE):

1. A União tem por objetivo promover a paz, os seus valores e o bem-estar dos seus povos.

[...]

"A União estabelece um mercado interno. Empenha-se no desenvolvimento sustentável da Europa, assente num crescimento econômico equilibrado e na estabilidade dos preços, numa economia social de mercado altamente competitiva que tenha como meta o pleno emprego e o progresso social, e num elevado nível de proteção e de melhoramento da qualidade do ambiente. A União fomenta o progresso científico e tecnológico.

A União combate a exclusão social e as discriminações e promove a justiça e a proteção sociais, a igualdade entre homens e mulheres, a solidariedade entre as gerações e a proteção dos direitos da criança [...]".

"Tratado da União Europeia", versão consolidada, publicação de 7.6.2016. *Jornal Oficial da União Europeia*, C 202/17. Disponível em: <https://eur-lex.europa.eu/resource.html?uri=cellar:9e8d52e1-2c70-11e6-b497-01aa75ed71a1.0019.01/DOC_2&format=PDF>.

a proteção dos direitos fundamentais, à luz da evolução da sociedade, do progresso social e da evolução científica e tecnológica"[21].

Em consonância com o art. 6º, n. 1, do Tratado de Lisboa, que equipara juridicamente os preceitos da Carta à forca dos Tratados.

O Pilar Europeu dos Direitos Sociais[22], estabelecido pela União Europeia em 2017, enumera dentre as prioridades da União e objetivos para uma sociedade mais justa e equânime até 2025, a devida atenção aos direitos sociais. Principalmente, no que concerne às relações de trabalho, determinando que toda legislação da UE designada à regulamentação das novas modalidades de emprego advindas da revolução tecnológica sejam embasadas nos valores sociais e nos direitos fundamentais do trabalhador.

Na mesma vertente da Carta dos Diretos Fundamentais, o Pilar Europeu dos Direitos Sociais também ressalta que, em atenção ao princípio da subsidiariedade, cabe ao Estados-membros, seus órgãos e organismos, a responsabilidade pelo cumprimento dos princípios e valores essenciais para o modelo social europeu.[23]

Tal princípio, inclusive, esta expresso no Tratado de Lisboa e no Tratado de Funcionamento da União Europeia para que haja a devida efetivação das Diretivas de tutela dos direitos fundamentais e sociais do trabalhador no ordenamento jurídico nacional dos Estados-membros.

As Bases principiológicas que sedimentam a construção normativa na UE, a partir dos *standards* internacionais de proteção social das relações de trabalho, coadunam com as normas internacionais da OIT, em consonância com a Declaração Universal dos Direitos do Homem (arts. 22 e 23), e todo arcabouço de direito que vem sendo construído com a evolução da tutela de direitos humanos em nível global diante do desenvolvimento sócio tecnológico vivenciado.

Nesse sentido, Robert Alexy conceitua os princípios como "normas que ordenam que algo seja realizado na maior medida possível dentro das possibilidades jurídicas e

(21) "Carta dos Direitos Fundamentais da União Europeia". *Jornal Oficial da União Europeia*. Publicação de 7.6.2016. Disponível em: <https://eur-lex.europa.eu/legal-content/PT/TXT/PDF/?uri=CELEX:12016P/TXT&from=FR>, C 202/393.

(22) "Pilar Europeu dos Direitos Sociais". Os 20 princípios do Pilar Europeu dos Direitos Sociais constituem o quadro de orientação para a construção de uma Europa social forte, justa, inclusiva e plena de oportunidades. Comissão Europeia. Disponível em: <https://ec.europa.eu/info/sites/default/files/social-summit-european-pillar-social-rights- booklet_pt.pdf>.

(23) "As disposições desta Carta têm por destinatários as instituições, órgãos e organismos da União, na observância do princípio da subsidiariedade, bem como os Estados-Membros, apenas quando apliquem o direito da União". "Pilar Europeu dos Direitos Sociais". Disponível em: <https://ec.europa.eu/info/sites/default/files/social-summit-european-pillar-social-rights-booklet_pt.pdf>. Acesso em: out. 2022.

fáticas existentes"(24), considerando-os, por essa razão, como mandamentos de otimização, cuja adequação ocorre de acordo com as circunstâncias fáticas de cada caso concreto.

A importância hermenêutica, com a valoração dos princípios norteadores dos bens direitos elementares a serem tutelados a cada celeuma que surge com a dinamicidade da era virtual é, de tal via, retratada na legislação da União como um exemplo a ser seguido, uma vez que valoriza os postulados dos direitos fundamentais e sociais como um norte, colocando os princípios como mecanismo de adaptação jurídica moldáveis às situações fáticas decorrentes dos inevitáveis avanços tecnológicos.(25)

Numa análise comparativa da evolução do direito e sua constante necessidade adaptação à realidade fática, as lições do sistema da *common law*, em julgado de 1833 (*Mirehouse versus Rennell Clark & Finelly*) que, desde então ressalta a importância da aplicação da analogia e das normas principiológicas quando o operador do direito se depara com situações novas que requerem o devido respaldo legal, segundo os princípios do devido acesso à justiça e *rule of law*:

> [...] applying to new combinations of circumstances those rules of law which we derive from legal principles and judicial precedents; for the sake of obtaining uniformity, consistency and certainty, we must apply those rules, where they are not plainly unreasonable and inconvenient, to all cases whish arises. It appears to be of great importance to keep this principle of decision steadily in the view, not merely for the determination of the particular case, but for the interests of law as a science.(26)

---

(24) ALEXY, Robert. *Teoria dos Direitos Fundamentais*. Tradução de Virgilio Afonso da Silva. São Paulo: Malheiros, p. 90.

(25) Nesse diapasão, a importância da utilização da extração do valor semântico da norma, para com o fundamento principiológico viabiliza a prestação jurisdicional e a efetividade do direito. Adaptando o comando normativo principiológico à situação fática em constante mutação numa sociedade dinâmica como a que vivemos, "Dworkin teve grande participação ao se contrapor à ideia do direito como um sistema exclusivo de regras. Analisando a nova visão integralista do direito, Dworkin procura explicação em ensinamentos pós-positivistas sobre aquilo que é entendido como normas jurídicas que se subdividem em regras e princípios para tentar alcançar o fundamento de sua sustentação que é a integridade do direito". DWORKIN, Ronald. *Levando os Direitos a Sério*. São Paulo: Martins Fontes, 2007. Tradução de Jefferson Luiz Camargo.

(26) "[...] aplicando a novas combinações de circunstâncias aquelas regras de direito que derivamos de princípios jurídicos e precedentes judiciais; para obter uniformidade, consistência e certeza, devemos aplicar essas regras, quando não forem claramente irracionais e inconvenientes, a todos os casos que surgirem. Parece ser de grande importância manter esse princípio de decisão constantemente em vista, não apenas para a determinação do caso particular, mas para os interesses do direito como ciência". (Tradução livre do trecho citado); Thomas Henry Mirehouse, and William Squire Mirehouse, Plaintiffs; Frances Henrietta Rennell, Widow and Administratrix of Thomas Rennell, Clerk. House of Lords. Original Citation: (1833) 1 Cl & Fin 527. English Reports Citation: 6 E.R. 1015. *Jurisprudência* disponível em: <http://www.uniset.ca/other/cs3/6ER1015.html>. Acesso em: out. 2022.

Assim, para além da conceituação das formas, métodos e estrutura na prestação do teletrabalho, a União Europeia tem sido precursora em se empenhar no desenvolvimento de um aparato normativo eficaz que viabilize a proteção da dignidade, saúde e segurança do trabalhador que exerce seu labor em tal modalidade (art. 9º do TFUE). De modo que se podem destacar diversas resoluções e diretivas da União Europeia desenvolvidas nesse sentido.

Acentuadas com o advento da pandemia, as normativas vieram ao encontro dos anseios dos cidadãos europeus de ter o devido amparo legal e tutela de direito. Haja vista o teletrabalho ser uma realidade cada vez mais sedimentada e crescente no âmbito da União Europeia e no mundo.

De acordo com as determinações do Tratado de Funcionamento da União Europeia, pela hierarquia estrutural da União, as normas de tutela do teletrabalho no âmbito da União norteiam todo sistema de direito nos Estados-membros, visando a um amparo sistêmico do teletrabalhador e à prestação jurisdicional de modo equânime e convergente dentro dos tribunais europeus, conforme determina o art. 6º do Tratado de Lisboa.

> A versão atual do TUE indica, explicitamente, no seu art. 2º, as bases axiológicas da União. Esses valores vinculam o legislador e o administrador da União e os seus Estados-membros bem como os Tribunais da União e os tribunais nacionais. Ou seja, a base axiológica da União vai influenciar, em primeiro lugar a interpretação e a aplicação de qualquer disposição de ambos os Tratados, TUE e TFUE . [...] De acordo com o art. 7º do TUE, a existência de um risco manifesto de violação grave dos valores referidos no art. 2º pode levar à suspensão de certos direitos do Estado-membro em questão, incluindo o direito de voto do representante deste Estado-membro no seio do Conselho.(27)

A integração das normas supranacionais estabelecidas pelas Diretivas da União tem, de tal via, o condão de disciplinar a aplicação da legislação de forma harmônica na cena da UE, salientando o princípio da subsidiariedade como elemento chave para a execução das políticas de cunho sócio normativo, e efetivar os valores sociais expressos nas normas, inteligência do art. 3º-B do Tratado de Lisboa.

Assim sendo, a União Europeia destaca nos diplomas legais que regulamentam o teletrabalho os princípios que devem nortear toda atividade jurisdicional do Estado nessa seara, bem como dos operadores do direito, empregados e empregadores.

---

(27) MARTINS, Ana Maria Guerra. *Manual de Direito da União Europeia*. 2. ed. Coimbra: Almedina, 2017. p. 53.

Dentre os valores, a versão atual do Tratado da União Europeia (TUE)[(28)] indica, explicitamente, no seu art. 2º, a base axiológica da União. Destacam-se ainda os arts. 23 e 31 da Carta dos Direitos Fundamentais da União Europeia, o art. 225 do Tratado sobre o Funcionamento da União Europeia (TFUE)[(29)], a Diretiva 89/391/CEE[(30)] do Conselho, de 12 de Junho de 1989, relativa à aplicação de medidas destinadas a promover a melhoria da segurança e da saúde dos trabalhadores no trabalho.

A elaboração da regulamentação do teletrabalho na cena da União tem em conta ainda a Carta Social Europeia Revista[(31)], que contempla os princípios e direitos dos trabalhadores nos arts. 5º e 7º (relativos ao direito a condições de trabalho justas, incluindo horários de trabalho razoáveis e períodos de descanso), art. 8º (relativo ao direito de repouso semanal e a férias anuais), art. 9º (relativo ao respeito às condições de trabalho de acordo com a lei e contratualmente estabelecidas) e art. 10 (que dispõe sobre o direito à proteção social adequada e à seguridade social, como dever de tutela do Estado).

Daí a importância do reconhecimento pelo Tratado de Lisboa (art. 6º, n.1, do TFUE), dos valores e princípios de direito expressos na Carta dos Direitos Fundamentais da União Europeia com valor jurídico idêntico aos Tratados, ampliando, na ordem prática, o arcabouço normativo principiológico que pode ser invocado na tutela dos direitos fundamentais e sociais, tanto nos tribunais nacionais como nos tribunais da União Europeia (art. 51, n. 1, da CDFUE).[(32)]

Colin Bamford, advogado internacionalista e professor da Universidade de Economia e Ciências Políticas de Londres, em sua obra *Principles of Internacional Financial Law*, corrobora a relevância da interpretação do axioma principiológico atinente a cada questão de direito, muitas das vezes ainda sem a regulamentação específica, que se coloca adiante. E de tal forma, pode ser recepcionada com o devido amparo jurisdicional, uma vez aplicados os fundamentos principiológicos identificados e já abarcados no sistema normativo constitucional e internacional.

> Pode haver situações em que não existam regras específicas a serem abstraídas da jurisprudência, nem mesmo quaisquer regras que se aproximem do

(28) "Tratado da União Europeia". *Jornal Oficial da União Europeia*. Publicação de 7.6.2016. C 202/17. Disponível em: <https://eur-lex.europa.eu/resource.html?uri=cellar:9e8d52e1-2c70-11e6-b497-01aa75ed71a1.0019.01/DOC_2&format=PDF>.

(29) "Tratado de Funcionamento da União Europeia", Legislação disponível em: <https://eur- lex.europa.eu/resource.html?uri=cellar:9e8d52e1-2c70-11e6-b497-01aa75ed71a1.0019.01/DOC_3&format=PDF>.

(30) "Diretiva 89/391/CEE do Conselho", de 12 de junho de 1989, relativa à aplicação de medidas destinadas a promover a melhoria da segurança e da saúde dos trabalhadores no trabalho. Legislação disponível em: <https://eur- lex.europa.eu/legal-content/PT/ALL/?uri=CELEX:31989L0391>.

(31) "Carta Comunitária dos Direitos Sociais Fundamentais dos Trabalhadores". Comissão das Comunidade Europeias. Legislação disponível em: <https://carloscoelho.eu/pdf/diversos/carta-com-direitos-sociais-fundam-trab.pdf>.

(32) *Ibidem*, p. 55.

caso em apreço. Ao prever a abordagem futura dos tribunais, o profissional da lei deve ter uma compreensão sólida dos princípios e conceitos que sustentam as regras legais existentes em áreas que surgem a partir da atividade atual do mercado, porque esses princípios são os fundamentos sobre os quais decisões futuras serão construídas. [...] Há, no entanto, uma série de princípios jurídicos que já demonstraram ser centrais para questões neste campo, e que podem ser previstos para surgir novamente em diferentes circunstâncias (tradução nossa).(33)

4. Celeumas jurídicas advindas do teletrabalho à luz da legislação da União Europeia

Numa realidade extremamente dinâmica, inerente ao conceito digital e à era virtual vivenciada, é necessária a análise sistêmica de todos os dados envolvidos, simultaneamente, na caracterização dos elementos que circundam as relações sob regime de teletrabalho.

Questões como a jurisdição aplicável, a viabilidade legal de acordos entre as partes, controle do tempo efetivo de trabalho, direito à desconexão, saúde e segurança em um ambiente remoto de trabalho, incidências normativas, entre outros, são elementos fundamentais a serem considerados para que seja dado o devido provimento legal, segundo as legislações nacionais e internacionais atinentes.

No que concerne à jurisdição em sede da União Europeia, os tribunais da União Europeia, cuja função também é uniformizar a jurisprudência dentro da União, recebem para além das demandas intergovernamentais dos Estados-membros, questões de cidadãos da União em face do Estado-Membro (art. 9º-F, n. 3, do Tratado de Lisboa).

A competência dos tribunais europeus foi alargada pelo Tratado de Lisboa, viabilizando o acesso de indivíduos aos tribunais da União Europeia (art. 263, n. 4, TFUE)(34), seja pugnando a aplicação devida e sistêmica das normas supranacionais da União, ou

(33) *"There may well be situations where there are no specific rules to be derived from decided cases, nor even any rules that are almost on the point. In predicting the future approach of the courts, the law practitioner must have a sound understanding of principles and concepts which underpin the existing rules of law in areas wish are removed from areas of current market activity, because these principles are the foundations on which future decision will be built. [...] There are, however, a number of legal principles which have already been shown to be central to issues in this field, and which can be predicted to arise again in different circumstances"*, em: BAMFORD, Colin. *Principles of Internacional Financial Law*, 2. ed. Oxford: University Press, 2015, p. 3.

(34) No mesmo sentido, Ana Maria Guerra Martins, "O TFUE confere legitimidade ativa em sede de recurso de anulação às pessoas singulares e coletivas no que diz respeito aos atos regulamentares que lhes digam diretamente respeito e que não incluam medidas de execução (art. 263, n. 4, TFUE) bem como em relação a outras decisões que estabeleçam medidas restritivas contra outras pessoas singulares e coletivas, adotadas pelo Conselho com base no Capítulo 2 do Título V do TUE.", in: MARTINS, Ana Maria Guerra. *Manual de Direito da União Europeia*, 2. ed. Coimbra: Almedina, 2017. p. 57.

ainda postulando sua integração no respectivo Estado-membro, na ausência delas(35), em casos de lacunas de lei que, segundo o princípio da subsidiariedade delegada pela União expresso nos postulados normativos, impõem o dever de agir dos Estados-membros.

A questão da saúde e segurança no trabalho, regulamentada pelo art. 8º, do Acordo sobre o Teletrabalho de 2002 e Diretiva 89/391(36) da UE, traz, como cediço, para além dos aspectos ordinariamente abordados, a celeuma do direito à desconexão do teletrabalhador.

Nesse sentido, a Carta Social Europeia revista do Conselho da Europa, de 3 de maio de 1996, nomeadamente o art. 2º (relativo ao direito a condições de trabalho justas, incluindo horários de trabalho razoáveis e períodos de descanso).

O direito à desconexão, previsto no art. 8º do Parecer do Comité Económico e Social Europeu sobre "Desafios do teletrabalho: organização do tempo de trabalho, equilíbrio entre vida profissional e pessoal e direito a desligar-se"(37), é exemplo claro de uma temática advinda da era digital. Direito que precisa ser abarcado sob a ótica dos direitos fundamentais do trabalhador de dignidade, saúde, lazer e convivência social e familiar.

Da mesma via a diretiva 2003/88 do Parlamento Europeu e do Conselho(38), relativa a determinados aspectos da organização do tempo de trabalho.

A tutela do teletrabalhador na União Europeia encontra ainda respaldo legal no art. 27 da Carta Social Europeia (relativo à proteção dos trabalhadores com responsabilidades familiares), e a própria segurança do desenvolvimento do trabalho, conforme prevê o art. 3º da Carta Social Europeia (relativo ao direito a condições de trabalho seguras e saudáveis).

Tendo em conta os acordos-quadro dos parceiros sociais europeus sobre teletrabalho (2002) e digitalização (2020) (22) Os Estados-Membros deverão assegurar que

---

(35) "No que diz respeito ao relacionamento da União com seus Estados-membros, deve referir-se à declaração sobre o primado, a qual tem, igualmente, repercussões na questão constitucional. Nessa declaração pode ler-se *'a Conferência lembra que, em conformidade com a jurisprudência constante do Tribunal de Justiça da União Europeia, os Tratados e o direito adotado pela União com base nos Tratados primam sobre o direito dos Estados-membros, nas condições estabelecidas pela referida jurisprudência'.*" In: MARTINS, Ana Maria Guerra. *Manual de Direito da União Europeia*, 2. ed. Coimbra: Almedina, 2017. p. 56.

(36) "Diretiva 89/391/CEE do Conselho", de 12 de Junho de 1989, relativa à aplicação de medidas destinadas a promover a melhoria da segurança e da saúde dos trabalhadores no trabalho. Legislação disponível em: <https://eur-lex.europa.eu/legal-content/PT/ALL/?uri=CELEX:31989L0391>.

(37) Parecer C220/01. "Parecer do Comité Económico e Social Europeu sobre: Desafios do teletrabalho: organização do tempo de trabalho, equilíbrio entre vida profissional e pessoal e direito a desligar-se". Comitê Econômico e Social Europeu. *Jornal Oficial da União Europeia*. Publicado em 9.6.2021. Disponível em: <https://eur-lex.europa.eu/legal-content/PT/TXT/HTML/?uri=OJ:C:2021:220:FULL&from=EN>, acessos diversos.

(38) Diretiva 2003/88/CE do Parlamento Europeu e do Conselho de 4 de novembro de 2003. "Relativa a Determinados Aspectos da Organização do Tempo de Trabalho". Disponível em: <https://eur-lex.europa.eu/legal-content/PT/TXT/PDF/?uri=CELEX:32003L0088&from=HU>. Acesso em: out. 2022.

SOARES, Marina. "PRINCÍPIOS: A regra do sopesamento de Robert Alexy como método de delimitação da competência legislativa do município". 8.4.2013. *Revista do Programa de Pós--Graduação da Universidade Federal da Bahia*, n. 25.

Thomas Henry Mirehouse, and William Squire Mirehouse, Plaintiffs; Frances Henrietta Rennell, Widow and Administratrix of Thomas Rennell, Clerk. House of Lords. Original Citation: (1833) 1 Cl & Fin 527. English Reports Citation: 6 E.R. 1015. *Jurisprudência* disponível em: <http://www.uniset.ca/other/cs3/6ER1015.html>. Acesso em: out. 2022.

"Tratado da União Europeia". *Jornal Oficial da União Europeia.* Publicação de 7.6.2016. C 202/17.

"Tratado de Lisboa". *Jornal Oficial da União Europeia.* Publicação de 17 de dezembro de 2007. C 306. Disponível em: <https://eur-lex.europa.eu/legal-content/PT/TXT/PDF/?uri=OJ:C:2007:306:FULL&from=PT>.

"Tratado de Funcionamento da União Europeia". Legislação disponível em: <https://eur- lex.europa.eu/resource.html?uri=cellar:9e8d52e1-2c70-11e6-b497-01aa75ed71a1.0019.01/DOC_3&format=PDF>.

"Sondagens de opinião Pan-europeias sobre Segurança e Saúde no Trabalho". Agência Europeia para a Saúde e Segurança no Trabalho. Disponível em: <https://osha.europa.eu/pt/safety-and-health-legislation/european-directives>. Acesso em: out. 2022.

Teletrabalho no Brasil: Análise Crítica do Modelo Adotado pelas Organizações Privadas e sua (Des)Conformidade com a Legislação Trabalhista

Grace Kelly Freitas Mendonça

Introdução

Com o avanço das Tecnologias de Informação e Comunicação (TIC), há o crescimento exponencial de novos modelos de trabalho, sendo o executado fora das dependências do empregador uma modalidade cada vez mais comum no atual cenário das organizações de todo o mundo.

Em esfera nacional, o teletrabalho, tanto na prática quanto na sua normatização, surge de maneira lenta, sendo admitido apenas em 2011, com a Lei n. 12.551, que alterou o *caput* do art. 6º da Consolidação das Leis do Trabalho (CLT) e acrescentou ao referido artigo o parágrafo único, atribuindo aos comandos e controles telemáticos a eficácia idêntica às presenciais, especialmente para fins de identificação de subordinação, sendo este um dos requisitos caracterizadores da relação empregatícia.

Somente em 2017, com o advento da Lei n. 13.467, é que o teletrabalho foi formalmente regulamentado na legislação brasileira, em capítulo próprio na CLT.

Entretanto, o seu crescimento exponencial ocorreu somente no início de 2020, como uma alternativa válida para o enfrentamento da pandemia provocada pelo Covid-19, momento em que o mundo do trabalho teve que se adaptar, compulsoriamente, aos modelos de trabalho flexíveis, sendo o domicílio familiar do empregado o principal local para o desempenho de suas atividades.

O perfil da pessoa em teletrabalho no Brasil corresponde à mulher, de cor branca, com ensino superior completo, com idade entre 30 e 39 anos e que resida na região Sudeste do país, ou seja, um padrão fora da realidade da população brasileira, composta em sua maioria por pessoas negras e com baixa formação acadêmica.(1)

Diante desse cenário, o presente estudo tem como objetivo principal apresentar uma análise crítica dos modelos atualmente adotados pelas organizações do setor privado brasileiro e seus desdobramentos nas relações de emprego com a adoção do teletrabalho, tanto nas empresas que já adotavam a prática do teletrabalho regularmente quanto nas que precisaram se adequar em meio à pandemia causada pela Covid-19.

1. Metodologia

A metodologia adotada foi a revisão bibliográfica de obras nacionais especializadas em Direito do Trabalho, bem como de teses e dissertações de instituições de ensino brasileiras de notório reconhecimento acadêmico. Os dados analisados foram retirados da pesquisa por amostragem *Home Office* Brasil,(2) promovida pela Sociedade Brasileira de Teletrabalho e Teleatividades (SOBRATT), em parceria com a SAP Consultoria em Recursos Humanos, realizada em 2020, com 554 organizações privadas de diferentes segmentos e portes em torno de todas as regiões brasileiras. Foram utilizadas também notas técnicas do Instituto de Pesquisa Econômica Aplicada (IPEA) sobre a viabilidade do teletrabalho no Brasil com base na Pesquisa Nacional por Amostra de Domicílios (PNAD) promovida pelo Instituto Brasileiro de Geografia e Estatística (IBGE).

2. Os modelos de teletrabalho no setor privado brasileiro

Rosenfield e Alves propuseram uma classificação sintética e sistematizada dos diferentes tipos de teletrabalho diante da diversidade de situações decorrentes do avanço tecnológico. Eles identificaram seis tipos de teletrabalho, descritos da seguinte forma:

> a) *trabalho em domicílio:* também identificado com o termo *small office/home office* (SOHO), trata-se do trabalho realizado na casa do trabalhador;
>
> b) *trabalho em escritórios-satélite:* os trabalhadores executam o trabalho em pequenas unidades espalhadas de uma empresa central;
>
> c) *trabalho em telecentros:* o trabalho é realizado em estabelecimentos normalmente instalados próximo ao domicílio do trabalhador que oferecem postos de trabalho a empregados ou várias organizações ou serviços telemáticos a clientes remotos;

---

(1) IBGE. Coordenação de População e Indicadores Sociais. *Síntese de indicadores sociais: uma análise das condições de vida da população brasileira:* 2020. Rio de Janeiro: IBGE, 2020.

(2) Os resultados obtidos pela pesquisa foram retirados do sítio eletrônico da SOBRATT, mediante cadastro, disponível em: <https://www.sobratt.org.br/17122020-resultados-pesquisa-home-office-2020/>. Acesso em: 16 jun. 2022.

d) *trabalho móvel:* fora do domicílio ou do centro principal de trabalho, compreendendo viagens de negócios ou trabalho de campo ou em instalações do cliente;

e) *trabalho em empresas remotas ou off-shore: call-centers* ou telesserviços por meio dos quais firmas instalam seus escritórios-satélite ou subcontratam empresas de telesserviços de outras zonas do globo com mão de obra mais barata;

f) *trabalho informal ou teletrabalho misto:* arranjo com o empregador para que se trabalhe algumas horas fora da empresa.(3)

De acordo com um estudo realizado pela SOBRATT em 2020, das empresas brasileiras entrevistadas que adotam o teletrabalho regularmente, a modalidade de teletrabalho em domicílio é a mais utilizada, correspondendo a 98% das respostas. Além disso, 24% das empresas relataram utilizar o teletrabalho nas instalações de seus clientes, 16% em escritórios virtuais, 14% não possuem uma localização fixa e 12% utilizam escritórios-satélite.

Segundo os resultados da pesquisa, o setor de Tecnologia da Informação é o principal segmento brasileiro que adota o teletrabalho, com 80% das empresas entrevistadas relatando sua utilização. Em seguida, os setores químico, papel e celulose e telecomunicação também apresentam alta adesão ao teletrabalho, com 65% das empresas no primeiro caso e 60% nos dois últimos.

Em contrapartida, no setor metalúrgico, de máquinas e equipamentos e eletrônico, a pesquisa constatou que em 2020 apenas 18% das empresas entrevistadas adotavam o teletrabalho regularmente, sendo a modalidade utilizada principalmente em situações de calamidade pública ou estado de emergência.

2.1. Controle de jornada e produtividade

Em 2017, com a legislação reformista, o teletrabalho foi incluído no rol de exceções previsto no art. 62 da CLT, o que significa que os empregados que desempenham suas atividades nessa modalidade não precisam cumprir as regras relativas ao controle de jornada de trabalho previstas para os demais trabalhadores.

Entretanto, a Lei n. 14.442/2022, ao alterar o *caput* do art. 75-B da CLT e incluir o § 3º no referido artigo, restringiu a aplicação da exceção prevista no art. 62 da CLT apenas nas modalidades de teletrabalho por produção ou tarefa.

---

(3) ROSENFIELD, C. L.; ALVES, D. A. Teletrabalho. In: CATTANI, A. D.; HOLZMANN, L. (Orgs.). *Dicionário de trabalho e tecnologia.* Porto Alegre: Zouk, 2011b, p. 414-418. Citado em ROCHA, Cháris Telles; AMADOR, Fernanda Spainer. O teletrabalho: conceituação e questões para análise. *Cad. EBAPE.BR*, Rio de Janeiro, vol.16 n.1, jan./mar. 2018.

Isso porque, mesmo em casos de teletrabalho, se o empregado estiver submetido ao controle de sua jornada de trabalho, seja por meio de sistemas de *login* e *logout*, vigilância por câmeras ou qualquer outra forma de controle e fiscalização, o empregado terá direito à percepção de horas extraordinárias, nos mesmos moldes aplicados às outras hipóteses previstas no art. 62 da CLT. Nesses casos, é presumida a existência de subordinação, requisito indispensável para a configuração do vínculo empregatício.[(4)]

A exemplo desses meios de comando e de controle, as empresas entrevistadas pela SOBRATT que adotaram o teletrabalho emergencialmente indicaram como aplicativos de comunicação mais utilizados, o *WhatsApp* (82%), o *Microsoft Teams* (54%), *Zoom* (41%), *Skype* (28%) *Google Hangout* (16%), *GoToMeeting* (14%), dentre outros (18%).

Segundo a pesquisa mencionada, é possível constatar que a flexibilidade de jornada ainda é uma realidade restrita para a maioria das empresas brasileiras que adotam o teletrabalho regularmente. De fato, apenas 22% delas conseguiram obter essa flexibilidade em 2020. Dessas empresas, 63% ofereciam horários parcialmente flexíveis com carga horária definida, enquanto 15% mantinham um horário rígido de jornada. Por outro lado, nas demais empresas que adotam o teletrabalho regularmente, 56% afirmaram que o controle de jornada é realizado por meio da entrega das atividades solicitadas.

No que diz respeito à produtividade, constatou-se aumento em 58% das organizações que adotaram regularmente o teletrabalho, em comparação ao trabalho presencial. Vale ressaltar que esse número pode ser ainda maior, uma vez que cerca de 30% das organizações entrevistadas não dispunham dessa informação.

No mesmo sentido, as empresas que adotaram o teletrabalho emergencialmente também notaram aumento da produtividade, sendo o requisito maior produtividade eleito como o segundo benefício mais significativo, ficando atrás apenas da redução do custo de manutenção predial.

Apesar da constatação de aumento significativo da produtividade, a pesquisa também revelou que apenas 16% das empresas que adotaram regularmente o teletrabalho procederam com a redistribuição do ganho extra entre os empregados.

2.2. Responsabilidade pelos custos em razão do teletrabalho

No que tange à responsabilidade dos custos advindos da aquisição e manutenção dos equipamentos tecnológicos e infraestrutura, o art. 75-D da CLT apenas determina que "serão previstas em contrato escrito". Com isso, o legislador não deixa claro se seria o empregador o responsável pelos custos oriundos da produção ou em quais situações caberia ao empregado essa responsabilidade.[(5)]

---

(4) MIZIARA, Raphael. A reforma sem acabamento: incompletude e insuficiência da normatização do teletrabalho no Brasil. *Revista eletrônica do Tribunal Regional do Trabalho da 9ª Região*, v. 8, n. 75. Curitiba, 2019, p. 91.

(5) LIMA FILHO, José Sarto Fulgêncio de; PEREIRA, Eddla Karina Gomes. Precarização das relações laborais: análise crítica sobre as disposições do teletrabalho na Lei n. 13.467/2017. *Revista de Direito*, vol. 12, n. 1, maio 2020, p. 9.

Ainda assim, torna-se necessário observar que o art. 2º da CLT é claro no que diz respeito à regra de alteridade, na qual a responsabilidade pelos riscos da atividade econômica é do empregador e não do empregado.

A respeito da obrigatoriedade de reembolso das despesas pelo empregador, o texto legal apenas determina que o contrato deverá prever a forma com que essa restituição será efetivada e não haverá, por liberalidade do empregador, o seu respectivo pagamento, pois essas despesas deverão sempre ser reembolsadas, por força do imperativo legal.(6)

Se interpretado apenas na sua literalidade, nos momentos de crise e de desemprego estrutural, o empregador poderá se utilizar do art. 75-D da CLT como condição para contratação, o que não deixa de ser algo manifestamente injusto e contrário aos princípios fundamentais da valorização do trabalho e da própria livre-iniciativa, previstos no art. 1º, IV, da Constituição Federal.(7)

Logo, entende-se que, pela lógica protetiva laboral, aliada ao fato de que o risco do empreendimento é do empregador, em eventual demanda judicial será atribuído a este o dever de ressarcir os custos eventualmente arcados pelo teletrabalhador na composição da infraestrutura necessária à prestação do teletrabalho, incluindo-se, também, a aquisição e manutenção de equipamentos informáticos.(8)

Não obstante, os dados levantados pela SOBRATT revelam que a maioria das organizações pesquisadas, tanto as que se utilizam do teletrabalho regularmente quanto as que passaram a adotar essa modalidade por força da pandemia da Covid-19, correspondente a 71% e 82% respectivamente, não realizaram o repasse a título de auxílio financeiro ao teletrabalhador em 2020.

Dentre as organizações que adotaram o teletrabalho regularmente, dos oito itens relacionados ao custeio de despesas, apenas três foram subsidiados pela maioria das empresas, sendo eles: celular (58%), *mouse* (74%), *notebook/tablet* (77%) e *softwares* (91%). Esses dados não foram apurados pela pesquisa quando o teletrabalho foi adotado emergencialmente pelas empresas.

2.3. Saúde e segurança no meio ambiente de trabalho

O art. 75-E da CLT, utilizando linguagem patriarcal já superada no âmbito da saúde e segurança do trabalho, determina que o empregador instrua os empregados,

(6) MIZIARA, Raphael. A reforma sem acabamento: incompletude e insuficiência da normatização do teletrabalho no Brasil. *Revista eletrônica do Tribunal Regional do Trabalho da 9ª Região*, v. 8, n. 75. Curitiba, 2019, p. 86.

(7) BEZERRA LEITE, Carlos Henrique. *Curso de Direito do Trabalho*. 14. ed. São Paulo: SaraivaJur, 2022. p. 436.

(8) FINCATO, Denise. Bases histórico-normativas e perspectivas do teletrabalho no Brasil pós-pandemia. *Revista Ibérica do Direito*, vol. 1. Rio Grande do Sul, 2020, p. 90.

expressa e ostensivamente, quanto às precauções a fim de afastar o adoecimento ou acidente relacionados às atividades desempenhadas em teletrabalho.(9)

O parágrafo único do referido artigo dispõe quanto ao termo de responsabilidade imposto ao empregado, comprometendo-se a seguir as orientações passadas pelo empregador, o que não afastaria a responsabilização da empresa nos casos de acidente ou doenças laborativas dos teletrabalhadores:

> [...] a tese de que todos os acidentes tivessem como causa "ato inseguro" do empregado está superada faz muitos anos, impondo-se análise multifatorial para a compreensão dos acidentes e doenças a ele equiparadas; por exemplo, em caso de sobrecarga muscular pelo trabalho de digitação em domicílio — antigamente denominada tendinite — não é crível que se pense apenas em analisar o descuido do empregado quanto à postura; elementos relevantes como prazos para entrega dos trabalhos, nível de complexidade, ritmo exigido, número de toques necessários para dar cobro à demanda, forma de remuneração, metas impostas e vários outros assuntos correlatos deverão ser levados em consideração.(10)

Das empresas participantes da pesquisa da SOBRATT que já adotavam o teletrabalho, apenas 34% afirmaram que o teletrabalhador assinou documentação referente à orientação sobre ergonomia, mobiliário e segurança do trabalho em casa. Esse levantamento também não foi realizado perante as empresas que adotaram a modalidade emergencialmente.

2.4. Prioridade de alocação dos empregados com deficiência

O novel art. 75-F, incluído na CLT pela Lei n. 14.442/2022, determina que os empregadores deverão priorizar a adoção da modalidade de trabalho em estudo aos "empregados com deficiência e aos empregados com filhos ou crianças sob guarda judicial até 4 (quatro) anos de idade".

O referido artigo encontra guarida na Convenção n. 159 da Organização Internacional do Trabalho (OIT), que trata sobre a reabilitação profissional e emprego de pessoas deficientes, cujo seu art. 4º determina que:

> Art. 4 – Essa política deverá ter como base o princípio de igualdade de oportunidades entre os trabalhadores deficientes e dos trabalhadores em geral. Dever-se-á respeitar a igualdade de oportunidades e de tratamento para as trabalhadoras deficientes. As medidas positivas especiais com a finalidade de atingir a igualdade efetiva de oportunidades e de tratamento entre os trabalhadores deficientes e os demais trabalhadores, não devem ser vistas como discriminatórias em relação a estes últimos.(11)

---

(9) SILVA, Homero Batista Mateus da. *CLT Comentada*. 2. ed. São Paulo: Thomson Reuters Brasil, 2019. p. 75.

(10) *Ibidem*, p. 75.

(11) OIT – Convenção n. 159 – C159 – Reabilitação Profissional e Emprego de Pessoas Deficientes.

Há tempo se discute sobre a adoção do teletrabalho nos contratos de empregados com deficiência, isso porque uma das principais vantagens apresentadas por essa modalidade está ligada diretamente à locomoção do empregado, sendo tal forma de trabalho um dos meios alternativos de readaptação, por exemplo, daquele trabalhador já empregado, mas acometido no curso de seu vínculo por incapacidade que o torna deficiente.(12)

Diante da peculiaridade das características do teletrabalho e da base jurídico-institucional, onde o teletrabalhador está em condições de igualdade de direitos e obrigações em relação ao empregado que labora nas dependências do empregador, acredita-se que essa modalidade contribui para o crescimento do número de pessoas deficientes inseridas no mercado de trabalho, principalmente no que se refere à mobilidade, propiciando a concorrência em maior grau de igualdade com os demais trabalhadores no universo corporativo.(13)

Por outro lado:

> Fora do ambiente de trabalho e privado de contato com os demais colegas e superiores, a pessoa com deficiência fica privada de desenvolver suas habilidades sociais, quiçá profissionais, pela diminuição de trocas de experiências. Deveras importante para a empresa em não necessitar adaptar seu estabelecimento para receber o seu trabalhador com deficiência, não permitir com que este grupo participe presencialmente é forma de não acostumar a sociedade ao diferente, isto é, à existência do diferente.(14)

Dentre as empresas com teletrabalhadores regulares entrevistadas pela SOBRATT, apenas 8% tinham como um dos principais objetivos da prática de teletrabalho a possibilidade de inclusão de pessoas com deficiência, 69% não tinham pessoas com deficiência incluídos no programa de teletrabalho e 83% dessas empresas não possuíam programas específicos de desenvolvimento de gestores e demais colaboradores voltados ao teletrabalho para pessoas com deficiência.

3. O retrato da pessoa em teletrabalho no Brasil

As estatísticas levantadas pela PNAD sobre o trabalho remoto durante a pandemia causada pela Covid-19 no ano de 2020 permitiram lançar luz sobre o perfil da pessoa em teletrabalho no Brasil, suas características laborais, individuais e regionais.(15)

---

(12) PORTELINHA NETO, Antônio Gonçalves; LIMA, Laís de Carvalho. Deficiente e desempregado? O teletrabalho como mecanismo de readaptação. *Rev. do Trib. Reg. Trab. 10ª Região*, v. 20, n. 2. Brasília, 2016, p. 75.

(13) SILVA, Wellington Rodrigo Lozano da; GILIO, Leandro. O teletrabalho como política pública de inclusão social das pessoas com deficiência no Brasil. *Revista de Direito da Unimep*. Direitos Fundamentais, Coletivos e Difusos. v. 19, n. 37, 2020.

(14) ROSSIGNOLI, Marisa; FUZZETTO, Murilo Muniz. O teletrabalho para a pessoa com deficiência como dificultador da inclusão social. *Revista Estudos Institucionais*, v. 7, n. 2, maio/ago. 2021, p. 614.

(15) GÓES, Geraldo Sandoval; MARTINS, Felipe dos Santos; NASCIMENTO, José Antônio Sena. *O trabalho remoto e a pandemia:* o que a PNAD Covid-19 nos mostrou. Brasília: Ipea, 2022 (Carta de Conjuntura n. 50).

Quanto ao gênero, a mencionada pesquisa constatou a predominância das mulheres, que representavam, em média, 55,9% dos teletrabalhadores entre os meses de maio a novembro de 2020.

A segunda característica destacada pela pesquisa foi a cor, classificada como branca e preta/parda, que mostrou a prevalência de pessoas brancas, no percentual médio de 66% dos teletrabalhadores brasileiros no período levantado pela pesquisa.

Quanto à escolaridade, terceira característica individual levantada pela pesquisa naquele período, constata-se a dominância de pessoas com ensino superior completo, correspondente à média de 75% das pessoas em teletrabalho.

Já a característica individual sobre a idade dos teletrabalhadores no período da pesquisa, a prevalência das pessoas com idade entre 30 e 39 anos.

Por fim, a pesquisa constatou que o Sudeste foi a região que mais aderiu ao teletrabalho, com 58,3% das pessoas em teletrabalho, seguido do Nordeste com 16,1%, Sul com 14,7%, Centro-Oeste 7,6% e Norte com 3,3%.

4. Perspectivas do teletrabalho pós-pandemia

Os dados levantados pela PNAD/IBGE no segundo trimestre de 2020 demonstraram que, em média, o percentual de pessoas em potencial para o teletrabalho no Brasil era de 22,7%, correspondente a 20,8 milhões de pessoas. O Distrito Federal (31,6%), São Paulo (27,7%) e Rio de Janeiro (26,7%) apresentaram maior percentual de teletrabalhadores naquele período e, em contrapartida, Piauí (15,6%), Pará (16%) e Rondônia (16,7%) foram os estados que apresentaram os menores percentuais de teletrabalho.[16]

Em que pese o perfil atual da pessoa em teletrabalho descrito no tópico anterior:

> A inclusão de mulheres, idosos, de pessoas com deficiência e jovens no mercado de trabalho poderá ser uma realidade para as economias que adotarem o regime de teletrabalho como atividade central para o período de pandemia.
>
> A ampla adoção dessa estratégia no atual momento, apresenta-se mais como um elemento de aceleração de um processo já em curso, de digitalização da economia diante da chamada indústria 4.0, do que como um evento situacional, por isso importante a manutenção de suas bases de trabalho decente. Por isso é interessante que se contemplem garantias fundamentais ou direitos fundamentais para estes prestadores de serviços telemáticos.[17]

(16) GÓES, Geraldo Sandoval; MARTINS, Felipe dos Santos; NASCIMENTO, José Antônio Sena. *Potencial de teletrabalho na pandemia: um retrato do Brasil e no mundo*. Brasília: Ipea, 2020 (Carta de Conjuntura n. 47).

(17) SICILIANI, Bruna Casimiro; DIER, Bruna; BARZOTTO, Luciane Caroso. Pandemia e teletrabalho no Brasil: aspectos gerais. *Galileu* — Revista de Direito e Economia, v. XXI, jun. 2020, p. 66-67.

Entretanto, há um hiato entre o trabalho remoto efetivo e o potencial com o qual se apresentam os dados acima. Isso porque, dentre outros possíveis fatores, a primeira condição necessária para a realização do teletrabalho é o acesso à energia elétrica em seu domicílio residencial o que, dentre as pessoas em ocupações passíveis de teletrabalho, 0,02% não contam com o fornecimento de energia elétrica e 0,65% não contam com fornecimento contínuo de energia, o que dificultaria a realização de seu trabalho.[18]

Não só isso. Para a realização do teletrabalho se faz necessário o uso de um computador, sendo que, de acordo com o levantamento da pesquisa PNAD, 21,82% das pessoas em ocupações com potencial de serem realizadas remotamente não possuem esse recurso em sua residência. Enquanto, das pessoas que possuem o computador, cerca de 2% delas não possuem acesso à internet. Desse modo, dos 20,8 milhões de pessoas que exercem atividades potenciais para o teletrabalho, somente 15,78 milhões realmente poderiam exercê-lo.[19]

Esse hiato também aparece na pesquisa da SOBRATT, sendo a falta de equipamentos a segunda dificuldade mais encontrada na implantação do teletrabalho em 35% das empresas entrevistadas que adotaram a modalidade por medida emergencial.

Com isso, 72% dessas empresas pretendem manter a modalidade após o período pandêmico. Comportamento parecido com a pesquisa da FEA/USP,[20] em que 78% dos profissionais em teletrabalho entrevistados gostariam de continuar trabalhando em suas residências após a pandemia.

5. Considerações finais

Inegável que a pandemia provocada pelo Covid-19 acelerou a adoção do teletrabalho no Brasil, fazendo com que as organizações privadas adotassem o teletrabalho, ainda que compulsoriamente, a fim de minimizar os riscos de infecção do vírus. Entretanto, à medida que as empresas começaram a perceber os benefícios e os desafios do teletrabalho, muitas optaram por adotar a modalidade de maneira regular, mesmo após a flexibilização das restrições da pandemia. Dessa forma, o teletrabalho deixou de ser visto como um bônus para se tornar parte integrante da rotina de empregados e empregadores brasileiros.

Em vista disso, é importante que as empresas que adotam o teletrabalho revisem suas políticas de remuneração e distribuição de ganhos, a fim de garantir uma remuneração

(18) GÓES, Geraldo Sandoval; MARTINS, Felipe dos Santos; NASCIMENTO, José Antônio Sena. *O gap entre o trabalho remoto potencial e efetivo no Brasil:* possíveis condicionantes. Brasília: Ipea, 2022 (Carta de Conjuntura n. 54).

(19) *Idem.*

(20) FISCHER, André Luiz *et al.* Satisfação e desempenho no *Home Office*: avanços e desafios após um ano de migração. *Resumo executivo*, FEA USP, jul. 2021.

justa e condizente com o aumento de produtividade observado. Além disso, é fundamental que as empresas atentem para a regulamentação trabalhista vigente e realizem um controle efetivo de jornada, evitando assim a sobrecarga de trabalho. Em suma, o teletrabalho é uma modalidade que oferece inúmeros benefícios, mas deve ser adotado com cautela e responsabilidade, garantindo sempre a proteção e valorização dos direitos dos trabalhadores.

Outra questão importante identificada na presente pesquisa diz respeito à responsabilidade pelos custos e despesas decorrentes do teletrabalho. Embora haja entendimento de que cabe ao empregador arcar com esses gastos, seja por meio de reembolsos ou outra forma de compensação, os dados levantados apontam que, na prática, os empregados é que estão assumindo esses encargos. Por outro lado, os dados demonstram que as organizações tiveram redução significativa de gastos, principalmente com aluguel e despesas acessórias, como café, estacionamento e condomínio. Isso nos leva a questionar se os empregados estão sendo devidamente compensados pelos custos adicionais gerados pelo teletrabalho, ao mesmo tempo em que as empresas obtêm economias significativas.

Em relação à saúde e segurança no ambiente de trabalho, a pesquisa não pôde verificar se as organizações privadas entrevistadas adotam medidas preventivas adequadas para mitigar os riscos decorrentes do teletrabalho. No entanto, é preocupante observar que um percentual muito baixo de teletrabalhadores recebeu orientações formais sobre ergonomia, uso do mobiliário e segurança no ambiente de trabalho em casa. Esse cenário levanta questões sobre a responsabilidade das empresas na prevenção de acidentes e doenças ocupacionais no contexto do teletrabalho e sobre a necessidade de garantir a proteção e o bem-estar dos trabalhadores que atuam nessa modalidade.

Embora existam discussões na literatura sobre como o teletrabalho pode ser uma solução viável para pessoas com deficiência e dificuldades de mobilidade, os resultados da pesquisa revelaram que essa prática não é um dos principais objetivos das empresas privadas. Além disso, o número de contratações de pessoas com deficiência foi bastante baixo, mesmo considerando a nova regulamentação pela Lei n. 14.442/22, que determina a prioridade dessas pessoas para o teletrabalho. Essa situação evidencia a necessidade de as empresas repensarem suas práticas de inclusão e diversidade, promovendo um ambiente de trabalho mais igualitário e acessível.

Além disso, destaca-se a ausência de programas específicos de desenvolvimento de gestores e demais colaboradores em potencial para o teletrabalho de pessoas com deficiência, o que é preocupante. Embora a nova regulamentação sobre o teletrabalho tenha determinado a prioridade para a adoção dessa modalidade de trabalho aos empregados com deficiência, não há determinação quanto à implementação de programas de incentivo para o desenvolvimento dessas pessoas em cargos de gestão ou outras posições de liderança na empresa. Essa falta de ações afirmativas pode limitar o avanço da inclusão desses trabalhadores no mercado de trabalho e restringir suas oportunidades de crescimento profissional.

Podemos concluir que o teletrabalho apresenta um potencial de crescimento no cenário mundial, com benefícios de flexibilidade e alcance extraterritorial. No entanto, no Brasil, há um hiato digital que limita o acesso ao teletrabalho, especialmente para aqueles em ocupações que não são elegíveis para essa modalidade, o que representa a maioria dos trabalhadores no mercado de trabalho brasileiro. Isso aponta para a necessidade de políticas públicas e investimentos em infraestrutura tecnológica para garantir a inclusão digital e a possibilidade de acesso ao teletrabalho para uma parcela maior da população brasileira.

Diante de uma análise principiológica protecionista, é possível concluir que o teletrabalho nos moldes adotados pelas organizações privadas brasileiras pode expor o teletrabalhador a sérios riscos relacionados à saúde e segurança no trabalho, bem como à exploração da mão de obra. A pesquisa evidencia que, embora a produtividade do teletrabalhador tenha aumentado significativamente, isso muitas vezes vem acompanhado de jornadas extensas e sem remuneração adicional pelo aumento da produtividade. Além disso, os empregados são frequentemente compelidos a arcar com os custos do teletrabalho, mesmo que a legislação indique que essa responsabilidade recaia sobre os empregadores. Ainda há a possibilidade de discriminação de pessoas com deficiência e outras características pessoais que não se enquadrem no perfil dos teletrabalhadores preferidos pelas empresas, o que vai contra a regulamentação que prioriza essas pessoas nessa modalidade de trabalho. Esses problemas apontam para a possibilidade de o teletrabalho se tornar um instrumento cruel de flexibilização e exploração de trabalhadores.

Referências

BEZERRA LEITE, Carlos Henrique. *Curso de Direito do Trabalho*. 14. ed. São Paulo: SaraivaJur, 2022.

BRASIL. *Decreto-lei n. 5.452, de 1º de maio de 1943*. Aprova a "Consolidação das Leis do Trabalho".

FINCATO, Denise. Bases histórico-normativas e perspectivas do teletrabalho no Brasil pós-pandemia. *Revista Ibérica do Direito*, vol. 1, Rio Grande do Sul, 2020.

GÓES, Geraldo Sandoval; MARTINS, Felipe dos Santos; NASCIMENTO, José Antônio Sena. *O trabalho remoto e a pandemia:* o que a PNAD Covid-19 nos mostrou. Brasília: Ipea, 2022. Disponível em: <https://www.ipea.gov.br/cartadeconjuntura/index.php/2021/02/o-trabalho-remoto-e-a-pandemia-o-que-a-pnad-covid-19-nos-mostrou/>. Acesso em: 16 ago. 2022.

______; ______; ______. *O gap entre o trabalho remoto potencial e efetivo no Brasil:* possíveis condicionantes. Brasília: Ipea, 2022. Disponível em: <https://www.ipea.gov.br/cartadeconjuntura/index.php/2022/03/o-gap-entre-o-trabalho-remoto-potencial-e-efetivo-no-brasil-possiveis-condicionantes/>. Acesso em: 30 ago. 2022.

______; ______; ______. *Potencial de teletrabalho na pandemia:* um retrato do Brasil e no mundo. Brasília: Ipea, 2020. Disponível em: <https://www.ipea.gov.br/cartadeconjuntura/index.php/2020/06/potencial-de-teletrabalho-na-pandemia-um-retrato-no-brasil-e-no-mundo/>. Acesso em: 16 ago. 2022.

IBGE. Coordenação de População e Indicadores Sociais. *Síntese de indicadores sociais:* uma análise das condições de vida da população brasileira: 2020. Rio de Janeiro: IBGE, 2020. Disponível em: <https://biblioteca.ibge.gov.br/visualizacao/livros/liv101760.pdf>. Acesso em: 16 ago. 2022.

LIMA FILHO, José Sarto Fulgêncio de; PEREIRA, Eddla Karina Gomes. Precarização das relações laborais: análise crítica sobre as disposições do teletrabalho na Lei n. 13.467/2017. *Revista de Direito*, maio 2020.

MIZIARA, Raphael. A reforma sem acabamento: incompletude e insuficiência da normatização do teletrabalho no Brasil. *Revista eletrônica do Tribunal Regional do Trabalho da 9ª Região*, v. 8, n. 75, Curitiba, 2019.

OIT – Convenção n. 159 – *Reabilitação Profissional e Emprego de Pessoas Deficientes.* Disponível em: <https://www.ilo.org/brasilia/convencoes/WCMS_236165/lang--pt/index.htm>. Acesso em: 15 ago. 2022.

PORTELINHA NETO, Antônio Gonçalves; LIMA, Laís de Carvalho. Deficiente e desempregado? O teletrabalho como mecanismo de readaptação. *Rev. do Trib. Reg. Trab. 10ª Região*, v. 20, n. 2, Brasília: 2016. Disponível em: <https://revista.trt10.jus.br/index.php/revista10/article/view/5>. Acesso em: 16 ago. 2022.

ROCHA, Cháris Telles; AMADOR, Fernanda Spainer. O teletrabalho: conceituação e questões para análise. *Cad. EBAPE.BR*, Rio de Janeiro, vol. 16, n. 1, jan./mar. 2018.

ROSSIGNOLI, Marisa; FUZZETTO, Murilo Muniz. O teletrabalho para a pessoa com deficiência como dificultador da inclusão social. *Revista Estudos Institucionais*, v. 7, n. 2, p. 606-628, maio/ago. 2021. Disponível em: <https://estudosinstitucionais.emnuvens.com.br/REI/article/view/540/726>. Acesso em: 30 ago. 2022.

SILVA, Homero Batista Mateus da. *CLT Comentada.* 2. ed. São Paulo: Thomson Reuters Brasil, 2019.

SILVA, Wellington Rodrigo Lozano da; GILIO, Leandro. O teletrabalho como política pública de inclusão social das pessoas com deficiência no Brasil. *Revista de Direito da Unimep*, Direitos Fundamentais, Coletivos e Difusos, v. 19, n. 37, 2020. Disponível em: <https://www.metodista.br/revistas/revistas-unimep/index.php/cd/article/view/4257>. Acesso em: 20 jun. 2022.

SICILIANI, Bruna Casimiro; DIER, Bruna; BARZOTTO, Luciane Caroso. Pandemia e teletrabalho no Brasil: aspectos gerais. *Galileu* — Revista de Direito e Economia, v. XXI, jun. 2020. Disponível em: <http://doi.org/10.26619/2184-1845.XXI.1.3>. Acesso em: 20 jun. 2020.

SOBRATT. Pesquisa *home office* 2020. Disponível em: <https://www.sobratt.org.br/17122020-resultados-pesquisa-home-office-2020/>. Acesso em: 16 jun. 2022.